*60 Jahre deutsches Grundgesetz*

# 60 Jahre deutsches Grundgesetz

Beiträge aus dem Jahrbuch des öffentlichen Rechts
der Jahre 2009–2011

herausgegeben
von
Peter Häberle

Mohr Siebeck

# Inhalt

Zweiter Teil

## 60 Jahre Grundgesetz von außen betrachtet

# Vorwort

Das sechzigjährige Jubiläum unseres deutschen Grundgesetzes wurde in vielen Kolloquien und Vorlesungsreihen im Inland gefeiert. Erinnert sei nur an die schönen Bände „60 Jahre Grundgesetz", hrsgg. von K. Stern, 2010, sowie von C. Hillgruber/C. Waldhoff (Hrsg.), „60 Jahre Bonner Grundgesetz – eine geglückte Verfassung?", 2010. Schon der früheren Jubiläen wurde vielfältig gedacht: zum 40jährigen Jubiläum vgl. etwa den Spitzen- und Pionierartikel von *H. P. Ipsen* im Jahrbuch des Öffentlichen Rechts („40 Jahre Grundgesetz der Bundesrepublik Deutschland", JöR 38 (1989) S. 1 ff.) sowie das Hagener Kolloquium „Das Grundgesetz im internationalen Wirkungszusammenhang der Verfassungen, 40 Jahre Grundgesetz", 1990, hrsgg. von U. Battis, E. G. Mahrenholz sowie D. Tsatsos, dem seinerzeitigen „spiritus rector", oder die Beiträge zum 50jährigen Jubiläum: *C. Landa*, The 50th Anniversary of the Bonn Basic Law: Its Significance and Contribution to the Strengthening of the Democratic State, JöR 48 (2000), S. 25 ff.; *P. Häberle*, „Verfassungslehre als Kulturwissenschaft – am Beispiel von 50 Jahren Grundgesetz", in: *ders.*, Europäische Verfassungslehre in Einzelstudien, 1999, S. 239 ff.

Der hier vorgelegte Band sammelt die im Jahrbuch des Öffentlichen Rechts in drei Folgen (2009 bis 2011) publizierten Beiträge von Autoren aus dem In- und Ausland. Solche Projekte bedürfen einer mindestens dreijährigen Vorbereitung seitens des Herausgebers und selbst dann ist nicht zu verhindern, dass manche Defizite bleiben, weil Autoren nicht liefern oder kurzfristig absagen. So ist es dem Herausgeber bzw. Verfasser dieses Vorworts nicht geglückt, neben *W. Schmitt Glaeser* noch einen anderen prominenten älteren deutschen Staatsrechtslehrer verlässlich zu gewinnen. Gleiches gilt für einen etwaigen Schweizer Staatsrechtslehrer; letzteres ist besonders schmerzlich, da viele Produktions- und Rezeptionsprozesse zwischen Deutschland und der Schweiz nachweisbar sind (dazu die Belege in JöR 34 (1985), S. 303 (368, 375 ff. u. ö.)).

Mancher Leser wird auch vermissen, dass das Rechtsgespräch in Sachen Verfassungsstaat mit so wichtigen Ländern wie Japan (dazu *H. Kuriki*, JöR 50 (2002), S. 599 ff.) oder mit skandinavischen Ländern (zu Dänemark: JöR 42 (1994), S. 507 ff.) nach 60 Jahren Grundgesetz nicht geführt werden konnte. Gleiches gilt für manche osteuropäische Länder wie Ungarn, Polen oder Albanien (dazu etwa JöR 39 (1990), S. 254 ff.; 37 (1988), S. 137 ff. und 43 (1995), S. 105 ff. bzw. 49 (2001), S. 443 ff.). Auch der Gedankenaustausch mit dem Völkerrecht, verstanden als konstitutionelles Menschheitsrecht, dem heute vielleicht interessantesten Rechtsgebiet, konnte nicht abgebildet werden (s. aber *A. Peters*, Das subjektive internationale Recht, JöR 59

(2011), S. 441 ff.). So bleibt der Band in manchem fragmentarisch. Immerhin könnten viele Berichte über die Verfassungsentwicklungen in Süd und Nord, West und Ost, in fast allen Bänden, gerade in den letzten Jahrzehnten verstärkt erstattet, mittelbar doch die vielzitierte Ausstrahlung des deutschen Grundgesetzes erkennbar werden lassen.

Der Band gliedert sich nicht gemäß der ursprünglichen Erscheinungsweise der Einzelbeiträge chronologisch in drei Folgen (2009–2011), sondern inhaltlich-thematisch. Die Zweiteilung: „von innen betrachtet“ bzw. „von außen betrachtet“ darf freilich nicht wörtlich genommen werden. Zumal im Blick auf andere Mitgliedsländer der EU verbietet sich das Innen-/Außenschema im Verhältnis zum deutschen Grundgesetz. Auch die Weltgemeinschaft der Verfassungsstaaten ist längst durch intensive globale Osmose-Vorgänge charakterisiert. Der arabische Verfassungsfrühling 2011 lässt hier auf vieles hoffen: Transformations- und Transferprozesse in Sachen Verfassungsstaat (in Gestalt der Trias von Texten, Theorien und Judikaten) könnten gelingen; Gleiches gilt für die Entstehung eines gemeinislamischen bzw. gemeinarabischen Verfassungsrechts sowie für einen „arabischen Konstitutionalismus“ mit offenem Religionsverfassungsrecht und Minderheitenschutz. Die Konstitutionalisierung der arabischen Welt und das Wiedererstehen des Mittelmeers als „mare nostrum“ (constitutionalis) wird zum fernen Ziel, vielleicht mit vielen humanen Kosten und manchen Rückschlägen. Die Vergleichende Verfassungslehre ist hier ebenso gefordert wie im „annus mirabilis“ 1989.

Der Herausgeber dankt dem Verlag Mohr Siebeck, insbesonders seinem Cheflektor Dr. *F.-P. Gillig*, für die spontane Bereitschaft, den Vorschlag für dieses Projekt aufzugreifen und umzusetzen; Frau *I. König* danke ich für die drucktechnische Gestaltung des Bandes.

Bayreuth, im Juli 2011 Professor Dr. Dr. h.c. mult. *Peter Häberle*

Erster Teil

# Sechzig Jahre Grundgesetz von innen betrachtet

# „Verantwortung vor Gott und den Menschen“

## Gedanken zur Präambel des Grundgesetzes

von

Dr. Ernst Gottfried Mahrenholz, Karlsruhe

Vizepräsident des Bundesverfassungsgerichts i.R.,
Honorarprofessor an der Universität Frankfurt a. M.

Wer sich des Gewichts des Gottesbezuges in der Präambel zu versichern sucht, ist kaum des Ergebnisses gewiss. Die folgenden Gedanken hierzu sind keine Ausnahme. Sie erschöpfen schon gar nicht die Fülle der Überlegungen zu diesem Thema, die Kommentierungen und Aufsätze vor uns ausbreiten. Der 23. Mai 2009 bietet Anlass niederzuschreiben, wozu die Lektüre der Kommentierungen angeregt hat.

## I.

Nur nach verschlungenen Pfaden gewann der Parlamentarische Rat die Sicherheit für die Wahl der ersten neun Worte des Präambelauftaktes, in der Knappheit des Textes eindrücklich:

> Im Bewusstsein seiner Verantwortung vor Gott und den Menschen,
> von dem Willen beseelt, als gleichberechtigtes Glied in einem vereinten Europa dem Frieden der Welt zu dienen, hat sich das Deutsche Volk kraft seiner verfassungsgebenden Gewalt dieses Grundgesetz gegeben.

Dies der nunmehrige Text der Präambel, in dessen zweiter Satzhälfte der ursprünglich ausgesprochene Wille des Volkes „*seine nationale und staatliche Einheit zu wahren*“, durch die Wiedervereinigung entbehrlich geworden ist.

Verhältnismäßig spät in den Beratungen über die Präambel kam die Nennung Gottes ins Spiel.[1] Süsterhenn, katholisches CDU-Mitglied des Parlamentarischen Rates aus Rheinland-Pfalz, machte einen der ersten Vorschläge und hat dabei er-

[1] Vgl. hierzu JöR NF Bd. 1 (Entstehungsgeschichte der Artikel des Grundgesetzes, bearbeitet von v. *Doemming, Füsslein, Matz*), 1951, S. 20ff.

sichtlich den „Vorspruch" der Verfassung für Rheinland-Pfalz vom 18. Mai 1947 vor Augen gehabt, der mit den Worten beginnt:

„Im Bewusstsein der Verantwortung vor Gott, dem Urgrund des Rechts und Schöpfer aller menschlichen Gemeinschaft, von dem Willen beseelt ..."[2]

Süsterhenn unterließ nicht, den Gottesbezug aus der scholastischen Naturrechtslehre zu begründen, die von der sog. vis directiva, der sozialpsychologischen und sozialpädagogischen Wirkung eines guten Gesetzes, spreche. Während Theodor Heuß (FDP) bezüglich einer metaphysischen Formel zur Vorsicht riet, schlug der Abgeordnete Seebohm (DP) eine Fassung vor, die mit dem ersten Glied des eben zitierten rheinland-pfälzischen „Vorspruches" begann. Weitere Vorschläge enthielten die Wendung „Im Vertrauen auf Gott ...". Diesen Vorschlag variierte Heuß zu „In ihrer Verantwortung vor Gott". Die gegenwärtige Fassung des Gottesbezuges entsprach einer Empfehlung des Allg. Redaktionsausschusses vom 13. Dezember 1948. Sie behauptete sich trotz weiterer Vorschläge.

Diese Zielrichtung einer vis directiva überrascht bei genauerem Zusehen nicht. Der referierte Vorspruch von 1947 war die fromme Absage an das unsittliche System des Hitlerregimes.[3] Im Wortlaut ging es dort wie hier nach vorn gerichtet um den Einfluss der christlichen Religion auf das Volk durch ein Bewustsein, sich vor Gott für sein Handeln verantworten zu müssen. Trotz dieses auch missionarischen Akzents sucht man eine Diskussion über das Für und Wider eines Gottesbezuges in der Präambel vergeblich. Sein Gewicht dürften selbst diejenigen, die ihn bejahten, unterschiedlich eingeschätzt und gewusst haben, dass eine Auseinandersetzung über den Wert und Inhalt eines Gottesbezuges in der Präambel die – auch konfessionell bedingten – Unterschiede nicht hätte ausgleichen können.[4]

Der Parlamentarische Rat wies ein Spektrum von sieben Parteien auf: CSU, CDU, DP, FDP, Zentrum, SPD, KPD. Das lässt kaum einen Zweifel darüber zu, dass es nicht ganz wenige Abgeordnete gab, die dem Gottesbezug gleichgültig gegenüber standen oder ihn gar ablehnten, aber das Gewicht dieser Frage nicht eben hoch einschätzten, vielleicht auch angesichts der Fülle der zu regelnden Gegenstände des Staatsrechts selbst. Die eigentliche Debatte über die nominatio dei fand in der Ge-

---

[2] Einen Gottesbezug enthalten die Präambeln von Baden-Württemberg, Bayern, Niedersachsen, Nordrhein-Westfalen, Rheinland-Pfalz, Sachsen-Anhalt und Thüringen, zum Teil in Anlehnung oder Übernahme des Textes des Grundgesetzes.

[3] Vgl. *P. Häberle*, „Gott" im Verfassungsstaat? in Festschrift Zeidler, 1987, S. 11. Die Abhandlung zeigt die Fruchtbarkeit des kulturwissenschaftlichen Ansatzes; von *P. Häberle* zuvor schon weiter ausgebreitet in: Präambeln im Text und Kontext von Verfassungen. FS Broermann, 1982, S. 211.

[4] Das Thema der religiösen Begründung des Staates war zwischen den Köpfen des Kreisauer Kreises kontrovers. *York von Wartenberg* schrieb an *Moltke* unter dem 17. 07. 1940, dass „Recht und Sittlichkeit untrennbar zusammengehören und auch der Staatswille sich der Sittlichkeit beugen muss: Der wahre Inhalt des Staates ergibt sich mir nun dort, wo er als Trieb göttlicher Ordnung den Menschen erscheint und von ihnen empfunden wird." *Moltke* widerspricht (15. 07. 1940):"Ich stehe auf dem Standpunkt, dass die Staatslehre zu dem Gebiet der Philosophie, nicht zu dem der Theologie gehört, und ich halte es für außerordentlich gefährlich, einer staatlichen Ordnung eine religiöse Erklärung oder einen religiösen Unterbau zu geben." *York* blieb unnachgiebig: „Im Gegensatz zu Ihnen meine ich, dass Staatslehre überhaupt nur von der Theologie her zu begründen ist." (09. 08. 1940), zitiert nach *V. Ullrich*, Der Kreisauer Kreis, 2008, S. 69. York von Wartenberg und Moltke waren in der evangelischen Kirche verwurzelt.

meinsamen Verfassungskommission im Jahre 1993 statt. Sie holte nicht Versäumtes nach, sondern sie hat, nicht zuletzt aufgrund unterschiedlicher religiöser Prägungen in den getrennten deutschen Republiken, vielfältige gegenwärtige Aspekte des Gottesbezuges aufgeführt und Gegensätzliches zur Sprache gebracht. Im Ergebnis blieb es beim bisherigen Text.[5]

## II.

Die Subjektivität des Urteils der Abgeordneten über die Gottesfrage muss allerdings den gemeinsamen Gedanken nicht ausschließen, dass mit dem Gott, von dem hier die Rede ist, der Gott der Christenheit gemeint ist. Nur mit ihm lässt sich, gesehen aus dem Jahre 1949, eine Gottesvorstellung verbinden, die Verantwortung heischt. Ein Jude war nicht Mitglied des Parlamentarischen Rates, Moslems waren noch nicht in Sicht.

Der jüdische Leser wird mit Gott den Gott des sogenannten Alten Testamentes meinen, dem auch die Predigt Jesu und die Missionstätigkeit des Apostels Paulus gegolten hat. Nur sollte man mit der von christlicher Seite gern bemühten Koinzidenz der Gottesvorstellung beider Religionen vorsichtig sein. Denn der Gott der Bibel, der das Volk Israel zu seinem Volk erwählt und ihm mit seinem Gesetz das Geschenk gemacht hat, das die Juden alljährlich den „Tag der Gesetzesfreude“ begehen lässt, ist nicht in Übereinstimmung zu bringen mit dem Gott, den insbesondere der Apostel Paulus mit einer Striktheit ohnegleichen zur Grundlage seiner Missionspredigt gemacht hat, also den Gott, der seinen Sohn Jesus Christus als Sühnopfer für die Sünden der Menschheit den Kreuzestod erleiden ließ („*Christus ist des Gesetzes Ende; wer an ihn glaubt, der ist gerecht*“, Röm. 10,4).

Wenn auch im Blick auf die sittlichen Grundlagen Europas die Erkenntnis einer jüdisch-christlichen Wurzel unleugbar ist, so ist es eine subjektive Erkenntnis, nicht ein Dictum der Interpreten der Präambel, ob ein Jude in der Präambel Gott zu erkennen vermag.

Das gleiche gilt für den Muslim und für Angehörige anderer Religionen, die sich vor Gott verantwortlich wissen.

Gleichwohl leitet die Präambel keine christliche Orientierung des Grundgesetzes ein. Darüber herrscht Übereinstimmung. Sie ist auch keine verfassungskräftige Erkenntnis, dass es Gott gibt. Das Grundgesetz ist die Verfassung eines säkularen Staates eigener, geschichtlich geprägter und wirkungsmächtiger Art in Ansehung des Religionsrechts.[6]

---

[5] Hierzu eine instruktive Darstellung bei *H. Kress*, Materialdienst des Konfessionskundlichen Instituts Bensheim, Nr. 3/94, S. 5.

[6] Eine Rechtsqualität der Präambel sah das BVerfG im Ausspruch des Willens, „die nationale und staatliche Einheit zu wahren“, vgl. BVerfGE 5.87, 127f.; 30.1, 17f.

## III.

a) Die Nennung Gottes ist eine *nominatio dei*, keine *invocatio dei*. Die Gottesnennung im Grundgesetz hat keine legitimierende Funktion. Diese ist vielmehr die in der Präambel – zu Recht oder nicht – angeführte verfassungsgebende Gewalt des Volkes. Eine legitimierende Kraft der Nennung Gottes könnte – was hier nicht zu erörtern ist – nur in der invocatio dei gefunden werden, für die einheitlich gilt, dass die Verfassungsschöpfung „im Namen" Gottes bzw. der unterschiedlich prädikatisierten Dreifaltigkeit geschieht.

Von den sieben europäischen Verfassungen mit einleitendem Gottesbezug ist die nominatio dei der im Jahre 1996 beschlossenen Verfassung der Ukraine, ähnlich der des Grundgesetzes, knapp:

> Der Oberste Rat der Ukraine im Namen des ukrainischen Volkes …
> Im Bewusstsein der Verantwortung vor Gott, dem eigenen Gewissen, den früheren, heutigen und zukünftigen Generationen
> … nimmt die vorliegende Verfassung, das Grundgesetz der Ukraine, an.

Die nominatio dei hat auch die Präambel der Verfassung der Republik Polen von 1997 zum Inhalt:

> In Sorge um den Bestand und um die Zukunft unserer Heimat …
> beschließen wir, das Volk Polens – sämtliche Staatsbürger der Republik,
> ebenso diejenigen, die an Gott glauben,
> welcher Quelle der Wahrheit, der Gerechtigkeit, des Guten und des Schönen ist,
> wie auch diejenigen die diesen Glauben nicht teilen und diese universellen Werte aus anderen Quellen ableiten –
> … im Gefühl der Verantwortung vor Gott oder vor dem eigenen Gewissen
> die Verfassung der Republik Polen …

Die Präambel der Verfassung der Republik Albanien von 1998 lautet insoweit:

> „Wir, das Volk Albaniens, auf unsere Geschichte stolz und uns ihrer bewusst, in Verantwortung für die Zukunft, im Glauben an Gott und/oder andere universelle Werte …
> beschließen diese Verfassung.

Die anderen drei europäischen Länder, also die Schweiz, Irland und Griechenland, kennen die *invocatio dei*. Sie hat aber je charakteristische Unterschiede:

In der Schweizer Verfassung lautet der Gottesanruf:

> „Im Namen Gottes des Allmächtigen!"

Die Präambel Irlands hat christlichen Charakter:

> Im Namen der Allerheiligsten Dreifaltigkeit, von der alle Autorität kommt und auf die, als unserem letzten Ziel, alle Handlungen sowohl der Menschen wie der Staaten ausgerichtet sein müssen, anerkennen
> Wir, das Volk von Irland,
> in Demut alle unsere Verpflichtungen gegenüber unserem göttlichen Herrn, Jesus Christus, der unseren Vätern durch Jahrhunderte der Heimsuchung hindurch beigestanden hat …

Zur Religion erklärt Art. 44 näherhin:

> (1) Der Staat anerkennt, dass dem allmächtigen Gotte die Huldigung öffentlicher Verehrung gebührt. Er erweist Seinem Namen Ehre und Achtung und ehrt die Religion.
> (2) (Es folgen nähere Garantien zur Religionsfreiheit für alle Religionen.)

Die Präambel der Verfassung der Republik Griechenland lautet:

> Im Namen der Heiligen, Wesensgleichen und Unteilbaren Dreifaltigkeit.

In Art. 3 Abs. 1 Satz 1 heisst es:

> „Vorherrschende Religion in Griechenland ist die der Östlich-Orthodoxen Kirche Christi"

Es folgen in den Absätzen 1–3 nähere Bestimmungen über die ökumenische Verbindung mit anderen orthodoxen Kirchen, über die innere Kirchenverfassung, über die Unveränderbarkeit des Textes der Heiligen Schrift und des Genehmigungsvorbehalts leitender kirchlicher Instanzen für Übertragungen in eine andere Sprache.

b) Der Strauß der Präambeln mit Gottesbezug ist also bunt. In *Deutschland* ist, wie gesagt, die nominatio dei denkbar knapp. Es ist heute der Gottesbezug einer interreligiös-areligiösen Bevölkerung.[7]

Die Präambel der *Ukraine* lehnt sich dem Text nach an das Vorbild des Grundgesetzes an; von den europäischen, bis 1991 zur Sowjetunion gehörenden Staaten ist die Ukraine die einzige, deren Verfassung einen Gottesbezug enthält. Er hat allerdings keine prominente Stellung in der Präambel, sondern ist das sechste von sieben Gliedern. Vorrangige Themen der Präambel sind u. a. die Souveränität des Volkes, die Geschichte der Ukraine, der demokratische und soziale Rechtsstaat. 50–60 % der Bevölkerung sind ukrainisch-orthodox, 11 % ukrainisch-katholisch und 3 % Protestanten.[8]

*Polen* hat eine faszinierend reich ausgestattete interreligiöse nominatio dei, obschon die vorherrschende Religion die römisch-katholische ist und die erste Verfassung Polens nach Ende des ersten Weltkrieges eine *invocatio trinitatis* enthielt. Die Präambel respektiert ausdrücklich diejenigen, die nicht an Gott als Quelle der Wahrheit, der Gerechtigkeit, des Guten und des Schönen glauben, sondern diese Werte aus anderen Quellen ableiten.

*Albanien* folgt in lapidarer Kürze dem gleichen Muster ausdrücklicher Alternativität. Die Bevölkerung Albaniens besteht zu 75 % aus sunnitischen Moslems, zu einem knappen Viertel aus Katholiken, orthodoxen Christen und Protestanten. Bei dieser Verfassung darf man als einziger davon ausgehen, dass mit Gott sowohl Allah als auch der Gott der Juden und der Christen gemeint ist.

Die *Schweizer* invocatio dei hat, beginnend mit dem Jahre 1848, die älteste, insoweit durch die Verfassungsneuschöpfung des Jahres 2000 unverändert gebliebene

[7] Der evangelische Bevölkerungsteil umfasst 25,4 Mio. Einwohner, der katholische 25,9. Zu den beiden Kirchen gehören damit 62,2 % der Gesamtbevölkerung von 82,4 Mio. (Zahlen gerundet); Stat. Jahrbuch für die Bundesrepublik Deutschland 2007, S. 25, 66. Das Statistische Bundesamt erhebt keine Zahlen zu der religiösen Zusammensetzung der Bevölkerung, sondern verwendet mitgeteilte Zahlen. Solche Mitteilungen geben die beiden großen Kirchen.

[8] Die hier und im weiteren Verlauf mitgeteilten Zahlen sind der Brockhaus-Enzyklopädie, 21. Aufl., 2006, entnommen.

Gestalt einer knappen Anrufung Gottes des Allmächtigen. Sie gilt für die Verfassung einer Bevölkerung, die gemischt konfessionell ist.

In der Präambel der Verfassung *Irlands* von 1937/1992 wird die Allerheiligste Dreifaltigkeit angerufen. Nur in Irland ist die Verehrung Gottes auch eine staatliche Pflicht (Art. 44 Abs. 1).

So knapp die christliche invocatio der Dreifaltigkeit in *Griechenland* aus dem Jahre 1975 auch formuliert ist, die Verfassung setzt in Art. 3 Bestimmungen für die „vorherrschende Religion in Griechenland" fest, die diese in die Nähe der Staatskirche bringt.

## IV.

Eignet der nominatio dei ein rechtlicher Charakter? Das dürfte schwerlich möglich sein. Denn die Präambel ist die des säkularen Grundgesetzes. Hier legt der nachfolgende Verfassungstext die Präambel aus. Dann aber kann die Nennung Gottes in ihr keine Rechtsverbindlichkeit in irgendeinem Sinne beanspruchen; die Ergebnisse der „negativen Auslegungen" des Gottesbezuges (Absage an Staatsallmacht; Absage an den Atheismus als Staatsform) schließen an Gott nicht an und sind dem Grundgesetz selbst inhärent (in den Aussagen zu den Grundrechten, zum Rechtsstaat und zu der demokratischen Staatsform).[9]

Weitere Anschauung gewinnt man mit den Präambeln und Verfassungen Irlands und Griechenlands: Es handelt sich um klare christliche invocationes einerseits und um klare Aussagen über die Religionsfreiheit auf der anderen Seite. Wo die invocatio rechtlich bedeutsam werden soll, spricht dies die Verfassung selbst aus: Art 44 Abs. 1 der Verfassung Irlands, Art. 3 der Verfassung Griechenlands (oben unter III.).

Doch ist noch eine Vertiefung unabwendbar: Erscheint eine Bejahung rechtlicher Konsequenzen, wie mager auch immer, nicht eher zwanghaft, weil die Präambel Eingang der Verfassung ist? Wird hier übersehen, dass es „Verfassung und Verfassungsrecht" gibt?[10] Macht es nicht gerade das Gewicht des Bezuges auf Gott aus, dass er sich nicht in Münzen des Rechtslebens schlagen lässt? Eben dies minimiert eher den Gottesbezug. Gott in das Rechtsleben einzuführen (also Gott als Rechtsbegriff unter ungezählten anderen Rechtsbegriffen), macht ihn verfügbar. Man muss wissen, mit wem man es zu tun hat.

Ein Hinweis auf die Weimarer Reichsverfassung: Ihre Präambel enthält die nach der Revolution von 1918 zentrale Aussage, dass Deutsche Volk sei von dem Willen beseelt, sein Reich „in Freiheit und Gerechtigkeit ... zu erneuern und zu festigen". Dass die Freiheit ein zentraler Begriff für das Verfassungsrecht selbst ist, zeigt die WRV in ihrem Zweiten Hauptteil. Das Thema Gerechtigkeit wirkt in den Einzelheiten der Verfassung nicht nach, stellt aber als herrschaftliche Tugend des souveränen Volkes das Staatsleben insgesamt unter dieses anspruchsvolle Wort.

---

9 Zum ganzen der reich dokumentierte Überblick von *H. Dreier*, GG, 2. Aufl. 2006, Präambel Rz 14–24.

10 Vgl. den Titel des Hauptwerks von *Rudolf Smend* „Verfassung und Verfassungsrecht", 1928.

Blicken wir auf den Gottesbezug der Präambel, so hat sie als Ausdruck der verfassunggebenden Gewalt des Volkes Religion und religiöse Spiritualität als Bestandteil vielfältigen Lebens in Deutschland anerkannt. Darin liegt keine Rechtsgarantie, – wie wären auch ihre Konturen zu bestimmen. Garantien geben Art. 4, 7 Abs. 2–5, 140 GG und Gesetze des Bundes und der Länder. In der Präambel handelt es sich um die Anerkennung einer Faktizität. Aber diese ist nach der Herrschaft des nationalsozialistischen Regimes als so bedeutsam angesehen worden, dass mit ihr der Text des Grundgesetzes beginnt[11].

## V.

Der Gottesbezug kann einer unpersönlich zu denkenden Wesenheit nicht gelten, denn die Präambel spricht von dem „Bewusstsein seiner [des Deutschen Volkes] Verantwortung vor Gott und den Menschen“. Verantwortung vor Gott heißt Verantwortung vor Gott als personhaftem Wesen.[11a] Man kann sich vor einer unpersönlichen Instanz in einem noch so anspruchsvollen, gar von Goethe inspirierten, Sinne nicht verantworten.

Jedenfalls in diesem Sinne eines personhaften Gottes kann an eine religiöse Überlieferung, die sowohl das Judentum als auch die Christenheit einschließt und der der Islam gefolgt ist, angeknüpft werden.

Nimmt man den Begriff der Verantwortung ernst, verbietet sich allerdings der Rekurs auf die Wertewelt als Sinn des Gottesbezuges, denn vor ihr ist Verantwortung nicht möglich. Dies schließt nicht aus, dass sich jemand vor seinem eigenen Gewissen in der Ausformung, wie es sich in ihm herausgebildet hat, verantworten kann. Dann bleibt die Verantwortungsinstanz eine interne.

Die Wertewelt stand im Zentrum der Auseinandersetzungen im Niedersächsischen Landtag über den wörtlich aus dem Grundgesetz übernommenen Gottesbezug.[12] Bleibt man auf diesem Terrain, „versumpft“ die Gottesfrage und alles, was sie für eine Auseinandersetzung wichtig machen kann.

---

[11] Fraglos gibt die Präambel zu weiter ausgreifenden Aussagen jedenfalls einen Anstoß; hervorzuheben ist etwa der Hinweis, der Gottesbezug sei „als eine Art von Demutsformel“ zu verstehen; so *H. Dreier* (Fn. 9, Rz 15) mit weiterführenden Aussagen zu diesem Begiff. Aus evangelischer Sicht vgl. *H. Kress* (Fn. 3, S. 3), mit insgesamt zurückhaltender Interpretation im Sinne einer *Begrenzung* des Staates und des politischen Handelns; hier auch der Hinweis, die nominatio dei erinnere die Politiker und Bürger daran, „dass sie ihr Gewissen verantwortlich“ ‚kultivieren‘ sollen“. (Das zitierte Wort aus *Kant* „Die Metaphysik der Sitten“, 1797, Tugendlehre, Einl. XII b). Anstöße dieser Art, wie sie in der Literatur vielfach ausgeführt werden, führen allerdings auch zu der Rückfrage, ob sie nicht in gleicher Weise einer auf das Sittengesetz gestützten Präambel zu entnehmen wären, also im Sinne eines Gottesbezuges unspezifisch sind.

[11a] *Hollerbach*, HStR, 2. Aufl. § 135, Rn. 82.

[12] Zum ganzen Nds. LT, 12. WP, S 10001–10025. Dort wurde kein einziger Wert beim Namen genannt, hätte also nicht auf Konstanz oder Zeitverhaftetheit geprüft werden können. Stattdessen war das Reden vom „Wertevakuum“ und den damit verbundenen Gefahren allzu präsent, um einen Gottesbezug zu legitimieren. Das macht den Umgang mit Werten, gehen sie über die normierten Grundrechte hinaus, überhaupt schwierig und führt zu der prekären Frage, ob in dieser Diskussion die Werte Gott erzeugen oder Gott die Werte schafft.

## VI.

Das heikelste Problem des Gottesbezuges kann nicht übergangen werden. Gott lässt sich nicht nur personhaft sondern auch als allmächtiger identifizieren, sonst könnte er nicht der Bezugspunkt für die Verantwortung des Menschen sein. Als solcher wird er unmittelbar charakterisiert in der Schweizer invocatio dei, ebenso in Art. 44 der Verfassung Irlands, der Sache nach noch weitreichender in der Verfassung Polens und nicht anders im Vorspruch der Verfassung von Rheinland-Pfalz (vgl. oben III. u. II.). Liturgische Gebete beginnen vielfältig mit der Charakterisierung Gottes als allmächtigen Gottes.

Dem Parlamentarischen Rat stand in den Jahren 1948 und 1949 die Folgen des Hitler-Regimes und des Zweiten Weltkrieges vor Augen: Millionen von Toten, Witwen und Waisen in Europa; Hunderttausende deutscher Kriegsgefangener; das unsagbare Geschehen in Vernichtungs- und Konzentrationslagern.[13] Dies war der reale Hintergrund der Beratungen. Er hat offensichtlich zu dem Wortlaut des nächsten Gliedes der Präambel beigetragen („*von dem Willen beseelt, als gleichberechtigtes Glied in einem vereinten Europa dem Frieden der Welt zu dienen* ...“).

Aber dieser Hintergrund betrifft auch den Gottesbezug in der Frage nach „Gott im Grauen des Hitlerregimes“. Eine Frage, die für die Kirche nicht neu gewesen sein konnte, weil sie auch in der Geschichte der Ausbreitung und der Ausformung des Christentums in Europa und in Süd- und Mittelamerika präsent ist. Geht man, um noch einmal die Verfassung von Rheinland-Pfalz zu zitieren, davon aus, dass Gott der Schöpfer jeder menschlichen Gemeinschaft ist, nimmt man hinzu, dass der Christ gewohnt ist, Gott für gnädige Bewahrungen, für gute Fügungen zu danken, lässt sich bei dieser Zuschreibung von positivem menschlichen Schicksal durch Gottes Wirken die gegenteilige Frage nach „Gott im Grauen“ nicht beschwichtigen, will man nicht die nominatio dei als bloß festlichen Auftakt ansehen und sie damit um ihr Gewicht bringen.

Diese Frage hat, auch nach 1945, in den Kirchen kein großes Gewicht erhalten. Vermutungen, warum dies so ist, liegen nahe. Doch wer sich mit dem Gottesbezug des Grundgesetzes beschäftigt, hat es nicht nur mit dem deus revelatus (dem offenbaren Gott) zu tun, sondern in gleicher Weise mit dem deus absconditus (dem verborgenen Gott), einem zentralen Begriff der Theologie der Reformation. Dass der Mensch über Gott nicht verfügen kann, auch nicht in Interpretationen, auch nicht in durch Jahrhunderte geschliffenen dogmatischen Prädikatisierungen, dies offenbart der deus absconditus. Wer Gott in Bezug nimmt, nimmt unausweichlich Gott unter beiden Gotteserfahrungen in Bezug.[14]

---

[13] Die sittlich-moralische Dimension lag in „der Missachtung menschlichen Lebens und menschlicher Würde, der Niedrigkeit der Machthaber selbst, der verlogenen Unwahrhaftigkeit der angeblich von ihnen verfolgten ‚Ziele‘, der seelischen Erniedrigung, in die sie die Beherrschten hinein zwangen, dem Allgemeinwerden von Lügen und Furcht, schließlich der Verhinderung selbst des widerstehenden Martyriums durch die Unterbindung aller Öffentlichkeit“, *W. Hennis*, Politikwissenschaft und politisches Denken, 1977, S. 197.

[14] Hier ist nicht der Ort, die unterschiedlichen Auffassungen zur Theodizee darzustellen. *Karl Rahner* hat die „Unbegreiflichkeit Gottes“ erklärt in: „Warum lässt uns Gott leiden?“, 1980, S. 463; zitiert bei *A. Kreiner*, (Fundamentaltheologe an der Katholisch-Theologischen Fakultät in München) in „zur

## VII.

Von „den Menschen", die die Präambel als Adressat des Bewusstseins der Verantwortung neben Gott aufführt, ist in den Kommentaren nicht allzuviel die Rede. Die Anführung der Menschen bietet nicht das Fascinosum eines Gottesbezuges. Und die Sache der Menschen scheint ja im folgenden in der Verbürgung der Grundrechte und in der Einrichtung eines freiheitlichen demokratischen Staatswesen hinlänglich behandelt zu sein. Aber damit würde man nur bestätigen, was erst zu untersuchen bleibt:

Es geht um die Frage, ob „Verantwortung vor Gott und den Menschen" bedeutet: a) Gott und b) Menschen. Die Kommentierung verläuft so. Es scheint, als gäbe es neben der schwierigen Juridifizierung der Gottesfrage eine leichter zu beantwortende in Ansehung der Menschen.

Gott und Mensch stehen aber nicht enumerativ nebeneinander, sondern die Verantwortung vor Gott bekommt durch diejenige vor den Menschen überhaupt erst den greifbaren Sinn. Es ist kein Zufall, dass das Grundgesetz, obschon von der Verfassung Rheinland-Pfalz' inspiriert, eben nicht lediglich Gott „nominiert" sondern ebenso die Menschen. Anders als im Blick auf die Menschen ist Verantwortung vor Gott nicht zu bewähren. Es geht hier nicht um die Exklusivität der Beziehung zwischen Mensch und Gott wie in der Liturgie oder in der Gottesversenkung eines meditativen Ordens, sondern hier geht es um die polis. In jeder Präambel geht es um die polis. Denn sie eröffnet die Verfassung dieser polis. *Es bewährt sich die Verantwortung vor Gott in der Verantwortung vor den Menschen.* Nur so gibt es Sinn, dass die Präambel „das Deutsche Volk" mit dieser Verantwortung begabt. Denn isoliert von den Menschen ist jedenfalls nach christlichem Verständnis ein „Volk vor Gott" das an Gott glaubende Volk. Dies Verständnis hat aber der Parlamentarische Rat gewiss nicht dem Volk attestieren wollen.

Gerade weil die Verantwortung vor Gott in der Verantwortung vor den Menschen erst ihren Sinn erfährt, sind die „Instanzen" dieser Verantwortung, *Gott* und *die Menschen*, gleichen Ranges. Die Präambel der Verfassung Polens sagt dies ausdrücklich, da sie auf diejenigen Bedacht nimmt, „die diesen Glauben nicht teilen" (vgl. oben unter III.). Es gibt keine Verfassungspräambel ersten (gottesfürchtigen) und eine bloß zweiten (areligiösen) Ranges.

Nicht anders kann das Problem eines Gottesbezuges in der Präambel der Europäischen Verfassung beurteilt werden. Es ginge in einem solchen nicht um eine subcutane Rückgewinnung verlorenen christlichen Terrains in Europa, sondern er könnte nur als Anerkennung der Faktizität und Bedeutung religiösen Lebens in Europa, in welcher Art und Weise auch immer, legitim sein (vgl. oben IV.a. E.).

Den Mitgliedern des Parlamentarischen Rates wird es kaum bewusst gewesen sein, dass die ausführliche *Gerichts*erzählung des Neuen Testaments (Matth.25,31–46) die mitmenschliche Dimension als die entscheidende Kategorie von Gottesverbundenheit in eindeutigen tatbestandlichen Feststellungen kulminieren lässt:

---

Debatte", Zeitschrift der Kath. Akademie in München; 4/2008, S. 13. Die Ausführungen Kreiners zeichnen sich durch den Verzicht auf wohltuende Antworten aus. Eine Antwort versucht *H. Hirschler* (em. Landesbischof der ev.-luth. Landeskirche von Hannover) in F. S. Rolf Wernstedt, 2005, S. 32ff.).

„Ich bin hungrig gewesen, und ihr habt mich gespeist. Ich bin durstig gewesen, und ihr habt mich getränkt. Ich bin ein Gast gewesen und ihr habt mich beherbergt. Ich bin nackt gewesen und ihr habt mich bekleidet. Ich bin krank gewesen und ihr habt mich besucht. Ich bin gefangen gewesen und ihr seid zu mir gekommen... Was ihr getan habt einem unter diesen meinen geringsten Brüdern, das habt ihr mir getan."[15]

Dies ist der biblische unmittelbare Bezug zur „Verantwortung vor Gott und den Menschen". Eine Trennung der Verantwortung ist nicht möglich, unbestreitbar aber ist die religiöse Akzentuierung in der Verantwortung derjenigen Menschen, in deren Bewusstsein die Verantwortung vor Gott lebendig ist.

Der Verantwortungsgedanke geht indessen, als Verfassungsgedanke ernst genommen, über den in der neutestamentischen Perikope gekennzeichneten Sinn hinaus und umfasst die Reflexion der Langzeitperspektive jedweden politischen Handelns. Dies gehört zum „Gehalt der Präambel".[16] Sie verpflichtet die politischen Organe und legitimiert zivilgesellschaftliches Handeln

Das Missverständnis der Trennung der Glieder „vor Gott und den Menschen" kann sich ohnehin vor dem zweiten Glied der Präambel nicht behaupten, denn die Verantwortung für den „Frieden der Welt" ist die politische Aussage der in eins zu verstehenden Verantwortung „vor Gott und den Menschen".

Dies auch um des Folgenden willen. Der Präambel folgt unmittelbar Art. 1 Abs. 1 GG:

„Die Würde des Menschen ist unantastbar. Sie zu achten und zu schützen, ist Verpflichtung aller staatlichen Gewalt."

Die Würde des Menschen ist die norma normans des Grundgesetzes. Dass die Präambel im Plural von *„den Menschen"* spricht und Art. 1 GG vom Singular *„die Würde des Menschen"*, bezeichnet nicht eine Differenz. Dort war es die Selbstverständlichkeit des Gegensatzes der Einzahl Gottes zur Mehrzahl der Menschen. Jetzt befinden wir uns auf dem Gebiete des Rechts und das, was die Präambel an Verantwortung vor Gott und den Menschen intendiert, bildet Art. 1 Abs. 1 GG als *Vorrang des Individuums in seiner Würde* gegenüber dem Allgemeinen des Staates aus.

Der Schlusssatz der Präambel der Erklärung der Rechte des Menschen und des Bürgers vom 26. August 1789 mag auch hier den Schluss bilden:

„En conséquence, l'Assemblée nationale reconnait et déclare, en présence et sous les auspices de l'Etre suprême, les droits suivants de l'homme et du citoyen."

---

[15] Es bezeichnet den Rang dieser Perikope, dass sie in der evangelischen Kirche alljährlich, in der katholischen im Lesejahr A, das Evangelium eines der Sonntage am Ende des Kirchenjahres ist.

[16] Dreier, Fn. 9, Rz 22; Das Verantwortungsprinzip ist verfassungsrechtlich ausführlich entfaltet bei *B. Wiegandt*, Das Prinzip Verantwortung und die Präambel des Grundgesetzes; JöR NF Band 43 (1995), S. 31 ff. *„Homo faber über homo sapiens"*, formuliert *H. Jonas* warnend in: Das Prinzip Verantwortung, 1979, S. 31.

# Über Tendenzen zur Unterwanderung unserer Verfassung

60 Jahre Grundgesetz

von

Prof. Dr. Dr. h.c. Walter Schmitt Glaeser, Universität Bayreuth

Das Grundgesetz ist eine gute Verfassung, nicht nur was den Inhalt, sondern auch was die Prägnanz seiner Sprache angeht. Die zahlreichen Änderungen konnten ihm (noch) keinen ernsthaften Schaden zufügen; das dürfte sich allerdings ändern, wenn die inzwischen weit verbreitete Neigung umgesetzt wird, politische Opportunitäten, wie etwa Kindergrundrechte oder ein Kinderwahlrecht sowie augenscheinliche Absurditäten, wie den Ausstieg aus der friedlichen Nutzung der Kernenergie, in Verfassungssätze zu gießen. Großen Schaden für die Durchschaubarkeit unserer Verfassungsordnung richtet bereits heute die weitgehende Überlagerung des Grundgesetzes durch das vorrangige europäische Recht an, kann dieses doch in seinem gewaltigen Umfang von den Menschen nicht mehr annähernd begriffen und in der Kompliziertheit und gesetzestechnischen Unzulänglichkeit seiner Regelungen selbst von manchen Juristen kaum noch verstanden werden.[1] Die eigentliche Gefahr dürfte derzeit aber noch nicht in der Zerfaserung und Verdunkelung des Verfassungstextes liegen, sondern eher in einer schleichenden Überwältigung des Verfassungsrechts durch eine Politik bestehen, die sich immer weniger von der Verfassung und immer mehr von egoistischen Machtinteressen, diffusen Gerechtigkeitsvorstellungen und zeitgeistigen Gemütslagen leiten lässt.[2]

Das Recht ist zwar verbindlich und es wirkt, aber es kann nicht alles bewirken. Das gilt auch für die Verfassung als der höchsten Rechtsnorm des Staates. *Georg Jellinek*[3] sieht die Gefahrenlage des Verfassungsstaates darin, „ dass Rechtsgesetze unvermögend sind, staatliche Machtverteilung tatsächlich zu beherrschen. Die realen politischen Kräfte bewegen sich nach ihren eigenen Gesetzen, die von allen juristischen Formen unabhängig wirken." So kann sich im Laufe der Zeit eine der rechtlichen

[1] Vgl. auch *Peter Lerche*, Fragen der Stabilität des Grundgesetzes, in: P. M. Huber (Hg.), Das Grundgesetz zwischen Stabilität und Veränderung, 2007, S. 73 (79 f.).

[2] Diese Entwicklung ist auch deswegen so beunruhigend, weil das Grundgesetz „trotz seines stattlichen Alters die eigentliche Bewährungsprobe noch nicht bestanden" hat: Dazu *Lerche*, Grundgesetz und „Wahrheit" – Ausgewählte Fragen, in: FS für P. Ansgar Paus, 2007, S. 406 (408).

[3] Verfassungsänderung und Verfassungswandel, 1906, S. 72.

Verfassung nicht mehr entsprechende Verfasstheit des staatlichen Gemeinwesens herausbilden.[4] Die Diskrepanz zwischen dem rechtlich gesollten und dem tatsächlich gegebenen Zustand des Staates ist zwar grundsätzlich keine Anomalie, sondern eine sich mit dem Zeitablauf recht häufig einstellende Erscheinung, die zu notwendigen Rechtsanpassungen führen kann und insofern nützlich ist. Das gilt aber nur, solange sich die Widersprüchlichkeiten in Grenzen halten und die effektive Geltung des Verfassungsrechts nicht ernsthaft gefährden.[5] Rechtlich unmittelbar greifbar werden solche Gefährdungen, wenn sich die reale Politik in Rechtsregeln niederschlägt, die das Verhältnis von Staat und Gesellschaft in einem Maße verändern, dass wichtige Grundanliegen der Verfassung nicht mehr zu verwirklichen sind. Gerade für Deutschland könnte eine derartige Entwicklung in einer Katastrophe enden. Denn es ist vornehmlich das Grundgesetz, in dem die Deutschen ihren Grundkonsens finden. Die Verfassung ist weitgehend an die Stelle des von den Nationalsozialisten und sodann vom kommunistischen Unrechtsregime der DDR diskreditierten Staates getreten und in ihren Werten gewinnen die Deutschen den Ersatz für staatliche Einheit und eine Art selbstbewusste Identität und Stabilität, in bescheidenem Rahmen, versteht sich. Einen Patriotismus als unmittelbares Gemeinschaftsgefühl mit der Bereitschaft zur Selbsthingabe an ein hohes Ziel gibt es kaum mehr. Der „deutsche" Patriotismus wird nicht auf den Staat und seine Menschen oder gar auf die Geschichte und die kulturellen Leistungen des Gemeinwesens, sondern auf die Verfassung bezogen.[6] Patriotismus tritt öffentlich nur noch als „Verfassungspatriotismus"[7] in Erscheinung.

Es kommt daher sehr darauf an, dass die staatliche Organe bzw. die politischen Amtsträger der Verfassung eine hohe Achtung entgegen bringen und dies immer wieder dezidiert deutlich machen, und zwar gerade dann, wenn ihre Gebote politische Zielvorstellungen stören, unbequem oder lästig erscheinen. Andernfalls könnte auch der andere tragende Pfeiler der Verfassung, nämlich das Vertrauen der Bürger in die von ihr geschaffene humane Ordnung und die Achtung ihrer Verbindlichkeit ins Wanken geraten. Tatsächlich gibt es viele Politiken staatlicher und ebenso europäischer Organe, die zu einer erheblichen Beschädigung des Grundgesetzes führen und damit den ohnehin schmalen Grundkonsens in Gefahr bringen können. Die handelnden Organe stehen dabei selbstverständlich nicht im luftleeren Raum, sondern haben ein Umfeld, in dem neben politischen Parteien vor allem Interessenverbände, Nichtregierungsorganisationen, Kirchen, Medien und Bürger initiativ tätig sind und dabei verstärkend, abschwächend oder auch die Ergebnisse verfälschend wirken. Das ändert aber nichts daran, dass die politischen Amtsträger ihre Politik selbst zu verantworten haben. Diese für den Verfassungsstaat unverzichtbare Verantwortlichkeit amtlicher Organe ist im Schwinden begriffen. Beispiele sollen diese Entwicklung illustrieren.

---

[4] Allgemein dazu *Josef Isensee*, in: HStR II, 3. Aufl. 2004, § 15, Rn. 177ff.

[5] *Ulrich Scheuner*, Verfassung (1963), in: *ders.*, Staatstheorie und Staatsrecht, 1978, S. 173. Zum dialogischen Charakter des positiven Rechts *Herbert Schambeck*, Ethik und Staat, 1986, S. 83ff.

[6] Eingängig *Isensee* (Fn. 4), Rn. 17ff.; kritisch *Lerche* (Fn. 2), S. 407.

[7] *Dolf Sternberger*, Verfassungspatriotismus (1979, 1982), in: *ders.*, Schriften, Bd. X, 1990, S. 13ff., 17ff.

## I. Die Macht als Wert an sich

### *1. Macht ist Instrument, nicht Ziel der Politik*

Macht ist für den Politiker notwendig, weil er ohne sie nichts gestalten kann. Aber Macht darf für ihn nicht das eigentliche Ziel sein und sie ist auch kein Wert an sich; sie kommt nicht aus eigenem Recht, sondern ist eine vom Volk geliehene und dem Volk verantwortliche Macht. Ihr Ziel darf allein die Mehrung des allgemeinen Wohls sein, wie es auch die Eidesformel sowohl des Bundespräsidenten als auch des Bundeskanzlers unmissverständlich zum Ausdruck bringt (Art. 56, 64 Abs. 2 GG).

Diese demokratische Selbstverständlichkeit scheint immer mehr in Vergessenheit zu geraten. Vor allem in Wahlkämpfen wird der Kampf um Wählerstimmen und damit um Macht ziemlich rücksichtslos geführt, rücksichtslos nicht allein gegenüber den Mitbewerbern, sondern nur allzu häufig und gerade auch gegenüber dem Allgemeinwohl und damit gegenüber dem Volk, das jegliche staatliche Macht legitimiert. Es geht um Wählerstimmen, um den Gewinn oder den Erhalt der Macht, dafür wird viel geopfert und zu viel versprochen, „koste" es was es wolle. Das von der Sache her Vernünftige tritt hinter das machtpolitisch Opportune zurück. Daher ist auch vor allem der Demoskop und nicht der Sachverständige gefragt. Dieser wird zwar angehört, jenem aber wird gefolgt. In der Regel werden drängende Probleme überhaupt erst angepackt, wenn die Demoskopie „gut steht". Natürlich gibt es Ausnahmen, am Sachverstand orientierte Politiker ebenso wie Parlamentsdebatten, die sich – ohne Schaulaufen fürs Publikum – ernsthaft mit den wirklichen Problemen auseinandersetzen. Es gibt auch Unterschiede zwischen den Parteien. Im Ganzen genommen lässt sich nicht leugnen, dass die Politik ganz entschieden von den Machtinteressen der Parteien und den aus ihnen erwachsenden politischen Amtsträgern (Fraktionsvorsitzende, Bundeskanzler, Bundesminister) beherrscht wird. Wie sehr diese Interessen im Vordergrund stehen, wird uns vor jeder Wahl immer wieder und oft in einer erstaunlichen Schamlosigkeit vorgeführt. Mit dem vom Grundgesetz gewollten Legitimationskreislauf zwischen dem Volk und den Herrschaftsausübenden als dem hehren Ziel der Revidierbarkeit der Wahl hat das kaum mehr etwas zu tun.

### *2. Der Wortbruch – ein abschreckendes Beispiel*

Manche Politiker erwecken gelegentlich sogar den Eindruck, Souveränität stehe nicht dem Volk, sondern den Politikern zu. Exemplarisch hierfür ist das Verhalten der SPD-Fraktion mit ihrer Vorsitzenden, Frau *Andrea Ypsilanti*, nach der hessischen Landtagswahl im Frühjahr 2008. Vor der Wahl hatten Frau *Ypsilanti* und die SPD-Wahlkämpfer wiederholt und sehr dezidiert, an manchen Wahlkampfständen sogar mit Handschlag, eine Zusammenarbeit mit der Partei „Die Linke" nach der Wahl ausgeschlossen, und zwar auch dann, wenn ohne Unterstützung dieser Partei eine Regierungsmehrheit der SPD und der Grünen nicht zustande kommen kann.[8] Die Formulierungen fielen unterschiedlich, stets aber eindeutig aus. So wird Frau Ypsi-

[8] Frankfurter Allgemeine Sonntagszeitung (FAS) vom 16. März 2008, S. 14.

lanti mit den Worten zitiert: „Bei meinem Nein zu Rot-Rot bleibt es auch nach dem Wahlabend. Garantiert."[9]

Tatsächlich blieb es nicht dabei. Als sich nach der Wahl zeigte, dass nur mit den Stimmen der Linkspartei die nötige Mehrheit für die Wahl zur Ministerpräsidentin und die Übernahme der Regierung zu erreichen ist, war Frau *Ypsilanti* schnell bereit, ihr Wahlversprechen zu brechen. Dass es dann im „ersten Anlauf" doch nicht zu ihrer Wahl mit Hilfe der Linkspartei kam, war allein auf die Standfestigkeit einer einzigen (!) Landtagsabgeordneten der SPD, Frau *Dagmar Metzger*, zurückzuführen, die ihr Wahlversprechen nicht brechen wollte, weil sie ihre Glaubwürdigkeit gegenüber den Wählern höher einschätzte als die „Verantwortungsethik" gegenüber der Partei.[10] Damit war die erforderliche knappe Mehrheit von zwei Stimmen nicht mehr garantiert, weil nicht ausgeschlossen werden konnte, dass in der geheimen Abstimmung neben Frau *Metzger* noch ein weiterer Abgeordnete der SPD die Zustimmung verweigert. Dieses Risiko wollte niemand eingehen. Inzwischen verstärken sich die Anzeichen, dass die Hessen – SPD zu einem, „zweiten Anlauf" entschlossen ist. Nun soll eine Minderheitsregierung mit den „Grünen" unter Duldung der Linkspartei angestrebt werden.[11]

Das Wahlversprechen war „ausdrücklich unbedingt, nicht konditioniert, nicht von Dritten, den Wählern, abhängig", und es wurde gerade mit diesem Versprechen um Stimmen geworben.[12] Darüber hinaus würde das Abweichen von der Zusage, nicht mit der Linkspartei zu paktieren, zu einer Regierung führen, die von vielen SPD-Wählern nicht gewollt war. Es ging also um ein „echtes", ein qualifiziertes Wahlversprechen, das man nicht brechen darf, ohne die Wahlbürger zum bloßen „Stimmvieh" zu degradieren. Die Wähler müssen sich auf das Schändlichste hintergangen und betrogen fühlen.[13] Eine unter solchen Voraussetzungen gebildete Regierung kann keine Legitimität für sich beanspruchen, weil das Ethos des Politischen mit derartigen Machenschaften gründlich verfehlt wird.

Zusätzliches Gewicht erhält der Wortbruch dadurch, dass mit ihm ganz bewusst und aus rein machtpolitischen Gründen ein Schwur gebrochen wird, der angesichts der menschenverachtenden Diktaturen des 19. Jahrhunderts für jeden Demokraten seit Ende des Zweiten Weltkrieges in der „alten" Bundesrepublik ausnahmslos verbindlich gewesen war: Der Schwur nämlich, dass es auf deutschem Boden niemals mehr eine Herrschaft geben darf, die Würde und Freiheit der Menschen mit Füßen tritt. In der Partei Die Linke aber wirken offen linksextremistische Kräfte.[14] Dies sind insbesondere die „Kommunistische Plattform", die an den marxistisch-leninistischen Traditionen festhält, das „Marxistische Forum" mit der gleichen Zielsetzung sowie der „Geraer Dialog/Sozialistischer Dialog", ebenfalls ein Sammelbecken von Linksextremisten. Nach dem Vorsitzenden der Linkspartei, *Lothar Bisky*, gehört es sogar

---

[9] FAS vom 9. März 2008, S. 66.

[10] Frankfurter Allgemeine Zeitung (FAZ) vom 8. März 2008.

[11] Siehe etwa FAZ vom 20. September und 6. Oktober 2008, S. 4, S. 3.

[12] *Volker Zastrow*, Facetten des Wortbruchs, in: FAS vom 16. März, S. 14.

[13] Dazu auch *Peter Häberle*, Wahrheitsprobleme im Verfassungsstaat, 1995, S. 91: „Es gibt Felder, auf denen sich die Lüge generell verbietet."

[14] Verfassungsschutzbericht des Bundes 2007, S. 134ff.

zum Grundverständnis (!) der ganzen Partei, die „Systemfrage" zu stellen,[15] und *Oskar Lafontaine*, der andere Vorsitzende, fordert nach der Formel „Eigentum ist Diebstahl" (*Pierre Proudhon*) die Enteignung von Familienunternehmen.[16] Man will ganz offen einen „anderen Staat", genauer: eine linke Diktatur, wie es die kommunistische DDR war.

Das Verhalten der hessischen SPD überschreitet eine letzte Linie.[17] Die Gier nach Macht kennt keine Grenzen mehr. Nicht nur die Wähler werden belogen; man schreckt auch nicht davor zurück, den Bestand unseres freiheitlichen demokratischen Staates in ernsthafte Gefahr zu bringen.[18] Und es wird auch noch mit gutem Gewissen getan; das zeigt die Art und Weise, in der die „Abweichlerin", Frau *Metzger*, traktiert wird. Sie hatte sich vor dem SPD-Parteirat, dem Landesvorstand und der Landtagsfraktion zu rechtfertigen. *Thomas Holl*[19] berichtet dazu: „... was über mehrere Stunden an Vorwürfen und Beschimpfungen der Genossen und Genossinnen über die Landtagsabgeordnete hereinbricht, ... ist ohne Beispiel in der Geschichte der hessischen SPD". Es „beginnt einer brutale Abrechnung hinter verschlossenen Türen." Die Vorwürfe reichen von der Gefährdung der Handlungsfähigkeit von Fraktion und Partei bis zur Verletzung der verbindlichen „Spielregel", einmal gefasste Parteibeschlüsse in der Fraktion zu befolgen. „Es hat sie niemand in ihrer Haltung unterstützt", berichten Teilnehmer der Sitzung später übereinstimmend. Andere Teilnehmer werden deutlicher. So wirft der scheidende Darmstädter SPD-Abgeordnete *Bernd Riege* der eigenen Parteiführung „Stasi-Methoden" im Umgang mit Frau *Metzger* vor. Im Interportal „Bild.de" führt er aus: „Es ist eine Unding, wie auf die Kollegin Metzger von der Parteispitze Druck ausgeübt wurde, ihr Mandat niederzulegen. Man hat ihr sogar gedroht, der Landesparteitag werde am 29. März sonst einen entsprechenden Beschluss fällen. Mich erinnert das stark an Stasi-Methoden. Außerdem grenzt es an den Tatbestand der Nötigung." Herr *Riege* konnte sich ein offenes Wort leisten, weil er dem Landtag nicht mehr angehört. Andere berichteten Ähnliches, aber hinter vorgehaltener Hand. Auch sie sprachen von Stasi-Methoden, auch von Psychoterror der „linken Mafia" in der hessischen SPD.[20] Der „Bericht aus Hessen"[21] spricht von einer „Parteidisziplin", zu der es durchaus auch gehöre, „ein Klima aus Angst und Einschüchterung zu verbreiten. Wer die Auffassung des Vorstandes nicht teilt, bittet nun schon seit Tagen (die Journalisten) darum, nicht namentlich zitiert zu werden. Einer sagt, das könnte ihm im schlimmsten Fall den Posten kosten."

---

[15] Verfassungsschutzbericht des Bundes 2007, S. 135.

[16] FAZ vom 17. September 2008, S. 13.

[17] Grundsätzlich Gleiches gilt für die hessischen Grünen als Steigbügelhalter einer rot-roten Zusammenarbeit. Sie haben allein Bedenken wegen der „Verlässlichkeit" der Linkspartei, nicht aber wegen deren linksextremistischen Haltung: dazu etwa FAZ vom 14. und vom 15. August 2008, S. 2 und S. 10.

[18] Dass die PDS als Vorgängerin der Linkspartei schon seit längerem als Koalitionspartner der SPD auf Landesebene Einfluss auf die Regierung besitzt, lässt die Gefahr immer realistischer werden.

[19] Ein vor Wut schäumendes Tribunal, in: FAZ vom 10. März 2008, S. 3.

[20] FAZ vom 12. März 2008, S. 10.

[21] *Holger Dell* u.a., Kesseltreiben gegen das Parteimitglied Metzger, in: FAZ vom 11. März 2008, S. 3.

Das rücksichtslose Streben nach Macht greift danach auch ganz entschieden in die verfassungsrechtliche Position der Abgeordneten ein, die nach Art. 38 Abs. 1 S. 2 GG „an Aufträge und Weisungen nicht gebunden und nur ihrem Gewissen unterworfen" sind. Im Laufe der Entwicklung der Bundespolitik haben die Parteien und Fraktionen beständig an Einfluss gewonnen, die Abgeordneten zunehmend diszipliniert und das Mandat immer stärker entpersönlicht. Dieser Vorwurf muss allen Parteien gemacht werden. Der Druck, der auf (potentielle) Abweichler ausgeübt wird, ist nicht selten – wie auch im Falle *Metzger* – unerträglich. Die erdrückende Dominanz von Partei und Fraktion verwandelt das freie praktisch in ein imperatives Mandat und degradiert die Abgeordneten, die sich mit ihren Namen als selbständige Personen den Wählern präsentieren, zu reinen Parteigängern. Der faktische Druck wird allgemein erkannt, verfassungsrechtlich im Wesentlichen aber nicht beanstandet.[22] *Konrad Hesse*[23] meint sogar, das Verfassungsrecht lasse diesem Druck Raum, und der Politiker, „der sich weder durchzusetzen vermag noch bereit ist, die Konsequenzen seiner divergierenden Überzeugungen zu tragen, entspricht nicht dem Typ des Abgeordneten, den das Grundgesetz voraussetzt". Das ist eine sehr honorige Meinung und Frau *Metzger* entspricht tatsächlich diesem Typus. Aber sie ist – jedenfalls heute – alles anderes als typisch, so dass sich an ihresgleichen keine Norm mehr ausrichten lässt. Hier bedürfte es sehr gründlicher Reformüberlegungen, zu denen nur soviel anzumerken ist, dass sie nicht zu einer Änderung oder gar Streichung des Art. 38 Abs. 1 S. 2 GG (oder entsprechender Landesbestimmungen) führen dürfen. Das würde nicht nur zu einer (weiteren) Schwächung des Parlaments, sondern müsste auch zu einer völligen Entpersonalisierung des Wahlrechts im Sinne einer reinen Parteiwahl führen, was jedenfalls mit der Idee der Demokratie nicht zu vereinbaren wäre.[24]

## II. Auf dem Weg zum Bevormundungsstaat

### 1. *Diffuse Gerechtigkeitsvorstellungen als Wegweiser*

#### *a) Die Notwendigkeit einer konsensfähigen Vorstellung von Gerechtigkeit*

Wir brauchen die Idee vom guten und daher richtigen, vom gerechten Recht, weil sonst niemandem zu erklären wäre, warum es befolgt werden muss. Denn auf die Dauer befolgen die Menschen nur Regeln, die sie für gerecht halten. Dabei bezieht sich das Gerechtigkeitsverlangen auf jede Art staatlichen Verhaltens, ist also allumfassend. Einen absoluten, für alle Menschen gültigen Begriff von Gerechtigkeit gibt es nicht, aber wir können uns bemühen, einen bereichsspezifischen Gerechtigkeitsbegriff zu schaffen, der in dem jeweiligen Bereich von einem allgemeinen Konsens getragen wird. Dem Grundgesetz ist das gelungen und auch die Europäische Union

---

22 *Konrad Hesse*, Die Grundzüge des Verfassungsrechts der Bundesrepublik Deutschland, 20. Aufl. 1995, Rn. 600; *Hans H. Klein*, Status des Abgeordneten, in: HStR III, 3. Aufl. 2005, § 51, Rn. 2 ff.

23 Fn. 22.

24 Zu Reformüberlegungen *Walter Schmitt Glaeser*, Der freiheitliche Staat des Grundgesetzes, 2008, S. 160 ff., insbes. S. 170 f.

mit ihren übrigen Mitgliedstaaten wird von dem gleichen Gerechtigkeitskonsens getragen (Art. 23 Abs. 1 S. 1 GG; Art. 6 Abs. 1 und 2 EUV). Danach müssen jedenfalls zwei Anforderungen erfüllt sein, um von einer gerechten Ordnung sprechen zu können: Zum einen muss die menschliche Würde unantastbar sein und der Staat muss sie achten und schützen, wie es auch Art. 1 Abs. 1 GG verlangt. Zum andern muss grundsätzlich jedem das Recht auf freie Entfaltung seiner Persönlichkeit zugestanden sein, wie es Art. 2 Abs. 1 GG und die übrigen Freiheits- und Gleichheitsrechte im Grundgesetz fordern. Dabei geht es um bindende Verfassungspostulate, und es geht auch um Erfahrungswerte, aus denen diese Postulate erwachsen sind: Es ist die geschichtliche und die aktuelle Erfahrung, dass ohne Menschenwürde und gleiche Freiheit eine gute Ordnung menschlicher Gemeinschaft nicht möglich ist. Die Vernunft verlangt, dieser Erfahrung gerecht zu werden.

Besitzt der Mensch Würde und gleiche Freiheit, darf er nicht fremdbestimmt werden, vor allem und gerade nicht in der Frage der Gerechtigkeit. Nur ihm kann die Kompetenz zugesprochen werden, in Bindung vor allem an Menschenwürde und gleiche Freiheit Gerechtigkeit inhaltlich zu formen. Damit steht zugleich fest, dass die Gerechtigkeitsfrage weder ein für allemal noch vollständig zu beantworten ist, jedenfalls nicht im Sinne eines festen Begriffs. Der Inhalt im Einzelnen ergibt sich vielmehr aus einem ständigen Prozess der Suche, der sich auf zwei Bahnen bewegt, die Überschneidungen aufweisen. Die eine Bahn ist das Wahlverfahren zum Parlament, mit dem bestimmt wird, wer die Macht ausüben soll, und die andere ist der vornehmlich von der Meinungsfreiheit getragene gesellschaftliche Willensbildungsprozess, dessen Ergebnisse wiederum die Wahlentscheidungen beeinflussen. Gerechtigkeitsvorstellungen werden auch in Bereichen gebildet, die an sich unpolitisch sind, sehr wohl aber politische Relevanz gewinnen können: Es ist der Bereich der persönlichen Lebensgestaltung in der Familie, der Freund- und der Bekanntschaft, in Mietverhältnissen, beim Sport oder im Beruf.

Im Konzert der Gerechtigkeitsvorstellungen vieler wird sich schließlich eine Mehrheitsvorstellung von Gerechtigkeit bilden, an dem sich staatliches Handeln orientieren kann und soll. Das Grundgesetz flankiert die Gerechtigkeitssuche seiner Bürger auf vielfältige Weise, so z. B. durch das staatliche Gewaltmonopol, das Frieden und Sicherheit gewährleistet, ohne die Freiheit keinen Gestaltungsraum und damit die Suche nach Gerechtigkeit keine Chance hätte; oder durch die Gewaltenteilung, die erdrückende Machtballungen unterbindet. Besonders bedeutsam ist in diesem Zusammenhang die Institution des unabhängigen Gerichts, das auch den Rechtsgehorsam staatlicher Organe kontrollieren und sanktionieren kann, indem es die bürgerliche Freiheit vor rechtswidrigen Eingriffen schützt. Auch Verfahrensordnungen oder die Begründungspflicht für staatliche Entscheidung gehören hierher.[25]

---

[25] Dazu etwa *Isensee*, Gerechtigkeit – die vorrechtliche Idee des richtigen Rechts, in: Festschrift Detlef Merten, 2007, S. 14 ff.

### b) Rechtsstaat als Gerechtigkeitsstaat

Die ganz h.M. fokussiert die Gerechtigkeit auf den Rechtsstaat, allerdings nicht auf den formellen Rechtsstaat mit den Geboten: Vorrang der Verfassung und der Verfassungsgerichtsbarkeit, Gesetzmäßigkeit der Verwaltung, Gewaltenteilung, Rechtsschutz durch unabhängige Gerichte und Haftung für Staatsunrecht. Diese formellen Elemente werden zwar für wichtig erachtet[26], aber es ist der materielle Rechtsstaat, der in der Nähe zur Idee der Gerechtigkeit gesehen wird: Gefordert ist eine Junktim, eine Synthese von Form und Inhalt,[27] eine eben auch inhaltlichen Ausrichtung an einer höheren Normenordnung,[28] die Verwirklichung *materieller* Gerechtigkeit also.[29] Dabei sieht man sich allerdings durchweg dazu veranlasst, darauf hinzuweisen, dass die materielle Komponente des Rechtsstaates nicht „auf eine eigenmächtige Durchsetzung subjektiven Wertempfindens" ziele,[30] der Begriff der (materiellen) Gerechtigkeit also kein Einfallstor für beliebige Gerechtigkeitsvorstellungen sein dürfe.

### c) Grenzverwischung zwischen verfassungsrechtlicher und politischer Gerechtigkeitsvorstellung

Dieser Hinweis auf die Gefahr einer subjektiven Verfälschung, die mit einer inhaltlichen „Aufladung" des Rechtsstaates verbunden ist, kommt nicht von ungefähr. Wird der Rechtsstaat erst einmal mit materiellen Elementen verbunden, die im Übrigen ohnehin schon durch das Grundgesetz unmittelbar geschützt sind,[31] liegt es nahe, ihn gleichsam kreativ noch mit weiteren Gerechtigkeitsinhalten zu füllen, die in keiner oder einer völlig unzulänglichen Verbindung mit dem Grundgesetz stehen. Auf diese Weise käme es zu einer die rechtsstaatlichen Formelemente überwölbende Dominanz inhaltlicher Ideen, so dass sich die „Materialisierung" – entgegen der Vorstellung von *Eberhard Schmidt Aßmann*[32] – nicht „in der Durchdringung der Formelemente" bewähren, sondern sie zurückdrängen und vielleicht sogar bis zur Bedeutungslosigkeit abschwächen würde. Die Neigung zur „Erfindung" weiterer Gerechtigkeitsinhalte ist deswegen so stark, weil einerseits spätestens seit der Kulturrevolution der 68er Jahre und dem damit einher gehenden Verlust (herkömmlicher) sozialer Normen und ideeller Werte ein kaum zu stillendes Bedürfnis nach einer gemeinsamen und die Gemeinschaft stabilisierenden Wertbasis besteht, und weil andererseits das Grundgesetz als der rechtliche Rahmen unserer Verfasstheit sich für die Erfül-

---

[26] *Hesse* (Fn. 22), Rn. 192, 203ff.

[27] *Klaus Stern*, Das Staatsrecht der Bundesrepublik Deutschland, Bd. 1, 2. Aufl., § 20 I, 3b (S. 775); *Karl-Peter Sommermann*, in: v. Mangoldt/Klein/Starck, GG II, Art. 20 Abs. 3, Rn. 237f.

[28] *Eberhard Schmidt-Aßmann*, Der Rechtsstaat, in: HStR II, 3. Aufl. 2004, § 26, Rn. 19; *Helmuth Schulze-Fielitz*, in: H. Dreier (Hg.), Grundgesetz-Kommentar, Bd. 2, 2. Aufl., 2006, Art. 20, R 46ff.

[29] So insbes. auch das BVerfGE 49, 148 (164); 74, 129 (308) und ständig.

[30] *Schmidt-Aßmann* (Fn.28), Rn. 19. Ebenso schon *Otto Mayer*, Deutsches Verwaltungsrecht, Bd. I, 1895, S. 61.

[31] *Detlef Merten*, Rechtsstaat und Gewaltmonopol, 1975, S. 16f., der zudem nachweist, dass sich auch im Blick auf Art. 79 Abs. 3 GG keine andere Beurteilung ergibt.

[32] Fn. 28, Rn. 19.

lung dieses Bedürfnisses in besonderer Weise anbietet. Dass dabei oft mehr von ihm verlangt wird als es geben kann, ist zwar nicht selbstverständlich, wohl aber verständlich. Der Begriff des materiellen Rechtsstaates mit seiner Nähe zur Idee der Gerechtigkeit kommt dieser Überforderung nur allzu sehr entgegen. Überhaupt scheint das Rechtsstaatsprinzip besonders geeignet zu sein für eine „Grenzverwischung zwischen Verfassungsrecht und politischer Programmatik".[33] *Hans-Detlef Horn*[34] bringt es auf den Punkt: „Das Grundgesetz wird zum Adressaten aller politischen Sympathie und zum Träger aller Hoffnungen. ... Solche Verfassungsschau verharrt ... nicht auf dem Boden der ‚harten' positiv-rechtlichen Regeln des Grundgesetzes. Allzu gerne erhebt sie sich über diese und argumentiert in der Abstraktionsebene politischer Ideen ...". Die Argumente „landen" sodann auf der Ebene des Verfassungsgesetzes und verfälschen es mit einer beliebigen, dem jeweiligen Zeitgeist entsprechenden politischen Idee. Die Gerechtigkeit verliert ihre verfassungsrechtliche Abgrenzung, sie wird diffus, es werden ihm Inhalte zugewiesen, die es nicht hat. Die exakte Gesetzesinterpretation ist suspendiert. *Ernst Forsthoff*[35] hat vor solchen Prozeduren schon früh gewarnt.

Die Beachtung des Grundgesetzes als *Gesetz*, also die Gesetzesform der Verfassung, hat seitdem weiter abgenommen. Zwangsläufig geht damit die Auflösung der Konsistenz der formell-rechtsstaatlichen Komponente als institutionelles Gefüge zur Gewährleistung gesetzlicher Freiheit einher. Immer öfters begegnen wir bei den staatlichen Organen einer Gerechtigkeitsprogrammatik, die sich mit fadenscheinigen Argumenten aus dem Grundgesetz drapiert, in Wahrheit aber Fundamentalwerte der Verfassung konterkariert. So werden im Namen der Gerechtigkeit Gerechtigkeitsnormen des Grundgesetzes durch politische Gerechtigkeitsvorstellungen der staatlichen Organe überlagert oder gar ersetzt und ihrer Wirksamkeit beraubt. Damit soll nicht gesagt sein, dass der Staat keine Vorstellungen zur Gerechtigkeit entwickelt dürfte. Seine Organe sind dazu berufen, die Gerechtigkeitsnormen der Verfassung zu interpretieren und umzusetzen, und das ist ohne einen angemessenen Gestaltungsspielraum nicht zu leisten. Überdies hat er die Aufgabe, die Entwicklung der Gerechtigkeitsüberlegungen seiner Bürger zu fördern. Vor allem obliegt ihm auf der Basis seiner verfassungsrechtlich verankerten Schulaufsicht (Art. 7 Abs. 1 GG) zusammen mit den Eltern (Art. 6 Abs. 2 GG) und anderen Erziehungsträgern[36] die Erziehung von Kindern und Jugendlichen. Bei dieser staatlichen Erziehung geht es um die für junge Menschen unverzichtbare Hilfe bei ihrer Einfügung in die menschliche Gemeinschaft im Sinne einer Vermittlung selbstbestimmter und selbstverantwortlicher Lebensführung. Diese Vermittlung hat sich aber strikt an den Fundamentalwerten des Grundgesetzes zu orientieren und in diesem Rahmen „mögliche Antworten auf die Grundfragen einer guten Ordnung des individuellen, gesellschaftlichen und staatlichen Lebens" anzubieten.[37] Die gleiche Bindung gilt für die Umsetzung der

---

[33] *Schmidt-Aßmann* (Fn. 28), Rn. 7 unter Verweis auf *Philip Kunig*, Das Rechtsstaatsprinzip, 1986.

[34] Der deutsche Staat in supranationaler Verantwortung, in: Schriftenreihe der Landsmannschaft Hasso-Borussia, Bd. 1, 2005, S. 27 (30).

[35] Die Umbildung des Verfassungsrechts, in: *ders.*, Rechtsstaat im Wandel, 2. Aufl. 1976, S. 130 ff.

[36] *Häberle*, Erziehungsziele und Orientierungswerte im Verfassungsstaat (1981), S. 47 ff.: Pluralismus der Erziehungsträger.

[37] *Rolf Gröschner*, in: H. Dreier (Hg.), Grundgesetzkommentar, Bd. 1, 2. Aufl. 2004, Art. 7 Rn. 47.

Gerechtigkeitsnormen und für die Unterstützung erwachsener Bürger. Aber gerade diese Verfassungsbindung ist heute ein zentrales Problem.

### 2. *Die Zielverfolgung in bedrohlicher Konsequenz*

#### *a) Es begann mit der Verfälschung der Freiheitsidee*

Freiheit ist Selbstkontrolle in möglichst großer Autonomie. Ihr inhaltlicher Maßstab ist Verantwortung gegenüber anderen Menschen, der staatlichen Gemeinschaft und den natürlichen Lebensgrundlagen. Wer Selbstbestimmung für sich in Anspruch nimmt, muss die Folgen seines Tun oder seines Unterlassens bedenken und die Verantwortung dafür übernehmen. Nach dem Zweiten Weltkrieg und am Beginn der Entwicklung Deutschlands zu einem freiheitlichen Staat wusste man das noch. Am Anfang stand das Erleben, dass Freiheit aus der menschlichen Würde erwächst, den „aufrechten Gang" möglich macht, „Luft zum Atmen" (*Rudolf Smend*) ist. Man war bereit, Verantwortung zu tragen, Freiheit zu verteidigen und Opfer dafür zu bringen. Nicht weniger beispielhaft ist aber auch, dass das am Beginn dieses Zeitabschnitts noch sehr intensive Gefühl der Befreiung von der Unterdrückung durch einen Unrechtsstaat, also die wieder gewonnene Autonomie und Selbstbestimmung im Sinne einer möglichen Verwirklichung der je eigenen Identität als Kern der Freiheitsidee, im Laufe der Jahre immer stärker verdrängt wurde von einem vor allem ökonomischen Verständnis der Freiheit. Zunehmend wurde sie schließlich hauptsächlich als Chance gesehen, gut zu essen und zu trinken, sich schön zu kleiden, Haus und Auto zu besitzen, Urlaubsreisen in ferne Länder zu unternehmen, gut bezahlte Arbeit zu haben und möglichst viel Freizeit genießen zu können. Je mehr diese Ziele in den Vordergrund rückten, das ideelle Freiheitsverständnis dem wirtschaftlichen Kalkül weichen musste, desto „bestechlicher" wurden die Freiheitsträger und desto eher waren sie bereit, ihre Freiheit gegen Wohlstand einzutauschen.

#### *b) Von der Verfälschung der Freiheitsidee über den Sozialstaat zum Betreuungsstaat*

Die politischen Parteien stellten sich auf diesen mentalen Wandel ein und erkannten schnell, auf welche Weise sich Mitglieder und Wähler gewinnen lassen. Sie übertrafen sich gegenseitig in wirtschaftlichen und finanziellen Versprechungen, die sie über kurz oder lang wenigstens zum Teil einlösen mussten, vor allem wenn sie in die Regierung gelangten, was dazu führte, dass der Staat dem Bürger immer mehr Aufgaben abnahm, deren Bewältigung in erster Linie Sache des Bürgers selbst gewesen wäre.

Als Leitformel dieser Entwicklung fungiert das Schlagwort von der „sozialen Gerechtigkeit". Ganz abgesehen davon, dass Gerechtigkeit schon von ihrem Grundver-

---

Vgl. etwa auch *Häberle* (Fn. 36); *Thomas Oppermann*, Schule und berufliche Ausbildung, in: HStR VI, 2001, § 135, Rn. 4; *ders.* Öffentlicher Erziehungsauftrag, in: Essener Gespräche 32 (1998), S. 6 ff.

ständnis her nur sozial sein kann, ist diese „wuchtige Großformel" (*Udo Di Fabio*) so unpräzise und nebulös, wie man es eben bei politischen Kampfbegriffen gewohnt ist. Schließlich will man Emotionen wecken und da kann Klarheit nur schaden.[38] Eines freilich ist ohne weiteres erkennbar: Mit sozialer Gerechtigkeit wird in erster Linie materielle Gleichheit in einem weitgehend undifferenzierten Verständnis verbunden, also eine Güterverteilung eher nach Bedürfnis als nach Leistung und Können. Diese Zielrichtung wird gerne mit dem Sozialstaat in Verbindung gebracht. Dabei ist unbestritten, dass die Verantwortung für die sozial Schwachen in der Gesellschaft eine unverzichtbare Obliegenheit des modernen Staates ist, und zwar gerade des freiheitlichen Staates. Konsequenter Weise spricht man daher auch von einem „freiheitlichen Sozialstaat".[39] Es geht um die Herstellung „wirklicher" Freiheit für alle. Auch dem Vermögenslosen soll die reale Möglichkeit einer selbständigen Entfaltung der Persönlichkeit, eben gleiche Freiheit gewährleistet sein. Zu sichern sind – so *Udo Di Fabio*[40] – die Voraussetzungen der Freiheit dadurch, „dass Chancengleichheit verbessert, existentielle Risiken gemindert und der Abstand in den jeweiligen praktischen Möglichkeiten zur Freiheitsbetätigung – also in den konkreten Lebensverhältnissen – nicht zu weit wird." Mit einer Güterverteilung mehr nach Bedürfnis denn nach Leistung und Können lässt sich ein so verstandener Sozialstaat in keiner Weise verbinden. Trotzdem glaubte man und glaubt es nach wie vor, bei der sozialen Förderung der Freiheit und der damit zugleich geforderten Selbstverantwortung nicht stehen bleiben zu sollen. Spätestens seit den 70er Jahren des vorigen Jahrhunderts, beginnend unter der Großen Koalition aus CDU/CSU/SPD und konsequent fortgeführt unter der darauf folgenden Regierung der „sozial-liberalen Koalition" aus SPD und FDP, meint man, die hauptsächliche soziale Aufgabe in einer an den jeweiligen politischen Vorstellungen orientierten Einkommens- und Vermögensumverteilung zwischen gesellschaftlichen Gruppen, zwischen „arm" und „reich" erblicken zu müssen, was immer man unter diesen Begriffen verstehen mag. Die dazu eingesetzten staatlichen Instrumente sind einerseits ständig steigende Abgaben und Steuern, andererseits immer mehr und immer höhere staatliche Zuschüsse und Transfereinkommen. Die sozialen Leistungen werden Schritt für Schritt auf immer mehr gesellschaftliche Gruppen und Berufe ausgeweitet, von den Mietern, den Hausbesitzern und Handwerkern über Landwirte und Angestellte bis zu den Kleinunternehmern. Man entdeckt den globalen Mieterschutz, den sozialen Wohnungsbau, die allgemeine Gesundheitsfürsorge, den Verbraucherschutz, die Eigenheimzulage, das Wohngeld, die Lohnkosten- und Existenzgründungszuschüsse, den Mindestlohn, die Unterstützung von Familien mit Kindern, vor allen von Alleinerziehenden, das Elterngeld, Ausbildungsbeihilfen oder Sparförderung und vieles andere mehr. Der Gedanke der Subsidiarität, wonach der Staat erst eingreifen darf, wenn die Eigenhilfe und die Unterstützung durch Selbsthilfeorganisationen (private Versicherungen, Kirchen, Wohlfahrtsverbände) nicht mehr ausreichen oder möglich sind, bleibt zunehmend

[38] Näher dazu etwa *Otfried Höffe*, Soziale Gerechtigkeit: ein Zauberwort, in: APuZ 37/2005, S. 3ff.

[39] *Hans F. Zacher*, Das soziale Staatsziel, in: HStR II, 3. Aufl., 2004, § 28, Rn. 26.

[40] Soziale Gerechtigkeit und Verfassung, in: Politische Studien 406, 57. Jg. (März/April 2006), S. 51 (52).

unbeachtet. *Extensive Sozialpolitik ist die Devise.* Der Staat nimmt und gibt nach Gutdünken. Demokratische Politiker lieben es, fremden Menschen das Geld aus der Tasche zu ziehen und es an andere fremde Menschen zu verteilen. Geldausgeben ist ihr Lebenselixier. Sie begründen und sichern damit nicht nur ihre Macht; zu allem Überfluss meinen sie auch noch, dass – so ein führender Politiker einer Volkspartei im Jahre 2005 – der Staat ohnehin besser wisse, mit dem Geld umzugehen „als die Leute". Mit dieser Einstellung lässt sich jede Freiheits- und Vermögensberaubung rechtfertigen, und die stets beschworene soziale Gerechtigkeit erhält „einen Absolutheitsanspruch, der mit dem Gottesgnadentum vordemokratischer Zeiten vergleichbar ist. Abgeleitet von einem undefinierten höchsten Wert, wird soziale Gerechtigkeit zu einem Mittel absolutistischer Machtausübung".[41]

Nutznießer dieser Politik sind die „Armen" oder die, die als solche definiert werden. Dagegen ist grundsätzlich nichts einzuwenden, soweit die Unterstützung auf der Basis des freiheitlichen Sozialstaates, also zur Wiedergewinnung individueller Selbstbestimmung erfolgt. Aber die Politik geht – wie geschildert – weit darüber hinaus; keiner politischen Partei und keinem Politiker wird man mit der Behauptung zu nahe treten, dass es nicht Barmherzigkeit ist, die eine solche verschwenderische Spenderpolitik beflügelt. Es geht um Macht. Wer Macht erringen oder behalten will, muss die Mehrheit der Wähler gewinnen, und die Mehrheit ist bei den Geringverdienenden und Vermögenslosen, nicht bei den „Besserverdienenden" und Vermögenden zu holen. Daher ist jenen zu geben und diesen zu nehmen.

Die „Beschenkten" sind aber nicht nur Nutznießer, sie sind auch Opfer dieser Politik. Indem der Staat ihnen immer mehr abnimmt, immer mehr von dem, was sie selbst bewältigen könnten und müssten, sie also zu Betreuungsobjekten degradiert, verlieren sie ein besonders wichtiges Gut des Menschen, die Selbständigkeit der Lebensgestaltung, deren Erhalt oder Wiederherstellung das vornehme Ziel des richtig verstandenen Sozialstaats wäre. Der „soziale" Staat der Gegenwart, fehlgeleitet mit der Formel von der sozialen Gerechtigkeit, ist in Wahrheit kein Sozialstaat, sondern ein Betreuungsstaat, der den Bürger seiner Mündigkeit beraubt. Denn mit den individuellen Herausforderungen schwindet die Selbstständigkeit und mit der Selbständigkeit schließlich das Gefühl für den Wert der Selbstbestimmung und der Freiheit. Verantwortung als inhaltlicher Maßstab der Freiheit wird „unpopulär". Das Wort rufe – so *Friedrich August von Hayek*[42] – oft sogar „ausgesprochene Feinseligkeit hervor". Die Leugnung der Verantwortung entspringe gewöhnlich einer Furcht vor ihr, „die notwendig auch zu einer Furcht vor der Freiheit führt". Diese Entwicklung hat sich durch die Wiedervereinigung Deutschlands verstärkt. Denn nach einer über viele Jahrzehnte dauernden kommunistischen Diktatur ist es für die Menschen der ehemaligen DDR äußerst schwierig, sich wieder in die Rolle eines freien Bürgers mit Selbstbestimmung und Verantwortlichkeit zu versetzen.[43] Besonders fatal ist dabei die inzwischen weit verbreitete Mentalität, Freiheit zu fordern und Verantwortung zu verweigern.

---

41 *Stefan Dietrich*, in: FAZ vom 28. November 2002.

42 Die Verfassung der Freiheit, 1991, S. 89f.

43 Aufschlussreich *Konrad Weiß*, Angst vor der Freiheit, in: Die politische Meinung, Bd. 41, 1996, S. 17ff.

### *c) Der Betreuungsstaat als Konfiskationsstaat*

Für die enormen Kosten des Betreuungsstaates müssen die „Besserverdienenden" gerade stehen; sie müssen zahlen. Ein Blick in die Angaben des Statistischen Bundesamtes für das Jahr 2003 zur Steuerprogression zeigt, um welche Dimensionen es geht: Über 50 Prozent der gesamten Einkommenssteuer tragen 10 Prozent der Steuerpflichtigen mit den höchsten Einkommen (ab 65 952 €); die oberen 20 Prozent (ab 48 960 €) zahlen knapp 70 Prozent, die oberen 50 Prozent (ab 27 216 €) tragen etwas über 92 Prozent, die unteren 20 Prozent (bis 11 113 €) zahlen 0,1 Prozent der Steuern. Und schließlich: 1 Prozent der Steuerpflichtigen (ab 162 231 €), also die Spitzenverdiener, erbringen fast 20 Prozent des Gesamtaufkommens.

Nicht weniger aufschlussreich ist die Verteilung der Transferleistungen, die das Kölner Institut der deutschen Wirtschaft auf der Basis der Angaben des Statistischen Bundesamts berechnet hat: Danach zahlen die oberen drei Zehntel der Haushalte mit den höchsten Einkommen aus Erwerbseinkommen, Vermögen, Vermietung und Verpachtung 61, 9 Prozent aller Steuern und Abgaben, erhalten aber nur 10, 7 Prozent aller Transferleistungen vom Kindergeld über das Arbeitslosengeld bis hin zur Rente. Umgekehrt erhält das einkommensschwächere Drittel fast 60 Prozent aller Transferleistung, schultert aber nur 5 Prozent aller Steuern und Abgaben.

Die notwendige Folge dieser rigorosen Progression und Umverteilung ist – natürlich abgesehen von den geringen Einkommen – eine zunehmende Auflösung des Zusammenhangs zwischen der Entwicklung von Brutto- und (verfügbarem) Nettoeinkommen; beide Einkommen treten um so mehr auseinander, je höher das Bruttoeinkommen ist; in extremen Fällen kann sogar die Erhöhung des Bruttoeinkommens zu einer Verringerung des verfügbaren Einkommens führen. Auch die einmal schon versteuerten Vermögen bleiben nicht verschont. Besteuerung der Sparbeträge, der Verkaufserlöse bei Aktien und Immobilien und anderes mehr sind weitere Zwangsabgaben, um den nimmersatten Umverteilungsstaat zu füttern. Schenkungs- und vor allem Erbschaftssteuern als Generationen übergreifendes „Bußgeld für Vermögensbildung" greifen noch einmal zu. Die grundsätzlich legitime Beteiligung des Staates an den Leistungserträgen seiner Bürger wird so zur Konfiskation, also zu einer Art entschädigungslosen Enteignung, der „soziale" Staat zum Konfiskationsstaat, der schon mittelfristig den Freiheits- und Gestaltungsdrang gerade seiner leistungsfähigen Bürger nachhaltig beschädigt. Denn Freiheit ist selbstverständlich darauf angelegt, „Erträge" zu erbringen. Und so sehr Freiheit und Freiheitsertrag ein untrennbares Ganzes darstellt, so sehr ist jede Beschneidung der Freiheitserträge, auch der finanziellen, eine rückwirkende Einschränkung oder Aufhebung der Freiheit selbst. Freiheit lohnt nicht mehr, sie läuft ins Leere, der Freiheitswille erlahmt.

### 3. *Der Bevormundungsstaat gewinnt Konturen*

#### *a) Die Abwertung individueller Freiheit als Voraussetzung des Bevormundungsstaates*

So wirken Betreuungsstaat und Konfiskationsstaat zusammen, jeder auf seine Weise, aber beide mit den gleichen schädlichen Auswirkungen für die Freiheit. Während der Betreuungsstaat die Menschen vor den täglichen Herausforderungen „schützt", indem er sie (teilweise) abmildert oder ihnen ganz abnimmt, ihnen damit ihre Selbständigkeit und mit der Selbständigkeit das Gefühl für die hohe Bedeutung von Freiheit und Verantwortung nimmt, betrügt der Konfiskationsstaat vornehmlich die Leistungsträger um die Erträge ihrer Persönlichkeitsentfaltung und Gestaltungskraft und lässt die grundrechtliche Verbürgungen der entsprechenden Freiheitsrechte zu nicht eingelösten Versprechen verkommen. Diese Entwicklung führt letzten Endes notwendig zu einer generellen Abwertung individueller Freiheit und damit auch zu einer existentiellen Gefährdung des gesamten freiheitlichen Systems, dessen zentraler Wert eben diese Freiheit ist. Darin liegt der tiefere Grund dafür, dass sich der Betreuungsstaat über kurz oder lang, aber eher über kurz, zum „Staat der Bevormundung" auswächst. Die Protagonisten dieser Entmündigungsbewegung sprechen dabei gerne von Solidarität, meinen in Wahrheit aber die Abschaffung oder doch die starke Einschränkung einer für sie weithin überflüssigen individuellen Freiheit, weil – wie sie denken – der Staat ohnehin sehr viel besser wisse, was dem Einzelnen frommt. Dass diese politische Philosophie eine eklatante Irrtumsphilosophie ist, hat sich im Laufe der Geschichte immer wieder erwiesen, wird aber – wenn überhaupt – regelmäßig erst erkannt, wenn schon ganz erhebliche Schäden an der Freiheitsmentalität der Menschen und am allgemeinen Wohlstand eingetreten sind.

#### *b) Die Strategien der Bevormundung und Erziehung*

In Deutschland ist die Stufe des Bevormundungsstaates schon beschritten; seine Umrisse werden zunehmen deutlicher. Dabei geht es vor allem um zwei Strategien. Die eine ist die Abwertung des Grundrechtsträgers zum Statisten, indem der Staat unmittelbar in das Grundrecht eingreift und den grundrechtlich geschützten Lebensbereich weitgehend selbst in die Hand nimmt, ihn gleichsam nach eigenem Gutdünken gestaltet. Die zweite Strategie verändert für einen bestimmten Bereich die Strukturen der freiheitlichen Ordnung und beraubt die Freiheit damit ihrer Wirkungsbasis. Charakteristisch für den Bevormundungsstaat ist zudem, dass die Freiheitsträger sich so gut wie nicht zur Wehr setzen. Darin kann ein sicherer Beleg dafür gesehen werden, dass dem vorauf gehenden Betreuungsstaat die Abwertung der Freiheit gelungen ist, er also ganze Arbeit geleistet hat. Der Bevormundungsstaat ist damit fest installiert und wird sich weiter ausdehnen.

aa) Ein Beispiel für die erste Strategie ist das Raucherurteil des BVerfG vom 30. Juli 2008[44], in dem es sich mit der Verfassungsmäßigkeit der Nichtrauchergesetze der

---

[44] BVerfG, 1 BvR 3262/07 vom 30.7. 2008, www.bverfg.de; gekürzte Fassung ohen Sondervotum in: DVBl. 2008, S. 1110ff.

Länder Baden-Württemberg und Berlin zu beschäftigen hatte. Es ist dabei auf die Frage eingegangen, ob im Interesse der Gesundheit von Nichtrauchern auch ein *striktes Rauchverbot in Gasstätten* verfassungsgemäß wäre, und hat die Frage bejaht.[45] Allein der Richter *Masing* hat in seinem Sondervotum[46] dieser Meinung widersprochen. Nun kann kein Zweifel daran bestehen, dass der Gesundheitsschutz ein hohes Gut ist und auch empfindliche Eingriffe in die Berufsfreiheit der Gastwirte (Art. 12 Abs. 1 GG) und in die allgemeine Verhaltensfreiheit der Raucher (Art. 2 Abs. 1 GG) rechtfertigt. Dies gilt umso mehr, als auch Passivrauchen zum Tod führen kann. Ebenso unbestreitbar ist aber, dass die einschränkenden gesetzlichen Regelungen allein den Schutz der Nichtraucher zum Ziel haben dürfen und dabei das Übermaßverbot beachten müssen.[47] Ein striktes Rauchverbot hätte damit zur Voraussetzung, dass nur auf diesem Weg ein vollständiger Nichtraucherschutz zu erreichen ist, anderenfalls wäre es jedenfalls nicht erforderlich, möglicherweise überdies unverhältnismäßig. Davon geht das Gericht auch aus und sieht konsequenter Weise in jeder Ausnahme vom Rauchverbot in Gasstätten, wie sie die beiden angegriffenen Landesgesetze gewähren, einen teilweisen Verzicht auf das an sich angestrebte Ziel des Gesundheitsschutzes, den es allerdings wegen des gesetzgeberischen Gestaltungsspielraums verfassungsrechtlich grundsätzlich nicht beanstandet. Eine überzeugende Begründung für die Extremlösung eines strikten Rauchverbots in Gasstätten kann das Gericht aber nicht liefern.[48]

Von Gewicht ist lediglich das Argument des Beschäftigtenschutzes, insbesondere des Bedienungspersonals.[49] Aber schon die Frage, ob dem Landesgesetzgeber für einen solchen Schutz die Kompetenz zusteht, ist alles andere als einleuchtend beantwortet. Das Sondervotum des Richter *Masing*[50], das eine Landeskompetenz verneint, ist überzeugender. Wie immer man sich aber in der Kompetenzfrage entscheiden mag, Beachtung muss die Tatsache finden, dass es (kleine) Gaststätten gibt, in denen nur der Inhaber oder ein Ehepaar als Inhaber allein die Gäste bedient. Jedenfalls in solchen Fällen – auf die das Gericht mit keinem Wort eingeht – kann ein Rauchverbot nicht gerechtfertigt werden, so dass auch das Argument des Beschäftigtenschutzes ein striktes Rauchverbot nicht zu tragen vermag.

Besonders gekünstelt erscheint die Behauptung des Gerichts, die Einbußen an Gesundheitsschutz würden bei der Einrichtung von Raucherräumen deutlich, weil dann nicht ausgeschlossen werden könne, dass diese von nicht rauchenden Gästen aufgesucht werden, die Rauchern folgen oder wegen vollständig belegter Plätze im Nichtraucherbereich nach dort ausweichen. Besonders betroffen seien Kinder und Jugendliche, die von ihren erwachsenen Begleitpersonen in Raucherräume mitgenommen werden. Schon hier zeigt sich, dass das Gericht gerade nicht mehr allein den

---

[45] BVerfG (Fn. 44), Absatz – Nr. 121 ff. Konkret wurde dieses Problem mit den Verfassungsbeschwerden gegen das Bayerische Gesundheitsgesetz vom 20. 12. 2007, das ein absolutes Rauchverbot in öffentlich zugängigen Gaststätten verhängt. Konsequenter Weise wurden sie nicht zur Entscheidung angenommen (BVerfG, 1 BvR 3198/07 vom 6. 8. 2008).

[46] BVerfG (Fn. 44), Absatz – Nr. 176 ff.

[47] BVerfG (Fn. 44), Absatz -Nr. 95.

[48] Zum Folgenden BVerfG (Fn. 44), Nr. 132.

[49] BVerfG (Fn. 44), insbesondere Absatz – Nr. 98 ff.

[50] BVerfG (Fn. 44), Absatz – Nr. 189.

Nichtraucherschutz im Auge hat, sondern eindeutig auf Bevormundung und Erziehung der Raucher sowie auf den Schutz vor Selbstgefährdung der Nichtraucher abzielt, auch wenn es ein solches Bestreben ausdrücklich verneint.[51] Die Bevormundung der Raucher ist darin zu sehen, dass es ihnen ohne Ausnahme verboten wird, in Gaststätten zu rauchen, obwohl ein solches Verbot zum Schutz von Nichtrauchern in keiner Weise erforderlich ist. Dieser Schutz wird nicht dadurch verfehlt, dass neben einem vollwertigen Nichtraucherangebot ein Raucherraum zur Verfügung steht. Es kann auch nicht Aufgabe des Gesetzgebers sein, den Nichtraucher vor einem freiwilligen Gang in den Raucherraum zu bewahren, also ihn vor sich selbst zu schützen; die Gründe, die zu einem solchen Schritt führen, müssen den Gesetzgeber nicht interessieren. Das gilt auch für den Fall, dass die Plätze im Nichtraucherraum besetzt sind. Eine solche Situation kann ebenso bei reinen Nichtrauchergaststätten eintreten. Vorherige Tischbestellung oder das Ausweichen in eine andere Gaststätte wäre eine durchaus zumutbare Lösung.[52] Und was die besondere Betroffenheit von Kinder und Jugendlichen angeht, so liegt es grundsätzlich in der Verantwortlichkeit der Begleitpersonen, bei denen es sich regelmäßig um die Eltern handeln dürfte, im Rahmen des Art. 6 Abs. 2 GG darüber zu entscheiden, welche Plätze sie in einer Gaststätte mit ihren Kindern aufsuchen. Andernfalls müsste man auch in Privatwohnungen das Rauchen generell verbieten, sofern sich dort Kinder und Jugendliche aufhalten, zumal sie in solchen Räumen länger und oft sehr viel intensiver dem Rauch ausgesetzt sind als in Gaststätten. Bei den derzeit vorherrschenden Tendenzen ist freilich selbst ein solcher Schritt keineswegs mehr auszuschließen. Man könnte dann auch noch weiter gehen und die Essgewohnheiten von Kinder und Jugendlichen hoheitlich regeln, denn ungesundes Essen, etwa zu viel Fett oder Süßspeisen, dürften auf die Dauer nicht weniger schädlich sein als Passivrauchen. Dies wäre dann ein weiterer Schritt zur Beseitigung des Erziehungsrechts der Eltern, wie es ja auch mit der Einführung von Kindergrundrechten beabsichtigt ist.

Als weitere Begründung für ein absolutes Rauchverbot bringt das Gericht schließlich vor, die Giftstoffe des Tabakrauches könnten nicht zuverlässig von den angrenzenden rauchfreien Räumen ferngehalten werden. Ob das aber so ist, hängt von den jeweiligen lokalen Gegebenheiten ab, insbesondere von der Lage des Nichtraucher- zum Raucherraum, trifft also nicht immer zu und taugt daher ebenso wenig als Begründung für ein striktes Rauchverbot. Zudem hätte noch berücksichtigt werden müssen, dass eine Klimaanlage für eine ganz erhebliche Reduzierung der Emission aus Raucherräumen sorgen kann.

Das Fazit ist klar: Mit einem radikalen Rauchverbot öffnet das Gericht „den Weg für eine Extremlösung, die mangels Interessenausgleich unverhältnismäßig ist und die Gefahr paternalistischer Bevormundung bringt."[53]

bb) Ein Beispiel für die zweite Strategie ist das Allgemeine Gleichbehandlungsgesetz vom 18. 8. 2008 (AGG). Es beruht auf vier dem Diskriminierungsschutz dienenden Richtlinien der Europäischen Union (aus den Jahren 2000, 2002 und 2004), die auf der Grundlage des Art. 13 EGV erlassen wurden. Ziel des Gesetzes ist es, „Be-

---

[51] BVerfG (Fn. 44), Nr. 126.

[52] Dazu auch Sondervotum des Richter *Masing*, BVerfG (Fn. 44), Absatz – Nr. 184ff.

[53] So das Sondervotum des Richter *Masing*, BVerfG (Fn. 44), Absatz – Nr. 176.

nachteiligungen aus Gründen der Rasse oder wegen der ethnischen Herkunft, des Geschlechts, der Religion oder Weltanschauung, einer Behinderung, des Alters oder der sexuellen Identität zu verhindern oder zu beseitigen". Gesetzesadressat ist nicht der Staat (dazu Art. 3 Abs. 3 GG), sondern es sind Privatpersonen, insbesondere Arbeitgeber. Das Gesetz ist überflüssig und freiheitszerstörend.[54]

Überflüssig ist es, weil das, was an Gleichbehandlung verfassungsrechtlich geboten und sinnvoll ist, schon lange vor dem AGG zivilrechtlich gewährleistet war. Über die wertausfüllungsfähigen und wertausfüllungsbedürftigen Begriffe und Generalklauseln des Privatrechts, wie insbesondere § 138, § 242 und § 826 BGB, kann der Richter den Werten der Verfassung und damit auch den Grundrechten, speziell dem in Art. 3 Abs. 3 GG enthaltenen Diskriminierungsverbot, in der notwendigen Differenzierung und ohne Verletzung der Privatrechtautonomie gerecht werden.[55] Nur dieser Weg der mittelbaren Drittwirkung von Grundrechten „wahrt einerseits die nach grundrechtlicher Anerkennung der privaten Dispositionsfreiheit im Drittrechtsverkehr *rechtslogisch und rechtssystematisch* notwendig gewordene *Eigenständigkeit des Privatrechts*, und wahrt andererseits die selbstverständlich nötige *Einheit des Gesamtrechts in der Rechtsmoral*."[56]

Das AGG zerstört die Eigenständigkeit des Privatrechts und damit die individuelle Freiheit, indem es die Abwehrrichtung des grundrechtlichen Diskriminierungsverbots gegen den Staat gleichsam umdreht und gegen das Individuum, also den Grundrechtsträger selbst, richtet. Es geht dem Gesetz also nicht darum, dass der Staat bestimmte typische faktische Verschiedenheiten der seiner Herrschaft unterworfenen Bürger rechtlich anerkennt und gleich behandelt,[57] sondern es will die Menschen dazu zwingen, dass sie diese Verschiedenheiten auch untereinander anerkennen und für den Privatrechtsverkehr gleich behandeln. Damit überschreitet der Staat seinen möglichen Aufgabenbereich. Der freiheitliche Staat darf nicht alles regeln; er darf ein derartiges Verhalten nicht zur rechtlichen Pflicht machen oder gar Sanktionen vorsehen, wenn sich die Menschen nicht so „fair" und „anständig" benehmen, wie der Staat sich das vorstellt. Denn auch die rechtliche *Möglichkeit des Unterscheidens* ist ein Teil der individuellen Freiheit. Die Freiheit des Bürgers lebt vom Schweigen der Gesetze, heißt es bei Hobbes. Die Geschwätzigkeit des Gesetzes dagegen tötet sie. Vor allem aus dem gesellschaftlichen Bereich hat sich der Staat grundsätzlich heraus zu halten. Dort entscheiden die Menschen nach ihren eigenen Vorstellungen. Es ist prinzipiell ihre Sache, wie sie privat miteinander umgehen, mit wem sie privat zu tun haben wollen und mit wem nicht. Krasse Fälle können über die mittelbare Grundrechtswirkung wirksam bekämpft werden. So war es beispielsweise auch schon vor dem AGG unbestritten, dass es nicht angehen kann, Angehörigen einer bestimmten Rasse den Zutritt zu ansonsten jedermann offenen Gaststätten zu verwehren oder einen Bewerber um eine Journalistenstelle in einer unabhängigen Tageszeitung nur deswegen abzulehnen, weil er der „falschen" politischen Partei angehört. Denn in

[54] Ausführlich dazu *Schmitt Glaeser* (Fn. 24), S. 207 ff.

[55] Dazu nach wie vor überzeugend *Günter Dürig*, Gesammelte Schriften, 1984, S. 215 ff. Vgl. etwa auch BVerfGE 7, 198 (205); 66, 116 (135).

[56] *Dürig* (Fn. 55), S. 233.

[57] *Christian Starck*, in: v. Mangoldt/Klein/Starck, GG I, Art. 3 Abs. 3, Rn. 370, 376.

solchen Fällen wird der Freiheitsspielraum in einer Weise genutzt, die nach ganz allgemeinen Rechtsvorstellungen im geschäftlichen Verkehr nicht mehr tolerabel erscheint.

Auch im Blick auf dieses Gesetz ist auffällig, wie wenig Widerstand ihm entgegen gesetzt wird. Es scheint immer mehr akzeptiert zu werden, dass der Staat sich zur Gouvernante seiner Bürger aufschwingt, das Individuum als lenkungs- und erziehungsbedürftig behandelt und die Eigengesetzlichkeit der Gesellschaft austrocknet.

### *c) Die Verstärkung der Bevormundungs- und Erziehungstendenzen durch die Europäische Union*

Der Kompetenzhunger der Europäischen Union (EU) ist inzwischen sprichwörtlich geworden. Vom „Schweigen des Gesetzgebers" im Interesse der Freiheit hält sie nichts. Sie mischt sich überall ein, beeinflusst, reguliert und reglementiert. Für die Europäische Kommission, der im Wesentlichen das Initiativrecht für die europäische Rechtsetzung zusteht, sind auch die kleinsten Unterschiede zwischen den Mitgliedstaaten ein großes Problem. Sie hält nichts von Vielfalt und Pluralität und alles von zentralistischen Einheitsregelungen. Es kommt daher nicht von ungefähr, dass die Bürger die Union nicht mehr so sehr als Garanten für Frieden und Freiheit, sondern zunehmend als „schwarzes Loch ungehemmter Zentralisierung" wahrnehmen.[58]

Aber es geht nicht nur um Kompetenzhunger. Es geht auch um den Eingriff in den Kern der demokratischen und rechtsstaatlichen Idee: Die geschilderte Entwicklung zum Betreuungs- und Bevormundungsstaat wird von der Union häufig selbst initiiert, jedenfalls stets kräftig unterstützt und gefördert. Mit dem Maastrichter Vertrag von 1993 hat sich der europäische Staatenverbund, der ursprünglich als Wirtschaftsgemeinschaft angetreten ist, zu einer Wertegemeinschaft gewandelt, die im Sozialprinzip und in der Solidarität das eigentlich Legitimation stiftende Ziel der europäischen Integration erkennen will.[59] Der Grundsatz einer „offenen Marktwirtschaft mit freiem Wettbewerb" (Art. 4, 98 S. 2; Art. 3 Abs. 1 lit. G, Art. 81 ff. EGV) und das eindeutige Bekenntnis zur Freiheit (Art. 6 Abs. 1, 2 EUV) werden zunehmend durch Bestimmungen überlagert, die zu interventionistischen Politiken führen. Diese Politiken zielen vor allem auf eine ganz erhebliche Beschränkung – um nicht zu sagen: Zerstörung – privater Vertragsautonomie. Leitbild ist der weitgehend unmündige Verbraucher, der des staatlichen Dirigenten für die Gestaltung seines Lebens bedarf.[60] Es kommt daher auch nicht von ungefähr, dass das AGG auf einer Initiative der EU beruht. Wer gehofft haben sollte, der Europäische Gerichtshof (EuGH) würde die dem AGG zugrunde liegenden Richtlinien auf ein für die individuelle Freiheit erträgliches Maß zurück schneiden, wurde spätestens mit dessen Urteil vom 10. 7. 2008[61] eines besseren belehrt, sprich: gründlich enttäuscht.

---

[58] *Holger Steltzner*, in: FAZ vom 24. März 2007.

[59] *Wolfgang Kahl*, Freiheitsprinzip und Sozialprinzip in der Europäischen Union, in: Festschrift Reiner Schmidt (2006), S. 75 ff.

[60] *Paul Kirchhof*, Der demokratische Rechtsstaat – die Staatsform der Zugehörigen, in: HStR IX, 1997, § 221, Rn. 70.

[61] EuGZ 16/2008, S. 500 ff.

Gegenstand der Entscheidung ist die „Richtlinie 2000/43/EG – Diskriminierende Kriterien für die Auswahl des Personals – Beweislast – Sanktionen". Der Direktor eines belgischen Unternehmens, das auf den Einbau von Türen und Garagentoren spezialisiert ist, hatte sich öffentlich dahingehend geäußert, dass sein Betrieb zwar Monteure einstellen wolle, aber keine Monteure fremder Herkunft beschäftigen könne, weil die Kunden Bedenken hätten, solchen Personen für die Dauer der Arbeiten Zugang zu ihren privaten Wohnungen zu gewähren. Das nach belgischem Recht klageberechtigte „Zentrum für Chancengleichheit und für die Bekämpfung des Rassismus" beantragte daraufhin vor einem belgischen Arbeitsgericht festzustellen, dass das Unternehmen eine diskriminierende Einstellungspolitik betreibe. Der EuGH hatte im Rahmen eines Vorentscheidungsersuchens nach Art. 235 EGV darüber zu entscheiden, ob es sich bei einer solchen Äußerung eines Arbeitgebers auch dann um eine unmittelbare Diskriminierung im Sinn von Art. 2 Abs. 2 lit. a der Richtlinie 2000/43 handelt, wenn es an einer identifizierbaren beschwerten Person fehlt, die sich für ein Diskriminierungsopfer hält. Der Gerichtshof bejaht diese Frage. Das Ziel der Richtlinie, günstigere Bedingungen für die Entstehung eines Arbeitsmarktes zu schaffen, der die soziale Integration fördert, würde schwerlich erreicht, wenn ihr Anwendungsbereich nur auf diejenigen Fälle beschränkt wäre, in denen ein Stellenbewerber, der erfolglos geblieben ist und sich als Opfer einer unmittelbaren Diskriminierung sieht, gerichtliche Schritte gegen den Arbeitgeber eingeleitet hat. Es genüge, wenn die Äußerung bestimmte Bewerber ernsthaft davon abhalten kann, ihre Bewerbung einzureichen, und damit ihren Zugang zum Arbeitsmarkt behindert. Was die Sanktionen betreffe, so müssten sie auch dann wirksam, verhältnismäßig und abschreckend sein, wenn es kein identifizierbares Opfer gebe. Sie könnten unter anderem darin bestehen, dass das zuständige Gericht die Diskriminierung feststellt, verbunden mit der Anordnung einer adäquaten Veröffentlichung, deren Kosten dann zulasten des Beklagten gehen. Sie könnten des Weiteren darin bestehen, dass dem Arbeitgeber nach den entsprechenden Vorschriften im nationalen Recht aufgegeben wird, die festgestellte diskriminierende Praxis zu unterlassen, gegebenenfalls verbunden mit einem Zwangsgeld. Schließlich könnte auch der Einrichtung, die das Verfahren bestritten hat, Schadensersatz zugesprochen werden. Das Urteil wirft zahlreiche Fragen auf, die in diesem Rahmen nicht in angemessener Ausführlichkeit zu beantworten sind. Ich habe mich daher auf einige hier besonders relevanten Aussagen des Gerichts beschränkt:

Besonders auffällig ist bei den als möglich erachteten Sanktionen der Schadensersatz für die Antidiskriminierungsstelle, die das Verfahren beantragt hat.[62] Selbst der EuGH dürfte nicht zu dem Ergebnis kommen, die Antidiskriminierungsstelle hätte durch die öffentliche Äußerung des Unternehmens einen Schaden erlitten. Auch ansonsten lässt sich weder die Verletzung eines subjektiven Rechts noch eines Rechtsgutes feststellen, so dass ein Nachteilsausgleich erforderlich wäre.[63] Soll aber der „Schadensersatz" pönalen Charakter tragen, dann wäre wenigstens die Frage zu klä-

---

[62] Im AGG ist (noch) kein Verbandsklagerecht ähnlicher Art wie in Belgien vorgesehen; siehe Art. 23 AGG.

[63] Zu den Grundgedanken des Schadensersatzrechts im BGB *Helmut Heinrichs*, in: Palandt, Komm. zum Bürgerlichen Gesetzbuch, 67. Aufl., 2008, Vorbem. vor § 249, Rn. 3ff.

ren gewesen, worin die *strafwürdige* Schuld des Unternehmens bzw. des Unternehmers liegt und warum die Zahlung gerade an die Antidiskriminierungsstelle zu leisten ist.

Nicht weniger bemerkenswert ist die Tatsache, dass das Gericht die Rechtsstellung des Unternehmens als eingerichteter und ausgeübter Gewerbebetrieb (Art. 14 GG), seine Vertragsfreiheit (Art. 2 Abs. 1 GG) sowie die Erwerbstätigkeit der dort beschäftigten Personen (Art. 12 GG)[64] mit keinem Wort erwähnt. Im Rahmen des europäischen Rechts hätte es der Frage nachgehen müssen, ob die EG – Richtlinie den Grundsätzen der „Freiheit, der Demokratie, der Achtung der Menschenwürde und Grundfreiheiten sowie der Rechtsstaatlichkeit" genügt, auf die sich die EU nach Art. 6 Abs. 1 EUV verpflichtet hat. Im Blick auf die Grundrechte, die hier in erster Linie interessieren, wird diese Verpflichtung in Abs. 2 der Bestimmung durch den Verweis auf die Europäische Konvention der Menschenrechte und Grundfreiheiten (EMRK)[65] sowie die gemeinsamen Verfassungsüberlieferungen der Mitgliedstaaten konkretisiert. Eine unmittelbare Bindung an die EMRK besteht zwar nicht. Mittelbar wird die Konvention aber über die Rechtsprechung des EuGH bindend, der bei der Entwicklung eines unmittelbaren Grundrechtsstandards als Teil der allgemeinen Rechtsgrundsätze regelmäßig auf die EMRK zurückgreift.[66] Beachtung hätte hier vor allem das Diskriminierungsverbot in Art. 14 der Konvention und sein Verhältnis zum Schutz des Eigentums in Art. 1 ZP EMRK[67] finden müssen.

In diesem Rahmen wäre auch die Frage zu beantworten gewesen, wie sich der Unternehmer bei der gegebenen Sachlage hätte rechtskonform verhalten können: Haftet er für seine Kunden, muss er sie umerziehen und wenn dies nicht gelingt, muss er dann Insolvenz anmelden? Das Gericht schweigt sich aus und verletzt damit jedenfalls (auch) das Gebot der Begründungspflicht als ein wichtiges Element der Gerechtigkeit. Dabei geht es nämlich nicht nur um einen formalen Teil der Entscheidung. Vielmehr muss der Verlierer – so überzeugend *Josef Isensee*[68] – „wenigstens sehen können, dass die Stelle, die entschieden hat, sich um Richtigkeit *bemüht* hat. Käme der Eindruck auf, dass das Gericht oder die Behörde nur ein Ritual abspult, Willkür mit Fachjargon umnebelt und ein juridisches Schamanentum praktiziert, so wäre es um die Akzeptanz der Entscheidung geschehen." Bei dieser Entscheidung ist keinerlei Bemühen zu erkennen, so dass sich der Eindruck von Willkür notwendig aufdrängt.

Die völlige Nichtbeachtung der Freiheitsrechte des Unternehmens und seiner Angestellten verletzt überdies auf gröbste Weise das Übermaßverbot bzw. den Grundsatz der Verhältnismäßigkeit, der neben der Geeignetheit und Erforderlichkeit verlangt, dass die belastende Maßnahme in einem angemessenen Verhältnis zu Gewicht und Bedeutung der eingeschränkten Freiheitsrechte steht.[69] Das Gericht macht zwar

---

[64] Vgl. etwa *Otto Depenheuer*, in: v. Mangoldt/Klein/Starck, GG I, Art. 14 Rn. 99.

[65] Vom 4. 11. 1950, in der Fassung der Neubekanntmachung vom 17. 5. 2002 (BGBl. 2002 S. 1054).

[66] So etwa EuGH, Rs. 44/79, Slg. 1979, § 727, Rn. 17 ff.

[67] Vom 20. 3. 1952, in der Bekanntmachung der Neufassung vom 17. 5. 2002 (BGBl. 2002 S. 1054).

[68] Fn. 25, S. 15.

[69] Zur Geltung dieses Prinzips im Europarecht EuGH, Rs. 181/84, Slg. 1985, 2889 Rn. 20 sowie *Matthias Herdegen*, Europarecht, 9. Aufl., 2007, § 9, Rn. 19.

geltend, dass auch ohne identifizierbares Opfer die öffentliche Äußerung des Unternehmens bestimmte Bewerber davon abhalten könnte, ihre Bewerbung einzureichen. Aber abgesehen davon, dass es sich bei den möglichen Bewerbern in der Regel kaum um Mimosen handeln dürfte, die schon bei der bloßen Äußerung eines Unternehmenssprechers das Weite suchen, geht es auf der anderen Seite um Sein oder Nichtsein des gesamten Betriebs und damit um einen Schaden, der in keiner Weise in einem angemessenen Verhältnis zu der (virtuellen) Einschränkung möglicher Bewerber steht. Außerdem verlangt die wirtschaftliche Unternehmensfreiheit, dass es grundsätzlich Sache des Unternehmens sein und bleiben muss, wen es als Mitarbeiter einstellt und wen nicht. Verlangt werden kann nur, dass für eine Ablehnung sachliche Gründe, vor allem also unternehmensbedingte Gründe, vorliegen. Das ist hier eindeutig der Fall.

# 60 Jahre Grundgesetz aus der Sicht des Privatrechts

von

Prof. Dr. Jörg Neuner, Universität Augsburg

Die Teilnehmer des Verfassungskonvents wurden zwar nicht, wie eigentlich geplant, mit Salutschüssen auf Herrenchiemsee begrüßt, doch hisste man zumindest die weiß-blaue Flagge und die Tagespresse rief die Geburtsstunde des westdeutschen Staatsgebildes aus.[1] Die Privatrechtswissenschaft[2] verharrte hingegen im Sommer 1948 noch in Schweigen oder war in Teilen[3] schon wieder zur Tagesordnung übergegangen,[4] ohne Geburtswehen und getreu dem Motto: „Öffentliches Recht vergeht, Privatrecht besteht."[5] Das Inkrafttreten des Grundgesetzes ein knappes Jahr später brachte für das Privatrecht zunächst auch keine größeren systemrelevanten Veränderungen. Die Ursachen hierfür lagen freilich nicht im vermeintlich apolitischen, beständigen Charakter des Privatrechts, sondern vielmehr in den Vorarbeiten des Alliierten Kontrollrats, der sich sehr zügig um die „*Decontamination of German Law*" gekümmert hatte.

## I. Zur vor-grundgesetzlichen Entnazifizierung des Privatrechts

Bereits kurze Zeit nach der bedingungslosen Kapitulation am 8. 5. 1945 wurde auf der Potsdamer Konferenz[6] vereinbart, dass „alle nazistischen Gesetze, welche die Grundlage für das Hitlerregime geliefert haben oder eine Diskriminierung auf Grund der Rasse, Religion oder politischer Überzeugung errichteten, abgeschafft werden (müssen)."[7] Demgemäß wurde binnen weniger Wochen am 20. 9. 1945 das „Kontrollratsgesetz Nr. 1 betreffend die Aufhebung von NS-Recht" erlassen.

[1] Vgl. *Bauer-Kirsch*, Herrenchiemsee, Diss. Bonn 2005, S. 71 f. m. umf. N.

[2] Zur Rechtsprechung s. näher *Frenzel*, Das Selbstverständnis der Justiz nach 1945, 2003.

[3] Ausnahmen bildeten die Frankfurter Rektoratsrede von *Hallstein*, SJZ 1946, 1 ff. sowie die Göttinger Antrittsvorlesung von *Raiser*, ZHR 111 (1948), 75 ff.

[4] Vgl. nur *Schröder*, in Diederichsen/Sellert (Hrsg.), Das BGB im Wandel der Epochen, 2002, S. 109 ff. (126) m. w. N.

[5] *Böhmer*, Grundlagen der Bürgerlichen Rechtsordnung, 1. Buch, 1950, S. IX.

[6] Vom 17. 7. bis 2. 8. 1945; s. näher *Benz*, Von der Besatzungsherrschaft zur Bundesrepublik, 1984, S. 27 ff.

[7] Punkt 4 der „Politischen Grundsätze".

Nach Art. 1 dieses Gesetzes wurden zahlreiche NS-Gesetze mit zum Teil stark privatrechtlichen Bezügen aufgehoben. Die Aufhebung betraf beispielsweise aus dem Bereich des Familienrechts das „Gesetz zum Schutze des deutschen Blutes und der deutschen Ehre" vom 15. 9. 1935,[8] das u. a. „Eheschließungen zwischen Juden und Staatsangehörigen deutschen oder artverwandten Blutes" untersagte (§ 1 Abs. 1 Satz 1). Aus dem Bereich des Wirtschaftsrechts wurde die „Verordnung zur Ausschaltung der Juden aus dem deutschen Wirtschaftsleben" vom 12. 11. 1938[9] aufgehoben, die Juden u. a. den Betrieb von Einzelhandelsverkaufsstellen, Versandgeschäften sowie den selbständigen Betrieb eines Handwerks untersagte (§ 1 Abs. 1), ferner das „Gesetz zur Änderung der Gewerbeordnung für das Deutsche Reich" vom 6. 7. 1938,[10] das ähnliche Untersagungen enthielt und namentlich den Handel mit Grundstücken unter Strafandrohung stellte (Art. 1). Aufgehoben wurde des Weiteren auf dem Gebiet des Arbeitsrechts die „Verordnung über die Beschäftigung von Juden" vom 3. 10. 1941,[11] die jüdische Arbeitnehmer einem Rechtsverhältnis „eigener Art" unterstellte und dazu führte, dass „die Sklaverei nicht nur tatsächlich, sondern auch rechtsförmlich wieder eingeführt (war)."[12] Neben diesen ausdrücklichen Aufhebungen war in Art. 2 b des Kontrollratsgesetzes Nr. 1 geregelt, dass „keine deutsche Gesetzesverfügung" zur Anwendung gebracht werden darf, durch die „irgend jemand auf Grund seiner Rasse, Staatsangehörigkeit, seines Glaubens oder seiner Opposition zur Nationalsozialistischen Deutschen Arbeiterpartei oder ihrer Lehren, Nachteile erleiden würde." Weitere Kontrollratsgesetze folgten, die zum Teil ebenfalls das Privatrecht betrafen, wie das Gesetz Nr. 16 zum Eherecht, das Gesetz Nr. 37 zum Erbrecht, das Gesetz Nr. 40 zum Arbeitsrecht sowie die Gesetze 44 und 45 zum Pachtrecht bzw. zum Höferecht.[13]

Die zahlreichen aufgehobenen NS-Gesetze sowie die methodenkonform zu diesen Gesetzen ergangenen Urteile ändern nichts daran, dass auch und gerade die Rechtsprechung einen großen Anteil zur nationalsozialistischen „Rechtserneuerung" beisteuerte. Die Instrumentalisierung von Generalklauseln, die primär „objektive" Auslegung „vorrevolutionärer" Gesetze sowie schrankenlose Uminterpretationen sorgten vielfach für einen richterrechtlichen Einzug des „Völkischen Rechtsdenkens".[14] Zur Veranschaulichung sei exemplarisch eine Entscheidung des AG Nürnberg vom 26. 11. 1938[15] aus dem Bereich des Mietrechts erwähnt, die noch vor Erlass des „Gesetz(es) über Mietverhältnisse mit Juden" vom 30. 4. 1939[16] erging und in der eine fristlose Kündigung wegen der „Rasseneigenschaft" des jüdischen Mieters für zulässig erachtet wurde. Mit solchen exzessiven Entscheidungen hatte die Justiz, ohne Zutun des Gesetzgebers, eine regelrechte Kündigungswelle ausgelöst,

[8] RGBl. 1935 I, 1146f.

[9] RGBl. 1938 I, 1580.

[10] RGBl. 1938 I, 823f.

[11] RGBl. 1941 I, 675 (s. auch die Durchführungsverordnung RGBl. 1941 I, 681 f.).

[12] *Rüthers*, NJW 1988, 2825ff. (2830).

[13] S. näher *Etzel*, Die Aufhebung von nationalsozialistischen Gesetzen durch den Alliierten Kontrollrat (1945–1948), 1992, S. 80ff. m. w. N.

[14] S. ausführlich *Rüthers*, Die unbegrenzte Auslegung, 6. Aufl. 2005, S. 175ff.; *Schröder*, Gesetzesauslegung und Gesetzesumgehung, 1985, S. 113ff.

[15] JW 1938, 3243f.; s. z. B. auch LG Berlin, JW 1938, 3242f.

[16] RGBl. 1939 I, 864f.

die unzähligen jüdischen Mietern ihren räumlichen Lebensmittelpunkt nahm.[17] Ganz ähnlich wurde beispielsweise auch auf dem Gebiet des Familienrechts judiziert: „Der Antragsteller ist jüdischen Blutes, die Gerda H. ist Arierin. Zurzeit besteht rein formalgesetzlich ein Verbot der Eheschließung zwischen Ariern und Nichtariern noch nicht. Trotzdem kann ein Standesbeamter nicht gezwungen werden, die Eheschließung (...) vorzunehmen, da durch eine solche arisches Blut vermischt und für alle Zukunft (...) unbrauchbar gemacht wird. Eine derartige Ehe verstößt gegen die wichtigsten Gesetze des Staates (...).“[18]

Diese systemprägenden richterlichen Exzesse dürfen ihrerseits aber wiederum nicht über die legislativen Einflüsse hinwegtäuschen. Während man in den ersten Jahrzehnten nach 1945 vorwiegend die Rolle der Justiz und der Wissenschaft ausblendete oder marginalisierte, verschwimmen nunmehr häufig die nationalsozialistischen *leges corruptae* in der zeitlichen Distanz oder werden erst gar nicht zur Kenntnis genommen. Solche selektiven Geschichtswahrnehmungen tragen der historischen Dimension des NS-Unrechtsstaates nicht hinreichend Rechnung.[19] Sie werden insbesondere dem Grundgesetz nicht gerecht, das sich als „Anti-Verfassung“[20] und damit partiell auch als „Anti-Privatrecht“ zum vorangegangen NS-System versteht.

## II. Zur Auslegung des Grundgesetzes

Spricht man dem NS-System die Funktion eines Negativ-Paradigmas zu, so ist dies bereits das Ergebnis einer Auslegung des Grundgesetzes. Die Begriffe der „Auslegung“ oder „Interpretation“ werden allerdings gerade im Verfassungsrecht, in bewusster Abgrenzung zur klassischen zivilrechtlichen Terminologie, angezweifelt.[21] „We must never forget that it is a constitution we are expounding“[22] lautet der Leitspruch[23] und man versucht eine eigenständige Methodik des Verfassungsrechts vor allem mit materialen und strukturellen Unterschieden zum Zivilrecht zu begründen.

---

[17] S. ausführlich *Ludyga*, JoJZG 2008, 7 ff. (9) m. w. N.

[18] AG Bad Sülze, JW 1935, 2309; s. dazu auch *Gruchmann*, Justiz im Dritten Reich 1933–1940, 3. Aufl. 2001, S. 871 f.

[19] Nimmt man die Strafrechtsgesetzgebung, etwa die „Verordnung über die Strafrechtspflege gegen Polen und Juden in den eingegliederten Ostgebieten“ vom 4. 12. 1941 (RGBl. 1941 I, 759 ff.), hinzu, wirkt der Vorhalt von *Rüthers* (JZ 2008, 446 ff., 450) gegenüber *Hirsch* (JZ 2007, 853 ff., 854), dass dessen Behauptung, „der Weg in den NS-Staat war mit Gesetzen und Verordnungen gepflastert“, auf „einem erwiesenen historischen Irrtum (beruhe)“, erst recht nicht plausibel; vgl. auch *Haferkamp*, Das Bürgerliche Gesetzbuch während des Nationalsozialismus und in der DDR, in: Schröder, Zivilrechtskultur der DDR, Bd. 2, 2000, S. 13 ff. (16): „Der Einfluss der Gesetzgebung auf die Urteile war zweifelsohne substantiell.“; s. ferner eingehend *Nörr*, Zwischen den Mühlsteinen, 1988, S. 242 ff.

[20] Vgl. *Fromme*, Von der Weimarer Verfassung zum Bonner Grundgesetz, 1960, S. 8 f. (in Anlehnung an *Carl Schmitt*, der den Begriff seinerseits zur Kennzeichnung der Relation zwischen der Weimarer Reichsverfassung und der Verfassung von 1871 verwandte).

[21] S. zu Details der staatsrechtlichen Diskussion etwa *Cremer*, Freiheitsgrundrechte, 2003, S. 13 ff.; *Neuner*, Privatrecht und Sozialstaat, 1998, S. 13 ff. m. w. N.

[22] Chief Justice *Marshall*, McCulloch v. Maryland, 17 US 316, 407 (1819).

[23] S. z. B. *Heun*, AöR 116 (1991), 185 ff. (187); *Ehmke*, VVDStRL 20 (1963), 53 ff. (66).

## 1. Der Grundsatz der Einheit der juristischen Methode

Eine methodenrelevante Divergenz zwischen der Verfassung und einfachen (Privatrechts-)Gesetzen wird vielfach in den unterschiedlichen materialen Regelungsgegenständen gesehen. Die Verfassung unterscheide sich vom Rest der Rechtsordnung durch ihren „politischen Charakter",[24] weshalb man auch schlagwortartig vom Verfassungsrecht als „‚politischem' Recht" spricht.[25] Wenig erhellend ist dabei allerdings der Umgang mit dem „Politik"-Begriff. Wie immer man den „politischen Gehalt" definiert,[26] ob als Freund-Feind-Unterscheidung, fundamentale Richtlinie, Dezision oder mit *Max Weber* als Implikation von „Machtverteilungs-, Machterhaltungs- oder Machtverschiebungsinteressen",[27] unklar bleibt, was hieran verfassungsspezifisch sein soll. Ist die Regelung des § 903 BGB, wonach der Eigentümer einer Sache mit dieser grundsätzlich nach Belieben verfahren kann, weniger „politisch" als Art. 14 Abs. 1 GG? Sind die besonderen Gleichheitssätze des Art. 3 GG „politischer" als das zivilrechtliche allgemeine Gleichbehandlungsgesetz? Und wie ist ganz generell die Kritik am Sozialmodell des BGB einzuordnen, angefangen mit den Streitschriften von *Anton Menger*[28] und *Otto v. Gierke*[29] bis hin zu den heutigen, zum Teil ganz konträren Philippiken? Diese Fragen zu stellen, heißt einen substantiellen, materialen Unterschied zwischen beiden Rechtsmaterien zu verneinen. Sowohl das Grundgesetz als auch das BGB beruhen auf einem Legislativakt, der jeweils politische Entscheidungen umsetzt. In der weiteren Folge birgt die Vorstellung von der Verfassung als „politischem Recht" die latente Gefahr, dass die normativen Vorgaben des Grundgesetzes unterlaufen werden[30] und zugleich das Privatrecht durch eine entpolitisierende Betrachtungsweise sowohl in Bezug auf das Gesetzesrecht als auch das „Richterrecht" verklärt wird.

Eine unterschiedliche methodische Handhabung von „Gesetz" und „Verfassung" wird ferner auf die „strukturelle Offenheit" zurückgeführt, die das Grundgesetz im Gegensatz zur Prägnanz des Zivilrechts kennzeichne.[31] Auch eine solche Gegenüberstellung der jeweiligen Regelungsdichte ist indes fragwürdig. Dies zeigt sich schon daran, dass die Verfassung einige privatrechtsrelevante Bestimmungen enthält, deren Prägnanz geradezu Vorbildcharakter hat. Zu erwähnen ist nur das Benachteiligungsverbot zulasten behinderter Menschen gem. Art. 3 Abs. 3 Satz 2 GG.[32] Berücksichtigt

---

[24] S. bereits *Smend*, Verfassung und Verfassungsrecht, 1928, S. 133.

[25] Vgl. etwa *Karpen*, Auslegung und Anwendung des Grundgesetzes, 1987, S. 42ff. m.w.N.; *Schuppert*, AöR 120 (1995), 32ff. (59f.); *Böckenförde*, FS Scupin, 1983, S. 317ff. (319ff.); zum Gegenbegriff des Zivilrechts als „unpolitisches Recht" s. namentlich *Ehmke*, Wirtschaft und Verfassung, 1961, S. 23 Fn. 58.

[26] S. ausführlich *Isensee*, in: Isensee/Kirchhof, HStR VII, 1992, § 162 Rn. 5ff. m. umf. N.

[27] Wirtschaft und Gesellschaft, 5. Aufl. 1980, S. 822.

[28] Das Bürgerliche Recht und die besitzlosen Volksklassen, 4. Aufl. 1908.

[29] Die soziale Aufgabe des Privatrechts, 1889.

[30] S. dazu schon *Kägi*, Die Verfassung als rechtliche Grundordnung des Staates, 1945, S. 120, 127ff.

[31] Vgl. *Schuppert/Bumke*, Die Konstitutionalisierung der Rechtsordnung, 2000, S. 38; *Böckenförde*, NJW 1976, 2089ff. (2091); *Ehmke*, VVDStRL 20 (1963), 53ff. (62); *Lepsius*, in: Jestaedt/Lepsius, Rechtswissenschaftstheorie, 2008, S. 1ff. (10) beruft sich auf den „schwierigen und zum Teil diffusen Gegenstand des öffentlichen Rechts".

[32] S. ferner z.B. auch das Gleichbehandlungsgebot unehelicher Kinder gem. Art. 6 Abs. 5 GG sowie hierzu jüngst BVerfGE 118, 45ff. (Leitsatz): „Es verstößt gegen Art. 6 Abs. 5 GG, die Dauer eines Un-

man, dass der verfassungsändernde Gesetzgeber des Jahres 1994 mit der Einfügung des Art. 3 Abs. 3 Satz 2 GG die Stellung behinderter Menschen nicht nur im Verhältnis Staat-Bürger, sondern ganz generell in Recht und Gesellschaft stärken wollte,[33] wird die subsumtionsfähige Regelvorgabe für den Privatrechtsverkehr evident. So darf aufgrund dieses verfassungsrechtlichen Diskriminierungsverbots beispielsweise ein Gastwirt oder Reiseveranstalter einen behinderten Vertragsinteressenten nicht ohne sachlichen Grund allein wegen seines Handicaps ablehnen – ein Ergebnis, das aus dem Text und der Entstehungsgeschichte des BGB keineswegs zwingend folgt.[34] Zugleich ist für das BGB kennzeichnend, dass es zahlreiche Generalklauseln (§§ 138, 242, 826) und unbestimmte Rechtsbegriffe enthält, die schon per definitionem keinen höheren Bestimmtheitsgrad aufweisen als viele verfassungsrechtliche Termini. Dieser Befund soll nicht in Abrede stellen, dass das BGB mit seinen über 2300 Paragraphen zum Teil wesentlich ausdifferenziertere Regelungsmaterien enthält als die Verfassung. Methodisch überzeugt indes nicht, der Verfassung *a priori* eine wesenstypische Offenheit zu unterstellen, ohne im Einzelfall zunächst die konkreten Direktiven zu eruieren. Dies gilt gerade auch für die Menschenwürdegarantie sowie die Einzelgrundrechte, die ungeachtet ihres Prinzipiencharakters regelhafte Elemente aufweisen und dem Privatrecht vor allem die verfassungsrechtlichen Grundkoordinaten aufzeigen.

Im Ausgangspunkt ist daher an der Einheit der juristischen Methode festzuhalten. Demgemäß ist die Verfassung grundsätzlich nach denselben, vor allem staatsrechtlich zu begründenden Standards zu interpretieren wie „einfache" Gesetze.[35] Sowohl bei der Auslegung der Verfassung als auch bei der Auslegung einfacher Privatrechtsnormen sind insbesondere die Grundsätze der Gewaltenteilung und Volkssouveränität zu respektieren. Der Aspekt des Vertrauensschutzes ist ebenfalls in beiden Konstellationen zu berücksichtigen, nicht zuletzt, wenn von Präjudizien abgewichen werden soll. Diese gemeinsame rechtstheoretische Basis schließt angesichts der unterschiedlichen Strukturen sektorale Eigenheiten und Wertungsgesichtspunkte nicht aus. Ebenso offenkundig ist, dass Entscheidungen des *BVerfG* einen gravierenden Einfluss auf die Politik nehmen können und gerade der Verfassungsinterpret mit ständig neuartigen und komplexen gesellschaftlichen Problemen konfrontiert wird. Ungeachtet dieser tatbestandlichen und rechtsfolgenbezogenen Besonderheiten bleiben die methodischen Leitideen jedoch *in nuce* dieselben.[36]

---

terhaltsanspruchs, den der Gesetzgeber einem Elternteil wegen der Betreuung seines Kindes gegen den anderen Elternteil einräumt, für eheliche und nichteheliche Kinder unterschiedlich zu bestimmen."

[33] BT-Drucks. 12/8165, S. 29; s. dazu auch *Neuner*, NJW 2000, 1822 ff.

[34] Seit 2006 nunmehr geregelt im AGG.

[35] Vgl. auch *Starck*, FS Isensee, 2007, S. 215 ff. (216); *Leisner*, DÖV 1961, 641 ff.; *Kriele*, Theorie der Rechtsgewinnung, 2. Aufl. 1976, S. 338 ff.; *Larenz/Canaris*, Methodenlehre der Rechtswissenschaft, 3. Aufl. 1995, S. 180 ff.; *Looschelders/Roth*, Juristische Methodik im Prozeß der Rechtsanwendung, 1996, S. 204 ff. m. w. N.

[36] A. A. *Bullinger*, JZ 2004, 209 ff. (209): „Eine Verfassung wie das deutsche Grundgesetz (...) will zunächst in ihrem Gesamtsinn ‚verstanden' und nicht einfach wie ein Gesetz Stück für Stück aus ihrem Wortlaut ‚ausgelegt' werden." Nach der hier vertretenen Gegenansicht will die Verfassung so konkret als möglich „verstanden" und nicht *a priori* durch richterliche Eigenwertungen substituiert werden.

## 2. *Der Grundsatz der subjektiv-teleologischen Auslegung*

Die Einheit der juristischen Methode impliziert in erster Linie einen prinzipiellen Vorrang der genetisch-historischen Auslegung, der sich auch und gerade auf der Verfassungsebene aus den Grundsätzen der Demokratie und Gewaltenteilung ergibt. Die besonderen Anforderungen an eine förmliche Verfassungsänderung gem. Art. 79 GG werden ebenfalls nur bei Verfolgung eines subjektiven Interpretationszieles hinreichend respektiert. Darüber hinaus beziehen sich auch die legitimen Kontinuitätserwartungen der Rechtsunterworfenen auf die im Normtext zum Ausdruck gebrachten verfassungsgeberischen Regelungsabsichten.

Das Bundesverfassungsgericht vertritt demgegenüber seit Inkrafttreten des Grundgesetzes eine primär objektive Auslegungstheorie. Vereinzelt werden zwar auch entstehungszeitliche Aspekte betont,[37] doch ist die Vorstellung eines „objektivierten Willens des Gesetzgebers" dominierend.[38] Die h. L. folgt dieser Einschätzung,[39] wenngleich sich in letzter Zeit die Stimmen zugunsten einer subjektiv-teleologischen Interpretation mehren.[40]

Es liegt auf der Hand, dass gerade im Grundrechtsbereich eine konkrete, einzelfallbezogene Regelungsabsicht oftmals nicht rekonstruierbar ist, weil der Verfassungsgeber die zu entscheidende Konfliktlage bewusst oder unbewusst nicht in sein Entscheidungsprogramm aufnahm oder noch gar nicht zu antizipieren vermochte. Die Berufung auf die Autorität des *pouvoir constituant* ist indes auch im Wege eines Analogieschlusses möglich und legitim, bei dem es darum geht, eine spezielle Wertung des Verfassungsgesetzgebers auf ähnlich gelagerte Sachverhalte zu extendieren. So ist es methodisch beispielsweise nur folgerichtig, den Grundrechtsschutz gem. Art. 19 Abs. 3 GG auf nicht rechtsfähige Personenvereinigungen zu erstrecken.[41] Ähnliches gilt für Art. 9 Abs. 3 Satz 1 GG, der normtextuell lediglich die individuelle Koalitionsfreiheit erfasst, jedoch in Übereinstimmung mit Art. 159, 165 Abs. 1 WRV auch den Schutz der Koalition selbst intendiert.[42] Darüber hinaus kann es geboten sein, aus mehreren Verfassungsbestimmungen induktiv einen allgemeinen Rechtsgrundsatz abzuleiten, wie etwa aus den Art. 1 Abs. 2, 9 Abs. 2, 23 ff. GG den Grundsatz der „völkerrechtsfreundlichen Auslegung".[43]

Zur weiteren Determinierung trägt bei, dass durch die Konstituierung von Verfassungsprinzipien der Verhältnismäßigkeitsgrundsatz zur Geltung gelangt.[44] Dessen Teilgrundsatz der Geeignetheit wäre beispielsweise im Bereich des Zivilrechts ver-

---

[37] S. z. B. BVerfGE 4, 299 ff. (304 f.).

[38] S. z. B. BVerfGE 59, 128 ff. (153); 11, 126 ff. (129 f.); 1, 299 ff. (312); zuletzt BVerfG NJW 2010, 754 ff. (Rz. 18; dort auch zur Wortsinngrenze).

[39] Vgl. nur *Badura*, Staatsrecht, 3. Aufl. 2003, Einl. A Rn. 15; *Jarass*/Pieroth, GG, 10. Aufl. 2009, Einl. Rn. 5, 10.

[40] S. etwa *Höpfner*, Die systemkonforme Auslegung, 2008, S. 144 ff.; *Auer*, ZEuP 2008, 517 ff. (528 f.); speziell zur Verfassungsauslegung *Lindner*, Theorie der Grundrechtsdogmatik, 2005, S. 139 ff. m. w. N.

[41] Vgl. nur *Stern*, Staatsrecht, III/1, 1988, S. 1134; *Jarass*/Pieroth, GG (oben Fn. 39), Art. 19 Rn. 19 m. w. N.

[42] Vgl. BVerfGE 93, 352 ff. (357); *Scholz*, in: Maunz/Dürig, GG, Stand 2009, Art. 9 III Rn. 170; *Badura*, FS Berber, 1973, S. 11 ff. (28 ff.).

[43] S. hierzu auch BVerfGE 111, 307 ff. (317 ff.); 31, 58 (75 f.).

[44] S. näher *Alexy*, Theorie der Grundrechte, 1985, S. 100 ff.

letzt, würde man – wie unlängst rechtspolitisch dikutiert – eine notarielle Beurkundungspflicht für Patientenverfügungen einführen, da Notare nicht über die notwendige medizinische Beratungskompetenz verfügen.[45] An der Erforderlichkeit fehlt es etwa, wenn statt der Nichtigkeitsanordnung eines Vertrags mildere Mittel in Form von Aufklärungspflichten oder Widerrufsrechten in Betracht kommen. Das Verhältnismäßigkeitsgebot in seinem engeren Sinne verlangt, dass das verfassungsrechtliche Gewicht, d.h. vornehmlich der normative Mindestgehalt eines Prinzips,[46] im Rahmen der Abwägung nicht verkannt wird.[47] Demgemäß hat das *BVerfG* die Regelung des § 1626 BGB insoweit mit dem allgemeinen Persönlichkeitsrecht gem. Art. 2 Abs. 1 i.V.m. Art. 1 Abs. 1 GG für unvereinbar erklärt, als Eltern ihre Kinder kraft elterlicher Vertretungsmacht bei Fortführung eines ererbten Handelsgeschäfts in ungeteilter Erbengemeinschaft finanziell unbegrenzt verpflichten können.[48] Nach der subjektiven Auslegungstheorie sind verfassungsimmanente Prinzipien zwar nur relativ vage gesetzgeberische Anordnungen, doch enthalten sie zumindest in Bezug auf den Verhältnismäßigkeitsgrundsatz einen regelhaften Kern, der eine negative Evidenzkontrolle erlaubt.

Entgegen weit verbreiteter Bedenken[49] führt der grundsätzliche Primat des *„original intent"* auch zu keiner sachwidrigen Versteinerung der Verfassung.[50] Die Bezugnahme auf die historische Regelungsabsicht begründet lediglich eine Argumentationslastregel, die dem Verfassungsinterpreten aufgibt, Abweichungen von der *lex lata* hinreichend zu rechtfertigen. Die Begründungsanforderungen sind allerdings hoch, da es vor allem die Grundsätze der Gewaltenteilung, der Demokratie und des Vertrauensschutzes argumentativ zu überwinden gilt.[51] Ein Beispiel einer zulässigen Verfassungsderogation bildet eine Entscheidung des *Bayerischen Verfassungsgerichtshofs* zu Art. 111 a Abs. 2 Satz 1 BV, der verlangt, dass „Rundfunk in öffentlicher Verantwortung und in öffentlich-rechtlicher Trägerschaft betrieben (wird)." Der Verfassungsgerichtshof hielt es aufgrund der modernen Sendemöglichkeiten mit erheblich größeren Übertragungskapazitäten zu Recht für nicht ausgeschlossen, „daß bei einem weiteren Fortschreiten der technischen Entwicklung der Vorbehalt für öffentlich-rechtliche Rundfunkträger zum Schutz des Gemeinschaftsguts Rundfunkfreiheit nicht mehr aufrechterhalten werden darf."[52] Neben der Anwendung des hier maßgeblichen Grundsatzes *„cessante ratione legis cessat lex ipsa"* kommt eine Normderogation insbesondere bei schweren Normwidersprüchen in Betracht. Diese exzeptionellen Voraussetzungen sind aber beispielsweise nicht in Bezug auf die verfassungsrechtliche Differenzierung zwischen nicht eingetragenen Lebenspartnerschaften und traditionellen Ehen gegeben. Nicht eingetragene Lebenspartnerschaften sind zwar grundrechtlich und einfachgesetzlich auf vielfältige Weise geschützt, und es mag

---

[45] Vgl. auch *Verrel*, Verhandlungen des 66. DJT, 2006, Bd. I, C 40ff. (83f.).

[46] Vgl. *Lerche*, in: Isensee/Kirchhof, HStR V, 1992, § 122 Rn. 24; *Bydlinski*, Recht, Methode und Jurisprudenz, 1988, S. 30f.

[47] Vgl. *Stern*, Staatsrecht, Bd. III/2, 1994, § 84 II 4f. m.w.N.

[48] BVerfGE 72, 155ff. (Leitsatz).

[49] S. etwa *Heun*, AöR 116 (1991), 185ff. (193f., 206); *Rupp*, AöR 101 (1976), 161ff. (163f.).

[50] Vgl. auch *Depenheuer*, Der Wortlaut als Grenze, 1988, S. 56; *ders.*, DVBl. 1987, 809ff. (812f.).

[51] S. näher *Neuner*, Privatrecht und Sozialstaat (oben Fn. 21), S. 57ff.

[52] BayVerfGH 39, 96ff. (140f.) m.w.N.; s. dazu auch *Löwer*, Cessante ratione legis cessat ipsa lex, 1989, S. 29f.

gute Gründe geben, sie zusätzlich dem Schutz des Art. 6 Abs. 1 GG zu unterwerfen, doch ist eine Ehe nach dem herkömmlichen Verständnis der Verfassungsautoren eine auf Dauer angelegte Lebensgemeinschaft von Frau und Mann.[53] Deshalb ist es grundsätzlich Aufgabe des verfassungsändernden Gesetzgebers und nicht des *BVerfG*, die Privilegierungen des Art. 6 Abs. 1 GG und hierauf gestützte einfachgesetzliche Besserstellungen aufzuheben.[54] Anders gewendet: Die Forderung nach einer „offenen Gesellschaft der Verfassungsinterpreten"[55] hat ihre Berechtigung im Bereich des „offenen", lückenhaften Verfassungsrechts, bei hinreichend präzisen Regelvorgaben ist die ebenso „offene Gesellschaft der Verfassungskritiker" gefordert.

### 3. *Die Kontrollbefugnisse des Bundesverfassungsgerichts*

Aus privatrechtlicher Sicht konzentrieren sich die Kontrollbefugnisse des *BVerfG* auf die Überprüfung von Gesetzen und Gerichtsentscheidungen.[56]

#### *a) Die Überprüfung privatrechtlicher Gesetze*

Die Kontrolle von privatrechtlichen Gesetzen wirft insofern keine besonderen demokratie- und kompetenzrechtlichen Konflikte auf, als eine hinreichende Berufung auf die Autorität des *pouvoir constituant* möglich ist. Daneben kommen als Überprüfungsmaßstab die „unverletzlichen und unveräußerlichen Menschenrechte" gem. Art. 1 Abs. 2 GG in Betracht. Zu denken ist etwa an die Gewährleistung arbeitsrechtlicher Mindeststandards, so wie sie in zahlreichen internationalen Verträgen und Beschlüssen festgelegt sind.[57] Eine Missachtung dieser verfassungsrechtlichen Vorgaben würde zu einer richterlichen Kompetenzunterschreitung führen, so dass Forderungen nach einem „*judicial self-restraint*"[58] insoweit als inadäquat erscheinen. Aber auch umgekehrt, wenn eine legitimatorische Rückbindung an den Verfassungsgeber ausscheidet, handelt es sich um kein Problem richterlicher Selbstbeschränkung, vielmehr muss die Judikative zur Vermeidung einer Kompetenzüberschreitung erst den Nachweis einer entsprechenden Legitimation zur Rechtsfortbildung führen.[59] Das *BVerfG* verwendet den Begriff des „*judicial self-restraint*" daher auch nur in dem abgeschwächten Sinn eines Verzichts „‚Politik zu treiben', d.h. in den von der Verfassung geschaffenen und begrenzten Raum freier politischer Gestaltung einzugreifen."[60]

---

[53] Vgl. *Robbers*, in: v. Mangoldt/Klein/Starck, GG, 6. Aufl. 2010, Art. 6 Rn. 38; *Lindner*, Theorie der Grundrechtsdogmatik (oben Fn. 40), S. 153 m. w. N.

[54] A. A. BVerfG NJW 2010, 1439ff. (Rz. 99ff.); BVerfGE 105, 313ff. (348).

[55] *Häberle*, JZ 1975, 297ff.

[56] Rechtsvergleichend zur Rolle der Verfassungsgerichtsbarkeit *Nußberger*, JZ 2010, 533ff.

[57] S. näher *Körner*, Das internationale Menschenrecht auf Arbeit, 2004; *Däubler/Kittner/Lörcher*, Internationale Arbeits- und Sozialordnung, 2. Aufl. 1994, S. 117ff. m. w. N.

[58] S. etwa *v. Danwitz*, JZ 1996, 481ff. (483ff.).

[59] Vgl. auch *Stern*, Staatsrecht, Bd. 1, 2. Aufl. 1984, § 4 III 8 c, d; s. ferner kritisch *Schuppert*, DVBl. 1988, 1191f. (1191); *Böckenförde*, Zur Lage der Grundrechtsdogmatik nach 40 Jahren Grundgesetz, 1989, S. 64.

[60] BVerfGE 36, 1ff. (14).

### *b) Die Überprüfung privatrechtlicher Gerichtsentscheidungen*

Im Rahmen der verfassungsrechtlichen Kontrolle von zivilgerichtlichen Entscheidungen sind im Wesentlichen drei Fallgruppen zu unterscheiden:[61]

Das *BVerfG* hat zunächst in seiner Funktion als „Hüter der Verfassung" fachgerichtliche Urteile im Hinblick auf ihre Gesetzeskonformität gem. Art. 20 Abs. 3 GG zu überprüfen. Der Sinn und Zweck dieser Kontrolle liegt primär in der Wahrung der Gewaltenteilung und des Rechtsetzungsprimats des demokratisch legitimierten Gesetzgebers. So hat das *BVerfG* beispielsweise die Einordnung von Sozialplanabfindungen als Konkursforderungen im Range von § 61 I Nr. 1 KO a. F. durch das *BAG* zu Recht für verfassungswidrig erachtet, „weil eine gesetzliche Regelungslücke, die es dem Richter erlaubte, für bestimmte Forderungen eine Privilegierung außerhalb des geschlossenen Systems der Konkursforderungen vor der Rangstelle des § 61 I Nr. 1 KO zu begründen, nicht (besteht)."[62] Die entscheidende methodologische Frage lautet dabei, wann das Fachgericht seine Kompetenzen offenkundig überschreitet und eine unzulässige Normderogation vornimmt. Das *BVerfG* betont zutreffend den Fall der unzulässigen Rechtsfortbildung,[63] doch gilt es diese Feststellung wiederum im Sinne der subjektiv-teleologischen Auslegung zu präzisieren. Dem *BVerfG* fällt hierbei nicht die Rolle einer Art „Superrevisionsinstanz" zu,[64] sondern es ist lediglich zu prüfen, ob das Gewicht der die Gesetzesbindung tragenden Prinzipien verkannt wird.

Den zweiten Kontrollmaßstab bildet das Gebot der Rechtmäßigkeit. Die Bindung des Zivilrichters an das „Recht" gem. Art. 20 Abs. 3 GG verpflichtet diesen zu einer hinreichenden Begründung des Urteils. Hiergegen wird grundsätzlich verstoßen, wenn ein Urteil überhaupt keine Begründung enthält,[65] diese in sich widersprüchlich ist[66] oder als schlechthin abwegig und nicht mehr nachvollziehbar erscheint.[67] Darüber hinaus sind in einem Urteil auch Präjudizien zu berücksichtigen. Diese begründen zwar keine Bindung im Sinne der „*stare decisis*"-Doktrin,[68] doch trägt derjenige die Argumentationslast, der von einem Präjudiz abweichen will.[69] Hierbei gilt es insbesondere, die objektive Verfestigung des Vertrauenstatbestandes (Länge der Präjudizienkette, Einstimmigkeit von Entscheidungen etc.) sowie die subjektive Schutzwürdigkeit des Rechtsunterworfenen zu berücksichtigen.[70] Da das Präjudiz als sol-

---

[61] S. auch näher *Neuner*, Privatrecht und Sozialstaat (oben Fn. 21), S. 48 ff.

[62] BVerfGE 65, 182 ff. (2. Leitsatz).

[63] BVerfGE 87, 273 ff. (280) m. w. N.; s. auch BVerfGE 113, 88 ff. (103): „Setzt sich die Auslegung in krassen Widerspruch zu allen zur Anwendung gebrachten Normen und werden damit Ansprüche begründet, die keinerlei Grundlage im geltenden Recht finden, so beanspruchen die Gerichte Befugnisse, die von der Verfassung eindeutig dem Gesetzgeber übertragen sind."

[64] Vgl. zuletzt BVerfG NJW 2007, 499 ff. (Rz. 75).

[65] Vgl. BVerfGE 71, 122 ff. (136).

[66] Vgl. BVerfGE 71, 202 ff. (205).

[67] Vgl. BVerfGE 62, 189 ff. (192 ff.).

[68] S. hierzu aus neuerer Zeit *Schauer*, Thinking Like a Lawyer, 2009, S. 57 ff.; *Alexander/Sherwin*, Demystifying Legal Reasoning, 2008, S. 53 ff.

[69] Vgl. BVerfGE 87, 273 ff. (278).

[70] S. auch BVerfGE 78, 123 ff. (126 f.); *Langenbucher*, JZ 2003, 1132 ff. (1134 ff.); *Krebs*, AcP 195 (1995), 171 ff. (198 ff.).

ches nicht bindet, ist Maßstab der Plausibilitätsprüfung jeweils Art. 20 Abs. 3 GG und nicht Art. 3 Abs. 1 GG.[71]

Dem *BVerfG* obliegt schließlich auch, die generelle Verfassungskonformität von zivilrechtlichen Entscheidungen zu kontrollieren. Ein Urteil ist dabei aufzuheben, wenn der Entscheidung eine verfassungswidrige Norm zugrunde liegt (also ein konkretes Normenkontrollverfahren gem. Art. 100 Abs. 1 GG nicht eingeleitet wurde). Das Gleiche gilt, wenn der Richter im „gesetzesfreien" Bereich eine Norm heranzieht, die der Gesetzgeber nicht als Norm erlassen dürfte.[72] So ist beispielsweise ein zivilrechtliches Urteil zum Persönlichkeitsschutz aufzuheben, falls Art. 1 Abs. 1, Art. 2 Abs. 1 GG ein anderes Ergebnis gebieten. Darüber hinaus liegt ein Verfassungsverstoß auch dann vor, wenn das Fachgericht das Gebot verfassungskonformer Auslegung insofern verletzt, als eine Grundrechtsrelevanz von vornherein verkannt oder ein an sich maßgebliches Grundrecht infolge unzureichender Verfassungsinterpretation im Rahmen des Entscheidungsprozesses nicht berücksichtigt wird.[73] Das *BVerfG* ist hingegen nicht zu einer generellen Richtigkeitskontrolle von praeterlegal ergangenen Entscheidungen befugt. Zur Beurteilung privatrechtlicher Konflikte sind die Zivilgerichte in der Regel wesentlich besser geeignet als das *BVerfG*, da sie über eine ungleich größere Sachkenntnis und einen deutlich engeren Problembezug verfügen.[74] Lediglich bei dem Schutz personaler Rechte mit starkem Bezug zur Menschenwürde sowie aus Gründen der Einheit der Rechtsordnung kann ausnahmsweise dem *BVerfG* die Rolle als Rechtsfortbildungsinstanz zufallen.

## III. Die menschenrechtliche Dimension

Wechselt man den Blick von den rechtstheoretischen Grundlagen zu den materialen zivilrechtlichen Vorgaben der Verfassung, stehen zunächst die Menschenrechte im Vordergrund.

### *1. Die Inkorporation der Menschenrechte*

Im Anschluss und als Folge der Menschenwürdegarantie des Art. 1 Abs. 1 GG bekennt sich das Deutsche Volk in Art. 1 Abs. 2 GG „zu unverletzlichen und unveräußerlichen Menschenrechten als Grundlage jeder menschlichen Gemeinschaft". Diese Norm befindet sich im 1. Abschnitt des Grundgesetzes über „Die Grundrechte" und lässt sich demnach schon systematisch nicht zu einer bloßen Präambel herabstufen.[75] Die Formulierung des Art. 1 Abs. 2 GG bringt zum Ausdruck, dass die Menschen-

[71] S. näher *Langenbucher*, Die Entwicklung und Auslegung von Richterrecht, 1996, S. 106 ff.; a. A. *Gusy*, DÖV 1992, 461 ff. (467 ff.).

[72] Vgl. BVerfGE 73, 261 ff. (269); *Jarass*/Pieroth, GG (oben Fn. 39), Vorb. vor Art. 1 Rn. 14.

[73] Vgl. BVerfGE 43, 130 ff. (137 f.); ähnlich BVerfGE 85, 248 ff. (258) m. w. N.; s. auch *Schlaich*, Das Bundesverfassungsgericht, 8. Aufl. 2010, Rn. 286 ff.

[74] Vgl. auch *Voßkuhle*, AöR 125 (2000), 177 ff. (196); *Oeter*, AöR 119 (1994), 529 ff. (557).

[75] A. A. Dreier/*Dreier*, GG, 2. Aufl. 2004, Art. 1 Abs. 2 Rn. 11; *Isensee*, in: Merten/Papier, Handbuch der Grundrechte, Bd. II, 2006, § 26 Rn. 81.

rechte die verbindliche Basis des Bonner Grundgesetzes verkörpern und den in Abs. 1 normierten Schutz der Menschenwürde ausbuchstabieren. Dieser normtextuelle Befund wird durch die ebenso klare verfassungsgeberische Regelungsabsicht bestätigt. Die Bestimmung des Art. 1 Abs. 2 GG ist, auch wenn es sich hierbei um einen Gemeinplatz handeln mag, eine gesetzgeberische Reaktion auf den Holocaust. Wie die Verfassungsprotokolle allenthalben belegen und wie sich aus dem historischen Gesamtkontext erschließen lässt,[76] sollen durch Art. 1 Abs. 2 GG die universellen Menschenrechte in das Grundgesetz integriert werden. Systematisch folgerichtig werden die „unverletzlichen und unveräußerlichen Menschenrechte" daher zusätzlich noch durch die „Ewigkeitsgarantie" des Art. 79 Abs. 3 GG abgesichert. Gegen die Inkorporation der Menschenrechte durch Art. 1 Abs. 2 GG sprechen auch nicht die völkerrechtlichen Spezialbestimmungen gem. Art. 25, 59 Abs. 2 GG.[77] Diese Vorschriften erfassen nur die „allgemeinen Regeln des Völkerrechts" sowie völkerrechtliche Verträge, nicht aber die speziellen menschenrechtlichen Standards und Minimalia.[78] Letztere sind konsequenterweise bereits am Anfang des Grundrechtsabschnitts verankert – eine Rezeptionstechnik, die zahlreiche internationale Parallelen findet und zurück reicht bis zum *IX. Amendment* zur US-amerikanischen Verfassung aus dem Jahr 1791.[79]

Mit der Regelung des Art. 1 Abs. 2 GG korrespondiert die Bindung der Rechtsprechung an „Gesetz und Recht" gem. Art 20 Abs. 3 GG. Diese Formel, die ebenfalls zahlreiche internationale Parallelen wie etwa in Art. 19 Abs. 1 UAbs. 1 Satz 2 EUV findet, geht zurück auf einen Vorschlag des Allgemeinen Redaktionsausschusses,[80] der es mit den Worten von *Thomas Dehler* „zur besseren Kennzeichnung der Rechtsstaatlichkeit als der Grundlage des Grundgesetzes"[81] für notwendig erachtete, die Judikative zusätzlich an das „Recht" zu binden.[82] Demgemäß erklärte das *BVerfG* wiederholt Gesetze aus der NS-Zeit für *ex tunc* nichtig[83] und hebt in seiner ständigen Rechtsprechung hervor, dass „Recht und Gerechtigkeit nicht zur Disposition des Gesetzgebers (stehen)", weil „gerade die Zeit des nationalsozialistischen Regimes in Deutschland gelehrt (hat), daß auch der Gesetzgeber Unrecht setzen kann"[84]. Die verfassungsgeberische Differenzierung zwischen „Gesetz und Recht" gem. Art. 20 Abs. 3 GG lässt sich auch nicht mit dem Hinweis auf Art. 97 Abs. 1 GG nivellieren, wonach die Richter „unabhängig und nur dem Gesetze unterworfen (sind)".[85] Diese Regelung ist eine Konsequenz aus den berüchtigten Richterbriefen und ande-

---

[76] S. nur die Präambel zur Bayerischen Verfassung: „Angesichts des Trümmerfeldes ...".

[77] A. A. *Heinig*, Der Sozialstaat der Freiheit, 2008, S. 414ff. m. w. N.

[78] S. für den unverzichtbaren Kernbereich auch *Herdegen*, in: Maunz/Dürig, GG, Stand 2009, Art. 1 Abs. 2 Rn. 39; ferner v. Münch/*Kunig*, GG, 5. Aufl. 2000, Art. 1 Abs. 2 Rn. 44 („dynamische Verweisung").

[79] S. eingehend *Häberle*, Rechtstheorie 24 (1993), 397ff. (401f., 419f.) m. w. N.

[80] JöR 1 (1951), 199.

[81] JöR 1 (1951), 200.

[82] S. zur Entstehungsgeschichte des Art. 20 Abs. 3 GG auch näher *Hoffmann*, Das Verhältnis von Gesetz und Recht, 2003, S. 51ff.

[83] BVerfGE 54, 53ff. (68f.); 23, 98ff. (105ff.).

[84] BVerfGE 23, 98ff. (106) m. w. N.; s. ferner auch BVerfGE 95, 96ff. (134f.).

[85] A. A. *Jarass*/Pieroth, GG (oben Fn. 39), Art. 20 Rn. 38; *Merten*, DVBl. 1975, 677ff. (678, 680).

ren Lenkungsmaßnahmen während der NS-Zeit[86] und will demgemäß allein die sachliche Unabhängigkeit der Richter garantieren.[87] Auch normhierarchisch geht Art. 20 Abs. 3 GG aufgrund der Einbindung in die „Ewigkeitsgarantie" des Art. 79 Abs. 3 GG der „einfachen" Verfassungsnorm des Art. 97 Abs. 1 GG vor.[88] Die notwendige Differenzierung zwischen „Gesetz und Recht" gem. Art. 20 Abs. 3 GG wird überdies durch die Verfassungsprotokolle zur analogen Regelung des Art. 1 Abs. 2 GG bestätigt. Exemplarischen Charakter haben die Darlegungen des Abgeordneten *Ludwig Bergsträßer*, man habe „sagen wollen, daß die Grundrechte auf vorstaatlichen, von Natur gegebenen Rechten beruhen, zu denen als der Grundlage aller menschlichen Gemeinschaft – nach Abs. 2 – das deutsche Volk sich ‚erneut' nach den bitteren Erfahrungen der Nazizeit bekenne."[89] Wie immer man zu den rechtsphilosophischen Annahmen dieses Satzes stehen mag – *de constitutione lata* gilt: Gesetze mit typisch nationalsozialistischem oder ähnlichem Inhalt sind kein „Recht" im Sinne des Grundgesetzes.

In der weiteren Folge bedarf es lediglich eines induktiven Rückschlusses auf jene generellen Grundsätze, die vor und nach der NS-Zeit Gültigkeit besaßen und sich in Form der allgemeinen Menschenrechte etablierten.[90] Bezeichnenderweise diente auch den Verfassungsautoren vor allem die Allgemeine Deklaration der Menschenrechte vom 10. 12. 1948 als Leitbild.[91] Zusätzliche Konkretisierungshilfen[92] bilden etwa die Internationalen Pakte über „bürgerliche und politische Rechte"[93] sowie über „wirtschaftliche, soziale und kulturelle Rechte",[94] die Übereinkommen zur Beseitigung jeder Form von Rassendiskriminierung[95] und Diskriminierung der Frau,[96] die Übereinkommen über die Rechte des Kindes[97] und von Menschen mit Behinderungen,[98] die Europäische Grundrechtecharta, die Konvention zum Schutze der Menschenrechte und Grundfreiheiten[99] oder die Europäische Sozialcharta.[100] Ein Vergleich mit ausländischen Verfassungen, der Weimarer Reichsverfassung oder Landesverfassungen kann ebenfalls weiterführend sein. Ferner kann sich die Essenz der Menschenrechte vor allem auch teleologisch im Hinblick auf das Ziel der Frei-

---

86 S. zu diesen näher *Gruchmann*, Justiz im Dritten Reich 1933–1940 (oben Fn. 18), S. 1091 ff.

87 Vgl. auch *R. Schmidt*, FS Canaris, Bd. II, 2007, S. 1353 ff. (1360); *Maihofer*, Annales Universitatis Saraviensis VIII (1960), 5 ff. (6 ff.).

88 Vgl. nur *H. Hofmann*, Das Recht des Rechts, das Recht der Herrschaft und die Einheit der Verfassung, 1998, S. 35; *Hirsch*, JZ 2007, 853 ff. (854) m. w. N.

89 JöR 1 (1951), 48; ähnlich *Adolf Süsterhenn*, JöR 1 (1951), 52.

90 S. näher *Neuner*, Die Rechtsfindung contra legem, 2. Aufl. 2005, S. 16 ff.; *Hoffmann*, Das Verhältnis von Gesetz und Recht (oben Fn. 82), S. 163 ff.; vgl. ferner auch *Riedel*, Menschenrechte als Gruppenrechte auf der Grundlage kollektiver Unrechtserfahrungen, in: ders., Die Universalität der Menschenrechte, 2003, S. 363 ff. (374 ff.).

91 S. nur JöR 1 (1951), 50, 58; vgl. zudem auch *v. Mangoldt*, DÖV 1949, 261 ff. (261).

92 S. zum universellen sowie regionalen Menschenrechtsschutz auch *Buergenthal/Thürer*, Menschenrechte, 2010, S. 23 ff., 187 ff. m. w. N.

93 BGBl. 1973 II, S. 1533 ff.

94 BGBl. 1973 II, S. 1569 ff.

95 BGBl. 1969 II, S. 961 ff.

96 BGBl. 1985 II, S. 647 ff.

97 BGBl. 1992 II, S. 121 ff.

98 BGBl. 2008 II, S. 1419 ff.

99 BGBl. 1952 II, S. 685 ff.

100 BGBl. 2001 II, S. 970 f.; 1964 II, S. 1261 ff.

heitssicherung und des Menschenwürdeschutzes näher erschließen.[101] Von einem „diffusen Bild“[102] kann deshalb schwerlich gesprochen werden, zumindest nicht in Abgrenzung zu den Grundrechten.

## 2. *Die Funktionen der Menschenrechte*

Die Menschenrechte entfalten lediglich in exzeptionellen Ausnahmekonstellationen eine Korrektivfunktion. Sie stellen die Gesetzesbindung im Grundsatz nicht in Frage, sondern fordern sie prinzipiell ein. Die Verfassungsgeber haben sich durch die Abkehr von einem positivistischen Rechtsverständnis auch lediglich versprochen, „einer Revolution die Maske der Legalität zu nehmen“.[103] Und dennoch gilt, was das *BVerfG* noch über 50 Jahre nach Inkrafttreten des Grundgesetzes zutreffend betont: „Über Art. 1 Abs. 2 (...) rezipiert das Grundgesetz auch die graduelle Anerkennung der Existenz zwingender, also der Disposition der Staaten im Einzelfall entzogener Normen (ius cogens). (...). Dies betrifft insbesondere Normen über (...) grundlegende Menschenrechte.“[104]

Die Menschenrechte erfüllen darüber hinaus eine komplementäre Funktion. Sie haben die Aufgabe, Regelungsdefizite des nationalen Normsetzers zu kompensieren. Eine menschenrechtskonforme Auslegung oder Rechtsfortbildung ist dabei nicht auf das Verfassungsrecht begrenzt, sondern kann auch auf der subkonstitutionellen Ebene des Privatrechts geboten sein.[105] So war beispielsweise schon vor Erlass des Allgemeinen Gleichbehandlungsgesetzes im Jahr 2006 ein zivilrechtlicher Diskriminierungsschutz vor allem in Bezug auf die international besonders verpönten Merkmale der „Rasse“ und des Geschlechts indiziert.[106] Auch die Komplementärfunktion legitimiert allerdings zu keiner freirechtlichen Handhabung der Grundrechte oder Privatrechtsnormen, sondern setzt Regelungslücken und eine entsprechend differenzierte Begründung voraus.

Vor diesem methodologischen und verfassungsrechtlichen Hintergrund überzeugt es nicht, wenn den Menschenrechten von Teilen der staatsrechtlichen Literatur nur eine „moralische Bindungskraft“ attestiert wird.[107] Das damit einhergehende Bedenken, dass sich die „‚Menschenrechtsrechtsphilosophie des Art. 1 Abs. 2 GG‘ nicht zur Lösung grundrechtsdogmatischer Probleme (eigne)“[108], bringt das entsprechende Vorverständnis zum Ausdruck: Die Verfassung muss sich in die Grundrechtsdogmatik ihres jeweiligen „Interpreten“ einfügen. Übernimmt man stattdessen das *Popper'sche* Falsifikationsmodell und spricht Aussagen über gesetzliche Normen die

[101] S. zur Interpretation der Menschenrechte auch *Kotzur*, Theorieelemente des internationalen Menschenrechtsschutzes, 2001, S. 6 ff. m. w. N.

[102] *Isensee*, in: Merten/Papier, Handbuch der Grundrechte, Bd. II (oben Fn. 75), § 26 Rn. 87.

[103] JöR 1 (1951), 586.

[104] BVerfGE 112, 1 ff. (27 f.).

[105] S. dazu auch *Courtis*, Die Wirkung der Menschenrechte auf Privatrechtsverhältnisse, in: Neuner, Grundrechte und Privatrecht aus rechtsvergleichender Sicht, 2007, S. 57 ff.; *Clapham*, Human Rights in the Privat Sphere, 1993.

[106] S. näher *Neuner*, JZ 2003, 57 ff. (59 f.).

[107] S. etwa *Merten*, in: Merten/Papier, Handbuch der Grundrechte, Bd. III, 2009, § 73 Rn. 34.

[108] *Merten*, in: Merten/Papier, Handbuch der Grundrechte (oben Fn. 107), § 73 Rn. 34.

Funktion von „Basissätzen" zu, gilt umgekehrt: Eine Grundrechtstheorie ist dann falsifiziert, wenn sie mit einer Vorschrift der Verfassung unvereinbar ist.[109]

## IV. Zum Vorrang der Grundrechte

Das Verhältnis der Verfassung zum Privatrecht wird zu einem Konkurrenz- und Vorrangproblem, weil und sofern beide Rechtsmaterien eine Schnittmenge aufweisen. Ein gemeinsamer Regelungsgegenstand wird zwar vereinzelt verneint,[110] doch regelt die Verfassung partiell und parallel zu den einfachgesetzlichen Zivilrechtsnormen auch die Beziehungen der Privatrechtsakteure untereinander. Eine solche Wirkkraft entfaltet vor allem die Menschenwürdegarantie des Art. 1 Abs. 1 Satz 1 GG. Darüber hinaus ist der Status des Einzelnen als Privatrechtsakteur nicht voraussetzungslos, sondern von staatlichen Gewährleistungen abhängig. Selbst wenn man der Privatautonomie einen apriorischen, dem positiven Recht vorausgehenden Charakter zuspricht, wird sie erst effektiv durch die Anerkennung und Ausgestaltung der Rechtsordnung.[111] Diese Interdependenz stellt die prinzipielle Eigenständigkeit des Privatrechts nicht in Frage, doch zeigt sie auf, dass die Verfassung und das Privatrecht keine völlig autarken Systeme bilden. Eine Vorrangbestimmung ist daher unausweichlich.[112]

### 1. *Die umfassende Wirkkraft der Menschenwürdegarantie gem. Art. 1 Abs. 1 Satz 1 GG*

Art. 1 Abs. 1 Satz 1 GG besagt, dass die Menschenwürde „unantastbar" ist, also von niemandem, auch nicht von Privatrechtsakteuren, verletzt werden darf. *Peter Häberle* spricht deshalb zutreffend von einer „‚Strukturnorm' für Staat *und* Gesellschaft"[113].

#### *a) Die Bindung der Staatsgewalten*

Nach Art. 1 Abs. 1 Satz 2 GG haben die staatlichen Gewalten die Menschenwürde nicht nur zu achten, sondern auch zu schützen. Eine solche Schutzpflicht besteht beispielsweise im Privatrecht zugunsten von Kindern, die prinzipiell ein Recht auf Kenntnis ihrer Abstammung haben. Das *BVerfG* spricht den Gerichten bei der Abwägung der widerstreitenden Grundrechte des Kindes und der Mutter im Rahmen

---

[109] S. näher *Canaris*, JZ 1993, 377 ff. (385 ff.).

[110] S. dazu auch *Isensee*, FS Großfeld, 1999, S. 485 ff. (492) m. w. N.

[111] Vgl. *Cornils*, Die Ausgestaltung der Grundrechte, 2005, S. 165 ff.; *Singer*, Selbstbestimmung und Verkehrsschutz im Recht der Willenserklärungen, 1995, S. 6 ff.; *Auer*, Materialisierung, Flexibilisierung, Richterfreiheit, 2005, S. 39 f.

[112] S. auch *Neuner*, in: ders., Grundrechte und Privatrecht aus rechtsvergleichender Sicht (oben Fn. 105), S. 159 ff. (164 ff.).

[113] *Häberle*, in: Isensee/Kirchhof, HStR II, 3. Aufl. 2004, § 22 Rn. 59; zustimmend *H. Hofmann*, AöR 118 (1993), 353 ff. (370 f. mit Fn. 88).

der Generalklausel des § 1618 a BGB einen weiten Spielraum zu.[114] Der gebotene Mindestschutz zugunsten des Kindes wäre jedoch unterschritten, sofern der Gesetzgeber oder die Gerichte es als rechtmäßig erachten würden, dass eine Abwägung *a priori* verhindert wird, indem etwa bei einer heterologen Insemination die Person des Samenspenders undokumentiert bleibt.[115] Dieses Ergebnis findet zudem in Art. 7 Abs. 1 des UN-Übereinkommens über die Rechte des Kindes eine Bestätigung, der besagt, dass ein Kind „soweit möglich das Recht (hat), seine Eltern zu kennen".[116]

### *b) Die Bindung der Privatrechtsakteure*

Sämtliche traditionellen Auslegungscanones belegen, dass neben den Staatsgewalten auch die Privatrechtsakteure an Art. 1 Abs. 1 Satz 1 GG gebunden sind:[117] Die Kennzeichnung der Menschenwürde als „unantastbar", der Umkehrschluss zu Art. 1 Abs. 3 GG (lediglich die „nachfolgenden Grundrechte" binden allein die Staatsgewalten) sowie die Unabänderbarkeit gem. Art. 79 Abs. 3 GG sind erste Belege. Entstehungsgeschichtlich kommt hinzu, dass Art. 1 Abs. 1 Satz 1 GG nicht nur eine Antwort auf den NS-Staatsterror geben will, sondern auch auf die Exzesse einer ungebändigten „Privatrechtsgesellschaft". Exemplarisch in Erinnerung zu rufen sind nur die judenfeindlichen Boykotte der Wirtschaft sowie die sanktionslosen[118] Verwüstungen in der Reichspogromnacht. Bereits im „Darstellenden Teil" des „*Herrenchiemsee-Berichts*" heißt es deshalb *expressis verbis*: „Art. 1 soll auch Privatpersonen verpflichten."[119] Zur Verdeutlichung wird im nächsten Satz sogleich das Beispiel der „Arbeiterversklavung" durch einen privaten Unternehmer angeführt. Objektiv macht es für die betroffenen Arbeitnehmer ebenfalls keinen Unterschied, ob ihre fundamentalen Schutzrechte von staatlichen oder privaten Unternehmen missachtet werden. Insgesamt kann somit auch in Bezug auf die unmittelbare Drittwirkung von Art. 1 Abs. 1 Satz 1 GG von keiner „Offenheit" des Grundgesetzes die Rede sein.

### *c) Die Bindung des Grundrechtsträgers*

Zum Kernbestand der Menschenwürde gehört das Recht auf Selbstbestimmung, das zivilrechtlich in Form der Privatautonomie zur Geltung gelangt. Man versteht darunter die Freiheit, Privatrechtsverhältnisse nach eigenem Willen begründen und ausgestalten zu können, ohne Präferenzen rechtfertigen zu müssen.[119a] Wie andere

---

[114] BVerfGE 96, 56 ff. (2. Leitsatz); zustimmend *Canaris*, Grundrechte und Privatrecht, 1999, S. 63.

[115] Vgl. *Starck*, JZ 1989, 338 f. (338 f.); *Zimmermann*, FamRZ 1981, 929 ff. (932 ff.).

[116] BGBl. 1992 II, S. 121 ff. (125).

[117] S. auch näher *Neuner*, Privatrecht und Sozialstaat (oben Fn. 21), S. 150 ff.

[118] Verpflichtet wurden stattdessen die Geschädigten durch die „Verordnung zur Wiederherstellung des Straßenbildes bei jüdischen Gewerbebetrieben" v. 12. 11. 1938, RGBl. 1938 I, S. 1581.

[119] Bericht über den Verfassungskonvent auf Herrenchiemsee vom 10. bis 23. August 1948, S. 21; vgl. auch JöR 1 (1951), 51.

[119a] Vgl. auch BVerfGE 72, 155 ff. (170); *Flume*, Allgemeiner Teil des Bürgerlichen Rechts, Bd. II, 4. Aufl. 1992, § 1,1; zur grundrechtlichen Verankerung s. näher *Höfling*, Vertragsfreiheit, 1991, S. 11 ff.; *Lorenz*, Der Schutz vor dem unerwünschten Vertrag, 1997, S. 18 ff.

Fundamentalgrundsätze ist aber auch die Privatautonomie kein Absolutum, sondern ein Rechtsprinzip, das seinen Sinn erst aus dem Zusammenspiel mit konkurrierenden Prinzipien voll entfaltet.

Zu diesen gegenläufigen Grundsätzen zählen seit dem Inkrafttreten des BGB im Jahr 1900 soziale Mindeststandards, die auch einen paternalistischen Schutz mit umfassen.[120] Systemkonform zu diesen einfachgesetzlichen Einschränkungen erklärt Art. 1 Abs. 2 GG die Menschenrechte für „unveräußerlich" und setzt damit dem Rechtsträger ebenfalls äußerste Grenzen.

Eine erste unverfügbare Grenze besteht darin, dass die Perspektive auf eine Veränderung der Lebensbedingungen[121] nicht gänzlich verloren gehen darf.[122] So kann sich der Einzelne zwar durch Dauerschuldverhältnisse selbstbestimmt in starke und lang andauernde Abhängigkeiten begeben, doch müssen diese irgendwann auch wieder aufhebbar sein. Zeitlich übermäßige, im Laufe der Zeit unverhältnismäßig belastende oder sogar ewige Bindungen sind daher unwirksam.[123] Auch eine General- oder Vorsorgevollmacht kann nicht unwiderruflich erteilt werden.[124] Ein weiteres gesetzliches Beispiel bildet § 311 b Abs. 2 BGB: „Ein Vertrag, durch den sich der eine Teil verpflichtet, sein künftiges Vermögen (...) zu übertragen (...), ist nichtig."

Während diese Schranke den Faktor Zeit berücksichtigt und vor allem die Reversibilität von Abhängigkeitsverhältnissen offen halten will, gibt es bestimmte Rechtsgüter, die von vornherein jeder rechtsgeschäftlichen Disposition entzogen sind. Dies gilt etwa für das Verbot der Veräußerung von Körperorganen gem. § 17 TPG i. V. m. § 134 BGB sowie nach h. M. für die Leihmutterschaft,[125] deren Vermittlung gem. § 13 c Adoptionsvermittlungsgesetz untersagt ist. Die eigene Rechtsfähigkeit kann man ebenfalls nicht aufgeben, und zwar weder im Rahmen eines „Armutsgelübdes"[126] noch im Wege eines freiwilligen „Versklavungsvertrags".[127] Auch beispielsweise einer Totalüberwachung am Arbeitsplatz kann man nicht wirksam zustimmen.[128]

### 2. *Die Bindungswirkung der Grundrechte gem. Art. 2ff. GG*

Normhierarchisch steht die Verfassung, insbesondere der Grundrechtskatalog, über den einfachen privatrechtlichen Gesetzen. Diese Vorrangstellung folgt direkt oder zumindest indirekt aus Art. 1 Abs. 3, Art. 20 Abs. 3, Art. 79, Art. 100 Abs. 1

---

[120] S. näher *Neuner*, Privatrecht und Sozialstaat (oben Fn. 21), S. 286f. m. umf. N.

[121] S. hierzu auch *Neuner*, Privatrecht und Sozialstaat (oben Fn. 21), S. 104ff.

[122] Vgl. auch BVerfGE 64, 261ff. (272); 45, 187ff. (245) jeweils zur lebenslangen Freiheitsstrafe.

[123] Vgl. nur *Flume*, Allgemeiner Teil (oben Fn. 119a), § 18, 2, b, dd; *Friedmann*, Recht und sozialer Wandel, 1969, S. 102f.

[124] Vgl. nur *Flume*, Allgemeiner Teil (oben Fn. 119a), § 53,3; *Berger*, JZ 2000, 797ff. (803).

[125] Vgl. *Armbrüster*, in: Münchener Kommentar BGB, 5. Aufl. 2006, § 138 Rn. 66 m. w. N.

[126] Vgl. *Bork*, Allgemeiner Teil des Bürgerlichen Gesetzbuchs, 2. Aufl. 2006, Rn. 154 m. Fn. 3.

[127] Vgl. *Eidenmüller*, Effizienz als Rechtsprinzip, 3. Aufl. 2005, S. 364 m. w. N.

[128] Vgl. nur *BAG* NZA 2008, 1187ff. (1189ff.); BAGE 111, 173ff. (175ff.); *Singer*, in: Neuner, Grundrechte und Privatrecht aus rechtsvergleichender Sicht (oben Fn. 105), S. 245ff. (261).

GG.[129] Sie ergibt sich zudem aus dem Sinn und Zweck der Verfassung als einem Akt fundamental-demokratischer Selbstbindung.

### *a) Die Bindung der Staatsgewalten*

Entsprechend ihrem normhierarchischen Vorrang entfalten die Grundrechte gem. Art. 2ff. GG eine Bindungswirkung gegenüber sämtlichen Staatsgewalten. Bereits die Verfassungsautoren hatten die Absicht, „die Grundrechte so zu formulieren, daß sie, wie Abs. 3 des Artikels 1 dann auch zum Ausdruck gebracht hat, als unmittelbar geltendes Recht angesehen werden können, das sowohl die Gesetzgebung wie Verwaltung und Rechtsprechung, und zwar sowohl des Bundes als auch der Länder in gleicher Weise bindet."[130] Diese Bindungswirkung erfasst nach ganz herrschender und zutreffender Ansicht den Privatrechtsgesetzgeber und damit *a fortiori* auch die Privatrechtsjudikatur.[131] Für eine teleologische Reduktion von Art. 1 Abs. 3 GG besteht kein Raum, zumal es wertungsmäßig keinen entscheidenden Unterschied macht, ob in Grundrechtspositionen durch öffentlichrechtliche Normen (z.B. nach dem Bundesimmissionsschutzgesetz) oder durch privatrechtliche Normen (z.B. nach den nachbarrechtlichen Bestimmungen gem. §§ 906ff. BGB) eingegriffen wird.[132]

### *b) Die Ungebundenheit der Privatrechtsakteure*

Wie sich bereits *e contrario* zu Art. 1 Abs. 3 GG sowie aus einem weiteren Umkehrschluss zur drittwirkenden Regelung des Art. 9 Abs. 3 Satz 2 GG ergibt, sind die Akteure des Privatrechts in der Regel nicht an die Grundrechte gebunden. Die Verfassungsautoren intendierten lediglich eine Bindung der Privatrechtssubjekte an den Kern der Menschenrechte, nicht aber an die Grundrechte im Allgemeinen. Eine umfassende Bindung wäre auch unverhältnismäßig und würde die Privatautonomie massiv einschränken. Allein schon eine Bindung der Privatrechtsakteure an den allgemeinen Gleichheitssatz des Art. 3 Abs. 1 GG hätte gravierende Auswirkungen auf die negative Abschlussfreiheit und die Pluralität des Marktes. Eine unmittelbare Drittwirkung der Grundrechte wird deshalb von der ganz überwiegenden Meinung

---

[129] Vgl. *Poscher*, Grundrechte als Abwehrrechte, 2003, S. 203ff.; *Wahl*, Der Staat 20 (1981), 319ff. (333ff.); *Isensee*, in: Merten/Papier, Handbuch der Grundrechte (oben Fn. 75), § 26 Rn. 42 m.w.N.

[130] *v. Mangoldt*, Anlage zum stenographischen Bericht der 9. Sitzung des Parlamentarischen Rates am 6. Mai 1949, S. 5.

[131] Vgl. BVerfGE 81, 242ff. (253); 63, 181ff. (195); *Schwabe*, AöR 100 (1975), 442ff. (442ff.); *Hesse*, Verfassungsrecht, 20. Aufl. 1999, Rn. 355; *Stern*, Staatsrecht, Bd. III/1 (oben Fn. 41), § 76 IV 3 m.w.N.; a.A. *Zöllner*, AcP 196 (1996), 1ff. (7ff.); *Herzog*, JR 1969, 441ff. (443).

[132] Vgl. auch *Canaris*, JZ 1987, 993ff. (993); *Pietzcker*, FS Dürig, 1990, S. 345ff. (350); *Dreier*, Jura, 1994, 505ff. (510).

abgelehnt.[133] Nur vereinzelt wurde vom *BAG*[134] sowie von einigen Autoren[135] (in zumeist abgeschwächter Form[136]) eine gegenteilige Ansicht vertreten.

Auch die sog. *etatistische Konvergenztheorie*, die privates Handeln im Rahmen der Rechtsordnung dem Staat zurechnet[137] und deshalb die potentielle Drittwirkung der Grundrechte zum Scheinproblem erklärt,[138] konnte sich nicht durchsetzen.[139] Sie nivelliert die Unterscheidung zwischen staatlicher und privater Verantwortung und ist vor allem mit der Idee der Privatautonomie als einer originären Kompetenz zur Selbstgestaltung der Rechtsverhältnisse nicht vereinbar.

## V. Zur Einwirkung der Grundrechte[140]

Untersucht man in der weiteren Folge die konkreten Einwirkungen der Grundrechte auf das Privatrecht bieten sich zwei Darstellungsformen an: Zunächst eine primär deskriptive Rekonstruktion der höchstrichterlichen Rechtsprechung und sodann eine knappe dogmatische Analyse der strukturprägenden grundgesetzlichen Vorgaben.

---

[133] Vgl. nur *Lübbe-Wolff*, Die Grundrechte als Eingriffsabwehrrechte, 1988, S. 176ff.; *Guckelberger*, JuS 2003, 1151ff. (1153); *Rüfner*, GS Martens, 1987, S. 215ff. (219); *Canaris*, Grundrechte und Privatrecht (oben Fn. 114), S. 11ff. m.w.N.

[134] BAGE 1, 185ff. (191ff.); 4, 274ff. (276ff.).

[135] *Leisner*, Grundrechte und Privatrecht, 1960, S. 356ff.; *Nipperdey*, FS Molitor, 1962, S. 17ff.; *Lücke*, JZ 1999, 377ff. (378f. unter Berufung auf Art. 19 Abs. 3 GG).

[136] Differenzierende und abgeschwächte Lösungen werden naheliegenderweise auch in Ländern vertreten, deren Verfassungswortlaut eine „unmittelbare Drittwirkung" impliziert; vgl. etwa *Sarlet*, in: Neuner, Grundrechte und Privatrecht aus rechtsvergleichender Sicht (oben Fn. 105), S. 81ff. (91ff.) zu Art. 5 § 1 der brasilianischen Verfassung, der lautet: „Die definitorischen Grundrechtsnormen und -garantien werden unmittelbar angewandt."; *Mota Pinto*, in: Neuner, a.a.O., S. 105ff. (107ff.) zu Art. 18 Abs. 1 der portugiesischen Verfassung: „Die Verfassungsbestimmungen über die Rechte, Freiheiten und Garantien finden unmittelbare Anwendung und sind für öffentlich-rechtliche und privatrechtliche Einrichtungen verbindlich."

[137] *Schwabe*, Die sogenannte Drittwirkung der Grundrechte, 1971, S. 14ff., 26ff., 62ff.; *ders.*, Probleme der Grundrechtsdogmatik, 1977, S. 213ff.

[138] *Schwabe*, AöR 100 (1975), 442ff. (470).

[139] Vgl. nur *Canaris*, AcP 184 (1984), 201ff. (217ff., 218: „Der Satz ‚ita ius esto' wird von den Parteien des Rechtsgeschäfts ausgesprochen"); *ders.*, AcP 185 (1985), 9ff. (Erwiderung auf *Schwabe*, AcP 185 (1985), 1ff.); *Stern*, Staatsrecht, Bd. III/1 (oben Fn. 41), § 76 III 1; *Pietzcker*, FS Dürig, 1990, S. 345ff. (347ff.); *Guckelberger*, JuS 2003, 1151ff. (1152).

[140] Die Problematik ist mittlerweile auch international ein Schwerpunktthema: s. etwa zum japanischen Recht *Yamamoto*, FS Canaris, Bd. II, 2007, S. 897ff.; zum griechischen Recht *Doris*, FS Canaris, Bd. II, 2007, S. 535ff.; zum schweizerischen Recht *Egli*, Drittwirkung von Grundrechten, 2002; *Seedorf*, Die Wirkung der Grundrechte im Privatrecht in Südafrika, 2005; zum brasilianischen Recht *Sarlet*, in: Neuner, Grundrechte und Privatrecht aus rechtsvergleichender Sicht (oben Fn. 105), S. 81ff.; zum portugiesischen Recht *Mota Pinto*, in: Neuner, a.a.O., S. 105ff.; zum spanischen Recht *Ubillos*, in: Neuner, a.a.O., S. 119ff.; zum ungarischen Recht *Halmai*, in: Sajó/Uitz, The Constitution in Private Relations: Expanding Constitutionalism, 2005, S. 99ff.; zum französischen Recht *Troper*, in: Sajó/Uitz, a.a.O., S. 115ff.; zur US-amerikanischen state-action-doctrine *Giegerich*, Privatwirkung der Grundrechte in den USA, 1992; zur Drittwirkung der Grundfreiheiten im Gemeinschaftsrecht *Herresthal*, in: Neuner, a.a.O., S. 177ff.

### 1. *Entwicklungslinien*

Bereits im 1. Band der amtlichen Sammlung[141] erläutert das *BVerfG* die Eigentumsgarantie sowie die Wechselwirkungen zwischen der Verfassung und dem einfachen Gesetz: „Art. 14 GG schützt das Rechtsinstitut des Eigentums, so wie es das bürgerliche Recht und die gesellschaftlichen Anschauungen geformt haben."[142] Demnach wird von Art. 14 GG insbesondere nicht das Vermögen als solches erfasst.[143] Weitere Entscheidungen befassen sich vor allem mit den Gleichheitssätzen des Art. 3 GG[144] sowie mit Art. 6 GG.[145] Zu Art. 6 Abs. 1 GG hebt das *BVerfG* hervor, dass es „nicht nur ein ‚klassisches Grundrecht' zum Schutze der spezifischen Privatsphäre von Ehe und Familie sowie Institutsgarantie (ist), sondern darüber hinaus zugleich eine Grundsatznorm, das heißt eine verbindliche Wertentscheidung für den gesamten Bereich des Ehe und Familie betreffenden privaten und öffentlichen Rechts."[146]

#### *a) Die Ära nach dem „Lüth-Urteil" im Jahr 1958*

Die erste strukturprägende Entscheidung für das gesamte Privatrecht bildet das im Jahr 1958 ergangene „*Lüth-Urteil*"[147]. Gegenstand der Entscheidung war ein Aufruf des Vorsitzenden des Hamburger Presseklubs *Erich Lüth* zum Boykott des Films „*Unsterbliche Geliebte*" des Regisseurs *Veit Harlan*, der während der NS-Zeit unter anderem den Film „*Jud Süß*" gedreht hatte. Das Zivilgericht wertete diesen Boykottaufruf als sittenwidrige Schädigung gem. § 826 BGB. Das *BVerfG* hob das Urteil wegen Verletzung des Grundrechts des Beschwerdeführers *Lüth* auf freie Meinungsäußerung aus Art. 5 Abs. 1 Satz 1 GG auf. Bereits in den ersten Leitsätzen wird ausgeführt, dass die Grundrechte zwar in erster Linie Abwehrrechte des Bürgers gegen den Staat sind, doch verkörpern sie „auch eine objektive Wertordnung, die als verfassungsrechtliche Grundentscheidung für alle Bereiche des Rechts gilt. Im bürgerlichen Recht entfaltet sich der Rechtsgehalt der Grundrechte mittelbar durch die privatrechtlichen Vorschriften. (...) Der Zivilrichter kann durch sein Urteil Grundrechte verletzen (§ 90 BVerfGG), wenn er die Einwirkung der Grundrechte auf das bürgerliche Recht verkennt."[148] Das *BVerfG* folgte damit grundrechtsdogmatisch der Lehre von der mittelbaren Drittwirkung, zu deren Hauptrepräsentanten *Günter Dürig* zählte.[149]

---

[141] Die folgende Darstellung beschränkt sich vorwiegend auf exemplarische Urteile, die in der amtlichen Entscheidungssammlung abgedruckt sind; s. ergänzend auch den Überblick bei *Krause* JZ 1984, 656 ff., 711 ff., 828 ff.

[142] BVerfGE 1, 264 ff. (4. Leitsatz).

[143] BVerfGE 4, 7 ff. (4. Leitsatz).

[144] S. z.B. BVerfGE 4, 7 ff. (19 ff.); 5, 9 ff. (21 f.).

[145] Zu Art. 9 GG (Schutz der Koalition als solcher) s. bereits oben Fn. 42.

[146] BVerfGE 6, 55 ff. (5. Leitsatz).

[147] BVerfGE 7, 198 ff.

[148] BVerfGE 7, 198 ff. (Leitsätze 1 bis 3).

[149] S. vor allem *Dürig*, FS Nawiasky, 1956, 157 ff. (176 ff.).

Die Lehre von der sog. Ausstrahlungs- oder mittelbaren Drittwirkung verfestigte sich fortan in der Rechtsprechung des *BVerfG*[150] und wurde ähnlich wie im *Lüth-Urteil* immer wieder zur Bestimmung der Reichweite und Wirkkraft des Art. 5 GG herangezogen. Beispielhaft hervorzuheben sind die „*Blinkfüer-Entscheidung*" (Aufruf zum Boykott eines Presseunternehmens),[151] die „*Mephisto-Entscheidung*" (Verbot der Veröffentlichung des Buchs von *Klaus Mann* „*Mephisto – Roman einer Karriere*")[152] sowie das „*Lebach-Urteil*" (Untersagung der Ausstrahlung des Dokumentarfilms „*Der Soldatenmord von Lebach*").[153] Die Grenzen der Meinungsfreiheit wurden ferner in Bezug auf Wahlwerbung in Betrieben,[154] politische Auseinandersetzungen,[155] unrichtige Zitate („*Heinrich Böll*"),[156] herabsetzende Kritik,[157] Undercover-Journalismus („*Günther Wallraff*")[158] sowie beleidigende Karikaturen („*Franz Josef Strauß*")[159] bestimmt.

Mit dem Grundrecht der Meinungsfreiheit ist regelmäßig der Persönlichkeitsschutz nach Art. 2 Abs. 1 i. V. m. Art. 1 Abs. 1 GG abzuwägen, der deliktsrechtlich primär durch die §§ 823, 1004 BGB gewährleistet wird. Das *BVerfG* entschied in dem „*Soraya-Beschluss*", dass die zivilgerichtliche Rechtsprechung, nach der bei schweren Verletzungen des allgemeinen Persönlichkeitsrechts ein Anspruch auf immateriellen Schadensersatz besteht, mit dem Grundgesetz vereinbar ist.[160] In einer weiteren deliktsrechtlichen Entscheidung stellte das *BVerfG* fest, dass die Haftung eines Sachverständigen durch die Gerichte nicht dahingehend eingeschränkt werden darf, dass dieser selbst für die Folgen einer grob fahrlässigen Falschbegutachtung nicht einzustehen hat (vgl. jetzt § 839 a BGB).[161] Ferner wurde judiziert, dass bei einem ärztlichen Kunstfehler eine Beweislastumkehr zulasten des Arztes nicht von der Verfassung gefordert wird.[162]

Der Schutz des Eigentums gem. Art. 14 Abs. 1 GG wurde zunächst in der „*Feldmühle-Entscheidung*" (betreffend die Umwandlung von Kapitalgesellschaften) näher bestimmt.[163] Weitere Entscheidungen betrafen § 9 GrdstVG (zur ungesunden Bodenverteilung).[164] Ferner wurde das Urheberrecht als Nutzungsrecht unter die Eigentumsgarantie des Art. 14 Abs. 1 Satz 1 GG subsumiert.[165] Eine Zwangsversteigerung zum Schleuderpreis wurde als Verletzung der Eigentumsgarantie erachtet.[166] Auch der weitgehende Ausschluss der Kündigungsbefugnis privater Verpächter von Klein-

---

150 Vgl. nur BVerfGE 73, 261 ff. (269); 42, 143 ff. (148).
151 BVerfGE 25, 256 ff.
152 BVerfGE 30, 173 ff.
153 BVerfGE 35, 202 ff.
154 BVerfGE 42, 133 ff.
155 BVerfGE 42, 163 ff.; s. auch BVerfGE 61, 1 ff.
156 BVerfGE 54, 208 ff.; s. auch BVerfGE 54, 148 ff.
157 BVerfGE 60, 234 ff.
158 BVerfGE 66, 116 ff.
159 BVerfGE 75, 369 ff.
160 BVerfGE 34, 269 ff. (mit grundlegenden Ausführungen zur Rechtsfortbildung).
161 BVerfGE 49, 304 ff.
162 BVerfGE 52, 131 ff.
163 BVerfGE 14, 263 ff.
164 BVerfGE 21, 73 ff.; 21, 92 ff.; 21, 99 ff.; 21, 306 ff.
165 BVerfGE 31, 229 ff.; s. auch BVerfGE 31, 275 ff.
166 BVerfGE 46, 325 ff.

gartenland wurde als verfassungswidrig angesehen.[167] Im Einklang mit dem Grundgesetz steht hingegen nach Ansicht des *BVerfG*, dass das Wasserhaushaltsgesetz das unterirdische Wasser zur Sicherung einer funktionsfähigen Wasserbewirtschaftung einer vom Grundstückseigentum getrennten öffentlich-rechtlichen Benutzungsordnung unterstellt.[168]

Die Eigentumsgarantie wurde ferner in mehreren Entscheidungen speziell unter dem Aspekt des Mieterschutzes näher bestimmt. So kann der Hauseigentümer eine Wahlwerbung des Mieters an der Außenwand der Mietwohnung mit einer Unterlassungsklage gem. § 1004 BGB abwehren.[169] Mit der Eigentumsgarantie des Art. 14 Abs. 1 Satz 1 GG ist andererseits vereinbar, dass der Gesetzgeber das Kündigungsrecht des Vermieters von Wohnraum von einem berechtigten Interesse abhängig macht[170] und Erhöhungen des Mietzinses nur um höchstens 30% zulässt.[171]

Die wohl größte Zahl der Entscheidungen erging zum Familienrecht. Das *BVerfG* erklärte verschiedene Vorschriften zur elterlichen Sorge,[172] zur Vaterschaft,[173] zu den Rechten unehelicher Kinder,[174] zum Adoptionsrecht,[175] zum Ehe- und Familiennamen,[176] zur Schlüsselgewalt,[177] zum Unterhaltsrecht[178] sowie zum Scheidungsrecht[179] für verfassungskonform. Teilweise wurden Vorschriften zum Ehe- und Familiennamen,[180] zur Benachteiligung der Ehe im Konkurs,[181] zu Eheverboten,[182] zum Scheidungsrecht,[183] zu den Rechten unehelicher Kinder[184] sowie zur elterlichen Sorge[185] aber auch für verfassungswidrig erklärt. Auch in zahlreichen weiteren Entscheidungen, wie etwa zur Eheschließungsfreiheit,[186] zur Pflegschaftsbestellung[187] oder zur Witwenrente,[188] stand die Auslegung von Art. 6 GG im Vordergrund.[189]

---

[167] BVerfGE 52, 1ff.

[168] BVerfGE 58, 300ff.

[169] BVerfGE 7, 230ff.

[170] BVerfGE 68, 361ff.; s. zur Wohnraumkündigung ferner BVerfGE 79, 283ff.; 79, 292ff.; 81, 29ff.

[171] BVerfGE 71, 230ff.; s. zu den Anforderungen an ein Mieterhöhungsverlangen auch BVerfGE 79, 80ff.

[172] BVerfGE 31, 194ff.; 55, 171ff.; 56, 363ff.; 64, 180ff.; 68, 176ff.; 75, 201ff. und 79, 51ff. (jeweils zur verfassungskonformen Auslegung von § 1632 Abs. 4 BGB).

[173] BVerfGE 38, 241ff.

[174] BVerfGE 8, 210ff.; 17, 280ff.; 26, 44ff.; 26, 206ff. und 26, 265ff. (jeweils zur verfassungskonformen Auslegung von mittlerweile aufgehobenen Vorschriften); 44, 1ff.; 58, 377ff.

[175] BVerfGE 24, 119ff.

[176] BVerfGE 17, 168ff.; 19, 177ff.; 78, 38ff.

[177] BVerfGE 81, 1ff.

[178] BVerfGE 22, 93ff.; 57, 361ff.; 66, 84ff.; 68, 256ff.

[179] BVerfGE 53, 224ff.; 53, 257ff.; 60, 329ff.

[180] BVerfGE 19, 177ff.; 48, 327ff.

[181] BVerfGE 24, 104ff.

[182] BVerfGE 36, 146ff. (zum Eheverbot der Geschlechtsgemeinschaft).

[183] BVerfGE 55, 134ff.; 57, 361ff. (jeweils zur Berücksichtigung außergewöhnlicher Härten); 63, 88ff., 71, 354ff. (jeweils zur ausnahmslosen Anordnung des Versorgungsausgleichs).

[184] BVerfGE 25, 167ff. (zur Anrechnung einer Waisenrente).

[185] BVerfGE 61, 358ff. (zur zwingenden Übertragung auf ein Elternteil).

[186] BVerfGE 31, 58ff.

[187] BVerfGE 33, 236ff.

[188] BVerfGE 62, 323ff.

[189] Vgl. ferner BVerfGE 11, 64ff.; 34, 165ff.; zum Recht auf Kenntnis der eigenen Abstammung s. bereits oben bei Fn. 114ff.

Speziell der Mutterschutz in Arbeitsverhältnissen gem. Art. 6 Abs. 4 GG wurde unter den Aspekten der Mitteilungspflicht[190] sowie der Lohnfortzahlung[191] thematisiert. Generell zum Arbeitsrecht ergingen Entscheidungen namentlich zu den Voraussetzungen von unbefristeten Arbeitsverhältnissen,[192] zur verfassungswidrigen Differenzierung zwischen Arbeitern und Angestellten[193] sowie zur Auslegung von Sozialplänen.[194]

Schließlich gab es unter anderem Entscheidungen zur Verfassungskonformität einzelner zivilrechtlicher Normen (§ 656 BGB Ausschluss der Klagbarkeit des Ehemäklerlohns,[195] § 1357 Abs. 1 BGB „Schlüsselgewalt",[196] §§ 12, 13 Höfeordnung[197]), zur Auslegung des Gleichheitssatzes,[198] zur Gesetzgebungskompetenz auf dem Gebiet des bürgerlichen Rechts,[199] zur Rückwirkung von Gesetzen[200] sowie zum rechtlichen Gehör.[201]

### *b) Die Ära nach der „Handelsvertreter-Entscheidung" im Jahr 1990*

Die zweite strukturprägende Entscheidung für das Privatrecht verkörpert der „*Handelsvertreter-Beschluss*"[202] aus dem Jahr 1990. In diesem *leading case* zur Karenzentschädigung von Handelsvertretern wurde jene Schutzpflichtenlehre dem Grunde nach übernommen, die für das Privatrecht vor allem *Claus-Wilhelm Canaris* entwickelt hatte.[203] Zugleich hob das *BVerfG* hervor, dass „der entsprechende Schutzauftrag der Verfassung" sich auch auf „Fälle gestörter Vertragsparität" bezieht.[204] Damit war eine „neue" Grundrechtsfunktion für das Privatrecht höchstrichterlich aktiviert, die zugleich dem Schutz des „Schwächeren" im Vertragsrecht diente.

Die Rechtsprechung zu den grundrechtlichen Schutzpflichten wurde im „*Bürgschafts-Beschluss*" fortgeführt.[205] Das *BVerfG* betonte in dieser Entscheidung, dass den Zivilgerichten ganz generell die Pflicht zur Inhaltskontrolle von Verträgen obliegt, „die einen der beiden Vertragspartner ungewöhnlich stark belasten und das Ergebnis strukturell ungleicher Verhandlungsstärke sind."[206] In der weiteren Folge wurden

---

190 BVerfGE 32, 273 ff.; 52, 357 ff.; 55, 154 ff.

191 BVerfGE 37, 121 ff.

192 BVerfGE 59, 231 ff. (Rundfunkanstalten).

193 BVerfGE 62, 256 ff. (Kündigungsfristen).

194 BVerfGE 73, 261 ff.

195 BVerfGE 20, 31 ff.

196 BVerfGE 81, 1 ff.

197 BVerfGE 67, 329 ff.

198 BVerfGE 9, 201 ff.; 56, 139 ff.; 58, 163 ff.

199 BVerfGE 7, 342 ff. (Urlaubsgesetz); 45, 297 ff. (Enteignung); s. auch *Krause*, JZ 1984, 656 ff. (661 ff.) m. w. N.

200 BVerfGE 25, 371 ff.; 31, 222 ff.; 45, 142 ff.; 77, 370 ff.

201 BVerfGE 60, 7 ff.; 60, 305 ff.; 63, 177 ff.

202 BVerfGE 81, 242 ff.

203 *Canaris*, AcP 184 (1984), 201 ff.

204 BVerfGE 81, 242 ff. (256).

205 S. zur Entwicklung der Rechtsprechung auch *Ruffert*, Vorrang der Verfassung und Eigenständigkeit des Privatrechts, 2001, S. 146 ff.; *ders.*, JZ 2009, 389 ff. m. w. N.

206 BVerfGE 89, 214 ff. (Leitsatz).

neben Bürgschaftsverträgen namentlich auch Ehe-[207] und Versicherungsverträge[208] einer Inhaltskontrolle unterzogen.

Neben dem „neuen" Erklärungsmodell der Grundrechte als Schutzpflichten ist dogmatisch kennzeichnend, dass die Rechtsprechung die Art. 2ff. GG nicht allein in einem liberal-abwehrrechtlichen Sinn versteht. Bereits im „*Handelsvertreter-Beschluss*" wurden die grundrechtlichen Schutzpflichten über das Recht der unerlaubten Handlungen hinaus auf das Vertragsrecht erstreckt. Demgemäß interpretiert das *BVerfG* zahlreiche Grundrechte auch als soziale Rechte im Sinne der *iustitia distributiva* und entnimmt beispielsweise der Berufsfreiheit des Art. 12 GG einen kompletten Kanon an arbeitsrechtlichen Schutzrechten.[209] Der Wirkkreis des Art. 12 GG erfasst mittlerweile alle zentralen Bereiche des Arbeitsrechts,[210] beginnend mit der Abschlussfreiheit über die vertragliche Inhaltskontrolle, den Arbeitsplatzschutz, die Mitbestimmung bis hin zum Tarifvertragsrecht.[211]

Des Weiteren folgerte das *BVerfG* aus der Eigentumsgarantie des Art. 14 Abs. 1 Satz 1 GG ein Besitzrecht des Mieters an der Wohnung.[212] Dieses Besitzrecht des Mieters erstreckt sich auf die Mitbenutzung des Treppenhauses, so dass einem behinderten Mieter ein Anspruch auf Einbau eines (selbstfinanzierten) Treppenlifts zustehen kann[213] (nunmehr geregelt in § 554 a BGB). Ähnlich hat das *BVerfG* in Bezug auf die Anbringung einer Fernsehantenne ausgeführt, dass „das von Art. 5 Abs. 1 Satz 1 Halbsatz 2 GG geschützte Interesse ausländischer Mieter am Empfang von Rundfunkprogrammen ihres Heimatlandes bei der Abwägung mit den Eigentumsinteressen des Vermieters zu berücksichtigen (ist)."[214] Zugunsten einer suizidgefährdeten und chronisch kranken Mieterin entschied das *BVerfG*, dass in besonders gelagerten Einzelfällen „die Räumungsvollstreckung für einen längeren Zeitraum und – in absoluten Ausnahmefällen – auf unbestimmte Zeit einzustellen ist."[215] Im Übrigen beschäftigte sich das *BVerfG* schwerpunktmäßig mit dem Kündigungsschutz, insbesondere unter dem Aspekt der Eigenbedarfskündigung.[216]

Einen weiteren Schwerpunkt bildete die Meinungs- und Pressefreiheit.[217] Nach Ansicht des *BVerfG* tritt der Schutz von Meinungsäußerungen, die eine Schmähung darstellen, regelmäßig hinter den Persönlichkeitsschutz zurück;[218] auch bei der Veröffentlichung von Fotos Prominenter mit ihren Kindern kommt eine Verletzung von Art. 2 Abs. 1 i. V. m. Art. 1 Abs. 1 GG in Betracht (*Caroline von Monaco*).[219] Bei sati-

[207] BVerfGE 103, 89ff.

[208] BVerfGE 114, 1ff.

[209] Vgl. BVerfGE 84, 133ff. (146ff.); 97, 169ff. (175ff.).

[210] Mehrere Entscheidungen ergingen im Übrigen zu arbeitsrechtlichen Bestimmungen des Einigungsvertrags; vgl. BVerfGE 84, 133ff.; 85, 360ff.; 92, 140ff.; 96, 152ff.; 96, 189ff.; 96, 205ff.

[211] S. ausführlich *Dieterich*, in: Erfurter Kommentar zum Arbeitsrecht, 10. Aufl. 2010, Art. 12 GG Rn. 4, 30ff. m. umf. N.

[212] BVerfGE 89, 1ff.

[213] BVerfG, NJW 2000, 2658ff.

[214] BVerfGE 90, 27ff. (36).

[215] BVerfG, NZM 2005, 657ff. (1. Leitsatz).

[216] BVerfGE 83, 82ff.; 84, 197ff. (gewerblicher Zwischenvermieter); 84, 366ff.; 84, 382ff.

[217] Vgl. BVerfGE 85, 1ff.; 86, 122ff. (im Rahmen eines Ausbildungsverhältnisses); 99, 185ff.; 102, 347ff.; 114, 339ff. (Bezeichnung als „Stasi-Mitarbeiter").

[218] BVerfGE 82, 272ff.

[219] BVerfGE 101, 361ff.

rischen Meinungsäußerungen („geb. Mörder") zog das *BVerfG* besondere Prüfungsmaßstäbe heran[220] und beurteilte auch ein literarisches Werk, das Wirklichkeitsbezüge unter Vermengung tatsächlicher und fiktiver Schilderungen aufwies, differenziert im Hinblick auf Verletzungen der Intimsphäre („*Maxim Biller*").[221] Eine Schockwerbung mit dem Foto eines nackten menschlichen Gesäßes, auf das die Worte „*H. I. V. POSITIVE*" aufgestempelt waren, befand das *BVerfG* entgegen der Ansicht des *BGH* als rechtmäßig.[222]

Im Familienrecht erachtete das *BVerfG* das Lebenspartnerschaftsgesetz,[223] den Ausschluss von Kindesdoppelnamen,[224] die grundsätzliche Zuweisung des Sorgerechts an die Mutter eines nichtehelichen Kindes[225] sowie die Ablehnung der Verwertung heimlich eingeholter genetischer Abstammungsgutachten[226] für verfassungskonform. Für verfassungswidrig wurde hingegen der zwingende Sorgerechtswechsel bei Ehelicherklärung des nichtehelichen Kindes,[227] die Stellung des nichtehelichen Vaters im Adoptionsverfahren,[228] der ausnahmslose Ausschluss des leiblichen Vaters eines Kindes von dem Anfechtungsrecht und dem Umgangsrecht in Fällen sozial-familiärer Beziehung sowie der Ausschluss eines durch frühere Eheschließung erworbenen und geführten Familiennamens bei der Bestimmung des Ehenamens in einer neuen Ehe erklärt.[229] Ferner wurden in einem Nichtannahmebeschluss keine verfassungsrechtlichen Bedenken gegen die Beurteilung der vorkonstitutionellen „Kranzgeld-Regelung" gem. § 1300 a.F. als verfassungswidrig erhoben.[230]

Im Erbrecht wurden die Normen über das Pflichtteilsrecht der Kinder (§ 2303 Abs. 1 BGB), über die Pflichtteilsentziehungsgründe des § 2333 Nr. 1 und 2 BGB a.F. sowie über den Pflichtteilsunwürdigkeitsgrund der §§ 2345 Abs. 2, 2339 Abs. 1 Nr. 1 BGB für grundgesetzkonform erachtet.[231] Der generelle Ausschluss schreib- und sprechunfähiger Personen von der Testiermöglichkeit wurde hingegen als Verstoß gegen Art. 14 Abs. 1, Art. 3 Abs. 1, Art. 3 Abs. 3 Satz 2 GG gewertet.[232] Fachgerichtliche Entscheidungen zu einer „Ebenbürtigkeitsklausel" in einem Erbvertrag wurden aufgehoben, weil insbesondere zu prüfen gewesen wäre, ob eine Beeinträchtigung der Eheschließungsfreiheit des Erben vorliegt („*Hohenzollern-Beschluss*").[233]

---

[220] BVerfGE 86, 1 ff.

[221] BVerfGE 119, 1 ff.

[222] BVerfGE 102, 347 ff.

[223] BVerfGE 105, 313 ff.

[224] BVerfGE 104, 373 ff.

[225] BVerfGE 107, 150 ff.; s. jetzt aber auch *BVerfG*, Beschluss vom 21.07. 2010 – 1 BvR 420/09 (wonach es das Elternrecht des Vaters eines nichtehelichen Kindes verletzt, dass er ohne Zustimmung der Mutter generell von der Sorgetragung für sein Kind ausgeschlossen ist).

[226] BVerfGE 117, 202 ff. (verbunden mit der Pflicht des Gesetzgebers, ein rechtsförmiges Verfahren bereitzustellen).

[227] BVerfGE 84, 168 ff.

[228] BVerfGE 92, 158 ff.

[229] BVerfGE 109, 256 ff.

[230] BVerfG FamRZ 1993, 662.

[231] BVerfG NJW 2005, 1561 ff. (2. Leitsatz).

[232] BVerfGE 99, 341 ff.

[233] *BVerfG* NJW 2004, 2008 ff.

## *2. Streitpunkte*

Die moderne Schutzpflichten-Lehre des *BVerfG* überzeugt konstruktiv, die Umdeutung der Art. 2 ff. GG in soziale Rechte erscheint indes fragwürdig.

### *a) Zur Schutzpflichtenlehre*[234]

Sowohl der Wortlaut zahlreicher Grundrechte („zu schützen", „gewährleisten", „Rechte anderer") als auch die tradierte Staatsfunktion der umfassenden Friedenssicherung sprechen für die Annahme von Schutzpflichten.[235] Ohne Schutzpflichten käme es gerade auch im Privatrecht zu unbilligen Asymmetrien, wenn ein Angreifer oder Emittent jene Regelungen, die seine Handlungsfreiheit einschränken, verfassungsrechtlich überprüfen lassen könnte, während dem Beeinträchtigten keine entsprechenden Optionen zum Schutz seines Integritätsinteresses offen stünden.[236] Die Schutzpflichten-Lehre vermag zudem die Schwächen der herkömmlichen Theorie der mittelbaren Drittwirkung zu kompensieren. Sie setzt insbesondere keine Generalklauseln oder unbestimmten Rechtsbegriffe als Einwirkungstore des Verfassungsrechts voraus, sondern die Grundrechte können sich auch im Wege einer den Normtext überschreitenden Rechtsfindung Geltung verschaffen.[237] Methodologisch wird damit neben einer verfassungskonformen Auslegung die Möglichkeit einer verfassungskonformen Rechtsfortbildung geschaffen. Um eine bloße verfassungskonforme Auslegung handelt es sich beispielsweise bei der Anerkennung des allgemeinen Persönlichkeitsrechts als „sonstiges Recht" im Sinne von § 823 Abs. 1 BGB, wohingegen die Gewährung von Schmerzensgeld nach Maßgabe der Art. 2 Abs. 1 i. V. m. Art. 1 Abs. 1 GG[238] sich nicht mehr auf den Wortlaut des § 253 Abs. 2 BGB (bzw. § 847 BGB a. F.) stützen lässt.

Schutzpflichten haben nicht nur eine liberal-abwehrrechtliche, sondern auch eine sozial-teilhaberechtliche Dimension.[239] Dies folgt bereits aus Art. 1 Abs. 1 GG. Das *BVerfG* betont zu Recht, dass der Staat die Menschenwürde auch positiv schützen

---

[234] Zum Untermaßverbot, d. h. wie der Schutz mindestens auszugestalten ist, s. unten im Text bei Fn. 253 ff.

[235] S. näher *Isensee*, Das Grundrecht auf Sicherheit, 1983, S. 3 ff.; *Klein*, JuS 2006, 960 ff. (960); ausführlich zu den verschiedenen Herleitungsthesen von Schutzpflichten *Störring*, Das Untermaßverbot in der Diskussion, 2009, S. 29 ff.; *Calliess*, JZ 2006, 321 ff. (322 ff.).

[236] S. auch *Geddert-Steinacher*, Menschenwürde als Verfassungsbegriff, 1990, S. 96 ff.

[237] Vgl. auch *Mota Pinto*, in: Neuner, Grundrechte und Privatrecht aus rechtsvergleichender Sicht (oben Fn. 105), S. 105 ff. (113 f.).

[238] S. nur *BGH* NJW 2005, 215 ff. (216) m. w. N.; anfangs wurde der Anspruch noch auf eine Analogie zu § 847 BGB a. F. gestützt; vgl. Palandt/*Grüneberg*, BGB, 69. Aufl. 2010, § 253 Rn. 10 m. w. N.; s. ferner zum „*Soraya-Beschluss*" des *BVerfG* auch schon oben bei Fn. 160.

[239] A. A. *Isensee*, in: ders. (Hrsg.), Vertragsfreiheit und Diskriminierung, 2007, S. 239 ff. (266 ff.), der der Rechtsprechung des *BVerfG* „geradezu groteske Züge" vorhält (a. a. O., Fn. 65) und sich auch kritisch zu *Eichenhofer* äußert (a. a. O., S. 273 „bizarre Logik"), der als „ein eindrucksvolles Bild von der Alltäglichkeit rassistischer Ausgrenzung schon in den ersten Monaten der NS-Diktatur" auf den Roman „*Die Geschwister Oppermann*" aus der „*Wartesaal-Trilogie*" von *Lion Feuchtwanger* verwies (DVBl. 2004, 1078 ff., 1081).

muss:[240] „Wenn einem Menschen die zur Gewährleistung eines menschenwürdigen Daseins notwendigen materiellen Mittel fehlen, (...) ist der Staat im Rahmen seines Auftrags zum Schutz der Menschenwürde und in Ausfüllung seines sozialstaatlichen Gestaltungsauftrags verpflichtet, dafür Sorge zu tragen, dass die materiellen Voraussetzungen dafür dem Hilfebedürftigen zur Verfügung stehen. Dieser objektiven Verpflichtung aus Art. 1 I GG korrespondiert ein Leistungsanspruch des Grundrechtsträgers (...)."[241]

### *b) Zur sozialen Dimension der Grundrechte*

Das *BVerfG* interpretiert neben Art. 1 Abs. 1 GG auch einzelne Grundrechte gem. Art. 2 ff. GG als soziale Rechte mit entsprechenden (Um-)Verteilungseffekten.[242] Darüber hinausgehend plädiert *Peter Häberle* ganz generell für einen entsprechenden Ausbau der grundrechtlichen Statuslehre und sieht die Grundrechte unter einem „sozialen Vorbehalt", der durch das Sozialstaatsprinzip i. V. m. Art. 3 GG vermittelt wird.[243] Bezeichnenderweise findet man ein vergleichbares „realistisches" Rechtsverständnis auch im Privatrecht, wonach zu den Gültigkeitsvoraussetzungen einer Willenserklärung neben formalen Kriterien die faktisch-wirtschaftlichen Handlungsmöglichkeiten gehören.[244]

Die These von der Sozialgebundenheit der Grundrechte trägt dem Umstand Rechnung, dass das Soziale eine Vorbedingung für die Wahrnehmung individueller und kollektiver Freiheit ist, eine faktische Gleichbehandlung der Rechtsunterworfenen gewährleistet und letztlich im Konzept der Menschenwürde wurzelt. Die Gegenthese von der „Verfassung ohne soziale Grundrechte"[245] überzeugt schon methodologisch nicht, weil das Grundgesetz an verschiedenen Stellen für soziale Menschenrechte offen ist und die abwehrrechtlichen Bestimmungen gem. Art. 2 ff. GG keine enumerative Regelung bilden. Nach den Worten des Berichterstatters im Parlamentarischen Rat, *Carlo Schmid*, hat man sich „mit einigen wenigen Ausnahmen (...) auf die sogenannten klassischen Grundrechte beschränkt und bewußt darauf verzichtet, die sogenannten Lebensordnungen zu regeln. Hätte man dies hier versucht, so wäre man, wenigstens nach Auffassung der Mehrheit dieses Hauses, über die durch den Auftrag, nur ein Provisorium zu schaffen, gezogenen Grenzen hinausgegangen."[246]

Methodologisch ist allerdings auch die Annahme einer Sozialgebundenheit der Art. 2 ff. GG wenig überzeugend, da die Verfassungsgeber sich bewusst auf die Nor-

---

[240] BVerfGE 109, 279 ff. (310); 107, 275 ff. (284).

[241] NJW 2010, 505 ff. (Rz. 134).

[242] Vgl. oben bei Fn. 204 ff.

[243] VVDStRL 30 (1972), 43 ff. (69 ff.); s. auch *Grimm*, in: Koslowski et al., Chancen und Grenzen des Sozialstaats, 1983, S. 41 ff. (55 f.).

[244] S. *Wolf*, Rechtsgeschäftliche Entscheidungsfreiheit und vertraglicher Interessenausgleich, 1970, S. 123 ff.

[245] So bereits der Titel des Beitrags von *Isensee*, Der Staat 19 (1980), 367 ff.; aus neuerer Zeit s. namentlich *Ladeur*, Kritik der Abwägung in der Grundrechtsdogmatik, 2004, S. 43 ff.

[246] Parlamentarischer Rat. Stenographische Berichte über die Plenarsitzungen, 1948/49, S. 172; ähnlich *v. Mangoldt*, DÖV 1949, 261 ff. (261).

mierung der „klassischen Grundrechte" im abwehrrechtlichen Sinn beschränkten. Soziale Rechte lassen sich daher im Wesentlichen nur im Wege der Rechtsfortbildung als ungeschriebene Grundrechte gewinnen.[247] Damit verbunden ist eine entsprechende Argumentationslast, doch bietet vor allem die menschenrechtliche Generalklausel des Art. 1 Abs. 2 GG eine entsprechende Begründungsbasis. Durch diese Trennung von liberalen und sozialen Grundrechten wird ein hohes Maß an Transparenz geschaffen, indem gegenläufige Prinzipien nicht synkretistisch zusammengeführt werden, sondern Einschränkungen der Freiheit, Umverteilungsprozesse und soziale Bedürfnisse klar benannt werden. Zudem wird dem Umstand Rechnung getragen, dass liberale und soziale Rechte aufgrund ihrer unterschiedlichen Zweckrichtungen eigenständige dogmatische Strukturen aufweisen.

### *c) Zu den Spezifika sozialer Grundrechte*

Soziale Rechte sind ebenso wie liberale Rechte ein unverzichtbarer Bestandteil der Menschen- und Grundrechtsidee mit jeweils analoger Wirkkraft und Legitimation. Beide Grundrechtsarten sind gleichermaßen „justitiabel" und gelten als Rechtsprinzipien unmittelbar, nicht nur „gesetzesmediatisiert".[248] Was für die freiheitlichen Arbeitgebergrundrechte gilt, gilt ebenso für die sozialen Grundrechte der Arbeitnehmerschaft. Beide Grundrechtsarten unterscheiden sich auch unter haushaltsrechtlichen Gesichtspunkten nicht wesentlich. Gerade im Privatrecht führen soziale Schutzmechanismen in der Regel zu keinem Eingriff in die Haushaltskompetenz des Parlaments, sondern bewirken eine direkte Umverteilung zulasten einzelner Privatrechtsakteure. Davon abgesehen ist der Schutz des *status positivus libertatis* ebenso mit potentiellen Kosten verbunden wie die Gewährleistung sozialer Standards.[249] Die sozialen Grundrechte sind also keine Grundrechte „2. Klasse", doch folgen sie eigenen dogmatischen Gesetzlichkeiten.

Ein erster grundlegender Unterschied zwischen liberalen und sozialen Rechten besteht in deren Wahrnehmung und Ausübung. Liberale Rechte sind dadurch gekennzeichnet, dass der Rechtsträger den jeweiligen Begriff der Freiheit für sich definieren und über ihren Gebrauch selbstbestimmt entscheiden kann. Demgemäß ist die Disposition über grundrechtlich geschützte Freiheiten, insbesondere im Rahmen vertraglicher Verpflichtungen, weder ein Grundrechtseingriff noch ein Grundrechtsverzicht.[250] Soziale Rechte schränken hingegen die Privatautonomie ein (z.B. Arbeitnehmerschutzrechte) oder begründen Leistungsrechte (z.B. Unterhaltsansprüche). Ein Verzicht kommt lediglich bei diesen Rechten und auch nur partiell in Be-

---

[247] S. zu ungeschriebenen Grundrechten im Allgemeinen auch *Rupp*, JZ 2005, 157ff.

[248] Vgl. nur *Arango*, Der Begriff der sozialen Grundrechte, 2001, S. 101ff.; *Scheinin*, Economic and Social Rights as Legal Rights, in: Eide/Krause/Rosas, Economic, Social and Cultural Rights, 2. Aufl. 2001, S. 29ff.; *Eichenhofer*, Sozialer Schutz unter den Bedingungen der Globalisierung, 2009, S. 42ff.

[249] Vgl. nur *Holmes/Sunstein*, The Costs of Rights. Why Liberty Depends On Taxes, 1999; *Sarlet*, in: Neuner, Grundrechte und Privatrecht aus rechtsvergleichender Sicht (oben Fn. 105), S. 81ff. (86); *Hunt*, Reclaiming Social Rights: International and Comparative Perspectives, 1996, S. 54ff.

[250] Vgl. auch *Hanau*, Der Grundsatz der Verhältnismäßigkeit als Schranke privater Gestaltungsmacht, 2004, S. 42ff.; a.A. *Bäuerle*, Vertragsfreiheit und Grundgesetz, 2001, S. 362ff.; *Oldiges*, FS Friauf, 1996, S. 281ff. (291).

tracht (z.B. nach Beendigung des Arbeitsverhältnisses oder für bereits entstandene Unterhaltsansprüche).

Die sozialen Rechte werden ferner durch das Subsidiaritätsprinzip begrenzt. Das Subsidiaritätsprinzip impliziert eine „vertikale Gewaltenteilung“, indem der Staat die Eigenständigkeit der unteren Sozialeinheiten zu achten hat und deren originäre Kompetenzen nicht absorbieren darf.[251] Als Korrelat dieser Freiheitssicherung gilt für den Einzelnen, die Familie oder sonstige Gruppen ein „Primat der Selbstverantwortung“.[252] Ebenso wie § 2 Abs. 1 BSHG festschreibt, dass „Sozialhilfe (nicht) erhält, wer sich selbst helfen kann“, ist auch im Zivilrecht gem. § 1602 BGB nur unterhaltsberechtigt, „wer außerstande ist, sich selbst zu unterhalten.“

In der weiteren Folge unterscheiden sich liberale und soziale Grundrechte auch grundlegend im Hinblick auf das Untermaßverbot.[253] Bei liberalen Grundrechten ist charakteristisch, dass jenseits des breiten gesetzgeberischen „Korridors“[254] das Über- und Untermaßverbot in gleicher Weise durch das Verhältnismäßigkeitsprinzip bestimmt werden. Dieser symmetrische Rechtsschutz wird zwar vor allem mit dem „Prinzip vom Vorrang der Gesellschaft gegenüber dem Staat“ zu widerlegen versucht,[255] doch ist ein solcher Vorrang weder demokratietheoretisch noch grundrechtlich vorgezeichnet. Nach der verfassungsrechtlichen Ordnung genießt jeder Bürger (abgesehen von Nicht-Deutschen) den gleichen freiheitsrechtlichen Status.[256] Zur Abgrenzung der konkurrierenden Freiheitssphären bedarf der Staat auch keiner besonderen Rechtfertigung, sondern muss lediglich die legitimen Ziele seines Handelns benennen und das Verhältnismäßigkeitsgebot sowie die Wesensgehaltsgarantie beachten. Selbst der sozialgestaltende Privatrechtsgesetzgeber wird durch eine vermeintliche Präponderanz der Freiheitsrechte nicht eingeschränkt.[257] Reflektiert man die Interessen der Akteure, besteht für eine Privilegierung ebenfalls kein Anlass: Dem Angegriffenen sind infolge des staatlichen Gewaltmonopols die Möglichkeiten eines Selbstschutzes weitestgehend genommen, während dem Störer allenfalls das „Recht des Stärkeren“ zur Apologie eines asymmetrischen Schutzes zur Seite steht.[258] Auch unter Gemeinwohlaspekten gibt es keine hinreichenden Gründe, den Raucher gegenüber dem Nicht-Raucher, den Boykottaufrufer gegenüber dem Boykottierten

---

[251] Eine Kompetenzvermutung zugunsten des *homo singularis* ist damit nicht verbunden; s. näher *Neuner*, Privatrecht und Sozialstaat (oben Fn. 21), S. 141 m.w.N.

[252] Vgl. *Zacher*, HStR II, 3. Aufl. 2004, § 28 Rn. 27ff., 33; *Isensee*, Subsidiaritätsprinzip und Verfassungsrecht, 2. Aufl. 2001, S. 191ff., 268ff.

[253] S. auch schon *Neuner*, in: ders., Grundrechte und Privatrecht aus rechtsvergleichender Sicht (oben Fn. 105), S. 159ff. (173); einen ausführlichen Überblick zur Kontroverse über die Symmetrie von Unter- und Übermaßverbot bietet *Störring*, Das Untermaßverbot in der Diskussion (oben Fn. 235), S. 142ff.

[254] *Calliess*, JZ 2006, 321ff. (329); *ders.*, FS Starck, 2007, S. 201ff. (213).

[255] Vgl. *Canaris*, Grundrechte und Privatrecht (oben Fn. 114), S. 47.

[256] Vgl. auch *Poscher*, Grundrechte als Abwehrrechte (oben Fn. 129), S. 90ff.

[257] Vgl. auch *v. Arnim*, Staatslehre, 1984, S. 130.

[258] Pointiert *Suhr*, JZ 1980, 166ff. (167): „Dann *scheint* es, als stünde der Passivraucher zum Raucher nicht wie ein Privater zum gleichberechtigten anderen Privaten, sondern wie ein fürsorgebedürftiger Habenichts zu einem Privatherrn von Freiheit und Eigentum, so daß ihm scheinbar nichts *Gleiches* zusteht wie dem anderen, sondern nur das (mikro-ökologische) Existenz*minimum*.“

oder den Trompetenspieler gegenüber dem Schlaf suchenden Nachbarn zu begünstigen. Beide genießen prinzipiell einen egalitären Rechtsschutz.[259]

Anders strukturiert ist der Schutz sozialer Grundrechte,[260] bei denen das Untermaßverbot durch das Subsidiaritätsprinzip deutlich abgesenkt wird. Staatliche Interventionen sind hiernach in der Regel erst geboten, sofern der Einzelne sich nicht aus eigener Kraft zu helfen vermag. Auch wenn man soziale Grundrechte definitorisch weit fasst,[261] hängt der grundrechtlich gebotene Mindestschutz davon ab, was der Einzelne selbst zu leisten und zu organisieren im Stande ist. So besteht ein privatrechtlicher Kontrahierungszwang zum Zwecke der Daseinsvorsorge nur bei lebensnotwendigen Gütern und fehlenden Ausweichmöglichkeiten (z.B. im Hinblick auf ein Girokonto ohne Kreditfunktion).[262] Soziale Auskunftsansprüche oder Aufklärungspflichten setzen voraus, dass dem Begünstigten die Informationsbeschaffung nicht selbst möglich oder zumutbar ist und auch ein Eingriff in Verträge erscheint nicht schon bei „strukturell ungleicher Verhandlungsstärke"[263] geboten, sondern erst bei konkreten Beeinträchtigungen des Willensbildungsprozesses nach Maßgabe der Wertungen des § 138 BGB.

Diese grundlegenden Unterschiede sprechen dafür, die nationale Grundrechtsdogmatik an den internationalen Standards auszurichten und das Soziale vom Liberalen zu trennen, wie es beispielhaft in den beiden Pakten[264] über „bürgerliche und politische Rechte" sowie „wirtschaftliche, soziale und kulturelle Rechte" erfolgt.[265] Nichts anderes gilt für die Zivilrechtsdogmatik.[266]

## VI. Conclusio

Während die Grundrechte im 19. Jahrhundert lediglich privatrechtsakzessorisch wirkten,[267] geriet dieses Vorrangverhältnis bereits unter der Weimarer Reichsverfassung ins Wanken.[268] Seit nunmehr 60 Jahren gilt ein Primat der Verfassung, der sich

---

[259] Vgl. auch *Hager*, JZ 1994, 373ff. (381); *Vosgerau*, AöR 133 (2008), 346ff. (350, 352).

[260] Ausgenommen soziale Grundrechte mit abwehrrechtlichem Charakter (z.B. das Recht auf Koalitionsfreiheit).

[261] Vgl. *Alexy*, Theorie der Grundrechte, (oben Fn. 44), S. 467ff.

[262] Vgl. Palandt/*Ellenberger*, 69. Aufl. 2010, Einf. v. § 145 Rn. 10 m.w.N.

[263] Vgl. oben Fn. 202ff.

[264] S. für Europa auch die „Konvention zum Schutze der Menschenrechte und Grundfreiheiten" (BGBl. 1952 II, S. 685ff.) sowie die „europäische Sozialcharta" (BGBl. 1964 II, S. 1261ff.).

[265] Vgl. auch *Riedel*, Die Grundrechtssaat ist aufgegangen, in: ders., Die Universalität der Menschenrechte (oben Fn. 90), S. 259ff. (267ff.); kritisch *Häberle*, VVDStRL 30 (1072), 43ff. (90): „Bereits der *besondere* Begriff ‚soziale Grundrechte' ist ein Offenbarungseid ‚bürgerlichen' Grundrechtsverständnisses."

[266] S. auch schon *Larenz*, Allgemeiner Teil des deutschen Bürgerlichen Rechts, 7. Aufl. 1989, S. 52: „Zu den genannten Prinzipien der Privatautonomie, des Vertrauensschutzes und der ausgleichenden Vertragsgerechtigkeit ist ein weiteres hinzugetreten, das man als das ‚*Sozialprinzip*', im engeren Sinn bezeichnen kann."

[267] S. näher *Wahl*, Der Staat 18 (1979), 321ff. (328ff.); *Hesse*, Verfassungsrecht und Privatrecht, 1988, S. 8ff.

[268] S. näher *Nörr*, Zwischen den Mühlsteinen (oben Fn. 19), S. 9ff.; *Leisner*, Grundrechte und Privatrecht (oben Fn. 135), S. 292ff.

bei näherer Betrachtung allerdings als hochkomplexes Verhältnis darstellt: Es konkurrieren verschiedene Akteure (Verfassungsgeber, Privatrechtsgesetzgeber, Privatrechtssubjekte), verschiedene Gerichte (Bundesverfassungsgericht, Zivilgerichte) und verschiedene Fundamentalnormen (Grund- und Menschenrechte). Diese Konkurrenzverhältnisse können die Eigenständigkeit des Privatrechts gefährden, sie können das Privatrecht aber auch zukünftig bereichern und in sachgerechte Bahnen lenken.

# 60 Jahre Grundgesetz aus der Sicht des Strafrechts

von

Prof. Dr. Claus Roxin, Universität München

## I. Einführung

Das Grundgesetz setzt zwar die Existenz eines Strafrechts voraus (Art. 74 Abs. 1 Nr. 1), äußert sich aber nicht ausdrücklich zu den Aufgaben und Grenzen des Strafrechts. Das Gebot, die Vorbereitung von Angriffskriegen unter Strafe zu stellen (Art. 26), die Abschaffung der Todesstrafe (Art. 102) und der Grundsatz der Gesetzesbestimmtheit (Art. 103 Abs. 2) sind die einzigen das materielle Strafrecht betreffenden Anordnungen unserer Verfassung.

Selbstverständlich ist das Strafrecht aber auch am Maßstab der Menschenwürde (Art. 1 GG) und der nachfolgenden Grundrechte zu messen, die dazu führen können, dass Strafe und Strafvollzug auf bestimmte Weise ausgestaltet oder dass verfassungswidrige Bestimmungen für nichtig erklärt oder auf ein verfassungskonformes Maß zurückgeführt werden müssen. Auch können Grundrechte (wie Art. 4, 5, 8 GG) unter Umständen zu einer Rechtfertigung tatbestandsmäßigen Verhaltens oder doch wenigstens zu einem Ausschluss strafrechtlicher Verantwortlichkeit führen. Schließlich lassen sich auch aus den staatstheoretischen Grundlagen der Demokratie, die unserer Verfassung zugrunde liegen, und aus dem Rechtsstaatsprinzip Einschränkungen der staatlichen Strafbefugnis ableiten.

Es gibt also vielfältige Möglichkeiten, das Grundgesetz für die Gestaltung des Strafrechts fruchtbar zu machen. Mit bindender Wirkung kann das vor allem unser Bundesverfassungsgericht tun, dessen Rechtsprechung daher im Mittelpunkt der nachfolgenden Darstellung stehen muss. Allerdings ist unser Verfassungsgericht beim Umgang mit dem materiellen Strafrecht in einigen (nicht allen!) Punkten erstaunlich zurückhaltend. Während es bei prozessrechtlichen Eingriffen in die bürgerliche Freiheit dem Gesetzgeber strenge Schranken setzt und Eingriffe in den Kernbereich privater Lebensgestaltung strikt verbietet, hat es nur ganz selten eine Vorschrift des materiellen Strafrechts für nichtig erklärt. Auch über die Grenzen strafrechtlicher Eingriffsbefugnisse und über den Zweck der staatlichen Strafe (die sog. Straftheorien) hat das Verfassungsgericht sich nicht sehr konkret geäußert.

Gleichwohl gibt es zahlreiche richtungweisende Entscheidungen zu strafrechtlichen Fragen im Lichte der Verfassung und auch viel Stoff zu Auseinandersetzungen mit der verfassungsrechtlichen Judikatur. Wenn die nachstehenden Würdigungen „aus der Sicht des Strafrechts" erfolgen, so muss man sich freilich darüber klar sein, dass diese Sicht nicht immer einheitlich und durch die Rechtsauffassungen des Autors geprägt ist.[1]

Dennoch lässt sich sagen, dass die im deutschen Strafrecht deutlich überwiegende Meinung, die auch von mir vertreten wird, ein rechtsstaatlich-liberales Strafrecht befürwortet, wie es in der europäischen Aufklärung begründet und durch die moderne Menschenrechtsbewegung weiterentwickelt worden ist. Da auch unsere Verfassung auf dieser Grundlage beruht, lässt sich also von gemeinsamen Zielvorstellungen aus und damit in besonders fruchtbarer Weise diskutieren.

Auch die gesamteuropäische Strafrechtsentwicklung sollte diesen Weg beschreiten. Mit Recht stellt sich daher ein kürzlich veröffentlichtes, von einer Arbeitsgruppe europäischer Strafrechtler verfasstes „Manifest zur Europäischen Kriminalpolitik"[2] in die „Tradition der europäischen Aufklärung" und betont, „dass alle strafrechtlichen Regelungen eines Höchstmaßes an demokratischer Legitimation und rechtsstaatlicher Prägung bedürfen, dass auch und gerade in der Kriminalpolitik nur freiheitliche Rechtsprinzipien nachhaltig Sicherheit gewährleisten".

Das bedarf der Betonung, weil gegenläufige, einseitig sicherheitsorientierte Konzepte in Gesetzgebung und Literatur einige Resonanz gefunden haben. Sie haben im öffentlichen Recht einen besonders polemischen Ausdruck etwa bei *Depenheuer*[3] gefunden und haben ihren strafrechtlich prominentesten Vertreter in *Jakobs*,[4] der neben dem „Bürgerstrafrecht" für die Bekämpfung nachhaltiger Rechtsbrecher ein „Feindstrafrecht" etablieren will, das dem Delinquenten die Personqualität abspricht:[5] „Wer keine hinreichende kognitive Sicherheit personalen Verhaltens leistet, kann nicht nur nicht erwarten, noch als Person behandelt zu werden, sondern der Staat darf ihn auch nicht mehr als Person behandeln, weil er ansonsten das Recht auf Sicherheit der anderen Personen verletzen würde."

Das alles verstößt aber, wie ich an anderer Stelle[6] gesagt habe, gegen zahlreiche zentrale Verfassungsgrundsätze: „die Menschenwürde, das Schuldprinzip, das Rechtsstaatsprinzip (das die Gleichbehandlung vor dem Gesetz einschließt), das Tatprinzip (denn das Feindstrafrecht wäre ein Täterstrafrecht) und die Unschuldsvermutung". Derartige Thesen haben daher mit Recht in der Rechtsprechung bisher keinen Widerhall und in der deutschen Wissenschaft zwar einiges Aufsehen, aber

---

[1] Zusammenfassende Darstellungen über den Einfluss des Grundgesetzes auf das Strafrecht sind relativ selten (wohl auch wegen des Umfangs dieses Stoffgebiets). Ich nenne: *Tiedemann*, Verfassungsrecht und Strafrecht, 1991; *Vogel*, StV 1996, 110ff.; *Kühl*, Festschrift für Stöckel, 2010, S. 117ff. Auch *Tiedemann*, aaO., S. 3/4, betont, dass die „Frage, inwieweit das Verfassungsrecht des Grundgesetzes … die strafrechtliche Ordnung beeinflusst, ihr also … ‚Richtlinien und Impulse' gegeben hat, trotz der unmittelbaren Bindungswirkung der Grundrechte und des Rechtsstaatsprinzips selten gestellt" werde.

[2] ZIS Zeitschrift für internationale Strafrechtsdogmatik, 2009, S. 697.

[3] *Depenheuer*, Selbstbehauptung des Rechtsstaates, 2007. Gegen ihn und die von ihm vertretene Richtung ebenso polemisch *Trojanow/Zeh*, Angriff auf die Freiheit – Sicherheitswahn, Überwachungsstaat und der Abbau bürgerlicher Rechte, 2009.

[4] Ich nenne hier nur den Aufsatz „Bürgerstrafrecht und Feindstrafrecht, HRRS 2004, 88ff.

[5] *Jakobs*, wie Fn. 4, 93.

[6] *Roxin*, Strafrecht, Allgemeiner Teil, Bd. I, 4. Aufl. 2006, § 2 Rn. 129.

nahezu einhellige Ablehnung gefunden.[7] Sie bleiben daher im Folgenden außer Betracht.

In der Auseinandersetzung des Bundesverfassungsgerichts mit strafrechtlichen Fragen spielen zwei Kriterien eine überragende Rolle: die Menschenwürde und der Grundsatz „nullum crimen sine lege". Beide Prinzipien treten aber in vielfältigen Zusammenhängen auf, so dass sie nicht in abstracto, sondern im Kontext der zentralen Sachprobleme behandelt werden sollen.

## II. Die staatliche Strafbefugnis

### 1. *Was darf der Staat unter Strafe stellen?*

Es ist unserem Verfassungsgericht bisher nicht gelungen, auf diese für die Verfassungsmäßigkeit der Strafgesetzgebung entscheidende Frage eine schlüssige Antwort zu finden. Es arbeitet mit den für die Zulässigkeit gesetzlicher Eingriffe allgemein geltenden Kriterien der Geeignetheit, Erforderlichkeit und Verhältnismäßigkeit. Es hat sich aber nie in verbindlicher Form dem Problem gestellt, dass auch das vom Gesetzgeber verfolgte Ziel selbst einer verfassungsrechtlichen Legitimation bedarf.

Um es an einem alten Beispiel zu verdeutlichen: Auch wenn die bis 1969 geltende Strafdrohung gegen die Homosexualität unter erwachsenen Männern (§ 175 StGB a. F.) zur Verhinderung dieses Verhaltens ein geeignetes, erforderliches und verhältnismäßiges Mittel gewesen sein sollte, entsprach das vom Gesetzgeber verfolgte Ziel selbst nicht den Anforderungen der Verfassung. Das dürfte heute anerkannt sein, obwohl damals das BVerfG die Rechtsgültigkeit der Strafvorschrift bestätigt hat.[8] Diese Rechtsprechung ist lange Zeit auch von der strafrechtlichen Literatur unterstützt worden, die einer verfassungsrechtlichen Kontrolle der Gesetzgebung ablehnend gegenüberstand.[9]

Erst in den letzten Jahren macht sich in der strafrechtlichen Literatur eine deutliche Opposition gegen diesen Kurs geltend. Danach werden für das Recht des Staates, ein Verhalten mit Strafe zu bedrohen, zwei Grenzen postuliert: Das inkriminierte Verhalten muss ein fremdes Rechtsgut verletzen oder gefährden, und es darf nicht in den „Kernbereich privater Lebensgestaltung" eingreifen.

Dabei werden unter „Rechtsgütern" alle Gegebenheiten verstanden, die unter Wahrung der Grundrechte zu den Voraussetzungen eines freien und friedlichen Zusammenlebens im Staatsverband gehören. Was dieses Zusammenleben nicht wesentlich beeinträchtigt, also nicht in signifikantem Maße sozialschädlich ist, sollte nicht

---

[7] Ich verweise nur auf zwei vor kurzem erschienene Bücher: den Sammelband „Kritik des Feindstrafrechts", 2009 (hgg. von *Vormbaum*) und das „Handbuch Terrorismusstrafrecht" von *Zöller*, 2009, 272 ff.

[8] BverfGE 6, 389 ff.

[9] Besonders deutlich in den Monographien von *Lagodny*, Strafrecht vor den Schranken der Grundrechte, 1996, und *Appel*, Verfassung und Strafe, 1998. Nach *Lagodny* entzieht sich „das materielle Strafrecht ... in nahezu genialer Weise einer verfassungsrechtlichen Kontrolle" (536). Auch *Appel* will eine Strafbewehrung ausschließlich parlamentarischer Willensbildung überlassen und lehnt „verfassungsrechtliche Deduktionen" ab (597).

bestraft werden. Verfassungsrechtlich lässt sich das so begründen, dass nach dem gesellschaftsvertraglichen Denkmodell, das den modernen Demokratien und auch dem Grundgesetz zugrunde liegt, der Souverän (das Volk) dem Staat die Strafgewalt nur zum Schutz seiner Freiheiten und Rechte (und nicht zur Durchsetzung von Moralvorstellungen und Ideologien oder zur Durchsetzung paternalistischer Bevormundung) überträgt. Wo der Staat die Strafgewalt zu Zwecken benutzt, die kein Fundament im Rechtsgüterschutz haben, verstößt er gegen das aus dem Verhältnismäßigkeitsgrundsatz abzuleitende Übermaßverbot.[10]

Die zweite vom Gesetzgeber zu respektierende Schranke bildet der „Kernbereich privater Lebensgestaltung". Dieser Topos ist vom Verfassungsgericht selbst aus der Menschenwürde abgeleitet worden. Er hat in seiner Rechtsprechung eine lange Tradition[11] und ist in der bedeutenden Entscheidung zum „Großen Lauschangriff"[12] zum ersten Mal dazu benutzt worden, ein die akustische Wohnraumüberwachung gestattendes strafprozessuales Eingriffsgesetz für teilweise nichtig zu erklären. Im materiellen Strafrecht können die Wirkungen einer Kernbereichsverletzung keine anderen sein.

Wenn also ein inkriminiertes Verhalten kein fremdes Rechtsgut verletzt und seine Bestrafung außerdem in den Kernbereich privater Lebensgestaltung des Normadressaten eingreift, ist die Strafdrohung nach dem geschilderten strafrechtlichen Strafrechtsverständnis illegitim. Das hätte die praktische Konsequenz, dass es dem Strafgesetzgeber verfassungsrechtlich verwehrt wäre, ein lediglich moralisch missbilligtes, gesellschaftlich aber unschädliches Privatverhalten mit Strafe zu bedrohen und dass es ebenfalls unzulässig wäre, voll verantwortliche Personen durch Strafdrohungen vor sich selbst zu schützen. Ausschließlich moralistisch oder paternalistisch motivierte Strafvorschriften stoßen deshalb auf verfassungsrechtliche Bedenken, die vom BVerfG noch nicht in ausreichendem Maße gewürdigt worden sind.[13] Das sei kurz dargelegt.

### *a) Die verfassungsrechtliche Unzulässigkeit rein moralistischer Strafvorschriften*

Eine rein moralistische Strafvorschrift im geschilderten Sinne war z.B. die schon erwähnte Strafdrohung gegen einverständliche homosexuelle Beziehungen unter erwachsenen Männern. Sie schädigen niemanden; außerdem griff die Vorschrift in massiver Weise in den Kernbereich privater Lebensgestaltung ein. Wenn das BVerfG zur Legitimierung der Verfassungsvorschrift damals sagte:[14] „Gleichgeschlechtliche Betätigung verstößt eindeutig gegen das Sittengesetz", so wird diese Meinung heute

---

[10] Klärend dazu *Hassemer*, Festschrift für Androulakis, 2003, S. 207ff. (217): „Das strafrechtliche Rechtsgut ordnet sich in das verfassungsrechtliche Übermaßverbot zwanglos ein." Auch *Stächelin*, Strafgesetzgebung im Verfassungsstaat, 1998, S. 163–165, verknüpft die Rechtsgutslehre mit dem Übermaßverbot.

[11] Näher *Roxin/Schünemann*, Strafverfahrensrecht, 26. Aufl. 2009, § 24 Rn. 55ff.

[12] BVerfGE 109, 279ff.; dazu ausführlich *Roxin*, Festschrift für Böttcher, 2007, S. 159ff.

[13] Näher zum Ganzen *Roxin*, Zur neueren Entwicklung der Rechtsgutdebatte, Festschrift für Hassemer, 2010, S. 559ff.

[14] BVerfGE 6, 434.

wohl kaum noch vertreten und könnte auch unabhängig davon eine Kriminalisierung nicht rechtfertigen.

Freilich liegen die Dinge nicht immer so eindeutig. Man wird dem Gesetzgeber bei Beurteilung der Frage, ob ein Verhalten ein schützenswertes Rechtsgut beeinträchtigt, einen nicht geringen Ermessensspielraum zugestehen müssen, innerhalb dessen das Rechtsgutsdogma nur eine kriminalpolitische Richtlinienfunktion hat. Daher wird man beispielsweise die Verletzung bloßer Gefühle – soweit es nicht um eine Bedrohung der Lebenssicherheit geht – in einer pluralistischen Gesellschaft nicht ohne weiteres als Rechtsgüterverletzung beurteilen und dem Gesetzgeber empfehlen, auf eine Bestrafung etwa der „Erregung öffentlichen Ärgernisses" (§ 183a StGB) zu verzichten. Aber ungültig ist eine solche Vorschrift wie manche andere Pönalisierung lediglich anstößigen Verhaltens[15] deswegen noch nicht.

Wo aber überhaupt kein greifbares Schutzgut erkennbar ist und zudem noch in den Kernbereich privater Lebensgestaltung eingegriffen wird, sollte man die Grenze des verfassungsrechtlich Zulässigen als überschritten ansehen. Beispiele dafür liefern keineswegs nur die inzwischen obsolete Homosexualitätsstrafbarkeit, sondern auch noch die neueste Rechtsprechung und Gesetzgebung.

So hat noch im Jahre 2008 das BVerfG in einem ausführlich begründeten Beschluss die Strafbarkeit des Inzestes erwachsener Geschwister (§ 173 Abs. 2, S. 2, Abs. 3 StGB) aufrechterhalten.[16] Auch dabei handelt es sich um ein Verhalten, das niemanden schädigt und zudem den intimsten Bereich des Privatlebens betrifft. Das Gericht hat in dieser Entscheidung die oben skizzierte moderne Diskussion zum ersten Mal im Ansatz aufgegriffen, ist vor ihren Konsequenzen aber zurückgewichen.[17]

Der Beschluss will offenlassen[18] – und deutet damit immerhin die Möglichkeit einer Anerkennung der geschilderten strafrechtlichen Sicht an –, „ob die Unterscheidung zwischen Strafnormen, die allein in Moralvorstellungen gründen, und solchen, die dem Rechtsgüterschutz dienen, ... tragfähig ist und ob bejahendenfalls Strafnormen der ersten Art verfassungsrechtlich zu beanstanden wären". Es wählt auch einen richtigen Ausgangspunkt mit der Aussage:[19] „Das Strafrecht wird als ‚ultima ratio' des Rechtsgüterschutzes eingesetzt, wenn ein bestimmtes Verhalten ... in besonderer Weise sozialschädlich und für das geordnete Zusammenleben der Menschen unerträglich, seine Verhinderung daher besonders dringlich ist."

Anstatt nun zu prüfen, ob die Bestrafung des Geschwisterinzestes aus Gründen des Rechtsgüterschutzes „besonders dringlich" ist, meint das Gericht dann aber,[20] aus der strafrechtlichen Rechtsgüterlehre ließen sich keine Anforderungen hinsichtlich der mit den strafrechtlichen Normen verfolgten Zwecke herleiten. Vielmehr sei es „Sache des Gesetzgebers, den Bereich strafbaren Handelns ... festzulegen".

---

[15] Wichtige Monographie: *Hörnle*, Grob anstößiges Verhalten. Strafrechtlicher Schutz von Moral, Gefühlen und Tabus, 2005. Viele Beispiele auch bei *Roxin*, wie Fn. 6, § 2 Rn. 13–50.

[16] BVerfGE 120, 224 ff.

[17] Eine ausführliche Analyse des Beschlusses liefert mein Aufsatz in StV 2009, 544 ff.

[18] BVerfGE 120, 248.

[19] BVerfGE 120, 239/240.

[20] BVerfGE 120, 241.

Wie sich das mit dem Ausgangspunkt vereinbaren lässt, bleibt unklar. Diese Unklarheit wird weiter dadurch vergrößert, dass der Beschluss dann doch drei Rechtsgüter ausfindig macht, deren vermeintliche Beeinträchtigung wenigstens in ihrem Zusammenwirken die Strafdrohung tragen soll: die Familie, die sexuelle Selbstbestimmung und die Erbgesundheit etwaiger Kinder. Doch lässt sich beweiskräftig dartun, dass keines dieser Rechtsgüter der Strafdrohung zugrunde liegt,[21] so dass die Vorschrift also überhaupt keinen tragfähigen Schutzzweck hat.

Es kommt erschwerend hinzu, dass die Strafdrohung in den intimsten Kernbereich privater Lebensgestaltung eingreift. Der Beschluss sieht diesen Gesichtspunkt zwar, wehrt ihn aber mit der Bemerkung ab,[22] der Beischlaf zwischen Geschwistern betreffe „nicht ausschließlich diese selbst", sondern könne „in die Familie und die Gesellschaft hineinwirken ...". Der Kernbereichsschutz ist aber absolut und als Bestandteil der Menschenwürde unabwägbar. Auch die Einschränkungen der akustischen Wohnraumüberwachung wirken in die Gesellschaft hinein, indem sie die Strafverfolgung erschweren. Trotzdem sind sie verfassungsrechtlich geboten.

Es ist nach alledem kein Wunder, dass der einzige Strafrechtsgelehrte im entscheidenden Senat, *Hassemer*, in einem Sondervotum für die Verfassungswidrigkeit einer Bestrafung des Geschwisterinzests eingetreten ist[23] und dass von allen mir bekannt gewordenen strafrechtlichen Kommentaren kein einziger dem Beschluss des BVerfG zugestimmt hat.[24] Hier ist also die „Sicht des Strafrechts" auf das Grundgesetz eine andere als die unseres Verfassungsgerichts. Der Presse ist zu entnehmen,[25] dass ein ganz ähnlicher Fall zurzeit beim Schöffengericht Nördlingen anhängig ist. Er wird vielleicht Gelegenheit geben, die Problematik noch einmal zu überdenken.

Verfassungsrechtliche Fragen der erörterten Art ergeben sich aber nicht nur aus traditionell überlieferten Strafvorschriften. Noch Ende 2009 hat der Gesetzgeber eine Strafvorschrift gegen den Besitz von jugendpornographischen Schriften und Bildern eingeführt (§ 184c Abs. 4 StGB),[26] demzufolge ein 18-Jähriger strafbar ist, wenn er ein sexualbetontes Foto seiner 17-jährigen Freundin besitzt. Da die sexuelle Beziehung als solche erlaubt ist und das inkriminierte Geschehen sich im engsten Privatbereich abspielt, wird sich das BVerfG wohl noch mit der Frage beschäftigen müssen, was hier eigentlich geschützt werden soll. Es wäre wünschenswert, dass es sich dabei der Prinzipien des Rechtsgüter- und des Kernbereichsschutzes erinnerte.

### *b) Die verfassungsrechtliche Unzulässigkeit paternalistischer Strafvorschriften*

Aus den Prinzipien des Rechtsgüter- und Kernbereichsschutzes lässt sich auch die Unzulässigkeit hart paternalistischer Strafvorschriften begründen, die frei und verantwortlich handelnde Menschen vor sich selbst schützen sollen. Denn die Aufgabe

---

[21] Ich muss insoweit auf meinen Fn. 17 genannten Aufsatz verweisen.

[22] BVerfGE 120, 243.

[23] BVerfGE 120, 255 ff.

[24] Nachweise bei *Roxin*, wie Fn. 17, 544, Anm. 4.

[25] Süddeutsche Zeitung vom 19. 1. 2010.

[26] Näher dazu *M. Heinrich*, Kieler Antrittsvorlesung vom 27. 1. 2010: Strafrecht als Rechtsgüterschutz – ein Auslaufmodell?, noch unveröffentlicht.

des Strafrechts besteht nur darin, die Verletzung der Rechtsgüter anderer zu verhindern. Die Möglichkeit selbstgefährdenden oder selbstschädigenden Verhaltens gehört in den Bereich privater Lebensgestaltung.

Unabhängig davon lässt sich die Unzulässigkeit hart paternalistischer Strafdrohungen auch unmittelbar aus der Persönlichkeitsautonomie ableiten, die ein Bestandteil der Menschenwürde ist. So sagt denn auch das BVerfG:[27] „Art. 1 Abs. 1 GG schützt die Würde des Menschen, wie er sich in seiner Individualität selbst begreift ... Hierzu gehört, dass der Mensch über sich selbst verfügen und sein Schicksal eigenverantwortlich gestalten kann."

Das entspricht auch der im Strafrecht ganz überwiegenden Meinung. In der bisher gründlichsten Monographie zum Thema kommt *Murmann*[28] zu einem Ergebnis, das für die vorherrschende „strafrechtliche Sicht" als repräsentativ gelten kann: „Selbstverfügende Entscheidungen unterfallen ... dem Selbstbestimmungsrecht der Person, wie es verfassungsrechtlich in der Menschenwürde seinen Ausdruck findet und in seinen äußeren Vollzügen durch die allgemeine Handlungsfreiheit geschützt ist. Grenzen dieser Freiheit lassen sich nicht aus dem Schutz der nicht defizitär entscheidenden Person vor sich selbst, sondern nur dort begründen, wo die Person defizitär entscheidet oder die Rechte anderer verletzt sind."

Auch Gesetzgebung und Rechtsprechung halten sich weithin an diesen Grundsatz. So ist z. B. der Genuss von Alkohol und Tabak straflos, selbst wenn er in gesundheitsschädlicher Weise erfolgt. Auch der Drogenkonsum als solcher ist nicht mit Strafe bedroht. Dasselbe gilt für die Ausübung riskanter Sportarten oder das Eingehen sonstiger lebensgefährlicher Risiken. Die Verweigerung ärztlicher Behandlung ist auch bei einer nach objektivem Urteil unvernünftigen Entscheidung – etwa der Ablehnung einer lebensrettenden Bluttransfusion – nicht nur erlaubt, sondern auch für Außenstehende verbindlich.[29]

Diese weitgehende Einigkeit ändert aber nichts daran, dass unser Verfassungsgericht sich im Einzelfall kaum entscheiden kann, eine Strafvorschrift für nichtig zu erklären, die in die Persönlichkeitsautonomie des Rechtsgutsträgers eingreift, ohne der Vermeidung von Fremdschädigungen zu dienen. Das sei nur an zwei Beispielen demonstriert.

Ein bekannter Beschluss aus dem Jahr 1994[30] hat die Strafdrohung gegen den Besitz von Drogen (§ 29 Abs. 1 Nr. 3 BtMG) auch für den Fall aufrechterhalten, dass jemand nur geringe Mengen zum Eigenverbrauch in Besitz hat. Das kommt einer Bestrafung des Drogenkonsums und damit eines schlimmstenfalls selbstgefährdenden Verhaltens schon bedenklich nahe. Zwar versucht das Gericht, eine „abstrakte Fremdgefahr"[31] zu konstruieren, die in der Möglichkeit einer Weitergabe an Dritte und in der Stützung des illegalen Drogenmarktes bestehen soll. Aber der Eigenverbrauch ist gerade keine Weitergabe (die auch unter Erwachsenen wiederum nur eine Beihilfe zur Selbstgefährdung wäre). Und dass man den internationalen Drogenmarkt nicht

[27] BVerfGE 49, 286 (298). In entsprechender Weise äußern sich auch andere Entscheidungen.
[28] *Murmann*, Die Selbstverantwortung des Opfers im Strafrecht, 2005, S. 535.
[29] Vgl. dazu BVerfGE 32, 98 ff. (evangelischer Brüderverein).
[30] BVerfGE 90, 145 ff.
[31] BVerfGE 90, 187.

durch die Kriminalisierung von Kleinverbrauchern lahmlegen kann, zeigt jede praktische Erfahrung. Gerade die Strafbarkeit stützt den illegalen Markt, indem sie den harmlosen Kleinkonsumenten in die illegale Szene treibt.

Das hat der entscheidende Senat schließlich wohl auch selbst gesehen und ein Absehen von Strafe (§ 29 Abs. 5 BtMG) oder von der Strafverfolgung (§§ 153 ff. StPO) empfohlen, wenn es sich um Verhaltensweisen handelt, „die ausschließlich den gelegentlichen Eigenverbrauch geringer Mengen von Cannabisprodukten vorbereiten und nicht mit einer Fremdgefährdung verbunden sind“[32]. Aber das schafft große Rechtsunsicherheit und widerspricht außerdem dem Bestimmtheitsgrundsatz (Art. 103 Abs. 2 GG), demzufolge das Gesetz und nicht ein Organ der Strafjustiz über die Strafbarkeit eines Verhaltens entscheiden soll.[33] Der Cannabis-Beschluss hat deshalb in der strafrechtlichen Literatur weitgehende Ablehnung gefunden.[34]

Noch weitergehend hat das BVerfG strafrechtliche Eingriffe in die Persönlichkeitsautonomie im Transplantationsrecht toleriert. Nach § 8 Abs. 1 S. 2 TPG ist eine Organspende unter Lebenden bei Organen, die sich nicht wieder bilden können, nur unter Verwandten ersten und zweiten Grades und unter Personen zulässig, „die dem Spender in besonderer persönlicher Verbundenheit offenkundig nahestehen“. Ein Arzt, der entgegen dieser Vorschrift ein Organ entnimmt, wird nach § 19 Abs. 1 TPG mit Freiheitsstrafe bis zu fünf Jahren oder mit Geldstrafe bestraft. Wer also aus altruistischen Gründen einem ihm persönlich nicht nahestehenden Empfänger – meist sogar anonym – durch die Spende einer Niere das Leben retten will, wird daran gesetzlich gehindert. Der Arzt, der ihm das ermöglicht, wird sogar bestraft. Da bekanntlich viel zu wenig Spendernieren zur Verfügung stehen, führt diese gesetzliche Regelung zum Tode von Menschen, die durch eine Lebendspende hätten gerettet werden können.

Umso verwunderlicher ist es, dass ausgerechnet in einem solchen Fall eine Strafvorschrift den Spender vor seiner eigenen freien Entscheidung schützen soll und dass das BVerfG eine solche Bevormundung auch noch gutheißt.[35] Es meint:[36] „Zwar bedarf der Schutz des Menschen vor sich selbst ... in Ansehung der durch Art. 2 I GG verbürgten Handlungsfreiheit ... einer verfassungsrechtlichen Rechtfertigung. Auch selbstgefährdendes Verhalten ist Ausübung grundrechtlicher Freiheit. Das ändert aber nichts daran, dass es ein legitimes Gemeinwohlanliegen ist, Menschen davor zu bewahren, sich selbst einen größeren persönlichen Schaden zuzufügen.“

Dieses „Gemeinwohlanliegen“ darf aber nicht mit den Mitteln des Strafrechts verfolgt werden, da die altruistische Organspende fremde Rechtsgüter nicht verletzt, sondern im Gegenteil erhält, da ihre Verhinderung außerdem in den existenziellen Kernbereich privater Lebensgestaltung massiv eingreift und die Persönlichkeitsauto-

---

[32] BVerfGE 90, 146, Leitsatz 3.

[33] So auch das abweichende Votum des Richters Sommer, BVerfGE 90, 224 f.

[34] Aus dem umfangreichen Schrifttum – jeweils mit weiteren Nachweisen – *Haffke*, ZStW 107 (1995), 761 ff.; *Nestler*, in: Institut für Kriminalwissenschaften, Frankfurt/M., Vom unmöglichen Zustand des Strafrechts, 1995, S. 72 ff.; *Paeffgen*, BGH-Festschrift, 2000, S. 695 ff.; *Wohlers*, Deliktstypen des Präventionsstrafrechts, 2000, S. 187 ff.; *Schünemann*, in: Hefendehl / von Hirsch / Wohlers, Die Rechtsgutstheorie, 2003, S. 145 ff.

[35] NJW 1999, 3399 ff.

[36] NJW 1999, 3401.

nomie des Organspenders nachhaltig beeinträchtigt. Zudem sind die vom Gesetzgeber angeführten und vom Verfassungsgericht aufgenommenen Gründe für das Verbot keineswegs stichhaltig: Die Freiwilligkeit einer Spende kann man nicht durch ein uneingeschränktes Verbot, sondern nur durch ihre sachgerechte Überprüfung sicherstellen. Den Organhandel kann man auch bei Zulassung altruistischer Lebendspenden verbieten. Die Förderung der postmortalen Organentnahme ist kein Grund für eine strafbewehrte Verhinderung von Lebendspenden und kann außerdem durch andere Mittel (etwa die Einführung der Widerspruchslösung) weit wirksamer erfolgen. Eine Lebendspende ist nicht einmal besonders gefährlich. Bei der praktisch im Vordergrund stehenden Nierentransplantation ist die Lebenserwartung von Spendern sogar größer als die von Nichtspendern.[37]

Die Entscheidung ist daher mit Recht auf weit überwiegende Ablehnung gestoßen.[38] Auch das sollte dem BVerfG Anlass geben, noch einmal grundsätzlich über die verfassungsrechtlichen Grenzen strafrechtlicher Eingriffe nachzudenken.

Die – freilich umstrittene – Strafbarkeit der Tötung auf Verlangen (§ 216 StGB) und der sittenwidrigen Körperverletzung mit Einwilligung des Verletzten (§ 228 StGB) ist dann kein Verstoß gegen das Autonomieprinzip und lässt sich auch vom hier vertretenen Standpunkt aus rechtfertigen, wenn man davon ausgeht, dass bei existenziellen Entscheidungen solcher Art nur der eigenhändige Vollzug die Freiwilligkeit und Ernsthaftigkeit des Selbstschädigungswillens beweiskräftig dartun kann. Man muss dann freilich die Strafbarkeit der Körperverletzung mit Einwilligung des Verletzten auf lebensgefährliche Handlungen und die irreversible Schädigung zentraler Körperfunktionen beschränken, wie es die neuere Rechtsprechung des BGH auch tut.[39]

## 2. *Gibt es verfassungsrechtliche Bestrafungsgebote?*

Unser Verfassungsgericht hat zwar aus dem Grundgesetz bisher keine klaren Begrenzungen der staatlichen Strafgewalt ableiten können. Wohl aber hat es – im ersten Abtreibungsurteil[40] – die Möglichkeit einer verfassungsrechtlichen Verpflichtung zum Erlass von Strafvorschriften anerkannt.

Die zentralen Sätze lauten:[41] „Im äußersten Fall, wenn nämlich der von der Verfassung gebotene Schutz auf keine andere Weise zu erreichen ist, kann der Gesetzgeber verpflichtet sein, zum Schutz des sich entwickelnden Lebens das Mittel des Strafrechts einzusetzen. Die Strafnorm stellt gewissermaßen die ‚ultima ratio' des Gesetz-

---

[37] *Schroth*, in: Hirsch, A. / Neumann, U. / Seelmann, K. (Hrsg.), Paternalismus im Strafrecht, 2010, S. 205 ff. (206).

[38] *Gutmann*, in: Schroth/König/Gutmann/Oduncu, Kommentar zum Transplantationsgesetz, 2005, § 8 Rn. 28 m. w. N. Ferner *Schroth* in demselben Kommentar, § 19 Rn. 174 ff. Außerdem: *Gutmann*, NJW 1999, 3387 ff.; *Schroth*, Festschrift für Scholler, 2002, S. 35 ff.; *ders.*, Jahrbuch für Recht und Ethik, Bd. 15, 2007, S. 395 ff.

[39] Näher zur Tötung auf Verlangen *Roxin*, in: Roxin/Schroth, Handbuch des Medizinstrafrechts, 4. Aufl. 2010, 86 ff., 111 ff.; zur sittenwidrigen Körperverletzung auf Verlangen *ders.*, wie Fn. 6, § 13 Rn. 38 ff. Zum Ganzen auch *Murmann*, wie Fn. 28, S. 496, 504.

[40] BVerfGE 39, 1 ff.

[41] BVerfGE, 46 f.

gebers dar. Nach ... dem Prinzip der Verhältnismäßigkeit darf es von diesem Mittel nur behutsam und zurückhaltend Gebrauch machen. Jedoch muss auch dieses letzte Mittel eingesetzt werden, wenn anders ein effektiver Lebensschutz nicht zu erreichen ist. Dies fordern der Wert und die Bedeutung des zu schützenden Rechtsguts."

Das ist umstritten geblieben,[42] verdient aber aus der Sicht des Strafrechts Zustimmung. Wenn nämlich, wie oben dargelegt, die verfassungsrechtlich fundierte Aufgabe des Strafrechts im Rechtsgüterschutz besteht, muss der Staat von Verfassungs wegen eine Strafdrohung einsetzen, wenn es ein anderes und milderes Mittel zur Gewährleistung des Rechtsgüterschutzes nicht gibt.[43] Erstaunlich ist nur, dass das Gericht hier das Prinzip des Rechtsgüterschutzes zur selbstverständlichen Voraussetzung einer Bestrafungspflicht macht, es als Mittel zur Begrenzung der staatlichen Strafgewalt aber nicht gelten lassen will. Wenn aber das Strafrecht, wie das Urteil richtig ausführt, nur als äußerstes Mittel des Rechtsgüterschutzes in Betracht kommt, kann ein Verhalten, das kein Rechtsgut verletzt, sinnvollerweise nicht Gegenstand einer Strafdrohung sein.

Beachtung und Zustimmung verdient auch, dass das Verfassungsgericht mildere rechtliche Mittel zum Schutz des werdenden Lebens als vorzugswürdig betrachtet, wenn sie in ihrer Wirkung hinter dem Einsatz des Strafrechts nicht zurückstehen. Es hat auf diese Weise in seiner zweiten Abtreibungsentscheidung[44] durch die Tolerierung der heute geltenden Beratungslösung eine politisch heiß umkämpfte Frage sozialer Befriedung zuführen können.

## III. Die Straftheorien im Lichte des Grundgesetzes

Neben der Aufgabe, die das Strafrecht dem Gesetzgeber stellt, ist auch der Zweck der konkret verhängten oder zu verhängenden Strafe an den Maßstäben der Verfassung zu messen. Bei der Beurteilung der sog. Straftheorien hat sich unser Verfassungsgericht einerseits, wie schon in Fragen der Strafgesetzgebung, große Zurückhaltung auferlegt. Andererseits hat es aber in zentralen Einzelfragen – ohne Festlegung auf eine übergreifende Theorie – der Rechtsprechung richtungweisende Orientierungen gegeben.[45]

Zu den Straftheorien heißt es:[46] „Das Bundesverfassungsgericht hat sich wiederholt mit Sinn und Zweck staatlichen Strafens befasst, ohne zu den in der Wissenschaft vertretenen Straftheorien grundsätzlich Stellung zu nehmen." Es bestehe „kein Grund, sich mit den verschiedenen Straftheorien auseinanderzusetzen, denn es kann nicht Aufgabe des Bundesverfassungsgerichts sein, den Theorienstreit in der Strafrechtswissenschaft von Verfassungs wegen zu entscheiden". Es meint dann mit etwas distanzierter Zustimmung: „Schuldausgleich, Prävention, Resozialisierung des Tä-

---

[42] Vgl. die Nachweise bei *Roxin*, wie Fn. 6, § 2 Rn. 95f. nebst den Literaturangaben in den Fußnoten.

[43] Auch *Hassemer*, wie Fn. 9, 222, weist darauf hin, „dass auch ein Untermaßverbot sich ohne die Vorstellung eines Rechtsgutes nicht konstruieren lässt".

[44] BVerfGE 88, 203–366.

[45] Näher dazu *Roxin*, Festschrift für Volk, 2009, S. 601 ff.

[46] BVerfGE 45, 253; teilweise wörtlich übereinstimmend noch BVerfG, NJW 2004, 745.

ters, Sühne und Vergeltung für begangenes Unrecht werden als Aspekte einer angemessenen Strafsanktion bezeichnet ..."

Das ist zunächst enttäuschend. Denn es leuchtet wenig ein, dass Aufgabe und Grenzen des härtesten Eingriffs in das Leben des Einzelnen, den unsere Rechtsordnung kennt, als verfassungsrechtlich uninteressanter „Theorienstreit in der Strafrechtswissenschaft" abgetan werden. Auch überrascht die Sorglosigkeit, mit der unterschiedliche Strafzwecke ohne begriffliche Klärung durcheinandergeworfen werden. Es wird nicht deutlich, ob und wie sich „Schuldausgleich", „Sühne" und „Vergeltung" unterscheiden sollen. Auch wird nicht gesagt, dass Resozialisierung eine Form der (Spezial-)Prävention ist. Es liegt zudem auf der Hand, dass Grundrechtseingriffe, wie sie das Strafrecht ermöglicht, einer verfassungsrechtlichen Legitimierung bedürfen.

Eine nähere Beschäftigung mit der verfassungsrechtlichen Rechtsprechung lehrt dann freilich, dass das Gericht für die Begrenzung und die Aufgabe der staatlichen Strafe mit dem Schuldprinzip (1.) und dem Resozialisierungsziel (2.) zwei verfassungsrechtlich verbindliche Postulate aufgestellt hat, aus deren Zusammenwirken sich sogar die Umrisse einer Straftheorie entwickeln lassen (3.).

## *1. Das Schuldprinzip*

Das BVerfG hat die verfassungsrechtliche Verankerung des Schuldprinzips zunächst auf Art. 2 I GG und das Rechtsstaatsprinzip gegründet. In BVerfGE 20, 331 heißt es: „Mit der Strafe wird dem Täter ein Rechtsverstoß ... zum Vorwurf gemacht. Ein solcher strafrechtlicher Vorwurf aber setzt Vorwerfbarkeit, also strafrechtliche Schuld voraus. Anderenfalls wäre die Strafe eine mit dem Rechtsstaatsprinzip unvereinbare Vergeltung für einen Vorgang, den der Betroffene nicht zu verantworten hat. Die strafrechtliche oder strafrechtsähnliche Ahndung einer Tat ohne Schuld des Täters ist demnach rechtsstaatswidrig und verletzt den Betroffenen in seinem Grundrecht aus Art. 2 Abs. 1 GG ..."

Später kommt dann die Berufung auf die Menschenwürde hinzu:[47] „Auf dem Gebiet der Strafrechtspflege ... bestimmt Art. 1 Abs. 1 die Auffassung vom Wesen der Strafe und das Verhältnis von Schuld und Sühne. Der Grundsatz ‚nulla poena sine culpa' hat den Rang eines Verfassungssatzes ..." In neueren Entscheidungen wird noch das Übermaßverbot hervorgezogen:[48] Der Schuldgrundsatz decke sich „in seinen die Strafe begrenzenden Auswirkungen mit dem Verfassungsgrundsatz des Übermaßverbots".

Die zentrale Bedeutung, die das Verfassungsgericht dem Schuldprinzip für Begründung und Begrenzung jeder Strafe beimisst, ergibt sich auch aus der besonderen Hervorhebung, die es im Urteil zum Lissabonner Vertrag erfährt:[49] „Der Grundsatz, dass jede Strafe Schuld voraussetzt, hat seine Grundlage in der Menschenwürdega-

[47] BVerfGE 45, 228.

[48] BVerfG NJW 2004, 2073. Auf eine Aufzählung der zahlreichen Entscheidungen, die sich sonst noch mit dem Schuldprinzip befassen, wird hier verzichtet.

[49] BVerfGE 123, 267ff. (413).

rantie des Art. 1 Abs. 1 GG. ... Das Schuldprinzip gehört zu der wegen Art. 79 Abs. 3 GG unverfügbaren Verfassungsidentität, die auch vor Eingriffen durch die supranational ausgeübte öffentliche Gewalt geschützt ist."

Dem allen ist zuzustimmen. Das gilt besonders auch für die Verknüpfung des Schuldgrundsatzes mit der Menschenwürde.[50] Die in der Sache auf *Kant* zurückgehende, in der Staatsrechtslehre der Nachkriegszeit besonders von *Dürig* wiederbelebte „Objektformel", wonach es gegen die Menschenwürde verstößt, wenn der Staat den Einzelnen nicht als Person, sondern als bloßes Objekt behandelt, passt auf jede Verletzung des Schuldgrundsatzes. Denn wenn jemand ohne Schuld oder über das Maß seiner Schuld hinaus bestraft wird, wird er nicht mehr nach dem Maß seiner persönlichen Verantwortung behandelt, sondern ist bloßes Objekt staatlichen Zwanges.

Das Schuldprinzip wird in dem vom BVerfG entwickelten Verständnis in der deutschen Strafrechtswissenschaft als unverfügbare Strafbegrenzung fast einhellig anerkannt.[51] Auch das anfangs erwähnte „Manifest zur europäischen Kriminalpolitik"[52] betont, der Schuldgrundsatz diene „der umfassenden Gewährleistung der Menschenwürde". Tendenzen der modernen Hirnforschung, die mit der Willensfreiheit auch das Schuldstrafrecht in Frage stellen, haben diese Anerkennung nicht beeinträchtigt. Denn Schuld setzt nicht mehr voraus, als dass der Täter bei seiner Tat steuerungsfähig und normativ ansprechbar war. Das ist auch in seinen Abstufungen prinzipiell empirisch feststellbar und von der Frage nach dem hirnphysiologischen Zustandekommen der Willensentschlüsse unabhängig.[53] Unser Verfassungsgericht verdient also hohe Anerkennung dafür, dass es allen vom Schuldprinzip nicht gedeckten sicherheitsstrafrechtlichen Bestrebungen entgegentritt.

## 2. *Die Resozialisierung als verfassungsrechtlich geforderte Aufgabe des Strafvollzugs*

Ebenso dankenswert ist die verfassungsrechtliche Fundierung des Resozialisierungsziels im Strafvollzug. Auch hier beruft sich unser Verfassungsgericht auf die Menschenwürde. Im sog. Lebach-Urteil[54] heißt es: „Als Träger der aus der Menschenwürde folgenden ... Grundrechte muss der verurteilte Täter die Chance erhalten, sich nach Verbüßung seiner Strafe wieder in die Gemeinschaft einzuordnen. Vom Täter aus gesehen erwächst dieses Interesse an der Resozialisierung aus seinem Grundrecht aus Art. 2 I i.V.m. Art. 1 GG."

---

[50] Umfassend *Häberle*, Die Menschenwürde als Grundlage der staatlichen Gemeinschaft, in: Isensee/Kirchhof (Hrsg.), Handbuch des Staatsrechts, Bd. I, 1987, S. 815ff.

[51] Eine Ausnahme macht nur *Jakobs*, Strafrecht, Allgemeiner Teil, 2. Aufl. 1991, 17/18ff., für den Schuld nach den Bedürfnissen der Generalprävention zugeschrieben wird. Dazu kritisch *Roxin*, wie Fn. 6, § 19 Rn. 33ff.

[52] Wie Fn. 2, 697.

[53] Eine nähere Begründung dieser Thesen lässt sich in dem hier gesetzten Rahmen natürlich nicht geben; vgl. aber *Roxin*, wie Fn. 6, § 19 Rn. 36ff.

[54] BVerfGE 35, 235f.

In konsequenter Verfolgung dieses Gedankenganges hat das Gericht[55] dann sogar dem zu lebenslänglicher Freiheitsstrafe Verurteilten einen Anspruch auf Resozialisierung zuerkannt (darüber noch unten IV., 1.). Es hat auch die Arbeit im Strafvollzug dem Resozialisierungsziel unterstellt:[56] „Arbeit im Strafvollzug ist nur dann ein wirksames Resozialisierungsmittel, wenn die geleistete Arbeit angemessene Anerkennung findet."

Das Gericht verwendet bei der verfassungsrechtlichen Fundierung des Resozialisierungsziels den Grundsatz der Menschenwürde, wie es das auch schon bei Anerkennung eines unantastbaren Kernbereichs privater Lebensgestaltung getan hat, in einem über die „Objektformel" hinausgehenden Sinne. Danach verbietet die Menschenwürde nicht nur, dass der Einzelne durch Folterung, Misshandlung, Demütigung oder schuldindifferente Bestrafung zum Objekt gemacht wird, sondern sie gebietet auch, dass ihm die Möglichkeit eines Lebens unter menschenwürdigen Bedingungen gewährleistet wird. Dazu gehört auch eine Wiederaufnahme des Täters in die Rechtsgemeinschaft und eine Ausgestaltung des Vollzuges, die dem Verurteilten ein späteres Leben in Freiheit möglich machen soll.

Diese Rechtsprechung verdient umso größere Beachtung, als Gesetzgebung und Politik seit geraumer Zeit geneigt sind, übertriebene Sicherheitsinteressen dem Resozialisierungsziel vorzuordnen. Auch in der Wissenschaft ist der Resozialisierungselan der Sechziger- und Siebzigerjahre kaum noch anzutreffen. Mit Recht ist daher das BVerfG als „Motor der Entwicklung des Resozialisierungsgedankens in Deutschland"[57] beurteilt worden.

### *3. Straftheoretische Konsequenzen*

Aus der verfassungsrechtlichen Fundierung von Schuldprinzip und Resozialisierungsziel lassen sich entgegen der Zurückhaltung des Gerichts auch einige straftheoretische Folgerungen ableiten. Man könnte den verfassungsrechtlich legitimierten Zweck der im konkreten Fall verhängten Strafe als „schuldbegrenzte Prävention" bezeichnen. Für den Strafvollzug ist das evident. Denn die Resozialisierung ist eine Erscheinungsform der Spezialprävention, die aber nur im Rahmen des Schuldangemessenen betrieben werden darf

Hinsichtlich der Strafverhängung nennt zwar das Gericht auch „Schuldausgleich", „Sühne" und „Vergeltung" als Strafzwecke. Dass damit aber keine Option für eine „klassische", präventionsgelöste Vergeltungstheorie gemeint sein kann, ergibt sich aus der wiederholten Betonung des Gerichts,[58] „dass Strafe unter der Herrschaft des Grundgesetzes niemals Selbstzweck sein darf".

Es können demnach die erwähnten Begriffe nur in generalpräventivem Sinne verstanden werden; also derart, dass bei der Strafzumessung auch die Wirkung auf das Rechtsbewusstsein der Bevölkerung zu berücksichtigen ist. Das versteht sich aber

[55] BVerfGE 45, 238f.
[56] NJW 2004, S. 739ff. (746).
[57] *Leyendecker*, (Re-)Sozialisierung und Verfassungsrecht, 2002, S. 32.
[58] BVerfGE 72, 114; ebenso vorher schon BVerfGE 39, 46.

von selbst, da Spezial- und Generalprävention bei jeder Sanktionsbestimmung in Einklang gebracht werden müssen.[59] Im Vollzug freilich wirkt generalpräventiv nur die Sanktion als solche (der Freiheitsentzug); ihre Ausgestaltung ist eine Resozialisierungsaufgabe.

## IV. Verfassungswidrige Strafsanktionen?

### 1. *Lebenslängliche Freiheitsstrafe*

Unser Verfassungsgericht hat sich in einer grundlegenden Entscheidung[60] mit der Verfassungsmäßigkeit der lebenslangen Freiheitsstrafe unter einem doppelten Aspekt befasst: Es hat erstens ihre grundsätzliche Zulässigkeit geprüft und zweitens auch noch untersucht, ob es dem Verhältnismäßigkeitsprinzip entspricht, wenn für die Verwirklichung bestimmter Mordmerkmale ausnahmslos eine lebenslängliche Strafe angedroht wird.

#### *a) Ihre prinzipielle Zulässigkeit*

Das Gericht hat ihre Zulässigkeit bejaht, diese aber an zwei Einschränkungen gebunden. Ihre generelle Zulässigkeit wird aus generalpräventiven Erwägungen hergeleitet. Es liege in Ermangelung gesicherter kriminologischer Erkenntnisse im Rahmen der gesetzgeberischen Gestaltungsfreiheit, wenn er der Androhung und Verhängung einer lebenslänglichen Strafe Wirkungen auf das allgemeine Rechtsbewusstsein beimesse, „die von der Androhung einer zeitigen Freiheitsstrafe nicht ausgehen würden“[61].

Freilich sei – und darin liegt die erste Einschränkung – auch die lebenslängliche Freiheitsstrafe resozialisierend auszugestalten:[62] „Die Vollzugsanstalten sind auch bei den zu lebenslanger Freiheitsstrafe verurteilten Gefangenen verpflichtet, auf deren Resozialisierung hinzuwirken, sie lebenstüchtig zu erhalten und damit auch und vor allem deformierenden Persönlichkeitsveränderungen entgegenzuwirken. Dabei handelt es sich um verfassungsrechtlich fundierte Vollzugsaufgaben, die sich aus der in Art. 1 Abs. 1 GG garantierten Unantastbarkeit der Menschenwürde herleiten.“ Auch dem zu lebenslänglicher Strafe Verurteilten müssen die Chance verbleiben, „seine Freiheit wiedererlangen zu können“. Die Lebenslänglichkeit wird also zwar im Ausspruch, nicht aber im Vollzug aufrechterhalten.

Die zweite Einschränkung liegt in der Forderung nach einer Verrechtlichung der Entlassungspraxis bei Lebenslänglichen. „Die Möglichkeit der Begnadigung allein ist nicht ausreichend; vielmehr gebietet das Rechtsstaatsprinzip, die Voraussetzungen,

---

[59] Zu den Einzelheiten der verfassungsrechtlichen Judikatur bei divergierenden präventiven Zielen kann in diesem Rahmen nicht mehr Stellung genommen werden. Ich verweise aber auf meine in Fn. 45 genannte Abhandlung.

[60] BVerfGE 45, 187 ff.

[61] BVerfGE 45, 257.

[62] BVerfG 45, 238 f.

unter denen eine lebenslange Strafe ausgesetzt werden kann, und das dabei anzuwendende Verfahren gesetzlich zu regeln."[63]

Ich sehe in dem Urteil eine geglückte Synthese general- und spezialpräventiver Notwendigkeiten. Die rechtsgüterschützende Aufgabe des Strafrechts lässt es als sinnvoll erscheinen, die Verletzung höchstrangiger Rechtsgüter mit lebenslänglicher Strafe zu bedrohen. Es ist nicht auszuschließen, dass anderenfalls die Hemmschwelle gegenüber ihrer Verletzung sinken würde. Die Menschenwürde, die auch einem Mörder zusteht, gebietet es aber, die persönlichkeitszerstörenden Wirkungen zu verhindern, die bei einem realiter lebenslänglichen „Absitzen" der Strafe ohne resozialisierende Hilfen und die Chance gesellschaftlicher Re-Integration eintreten würden.

Auf einem anderen Blatt steht es, dass der vom Gesetzgeber in Befolgung des verfassungsrechtlichen Urteils Ende 1981 eingeführte § 57a StGB, der die Möglichkeit vorsieht, eine lebenslängliche Freiheitsstrafe nach 15 Jahren zur Bewährung auszusetzen, sich in der Praxis nicht bewährt hat.[64] Das liegt vor allem daran, dass der Aussetzung nicht nur „Sicherheitsinteressen der Allgemeinheit", sondern auch „die besondere Schwere der Schuld des Verurteilen" (§ 57a Abs. 1 Nr. 2 StGB) entgegenstehen können. Das führt zu einer rechtsstaatswidrigen Unbestimmtheit der Aussetzungsvoraussetzungen, der durch ihre Verrechtlichung hatte vorgebeugt werden sollen. Es hat außerdem eine zunehmende Ausuferung der Vollstreckungspraxis über die Grenze von 15 Jahren hinaus im Gefolge gehabt. Vielleicht sollte das Verfassungsgericht die Schuldschwereklausel unter dem Gesichtspunkt der von ihm in seinem maßgebenden Urteil verfolgten Intentionen einmal überprüfen.

### *b) Die Außerverhältnismäßigkeit einzelner Mordmerkmale*

Unser Verfassungsgericht hat in derselben Entscheidung auch die Frage untersucht, ob es nicht bei einzelnen Mordmerkmalen zu einer die Schwere der Schuld überschreitenden Unverhältnismäßigkeit der Sanktion führen könne, wenn ihre Verwirklichung ausnahmslos mit lebenslänglicher Strafe bedroht werde. Es ist dabei zu dem Ergebnis gekommen, dass die lebenslängliche Strafe bei einer heimtückischen Tötung und bei einer Verdeckungstötung nur dann noch verfassungsgemäß sei, wenn diese Merkmale restriktiv ausgelegt würden.[65]

Leider ist der BGH bei dem Bemühen, diese verfassungsrechtliche Anweisung in die Praxis umzusetzen, nicht sehr erfolgreich gewesen. Der Große Senat für Strafsachen[66] hat für die Heimtücke[67] die sog. Rechtsfolgenlösung entwickelt, derzufolge bei „außergewöhnlichen Umständen" der gemilderte Strafrahmen des § 49 Abs. 1 Nr. 1 StGB anzuwenden sei. Das ist keine glückliche Lösung, weil es die Kompetenz

---

[63] BVerfGE 45, 187, Leitsatz 3 Satz 2.

[64] Vgl. nur den – von mir mitverfassten – „Alternativ-Entwurf Leben", Goltdammer's Archiv für Strafrecht, 2008, 193 ff., 255 ff.

[65] BVerfGE 45, 187, Leitsatz 4.

[66] BGHSt 30, 105 ff.

[67] Zur Heimtücke und den Bemühungen um ihre Einschränkung näher *Roxin*, Festschrift für Widmaier, 2008, S. 741 ff.

des Richters übersteigt, eine gesetzliche Strafdrohung durch eine andere zu ersetzen, weil die Brandmarkungswirkung der Mordverurteilung auch in Fällen der Außerverhältnismäßigkeit erhalten bleibt und weil die Praxis von der Möglichkeit der Strafherabsetzung kaum Gebrauch gemacht hat. Bei der Verdeckungsabsicht sind die Einschränkungsbemühungen der Rechtsprechung nach einigen vergeblichen Versuchen ganz wieder eingestellt worden.

Das BVerfG hat also keine durchgreifende Remedur bewirkt. Sie wird sich nur durch eine gesetzliche Neuregelung der gesamten Tötungsdelikte erzielen lassen, für die ein ausformulierter und ausführlich begründeter Entwurf von einem Arbeitskreis strafrechtlicher Professoren 2008 vorgelegt worden ist.[68] Eine solche Reform sollte auch verfassungsrechtlich gefordert werden, da der geltende § 211 StGB die höchststrafwürdigen Fälle in vielfältiger Weise nur unzureichend erfasst.[69]

## 2. *Die Vermögensstrafe*

Die Vermögensstrafe (ehemals § 43a StGB) bildet einen der seltenen Fälle, in denen eine Vorschrift des materiellen Strafrechts vom Verfassungsgericht für nichtig erklärt worden ist.[70] Die Vorschrift sah vor, dass bei bestimmten – zahlreichen – Delikten meist vermögensschädigender Art neben einer Freiheitsstrafe von mindestens zwei Jahren auf Zahlung eines Geldbetrages erkannt werden kann, „dessen Höhe durch den Wert des Vermögens des Täters begrenzt ist".

Das BVerfG hat mit Recht entschieden, dass der Grundsatz der Gesetzesbestimmtheit auch für die Strafdrohung gilt[71] und dass dieser Grundsatz verletzt ist, wenn, wie im vorliegenden Fall, nicht einmal ein Strafrahmen vorgegeben wird:[72] „Hinsichtlich des Maßes der in Frage kommenden Strafe hat der Gesetzgeber einen Strafrahmen zu bestimmen, dem sich grundsätzlich das Mindestmaß einer Strafe ebenso wie eine Sanktionsobergrenze entnehmen lassen." Durch die in § 43a Abs. 1 S. 3 eröffnete Möglichkeit, den Wert des Vermögens zu schätzen, wird diese Unbestimmtheit noch vergrößert. Auch besteht mangels jeglicher Leitlinie für die richterliche Strafzumessung die Gefahr einer Kollision mit dem Schuldprinzip.[73] Die gesetzgeberische Idee, auf diese Weise vermutlich unredlich erworbene Gewinne abschöpfen zu können, lässt sich durch eine Strafvorschrift der geschilderten Art nicht in verfassungsmäßiger Weise verwirklichen. Das ist aus strafrechtlicher Sicht so eindeutig, dass man sich über das abweichende Votum dreier Richter[74] wundern muss.

---

[68] Wie Fn. 64.

[69] Zur Reform der Tötungsdelikte vgl. auch mein Einführungsreferat zum 2. Karlsruher Strafrechtsdialog, in: Jahn/Nack (Hrsg.), Rechtsprechung, Gesetzgebung, Lehre: Wer regelt das Strafrecht?, 2010, S. 21 ff.

[70] BVerfGE 105, 135 ff.

[71] BVerfGE 105, 135, Leitsatz 1.

[72] BVerfGE 105, 135, Leitsatz 3.

[73] BVerfGE 105, 165.

[74] BVerfGE 105, 172 ff.

## V. Verfassungsrechtliche Fragen von Rechtfertigung, Entschuldigung und Strafausschluss

Aus diesem Bereich verdienen drei Probleme Hervorhebung, mit denen sich auch das BVerfG beschäftigt hat und von denen die ersten beiden zu den meistdiskutierten strafrechtlichen Streitfragen der letzten Jahre gehören.

### *1. Rettungsfolter?*

Die Frage, ob man zur Rettung eines Menschenlebens foltern oder auch nur mit Folter drohen darf, ist durch den sog. Fall Daschner aktuell geworden. Ein Frankfurter Polizei-Vizepräsident des genannten Namens hatte im Herbst 2002 einen Kidnapper durch die Androhung von Folter gezwungen, den Ort zu nennen, wo er seine Geisel versteckt hatte. Er wollte damit das Leben des Opfers retten, was aber nicht gelang, weil es schon vorher getötet worden war. Strittig ist, ob die in der Folterandrohung liegende Nötigung (§ 240 StGB) gerechtfertigt werden kann, sei es durch Nothilfe (§ 32 StGB), sei es durch Notstand (§ 34 StGB).

Der hier zur Verfügung stehende Raum gestattet es nicht, den überaus kontroversen Streitstand im Einzelnen nachzuzeichnen.[75] Das BVerfG hat sich mit dem Fall nur beiläufig anlässlich einer unzulässigen Verfassungsbeschwerde des folterbedrohten Mörders befasst.[76] Es hat eine Verletzung der Art. 1 Abs. 1 und 104 Abs. 1 S. 2 GG bejaht: „Denn die ... Anwendung von Folter macht die Vernehmungsperson zum bloßen Objekt der Verbrechensbekämpfung unter Verletzung ihres verfassungsrechtlich geschützten Wert- und Achtungsanspruchs und zerstört grundlegende Voraussetzungen der individuellen und sozialen Existenz des Menschen."

Der Fall hat so großes öffentliches Aufsehen erregt, dass die damals amtierenden Präsidenten des BVerfG sich auch in der Presse dazu geäußert haben. Präsident *Papier* hat betont:[77] „Es gibt Grundprinzipien des Rechtsstaates, die keinesfalls preisgegeben werden dürfen. Dazu gehört der Schutz der Würde des Menschen. Daraus folgt ein absolutes Folterverbot." Jede Relativierung oder Abwägung mit anderen Rechtsgütern lehnt *Papier* ausdrücklich ab. Und auch Vizepräsident *Hassemer* sagt:[78] „... Kern des Folterverbots ist ... der Angriff auf die Würde des Menschen. Der Betroffene darf im Verfahren nicht zum Objekt gemacht werden. Das ist der Fall, wenn er nicht mehr Person, wenn er ein Bündel von Schmerzen ist."

Dieses Verfassungsverständnis ist uneingeschränkt zu begrüßen. Es entspricht der im Strafrecht überwiegenden Ansicht, die allen in den letzten Jahren auch in Deutschland hervorgetretenen Tendenzen, den Schutz der Menschenwürde zu relativieren, und auch bedenklichen Vorbildern in der Praxis anderer Staaten entgegentritt. Die Menschenwürde muss unverfügbar bleiben (Art. 1; 79 Abs. 3 GG). Fängt man erst

---

[75] Doch kann ich auf zwei eigene Abhandlungen verweisen, in denen die Problematik unter Auseinandersetzung der Literatur ausführlich behandelt wird; in: Festschrift für Eser, 2005, S. 461 ff.; Festschrift für Nehm, 2006, S. 205 ff.

[76] BVerfG NJW 2005, 656.

[77] *Papier*, in der „Leipziger Volkszeitung", die hier nach der FAZ vom 2. 1. 2006, S. 2, zitiert wird.

[78] *Hassemer*, Süddeutsche Zeitung, 27. 2. 2003, S. 7.

einmal an, Ausnahmen vom Folterverbot zuzulassen, wird man bald immer mehr vermeintlich gute Gründe finden, um das Verbot zu suspendieren. Damit wäre ein tragender Pfeiler des Rechtsstaates zum Einsturz gebracht.

Eine andere Frage ist es, ob jemand, der um eines rechtlich begrüßenswerten Zweckes willen im konkreten Fall gegen das Folterverbot verstößt, allemal bestraft werden muss.[79] Wenn man das vom Täter verfolgte Ziel der Lebensrettung in Rechnung stellt und der Handelnde sich in einer ausweglosen Situation zu befinden glaubte, kann ein übergesetzlicher Ausschluss der strafrechtlichen Verantwortlichkeit in Erwägung gezogen werden.[80] Aber das ist eine Frage der Strafbedürftigkeit, die an der verfassungsrechtlichen Unzulässigkeit eines solchen Vorgehens nichts ändert.

### 2. *Luftsicherheitsgesetz*

Eine ähnliche und ähnlich umstrittene Konstellation behandelt das 2005 erlassene Luftsicherheitsgesetz, nach dessen § 14 Abs. 3 ein von Terroristen entführtes Flugzeug abgeschossen werden darf, wenn nur auf diese Weise die Gefahr für andere Menschen, gegen die das Flugzeug eingesetzt werden soll, abgewendet werden kann. Nach § 14 Abs. 4 des Gesetzes kann nur der Verteidigungsminister oder ggf. ein vertretungsberechtigter anderer Bundesminister die Maßnahme anordnen. Mit der Vorschrift sollten Fälle erfasst werden, die dem Angriff auf das World Trade Center vom 11. 9. 2001 entsprachen.

Der BVerfG[81] hat diese Vorschrift für nichtig erklärt und zur Begründung wiederum einen Verstoß gegen die Menschenwürde gerügt, wie er sich bei einer Auslegung dieser Garantie im Sinne der Objektformel ergibt. Die entführten, völlig unschuldigen Passagiere seien nicht nur Objekte der Entführer:[82] „Auch der Staat, der in einer solchen Situation zur Abwehrmaßnahme des § 14 Abs. 3 LuftSiG greift, behandelt sie als bloße Objekte seiner Rettungsaktion zum Schutze anderer … Eine solche Behandlung missachtet die Betroffenen als Subjekte mit Würde und unveräußerlichen Rechten. Sie werden dadurch, dass ihre Tötung als Mittel zur Rettung anderer benutzt wird, verdinglicht und zugleich entrechtlicht; indem über ihr Leben von Staats wegen einseitig verfügt wird, wird den als Opfer selbst schutzbedürftigen Flugzeuginsassen der Wert abgesprochen, der dem Menschen um seiner selbst willen zukommt."

Dem ist prinzipiell zuzustimmen, auch wenn in der strafrechtlichen Literatur bejahende und ablehnende Stellungnahmen sich in etwa die Waage halten.[83] Der Staat hat kein Recht, unschuldige Verbrechensopfer zu töten, auch wenn dies dem Lebensinteresse anderer dient. Sonst müsste es auch zulässig sein, Todgeweihte zu töten, wenn nur auf diese Weise durch Transplantation ihrer Organe das Leben anderer gerettet werden kann. Das würde den strafrechtlichen Lebensschutz in seinen Grund-

[79] Diese Frage stellt auch *Hassemer*, wie Fn. 78.

[80] Näher dazu *Roxin*, wie Fn. 6, § 22 Rn 166–169.

[81] BVerfGE 115, 118 ff.

[82] BVerfGE 115, 154.

[83] Zusammenfassende Nachweise nach dem neuesten Stand bietet die Arbeit von *Streng*, Festschrift für Stöckel, 2010, S. 135 ff. mit Belegen in den Fußnoten 2, 3, 7, 8.

festen erschüttern. Wenn nach der im Strafrecht weitaus herrschenden Meinung sogar der lebensrettende Zwang zu einer Blutspende gegen die Menschenwürde verstoßen und unzulässig sein soll,[84] ist nicht plausibel zu machen, dass eine der Lebensrettung dienende Tötung erlaubt sein soll.

Die jüngste, alle Argumente noch einmal abwägende Untersuchung von *Streng*[85] kommt denn auch zu einer deutlichen Ablehnung der Rechtfertigung. Eine Kritik des verfassungsrechtlichen Urteils wie diejenige von *Depenheuer*,[86] der vom Einzelnen die Hinnahme seiner Tötung durch den Staat als „Bürgeropfer" verlangt, findet sich in der strafrechtlichen Literatur auch sonst nicht. *Streng*[87] kommentiert die Auffassung Depenheuers mit den Worten: „Die dabei vorausgesetzte Rückkehr zu einem Staatsverständnis, in welchem zuallererst der Bürger für den Staat und nicht der Staat für den Bürger dazusein hat, kann ... nur erschrecken."

Eine andere Frage ist auch hier, ob ein Abfangjäger, wenn er zur Rettung von Zivilisten ein Terrorflugzeug abschießt, weil er dies in der konkreten Situation für die gebotene Lösung hält, unbedingt bestraft werden muss. Das BVerfG hat diese Frage gesehen und ausdrücklich offengelassen.[88] Es sei „nicht zu entscheiden, wie ein gleichwohl vorgenommener Abschuss und eine auf ihn bezogene Anordnung strafrechtlich zu beurteilen wären ...".

Im Strafrecht wird diese Konstellation unter dem Gesichtspunkt der „Gefahrengemeinschaft" seit der frühen Nachkriegszeit diskutiert.[89] Als Beispiel diente der Fall der sog. Euthanasieärzte, die in der Nazizeit eine begrenzte Zahl von Geisteskranken dem Tode ausgeliefert hatten, um die sonst drohende Tötung aller ihnen anvertrauter Patienten zu verhindern. Im Strafrecht wird hier überwiegend ein übergesetzlicher Schuld- oder Verantwortungsausschluss angenommen. Eine solche Lösung käme auch beim Abschuss eines Terrorflugzeugs in Betracht, wenn dadurch die Zahl der Opfer mit Sicherheit wesentlich vermindert wird. Aber das ist eine außerhalb des Verfassungsrechts liegende strafrechtliche Frage. Die Unzulässigkeit einer gesetzlichen Erlaubnis zur Tötung Unschuldiger wird dadurch nicht berührt.

### *3. Gewissenstaten und ziviler Ungehorsam*

Die Frage, ob die Verwirklichung strafrechtlicher Tatbestände durch Berufung auf Art. 4 GG als Gewissenstat oder in Anlehnung an Art. 5, 8 GG als ziviler Ungehorsam gerechtfertigt oder entschuldigt werden kann, ist vielfach diskutiert worden und hat auch unser Verfassungsgericht, wenngleich nur relativ selten, beschäftigt.

---

[84] Näher *Roxin*, wie Fn. 6, § 16 Rn. 48 ff., wo diese Auffassung kritisiert wird.
[85] Streng, wie Fn. 83, S. 155.
[86] *Depenheuer*, wie Fn. 3, S. 75 ff.
[87] *Streng*, wie Fn. 83, S. 154.
[88] BVerfGE 115, 157.
[89] Ausführlich dazu *Roxin*, wie Fn. 6, § 22 Rn. 146 ff.

### a) Die Gewissenstat

Was die Gewissenstat betrifft,[90] so kann sie, obwohl das in der strafrechtlichen Literatur nicht selten vertreten wird, keinen Rechtfertigungsgrund abgeben. Denn das Gewissen des Einzelnen kann nicht das objektiv geltende Recht außer Kraft setzen, zumal da die Gewissensentscheidung keine bestimmte inhaltliche Qualität voraussetzt. Es kommt aber ein Ausschluss strafrechtlicher Verantwortlichkeit in Betracht, wenn die Gewissensentscheidung weder wesentliche Staatsaufgaben beeinträchtigt noch in individuelle Grundrechte anderer nachhaltig eingreift. Liegt kein solcher Ausnahmefall vor, werden die immanenten Schranken der Gewissensfreiheit überschritten, die nur im Rahmen der geltenden Staatsorganisation und unter Wahrung der Rechte anderer gewährt wird.

So bleiben für eine verfassungsrechtlich bedingte Straffreiheit zunächst vor allem Fälle übrig, in denen es eine gewissensneutrale Alternative gibt. Das ist z.B. der Fall, wenn Eltern aus religiös motivierten Gewissensgründen eine notwendige Operation ihres Kindes verweigern. Hier kann ihre Zustimmung durch einen vormundschaftsgerichtlich bestellten Pfleger oder in Eilfällen durch eine ärztliche Notstandshandlung (§ 34 StGB) ersetzt werden. Manche dieser Fälle sind heute gesetzlich geregelt; etwa die gewissensbedingte ärztliche Abtreibungsverweigerung, bei der in der Regel ein anderer Arzt herangezogen werden kann (Art. 2 des 5. StrRG); oder die gewissensbedingte Eidesverweigerung, bei der – im Anschluss an BVerfGE 33, 23 – der Eid durch eine Bekräftigung ersetzt werden kann (§ 65 StPO).

Daneben kommt, wie erwähnt, eine verfassungsrechtlich legitimierte Straffreiheit in Betracht, wenn durch die Gewissenstat Staatsaufgaben oder die Rechte anderer nicht oder nicht nennenswert beeinträchtigt werden. Das entspricht auch der verfassungsrechtlichen Rechtsprechung. In der Entscheidung BVerfGE 32, 98ff.[91] hatte eine Frau bei der Geburt ihres vierten Kindes eine lebensrettende Bluttransfusion aus sektiererischen Gewissensgründen verweigert. Der Ehemann war wegen unterlassener Hilfeleistung (§ 323c StGB) verurteilt worden, weil er – ebenfalls aus Gewissensgründen – entgegen dem Wunsch der Ärzte der Frau nicht wenigstens geraten hatte, einer Bluttransfusion zuzustimmen.

Das Verfassungsgericht hat hier mit Recht eine Straflosigkeit angenommen, weil der Mann zwar nicht auf eine Zustimmung seiner Frau hingewirkt, in ihre Entscheidungsfreiheit aber nicht eingegriffen hatte. Das Gericht urteilt,[92] die Entscheidung des Mannes sei zwar „objektiv nach den in der Gesellschaft allgemein herrschenden Wertvorstellungen zu missbilligen", jedoch „nicht mehr in dem Maße vorwerfbar, dass es gerechtfertigt wäre, mit der schärfsten der Gesellschaft zu Gebote stehenden Waffe, dem Strafrecht, gegen den Täter vorzugehen". Aus der Wortwahl des Gerichts („nicht mehr in dem Maße vorwerfbar") darf man schließen, dass es mit der von mir befürworteten Meinung weder eine Rechtfertigung noch eine Entschuldigung, sondern einen aus dem Mangel präventiver Bestrafungsnotwendigkeit gefol-

---

[90] Dazu *Roxin*, wie Fn. 6, § 22 Rn. 100–129 mit umfangreichen Literaturnachweisen; ferner *ders.*, Festschrift für Maihofer, 1988, S. 389ff.; GA 2011, S. 1ff.

[91] Vgl. dazu schon oben II., 1., b) bei Fn. 28.

[92] BVerfGE 32, 98ff. (109).

gerten Verantwortungsausschluss annimmt. Ein aus Art. 4 GG herzuleitender Strafausschluss ist also zwar selten, aber immerhin möglich.

### *b) Ziviler Ungehorsam*

Personen, die im Rahmen politischer Proteste Strafgesetze übertreten, berufen sich nicht selten auf „zivilen Ungehorsam".[93] Das ist nach der Definition unseres Verfassungsgerichts[94] ein „Widerstehen des Bürgers gegenüber einzelnen wichtigen staatlichen Entscheidungen ..., um einer für verhängnisvoll und ethisch illegitim gehaltenen Entscheidung durch demonstrativen zeichenhaften Protest bis zu aufsehenerregenden Regelverletzungen zu begegnen".

Eine Rechtfertigung wird vom BVerfG abgelehnt mit der Begründung,[95] dass die Regelverletzung „per definitionem Illegalität mit dem Risiko entsprechender Sanktionen einschließt". Insofern sei es „widersinnig, den Gesichtspunkt des zivilen Ungehorsams als Rechtfertigungsgrund für Gesetzesverletzungen geltend zu machen". Auch in der staats- und strafrechtlichen Literatur wird ein Rechtfertigungsgrund durchweg abgelehnt.[96] Dem ist zuzustimmen, weil demokratische Mehrheitsentscheidungen, die sich in Gesetzen niedergeschlagen haben, nicht durch individuelle Protestakte außer Kraft gesetzt werden können.

Immerhin ist aber mit *Dreier*[97] anzuerkennen, dass Akte zivilen Ungehorsams „in den Schutzbereich der Grundrechte der Meinungs- und/oder der Versammlungsfreiheit fallen". Das kann zwar aus den genannten Gründen nicht, wie *Dreier* vorschlägt, ggf. im Wege der Abwägung zu einer Rechtfertigung führen. Doch sollte auch insoweit bei geringfügigen und zeitlich begrenzten Behinderungen und Belästigungen ein verfassungsrechtlich fundierter übergesetzlicher Verantwortungsausschluss in Erwägung gezogen werden. In einem Fall, wie ihn das OLG Stuttgart[98] entschieden hat, in dem Nachrüstungsgegner in ein seit Jahren unbenutztes amerikanisches Militärareal eingedrungen waren, um dort zur Unterstreichung ihrer friedlichen Absichten Blumen zu pflanzen und Schafe weiden zu lassen, muss nicht unbedingt eine Bestrafung wegen Hausfriedensbruchs erfolgen.[99]

## *4. Meinungs- und Kunstfreiheit*

Die Überfülle der in das Strafrecht eingreifenden verfassungsrechtlichen Entscheidungen zur Meinungs- und Kunstfreiheit (Art. 5 Abs. 1 3 GG)[100] lässt sich hier nur in

---

[93] Näher dazu *Roxin*, Festschrift für Schüler-Springorum, 1993, S. 441 ff. Dort auch (S. 444 ff.) zu vereinzelten Rechtfertigungsbemühungen in der Literatur.

[94] BVerfGE 73, 206 ff. (250).

[95] BVerfGE 73, 252.

[96] Nachweise bei *Roxin*, wie Fn. 93, S. 443, Fn. 6.

[97] *Dreier*, in: Glotz (Hrsg.), Ziviler Ungehorsam im Rechtsstaat, 1983, S. 54 ff.

[98] NStZ 1987, 121.

[99] Näher *Roxin*, wie Fn. 93, S. 451 f.

[100] Überblick bei *Zaczyk*, Nomos-Kommentar zum StGB, 2. Aufl. 2005, § 193 Rn. 4 f. (Meinungsfreiheit), 39 ff. (Kunstfreiheit).

äußerster Verkürzung würdigen. Diese Grundrechte spielen eine große Rolle bei der Rechtfertigung von Ehrverletzungen, wo sie die ursprüngliche Regelung des § 193 StGB weitgehend überlagern; sie haben aber auch für eine etwaige Rechtfertigung von Delikten nach §§ 130, 130a StGB erhebliche Bedeutung.

Das BVerfG sieht auch kränkende und herabsetzende Äußerungen bis zur Grenze der Schmähkritik und einer Verletzung der Menschenwürde noch als durch die Meinungsfreiheit gedeckt an, obwohl Art. 5 II GG dieses Recht in den „allgemeinen Gesetzen" ihre Schranken finden lässt. So darf man behaupten, ein Nachrichtenmagazin sei auf dem Gebiet der Politik, was die Pornographie auf dem Gebiet der Moral sei (BVerfGE 12, 113ff.), die CSU sei die NPD Europas (BVerfGE 61, 1ff.), ein Rollstuhlfahrer, der eine Wehrübung absolvieren will, sei ein „geb. Mörder" (BVerfG NJW 1992, 2073), „Strauß deckt Faschisten" (BVerfGE 82, 272, 280ff.) und sei ein „Zwangsdemokrat" (BVerfGE 86, 1, 8ff.), „Soldaten sind Mörder" (NStZ 1994, 580f.) und ähnliches.

Diese Rechtsprechung hat überwiegend Kritik und sogar Empörung hervorgerufen, und zwar sowohl im Strafrecht[101] wie im öffentlichen Recht.[102] Diese Kritik ist berechtigt. Denn auch wenn man der sog. Wechselwirkungstheorie (BVerfGE 7, 198; 12, 124) folgt und die Schranken der allgemeinen Gesetze im Lichte des Art. 5 I GG deutet, kann das doch nicht eine weitgehende Abschaffung des Ehrenschutzes bedeuten, der immerhin durch das allgemeine Persönlichkeitsrecht auch verfassungsrechtlich abgesichert ist. Man kann auch im politischen Meinungskampf seine Ansichten offen äußern, ohne die Ehre anderer anzutasten. Ein solches Verlangen würde nicht etwa die Demokratie gefährden, sondern zur Versachlichung der öffentlichen Auseinandersetzung in wünschenswerter Weise beitragen.

Für die Kunstfreiheit gelten die Schranken des Abs. 2 nicht. Sie findet ihre immanenten Schranken nur in den Grundrechten anderer, zu denen aber immerhin auch das allgemeine Persönlichkeitsrecht und die Menschenwürde gehören. Ein wesentlicher Anhaltspunkt ist dabei, inwieweit konkrete Personen erkennbar geschildert und in ihren Rechten beeinträchtigt werden.

## VI. Das Gesetzlichkeitsprinzip

Das Gesetzlichkeitsprinzip hat viele Facetten, unter denen vier von besonderer verfassungsrechtlicher Aktualität sind: die Auslegungsgrenze des möglichen Wortsinns (1.), das Bestimmtheitsgebot (2.), das Rückwirkungsverbot (3.) und der selten problematisierte Begriff der „Tat" in Art. 103 Abs. 2 GG (4.).

### *1. Der mögliche Wortsinn als Auslegungsgrenze*

Das BVerfG hat in zahlreichen Entscheidungen ausgesprochen, dass jede Auslegung sich im Rahmen des möglichen Wortsinnes halten muss. Ich zitiere nur aus

---

[101] Dazu etwa *Krey*, JR 1995, 221ff. (224ff.) m. w. N.

[102] Nachweise bei *Zaczyk*, wie Fn. 100, Rn. 5, Fn. 18.

dem bekannten Urteil zur Sitzblockade:[103] „Der mögliche Wortsinn des Gesetzes markiert die äußerste Grenze zulässiger richterlicher Interpretation. Da Art. 103 Abs. 2 GG die Vorhersehbarkeit der Strafandrohung für den Normadressaten garantieren will, ist die Grenze aus dessen Sicht zu bestimmen." Das entspricht der im Strafrecht überwiegenden, allerdings keineswegs unumstrittenen Meinung[104] und verdient Beifall. Das gilt nicht nur, weil die Vorhersehbarkeit der Strafdrohung gesichert werden muss, sondern auch, weil die Präventivwirkung der Norm davon abhängt.

Bei der Anwendung des Grundsatzes auf den konkreten Fall ist das Verfassungsgericht allerdings nicht immer glücklich verfahren. Dass es sprachlich nicht möglich sein soll, Sitzblockaden wegen des von ihnen ausgehenden körperlichen Zwanges als Nötigung „mit Gewalt" anzusehen, widerspricht einer jahrzehntelangen gefestigten Rechtsprechung, auf die jeder Demonstrant sich einstellen konnte. Da das Verfassungsgericht zahlreiche mit dem Gesetzeswortlaut kaum noch zu vereinbarende gerichtliche Auslegungen unbeanstandet gelassen hat, ist der erst im dritten Anlauf[105] zustande gekommene Sitzblockaden-Beschluss des BVerfG vielfach als „politische Entscheidung"[106] verstanden und überwiegend abgelehnt worden.[107] Es wäre wohl besser gewesen, geringfügige Fälle, bei denen Demonstranten sich widerstandslos forttragen lassen, unter dem Gesichtspunkt des zivilen Ungehorsams von Strafe freizustellen (vgl. V., 3., b). Denn in diesen Bereich gehört der Fall auch nach dem Selbstverständnis der Demonstranten.

Aber auch eine mit Sicherheit „unpolitische" Entscheidung wie diejenige, wonach die Bedrohung mit einem Verbrechen gegen eine „nahestehende Person" (§ 241 StGB) deren Existenz voraussetzt,[108] ist Zweifeln ausgesetzt. Denn die Drohung als solche hängt nicht von ihrer Ausführbarkeit ab. Freilich entspricht es einer sinnvollen teleologischen Auslegung, nur die Drohung mit dem Tod existierender Personen dem § 241 StGB zu subsumieren.[109] Denn sie allein kann die Beunruhigung auslösen, der die Vorschrift vorbeugen will. Doch ist das kein verfassungsrechtliches Problem.

Dagegen war es richtig, dass BVerfGE 87, 209 bei der Strafbarkeit von Gewaltdarstellungen in § 131 Abs. 1 StGB es ausgeschlossen hat, lediglich menschenähnliche Wesen als „Menschen" im Sinne des Gesetzes zu beurteilen. Das wäre der klassische Fall einer verbotenen Analogie. Der Gesetzgeber hat dem im Jahre 2004 durch eine Gesetzesänderung Rechnung getragen.

---

[103] BVerfGE 92, 1 ff. (12). Weitere Rechtsprechungsnachweise bei *Roxin*, wie Fn. 6, § 5 Rn. 33, Fn. 52.

[104] Zu den abweichenden Meinungen in der strafrechtlichen Literatur *Roxin*, wie Fn. 6, § 5 Rn. 36 ff.

[105] Vorhergegangen waren die Entscheidungen BVerfGE 73, 206 ff. (297 ff., 254 ff.) und 76, 211 ff., die keinen Verfassungsverstoß hatten feststellen können.

[106] *Amelung*, NJW 1995, 2580.

[107] Vgl. nur *Altvater*, NStZ 1995, 278 ff.; *Amelung*, NJW 1995, 2584 ff.; *Krey*, JR 1995, 265 ff.; *Scholz*, NStZ 1995, 417 ff.; *Schroeder*, JuS 1995, 875 ff.

[108] BVerfG NJW 1995, 2776.

[109] *Küper*, JuS 1996, S. 783 ff.

## 2. *Das Bestimmtheitsgebot*

Das in Art. 103 Abs. 2 enthaltene Bestimmtheitsgebot wird von unserem Verfassungsgesetzgeber so lax gehandhabt, dass fast niemals eine Strafvorschrift wegen Unbestimmtheit für nichtig erklärt worden ist,[110] obwohl selbst im Kernstrafrecht die Strafbarkeit oft an weitgehend inhaltlose Wertungen geknüpft wird, wie den Verstoß „gegen die guten Sitten" bei der einverständlichen Körperverletzung (§ 228 StGB), die „Verwerflichkeit" bei der Nötigung (§ 240 StGB) oder die „niedrigen Beweggründe" beim Mord (§ 211 StGB).

In der strafrechtlichen Literatur wird das durchweg mit Recht kritisiert. Schon *Welzel*[111] hatte geurteilt: „Die eigentliche Gefahr droht dem Grundsatz nulla poena sine lege nicht von der Analogie, sondern von unbestimmten Strafgesetzen!" *Schünemann*[112] sieht beim Gebot der Gesetzesbestimmtheit „den Tiefpunkt des nulla-poena-Satzes".

Unser Verfassungsgericht geht von der Annahme aus, der Gesetzgeber müsse „die Strafbarkeitsvoraussetzungen umso präziser bestimmen, je schwerer die angedrohte Strafe ist"[113]. Aber Art. 103 Abs. 2 GG weiß nichts von einer Unterscheidung zwischen leichten und schweren Straftaten. Auch handelt es sich bei den von mir aus dem Kernbereich des Strafrechts genannten Vorschriften gewiss nicht um leichte Delikte.

Auch soll es genügen, dass eine Vorschrift „durch eine jahrzehntelange gefestigte Rechtsprechung hinreichend präzisiert worden ist"[114]. Jedoch verlangt Art. 103 Abs. 2 GG eine *gesetzliche* Bestimmtheit und will die Präzisierung gerade nicht der Rechtsprechung überlassen. Der Bürger soll die Strafbarkeit dem Gesetz entnehmen können und nicht erst ein Studium der Rechtsprechung absolvieren müssen (die oft auch vielen Deutungen Raum lässt).

Schließlich wird darauf hingewiesen,[115] das Bestimmtheitsgebot dürfe „nicht übersteigert werden; das Gesetz würde sonst zu starr und kasuistisch". Aber es geht nur um das Maß von Bestimmtheit, das nach der verfassungsrechtlichen Rechtsprechung die Gerichte herstellen sollen und das sich gesetzlicher Formulierung durchaus nicht entzieht (wie Leitsätze der Rechtsprechung und Gesetzesvorschläge beweisen).

Wir hätten heute ein besseres Strafgesetzbuch, wenn unser Verfassungsgericht bei der Auslegung des Bestimmtheitsgebots strenger wäre und den Gesetzgeber zu präzisierenden Reformen nötigte. Der Rechtsprechung würde viel Mühe erspart und unser Wirtschaftsstrafrecht würde transparenter werden, wenn z. B. ein so vager Tatbestand wie derjenige der Untreue (§ 266 StGB) durch eine verfassungsrechtlich geforderte Gesetzesreform klarere Konturen erhalten hätte.

---

[110] Vgl. etwa BVerfGE 14, 245 ff.; 26, 41 ff.; 47, 109 ff.; 75, 329 ff. Die Unbestimmtheit bejaht BVerfG NStZ 1989, 229 für den Fall, dass ein Straftatbestand an den Verstoß gegen Verhaltenspflichten anknüpft, die durch einen Verwaltungsakt begründet werden.

[111] *Welzel*, Das Deutsche Strafrecht, 11. Auflage 1974, § 5 II, 3.

[112] *Schünemann*, Nulla poena sine lege?, 1978, S. 6.

[113] So ständig seit BVerfGE 14, 251.

[114] So seit BVerfGE 26, 41 ff. (43) zum „groben Unfug"; zuletzt noch BVerfG NStZ 2009, 560 zum Tatbestand der Untreue (§ 266 StGB).

[115] Auch dies schon seit BVerfGE 14, 251.

Dass auch die angedrohte Strafe (und nicht nur deren Voraussetzungen) ein gewisses Maß an Bestimmtheit einhalten muss, ist immerhin verfassungsrechtlich anerkannt und schon im Zusammenhang mit der Vermögensstrafe dargestellt worden (oben IV., 2.).

### *3. Das Rückwirkungsverbot*

Das Rückwirkungsverbot verbietet eine rückwirkende Begründung und Verschärfung der Strafbarkeit. Dass es auch eine nachträgliche Strafverschärfung erfasst, wird in § 2 Abs. 1 StGB ausdrücklich gesagt, nicht aber in Art. 103 Abs. 2 GG. Es ergibt sich jedoch aus einer sinngemäßen Auslegung der Verfassungsvorschrift, die auch vom BVerfG geteilt wird.[116]

Im Mittelpunkt der verfassungsrechtlichen Diskussion stehen drei Probleme: die Frage der Geltung des Rückwirkungsverbots in Fällen der Systemkriminalität (a), seine Anwendbarkeit oder Nichtanwendbarkeit auf Rechtsprechungsänderungen (b) und das Problem, ob das Rückwirkungsverbot auch für Sicherungsmaßregeln gilt (c).

#### *a) Gilt das Rückwirkungsverbot auch in Fällen der Systemkriminalität?*

Das BVerfG[117] hat dies verneint und damit einen Weg zur Bestrafung von Delikten eröffnet, die von der Staatsführung der DDR oder in ihrem Auftrag begangen worden sind, auch wenn diese Taten durch die Gesetzgebung der DDR gedeckt gewesen sein sollten (was im Einzelnen sehr umstritten ist). Das Rückwirkungsverbot findet nach dem Verständnis des Verfassungsgerichts „seine rechtsstaatliche Rechtfertigung in der besonderen Vertrauensgrundlage, welche die Strafgesetze tragen, wenn sie von einem an die Grundrechte gebundenen demokratischen Gesetzgeber erlassen werden". „Menschenrechtswidrige Rechtfertigungsgründe", die „für schwerstes kriminelles Unrecht" (z. B. die Schüsse an der Mauer) geschaffen wurden, seien durch das Rückwirkungsverbot nicht gedeckt.

Ich halte das für überzeugend, obwohl die Frage in der strafrechtlichen Literatur sehr umstritten ist.[118] Jede Verfassungsvorschrift muss aus dem Kontext der Gesamtverfassung verstanden werden. Art. 103 Abs. 2 GG gilt also im Rahmen einer rechtsstaatlichen Gesetzgebung, wie sie das Grundgesetz vorschreibt. Er kann nicht den Sinn haben, Staatsverbrechen eines undemokratischen Systems straflos zu stellen. Auch Art. 7 Abs. 2 EMRK deutet in diese Richtung.

---

[116] BVerfGE 25, 295; 45, 363, 371 ff.
[117] BVerfGE 95, 96 ff. (133).
[118] Vgl. die Nachweise bei *Roxin*, wie Fn. 6, § 5 Rn. 54, Fn. 93, 94.

### *b) Gilt das Rückwirkungsverbot auch für Rechtsprechungsänderungen?*

Nach der überwiegenden Meinung ist das nicht der Fall. Denn Art. 103 Abs. 2 GG verbietet nach seinem Wortlaut rückwirkende gesetzliche Belastungen, nicht aber eine Rechtsprechungsänderung, die sich zum Nachteil des Täters auswirkt. Dem wird oft mit dem Argument widersprochen, dass man sich auf die Rechtsprechung wie auf das Gesetz verlasse und davor geschützt werden müsse, wegen eines Verhaltens bestraft zu werden, das bisher nicht für strafbar gehalten worden sei.

Das hat manches für sich, ist aber letztlich doch nicht überzeugend, weil es den Unterschied von Gesetzgebung und Rechtsprechung aufhebt, der für das Gesetzlichkeitsprinzip konstituierend ist. Art. 103 Abs. 2 GG bezieht sich ausdrücklich nur auf Gesetze, auf die man sich muss verlassen dürfen, während das Vertrauen auf die jederzeit und viel leichter zu ändernde – und vielfach auch kontroverse – Rechtsprechung keinen verfassungsrechtlichen Schutz genießt.

Der Bürger wird außerdem auf andere Weise hinreichend geschützt. Zunächst können sich Rechtsprechungsänderungen nur im Rahmen des Gesetzeswortlauts vollziehen, sind also bei konkreten Problemlagen weit besser vorhersehbar. Sodann aber wird, wenn das Vertrauen auf eine geänderte Rechtsprechung jemandem nicht zum Vorwurf gemacht werden kann, die Zubilligung eines unvermeidbaren Verbotsirrtums (§ 17 StGB) ihn von Strafe freistellen.

Dem BVerfG[119] ist also recht zu geben, wenn es die Herabsetzung des Grenzwertes der absoluten Fahruntüchtigkeit durch den BGH und die damit verbundene Erweiterung der Strafbarkeit nach § 316 StGB nicht dem Schutz des Art. 103 Abs. 2 GG unterstellt hat.

### *c) Rückwirkungsverbot im Hinblick auf die Dauer der Sicherungsverwahrung?*

Der Gesetzgeber hat im Jahr 1998 die bis dahin für die erstmalige Unterbringung in der Sicherungsverwahrung geltende Höchstfrist von zehn Jahren (§ 67d Abs. 1 a. F. StGB) für weiterhin gefährliche Untergebrachte aufgehoben (§ 67d Abs. 3 (n. F.). Das BVerfG[120] hat in einem ausführlich begründeten Urteil festgestellt, dass die Aufhebung der Zehnjahresfrist auch bei bereits Verurteilten weder gegen Art. 103 Abs. 2 GG noch gegen das rechtsstaatliche Vertrauensschutzgebot (Art. 2 Abs. 2 GG i. V. m. Art. 20 Abs. 3 GG) verstoße. Demgegenüber hat der Europäische Gerichtshof für Menschenrechte[121] im Dezember 2009 geurteilt, dass die nachträgliche Verlängerung der Sicherungsverwahrung gegen Art. 5 Abs. 1 und 7 Abs. 1 der EMRK verstoße und dem Beschwerdeführer eine Entschädigung von 50.000 Euro zugesprochen.

Beide Urteile widersprechen einander nicht direkt, weil sie sich auf verschiedene Normen beziehen. Denn Verstöße gegen die europäische Menschenrechtskonvention begründen nicht ohne weiteres eine Grundgesetzverletzung. Doch wird die Bundesrepublik sich dem europäischen Rechtsspruch beugen müssen.

---

[119] BVerfG NStZ 1990, 537. Ablehnende Stimmen bei *Roxin*, wie Fn. 6, § 5 Rn. 61, Fn. 112.

[120] BVerfGE 109, 133 ff.

[121] StV 2010, 181 ff.

Das erscheint mir auch in der Sache als begründet. Das BVerfG stützt sich im Wesentlichen auf den Gedanken, Art. 103 Abs. 2 GG solle „verhindern, dass der Staat nachträglich ein Verhalten hoheitlich missbilligt, indem er es mit einer Sanktion belegt und dem Betroffenen den Vorwurf rechtswidrigen und schuldhaften Verhaltens macht“[122]. Das passt in der Tat nicht auf die schuldunabhängige Sicherungsverwahrung. Aber in erster Linie soll doch das Rückwirkungsverbot verhindern, dass der Betroffene schweren staatlichen Eingriffen ausgesetzt wird, die zur Zeit der Tatbegehung nicht gesetzlich vorgesehen waren. Dieser Gesichtspunkt trägt schon das Verbot nachträglicher Strafverschärfung und gilt für die Sicherungsverwahrung genauso.

Dem hat auch unser Verfassungsgericht sich nicht verschlossen, wenn es betont,[123] dass „der Untergebrachte die Sicherungsverwahrung subjektiv vielfach nicht als eine schuldunabhängige Sicherungsmaßnahme, sondern auch im Hinblick auf ihren tatsächlichen Vollzug als der Strafe vergleichbar empfinden dürfte. Der aus Anlass der Straftat angeordnete Eingriff in das Freiheitsrecht ist in der Sicht des Betroffenen bei Freiheitsstrafe und Sicherungsverwahrung vergleichbar. Damit gewinnt die Erwartung des Untergebrachten …, die Freiheit zu einem bestimmten Zeitpunkt wiederzuerlangen, besondere Bedeutung.“

Die Umstände hätten es mindestens unter dem Gesichtspunkt des Vertrauensschutzes gerechtfertigt, das Rückwirkungsverbot auf die Dauer der Sicherungsverwahrung zu erstrecken. Auch wäre es durchaus möglich gewesen, die Begriffe der „Strafe“ und der „Strafbarkeit“ in Art. 103 Abs. 2 GG auf die ihr in entscheidenden Punkten gleichstehende Sicherungsverwahrung zu erstrecken. So hat es auch der Europäische Gerichtshof gemacht, indem er den Begriff der „Strafe“ in Art. 7 Abs. 1 EMRK „in seiner Reichweite autonom“ auf die Sicherungsverwahrung erstreckt hat.[124] In der strafrechtlichen Literatur ist das immer schon empfohlen worden.[125]

### *d) Der Begriff der „Tat“ in Art. 103 Abs. 2 GG*

Ein weiteres Thema kann hier nur gestreift werden, weil es die verfassungsrechtliche Diskussion noch kaum erreicht hat: ob nämlich an den Begriff der „Tat“, wie ihn Art. 103 Abs. 2 GG verwendet, bestimmte inhaltliche Anforderungen zu stellen sind. Unser Verfassungsgericht hat sich damit bisher nur beiläufig aus Anlass des Drogenbesitzes befasst, der nach § 29 Abs. 1 Nr. 3 BtMG unter Strafe steht.[126] Hier war mit einer Verfassungsbeschwerde gerügt worden, dass der Besitz keine „Tat“ i. S. d. Art. 103 Abs. 2 GG sei. Diese müsse vielmehr eine Handlung sein, die nur in einem Tun oder Unterlassen bestehen könne. Der Besitz aber sei ein bloßer Zustand. Diese Auffassung hat auch in der deutschen Literatur Anhänger.[127]

---

[122] BVerfGE 109, 172.
[123] BVerfGE 109, 185.
[124] Wie Fn. 121, Rn. 120, 126.
[125] Vgl. nur *Roxin*, wie Fn. 6, § 5 Rn. 55/56 m. w. N.
[126] BVerfG NJW 1994, 2412 f.; auch BVerfG NJW 1995, 248 ff.
[127] *Lagodny*, wie Fn. 9, S. 325–327; *Struensee*, Festschrift für Grünwald, 1999, S. 713 ff.

Das BVerfG hat dieses Vorbringen zurückgewiesen mit der Begründung, aus dem in Art. 103 Abs. 2 GG verwendeten Begriff der „Tat“ ergebe sich „nicht, dass das strafbare Verhalten einem bestimmten strafrechtlichen Handlungsbegriff entsprechen müsse“. Daran ist richtig, dass „Besitzdelikte“[128] nicht schlechthin verfassungswidrig sind. Die bewusste Innehabung gefährlicher Sachen (z. B. von Waffen und Explosivstoffen) kann sehr wohl als „Tat“ im Sinne der Verfassung gedeutet werden.

Aber es fragt sich doch, ob nicht die Pönalisierung von Handlungen, die von einer Rechtsgutsverletzung noch weit entfernt sind, sich mit den Grundsätzen eines „Tat“strafrechts noch vereinbaren lässt. So ist nach dem im Sommer 2009 in Kraft getretenen „Gesetz zur Verfolgung der Vorbereitung von schweren staatsgefährdenden Gewalttaten“ schon strafbar, wer sich zur Vorbereitung solcher Taten im Umgang mit Schusswaffen unterweisen lässt oder andere darin unterweist, wer sich Gegenstände verschafft, die für die Herstellung von Tatbegehungsmitteln wesentlich sind, wer Vermögenswerte für die Begehung derartiger Delikte sammelt oder zur Verfügung stellt (§ 89a StGB).

Hier liegt das Schwergewicht der Strafbarkeit auf der Bekundung einer staatsgefährdenden Gesinnung. Das überlieferte Tatstrafrecht wird – weitgehend im Anschluss an europäische Vorgaben – in ein präventives Sicherungsstrafrecht umgewandelt. Der Frage, ob derartige Vorschriften mit einem verfassungsmäßigen Begriff der „Tat“ oder auch nur mit dem Rechtsstaatsprinzip vereinbar sind, sollte das BVerfG seine Aufmerksamkeit in Zukunft zuwenden, zumal da das Urteil zum Lissabonner Vertrag mit Recht einer Begrenzung der staatlichen Strafgewalt das Wort geredet hat.

## VII. Schluss

Damit bin ich am Ende meiner notwendigerweise knapp gefassten Übersicht. Sie zeigt, auch wenn ich mich auf zentrale Probleme beschränkt habe, dass das materielle Strafrecht in einer Fülle von Fragen auf verfassungsrechtlichen Grundlagen ruht und dass die strafrechtsgestaltende Macht des Grundgesetzes kaum zu überschätzen ist.

Was die verfassungsrechtliche Rechtsprechung zum Strafrecht betrifft, so fällt das Urteil aus der Sicht des Strafrechts – oder, bescheidener ausgedrückt: des Verfassers dieses Beitrages – teils zustimmend, teils kritisch aus, wie es angesichts der Vielgestaltigkeit der behandelten Probleme auch kaum anders sein kann. Wenn man aber eine vereinfachende Zusammenfassung wagt, so möchte ich sagen, dass die bisherige Judikatur des BVerfG zwar das Potential des Grundgesetzes nicht immer ausgeschöpft und in anderen Punkte manchmal auch überstrapaziert hat, dass sie sich alles in allem aber doch als ein Bollwerk des Rechtsstaates erwiesen und durch den vielfältig konkretisierenden Rückgriff auf die Menschenwürde zur Humanisierung unseres Strafrechts wesentlich beigetragen hat.

---

[128] Näher *Roxin*, Festschrift für Struensee, Buenos Aires, 2010 (in spanischer Sprache).

# 60 Jahre Grundgesetz und das Wirtschaftsrecht

von

Prof. Dr. Dr. h.c. Fritz Rittner†, Freiburg, und
Prof. Dr. Meinrad Dreher, LL.M., Mainz

## Inhaltsübersicht

## I. Einleitung

Das Wirtschaftsrecht, um das es in diesem Beitrag geht, gehört inzwischen zu den klassischen, wenn auch noch immer etwas umstrittenen Kategorien des Rechtssystems.[1] Es fasst diejenigen Rechtsnormen und -institute zusammen, welche die gesamtwirtschaftliche Ordnung verwirklichen sollen. Dies setzt eine mehrdimensionale Systemvorstellung voraus, wie sie jedoch allein dem modernen Rechtssystem mit seinen vielfältigen Grundwerten entspricht, die mit dem früheren „Wandtafelsystem" nicht zu erfassen sind.[2] Sein Grundgedanke findet sich bereits in Art. 151 WRV:

> „Die Ordnung der Wirtschaft muss den Grundsätzen der Gerechtigkeit mit dem Ziel der Gewährleistung eines menschenwürdigen Daseins für alle entsprechen. In diesen Grenzen ist die wirtschaftliche Freiheit des Einzelnen zu sichern."

In diesem Verständnis verdrängt das Wirtschaftsrecht keineswegs andere Rechtsgebiete, wie etwa das Bürgerliche Recht oder das Handelsrecht oder auch das Wirtschaftsverwaltungsrecht, es überwindet aber die – aus dem 19. Jahrhundert stammende – Trennung des Rechtssystems in Privatrecht und öffentliches Recht. Es lässt zugleich das wirtschaftspolitische Denken und seine Programme unberührt und sorgt dafür, dass diese sich, sofern sie geltendes Recht werden, zwanglos in die Rechtsordnung einfügen.

Vor diesem Hintergrund sind nachfolgend die historische Entwicklung der wirtschaftsverfassungsrechtlichen Regelungen (unten II.), die Frage nach dem Zusammenspiel der deutschen Wirtschaftsverfassung des Grundgesetzes mit den europäischen Regelungen (unten III.) und das Unternehmensrecht einschließlich des Rechts der unternehmerischen Mitbestimmung (unten IV.) Gegenstand der Darstellung. Ergänzt werden diese Ausführungen um die wirtschaftsverfassungsrechtlich relevanten Bereiche des Vertrags-, Tarif- und Wettbewerbsrechts (unten V.), des Allgemeinen Lenkungsrechts (unten VI.) sowie des Besonderen Wirtschaftsrechts und der Wirtschaftsaufsicht (unten VII.).

---

[1] Vgl. hierzu und zum Folgenden des Näheren *Rittner/Dreher*, Europäisches und Deutsches Wirtschaftsrecht, 3. Aufl. 2008, § 1 Rn. 51 ff. und dazu zust. *Badura*, AöR 134 (2009), 128, sowie zahlreiche Werke zum Öffentlichen Wirtschaftsrecht, die das private Wirtschaftsrecht als Teil eines disziplinenübergreifenden Rechtsgebiets anerkennen, vgl. z.B. *Ruthig/Storr*, Öffentliches Wirtschaftsrecht, 2. Aufl. 2008, Rn. 28 ff., die die Trennung von privatem und öffentlichem Wirtschaftsrecht für betont bedeutsam halten, dennoch aber einräumen, dass die Grenzen zwischen privatem und öffentlichem Wirtschaftsrecht zuweilen verwischen (Rn. 29) und teilweise eine enge Verzahnung zwischen beiden Bereichen besteht (Rn. 30); *Ziekow*, Öffentliches Wirtschaftsrecht, 2007, § 3 Rn. 4; anders aber noch *Schmoeckel*, Rechtsgeschichte der Wirtschaft, 2008, S. 2, im Anschluss an *Kübler*, Das Wirtschaftsrecht in der Bundesrepublik, in: D. Simon (Hrsg.), Rechtswissenschaft der Bonner Republik, 1994, S. 364.

[2] Vgl. dazu *Rittner*, Über die Notwendigkeit des rechtssystematischen Denkens, in: FS K. W. Nörr, 2002, S. 805, 816 ff., anders aber z. B. *Bydlinski*, System und Prinzipien des Privatrechts, 1996, S. 677 ff., insbes. S. 694 ff., 699 ff., der sich noch nicht vom Wandtafelsystem löst und daher das Wirtschaftsrecht für ein ungeeignetes System hält (S. 699).

## II. Der Text des Grundgesetzes und spätere Änderungen

### *1. Das Grundgesetz von 1949*

#### *a) Die wirtschaftspolitische Offenheit des Grundgesetzes*

Das Grundgesetz von 1949 verzichtete in seiner nüchternen Sachlichkeit auf eine wirtschaftsrechtliche Konzeption, wie sie Art. 151 WRV versucht hatte. Es ließ folglich dem Gesetzgeber die Möglichkeit, „die ihm jeweils sachgerecht erscheinende Wirtschaftspolitik zu verfolgen, sofern er dabei das Grundgesetz beachtet“ (sog. „wirtschaftspolitische Neutralität des Grundgesetzes“).[3] Der programmatische Art. 151 WRV in dem Abschnitt „Wirtschaftsleben“ hatte freilich dem Staat bereits eine „umfassende Verantwortung für die richtige Ordnung des Wirtschaftslebens“ übertragen.[4] Dass das Grundgesetz dies gewiss nicht in Frage stellen wollte, zeigt das Zusammenspiel der Freiheitsrechte im Grundrechtsteil mit dem Sozialstaatsgebot des Art. 20 Abs. 1 GG.

#### *b) Die Einordnung wirtschaftsbezogener Kompetenzen*

Art. 74 Abs. 1 Nr. 11 GG (konkurrierende Gesetzgebung) spricht allerdings vom „Recht der Wirtschaft“ und nennt dazu in einer Klammerdefinition „Bergbau, Industrie, Energiewirtschaft, Handwerk, Gewerbe, Handel, Bank- und Börsenwesen, privatrechtliches Versicherungswesen“. Damit meint er aber nicht etwa eine wirtschaftsrechtliche Konzeption, wie sie Art. 151 WRV formuliert hatte, sondern regelt nur die gesetzgeberische Zuständigkeit. Dies bestätigen andere Teile des Art. 74 Abs. 1 GG, wie Nr. 16: „Verhütung des Missbrauchs wirtschaftlicher Machtstellung“, Nr. 17: „Förderung der land- und forstwirtschaftlichen Erzeugung …“, Nr. 21: „Hochsee- und Küstenschifffahrt …“, Nr. 23: „Die Schienenbahnen …“, ebenso einige Nummern des Art. 73 Abs. 1 GG (ausschließliche Gesetzgebung), wie Nr. 4: „Währungs-, Geld-, und Münzwesen“, Nr. 6: „Luftverkehr“ und Nr. 7: „Postwesen und Telekommunikation“.

---

[3] BVerfGE 4, 7, 17f. – „Investitionshilfe“; BVerfGE 7, 377, 400 – „Apotheken-Entscheidung“; BVerfGE 14, 19, 23 – „Ladenschluss/Warenautomaten“; BVerfGE 30, 292, 315 – „Mineralölbevorratungspflicht“; BVerfGE 50, 290, 336f. – „Mitbestimmungsentscheidung“; vgl. auch *Gubelt*, in: v. Münch/Kunig (Hrsg.), Gundgesetz-Kommentar, 5. neubearbeitete Aufl. 2000, Band 1, Art. 12 Rn. 3; *Jarass*, in: Jarass/Pieroth, Grundgesetz für die Bundesrepublik Deutschland Kommentar, 10. Aufl. 2009, Art. 12 Rn. 2; *Manssen*, in: v. Mangoldt/Klein/Starck (Hrsg.), Kommentar zum Grundgesetz, 5. vollständig neubearbeitete Aufl. 2005, Band 1, Art. 12 Rn. 32; *Scholz*, in: Maunz/Dürig, Komm. z. GG, 2. Band, Art. 12 Rn. 85; *Badura*, Wirtschaftsverfassung und Wirtschaftsverwaltung, 3. Aufl. 2008, S. 10f.; *Ziekow* (Fn. 1), § 3 Rn. 7; kritisch zum Begriff der wirtschaftspolitischen Neutralität des Grundgesetzes: *Zippelius/Würtenberger*, Deutsches Staatsrecht, 32. Aufl. 2008, § 35 Rn. 1, die Neutralität nicht im Sinne rechtlichen Leerraums verstanden wissen wollen, sowie *Mann*, in: Sachs, GG-Kommentar, 5. Aufl. 2009, Art. 12 Rn. 22, der von einer „verfehlten Akzentuierung“ spricht und stattdessen die auch ohne begriffliche Institutionalisierung gegebene Sicherung einer wettbewerblich organisierten, marktorientierten Wirtschaftsordnung durch die wirtschaftlich relevanten Grundrechte hervorhebt.

[4] So *Rittner/Dreher* (Fn. 1), § 1 Rn. 11.

Allerdings kommt den grundgesetzlichen Kompetenztiteln noch eine Bedeutung zu, die über die schlichte Abgrenzung der Gesetzgebungskompetenzen von Bund und Ländern hinausgeht: So lassen sie mittelbar den Schluss zu, dass Regelungen in den aufgezählten Bereichen im Grundsatz legitim sind und damit auch notwendig materielle Einschränkungen für betroffene Grundrechte möglich sind. Das verfassungsrechtlich zulässige Maß des Grundrechtseingriffs ergibt sich jedoch aus dem Schrankenvorbehalt des einzelnen Grundrechts unter Beachtung des stets zu berücksichtigenden Übermaßverbots.[5]

### c) Die Sozialisierungsklausel des Art. 15 GG

Die Sozialisierungsklausel des Art. 15 GG formuliert weder ein Grundrecht noch einen Verfassungsauftrag, sondern ermächtigt nur den Gesetzgeber zu einer „Vergesellschaftung" gewisser Objekte, freilich gegen Entschädigung. Die Vorschrift, die auf ältere Ideen der „Gemeinwirtschaft" (so auch im Text) zurückgeht,[6] blieb bisher bedeutungslos.

Die rechtliche Bedeutung in keiner Weise erhöht, aber die Norm wieder ins öffentliche Bewusstsein gebracht, hat die von den Banken ausgehende Finanz- und sodann auch (Real-) Wirtschaftskrise. Als Härtetest für die wirtschaftspolitische Offenheit des Grundgesetzes dürften sich in diesem Zusammenhang die aus der Not geborenen Maßnahmen des Gesetzgebers in Gestalt des Finanzmarktstabilisierungsgesetzes[7] (FMStG) vom 17. 10. 2008 und des Finanzmarktstabilisierungsergänzungsgesetzes[8] (FMStErgG) vom 07. 04. 2009 erweisen.[9] Problematisch stellt sich in erster Linie die im Zuge des Art. 3 FMStErgG mit dem Rettungsübernahmegesetz (RettungsG) neu geschaffene Enteignungsmöglichkeit dar, die infolge der zeitlichen Begrenzung bis zum 30. 06. 2009 nur die *Hypo Real Estate* betraf, allerdings nicht angewendet wurde. Bemerkenswert bleibt, dass die in Rede stehende „Enteignungsoption" an Art. 14 Abs. 3 GG und nicht an den grundsätzlich ebenfalls in Betracht kommenden Art. 15 GG anknüpft. Unabhängig davon ist die Aktie als gesellschaftsrechtliches Anteilseigentum grundsätzlich vom Schutzbereich des Art. 14 GG erfasst.[10]

---

[5] Vgl. *Mann* (Fn. 3), Art. 12 Rn. 204 m. w. Nachw.

[6] Vgl. dazu *Ritschl*, Gemeinwirtschaft, in: Handwörterbuch der Sozialwissenschaften, IV. Bd., 1965, S. 331 ff.; krit. *Mises*, Die Gemeinwirtschaft, 1922, insbes. S. 199 ff., 209 f.; vgl. ausführlich zur Entstehungsgeschichte der Norm: *Wieland*, in: Dreier (Hrsg.), Grundgesetz Kommentar, 2. Aufl. 2004, Bd. 1, Art. 15 Rn. 1 ff.

[7] BGBl. I, S. 1982.

[8] BGBl. I, S. 725.

[9] Das BVerfG hat mit Beschluss vom 26. 03. 2009 NJW 2009, 1331 ff. = WM 2009, 786 ff. = ZIP 2009, 753 ff. eine Verfassungsbeschwerde gegen § 3 FMStBG (gesetzlich genehmigtes Kapital ohne HV-Beschluss) mit Verweis auf die Subsidiarität gegenüber fachgerichtlichem Rechtsschutz („Aktionärsklage") nicht zur Entscheidung angenommen; zust. *Mock*, EWiR 2009, 383 f.

[10] BVerfGE 14, 263, 276 f. – „Feldmühle"; BVerfGE 25, 371, 407 – „Rheinstahl"; BVerfGE 35, 377, 378 – „VW"; BVerfGE 50, 290; 341 f. – „Mitbestimmung"; BVerfGE 100, 289; 301 f. – „DAT/Altana", vgl. auch *Depenheuer*, in: v. Mangoldt/Klein/Starck (Hrsg.), Kommentar zum Grundgesetz, 5. vollständig neubearbeitete Aufl. 2005, Band 1, Art. 14 Rn. 142; *Langenbucher*, Aktien- und Kapitalmarktrecht, 2008, S. 144 ff.

Nach der Rechtsprechung des Bundesverfassungsgerichts (BVerfG)[11] läge eine Enteignung in dem fraglichen Fall vor.[12] Während dafür zum einen ein Gemeinwohlbelang vorliegen muss, gilt zum anderen auch hier das Übermaßverbot.[13] Als verfassungsrechtliche Kernfrage dürfte sich daher die Erforderlichkeit einer solchen Enteignung herauskristallisieren.[14] So bot auch schon der bestehende Rechtsrahmen des Aktien- und Übernahmerechts Instrumente, die eine Kontrollerlangung ermöglichten. Sie wurden durch das FMStG und das FMStErgG noch erheblich zugunsten der öffentlichen Hand effektuiert: Dies betrifft zum einen die Kapitalmaßnahmen – beispielhaft zu nennen sind die Instrumente einer vereinfachten Schaffung genehmigten Kapitals, was die erforderliche Stimmmehrheit und den (unbegrenzten) Umfang der Kapitalerhöhung anbelangt (§ 7b Abs. 1 FMStBG[15]), einer beschleunigten (konstituiven) Eintragung von Hauptversammlungsbeschlüssen (§ 7c FMStBG), sowie die Schaffung gesetzlich genehmigten Kapitals ohne Hauptversammlungsbeschluss mit Bezugsrechtsausschluss (Art. 3 FMStBG).[16] Zum anderen wurde durch die Herabsetzung des Schwellenwerts für einen (übernahmerechtlichen) Squeeze-Out auf 90% (§ 12 Abs. 3 Nr. 1 FMStBG) der Ausschluss von Minderheitsaktionären erleichtert.

In der Zusammenschau dieser Maßnahmen stellt sich die Frage, ob es tatsächlich noch einer Enteignungsoption mit dem RettungsG bedurfte. Dabei ist auch die Sachlage zum Zeitpunkt der Gesetzesentstehung zu berücksichtigen. So war der Interbankenverkehr nach dem Zusammenbruch von *Lehman Brothers* schwer gestört, der Abschreibungsbedarf der Kreditinstitute, insbesondere der *Hypo Real Estate*, schien sich in einem Maße zu steigern, der keine realitätsnahe Schätzung des Gesamtfinanzbedarfs zuließ und schließlich war seit dem Zusammenbruch von *Lehman Brothers* ebenso klar, dass keine systemrelevante Bank mehr in die Insolvenz gehen durfte. Hinzu kam die besondere Bedeutung der *Hypo Real Estate* auf dem – auch für die Versicherer relevanten – Pfandbriefmarkt. Deswegen war die Situation von dem Wissen um die zentrale Bedeutung der Kreditinstitute für die Realwirtschaft und der Sorge der Bevölkerung um ihre Spareinlagen geprägt. In dieser Situation schien es zwingend, Möglichkeiten zu schaffen, um im Ernstfall schnell und rechtssicher eingreifen zu können. Gerade diesbezüglich bestanden jedoch erhebliche Bedenken, ob die durch das FMStG geschaffenen Instrumente dafür ausreichen würden.[17]

Dem ist zuzugeben, dass die Schaffung gesetzlich genehmigten Kapitals durch den Vorstand ohne Zustimmung der Hauptversammlung (HV) nach § 3 Abs. 1 bis 3 FMStBG nur in Höhe von bis zu 50% des Grundkapitals möglich ist. Demgegenüber ist die Schaffung unbegrenzten (genehmigten) Kapitals, die in kombinierter Anwendung mit einem Squeeze-Out zur erforderlichen Erlangung von 100%-Beteiligungen führt, nach § 7 Abs. 1 FMStBG nur mit Zustimmung der HV möglich. Deren Einberufung muss jedoch nach § 7 Abs. 1 Satz 3 FMStBG spätestens 21 Tage vor der HV erfolgen.[18] Zudem erfordert der notwendige Bezugs-

[11] Nach BVerfGE 70, 191, 199 f.; BVerfGE 72, 66, 76; BVerfGE 104, 1, 9 ist eine Enteignung „auf die vollständige oder teilweise Entziehung konkreter subjektiver Eigentumspositionen im Sinne des Art. 14 Abs. 1 GG zur Erfüllung bestimmter öffentlicher Aufgaben gerichtet" – womit sich das BVerfG gegen die sog. „Sonderopfertheorie" des BGH und die „Schweretheorie" des BVerwG durchgesetzt hat.

[12] So auch *Brück/Schalast/Schanz*, BB 2009, 1306, 1308.

[13] BVerfGE 45, 297, 335; *Jarass* (Fn. 3), Art. 14 Rn. 82.

[14] Vgl. *Brück/Schalast/Schanz* (Fn. 12), 1310.

[15] Beim FMStBG („Finanzmarktstabilisierungsbeschleunigungsgesetz") handelt es sich um das ursprünglich durch Art. 2 FMStG eingeführte „Gesetz zur Beschleunigung und Vereinfachung des Erwerbs von Anteilen an sowie Risikopositionen von Unternehmen des Finanzsektors – Finanzmarktstabilisierungsfonds – FMS", das durch Art. 2 FMStErgG umbenannt und ergänzt wurde.

[16] Vgl. hierzu ausführlich *Hopt/Fleckner/Kumpan/Steffek*, WM 2009, 821 f.

[17] RegBegr. zum FMStErgG, S. 19.

[18] Die Einberufungsfrist wurde entgegen der ursprünglichen Fassung des FMS richtlinienkonform

rechtsausschluss für Altaktionäre nach § 7 Abs. 3 Satz 1 FMStBG eine qualifizierte Mehrheit. Diese kann nach § 7 Abs. 3 Satz 2 FMStBG nur umgangen werden, indem das gesetzlich genehmigte Kapital nach § 3 FMStBG und eine reguläre (§ 7 Abs. 3 Satz 2 FMStBG) bzw. genehmigte (§ 7b Abs. 2 i. V. m. § 7 Abs. 3 Satz 2 FMStBG) Kapitalerhöhung miteinander kombiniert werden. Schon hieraus werden die enormen zeitlichen und verfahrenstechnischen Anstrengungen deutlich, die sich aus der kombinierten Anwendung der durch das FMStG und das FMStErgG modifizierten allgemeinen aktien- und übernahmerechtlichen Instrumente ergibt – umgekehrt wird der Vorteil einer Enteignung nach dem RettungsG deutlich.

Diese Aspekte greift auch § 1 Abs. 2 a) bis c) RettungsG auf, welcher einfachgesetzlich versucht, die Anforderungen an die Erforderlichkeit für eine Enteignung zu normieren – und dürfte damit zugleich in etwa die zentralen, zu fordernden verfassungsrechtlichen Voraussetzungen erfassen. So spricht neben dem Verzögerungsaspekt auch der enorme finanzielle Aufwand, der zur Erlangung von 100% des Kapitals im Wege von Kapitalerhöhungen und Squeeze-Out nötig ist, für eine Erforderlichkeit der Regelung. Obgleich nach der Rechtsprechung des BVerfG[19] Enteignungen aus fiskalischen Gründen problematisch sind, würde eine solche im vorliegenden Zusammenhang nicht erfolgen, um das Staatsvermögen zu vermehren – im Gegenteil hat der Staat zuvor schon ungeheure Mittel investiert, deren Werthaltigkeit in einer im Grunde insolventen Bank kaum mehr gegeben sein dürfte.

Somit stellt sich das fiskalische Interesse des Staats in dieser Sondersituation ausnahmsweise als beachtliches Moment zur Bejahung der Erforderlichkeit einer Enteignung dar – sowohl, was die Zumutbarkeit alternativer Verfahren als auch die Sicherung der bereits investierten Mittel anbelangt. Die Verfassungskonformität der Entschädigung dürfte durch § 4 Abs. 4 Nr. 3 RettungsG gewährleistet sein. Insgesamt gesehen hat sich so selbst mit der im Zuge des RettungsG geschaffenen Enteignungsmöglichkeit keine späte Aktualisierung des Art. 15 GG durch die Finanzmarktkrise der Jahre 2008 ff. ergeben.

## 2. *Die späteren Änderungen des Grundgesetzes*

### *a) Die Änderungen bis zu den Einigungsverträgen*

An dem Ausgangsbefund eines wirtschaftspolitisch offenen GG haben die bisherigen Änderungen des Grundgesetzes festgehalten. Diese betreffen nämlich nur Randfragen wie z. B. die Ergänzung des Art. 74 Abs. 1 Nr. 11 GG durch die Wendung „ohne das Recht des Ladenschlusses, der Gaststätten, der Spielhallen, der Schaustellung von Personen, der Messen, der Ausstellungen und der Märkte".[20]

Selbst die großen Reformen früherer Regierungen, vor allem des Bundeswirtschaftsministers Karl Schiller, berührten lediglich die Finanzverfassung des Grundgesetzes, vor allem Art. 109 GG.[21] Das „Gesetz zur Förderung der Stabilität und des Wachstums der Wirtschaft" vom 8. Juni 1967,[22] das sog. „Stabilitätsgesetz", richtete

---

an die Vorgaben der sog. Aktionärsrichtlinie (Richtlinie 2007/36/EG des Europäischen Parlaments und des Rates vom 11. 07. 2007 über die Ausübung bestimmter Rechte von Aktionären in börsennotierten Gesellschaften, ABl. EU Nr. L 184 vom 14. 07. 2007, S. 17) ab dem 02. 08. 2009 angepasst.

[19] BVerfGE 38, 175, 180; vgl. dazu auch *Brück/Schalast/Schanz* (Fn. 12), 1309.

[20] Gültig seit 01. 09. 2006.

[21] Gültig seit 14. 06. 1967.

[22] BGBl. I, S. 581.

zwar die „konzertierte Aktion" nach seinem § 3 ein, aber eben durch ein einfaches Gesetz, das zudem durch die weitere Entwicklung überholt wurde.[23] Auch die Änderungen des Unternehmensrechts durch das Mitbestimmungsgesetz von 1976 hielten sich im Rahmen der einfachen Gesetzgebung.

Die (teilweise) Europäisierung des Wirtschaftsrechts durch die EG bzw. die EU beruht zwar auf Art. 23 und 24 GG, änderte jedoch aus spezifisch wirtschaftsrechtlicher Sicht am Text der Verfassung nichts.

### *b) Die Einigungsverträge*

Erst die Einigungsverträge von 1990 brachten ein Bekenntnis zur „Sozialen Marktwirtschaft" als wirtschaftspolitischem Prinzip,[24] freilich ohne die Verfassung zu ändern.[25] Der Staatsvertrag zur Währungs-, Wirtschafts- und Sozialunion vom 18. Mai 1990[26] legt in Art. 1 Abs. 3 – entsprechend seiner Präambel 3. Beistrich – als „Grundlage der Wirtschaftsunion (...) die Soziale Marktwirtschaft" fest und zwar mit den Elementen „Privateigentum, Leistungswettbewerb, freie Preisbildung und grundsätzlich volle Freizügigkeit von Kapitalgütern und Dienstleistung". Er bemerkt aber zutreffend in der Überschrift seines Art. 11, dass es sich dabei um „Wirtschaftspolitische Grundlagen" handelt und nicht etwa um eine irgendwo fixierte (Wirtschafts-)Ordnung. Der Einigungsvertrag vom 11. Aug. 1990[27] folgert daraus sodann in seiner Anlage I, Kap. V, Sachgebiet A, die Einzelheiten für „Allgemeines Wirtschaftsrecht, Wirtschaftspolitik, Wettbewerbs- und Privatrecht".[28]

Seitdem mag die Wirtschaftspolitik der „Sozialen Marktwirtschaft" einen verfassungsrechtlichen Rang genießen.[29] Die maßgeblichen verfassungsrechtlichen Grundlagen und Grenzen des Wirtschaftsrechts ergeben sich indes aus dem Grundgesetz selbst, wie sogleich zu zeigen sein wird.

---

[23] Vgl. dazu *Rittner/Dreher* (Fn. 1), § 6 Rn. 40.

[24] Vgl. dazu zuletzt *Rittner*, Die Marktwirtschaft und das Soziale, WuW 2009, 715.

[25] Dass der Einigungsvertrag „seiner Grundkonzeption nach ein Verfassungsvertrag" ist, betont zu Recht *Badura*, Staatsziele und Garantien der Wirtschaftsverfassung in Deutschland und Europa, in: FS Stern, 1997, 409, 420; vgl. auch *Rittner/Dreher* (Fn. 1) § 2 Rn. 47 ff. m.zahl.w.Nachw.; anders z.B. *Hauptkorn*, Preisrecht, 2000, S. 83; *Ruthig/Storr* (Fn. 1), Rn. 677; *Schliesky*, Öffentliches Wirtschaftsrecht, 3. Aufl. 2008, S. 20 f.; *Schmidt-Preuß*, DVBl. 1993, 236, 238, 247.

[26] BGBl II, S. 518.

[27] BGBl II, S. 889.

[28] So die Formulierung in der Überschrift.

[29] Zurückhaltend aber z.B. *Zippelius/Würtenberger*, (Fn. 3) § 35 Rn. 3; abermals ablehnend: *Schliesky* (Fn. 25), S. 21, der dem Staatsvertrag vom 18.05. 1990 und damit dem in Art. 1 Abs. 3 Satz 1 enthaltenen Wirtschaftssystem der Sozialen Marktwirtschaft nur einfachen Gesetzesrang zubilligt.

## III. Die Wirtschaftsverfassung[30]

### *1. Begriffliche Grundlagen*

Die Begriffe Wirtschaftsverfassung oder Wirtschaftsordnung schillern in verschiedenen Farben. In ihrem Ursprung bei den Wirtschaftswissenschaften meinen sie sowohl die idealtypischen Vorstellungen wie „Marktwirtschaft" oder „Zentralverwaltungswirtschaft" als auch die historisch gewachsenen konkreten Verhältnisse einer (nationalen) Volkswirtschaft.[31] Aber auch die Juristen unterscheiden zwischen dem formalen Begriff im Sinn der wirtschaftsrechtlichen Ordnung der Staatsverfassung und dem materiellen Begriff im Sinn aller fundamentalen Normen des Wirtschaftsrechts. Der Aufgabe entsprechend verwenden wir den Begriff Wirtschaftsverfassung an dieser Stelle aber nur in jenem Sinn.

### *2. Der Streit um die Wirtschaftsverfassung*

#### *a) Der wissenschaftliche Streit in der Nachkriegszeit*

Der wissenschaftliche Streit um die Wirtschaftsverfassung, der in den ersten Jahren nach 1949 die Gemüter bewegte, hat sich inzwischen – auch dank der Rechtsprechung des Bundesverfassungsgerichts und der Festlegungen in den Einigungsverträgen[32] – praktisch erledigt. Er litt von vornherein daran, dass er teils von wirtschaftspolitischen Wünschen – so die „Soziale Marktwirtschaft" bei *H. C. Nipperdey*, aber auch bei *W. Abendroth*: „Neutralität des GG selbst für den Sozialismus" – getragen wurde. Auch ließ er sich überhaupt zu sehr von der Ökonomie beeinflussen, wie Warnungen vor vorzeitiger Übernahme ökonomischer Vorstellungen oder die Anlehnung an diese (*E. R. Huber*: „Gemischte Wirtschaftsverfassung"; *H. Krüger*: „Neutralität des GG gegenüber wirtschaftswissenschaftlichen Modellen") zeigen.

#### *b) Der Einfluss des Europarechts*

Zudem hat die europäische Entwicklung mittlerweile wirtschaftsrechtliche Grundlagen geschaffen, die eindeutig der offenen Marktwirtschaft und dem Wettbe-

---

[30] Vgl. hierzu und zum Folgenden ausf. *Rittner/Dreher* (Fn. 1), § 2.

[31] Vgl. zum Ganzen: *Ehmke*, Wirtschaft und Verfassung, 1961; *Häberle*, ZRP 1993, 383, sowie nunmehr *Hauptkorn* (Fn. 25) S. 79 f. Danach bezeichnet im Rahmen einer genaueren Differenzierung der Begriff der „*Wirtschaftsordnung* das tatsächliche Wirtschaftsleben, dessen maßgebliche Ziele, Rechtsvorschriften und Instrumentarien", also eine „Seinsordnung". Demgegenüber beschreibt der Begriff der „*Wirtschaftsverfassung* eine Sollensordnung in Gestalt des Teils des Verfassungsrechts, in dem die ordnungsbildenden Entscheidungen über die Wirtschaft normativ getroffen werden". Daneben tritt schließlich der Begriff des „*Wirtschaftssystems*", der ein idealtypisches Zusammenspiel verschiedener Koordinationsmechanismen bezeichnet, deren Kombination im modelltheoretischen Bereich zwischen Plan- und Marktwirtschaft liegt"; mit ähnlicher, wenngleich auch im Hinblick auf die Begriffe des *Wirtschaftssystems* und der *Wirtschaftsordnung* abweichender Differenzierung *Schliesky* (Fn. 25), S. 17 f.

[32] Siehe oben II. 2. b).

werb den Vorrang – auch für die Mitgliedstaaten – geben.[33] So verpflichtete der frühere Art. 4 Abs. 1 EG (Maastricht-Fassung) am Ende „die Mitgliedstaaten und die Gemeinschaft" zu einer Wirtschaftspolitik nach dem „Grundsatz einer offenen Marktwirtschaft mit freiem Wettbewerb". Der EuGH hat sich dem angeschlossen, auch was die Konsequenzen für die Mitgliedstaaten angeht.[34] Mittlerweile findet sich eine gleichlautende Festlegung vor allem in Art. 119 Abs. 1 AEUV, wenn auch die Europäische Union als Ganzes in der grundlegenden Zielbestimmung des Art. 3 Abs. 3 Satz 2 EUV nach dem Vertrag von Lissabon nunmehr auf eine „in hohem Maße wettbewerbsfähige soziale Marktwirtschaft" festgelegt ist.

### *c) Der Vertrag von Lissabon*

Der Vertrag von Lissabon, der am 1. Dezember 2009 in Kraft getreten ist, verändert die rechtliche Struktur und die vertraglichen Grundlagen der Europäischen Union umfassend. Existierten bisher in Gestalt von EG und EAG zwei Gemeinschaften mit Rechtspersönlichkeit und die EU als Dachorganisation ohne Rechtspersönlichkeit, so besteht fortan nur noch „eine neue" Europäische Union, die mit Rechtspersönlichkeit versehen ist. Die neuen primärrechtlichen Rechtsquellen bilden der „Vertrag über die Europäische Union" (EUV) und der Vertrag über die „Arbeitsweise der Europäischen Union" (AEUV). Die im Zuge dessen vorgenommenen Änderungen sind auch für die europäische Wirtschaftsverfassung von besonderem Interesse. Mit dem Vertrag von Lissabon findet sich die grundlegende Bestimmung des bisherigen Art. 4 Abs. 1 EG, der das Ziel einer „offenen Marktwirtschaft mit freiem Wettbewerb" vorsah, jedenfalls in den neuen primärrechtlichen Zielbestimmungen des EUV so nicht wieder.

Stattdessen ist in Art. 3 Abs. 3 Satz 2 EUV lediglich eine Festlegung der Europäischen Union auf eine „in hohem Maße wettbewerbsfähige soziale Marktwirtschaft" vorgesehen. Daneben wird der Schutz des Wettbewerbs – ehemals Art. 3 Abs. 1 lit. g EG – in ein Protokoll[35] verlagert. Demgegenüber werden jedoch die Grundfreiheiten durch die Vorschriften der Art. 28ff. AEUV inhaltlich unverändert gewährleistet und darüber hinaus über das Binnenmarktziel (Art. 3 Abs. 3 Satz 1 EUV i. V. m. mit den Vorschriften über den Binnenmarkt in Art. 26ff. AEUV) mit den Primärzielen verknüpft. Auch bleiben die bisherigen Gewährleistungen des Wettbewerbs- (Art. 101ff. AEUV) und des Beihilferechts (Art. 107 AEUV) erhalten.

Zusammenschauend betrachtet ergibt sich damit das Bild, dass die Änderungen durch den Vertrag von Lissabon nur formeller Natur sind, jedoch keine qualitativen Veränderungen der europäischen Wirtschaftsverfassung in rechtlicher Hinsicht zu erwarten sind.[36]

---

[33] Vgl. *Rittner/Dreher* (Fn. 1), § 2 Rn. 23ff.; *Dreher*, WuW 1998, 656ff.

[34] Vgl. nur EuGH Slg. 2000, I-8207ff., Tz. 25 – „*Nationale Buchpreisbindung*"; Slg. 2003, I-8055ff. – „*CIF*".

[35] Protokoll Nr. 27 zu dem Vertrag der Europäischen Union und dem Vertrag über die Arbeitsweise der Europäischen Union, ABl.EU Nr. C 115 v. 09. 05. 2008, S. 309.

[36] Vgl. ausf. *Dreher/Lange*, Die europäische Wirtschaftsverfassung nach dem Vertrag von Lissabon, in: FS 50 Jahre FIW, 2010, S. 151; in diesem Sinn auch *Basedow*, EuZW 2008, 225; *Behrens*, EuZW

## *3. Die Wirtschaftsverfassung des Grundgesetzes*

### *a) Die Bedeutung der Grundrechte*

Das Grundgesetz enthält im Unterschied zur Weimarer Reichsverfassung keinen besonderen Abschnitt über das „Wirtschaftsleben". Die Wirtschaftsverfassung des GG wird demnach in erster Linie durch die Grundrechte bestimmt: Die freie menschliche Persönlichkeit als oberster Wert der Verfassung[37] bedingt nicht nur eine umfassende Handlungsfreiheit für den Einzelnen, sondern auch die Berufsfreiheit (Art. 12 GG) und die daraus folgende Unternehmerfreiheit, d.h. die grundsätzliche Freiheit der Einzelnen, selbständig Unternehmen zu gründen und zu führen.[38]

### *b) Die Einordnung der Wirtschaftsverfassung*

Diese verfassungsrechtliche Grundentscheidung entspricht in jeder Hinsicht der Rechtslage moderner Demokratien: Da diese die grundsätzliche Gleichberechtigung aller Menschen oder jedenfalls ihrer Bürger zugrunde legen,[39] bleiben ihnen nur zwei Wege zur Gestaltung ihrer (Rechts-)Verhältnisse:[40] Zum einen die hoheitliche Ordnung, die auf dem freien und gleichen Wahlrecht aller wahlberechtigten Bürger beruht (vgl. Art. 38 i. V. m. Art. 33 GG) und die auf diese Weise die Staatsgewalt i. S. d. Art. 20 Abs. 2 GG verwirklicht. Zum anderen die privatautonome Ordnung aufgrund der Vertragsfreiheit, die es den Einzelnen ermöglicht, ihre Verhältnisse unmittelbar durch Verträge zu gestalten, diese freilich kontrolliert von der staatlich gesetzten Rechtsordnung.[41] Eine derart komplizierte Ordnung, wie die moderne Demokratie und Gesellschaft sie mit sich bringen, lässt sich allein durch eine Kombination beider Gestaltungsmöglichkeiten verwirklichen. Andere Wege hat das Bundesverfassungsgericht mit Recht ausgeschlossen, indem es sowohl eine „ständisch-

---

2008, 193; *Müller-Graff*, ZHR 173 (2009), 433, 448f., anders hingegen *Selmayr*, in: Mestmäcker/Möschel/Nettesheim (Hrsg.), Verfassung und Politik im Prozess der europäischen Integration, 2008, S. 77 – bedenklich scheint allerdings die politische Wirkung, die von den abwertenden Äußerungen des französischen Staatspräsidenten *Sarkozy* und des Kommissionspräsidenten *Barroso* zur Bedeutung des Wettbewerbs für die europäische Integration ausgeht, mag sie auch dem Zeitgeist geschuldet sein, vgl. hierzu nur *Behrens*, ebenda *Müller-Graff*, ebenda, 445f.

[37] Den starken Persönlichkeitsbezug betonend: BVerfGE 7, 377, 397 – „Apotheken-Entscheidung"; BVerfGE 50, 290, 362 – „Mitbestimmungsentscheidung".

[38] BVerfGE 50, 290, 363; vgl. weiter *Rittner*, Unternehmerfreiheit und Unternehmensrecht zwischen Kapitalismus, Sozialismus und Laborismus, 1998, S. 17ff.; *ders.*, Rechtsperson und Rechtsfähigkeit im europäischen Privatrecht, in: FS Hüffer, 2009, S. 841; vgl. auch *Badura* (Fn. 3), S. 23.

[39] Zur Gleichheit als Fundament der Demokratie vgl. noch immer *C. Schmitt*, Verfassungslehre, 1928, S. 226ff.

[40] Vgl. dazu *Rittner/Dreher* (Fn. 1), § 4 Rn. 4ff. und dazu *Badura* (Fn. 1), S. 129, den aber offenbar die Vorstellung einer „privatautonomen Kompetenzordnung" stört; anders schon *Hesse*, Verfassungsrecht und Privatrecht, 1988, S. 43, zur Fähigkeit und Bereitschaft des Bürgers, „über seine eigenen Angelegenheiten zu bestimmen".

[41] Vgl. hierzu *Rittner*, Die wirtschaftsrechtliche Ordnung des Grundgesetzes, S. 137, 144, in: 40 Jahre Grundgesetz (Ringvorlesung der Rechtswissenschaftlichen Fakultät der Albert-Ludwigs-Universität Freiburg/Br.), 1990, sowie *Rittner* (Fn. 38), S. 25ff.

korporative Ordnung" als auch die „planmäßige Formung und Organisation (der Wirtschaft) durch den Staat" als nicht der Verfassung entsprechend ablehnt.[42]

## 4. Das Sozialstaatsgebot

### a) Der gesetzgeberische Spielraum

Das Sozialstaatsgebot des Art. 20 Abs. 1 GG kann sich auch in diesem Rahmen voll entfalten, wie die Praxis unseres sehr großzügigen Sozialstaats zeigt. Denn dem Gesetzgeber bleiben weite Felder, die auch das Bundesverfassungsgericht keineswegs eingeengt hat.[43] Der Sozialstaat darf freilich die Freiheitsverbürgungen der Grundrechte nicht gefährden; ein Übergang zu einem „Wohlfahrts- und Versorgungsstaat" wäre daher unzulässig.[44]

### b) Die Privatisierungsgrenzen

Angesichts der in den letzten beiden Jahrzehnten zunehmenden Verlagerung von klassischen Bereichen der Daseinsvorsoge auf Private stellt sich jedoch die Frage nach den Grenzen der Privatisierung.[45] Dabei lässt sich jedenfalls aus dem Sozialstaatsprinzip des Art. 20 Abs. 1 GG keine Pflicht des Staats herleiten, soziale Mindeststandards durch Eigentätigkeit zu sichern – vielmehr kann er dieser Pflicht auch mittels Regulierung der privaten Märkte nachkommen.[46] So hat auch das BVerfG ausdrücklich klargestellt, dass die wesentlichen Bestandteile der „Daseinsvorsorge" nicht zwangsläufig von öffentlich-rechtlich organisierter Verwaltung wahrgenommen werden müssen.[47]

Auch lässt sich nicht aus dem Demokratieprinzip des Art. 20 Abs. 1 GG eine derartige Pflicht des Staats herleiten, gewichtige Aufgaben unmittelbar durch staatliche Behörden wahrzunehmen. Denn das Demokratieprinzip verlangt nur, dass derartige Aufgaben in einem von der Volksvertretung beschlossenen Gesetz ausreichend vorherbestimmt und ihre Wahrnehmung der Aufsicht demokratisch legitimierter Amtswalter unterliegt.[48] Grenzen ergeben sich aber jedenfalls aus dem staatlichen Gewalt-

---

[42] BVerfGE 50, 290, 353 – „Mitbestimmungsentscheidung".

[43] Vgl. zuletzt BVerfG, Urteil vom 10. Juni 2009 NJW 2009, 2033 ff. = VersR 2009, 957 ff. = NZS 2009, 436 ff. – „Gesundheitsreform", das sub specie der „sozialstaatlichen Ordnung des Grundgesetzes" den „Schutz der Bevölkerung vor dem Risiko der Erkrankung" als eine „Kernaufgabe des Staates" sieht (Tz. 171), die sowohl durch die gesetzliche Krankenversicherung als auch durch eine private Versicherung erfüllt werden kann (Tz. 175: eine „Volksversicherung aus zwei Säulen").

[44] Vgl. nur *Hesse*, Grundzüge des Verfassungsrechts der Bundesrepublik Deutschland, 20. Aufl., 1999, Rn. 215; *Stern*, Staatsrecht der Bundesrepublik Deutschland, Bd. I, 2. Aufl. 1984, S. 918 ff., bes. 921 ff.

[45] Vgl. zum Ganzen auch ausführlich *Rittner/Dreher* (Fn. 1), § 7 Rn. 105 ff.

[46] Vgl. *Bree*, Die Privatisierung der Abfallentsorgung nach dem Kreislaufwirtschafts- und Abfallgesetz, 1998, S. 204 ff., 208.

[47] BVerfGE 107, 59, 93 f. = NVwZ 2003, 974 – „Lippeverband".

[48] *Rittner/Dreher* (Fn. 1), § 7 Rn. 107.

monopol.[49] Denn Privaten ist es nur in dem tatbestandlich eng begrenzten Bereich von Notwehr- und Notstandsrechten ausnahmsweise gestattet, selbst Gewalt anzuwenden.

In der Zusammenschau kommt dem Gesetzgeber damit auch in der Wahl der Wahrnehmung seiner sozialstaatlichen Aufgaben ein verfassungsrechtlich weiter Spielraum zu.

#### *c) Die Idee einer Wirtschaftsdemokratie*

Die Idee einer „Wirtschaftsdemokratie", wie sie namentlich *Naphtali* (1928) im Auftrag des ADGB entwickelt hat, lässt sich mit dem Grundgesetz nicht vereinbaren. Sie zieht eine dezentralisiert-planwirtschaftliche Ordnung der Wirtschaft vor, die von Selbstverwaltungskörperschaften bestimmt wird und so dem Staat, der demokratischen Willensbildung wesentliche Kompetenzen nehmen würde. Deswegen sind auch die früheren gewerkschaftlichen Forderungen nach einem Bundeswirtschafts- und Sozialrat bisher wirkungslos verhallt.

### *5. Die Wirtschaftspolitik*

#### *a) Der Spielraum des Gesetzgebers*

Der Wirtschaftspolitik lässt das Grundgesetz danach weite Spielräume, wie sich auch in der Wirtschafts- und Finanzkrise der letzten Jahre gezeigt hat: Bei allen, zum Teil tief reichenden Eingriffen in das „freie Spiel der Kräfte" hat der Staat doch niemals die äußersten verfassungsrechtlichen Grenzen überschritten. Die „Soziale Marktwirtschaft", wie sie *Alfred Müller-Armack* der jungen Bundesrepublik als Wirtschaftspolitik empfohlen hatte[50] und wie sie auch die Einigungsverträge formuliert haben,[51] blieb so im Wesentlichen erhalten, von der Fixierung der Marktwirtschaft im Europäischen Recht ganz abgesehen.[52] Damit ist übrigens nicht eine – womöglich je nach Lage – „mixed economy" gemeint. Die „Soziale Marktwirtschaft" darf nämlich „niemals die Schwelle überschreiten, an der die Störung des Marktes beginnt."[53]

---

[49] Die Bedeutung des staatlichen Gewaltmonopols – allerdings in überhöhter Weise – wurde vor allem von *Thomas Hobbes* im 17. Jh. in seinem Werk „Leviathan oder Stoff, Form und Gewalt eines bürgerlichen und kirchlichen Staats" (1691) herausgearbeitet.

[50] Vgl. nur *Müller-Armack*, Soziale Marktwirtschaft, in: Handwörterbuch der Sozialwissenschaften, IX. Bd., 1956, S. 390ff.

[51] Vgl. oben II. 2. b).

[52] Vgl. oben III. 2. b).

[53] So zutr. *Müller-Armack*, (Fn. 50), S. 391.

### *b) Die begrifflichen Aspekte der Einordnung*

Ob man die Wirtschaftsordnung des Grundgesetzes als eine „kapitalistische" bezeichnen darf, ist eine durchaus nebensächliche Frage, die freilich die tagespolitische Polemik[54] immer wieder beschäftigt, aber aus glücklicherweise längst überwundenen Gedankengebäuden stammt: Der „Kapitalismus", den die Marxisten durch den „Sozialismus" ablösen wollten, um am Ende zum „Kommunismus" zu gelangen, war ursprünglich ein politisches Schlagwort, das erst durch *Werner Sombart* und *Max Weber* zu wissenschaftlichen Ehren gelangte.[55] Wer heute noch vom „Kapitalismus" spricht, sieht deswegen lediglich einen „sozial bebändigten Kapitalismus", der jedoch „auf eine freie Wirtschaft nicht verzichten kann".[56]

### *c) Die Unzulässigkeit einer Zentralverwaltungswirtschaft*

Eine Zentralverwaltungswirtschaft verbietet sich jedenfalls nach dem Grundgesetz.[57] Abgesehen davon, dass der Begriff lediglich ein idealtypisches Modell und nicht etwa eine wirtschaftspolitische Möglichkeit meint,[58] scheitert sie auch in der Praxis, wie sich spätestens bei den kläglichen Versuchen der Staaten des ehemaligen Ostblocks gezeigt hat, die Wirtschaft zentral zu organisieren.

## *6. Die Landesverfassungen*

Die Landesverfassungen gehen zum Teil weiter als das Grundgesetz, indem sie profunde wirtschaftsrechtliche Sätze wagen, freilich mit sehr unterschiedlichem Inhalt. Während z.B. die Verfassung für Rheinland-Pfalz seit 2000 in ihrem Art. 51 „die Soziale Marktwirtschaft als Grundlage der Wirtschaftsordnung" bezeichnet – ähnlich übrigens die Verfassungen von Brandenburg und Thüringen – folgen ältere Verfassungen noch dem Beispiel der WRV, so etwa Bayern, Bremen und Hessen. Angesichts der umfassenden bundesrechtlichen Regelung des Wirtschaftsrechts spielen diese Normen jedoch eine sehr bescheidene Rolle.[59]

---

[54] *Bauer*, Kapitalismus, Staatslexikon, 6. Aufl., Bd. IV, 1959, Sp. 814: „Politisch-agitatorisches Bedürfnis".

[55] *Sombart*, Der moderne Kapitalismus, 1902/1916–27; *Weber*, Die protestantische Ethik und der Geist des Kapitalismus, 1904; vgl. auch *vom Brocke*, Sombarts „Moderner Kapitalismus", 1987, bes. S. 42f. m. Fn. 60.

[56] So *Koslowski*, Kapitalismus, Staatslexikon, 7. Aufl., III. Bd., 1987, Sp. 307.

[57] So auch *Papier*, WM 2009, 1869.

[58] Vgl. hierzu und zum Folgenden *Rittner*, (Fn. 24) 715.

[59] Vgl. des Näheren *Rittner/Dreher* (Fn. 1), § 2 Rn. 53, § 8 Rn. 24ff.; *Breuer*, in: Handbuch des Staatsrechts, Band VI, § 147 Rn. 61ff.

# IV. Das Unternehmensrecht

## 1. *Begriff und Grundlagen*[60]

### *a) Die Unternehmerfreiheit als Ausgangspunkt*

Aus der grundrechtlich verbürgten Unternehmerfreiheit, der Freiheit jeder Person, ein Unternehmen allein oder gemeinsam mit anderen zu gründen und zu betreiben, folgt das Unternehmensrecht als Teil der wirtschaftsrechtlichen Ordnung. Es bestimmt im Einzelnen, wer ein Unternehmen, zumal in den verschiedenen Wirtschaftszweigen, betreiben darf und regelt auch allfällige hoheitliche Kontrollen und sonstige Voraussetzungen.

### *b) Der Unternehmensbegriff*

Das Unternehmen stellt sich für das Wirtschaftsrecht als eine selbständige Produktionseinheit dar, die wirtschaftliche Güter, Waren oder Dienstleistungen auf den Markt bringt, und zwar im Wettbewerb mit anderen Unternehmen. Sein Träger ist entweder eine natürliche oder juristische Person oder eine Gesellschaft – der Unternehmensträger. Die Selbstständigkeit des Unternehmens, übrigens auch seiner Gründung, wird primär durch das Privatrecht gewährleistet: Eine oder mehrere Einzelpersonen gründen ein Unternehmen, indem sie sich durch privatrechtliche Verträge Geschäftsräume zu Eigentum oder Miete beschaffen, Kredite besorgen, Beschäftigte einstellen sowie erste Verträge mit Lieferanten und Abnehmern schließen und sich so dem Wettbewerb stellen.

Die Niederlassungsfreiheit (Art. 49ff. AEUV) gibt dazu allen Staatsangehörigen eines Mitgliedstaats der EU im Hoheitsgebiet eines anderen Mitgliedstaats das Recht, Unternehmen und Zweigniederlassungen zu gründen.

Diese Freiheiten gehören zu den Merkmalen freiheitlicher Ordnungen, mit denen sie sich von den staatswirtschaftlichen Ordnungen, namentlich des früheren Ostblocks, unterscheiden. Sie lassen nicht nur den Einzelnen seine Begabungen und Initiativen entfalten, sondern entfesseln so auch die Produktivkräfte derart, dass sich ein gesellschaftlicher Wohlstand leicht verbreitet.

Wieweit die öffentliche Hand Unternehmen gründen und betreiben darf, ist eine – insbesondere rechtspolitisch – schwierig zu beantwortende Frage. Auf sie gibt das Grundgesetz keine Antwort, auch nicht in Art. 19 Abs. 3 GG. Da der Bund ebenso wie die Länder und die Gemeinden juristische Personen sind, scheint jedenfalls das Privatrecht ihnen die Möglichkeiten zu geben.[61]

---

[60] Vgl. hierzu und zum Folgenden *Rittner* (Fn. 38).

[61] Vgl. des Näheren unten bei IV. 3.

### c) *Die Abgrenzung zu den Freien Berufen*

Dem Unternehmen ähnlich, aber doch von ihm zu unterscheiden sind die Freien Berufe.[62] Anders als das Unternehmen, das grundsätzlich endlos wachsen kann und so den Unternehmer, namentlich den Gründer als Einzelperson, mehr und mehr zurücktreten lässt, setzt der Freie Beruf voraus, dass der Berufsträger seine Leistungen persönlich und eigenverantwortlich erfüllt, wie es der Klient von seinem Rechtsanwalt, Arzt oder Architekten erwartet. Freilich haben Rechtswissenschaft und Rechtspraxis lange Zeit gebraucht, um den Freien Beruf als eigenständiges Phänomen anzuerkennen. Dazu war es einerseits nötig, die Freien Berufe aus dem Staatsdienst zu lösen, in dem sie noch während des 19. Jahrhunderts gefangen waren,[63] und sie andererseits von den Unternehmen abzugrenzen, mit denen sie die berufliche Freiheit und Selbständigkeit gemeinsam haben, aber doch einer anderen Wettbewerbsordnung unterworfen sind als jene.

Dies alles ist mittlerweile außer Streit, auch wenn sich die Grenze zwischen den Unternehmen und den Freiberuflern nicht überall exakt ziehen lässt. So erließ der deutsche Gesetzgeber 1994 das „Gesetz über Partnerschaftsgesellschaften Angehöriger Freier Berufe", und hob das Bundesverfassungsgericht 2008 in einer Grundsatzentscheidung zum Gewerbesteuerrecht die Eigenarten der Freien Berufe sehr deutlich hervor.[64] Sogar die Monopolkommission widmete in ihrem XVI. Hauptgutachten 2004/05 ein ganzes Kapitel den Freien Berufen.[65] Schließlich hat sich auch das Europäische Parlament in letzter Zeit mehrfach mit dem Thema befasst.[66]

## 2. *Die Unternehmensträger des privaten Rechts*

Unternehmensträger des privaten Rechts kann jeder Einzelne sein, so vor allem Handwerker, Einzelkaufleute und Landwirte. Daneben kommen, namentlich für größere Unternehmen, spezielle juristische Personen sowie Gesellschaften in Betracht, die das Gesellschaftsrecht – dieses durch Art. 9 Abs. 1 GG gesichert – und das Stiftungsrecht im Laufe der Zeit herausgebildet haben, z. T. freilich nur für bestimmte Branchen. Inzwischen hat das europäische Recht einige eigene Unternehmensträger dazugesellt.

### a) *Nach deutschem Recht*

Danach gibt es zurzeit nach deutschem Recht folgende Unternehmensträger privaten Rechts:
– den Einzelunternehmer,

[62] Vgl. dazu *Rittner*, Unternehmen und Freier Beruf als Rechtsbegriffe, 1962; *ders.*, Die Freien Berufe und der Wettbewerb, WuW 2008, 1151 ff.

[63] Vgl. dazu *Triepel*, Staatsdienst und staatlich gebundene Berufe, in: FS Binding, 1911, S. 1 ff.

[64] BVerfGE 120, 1 ff. = JZ 2008, 998 m. Anm. *Rittner*.

[65] BTDrucks. 16/2460, VI. Kapitel, S. 373–427.

[66] Vgl. nur die Entschließungen B5-0247/2001 und A6-0272/2006.

- die Personalgesellschaften: BGB-Gesellschaft, OHG und KG,
- die Kapitalgesellschaften: Aktiengesellschaft, die Kommanditgesellschaft auf Aktien, GmbH,
- die Genossenschaften.

Als branchenspezifische Unternehmensträger kommen hinzu:
- der Versicherungsverein auf Gegenseitigkeit,
- die Partnerschaftsgesellschaft für Freie Berufe.

Während alle diese Unternehmensträger frei gegründet werden können, bedürfen die beiden „subsidiären" Unternehmensträger des deutschen Privatrechts einer behördlichen Konzession:
- der wirtschaftliche Verein (§ 22 BGB),
- die Stiftung (§ 80 BGB).

### *b) Nach europäischem Recht*

Nach europäischem Recht gibt es zurzeit vier Unternehmensträger:
- die Europäische Wirtschaftliche Interessenvereinigung (EWIV) nach der VO-Nr. 2137/85 des Rates, die die grenzüberschreitende Kooperation von Unternehmen oder Freiberuflern erleichtern soll,
- die Europäische Aktiengesellschaft (SE) nach der VO-Nr. 2157/2001 des Rates, deren Organisation sich freilich weitgehend nach dem Aktienrecht des Sitzstaates richtet,
- die Europäische Genossenschaft nach der VO-Nr. 1435/2003 des Rates und
- das Gemeinsame Unternehmen im Sinn von Art. 187f. AEUV und Art. 45ff. EAGV.

## *3. Die Unternehmen der öffentlichen Hand*

### *a) Die Unternehmensträger*

Als Unternehmensträger kommen grundsätzlich auch die öffentlich-rechtlichen Körperschaften in Betracht, vor allem der Bund, die Länder und die Gemeinden, zumal sie juristische Personen sind. Ob und wieweit diesen Körperschaften die Unternehmerfreiheit zusteht, lässt das Grundgesetz offen. Lediglich § 130 GWB erwähnt die „Unternehmen der öffentlichen Hand", die danach grundsätzlich dem Kartellrecht unterstellt sind.

Daher kann sich die öffentliche Hand jedenfalls der wichtigsten Unternehmensträger des privaten Rechts bedienen, so namentlich der Aktiengesellschaft und der GmbH. Das Haushaltsrecht sorgt freilich dafür, dass sie nur unter gewissen Voraussetzungen – hinreichende Kontrolle, beschränkte Haftung usw. – davon Gebrauch machen.[67] Diese Unternehmen sind jedoch ebenso wie die öffentliche Verwaltung an

---

[67] Vgl. § 65 Bundeshaushaltsordnung und die entsprechenden Regelungen für die Länder und Gemeinden.

die Grundrechte gebunden und den sonstigen öffentlich-rechtlichen Bindungen unterworfen,[68] was einer „Flucht in das Privatrecht" vorbeugt.

Daneben gibt es spezielle Rechtsformen des öffentlichen Rechts: Zum einen die Anstalten und Körperschaften des öffentlichen Rechts, beide mit eigener Rechtspersönlichkeit ausgestattet, so z.B. die Rundfunkanstalten, die öffentlich-rechtlichen Sparkassen und Versicherungen sowie die Sozialversicherungsträger, zum anderen die Eigenbetriebe und Regiebetriebe der öffentlichen Hand.[69]

### *b) Die Grenzen der unternehmerischen Tätigkeit*

Ob und welche Grenzen der unternehmerischen Tätigkeit der öffentlichen Hand gesetzt sind, sagt das Grundgesetz nicht. Es überlässt diese wichtige Frage damit praktisch dem einfachen Recht, z.B. dem Haushaltsrecht. Dasselbe gilt für das europäische Recht.[70] Lediglich Art. 106 Abs. 2 AEUV gibt eine – wenn auch ziemlich unbestimmte – kartellrechtliche Sonderregel für „Unternehmen, die mit Dienstleistungen von allgemeinem wirtschaftlichem Interesse betraut sind oder den Charakter eines Finanzmonopols haben". Sie wird ergänzt durch den gleichfalls wenig präzisen Art. 14 AEUV, der „die Dienste von allgemeinem wirtschaftlichem Interesse" schützen soll. Hierbei treffen sehr unterschiedliche nationale Traditionen aufeinander, so insbesondere die deutschen Vorstellungen einer „Daseinsvorsorge" der öffentlichen Hand und die wohl noch ältere französische Idee des „service public".[71] Obwohl nach beiden Traditionen gewisse Wirtschaftsbereiche wie Post, Energie, Verkehr und Telekommunikation der Privatwirtschaft entzogen werden sollten, hat die Kommission eine Liberalisierungspolitik durchgesetzt, die mittlerweile auch jene Bestimmungen europäischen Rechts relativiert.

Die danach verbleibenden Unternehmen der öffentlichen Hand sollen zwar im Sinne einer öffentlichen Aufgabe gegründet und im Allgemeininteresse geführt werden. Dies lässt sich freilich in concreto nicht immer gewährleisten.[72] Daher kommt es in der Praxis häufig zu einer Konkurrenz von öffentlichen Unternehmen mit Privatunternehmen, was diese jedenfalls nach der Rechtsprechung der Verwaltungs- und der ordentlichen Gerichte nahezu rechtsschutzlos hinzunehmen haben.[73]

---

[68] Vgl. z.B. BGHZ 154, 146, 149; BGHZ 91, 84, 97.

[69] Vgl. dazu des Näheren *Rittner/Dreher* (Fn. 1), § 11 Rn. 28ff.

[70] Vgl. dazu EuGH, Slg. 1997 I, 5689, Tz. 37 Kommission/Niederlande.

[71] Vgl. dazu *Hrbek/Nettesheim* (Hrsg.), Europäische Union und die mitgliedstaatliche Daseinsvorsorge, 2002.

[72] Vgl. dazu *Rittner/Dreher* (Fn. 1), § 11 Rn. 49ff.

[73] Vgl. z.B. BVerwG NJW 1995, 2938, 2939 – „Wirtschaftsförderung", OVG Münster NVwZ 2008, 1031; OVG Lüneburg NVwZ 2009, 258 und BGHZ 150, 343 – „Elektroarbeiten" = ZIP 2002, 1645ff. m. abl. Anm. *Dreher*; kritisch dagegen z.B. *Dreher*, in: FG 50 Jahre BGH, Band II, 2000, S. 713, 721ff.; *Storr*, Der Staat als Unternehmer, 2001, S. 183ff.; *Ehlen*, 64. DJT, Band I, 2002, E 85ff.; *Löwer*, VVDStRL 60 (2001), 417, 444ff.; *Schmidt-Aßmann*, in: FS Ulmer, 2003, S. 1015ff.; *Ipsen*, ZHR 170 (2006), 422, 450ff.

## 4. *Die Mitbestimmung in den Gesellschaften*

### *a) Der Ursprung der Mitbestimmung*

Die Mitbestimmung von Belegschafts- und Gewerkschaftsvertretern in den Organen bestimmter Gesellschaften, nämlich von Unternehmensträgern des privaten Rechts, geht auf eine deutsche Entwicklung zurück, die spätestens mit der WRV beginnt, vgl. etwa Art. 156 Abs. 1, 165 Abs. 1 WRV. Diese sog. unternehmerische Mitbestimmung, welche die Willensbildung der Unternehmensleitung direkt beeinflussen soll, unterscheidet sich von der betrieblichen Mitbestimmung durch die Betriebsräte nach dem Betriebsverfassungsgesetz von 1952 (BetrVG 1952). Obwohl das Grundgesetz jene mit keinem Wort erwähnt,[74] gehörte sie lange Zeit zu den wichtigsten und umstrittensten rechtspolitischen Themen der Bundesrepublik. Erst das Mitbestimmungs-Urteil des Bundesverfassungsgerichts vom 1. März 1979[75] hat die Gemüter im Wesentlichen beruhigt.

Während die Drittelbeteiligung von Arbeitnehmervertretern in den Aufsichtsräten von Kapitalgesellschaften mit über 500 Arbeitnehmern nach den damaligen §§ 76ff. BetrVG 1952, d.h. heute nach dem DrittelbG von 2004, so gut wie außer Streit war, hatte das Verlangen der Gewerkschaften nach paritätischer Mitbestimmung zu einem vielbeachteten Verfassungsstreit geführt. Die Gewerkschaften hatten nämlich – sogar mittels Streikdrohungen – 1951 eine paritätische Mitbestimmung in den Aufsichtsräten des Bergbaus und der Eisen- sowie der Stahlindustrie erreicht[76] und wollten diese Regelung auf alle großen Unternehmen ausdehnen. Zudem schlugen ihnen nahestehende Wissenschaftler eine ganz neuartige „Unternehmensverfassung" für Großunternehmen vor, die das bisherige Gesellschaftsrecht insoweit hätte ablösen sollen.[77]

### *b) Die Lösung des Gesetzgebers*

Der Gesetzgeber löste das Problem, vorbereitet durch die sog. Biedenkopf-Kommission,[78] durch das Mitbestimmungsgesetz vom 4. Mai 1976 (MitbestG).[79] Dieses Gesetz, vom Bundestag mit überwältigender Mehrheit angenommen, führte eine fast paritätische Mitbestimmung für alle Kapitalgesellschaften und Genossenschaften mit mehr als 2.000 Arbeitnehmer ein, ohne jedoch das Gesellschaftsrecht und das Montan-Mitbestimmungsrecht anzutasten. Die Parität der Montan-Mitbestimmung

---

[74] Vgl. etwa *Krieger*, Unternehmensverfassung, Mitbestimmung und Grundgesetz, in: Benda/Maihofer/Vogel (Hrsg.), Handbuch des Verfassungsrechts, 1983, S. 697, 698.

[75] BVerfGE 50, 290ff.; davor bes. VVStRL 35 (1977): „Unternehmen und Unternehmer in der verfassungsrechtlichen Ordnung der Wirtschaft" mit Referaten von *Saladin* (S. 7ff.) und *Papier* (S. 55ff.).

[76] Montan-Mitbestimmungsgesetz vom 21.05.1951.

[77] *Boettcher/Hax/Kunze/v.Nell-Breuning/Ortlieb/Preller*, Unternehmensverfassung als gesellschaftspolitische Forderung, 1968, sog. Sechserbericht.

[78] Bericht der Sachverständigenkommission zur Auswertung der bisherigen Erfahrungen bei der Mitbestimmung in Unternehmen (Mitbestimmungskommission), BTDrucks. VI/334 (1970).

[79] BGBl I, S. 1153.

übernahm es freilich nicht ganz, indem es dem – grundsätzlich immer von der Anteilseignerseite gestellten – Aufsichtsratsvorsitzenden (§ 27 Abs. 2 MitbestG) bei Stimmengleichheit im Aufsichtsrat ein Zweitstimmrecht gab (§ 29 Abs. 2 MitbestG). Dies ist vor allem für die Bestellung und Abberufung von Vorstandsmitgliedern, also der Leitung der Gesellschaft, bedeutsam; vgl. § 31 MitbestG, § 84 AktG. Zwar kennt auch das MitbestG einen „Arbeitsdirektor" als „gleichberechtigtes Mitglied" des Vorstandes (§ 33 MitbestG), dessen Bestellung und Abberufung jedoch – anders als in der Montanmitbestimmung (§ 13 MontanMitbestG) – nicht von den Arbeitnehmervertretern abhängt.

### *c) Die Reaktion auf das Mitbestimmungsgesetz*

Das MitbestG 1976 griff so tief in die Ordnung der betroffenen Gesellschaften ein, dass sich einige Unternehmen und Verbände gezwungen sahen, es mit einer Verfassungsbeschwerde anzugreifen.[80] In seinem Urteil vom 1. März 1979[81] kam es dem I. Senat des Bundesverfassungsgerichts vor allem darauf an, zunächst die Konzeption des MitbestG und die wichtigsten Einzelheiten – die beide z. T. politische Formkompromisse waren – inhaltlich zu klären. So arbeitete es das „leichte Übergewicht" der Anteilseignerseite scharf heraus, um die von vielen geforderte exakte Parität auszuschließen, erklärte auch, dass die Mitbestimmung gegenüber der Drittelbeteiligung von 1952 lediglich „erweitert" sei und vor allem die betroffenen Gesellschaften weiterhin privatautonome Vereinigungen i. S. d. Art. 9 Abs. 1 GG geblieben seien, auch die Tariffreiheit nach Art. 9 Abs. 3 GG nicht in Frage gestellt sei. Zugleich wies es darauf hin, dass das Gesetz in vielen Punkten auf Prognosen beruhe und der Gesetzgeber zu einer Korrektur verpflichtet sei, falls sich diese nicht erfüllten.

Das Urteil, das am Ende das MitbestG unter diesen Voraussetzungen für verfassungsmäßig erklärte, zeigt in seiner ungewöhnlich ausführlichen Begründung auch die verfassungsrechtlichen Grenzen jeder Mitbestimmungsregelung auf, und zwar vor allem markiert durch Art. 9 Abs. 1 und 3, 12 und 14 GG; danach wäre eine exakt paritätische Mitbestimmung nicht mit der Verfassung vereinbar. Das Urteil hat aber auch den Sturm, den die damalige Mitbestimmungsdebatte ausgelöst hatte, weitgehend beruhigt und vor allem die viel weitergreifenden Pläne einer neuen „Unternehmensverfassung" verschwinden lassen.[82]

---

[80] Vgl. dazu bes. *Badura/Rittner/Rüthers*, Mitbestimmung und das Grundgesetz, Kölner Gutachten, 1977.

[81] BVerfGE 50, 290 ff. – „Mitbestimmungsentscheidung".

[82] Dies auch dank der Rechtsprechung des gesellschaftrechtlichen (II.) Zivilsenats des BGH, der das Urteil des Bundesverfassungsgerichts konsequent umsetzte: BGHZ 83, 106 – „Siemens"; BGHZ 83, 144 – „Dynamit-Nobel"; BGHZ 83, 151 – „Bilfinger + Berger"; BGHZ 89, 48 – „Reemtsma"; BGHZ 122, 342 – „Hamburg-Mannheimer".

### *d) Die europäische Entwicklung*

Die europäische Rechtsentwicklung kam dem entgegen, zumal sowohl die paritätische Mitbestimmung als auch der Ruf nach einer gänzlich neuen „Unternehmensverfassung" deutsche Sonderwege waren. Die Europäische Aktiengesellschaft (Societas Europaea, SE)[83] wurde lange Zeit durch die deutsche Mitbestimmungsdiskussion blockiert. Das Statut der SE sieht – aufbauend auf dem Gedanken der verhandelten Mitbestimmung –[84] ein milderes und flexibleres Mitbestimmungsregime vor als das deutsche Recht. Deswegen ziehen vor allem deutsche Großunternehmen die SE als Rechtsform neuerdings auch vor.

### *e) Die Auswirkungen auf die soziale Marktwirtschaft*

Auch wenn, wie das Bundesverfassungsgericht betont, die paritätische Mitbestimmung keineswegs durch das Grundgesetz gefordert wird,[85] tragen die Mitbestimmungsgesetze jedenfalls dazu bei, die Arbeitnehmer und die Gewerkschaften in die soziale und politische Ordnung noch besser zu integrieren, so Frieden zu stiften und die soziale Marktwirtschaft zu sichern. In Zukunft wird die Zahl der qualifiziert mitbestimmten Gesellschaften überdies zurückgehen: Die Montanmitbestimmung läuft in absehbarer Zeit mit dem Verschwinden des Bergbaus sowie dem dramatischen Rückgang der Eisen- und Stahlindustrie aus und die Mitbestimmung nach dem MitbestG geht aufgrund neuer europarechtlicher Mitbestimmungsfreiheiten[86] quantitativ zurück.

## V. Das Vertrags-, Tarif- und Wettbewerbsrecht

### *1. Zum historischen Hintergrund*

Der moderne demokratische Staat ist bereits durch seine Kernaufgaben derart belastet, dass er große Teile notwendiger rechtlicher Regelungen nicht selbst leisten kann,[87] sondern sie anderen überlassen muss. Deswegen, aber auch den Grundwertungen der Verfassung entsprechend, greifen die Freiheitsrechte weit in das Wirtschaftsleben hinein und bestimmen so fundamental das geltende Wirtschaftsrecht.

---

[83] Vgl. oben IV. 2. b).

[84] Vgl. dazu z.B. *Henssler*, in: FS H.P. Westermann, 2008, S. 1019ff.; *Raiser*, in: FS H.P. Westermann, 2008, S. 1295ff.; *Hommelhoff*, ZGR 2010, 48ff.

[85] BVerfGE 50, 290, bei C.II. a.E.

[86] Vgl. *Rittner/Dreher* (Fn. 1), § 10 Rn. 56 m.w.Nachw.

[87] Die Zentralverwaltungswirtschaft war übrigens stets nur als ökonomisches Modell gedacht und nicht als wirtschaftspolitische Alternative, vgl. nur *Rittner*, (Fn. 24), 715.

### a) *Die Freiheitsrechte*

Diese Freiheitsrechte haben sich die Bürger erst im Lauf der letzten rund 250 Jahre von dem anfangs fast allmächtigen Staat erkämpft: Das Naturrecht der Aufklärung führte zu den ersten zivilrechtlichen Kodifikationen – an der Spitze dem Code Civil –, die die Vertragsfreiheit den Rechtspersonen zuerkannten.[88] Demgemäß begann das Vertragsrecht des BGB von 1896 auch mit dem programmatischen § 305, der die Vertragsfreiheit für alle statuiert, freilich mit einem etwas verklausulierten Text, wie ihn die Verfasser des BGB liebten. Der Bundesgesetzgeber hat diese Zentralnorm des Vertragsrechts in dem Schuldrechtsmodernisierungsgesetz von 2001 leider zu einer Eingangsnorm zum Recht der Allgemeinen Geschäftsbedingungen pervertiert.

### b) *Die Tarifvertragsfreiheit*

Die Tarifvertragsfreiheit entstand zunächst aufgrund der bürgerlich-rechtlichen Vertragsfreiheit, deswegen anfangs noch ohne normative Wirkungen. Erst die Tarifvertragsverordnung vom 23. Dez. 1918 erklärte die Vorschriften über den Inhalt der Arbeitsbedingungen zu Rechtsnormen, was Art. 165 Abs. 1 Satz 2 WRV bekräftigte. Daran knüpft das geltende Tarifvertragsgesetz von 1949 an.

### c) *Der Schutz des Wettbewerbs*

Nachdem sich herausgestellt hatte, dass die Vertragsfreiheit auf sehr unterschiedliche Weise zu Wettbewerbsbeschränkungen führen kann, bemühte sich der Gesetzgeber darum, diesen Gefahren zu begegnen. Dem unzureichenden Versuch der Kartellverordnung von 1923 folgte das Gesetz gegen Wettbewerbsbeschränkungen von 1957, das jedoch inzwischen sachlich durch das europäische Recht – insbesondere Art. 101 ff. AEUV und die Verordnung Nr. 1/2003 des Rates – fast verdrängt wurde.[89] Das Grundgesetz nennt zwar diese Freiheiten nicht ausdrücklich, erkennt sie jedoch der Sache nach an, wie sich sogleich zeigen wird.

## 2. *Die bürgerlich-rechtliche Vertragsfreiheit*

### a) *Die Grundlage der Vertragsfreiheit*

Obwohl das Grundgesetz, wie gesagt, dazu schweigt, gilt die Vertragsfreiheit aufgrund der Art. 2, 12 und 14 GG als gewährleistet,[90] gerade auch auf „vermögens-

---

[88] Vgl. nur *Schmoeckel* (Fn. 1), Rn. 234.

[89] Vgl. dazu des Näheren *Rittner/Dreher* (Fn. 1), § 14 Rn. 24 ff.; *Kling/Thomas*, Kartellrecht, 2007, § 1 Rdnr. 6 ff.

[90] Die verfassungsrechtliche Verortung der Vertragsfreiheit ist umstritten; teilweise wird sie als unbenanntes Freiheitsgrundrecht, welches dem Schutzbereich des Art. 2 Abs. 1 GG zuzuordnen ist, verstanden, vgl. nur *Manssen* (Fn. 3), Art. 12 Rn. 69. Das BVerfG verortet die Vertragsfreiheit in Art. 2

rechtlichem Gebiet".[91] Insofern ersetzt nunmehr die Verfassung den § 305 BGB, der vor über 100 Jahren als reichsrechtliche Norm die Vertragsfreiheit gewährleisten sollte.

### *b) Die Bedeutung des Vertrags*

Dabei kommt es wesentlich auf den Vertrag an und weniger auf die Privatautonomie. Dass beides voneinander zu unterscheiden ist, übersehen freilich viele.[92] Denn der Vertrag, das Austauschgeschäft, beherrscht nicht nur die privatrechtliche Praxis, sondern gewährleistet auch in besonderem Maß die Richtigkeit seiner Ergebnisse im typischen Einzelfall. Die unzähligen, täglich vereinbarten Kauf-, Miet-, Pacht-, Werk- und Dienstleistungsverträge, um nur einige zu nennen, ermöglichen überhaupt erst die arbeitsteilige Gesellschaft. Sie setzen ihrerseits den Markt voraus und verwirklichen ihn zugleich als „spontane Ordnung".[93] In dieser Ordnung regiert übrigens keineswegs die Willkür. Sie ist vielmehr vom staatlich gesetzten und kontrollierten Privatrecht im Sinn eines Rahmens vorgeformt.[94] Vor allem aber führt der Vertrag selbst in der Regel schon zu einem richtigen Ergebnis, jedenfalls aus der Sicht der Vertragspartner. Denn jeder von ihnen opfert seine Leistung, um die Gegenleistung zu erhalten, vorausgesetzt selbstverständlich, dass jeder von ihnen die nötige Wahlfreiheit hat, auch eine andere Leistung für seine eigene Leistung zu fordern.[95]

Die Privatautonomie greift begrifflich weiter, indem sie auch die einseitigen Rechtsgeschäfte erfasst.[96] Das einseitige Rechtsgeschäft ist aber nicht nur statistisch ein Ausnahmefall, der fast nur beim Testament praktisch wird, dessen Wirkung überdies den Tod des Erblassers voraussetzt. Es kam zudem erst ins Spiel der zivilrechtlichen Dogmatik, als die spätere Pandektistik den höchst abstrakten Begriff des Rechtsgeschäfts entwickelte.[97]

---

Abs. 1 GG, soweit nicht besondere Freiheitsgrundrechte, insbesondere die Berufsfreiheit, einschlägig sind, vgl. BVerfGE 12, 341, 347; BVerfGE 70, 115, 123 sowie jüngst BVerfG VersR 2009, 957, 966 (Tz. 219 c)), vgl. dazu ausführlich unten VII. 4a; teilweise wird eine Zuordnung zu Art. 12 Abs. 1 GG vorgeschlagen, sofern ein beruflicher Kontext gegeben ist, vgl. *Breuer* (Fn. 59), § 147 Rn. 63; *Degenhart*, JuS 1990, 161, 165; *Scholz* (Fn. 3), Art 12 Rn. 58, 123, 132 ff.

[91] So z. B. *Papier* (Fn. 75), S. 83; *Zippelius/Würtenberger* (Fn. 3), § 35 Rn. 2; *Hesse* (Fn. 40), S. 40 ff.; BVerfGE 4, 7, 15 f.

[92] So z. B. auch *Hesse* (Fn. 40); zutr. dagegen z. B. *Isensee*, Privatautonomie, in: HStR, Band VII, 3. Aufl. 2009, § 150 Rdnr. 1 ff., *Rittner*, Der privatautonome Vertrag als rechtliche Regelung, JZ 2010 (im Druck).

[93] So *von Hayek*, Der Wettbewerb als Entdeckungsverfahren (1968), in: *ders.*, Rechtsordnung und Handelnsordnung, 2003, S. 132, 137 f.

[94] Die Tätigkeit des (auch) wirtschaftsrechtlichen Gesetzgebers legitimiert sich insoweit „aus der Freiheit als vorstaatlicher Idee" und ist zugleich „die Verwirklichung der Freiheit", vgl. *Isensee*, Staat und Verfassung, in: HStR II, 3. Aufl. 2004, § 15 Rdnr. 173.

[95] Vgl. *Rittner*, Über das Verhältnis von Vertrag und Wettbewerb, AcP 188 (1988), 101, 120 ff.

[96] Die Privatautonomie war der Ansatz von *von Hippel*, Das Problem der rechtsgeschäftlichen Privatautonomie, 1936; dazu *Rittner*, JZ 2007, 1043.

[97] Vgl. dazu zuletzt *Stahgl*, ZEuP 2007, 37 f.

### c) Die Ordnungsfunktion des Vertrags

Die Ordnungsfunktion des Vertrags wird leider noch immer nicht überall richtig gesehen: Der Gesetzgeber versucht, vor allem durch das Verbraucherschutzrecht die Vertragsergebnisse zu korrigieren und engt damit regelmäßig die Vertragsfreiheit unnötig ein. Leider geht dabei das europäische Recht auf diesem Wege voran.[98] Aber auch das Bundesverfassungsgericht hat wiederholt für einzelne Verträge eine Störung der „Vertragsparität“ angenommen und sie deswegen nachträglich korrigiert.[99] Dabei handelte es sich freilich um extrem gelagerte Fälle, in denen eigentlich schon die Zivilgerichte nach § 138 BGB hätten eingreifen sollen.[100] Dennoch bleibt die Vorstellung des Bundesverfassungsgerichts von dem „Machtungleichgewicht“ in den Begründungen zu kritisieren: Sie arbeitet mit einem bildhaften Ausdruck von so erheblicher Unschärfe, dass eine Subsumption nicht möglich ist.[101] Sie wird überdies durch manche irreführenden Bemerkungen in der zivilrechtlichen Literatur genährt, die eben die Ordnungsfunktion des Vertrages verkennen.[102] Denn auch jeder schlichte Kaufvertrag, den ein armer Verbraucher etwa mit einem Kaufhaus schließt, leidet regelmäßig keineswegs an dem „Machtungleichgewicht“ der Vertragspartner. Nur in seltenen Fällen kann ein Vertragspartner den Vertragsinhalt wirklich „faktisch einseitig bestimmen (...), [so dass] dies für den anderen Vertragsteil Fremdbestimmung [bewirkt]“.[103]

## 3. Das Tarifvertragsrecht

### a) Die Tarifvertragsfreiheit und das Grundgesetz

Das Grundgesetz gewährleistete in Art. 9 Abs. 3 ursprünglich zwar die Koalitionsfreiheit, aber nicht ausdrücklich die Tarifautonomie. Erst Satz 3 der Norm, eingeführt durch das 17. Änderungsgesetz im Jahr 1968, erwähnt die „Arbeits- und Wirtschaftsbedingungen“.

---

[98] Vgl. nur die zahlreichen Richtlinien zum Verbraucherschutz in *Winkel/Haug-Adrion/Klocker*, Europäisches Wirtschaftsrecht (Losebl.), Ziff. 110ff. sowie *Dreher*, JZ 1997, 167ff.

[99] Vgl. z.B. BVerfGE 81, 242; BVerfGE 89, 214, und dazu *Rittner*, Die gestörte Vertragsparität und das Bundesverfassungsgericht, NJW 1994, 3330f.; *Bullinger*, Die funktionelle Unterscheidung von öffentlichem Recht und Privatrecht, in: Hoffmann-Riem/Schmidt-Assmann (Hrsg.), Öffentliches Recht und Privatrecht als wechselseitige Auffangordnungen, 1996, S. 239, 246f. Nunmehr auch *Bullinger*, Regulierung von Wirtschaft und Medien, 2008, S. 36, 43f.

[100] So aber neuerdings auch BGH, Urteil v. 16.06.2009, Az. XI ZR 539/07 = NJW 2009, 2671ff.

[101] So z.B. schon *Ackermann*, in: Menzel (Hrsg.), Verfassungsrechtsprechung, 2000, S. 524.

[102] So bes. *Flume*, Allgemeiner Teil des Bürgerlichen Rechts, II. Bd.: Das Rechtsgeschäft, 4. Aufl. 1992, S. 10f.; früher schon *Böhm*, Die Ordnung der Wirtschaft als geschichtliche Aufgabe und rechtsschöpferische Leistung, 1937, S. 105f.; zu beiden schon *Rittner* (Fn. 95), S. 108f.

[103] So BVerfGE 89, 214, 232.

### *b) Das Bundesverfassungsgericht*

Das Bundesverfassungsgericht hat dennoch von Anfang an und zu Recht die Tarifautonomie anerkannt, weil die Koalitionen nur mit deren Hilfe ihre Zwecke erfüllen können.[104] Allerdings soll lediglich der „Kernbereich" der Koalitionsfreiheit unter der Tarifautonomie geschützt sein.[105] Deswegen ist die Tarifautonomie nur „ganz allgemein" gewährleistet, jedoch nicht „die besondere Ausprägung durch das geltende Tarifvertragsgesetz", so dass der Gesetzgeber „an einer sachgemäßen Fortbildung des Tarifvertragsrechts nicht gehindert (ist)".[106]

## *4. Das Wettbewerbsrecht*

### *a) Das Grundgesetz und das Wettbewerbsrecht*

Das Grundgesetz erwähnt die Wettbewerbsbeschränkungen nur in dem Gesetzgebungskatalog des Art. 74 Abs. 1 Nr. 16: „die Verhütung des Missbrauchs wirtschaftlicher Machtstellung". Damit nahm es den Gedanken wieder auf, den die Kartellverordnung 1923 wenig effektiv verarbeitet hatte, indem diese nur ein Eingreifen des Staats bei „Missbrauch" vorsah.

### *b) Das Gesetz gegen Wettbewerbsbeschränkungen*

Als sodann der Bundesgesetzgeber im Jahr 1951 das „Gesetz gegen Wettbewerbsbeschränkungen" plante, stand jedoch das Kartellverbot, zumal es durch den Überleitungsvertrag, II. Teil, Art. 1, besatzungsrechtlich gefordert war, im Mittelpunkt eines Streits, der auch die Verfassung berührte. Denn einige Verfassungsrechtler meinten, das Kartellverbot verletze die Freiheitsrechte, vor allem Art. 9 Abs. 1 GG,[107] während andere das Kartellverbot als durch die Verfassung geboten ansahen.[108] Der Gesetzgeber hat sich durch den Streit mit Recht nicht beeinflussen lassen und das Kartellverbot am Ende so verabschiedet, wie es geplant war.[109] Die Verwaltungspraxis und die Gerichte sind dem dann gefolgt, so dass es nicht einmal einer Grundsatzentscheidung des BVerfG bedurfte.

---

[104] Vgl. BVerfGE 4, 96, 106ff.; BVerfGE 20, 312, 317.

[105] BVerfGE 19, 303, 321f.; BVerfGE 28, 295, 304; BVerfGE 38, 281, 305f.

[106] So BVerfGE 50, 290, 361f.

[107] Vgl. z.B. *Giese*, Die grundrechtliche Freiheit zum Abschluss wettbewerbsbeschränkender Vereinbarungen, 1950; *E. R. Huber*, Die Verfassungsproblematik eines Kartellverbots, 1955.

[108] So z.B. *Böhm*, Wirtschaftsordnung und Staatsverfassung, 1952; *ders.*, WuW 1956, 173, 187; *Nipperdey*, Die soziale Marktwirtschaft in der Verfassung der Bundesrepublik, WuW 1954, 211, 215f.

[109] Vgl. nur *Rittner/Dreher* (Fn. 1), § 14 Rn. 20.

*c) Das europäische Kartellrecht*

Dazu trug gewiss bei, dass das europäische Kartellrecht von Anfang an (1957) in Art. 85 EWGV ein weit gefasstes Kartellverbot enthielt. Dieses Verbot – nunmehr materiell in Art. 101 AEUV enthalten und hinsichtlich seiner Anwendung verfahrensrechtlich in der Verordnung Nr. 1/2003 des Rates näher bestimmt – bedarf freilich einer gewissen Restriktion, insbesondere um die kartellfreien Nebenabreden in Schuldverträgen zu schützen.[110]

## VI. Das allgemeine Lenkungsrecht

### 1. *Begriff und Grundlagen*[111]

Das Lenkungsrecht i. w. S. bildet den Oberbegriff für das Gewährleistungsrecht und das Lenkungsrecht i.e.S und umfasst alle Rechtsnormen und -institute, durch die der Staat auf hoheitlichem Weg unmittelbar oder mittelbar auf die Unternehmen einwirkt, um deren privatautonomes Verhalten im Sinn bestimmter gesamtwirtschaftlicher Zielvorstellungen zu beeinflussen.[112] Mit dieser weiten Definition des Lenkungsrechts werden notwendig auch solche Rechtsnormen wie z. B. das Kartellgesetz erfasst, deren ausschließliches Ziel darin besteht, die durch das Grundgesetz geschützten Voraussetzungen für das Funktionieren und – soweit möglich – die Richtigkeit der privatautonomen Ordnung zu erhalten. Insoweit handelt es sich nicht um Lenkungsrecht im eigentlichen Sinn; vielmehr lässt sich besser von Gewährleistungsrecht sprechen.

Soweit die verfolgten Zielvorstellungen sich nicht in der Erhaltung der privatautonomen Wirtschaftsordnung erschöpfen, handelt es sich um Lenkungsrecht i. e. S. Dennoch rechtfertigt sich eine Zusammenfassung beider Regelungskomplexe, da die Instrumente beider Bereiche zum Teil übereinstimmen. Denn die hoheitliche Lenkung kann auf zwei Arten erfolgen: entweder unmittelbar, etwa in Form hoheitlichen Befehls oder zwingenden Rechts, oder mittelbar, etwa in Gestalt von Vor- oder Nachteilen, die Unternehmen bei einem bestimmten Verhalten in Aussicht gestellt werden.

### 2. *Die verfassungsrechtliche Gebotenheit und die Grenzen der Wirtschaftslenkung*

Das Verhältnis des Lenkungsrechts zum Grundgesetz stellt sich als ambivalent dar. Zum einen kann man davon sprechen, dass eine über die Regelungen des Kartellrechts hinausgehende Wirtschaftslenkung i. e. S. unumgänglich scheint, da der deut-

[110] Vgl. *Rittner/Dreher* (Fn. 1), § 16 Rn. 69 ff.; *Rittner*, Das Kartellverbot des Art. 81 EGV in teleologischer Reduktion, in: FS U. Huber, 2006, S. 1095 ff.

[111] Vgl. dazu ausführlich *Rittner/Dreher* (Fn. 1), § 24 Rn. 1 ff.

[112] *Rittner/Dreher* (Fn. 1), § 1 Rn. 63, § 4 Rn. 71 f., § 24 Rn. 1; ähnlich *Stober*, Allgemeines Wirtschaftsverwaltungsrecht, 16. Aufl. 2008, § 30 I, S. 223.

sche Gesetzgeber durch das Sozialstaatsprinzip des Art. 20 Abs. 1 GG in besonderem Maß weitere, über den Erhalt einer privatautonomen, von Rechtssubjekten organisierten Wirtschaft hinausgehende Ziele zu verfolgen gehalten ist.[113] Obwohl sich das Sozialstaatsgebot des Art. 20 Abs. 1 GG dabei zunächst nur als objektiver Handlungsauftrag für den einfachen Gesetzgeber darstellt, erreicht es – wie zuletzt die Überprüfung der sog. „Hartz IV"-Regelsätze für Kinder gezeigt hat –[114] spätestens dann subjektiv-rechtlichen Charakter, wenn die Menschenwürde berührt ist. In diesem Fall wird die selten einschlägige Eigenschaft der Grundrechte nicht als Abwehrrechte, sondern als Leistungsrechte deutlich.

Daneben ist zu berücksichtigen, dass sich hoheitliches Handeln im Bereich des Wirtschaftsrechts historisch-tatsächlich noch nie auf eine Kodifizierung des Kartellrechts zu beschränken vermochte. Weiter darf nicht verkannt werden, dass das Lenkungsrecht im Grundgesetz zugleich seine Grenzen findet. Da das Grundgesetz – wie bereits dargelegt –[115] keine ausdrückliche Festlegung auf eine wirtschaftsrechtliche Konzeption vorsieht, endet der gesetzgeberische Spielraum dort, wo ein nicht mehr zu rechtfertigender, weil dann in der Regel unverhältnismäßiger Eingriff in den Schutzbereich eines Grundrechts als subjektives Abwehrrecht des Einzelnen vorliegt.

Die verfassungsrechtliche Beurteilung des Lenkungsrechts stellt sich somit als einzelfallbezogene Grenzziehung zwischen den Grundrechten des Einzelnen, insbesondere aus Artt. 2, 3, 12 und 14 GG unter jeweiliger Wahrung des Grundsatzes der Verhältnismäßigkeit auf der einen Seite und dem in Ansehung des Gewaltenteilungsgrundsatzes des Art. 20 Abs. 2 Satz 2 GG und dem Sozialstaatsgebot des Art. 20 Abs. 1 GG nicht zu unterschätzenden Gestaltungsspielraum des Gesetzgebers auf der anderen Seite dar.[116]

### 3. *Die systematische Einordnung*[117]

Das Allgemeine Lenkungsrecht bildet zusammen mit dem Unternehmensrecht, dem Kartellrecht und weiteren spezifischen hoheitlichen Funktionen im Wirtschaftsrecht das Allgemeine Wirtschaftsrecht. Dieses umfasst sowohl das Wirtschaftsrecht der zahllosen Branchen, die keine Sonderregelungen kennen, als auch das nach dem Ausklammerungsprinzip miterfasste, allgemein geltende Recht der besonderen Regelungen unterworfenen Branchen.

Im Besonderen Wirtschaftsrecht als der Rechtsmaterie, deren Regelungen nicht für die gesamte Wirtschaft, sondern nur für einzelne Wirtschaftszweige Geltung beanspruchen, entfaltet das Allgemeine Lenkungsrecht zwar in erster Linie praktische Wirkung, da dieses hauptsächlich mit dem lenkungsrechtlichen Instrumentarium arbeitet, unterscheidet sich jedoch von diesem, da das Besondere Wirtschafts-

[113] Vgl. *Rittner/Dreher* (Fn. 1), § 4 Rn. 70 m. w. Nachw.
[114] BVerfG, Urteil v. 09. 02. 2010, Az. 1 BvL 1/09, 1 BvL 3/09, 1 BvL 4/09 – „Hartz IV".
[115] Vgl. II. 1. a).
[116] Vgl. *Rittner/Dreher* (Fn. 1), § 4 Rn. 78.
[117] Vgl. hierzu ausführlich *Rittner/Dreher* (Fn. 1), § 1 Rn. 59ff.

recht nur einzelnen Wirtschaftszweigen bestimmte lenkende Vorschriften gibt.[118] Stattdessen fasst das Allgemeine Lenkungsrecht jene sektoralen Sonderregelungen jenseits des regulären wettbewerbsrechtlichen Lenkungsinstrumentariums zusammen, die auf mehrere Branchen Anwendung finden, so etwa im Preisrecht, Subventionsrecht, Aufsichtsrecht und im Notstandsrecht.[119]

## 4. *Das Preisrecht*[120]

### a) *Ausgangspunkt*

Die als Element der Privatautonomie vom GG geschützte und für die Wirtschaftsordnung prägende Vertragsfreiheit[121] überlässt die Preisbildung grundsätzlich den Vertragsparteien.[122] Dem liegt nicht zuletzt die Erkenntnis zugrunde, dass es keinen objektiven Maßstab für die Angemessenheit von Leistung und Gegenleistung, m.a.W. keinen gerechten Preis – kein *iustum pretium* – gibt, sondern sich der durch Angebot und Nachfrage gebildete Marktpreis als grundsätzlich richtiger Preis darstellt.[123] Die Suche nach dem richtigen Preis in diesem Sinn gestaltet sich von der maßgeblichen Bedarfsseite her damit als das dem Wettbewerb eigene „Entdeckungsverfahren".[124] Auch die Folgen eines Fehlers bei der für die Preisbildung maßgeblichen Abwägung von Leistung und Gegenleistung durch eine Vertragspartei stehen zunächst im Ermessen der Handelnden. Hierfür stellt ihnen das Bürgerliche Recht in Gestalt der §§ 104 ff., 119, 123, 142, 145 ff. BGB ein ausdifferenziertes Instrumentarium zur Verfügung, welches einen interessengerechten Ausgleich gewährleistet.

Diesem System aus Vertragsfreiheit und feinsinnigem, privatautonom ausgerichtetem Handlungsregime sind direkte staatliche Eingriffe in den Mechanismus der Preisbildung grundsätzlich fremd. Aufgabe des Staates ist es insofern, durch indirekt wirkende allgemeine Regelungen des Wettbewerbs- und Kartellrechts das Funktionieren des Marktpreisprinzips sicherzustellen und nur in Fällen des Marktversagens direkt einzugreifen.

---

[118] *Rittner/Dreher* (Fn. 1), § 1 Rn. 63; § 24 Rn. 13.

[119] *Rittner/Dreher* (Fn. 1), § 1 Rn. 63.

[120] Vgl. hierzu auch *Hauptkorn* (Fn. 25), insbes. S. 78 ff.; *Ipsen*, Kartellrechtliche Preiskontrolle als Verfassungsfrage, 1976, insbes. S. 76 ff.; *Rittner/Dreher* (Fn. 1), § 25; *Schmidt-Preuß*, Verfassungsrechtliche Zentralfragen staatlicher Lohn- und Preisdirigismen, 1977, inbes. S. 79 ff.

[121] Vgl. oben V. 2. a).

[122] Vgl. dazu ausführlich *Rittner/Dreher* (Fn. 1) § 24 Rn. 1 ff.; so auch ausdrücklich BVerfG VersR 2006, 961, 963; *Hauptkorn* (Fn. 25), S. 191.

[123] *Rittner/Dreher* (Fn. 1), § 25 Rn. 2.

[124] Der Begriff geht auf *von Hayek* (Fn. 93) zurück und wird auch in BGH NJW 2006, 2618, 2621 verwendet.

### *b) Das Allgemeine Preisrecht*

Das Allgemeine Preisrecht selbst kann wiederum in formelles und materielles Preisrecht unterteilt werden.[125] Ersteres enthält dabei Regelungen, welche die Preiswahrheit und Preistransparenz sicherstellen sollen und sind damit zugleich final dem Preisangabenrecht zuzuordnen. Hingegen betrifft das materielle Preisrecht die Festlegung des Preises selbst und ist insoweit dem Bereich des Preislenkungsrechts zuzuordnen.

Die Grundlage des deutschen allgemeinen Preislenkungsrecht bildet das Preisgesetz[126], welches in § 2 eine generalklauselartige Ermächtigung zugunsten des Bundesministers für Wirtschaft und der Landesregierungen zum Erlass von Rechtsverordnungen zur staatlichen Preisbestimmung und -überwachung enthält. Nach einer geltungserhaltenden Reduktion durch das BVerfG[127] ist der Anwendungsbereich des Preisgesetzes jedoch heute eng begrenzt.

### *c) Das sektorale Preisrecht*

Von besonderer Bedeutung stellt sich jedoch das sektorale Preisrecht dar. Der überwiegende Teil des sektoralen Preisrechts findet seine Grundlage in speziellen Gesetzen, die dem Besonderen Wirtschaftsrecht zuzuordnen sind. Wiederum gilt die getroffene Unterscheidung zwischen (sektoralem) Preisangaben- und Preislenkungsrecht. Die Mehrheit der sektoralen preislenkungsrechtlichen Vorschriften sieht nur Genehmigungsvorbehalte vor, die als Kontrollinstrumente wirken und auch die behördliche Mitgestaltung von Verträgen ermöglichen. Eine unmittelbare staatliche Preisfestsetzung ist hingegen nur ausnahmsweise möglich, so dass die Entgelte grundsätzlich Gegenstand privatrechtlicher Verträge bleiben.

Dabei finden sich in vielfältigen Zweigen des Besonderen Wirtschaftsrechts Preiskontrollregelungen, so etwa im Energiewirtschaftsrecht, Verkehrswirtschaftsrecht, im Versicherungswirtschaftsrecht, im Apotheken- und Arzneimittelrecht, im Recht der Freien Berufe, im Verlagsrecht sowie im Kapitalmarkt- und Telekommunikationsrecht.

## *5. Das Subventionsrecht*

### *a) Begriff und Grundlagen*

Subventionen sind Instrumente zur Lenkung und Steuerung des Wirtschaftsprozesses durch Gewährung von Leistungen seitens des Staates; sie dienen der Förderung von einzelnen Wirtschaftsunternehmen oder von ganzen Wirtschaftszwei-

[125] Vgl. *Hauptkorn* (Fn. 25), S. 238.

[126] Übergangsgesetz über Preisbildung und Preisüberwachung vom 10. 04. 1948 (WiGBl. 1948, S. 27), geändert durch Art. 22 Gesetz v. 18. 02. 1986 (BGBl. 1986 I, S. 265).

[127] Vgl. BVerfGE 8, 274, 311, 324.

gen.[128] Ein allgemein gültiger Subventionsbegriff existiert freilich nicht. Das liegt daran, dass kein einheitlicher Ordnungsrahmen besteht, sondern etliche Einzelgesetze einen auf den jeweiligen Gesetzeszweck bezogenen Subventionsbegriff aufweisen. Gleichwohl umfassen die einzelnen Regelungen übereinstimmende Elemente, welche es ermöglichen, die wesentlichen Merkmale des Subventionsbegriffs greifbar zu machen.

Danach zeichnen sich Subventionen im weit verstandenen Sinn dadurch aus, dass der Staat als Geber auftritt, eine vom Staat zu trennende Wirtschaftseinheit Empfänger ist und diese einen speziellen, nicht marktgerechten Vorteil erlangt.[129] Im Unterschied zu diesem weiten Subventionsbegriff, der sowohl direkte als auch indirekte Subventionen zu erfassen vermag, lässt sich auch ein enger – auf direkte staatliche Leistungen beschränkter – Subventionsbegriff fassen, der angesichts seiner gesteigerten verfassungsrechtlichen Relevanz von besonderem Interesse im vorliegenden Zusammenhang ist.

Europarechtlich sind die Mitgliedstaaten der EU an das Beihilferecht der Art. 107 ff. AEUV gebunden. Danach sind Begünstigungen von Unternehmen durch die Mitgliedstaaten verboten. Auch wenn dies hier nicht zu vertiefen ist,[130] hat das europäische Beihilferecht für die nationale Subventionsvergabe eine rechtlich unmittelbare und praktisch sehr große Bedeutung.

### *b) Die Arten und die Ziele*

Regelungstechnisch ist zwischen indirekten und direkten Subventionen zu unterscheiden. Die einen gestalten sich als Steuer- und Abgabenvergünstigungen (sog. „Verschonungssubventionen") und unterliegen somit einem Gesetzesvorbehalt, was deren verfassungsrechtliche Relevanz mindert. Die anderen erscheinen in verschiedenen Grundformen als („verlorene") Zuschüsse, Darlehen, Bürgschaften und Realförderung.[131]

Der uneinheitlichen Rechtslage entsprechend, gestalten sich auch die mit den einzelnen Subventionen verfolgten Ziele sehr unterschiedlich. So kann es auf nationaler Ebene um die Förderung einzelner Wirtschaftszweige[132] oder der Exportwirtschaft gehen. Häufig – wenn auch wenig wünschenswert – sind Subventionen, die einzelnen Unternehmen gewährt werden. Dies gilt jedenfalls dann, wenn das mit ihnen verfolgte Ziel nicht bloß in der Erleichterung eines zu bewältigenden Strukturwandels oder in der Hilfe zugunsten einer strukturschwachen Region liegt – zumal,

---

[128] *Rittner/Dreher* (Fn. 1), § 26 Rn. 4.

[129] *Rittner/Dreher* (Fn. 1), § 26 Rn. 2; teilweise wird als zusätzliches Element des rein nationalen Subventionsbegriffs ein öffentlicher Zweck der Subvention verlangt, so etwa *Ruthig/Storr* (Fn. 1), Rn. 746, 756 ff.; so wohl auch *Manssen* (Fn. 3), Rn. 96, da dieser bei der Frage der Eingriffsqualität scheinbar selbstverständlich davon ausgeht, dass Subventionen einen öffentlichen Zweck verfolgen und damit automatisch in Gegensatz zu den (rein) wirtschaftlichen Interessen des Subventionsempfängers geraten können; *Ziekow* (Fn. 1), § 6 Rn. 5, 11.

[130] Vgl. ausf. *Rittner/Dreher* (Fn. 1), § 26 Rdnr. 12 ff.

[131] Vgl. dazu ausführlich *Rittner/Dreher* (Fn. 1), § 26 Rn. 75 ff.; ähnlich *Ziekow* (Fn. 1), § 6 Rn. 9.

[132] Vgl. nur unlängst die der Automobilindustrie im Rahmen des „Konjunkturpakets II" im Jahr 2009 gewährte sog. „Umweltprämie".

wenn die betreffende Leistung nicht nur übergangsweise, sondern langfristig gewährt wird. Die hiervon ausgehenden Wettbewerbsverzerrungen haben sich in zahlreichen Fällen dennoch nicht gegen die Marktkräfte durchzusetzen vermocht[133] und gewinnen im Hinblick auf Wettbewerber des begünstigten Unternehmens besondere verfassungsrechtliche Bedeutung.

### *c) Die verfassungsrechtliche Bedeutung*

Verfassungsrechtlich gesehen stellen die direkten Subventionen die Frage, inwieweit für diese eine gesetzliche Grundlage erforderlich ist. Ihre Lösung hängt von der Reichweite des Gesetzesvorbehalts ab. Subventionen sind dem Bereich der Leistungsverwaltung zuzuordnen, für den gerade die Reichweite des Gesetzesvorbehalts umstritten ist.

Zur Zeit der Weimarer Republik erfasste der Gesetzesvorbehalt – aufbauend auf den klassischen Vorstellungen *John Lockes* im 17. Jh.[134], wie sie vom wirtschaftlich aufstrebenden Bürgertum schon früh übernommen wurden – nur Eingriffe in Freiheit und Eigentum. Damit war die Leistungsverwaltung zunächst ausgenommen.[135] Die in der Nachkriegszeit einsetzende, stark anziehende wirtschaftliche Entwicklung trug maßgeblich zu einer stetigen Zunahme der vom Staat übernommen Aufgaben im Bereich der Leistungsverwaltung bei, die mit der in der Literatur entwickelten Idee eines Totalvorbehalts[136] nicht in Einklang zu bringen war. Das BVerfG hat sonach auch die Lehre vom Totalvorbehalt abgelehnt, so dass nunmehr bereits eine parlamentarische Willensäußerung in Form der Bereitstellung von Haushaltsmitteln genügt.[137] Dies mag insoweit begrüßenswert erscheinen, als mit dem Haushaltsgesetz zumindest eine Entscheidung des Gesetzgebers vorliegt. Doch darf dabei nicht vergessen werden, dass gegen ein solches formelles Gesetz mangels Außenwirkung keine Rechtsschutzmöglichkeit besteht.

Rechtsgrundlage der Subventionsvergabe ist folglich in der Regel das entsprechende Haushaltsgesetz des Bundes oder eines Landes i. V. m. einem bestimmten Titel im Haushaltsplan, wobei die Maßstäbe und die Verfahren für die Verteilung der Mittel im Einzelnen durch Subventionsrichtlinien festgelegt werden.[138] Diese stellen ermessenslenkende Verwaltungsvorschriften dar, welchen im Unterschied zu den sog. normkonkretisierenden Verwaltungsvorschriften keine unmittelbare Außenwirkung gegenüber dem Bürger zukommt und die keiner Veröffentlichung bedür-

---

[133] Vgl. hierzu ausführlich *Rittner/Dreher* (Fn. 1), § 26 Rn. 4.

[134] In der zweiten Abhandlung der „Two treatises of government" (1690; dt. „Über die Regierung") erklärt *Locke* Gleichheit, Freiheit und Recht auf Unverletzlichkeit der Person und Eigentum zu obersten Rechtsgütern.

[135] Vgl. etwa *Ruthig/Storr* (Fn. 1), Rn. 780.

[136] Vgl. dazu *Bauer*, DÖV 1983, 53, 75; *Jesch*, Gesetz und Verwaltung, 2. Aufl. 1968, S. 175 ff.; *Schmidt*, Wirtschaftspolitik durch Subventionen, in: Achterberg/Püttner/Würtenberger (Hrsg.), Besonderes Verwaltungsrecht, Bd. 1, 2. Aufl., 2010, S. 75.

[137] Vgl. *Rittner/Dreher* (Fn. 1), § 26 Rn. 71 m. w. Nachw.; *Stober* (Fn. 112), S. 302 f.

[138] Vgl. *Rittner/Dreher* (Fn. 1), § 26 Rn. 72 m. w. Nachw.; *Ziekow* (Fn. 1), § 6 Rn. 14; BVerwG NVwZ 2008, 1355.

fen.[139] Begrenzt wird die Subventionsvergabe indes durch die unmittelbare Grundrechtsbindung des Staates,[140] so dass nach der Wesentlichkeitstheorie das Parlament selbst tätig werden muss, wenn eine Entscheidung als wesentlich für die Grundrechtsverwirklichung anzusehen ist. Dabei besteht eine potentielle grundrechtliche Relevanz von Subventionen in zwei Beziehungen. Dies folgt aus der Eigenart der Subvention als potentiell wettbewerbsgefährdende Vorteilsgewährung seitens des Staates an (zumindest) einen Wettbewerber bei Außerachtlassung eines oder mehrerer anderer Konkurrenten. Als Schranke bieten sich daher Art. 2 Abs. 1 GG, Art. 3 Abs. 1 GG sowie Art. 12 Abs. 1 GG an.[141]

Für die weitere Betrachtung ist daher zwischen der Rechtsbeziehung von Subventionsgeber und Subventionsempfänger, die man auch als Subventionsverhältnis bezeichnet[142], und dem Verhältnis zu Dritten zu differenzieren.

#### *aa) Im Subventionsverhältnis*

Im Subventionsverhältnis kommt ein Grundrechtseingriff grundsätzlich nicht in Betracht. Im Gegenteil wird der Handlungsspielraum des Subventionsempfängers durch die Leistung erweitert.[143] Hierbei darf allerdings nicht außer Acht gelassen werden, dass Subventionen Instrumente der Lenkung, also der Herbeiführung eines bestimmten, vom Gesetzgeber in der Regel beabsichtigten[144] Verhaltens, sind.[145] Daher fehlt es an der grundsätzlich festgestellten fehlenden Eingriffsqualität nur so lange, wie die Leistung ex-post, also für ein bestimmtes vom Subventionsempfänger bereits erbrachtes Verhalten gewährt wird.[146]

Hingegen kann bei ex-ante gewährten Leistungen zu differenzieren sein: Wird durch die Subvention lediglich eine Obliegenheit begründet, liegt kein Grundrechtseingriff vor, da die betroffene Wirtschaftseinheit nicht gezwungen werden kann, ein bestimmtes, mit der Subvention verfolgtes Verhalten auch tatsächlich zu vollziehen. Damit beschränkt sich das Risiko des Subventionsempfängers auf die Rückgewähr des erlangten Vorteils. Anders soll zu verfahren sein, wenn mit der Leistung eine echte Verhaltenspflicht verbunden ist, da diese den Subventionsempfänger auch dann zur Verfolgung öffentlicher Zwecke zwingt, wenn diese nicht mehr in seinem wirtschaftlichen Interesse liegen.[147]

[139] *Ziekow* (Fn. 1), § 6 Rn. 14.

[140] BVerfGE 49, 89, 126.

[141] Vgl. hierzu *Rittner/Dreher* (Fn. 1), § 26 Rn. 70 m. w. Nachw.

[142] Vgl. etwa *Schmidt*, Wirtschaftspolitik durch Subventionen (Fn. 136), S. 77; *Stober*, Besonderes Wirtschaftsverwaltungsrecht, 14. Aufl. 2007, S. 307; *Ziekow* (Fn. 1), § 6 Rn. 6.

[143] *Manssen* (Fn. 3), Rn. 95; *Ruthig/Storr* (Fn. 1), Rn. 781; *Ziekow* (Fn. 1), § 6 Rn. 15.

[144] Zu dem Zusammenhang von Lenkungsmaßnahmen und ausbleibendem oder sogar gegenteiligem Lenkungseffekt vgl. ausführlich *Rittner/Dreher* (Fn. 1), § 24 Rn. 8.

[145] Vgl. dazu schon oben VI. 5. a), sowie *Manssen* (Fn. 3), Rn. 96.

[146] *Manssen* (Fn. 3), Rn. 95.

[147] *Manssen* (Fn. 3), Rn. 96.

### *bb) Im Verhältnis zu Dritten*

Das besondere Gefahrenpotential bei der Vergabe von Subventionen als Instrument staatlicher Wirtschaftslenkung liegt in der Verschlechterung der Wettbewerbsstellung betroffener Konkurrenten. Die formelle Wettbewerbsgleichheit ist dann nicht mehr gewährleistet.[148] Diese Gefahr muss jedoch nicht bei jeder Subvention gegeben sein. Sie kann etwa dann zu verneinen sein, wenn die Mittel nach dem „Gießkannenprinzip" ausgeschüttet werden und somit jedem Unternehmen des betreffenden Wirtschaftszweiges gleichermaßen zugute kommen. Daraus folgt, dass sich auch im Verhältnis zu Dritten eine schematische Betrachtungsweise verbietet.

Das führt zu der Frage, welcher Maßstab an die Beeinträchtigung der Wettbewerbsposition der Konkurrenten anzulegen ist, um einen Grundrechtseingriff bejahen zu können. Stellt man hierbei auf die allgemeinen Regeln ab, liegt ein Grundrechtseingriff nur dann vor, wenn es zu einer einigermaßen erheblichen Beeinträchtigung der Position des Mitbewerbers durch die Subvention kommt.[149] Teilweise wird diese dahingehend konkretisiert, dass eine erhebliche „Lenkungsintensität" von der Maßnahme ausgehen müsse.[150]

## VII. Das Besondere Wirtschaftsrecht

### *1. Die Grundfragen der Wirtschaftsaufsicht*

Das geltende Recht kennt keine allgemeine Wirtschaftsaufsicht im Sinn einer ständigen, auf das unternehmerische Handeln gerichteten Oberaufsicht.[151] Eine solche wäre angesichts der umfassenden grundrechtlichen Freiheitsgewährleistungen in Gestalt von Privatautonomie, Vertragsfreiheit und Unternehmerfreiheit verfassungswidrig.[152] Demgegenüber gilt aber auch, dass die Wirtschaftsverfassung des Grundgesetzes wirtschaftspolitischen Maßnahmen des Gesetzgebers grundsätzlich offen gegenüber steht.[153]

Aufgabe der Wirtschaftsaufsicht ist es dabei, die Freiheit der privatwirtschaftlich handelnden Rechtssubjekte im Hinblick auf deren Verantwortung für bestimmte Schutzgüter im Einzelfall zu begrenzen.[154] Nicht selten ist mithin ein gefahrenabwehrrechtlicher Bezug für wirtschaftsaufsichtsrechtliche Maßnahmen kennzeichnend.[155] Neben der Wirtschaftsaufsicht gibt es weitere – bereits angesprochene – Formen staatlicher Einwirkung auf das wirtschaftliche Handeln, insbesondere die Wirtschaftslenkung. Daneben tritt der Bereich der Wirtschaftsförderung.[156] Wirtschafts-

---

[148] Vgl. *Manssen* (Fn. 3), Rn. 99; *Rittner/Dreher* (Fn. 1), § 26 Rn. 93.
[149] BVerwGE 65, 167, 174.
[150] *Wieland* (Fn. 6), Art. 12 Rn. 88; *Jarass* (Fn. 3), Art. 12 Rn. 15.
[151] *Rittner/Dreher* (Fn. 1), § 6 Rn. 61.
[152] *Rittner/Dreher* (Fn. 1), § 4 Rn. 70 ff.
[153] *Scholz* (Fn. 3), Art. 12 Rn. 394; vgl. dazu auch oben III. 5. a).
[154] Vgl. *Ziekow* (Fn. 1), § 5 Rn. 6.
[155] Vgl. *Ziekow* (Fn. 1) Rn. 7; *Scholz* (Fn. 3), Art. 12 Rn. 395.
[156] Vgl. zu dieser Unterteilung *Ziekow* (Fn. 1), § 5 Rn. 1, der überdies die Wirtschaftsaufsicht in

aufsicht und Wirtschaftslenkung können anhand der den Verwaltungsbehörden übertragenen Kompetenzen unterschieden werden. Während die Wirtschaftsaufsicht gefahrenabwehrrechtlich-defensiv ausgerichtet ist, sind mit dem Begriff der Wirtschaftslenkung eher offensive Maßnahmen verbunden.[157]

Dies spiegelt sich auch in der Tätigkeit der handelnden Behörden wider: Soweit das Verhalten der Unternehmen im Gesetz selbst vorgeschrieben ist, genügt es, dass eine staatliche Stelle die Einhaltung der Vorschriften überwacht. Je mehr diese Überwachungsaufgabe jedoch mit zusätzlichen administrativen Kompetenzen verbunden ist, etwa Erlaubnisvorbehalten, Befreiungsmöglichkeiten sowie Ermittlungsbefugnissen und Strafsanktionen, desto mehr nähert sich die hoheitliche Wirtschaftsaufsicht einer unmittelbaren Wirtschaftslenkung.[158]

Daraus folgt, dass Wirtschaftslenkung und Wirtschaftsaufsicht keinen abgrenzbaren Gegensatz bilden, sondern je nach Intensität der Lenkungsmaßnahme in einem Stufenverhältnis zueinander stehen.[159] Begrenzt werden einzelne, die Berufsfreiheit tangierende Aufsichts- und Lenkungsmaßnahmen aber durch die Anforderungen an die verfassungsrechtliche Rechtfertigung im Rahmen der Drei-Stufen-Theorie.[160]

### 2. *Das Besondere Wirtschaftsrecht als Ausnahmeregelung*

Welche Wirtschaftszweige speziell, also z. T. abweichend vom Allgemeinen Wirtschaftsrecht geregelt werden sollen, entscheidet der Gesetzgeber. Das deutsche Recht beginnt bereit vor dem 1. Weltkrieg damit, indem es eine Versicherungsaufsicht (des Reiches) schuf (Versicherungsaufsichtsgesetz von 1901). Später folgten die Kreditaufsicht (Kreditwesengesetz von 1931) sowie die (Reichs-)Aufsicht nach dem Personenbeförderungsgesetz (1943), dem Energiewirtschaftsgesetz (1935) und dem Luftverkehrsgesetz (1936).[161]

Unter dem Grundgesetz kamen weitere Zweige sowie etliche Änderungen jener Aufsichten hinzu, so vor allem für die Medienwirtschaft und die Telekommunikationswirtschaft. Diese Regelungen gehen zum Teil auf europäische Richtlinien zurück. Dennoch hat die EU selbst bisher, von der Landwirtschaft abgesehen, darauf verzichtet, eigene Marktordnungen einzurichten.

### 3. *Zu den Ausnahmegründen*

In einem auf dem Gleichheitsgrundsatz fußenden Rechtssystem bedarf jede Ausnahmeregelung besonderer Gründe. Deswegen geht der Gesetzgeber auf diesen Feld-

---

Wirtschaftsüberwachung und Regulierungsüberwachung einteilt. Mit diesen Begriffen ist jedoch angesichts der unterschiedlichen Aufgaben der Wirtschaftsverwaltung und der Vielfalt der verwendeten Begriffe vorsichtig zu verfahren, vgl. dazu *Rittner/Dreher* (Fn. 1), § 6 Rn. 61 m. w. Nachw.

[157] Vgl. *Scholz* (Fn. 153), Rn. 395.

[158] *Rittner/Dreher* (Fn. 1), § 4 Rn. 72.

[159] *Rittner/Dreher* (Fn. 1), § 24 Rn. 13.

[160] Dazu sogleich unter VII. 4a.

[161] Vgl. des Näheren *Rittner/Dreher* (Fn. 1), § 20 Rn. 4, 22 ff.

ern mit Recht eher zögernd vor. Es sind vor allem drei Gründe, die eine Ausnahmeregelung erlauben oder sogar erfordern[162]:

- Schutz der Abnehmer,
- Schutz der Gesamtwirtschaft, namentlich vor Gefahren von Unternehmens-Zusammenbrüchen,
- Schutz bestimmter wirtschafts-sozialer Strukturen wie die bäuerliche Landwirtschaft oder eine optimale Infrastruktur in der Verkehrs- oder Energiewirtschaft.

### 4. *Die Einführung eines Basistarifs in der Privaten Krankenversicherung als Beispiel für den Konflikt zwischen Besonderem Wirtschaftsrecht und Sozialstaatsprinzip*

a) Die Einführung eines Basistarifs und einer teilweisen Portabilität von Altersrückstellungen im Bereich der Privaten Krankenversicherung (PKV) durch das Gesetz zur Stärkung des Wettbewerbs in der gesetzlichen Krankenversicherung (GKV-WSG) vom 26. 03. 2007[163] hat jüngst zu zwei Entscheidungen[164] des Bundesverfassungsgerichts geführt, die wie im Brennglas bereits aufgeworfene wirtschaftsrechtliche Fragen von verfassungsrechtlicher Bedeutung zum Gegenstand haben.

An dieser Stelle zu erörtern sind ausschließlich die verfassungsrechtlichen Probleme um den Kontrahierungszwang im Basistarif und die Begrenzung des Beitrags in selbigem.[165] In Betracht kommt hierbei ein Eingriff in die Berufsfreiheit der Versicherungsunternehmen, die von Art. 12 Abs. 1 GG erfasst ist.[166] Der seit der Apotheken-Entscheidung herrschenden Drei-Stufen-Theorie folgend, qualifiziert das BVerfG den sich aus dem Kontrahierungszwang ergebenden Eingriff sorgfältig als Berufsausübungsregel, da hierdurch nicht der Zugang zum Beruf des Versicherers verhindert, sondern nur die Art und Weise, wie die Tätigkeit auszuüben ist, um die Pflicht ergänzt werde, einen Basistarif anzubieten.[167] Eine divergierende Einordnung soll auch unter Berücksichtigung der faktischen Auswirkungen nicht erforderlich sein.[168] Mithin stellt sich die Frage nach der verfassungsrechtlichen Rechtfertigung. Als legitimer Zweck der Regelung genügt unter Beachtung der Drei-Stufen-Theorie bei Berufsausübungsregeln jede vernünftige Erwägung des Gemeinwohls.

Unter Berufung auf das Sozialstaatsprinzip des Art. 20 Abs. 1 GG ist der legitime Zweck eines solchen Kontrahierungszwangs in einer „Kernaufgabe des Staates" zu sehen, welcher im „Schutz der Bevölkerung vor dem Risiko der Erkrankung" besteht.[169] Die Erforderlichkeit des Kontrahierungszwangs wird damit begründet, dass

---

[162] Vgl. des Näheren *Rittner/Dreher* (Fn. 1), § 20 Rn. 5 ff.

[163] BGBl. I, S. 378.

[164] BVerfG VersR 2009, 957 ff. = NJW 2009, 2033 ff. sowie BVerfG VersR 2009, 1057 ff.

[165] Darüber hinaus stellten sich u. a. verfassungsrechtliche Fragen nach der Tarifautonomie beim VVaG (vgl. BVerfG Tz. 189, sowie insbes. BVerfG VersR 2009, 1057 ff.), der Gesetzgebungskompetenz des Bundes (vgl. Tz. 155), einer verfassungsrechtlichen Pflicht des Gesetzgebers, nicht über eine Minimalsicherung hinauszugehen (vgl. Tz. 186), dem Rückwirkungsverbot (Tz. 212 f.) sowie der Verlängerung der Versicherungsdauer auf (vorübergehend) drei Jahre (Tz. 230 ff.).

[166] Vgl. dazu schon oben Fn. 38 m. w. Nachw.

[167] Vgl. BVerfG Tz. 164, 166.

[168] Vgl. BVerfG Tz. 167 ff., 169.

[169] Vgl. BVerfG Tz. 171.

die betreffenden Personen kaum eine Möglichkeit hätten, in die PKV zu gelangen, legte man die üblichen, risikobezogenen Versicherungsvoraussetzungen zugrunde.[170] Dabei soll sich die Zuordnung dieser Personengruppe zur PKV als zulässige Lastenverteilung innerhalb des Systems einer Volksversicherung aus zwei Säulen darstellen.[171]

b) Die Beurteilung des Bundesverfassungsgerichts vermag vor allem in ihrer Ausführlichkeit zu überzeugen, bedarf im Einzelnen aber kritischer Reflexion. Obzwar teilweise[172] kritisiert wird, dass im Basistarif in systemfremder Art und Weise keine risikoadäquaten Beiträge erhoben werden dürfen, ist doch darauf zu verweisen, dass insbesondere mit § 5 Abs. 1 Nr. 2 a SGB V Risiken auch der Säule des dualen Versicherungssystems zugewiesen werden sollen, der sie eigentlich zuzuordnen sind.[173] Dies stellt sich als grundsätzlich richtige Weichenstellung dar; denn es ist entgegen der früheren Rechtslage im Ergebnis nicht einsichtig, weshalb schlechte Risiken einseitig der GKV – und damit letzten Endes der Allgemeinheit – zugewiesen werden sollen?[174]

Allerdings kann diese richtige Grundentscheidung nicht über erhebliche Bedenken hinwegtäuschen, was die konkrete Ausgestaltung des zu gewährenden Versicherungsschutzes anbelangt. So hat der Gesetzgeber den Basistarif auch mit einer Prämienhalbierung bei Hilfebedürftigkeit sowie nur unzureichenden Sanktionsmechanismen bei Obliegenheitsverletzungen und ohne Kündigungsmöglichkeit versehen, von denen nicht zum Nachteil des Versicherten abgewichen werden darf. Dieses Bündel gesetzgeberischer Entscheidungen führt absehbar dazu, dass die zu erwartenden schlechten Risiken die Versicherer dazu zwingen werden, auch andere Tarife über § 8 KalkV zur Kostendeckung heranzuziehen. Dabei stellt sich dieser – vom Bundesverfassungsgericht als „Indienstnahme Privater" bezeichnete – Eingriff in die Berufs- und Vertragsfreiheit der Versicherer und die grundrechtlich geschützten Positionen der Versicherungsnehmer und Versicherten als besonders bedenklich dar, tangiert er doch mit dem Äquivalenzprinzip einen Grundpfeiler der PKV und des Allgemeinen Wirtschaftsrechts.

Unter diesen Aspekten ist die Einführung des Basistarifs in der Gesamtschau als wohl noch verhältnismäßig anzusehen. Der Gratwanderung ist sich auch das Bundesverfassungsgericht bewusst, wenn es feststellt, dass „keine aktuelle, ernsthafte Bedrohung des Geschäftsmodells privater Krankenversicherer (...) festgestellt werden (kann)", aber „der Gesetzgeber zu beobachten (hat), ob die angegriffenen Vorschriften zu erheblichen Wechselbewegungen in den Basistarif und zu einer Belastung der in Normaltarifen Versicherten führen"[175] *(Klammerzusätze durch Verfasser).* Damit ist die Entscheidung gerade nicht als „Freibrief"[176] zu weiteren Eingriffen in Strukturprinzipien der PKV zu verstehen. Denn Ziel einer systemgerechten Risiko-

---

[170] Vgl. BVerfG (Fn. 164) Tz. 173.

[171] Vgl. BVerfG (Fn. 164) Tz. 175.

[172] *Boetius*, Private Krankenversicherung nach der Gesundheitsreform und vor der VVG-Reform, 2008, S. 14; *ders.*, VersR 2007, 431, 433 f.

[173] So auch *Marlow/Spuhl*, VersR 2009, 593 f., 605.

[174] Die Folgen der früheren Rechtslage beschreibend *Marlow/Spuhl* (Fn. 173), 605.

[175] BVerfG (Fn. 164) Tz. 241.

[176] In diesem Sinn auch *Hufen*, NZS 2009, 649 ff., 652.

zuordnung darf es somit nicht sein, die PKV faktisch zu einer „zweiten GKV" umzubauen.

## VIII. Schluss

Der Gesetzgeber hat in den vergangenen sechzig Jahren den ihm vor allem aufgrund der wirtschaftspolitischen Offenheit des Grundgesetzes zukommenden, weiten Spielraum des Grundgesetzes genutzt und in umfangreicher Weise wirtschaftsrechtliche Regelungen getroffen.

Dementsprechend weit ist die Spanne des heutigen Wirtschaftsrechts: Es reicht vom Kartellrecht über Regelungen der Wirtschaftsaufsicht und -lenkung bis hin zum Bereich der unternehmerischen Mitbestimmung. Das geltende Wirtschaftsrecht enthält also sowohl solche Regelungen, die die marktwirtschaftliche Ordnung zu gewährleisten vermögen, als auch andere, die einen sozialen Ausgleich sicherstellen.

Dem Gesetzgeber ist es damit vor dem Hintergrund des insoweit offenen Grundgesetzes gelungen, eine Wirtschaftsordnung zu schaffen, welche die wesentlichen Elemente der Sozialen Marktwirtschaft, wie sie auch in den Einigungsverträgen zum Ausdruck kommen, umfasst und damit zugleich den Gedanken einer gerechten Wirtschaftsordnung i. S. d. Art. 151 WRV verwirklicht.

Obwohl sich die Bemühungen des Gesetzgebers zur Umsetzung des Sozialstaatsgebots des Art. 20 Abs. 1 GG dabei oft als verfassungsmäßige Gratwanderungen erwiesen haben – wie beispielhaft anhand des Mitbestimmungsgesetzes und des Basistarifs in der Privaten Krankenversicherung deutlich wird –, bilden gerade die marktwirtschaftlichen Elemente die Grundlage für den Erfolg der Wirtschaftsordnung. Der Gesetzgeber ist daher auch in Zukunft gut beraten, bei seinen wirtschaftsrechtlichen Bemühungen nicht nur den Ausgleich zwischen marktwirtschaftlichen und sozialen Elementen beizubehalten, sondern auch niemals die Schwelle zu überschreiten, an der „die Störung des Marktes beginnt".[177]

---

[177] So *Müller-Armack* (Fn. 50), 391.

# 60 Jahre Grundgesetz und Sozialrecht

von

Prof. Dr. Dr. h.c. Eberhard Eichenhofer, Universität Jena

## I. Einleitung

Das Sozialrecht kommt im Grundgesetz (GG) nur vereinzelt vor. Es wurde aber im Verlauf seiner 60jährigen Geschichte dennoch umfassend zu dessen Gegenstand wie von dessen Maßstäben geprägt und durchdrungen. Das GG hat damit trotz sozialpolitisch kärglicher Ausformungen dem gesamten Sozialrecht markante Konturen gegeben und ihm so auch die Richtung gewiesen. Das GG benennt als sein Fundament den Sozialstaat, anerkennt, allerdings nur punktuell, soziale Grundrechte und trägt der bis in das 19. Jahrhundert zurückreichenden Sozialgesetzgebung in seinen Normen über die konkurrierende Gesetzgebung Rechnung, entwirft aber im Gegensatz zur Weimarer Reichsverfassung (WRV) keine verbindliche soziale Ordnung.

Dies erklärt sich aus seiner Entstehung als Provisorium statt einer Vollverfassung; als es vor 20 Jahren dazu wurde, perpetuierte es seine sozialpolitische Kärglichkeit der frühen Jahre. Dieser Weg erwies sich für das Sozialrecht als folgenreich. Mit dem Bekenntnis zum sozialen Rechtsstaat wurde die Sozialpolitik umfassend verrechtlicht; der Gesetzgeber behielt in der sozialpolitischen Gestaltung aber prinzipiell freie Hand (II). Allerdings erwiesen sich die hergebrachten liberalen Grundrechte und Gleichheitsverbürgungen auch als Stützen für soziale Rechte (III). Die Verteilung der Gesetzgebungszuständigkeit stärkte die Bundeskompetenz und beförderte damit die unitarisierende Wirkung der Sozialpolitik (IV). Das GG erwies sich schließlich auch für die in den vergangenen Jahrzehnten fortschreitende Europäisierung und Internationalisierung von Sozialrecht als offen (V).

## II. Gewährleistungsgehalt des Sozialstaats

### 1. *Anfang*

Das GG beschritt einen originellen, weltweit eigenen, indes inzwischen von den Verfassungen Spaniens und Portugals übernommenen Weg, um das Sozialrecht als ein bestimmendes Element von Staat und Recht der Gegenwart zu kennzeichnen. Statt in der Nachfolge der WRV soziale Grundrechte[1] zu formulieren, bekennt es sich zum „sozialen Rechtsstaat" (Art. 28 GG) oder „sozialen Bundesstaat" (Art. 20 GG) – kürzer: Sozialstaat! Was sich hinter diesem Begriff verbirgt, wurde anlässlich der Beratungen zum GG aber nicht eingehend erörtert.[2] Als Alternative wurde erwogen, Deutschland als „soziale Republik"[3] zu kennzeichnen; der Vorschlag fand aber nicht die nötige Mehrheit.

In den ersten Jahren nach Inkrafttreten des GG nahm sich vor allem die Doktrin des Begriffs Sozialstaat an. Sie sah darin zunächst eine „nur rechtsgrundsätzliche Zielbestimmung"[4] als Ausdruck der Vorläufigkeit des GG angesichts der „außerordentlichen sozialen Realität" seiner Entstehung. Erst ganz allmählich und unter manchem Vorbehalt reifte die Erkenntnis, dass die Sozialstaatlichkeit im demokratischen Rechtsstaat bedeute, „daß bei Beachtung (...) des Eigenrechts des Menschen die Sozial- und Wirtschaftsordnung zur Disposition der Gesellschaft gestellt ist, die sich im demokratischen Staat selbst bestimmt".[5]

Sozialstaatlichkeit beruht auf der tradierten Trennung von Staat und Gesellschaft. Sie hebt diese zwar nicht auf, legitimiert aber staatliche Interventionen in die privatrechtlich verfasste gesellschaftliche Ordnung. Sie befördert ferner die Gleichheit, verweist auf Demokratie. Darin entscheidet nicht nur die Mehrheit im Staat, sondern das demokratische Prinzip wird von der Staatsorganisation auch auf die gesellschaftliche Sphäre erstreckt und damit erweitert.[6]

Ob sich Sozialstaatlichkeit und Rechtsstaatlichkeit zu einer Einheit finden, blieb lange zweifelhaft, erschien doch diese dem die wohl erworbenen Rechte gewährleistenden Staatseinfluss und jene dagegen dem gestaltend – eingreifenden Staatshandelnden zugeordnet.[7] Auch die Sozialstaatsmodelle unterschieden sich – je danach, ob sie die überkommenen Besitz- und Vermögensverhältnisse hinnahmen und Sozialstaatlichkeit primär im Dienste von Erhalt und Verbreitung des Privateigentums stehend sahen oder als die Maxime eines auf Planung und Lenkung setzenden demokratischen Sozialismus verstanden.[8]

---

[1] Zu deren Problematik: *Ernst-Wolfgang Böckenförde*, Die sozialen Grundrechte im Verfassungsgefüge, in: SPD-Rechtspolitischer Kongreß, 1981, 7; *Brunner*, Die Problematik sozialer Grundrechte, 1971; *Lücke*, AöR 104 (1982), 15; *Müller*, Soziale Grundrechte, 1981 (2. Aufl.), *Van der Veen*, Soziale Grundrechte, 1968; *Graf Vitzthum*, ZfA 1991, 695.

[2] Vgl. JöR Band 1 n. F. (1951), 195 ff.

[3] Ebd., 199.

[4] *Hans Peter Ipsen*, Über das Grundgesetz (1949), in: Ernst Forsthoff (Hg.), Rechtsstaatlichkeit und Sozialstaatlichkeit, 1968, 16 ff., 23 und passim.

[5] *Wolfgang Abendroth*, Zum Begriff des demokratischen und sozialen Rechtsstaates im Grundgesetz der Bundesrepublik Deutschland, in: Forsthoff, 114, 121.

[6] Ebd.

[7] *Ernst Forsthoff*, Begriff und Wesen des sozialen Rechtsstaates, in: ders., ebd., 165 ff.

[8] *H. H. Hartwig*, Sozialstaatpostulat und gesellschaftlicher status quo, Köln/Opladen, 1970, 54–60.

## 2. Gehalt des Sozialstaats

Das Sozialstaatsprinzip (Artt. 20, 28 GG) hat letztlich durch Wissenschaft[9] und Rechtsprechung[10] seine heutige Kontur erlangt. Es beruht auf der gedanklichen Trennung zwischen Staat und Gesellschaft[11] – der Annahme, der Staat sei in seinen Aufgaben und Befugnissen nicht allzuständig (totalitär); ihm komme vielmehr ein durch die Grundrechte be- und abgegrenztes Feld von Kompetenzen zu. Die Gesellschaft entfalte sich also primär selbst und innerhalb des dem Staat gesetzten und vorgegebenen Rahmens in grundrechtlich geschützter Freiheit und Rechtsgleichheit. Dieser Prozess verbürgt die höchste individuelle wie allgemeine Wohlfahrt; diese wird allerdings durch die sie hervorgebrachte extreme soziale Ungleichheit bedroht.[12] Auf dieser Grundlage besagt das Sozialstaatsprinzip: Staatliche Maßnahmen zur Förderung des sozialen Ausgleichs und der sozialen Gerechtigkeit sind über die Maßnahmen zur Herstellung äußerer und innerer Sicherheit hinaus fundamentale Staatsaufgaben.[13] Das Sozialstaatsprinzip berechtigt und verpflichtet deswegen den Gesetzgeber zur Sozialpolitik und damit zur umfassenden rechtlichen Gestaltung der Gesellschaft.[14]

Sozialpolitik ist nicht Selbstzweck, sondern Mittel zur Herstellung sozialer Gerechtigkeit (§ 1 SGB I).[15] Diese Forderung leitet sich aus der Menschenwürde, den Freiheitsrechten und dem Gleichheitssatz ab. Die Menschenwürde wäre verletzt, würde in einer staatlich verfassten Gesellschaft dem Einzelnen nicht das Existenzminimum gewährleistet.[16] Freiheitsrechte liefen leer, so die als gegeben unterstellten Voraussetzungen zu freier Persönlichkeitsentfaltung faktisch nicht erfüllt sind. So setzt das Grundrecht auf freie Wahl des Arbeitsplatzes die individuelle Erwerbsfähigkeit voraus; Arbeitsunfähige können diese Freiheit nicht wahrnehmen. Deshalb ist es ein Gebot sozialer Gerechtigkeit, dass die Rechtsgemeinschaft dem Erwerbsunfähigen einen Ausgleich gewährt. Das Postulat der Gleichheit meint wesentlich Rechtsgleichheit, erschöpft sich darin aber nicht.

Es enthält eine Absage an jegliches im Status eines Menschen begründete Vorrecht und postuliert damit Chancengleichheit als soziales Menschenrecht. Die Rechtsgleichheit nimmt soziale Ungleichheit aber nicht nur hin, sondern bringt diese gera-

---

[9] Vgl. *Forsthoff* (Hg.), Rechtsstaatlichkeit und Sozialstaatlichkeit, 1968; *Kötter*, Mathias, Verantwortungsverteilung im Spiegel sozialverfassungsrechtlicher Debatten seit den fünfziger Jahren, in: von Arnauld/Musil (Hg.), Strukturfragen des Sozialverfassungsrechts, 2009, 85 ff.; skeptisch: *Schnapp*, JuS 1998, 873 ff.

[10] BVerfGE 1, 97 (105); 5, 85 (198); 18, 257 (267); 44, 70 (89); 65, 182 (193); 70, 278 (288); 82, 60 (80); vgl. eingehender *Jörn Ipsen*, Staatsrecht I, 2006 (18. Aufl.), Rn. 981 ff.

[11] *Gröschner*, in: Dreier (Hg.), GG, 2006 (2. Aufl.), Art. 20 (Sozialstaat), Rn. 21 ff., 25 ff.; *Papier*, in: SRH, Tz. 3–8 ff.; *Schlenker*, Soziales Rücktrittsverbot und Grundgesetz, 1986, 71; *Zacher*, Das soziale Staatsziel, in: Isensee/Kirchhof, Handbuch des Staatsrechts, Bd. 2, 2004 (3. Aufl.), § 28–25 ff.

[12] *Axer, Davy*, VVDStRL 68 (2009), 122 ff., 178 ff.

[13] *Herzog*, Demokratie und Sozialstaat, in: Kannengießer/von Maydell, Handbuch Sozialpolitik, 1988, 79.

[14] *Bachof*, Begriff und Wesen des sozialen Rechtsstaats, in: Forsthoff (Hg.), 201, 204; *Schlencker*, 71 ff.; *Gröschner*, in: Dreier (Hg.), GG, Art. 20 (Sozialstaat), Rn. 15 ff.

[15] *Bachof*, 205; *Herzog*, 80; *Menger*, Der Begriff des sozialen Rechtsstaats im Bonner Grundgesetz, in: Forsthoff, 42, 70.

[16] *Bachof*, 207.

de hervor. Denn sie ist um der Chancengleichheit willen gewährleistet. Das Gebot der sozialen Gerechtigkeit tritt deshalb ergänzend auf den Plan, um die Chancengleichheit effektiv zu machen. Deshalb ist die soziale Hilfe möglichst als Hilfe zur Selbsthilfe auszugestalten. Rechtsgleichheit verlangt deshalb auch danach, extreme Auswirkungen sozialer Ungleichheit zu lindern, ist also auch auf tatsächliche Gleichstellung gerichtet.

Die wichtigsten Ziele des Sozialstaatsprinzips sind die Hilfe gegen Not und Armut – Sicherung eines die Menschenwürde wahrenden Existenzminimums, mehr Gleichheit durch Abbau gesellschaftlicher Abhängigkeit, Sicherung des Einzelnen gegen die Wechselfälle des Lebens (= soziale Risiken) und Hebung und Verbreitung des Wohlstandes.[17]

### *3. Sozialstaat und andere Staatsziele*

Das Sozialstaatsprinzip harmoniert nicht mit anderen Staatszielen. Es bestehen Spannungen zwischen Sozialstaat und Bundesstaatlichkeit, Demokratie wie Rechtsstaatlichkeit. Zwischen dem Sozial- und Bundesstaat besteht eine Spannung, weil die soziale Gerechtigkeit die Vereinheitlichung der Lebensverhältnisse fordert und deswegen zentralistische Tendenzen befördert. Zwischen Demokratie und Sozialstaat[18] besteht ein Spannungsverhältnis, weil die Demokratie die Mehrheitsbelange wirkmächtig werden lässt,[19] soziale Gerechtigkeit aber auch und gerade den Schutz von Minderheiten fordert. Zwischen dem Rechts- und Sozialstaat besteht eine Spannung.[20] Denn dieser erstrebt das konkret Gerechte, wogegen jener nur das Verallgemeinerbare als gerecht anerkennen kann. Aber dieser Gegensatz kann überbrückt werden: „Der soziale Rechtsstaat ist ein Sozialstaat, der sich in den Verfahren, Formen und Grenzen des Rechtsstaats verwirklicht, und ein Rechtsstaat, der nicht nur offen ist dafür, vom sozialen Zweck erfüllt und in Dienst genommen zu sein, sondern seinen sozialen Auftrag positiv annimmt und ausführt."[21] Rechts- und Sozialstaat werden so „versöhnt".[22]

---

[17] Vgl. *Hans-Peter Ipsen*, Über das Grundgesetz, in: Forsthoff (Hg.), 16ff.; *Gröschner*, in: Dreier (Hg.), GG, 2006 (2. Aufl.), Art. 20 (Sozialstaat), Rn. 15ff., 36ff.; *Zacher*, Das soziale Staatsziel; *Papier*, in: SRH, Tz. 3–8ff.; Reiter, Bedeutung des Verfassungsrechts der Bundesrepublik Deutschland für das Sozialversicherungsrecht, in: Tomandl (Hg.), Verfassungsrechtliche Probleme des Sozialversicherungsrechts, 1989, 34ff.; skeptisch: *Schnapp*, JuS 1998, 873.

[18] *Heinig*, Der Sozialstaat im Dienst der Freiheit, 2008, 277ff.

[19] So *Forsthoff*, Verfassungsprobleme des Sozialstaats, in: ders., 145, 154.

[20] Vgl. dazu *Forsthoff*, Begriff und Wesen des sozialen Rechtsstaats, in: Forsthoff, 165ff.; *Müller-Volbehr*, JZ 1984, 6ff.

[21] *Zacher*, 63; ähnlich *Ipsen*, Rn. 987.

[22] *Häberle, Peter*, Grundrechte im Leistungsstaat, VVDStRL 30 (1972), 44, 98f.

## III. Sozialrechtliche Tragweite der Grundrechte

### *1. Menschenwürde*

#### *a) Ausgangspunkt*

Das BVerwG[23] stellte den Zusammenhang zwischen der Sozialhilfe und der für die Grundrechte elementaren Garantie der Menschenwürde (Art. 1 I GG) unmittelbar nach Aufnahme seiner Spruchpraxis her. Es folgerte aus der Menschenwürde – ganz und gar im kantischem Sinn –,[24] dass der Mensch im Recht stets als ein Subjekt zu denken wie zu stellen sei. Daher dürften auch die Bezieher sozialer Leistungen von der Verwaltung nicht zum Objekt staatlicher Fürsorglichkeit gemacht werden.

Den Menschen als Subjekt denken, heißt zunächst ihn als Rechts- und Wirtschaftssubjekt verstehen. Hieraus leitet sich das Recht auf Anerkennung jedes Menschen als Person mit eigener Würde ab. Aus der Verknüpfung von Menschenwürde und Sozialhilfe folgt also ein subjektives Recht auf Sozialhilfe. Auch wer kein Wirtschaftssubjekt sein kann, hat als Mensch dennoch ein Recht auf Befriedigung seiner Lebensbedürfnisse, notfalls auch gegenüber und mit Hilfe der rechtlich verfassten Gesellschaft.

Das BVerwG zielte mit seiner Entscheidung auf die gerichtliche Überprüfbarkeit der von der Fürsorgeverwaltung getroffenen Entscheidungen. Es erkannte daher jedem Adressaten eines die Pflichtleistung versagenden Bescheides der Verwaltung die Klagebefugnis zu.

Somit wurde die Rechtsstaatlichkeit auch in der Sozialverwaltung begründet und gewährleistet: „Der Einzelne ist zwar der öffentlichen Gewalt unterworfen, aber nicht Untertan, sondern Bürger. Darum darf er in der Regel nicht lediglich Gegenstand staatlichen Handels sein. Es wird vielmehr als selbständige, rechtlich verantwortliche Persönlichkeit und deshalb als Träger von Rechten und Pflichten anerkannt".[25]

#### *b) Befähigung des Einzelnen zum Gebrauch seiner Freiheiten*

In den weiteren Verwendungszusammenhängen erfüllt das Postulat der Menschenwürde eine dreifache Aufgabe: Es wird zum Grundprinzip der Sozialhilfe, zur Richtgröße für das Maß öffentlicher Hilfe und bestimmt schließlich dessen Erbringungsmodus. Schon frühzeitig sprach das BVerfG unter Berufung auf Art. 1 I GG aus, der Staat müsse „jedenfalls die Mindestvoraussetzungen für ein menschenwür-

---

[23] BVerwGE 1, 159.

[24] *Immanuel Kant*, Grundlegung zur Metaphysik der Sitten, (1775) II. Abschnitt: „Handle so, daß Du die Menschheit in deiner Person, als in der Person eines jeden anderen jederzeit zugleich als Zweck, niemals bloß als Mittel brauchest" (Kants Gesammelte Schriften, Abt. 1: Werke, Akademie Ausgabe 1973, Band IV, S. 385, 429).

[25] BVerwGE 1, 159, 161.

diges Dasein sichern".[26] Damit formuliert Art. 1 I GG jedenfalls dem Grunde nach ein Grundrecht auf Existenzsicherung.[27] In ihm wird die Aufgabe der Existenzsicherung eines jeden als letztlich staatliche Aufgabe formuliert. Dass der Sozialstaat als ein Fundament des Gemeinwesens ist, erklärt sich deshalb auch aus dieser Deutung der Menschenwürde.[28]

Das Maß der zu gewährenden Hilfe folgt aus der Menschenwürde-Garantie. Sie verlangt, dass dem Bedürftigen mehr als das physische, nämlich das soziokulturelle Existenzminimum zu gewährleisten.[29] „Der Begriff des menschenwürdigen Lebens lässt sich nicht allein als eine Formel für das physiologisch Notwendige umschreiben. Zugleich wird auf die jeweils herrschenden Lebensgewohnheiten und -erfahrungen verwiesen."[30] Menschenwürdig ist demnach ein dem einzelnen Menschen gemäßes Leben.[31] Das Existenzminimum hat dabei den „tatsächlichen Bedarf" zu sichern, der „verbrauchsbezogen" zu ermitteln ist.[32] Dieses abstrakte Maß ist auf gesetzgeberische Konkretisierung angelegt und angewiesen. Deshalb komme dem Gesetzgeber auch eine eigene Einschätzungsprärogative über das Maß der zu gewährenden Hilfe zu.[33]

### *c) Menschenbild des GG*

Diese sozialstaatliche Deutung der staatlichen Befugnisse folgt aus dem „Menschenbild" des Grundgesetzes.[34] Der Menschenwürde liegt danach „die Vorstellung vom Menschen als einem geistig-sittlichen Wesen zugrunde, das darauf angelegt ist, in Freiheit selbst zu bestimmen und sich zu entfalten. Diese Freiheit versteht das Grundgesetz nicht als diejenige eines isolierten und selbstherrlichen, sondern als die eines gemeinschaftsbezogenen und gemeinschaftsgebundenen Individuums".[35] Das GG hat „die Spannung Individiuum-Gemeinschaft im Sinne der Gemeinschaftsbezogenheit und Gemeinschaftsgebundenheit der Person entschieden; der Einzelne muss sich daher diejenigen Schranken der Handlungsfreiheit gefallen lassen, die der Gesetzgeber zur Pflege und Förderung des sozialen Zusammenhalts in den Grenzen

---

[26] BVerfGE 1, 97, 104; 40, 121, 133; 45, 187, 228; 48, 346, 361; 82, 60, 85; vgl. *Ralf Rothkegel*, Menschenwürde und Sozialhilfe, in: ders., Sozialhilferecht, 2005, III, 125 ff.

[27] Vgl. BVerfG – 9. 2. 2010 – 1 BvL 1/09; 3/09; 4/09 – dazu auch *Walter Georg Leisner*, Existenzsicherung im öffentlichen Recht, Tübingen 2007, 98 ff., 112 ff.

[28] *Christoph Enders*, Die Menschenwürde in der Verfassungsordnung, Tübingen 1997, 90, spricht im Blick auf die Menschenwürde-Garantie als Garantie des Existenzminimums von der „subjektiv-rechtlichen Konkretisierung des Sozialstaatsgrundsatzes auf Verfassungsebene"; für *Adalbert Podlech*, AKGG, 1989 (2. Aufl.), Rn. 63 zu Art. 1 GG wird durch den Sozialstaat das Menschenwürde-Prinzip konkretisiert.

[29] BSGE 97, 265, 278; BVerwGE 94, 326; 87, 212; Hessisches LSG – 29. 10. 2008 – L 6 AS 336/07.

[30] BVerwGE 35, 178, 181.

[31] *Renate Bieritz-Harder*, Menschenwürdig leben, Berlin 2001, 262 ff.

[32] BVerfGE 99, 246, 260; 99, 216, 231; Hessisches LSG – 29. 10. 2008 – L 6 As 336/07.

[33] BSGE 97, 265, 277; BVerwGE 36, 258.

[34] BVerwGE 5, 85, 204; 7, 198, 205; 33, 303, 334; 45, 187.

[35] BVerwGE 45, 187, 227; 4, 7, 15; vgl. dazu *Ulrich Becker*, Das „Menschenbild des Grundgesetzes" in der Rechtsprechung des Bundesverfassungsgerichts, Berlin 1996.

des allgemeinen Zumutbarem vorsieht, vorausgesetzt, dass dabei die Eigenständigkeit der Person gewahrt bleibt."[36]

Das aus Art. 1 I GG abzuleitende Recht zielt also auf Teilnahme jedes Einzelnen an der Gesellschaft. Dem sozial verpflichteten Staat ist deshalb notfalls auch aufgegeben, den Bedürftigen zum Gebrauch seiner grundrechtlich garantierten Freiheiten zu befähigen:[37] „Das Gebot des sozialen Rechtsstaates ist in besonderem Maße auf einen Ausgleich sozialer Ungleichheiten zwischen den Menschen ausgerichtet und dient zuförderst der Erhaltung und Sicherheit der menschlichen Würde, dem obersten Grundsatz der Verfassung. Es ist ein vom Staat zu verwirklichendes Gebot sozialer Solidarität, helfend einzugreifen, wenn sich der Mensch bemüht, zu seinem Recht zu kommen".[38] Aus der Pflicht zur Entfaltung der Menschenwürde durch Akte sozialer Solidarität folgt aber nicht nur, dem Einzelnen die „Sphäre privater Lebensgestaltung als unantastbaren Bereich menschlicher Freiheit" zu erhalten.[39] „Die unverlierbare Würde des Menschen als Person besteht gerade darin, dass er als selbstverantwortliche Persönlichkeit anerkannt bleibt".[40]

Aus dieser Bestimmung des Menschen zur Freiheit folgt aber zugleich auch der prinzipielle Nachrang aller öffentlichen Hilfe vor der Selbsthilfe. Dieser verwirklicht „allein die der Personenwürde des Menschen innewohnende Tendenz zur Entfaltung der eigenen Kräfte und zur Assoziation mit anderen".[41] „Deshalb enthält das Verlangen an den Einzelnen, zunächst seine eigenen Kräfte anzuspannen, nicht einen Abstand vom Sozialstaatsgedanken, sondern dessen Verdeutlichung und entspricht damit zugleich der Menschenwürde".[42] Eine unmittelbar verfassungsrechtliche Bedeutung erlangt das sozialhilferechtliche Existenzminimum ferner als absolute Grenze der Besteuerung des Einkommens.[43]

### 2. *Grundrechte mit unmittelbar sozialrechtlichem Gehalt*

Grundrechte mit unmittelbar sozialrechtlichem Gehalt sind im GG nur ausnahmsweise zu finden. Der Schutz der Familie (Art. 6 II, IV, V GG), das Diskriminierungsverbot gegenüber behinderten Menschen[44] (Art. 3 III 2 GG) sowie das Förderungsgebot gegenüber Frauen (Art. 3 II 2 GG) enthalten zwar jene vereinzelt auszumachenden grundrechtlichen Garantien spezieller sozialrechtlicher Belange. Art. 6 II 2 GG weist dem Staat ein Wächteramt über die elterliche Erziehung zu und legitimiert

---

[36] BVerfGE 33, 303, 330.

[37] *Bieritz-Harder*, 268ff.

[38] BVerfGE 35, 348, 355f.; zum Anspruch auf „Armenrecht" als Akt staatlicher Daseinsfürsorge, besondere Erscheinungsform der „Sozialhilfe im Bereich der Rechtspflege" (355).

[39] BVerfGE 6, 32, 41.

[40] BVerfGE 45, 187, 228.

[41] BVerwGE 23, 149, 153.

[42] Ebd.

[43] BVerfGE 82, 66; 87, 153; 89, 346; 99, 216; vgl. dazu *Moris Lehner*, Einkommensteuerrecht und Sozialhilferecht, Tübingen 1993.

[44] *Frowein*, Festschrift für Hans F. Zacher, 1998, 157; *Herdegen*, VSSR 1992, 245; *Ruffert*, Vorrang der Verfassung und Eigenständigkeit des Privatrechts, 2001, 256ff.; *Davy*, in: Deutscher Sozialrechtsverband (Hg.), Die Behinderten in der sozialen Sicherung, 2002, 7ff.

so die Jugendhilfe.[45] Nach Art. 6 IV GG hat jede Mutter Anspruch auf Schutz und Fürsorge der Gemeinschaft.[46] Dies rechtfertigt den sozialrechtlichen Mutterschutz. Art. 6 V GG fordert, durch Gesetzgebung gleiche Bedingungen für die Entwicklung ehelicher und nichtehelicher Kinder zu schaffen.[47]

Dieser Auftrag verpflichtete den Gesetzgeber die bei Schaffung des GG fortbestehenden privatrechtlichen Rechtsnachteile nichtehelicher gegenüber ehelichen Kindern zu überwinden. Die Bestimmung enthält auch den Auftrag zu sozialrechtlicher Förderung – nämlich die Herstellung von Chancengleichheit zwischen ehelichen und nicht ehelichen Kindern – eine dringende und drängende Aufgabe auch und gerade zeitgenössischer Sozialpolitik. Es fehlt dem GG aber der sozialpolitisch wirklich große Wurf. Wie steht es um die international anerkannten Rechte auf soziale Sicherheit[48], Gesundheit, Fürsorge, Arbeit, Wohnung oder Bildung?

### *3. Bedeutung der Grundrechte nicht sozialrechtlichen Gehalts für das Sozialrecht*

#### *a) Bedeutung der Grundrechte nichtsozialrechtlichen Gehalts für das Sozialrecht*

Obgleich das GG mangels einer umfassenden Normierung sozialer Grundrechte auf alle diese Fragen eine Antwort schuldig bleibt, weil es nur vereinzelt sozialrechtlich gehaltvolle Regelungen trifft, erlangten die zivilen Grundrechte für das Sozialrecht erhebliche Bedeutung. Sie wiesen dem Gesetzgeber Richtung und Grenzen sozialrechtlicher Gestaltung und sicherten der Sozialgesetzgebung zugleich die Wahrung nicht-sozialrechtlicher Anliegen zu. Dies ergab sich aus der verfassungsgerichtlichen Kasuistik; denn sozialrechtliche Fragen waren häufig Gegenstand verfassungsgerichtlicher Entscheidungen.[49]

Darüber hinaus trat der Sozialleistungen gewährende Staat in seiner die Grundrechte entfaltenden Stellung zunehmend in das Blickfeld der Staatsrechtslehre.[50] Die Einsicht wuchs: der Sozialleistungsstaat mache „Grundrechte … über das Sozialstaatsprinzip effektiv“;[51] ihnen eigne ein „personales Schutzdenken“,[52] sie zielten auf die Schaffung eines „freiheitlichen Gesamtzustandes“,[53] in dem die „soziale Freiheit … auch Sache staatlicher Sozialpolitik geworden“[54] sei. Dem materiell verstandenen

---

[45] *Zacher*, Elternrecht, in: Isensee/Kirchhof (Hg.), Handbuch des Staatsrechts, Bd. 6 (2. Aufl.), § 134, Rn. 75 ff.

[46] Dazu *Coester-Waltjen*, Mutterschutz in Europa, 1986.

[47] Zum Inhalt dieses Auftrages vgl. BVerfGE 25, 167, 190; 74, 33, 38; 84, 168, 184.

[48] *Jef van Langendonck*, The Right to Social Security, in: Eibe Riedel (Hg.), Social Security as a Human Right, 2007; *Eichenhofer*, Menschenrecht auf soziale Sicherheit, VSSR 2007, 87.

[49] Vgl. *Katzenstein*, SGb 1988, 177; *ders.*, VSSR 1982, 167; *Rüfner*, VSSR 1974, 68; *Umbach/Clemens*, VSSR 1992, 265; *Wand*, VSSR 1974, 52; *Butzer*, Fremdlasten, 2000; *Hase*, Versicherungsprinzip und sozialer Ausgleich, 2000; *Rolfs*, Das Versicherungsprinzip im Sozialversicherungsrecht, 2000.

[50] *Peter Häberle*, Grundrechte im Leistungsstaat, VVDStRL 30 (1972), 44 ff.

[51] Ebd., 67.

[52] Ebd., 74.

[53] Ebd., 76.

[54] Ebd., 81.

Gleichheitssatz komme dabei eine „Hebelwirkung“[55] zugunsten der sozialen Freiheit zu, dessen Ziel das Optimum realer Freiheit sei; Grundrechte hätten einen „Doppelcharakter“ aus individuellen Rechten und institutionellen Gewährleistungen[56] und letztere forderten und förderten deren leistungsrechtliche Ausgestaltung und Flankierung.

Für das Sozialleistungsrecht schälten sich im Kern drei verfassungsrechtliche Grundfragen heraus: Sind Einführung oder Ausweitung von Einrichtungen des Sozialrechts (insbesondere Vorsorgeeinrichtungen) verfassungsgemäß (b)? Welche Anforderungen sind an die Ausgestaltung von Sozialleistungssystemen zu stellen (c)? Welche Grenzen setzt das GG der Einschränkung sozialrechtlicher Rechte (d)?

### *b) Einführung und Ausweitung sozialer Sicherheit*

Die verfassungsrechtlichen Grenzen für Einführung oder Ausweitung von Einrichtungen des Sozialrechts hatte das BVerfG erstmals zu bestimmen, als über die Einführung einer Pflichtmitgliedschaft der freiberuflichen Ärzte zur Ärzteversorgung sowie der selbständigen Künstler zu einer Künstlersozialversicherung durch autonome Satzungen der Berufskammern der Ärzte sowie später der selbständigen Künstler zu entscheiden war.[57] Das BVerfG erkannte in beiden Fällen keinen Eingriff in die Freiheit der Berufsausübung (Art. 12 I GG), weil die Versicherungspflicht nicht die Berufsausübung der erfassten Personen betrifft. Versicherungs- und Beitragspflicht berührten jedoch die wirtschaftliche Betätigungsfreiheit und somit den Schutzbereich der allgemeinen Handlungsfreiheit (Art. 2 I GG). Ein solcher Eingriff sei statthaft, falls er selbst verhältnismäßig sei, also die Versicherungspflicht geeignet und erforderlich sei und der Gesetzgeber mit ihr keine übermäßige Sicherung bezwecke. Zugunsten der Geeignetheit spreche, dass die Sozialversicherung im Gegensatz zur privaten Ersparnisbildung unabhängig von Inflation, Vermögensverfall oder wirtschaftlicher Stellung des Vorsorgeträgers Sicherheit gewähre. Würden die in die Versicherungspflicht einbezogenen Personen durch die Sozialversicherung nicht gesichert, hätten sie selbst vorzusorgen. Die Versicherungspflicht liege deshalb im Eigeninteresse der Gesicherten, ermögliche den Selbständigen ein Ausscheiden aus dem Berufsleben und sichere damit zugleich Belange des Berufsstandes. Die Einführung einer Versicherungspflicht für Selbständige sei nicht unverhältnismäßig, ganz ebenso wie die Einbeziehung aller freiwillig in der privaten Krankenversicherung Versicherter in die private Pflegeversicherung.[58]

---

[55] Ebd., 96.

[56] Ebd., 112.

[57] BVerfGE 10, 354; 12, 319; 44, 70; 75, 108; vgl. ferner BVerwGE 87, 324; auch ein Eingriff in Art. 9 I GG kommt nicht in Betracht, Kaltenborn, NZS 2001, 300.

[58] BVerfGE 103, 197, 216ff.; vgl. auch 109, 96 (Einbeziehung der Nebenerwerbslandwirte in die landwirtschaftliche Sozialversicherung); 107, 205 (Nichteinbeziehung in Familienversicherung).

### c) *Ausgestaltung von Leistungen sozialer Sicherheit*

In der Ausgestaltung des Sozialrechts ergeben sich verfassungsrechtliche Fragen namentlich hinsichtlich der geschützten Personen und Bedingungen einzelner Sozialleistungen. Die erstgenannte Problematik erklärt sich aus der typisierenden Anlage des Sozialrechts und seiner hochgradigen Differenziertheit. Beide begünstigen Regelungen, die Gleiches ungleich und Ungleiches gleich behandeln. Es stellen sich deshalb oftmals Probleme der Vereinbarkeit einzelner Sozialleistungen mit dem allgemeinen Gleichheitssatz (Art. 3 I GG). Die Probleme erscheinen von höchst technischer Natur und verlangen deshalb auch bei der verfassungsrechtlichen Würdigung sozialrechtlichen Sachverstand.

Außerdem wandelte sich das Verständnis von Gleichheit seit Einführung des GG tiefgreifend: Es nahm zwar seinen Ausgang in der Rechts- und damit der formalen Gleichheit als der Folgerung aus der nicht hintergehbaren Forderung der gleichen Würde jedes Menschen.[59] Aber Gleichheit hat keinen „intrinsischen moralischen Wert".[60] „Das Übel, dass manche Menschen ein schlechtes Leben führen, entsteht nicht dadurch, dass andere Menschen ein besseres Leben führen. Das Übel liegt einfach in der unverkennbaren Tatsache, dass schlechte Leben schlecht sind".[61] Gleichheit soll also nicht die tatsächlichen Unterschiede unter den Menschen leugnen, einebnen und überwinden, sondern gerade umgehend zur Geltung bringen. Gleichheit bedeutet daher zunächst ein Wegsehen von Verschiedenheiten – mündend in die Abstraktion vom Einzelnen. Gleichheitsgebote erschöpfen sich darin jedoch nicht. Vielmehr sind auch Ungleichbehandlungen nötig, um die Gleichheit zu sichern – namentlich wenn nur durch die gezielte Förderung vormals benachteiligter Gruppen eine tatsächliche Gleichstellung und damit die Chancengleichheit gewährleistet ist.[62]

Das BVerfG ließ sich in den ihm unterbreiteten Fällen von folgenden Grundsatz- und Einzelerwägungen leiten: Soweit die Regelungen auf Typisierungen beruhen, sind Härten im Einzelfall hinzunehmen, wenn für die regelmäßigen Fälle ein vernünftiges Ergebnis eintritt.[63] Deshalb ist der Versorgungsausgleich auch verfassungsgemäß, wenn er einzelne Frauen schlechter stellt als die frühere Lage.[64] Deshalb ist eine rentenrechtliche Bewertungsregel mit Art. 3 I GG vereinbar, weil sie in der großen Mehrzahl der Fälle eine einkommensproportionale Bemessung der Rente zur Folge hat.[65] Im übrigen billigt das BVerfG jede Differenzierung, die auf einem einleuchtenden Grund beruht. Dabei kommt dem Gesetzgeber ein weiter sozialpolitischer Gestaltungsspielraum zu. Das BVerfG versagt sich insbesondere die Prüfung,

---

[59] *Joe Feinberg*, Social Philosophy, Englewood Clifts, N.J., 1973, 93.

[60] *Harry Frankfurt*, Gleichheit und Achtung, in: Angelika Krebs (Hg.), Gleichheit oder Gerechtigkeit, 2000, 38; *Craig L. Carr*, The Concept of Formal Justice, 39 (1981) Philosophical Studies, 211.

[61] *Frankfurt*, Anm. 60, 41.

[62] *Heide Pfarr*, Quoten und Grundgesetz, 1981; *Ute Sacksofsky*, Das Grundrecht und Gleichberechtigung, 1996, 2. Aufl.

[63] BVerfGE 63, 119; 66, 66, 78; 67, 231.

[64] BVerfGE 72, 141.

[65] BVerfGE 66, 234, 242 ff.

ob die angefochtene Regelung die vernünftigste oder gerechteste ist.[66] Zeigten sich Ungleichheiten, habe der Gesetzgeber einen Anpassungsspielraum.[67] Weil die wirtschaftliche Leistungsfähigkeit einerseits Maß für die Beitragsheranziehung und andererseits deren Einbuße Maß für die Höhe von Lohnersatzleistungen sind, sei Art. 3 I GG verletzt, wenn Einmalzahlungen zuvor mit Beiträgen belegt würden, aber bei der Leistungsbemessung unberücksichtigt blieben.[68] Rentenversicherungsrechtliche Abgeltungen von Kindererziehung können auch sozialversicherungsrechtlich unterschiedlich behandelt werden, wenn die Kindererziehung zu unterschiedlichen Zeit- und Lebensumständen geleistet wurde.[69] Hingegen sind Unterschiede bei Gewährung von BAföG für Erst- und Zweitausbildungen bei Ausfall des Elternunterhalts[70] ebenso wenig wie bei der Vermögensbewertung in der Ausbildungsförderung zu rechtfertigen.[71] Es sei mit dem Gebot der Gleichbehandlung unvereinbar, wenn der Zugang zur Krankenversicherung der Rentner von der vorherigen Pflicht- oder freiwilligen Versicherung[72] oder zur Grundrente vom Wohnort abhängen[73] oder Eltern- und Kindergeld vom aufenthaltsrechtlichen Status der Eltern abhängen.[74] Der Gleichheitssatz und die Pflicht zur staatlichen Förderung von Ehe und Familie geböten ferner eine Differenzierung bei der Beitragsgestaltung zur sozialen Pflegeversicherung, weil diese auf dem Generationenvertrag beruhe und deshalb neben dem monetären in Gestalt der Kindererziehung auf einen generativen Beitrag von den Versicherten angewiesen sei.[75]

### *d) Einschränkungen sozialer Rechte*

Von zentraler verfassungsrechtlicher Relevanz ist schließlich auch, ob gesetzliche Einschränkungen von Sozialleistungsrechten verfassungsrechtlich statthaft sind. Gegenstand der Prüfung wurde etwa die Neuregelung der rentenrechtlichen Anerkennung von Ausbildungszeiten,[76] die Rentenanpassung,[77] Krankenversicherung der Rentner[78] oder Leistungsvoraussetzungen für eine Rente wegen Berufs- oder Erwerbsunfähigkeit.[79] Stets war fraglich, unter welchen Voraussetzungen der Gesetzgeber Ansprüche oder Anwartschaften auf Sozialleistungen zu beschränken vermag.

---

[66] BVerfGE 3, 162, 182; 51, 295, 300f.; 59, 287, 300; 68, 193.
[67] BVerfGE 89, 365, 380.
[68] BVerfGE 92, 53; 102, 127.
[69] BVerfGE 97, 103.
[70] BVerfGE 99, 165.
[71] BVerfGE 100, 195ff.
[72] BVerfGE 102, 68.
[73] BVerfGE 102, 41; vgl. zur Problematik Rentenangleichung *Ruland*, NZS 2009, 121.
[74] BVerfGE 111, 176, 160.
[75] BVerfGE 103, 242.
[76] BVerfGE 71, 1.
[77] BVerfGE 64, 87.
[78] BVerfGE 69, 272.
[79] BVerfGE 75, 78.

In dieser Frage sind Prüfungsmaßstab und Schranken problematisch. Bis 1980 war Art. 2 I GG, seither ist Art. 14 GG Prüfungsmaßstab.[80] Dieser Wandel wurde vom BVerfG erstmals in seiner Entscheidung über die Zulässigkeit des Versorgungsausgleichs[81] vertreten, nachdem sie zuvor schon vom BSG[82] sowie in einem Minderheitenvotum[83] verfochten wurde. Das BVerfG hat demgemäß die Eigentumsgarantie auf die sozialversicherungsrechtlichen Anwartschaften erstreckt, weil diese wie klassisches Eigentum die freie Lebensführung des Leistungsempfängers sicherten. Dies gelte auch für Leistungen für Arbeitslose.[84]

Sozialversicherungsrechtliche Anwartschaften seien Vermögenswerte und daher als Eigentum zu schützen. Dem Schutz der Eigentumsgarantie unterfallen auch die Überleitung der in der DDR erworbenen Anrechte der Sonder- oder Zusatzversorgung in die gesetzliche Rentenversicherung,[85] dagegen mangels personaler Beziehung zwischen Beitrag und Leistungsanspruch nicht die Anrechte aus der Hinterbliebenenversorgung.[86] Denn durch den korrigierenden Eingriff in sozialversicherungsrechtliche Anwartschaften würde Vertrauen enttäuscht; Art. 14 GG solle das Vertrauen auf den Fortbestand von Aussichten mit Vermögenswert schützen. Desgleichen sind Anwartschaften und Ansprüche auf Arbeitslosengeld (I – nicht II![87]) durch Art. 14 GG geschützt.[88]

Einschränkungen seien zulässig, wenn das Gesetz Inhalt und Schranken des Eigentums verfassungsgemäß bestimme und das Verhältnismäßigkeitsprinzip wahre. Auch Maßnahmen zur Erhaltung der Funktionsfähigkeit der Sozialversicherung berechtigen den Gesetzgeber zur Inhalts- und Schrankenbestimmung des Eigentums (Art. 14 I 2 GG). Außerdem gesteht das BVerfG dem Gesetzgeber auch bei Beschränkung von Sozialleistungsansprüchen einen weiten Gestaltungsspielraum zu, namentlich die Konzentration der Leistungen auf die sozial Schwächeren[89] oder deren Zurückführung auf ihre eigentliche Funktion.[90] Nicht einmal eine Bestandsgarantie für die Sozialversicherung sei im GG enthalten.[91] Dagegen dürfe der Gesetzgeber nicht Leistungen pauschalisierend an abstrakten, von der Person des Versicherten unabhängigen Kriterien bestimmen.[92] Ferner wird zum verfassungsrechtlichen Problem,

---

[80] BVerfGE 32, 111; 36, 73; vgl. zur Problematik: *Boecken*, Der verfassungsrechtliche Schutz von Altersrentenansprüchen und -anwartschaften in Italien und in der Bundesrepublik Deutschland, 1987; *Jährling-Rahnefeld*, Verfassungsgemäßheit der Grundrente, 2002; *Krause*, Eigentum an subjektiv-öffentlichen Rechten, 1982; *Papier*, in: SRH, Tz. 3–41 ff.; *Pohl*, Rechtsprechungsänderung und Rückanknüpfung, 2005; *Preis/Kellermann*, SGb 1999, 329; *Reiter*, SGb 1996, 246 ff.; *Stober* (Hg.), Eigentumsschutz sozialrechtlicher Positionen, 1986.

[81] BVerfGE 53, 257.

[82] BSGE 9, 127.

[83] Richterin *Rupp-von Brünneck*, BVerfGE 32, 111.

[84] BVerfGE 87, 234.

[85] BVerfGE 101, 59 ff., 104 ff.; BSGE 84, 156 ff.; 180 ff.

[86] BVerfGE 97, 271.

[87] BSGE 97, 265.

[88] BVerfGE 72, 9; BSG NZS 1996, 579 (581).

[89] BVerfGE 97, 271; OGH in: Pieters/Zaglmayer, p. 257.

[90] BVerfGE 97, 378.

[91] BVerfGE 39, 302, 314 f.

[92] BVerfG 100; 1 ff.; 59 ff.; 104 ff.; 138 ff.; wie die Zugehörigkeit zum Staatssicherheitsdienst oder Staatsapparat der DDR.

inwieweit die Sozialversicherung allgemeine Staatsaufgaben wahrzunehmen hat – namentlich ob angesichts des Versicherungsprinzips ein Solidarausgleich statthaft und die Übertragung von Fremdlasten zulässig ist.[93] Danach ist die Sozialversicherung zwar primär Versicherung; ihr ist der Solidarausgleich jedoch eigen. Sie ist gerade darin verfassungsrechtlich legitimiert. Fremdlasten dürfen der Sozialversicherung indes prinzipiell nicht auferlegt werden. Die Abgrenzung zwischen legitimem Solidarausgleich und illegitimer Fremdlast gestaltet sich jedoch wegen der weitgehenden Identität zwischen Sozialversicherten und der Allgemeinheit im Einzelfall als schwierig.[94]

## IV. Unitarischer Sozialstaat im Bundesstaat

### *1. Festigung des Zentralstaates*

Sozialrecht regelt öffentlich-rechtliches Geben und Nehmen. Im sozialen Rechtsstaat, der vollziehende Gewalt und Rechtsprechung an Gesetz und Recht bindet (Art. 20 III GG), ist Sozialrecht auf die Gesetzgebung notwendig angewiesen. Da Deutschland ein Bundesstaat ist, kommen Bund und Ländern je eigene, voneinander unabhängige Gesetzgebungszuständigkeiten zu. Die Zuständigkeit in der Sozialgesetzgebung wird in Art. 74 GG normiert. Im Gegensatz zu anderen föderal gegliederten Staaten[95] ist die sozialrechtliche Gesetzgebung in Deutschland beim Bund konzentriert; den Ländern ist eine nur schmale Zuständigkeit verblieben.

Dies hat zunächst historische Gründe. Sozialversicherung – Herzstück moderner Sozialgesetzgebung – sollte die Industriearbeiterschaft an das Reich binden, um so den 1871 gegründeten Zentralstaat zu festigen. Außerdem sichert diese Zuständigkeitsverteilung, dass die für die Lebensgestaltung vieler Menschen wesentlichen Sozialleistungen einheitlich bemessen werden. Damit werden die Lebensverhältnisse in Deutschland vereinheitlicht – dessen Wirkungen namentlich bei der Wiedervereinigung sichtbar wurden. Durch die Föderalismusreform (2005)[96] wurde die bisherige Aufteilung der Zuständigkeit von Bund und Ländern verändert, sie berührt entfernt auch das Sozialrecht.

### *2. Zuständigkeitsvermutungen für den Bund*

Zwar besteht eine allgemeine Vermutung für die Gesetzgebungszuständigkeit der Länder (Art. 70 GG); diese wird jedoch durch die dem Bund in Artt. 71–75 GG eingeräumte ausschließliche (Artt. 71, 73 GG), konkurrierende (Artt. 72, 74 GG) und

---

[93] *Butzer*, Fremdlasten in der Sozialversicherung, 2001; *Hase*, Versicherungsprinzip und sozialer Ausgleich, 2000; *Rolfs*, Das Versicherungsprinzip im Sozialversicherungsrecht, 2000.

[94] *Becker*, Transfergerechtigkeit, 2001.

[95] Namentlich die USA, Kanada, Schweiz und Österreich; vgl. *Steven Vansteenkiste*, Sociale zekerheid, federalisme en de Europese Gemeenschap, 1995; *Kessler*, Le fédéralisme social, 56 (2006) Lien social et politique.

[96] BT-Drs. 16/813, 814; dazu *Häde*, JZ 2006, 930; Burgi, DVBl. 2007, 70.

Rahmengesetzgebungskompetenz (Art. 75 GG) verändert. Artt. 73, 74 GG benennen jeweils Materien, für die eine ausschließliche oder konkurrierende Gesetzgebungszuständigkeit besteht. Durch die Föderalismusreform wurde die Aufgabenverteiligung gegenüber dem bisherigen Rechtszustand verändert. In die ausschließliche Gesetzgebungskompetenz des Bundes fällt die Versorgung von Kriegsgeschädigten und Hinterbliebenen und die Fürsorge für ehemalige Kriegsgefangene (Art. 73 I Nr. 13 GG).

Gegenstände konkurrierender Gesetzgebung[97] sind die öffentliche Fürsorge[98] (Art. 74 I Nr. 7 GG), Kriegsschäden und Wiedergutmachung (Art. 74 I Nr. 9 GG), Arbeitsvermittlung, Sozialversicherung einschließlich der Arbeitslosenversicherung (Art. 74 I Nr. 12 GG), Ausbildungsbeihilfen (Art. 74 I Nr. 13 GG) und wirtschaftliche Sicherung der Krankenhäuser und die Krankenhauspflegesätze (Art. 74 I Nr. 19a GG). Die Gesetzgebungszuständigkeit für die „öffentliche Fürsorge" betrifft die soziale Hilfe. Die Gesetzgebungszuständigkeit für die Sozialversicherung,[99] die wirtschaftliche Sicherung von Krankenhäusern und die Regelung der Krankenhauspflegesätze ermöglicht die soziale Vorsorge. Die Zuständigkeit für die Schaffung von Arbeitslosenversicherung und Ausbildungsbeihilfen ist schließlich Grundlage für die soziale Vorsorge und Förderung. Der Bund hat diese Gesetzgebungszuständigkeit durch umfassende Bundesgesetze nahezu erschöpft.

### 3. *Was bleibt den Ländern?*

Zuständigkeiten der Landesgesetzgebung bestehen nach dem GG für die Landesbeamten (Art. 70 I GG) – namentlich deren Besoldung und Versorgung. Art. 84 I 7 GG untersagt dem Bund die unmittelbare Aufgabenübertragung auf die Gemeinden; diese ist nun den Ländern vorbehalten. Dies erklärt die Unzulänglichkeit der Arbeitsgemeinschaften nach § 44 b SGB II.[100] Im Übrigen bestehen Zuständigkeiten der Landesgesetzgebung nur soweit der Bundesgesetzgeber diese dem Landesgesetzgeber eigens eröffnet hat. Bundesrecht überantwortet den Ländern die Zuständigkeit für die Pflegeinfrastruktur (§ 9 SGB XI),[101] die Organisation von Sozial- (vgl. § 101 SGB XII) und Jugendhilfe (§ 15 SGB VIII) sowie des Rechtsschutzes gegen Akte der Sozialverwaltung (vgl. §§ 7, 28 SGG, 2 VwGO). Die Länder haben insbesondere die Verwaltungsstrukturen und die Kostenverteilung innerhalb eines Landes zwischen den verschiedenen Trägern der Sozial- und Jugendhilfe selbständig zu regeln. Die

[97] Konkurrierende Gesetzgebungszuständigkeit bedeutet, dass Bund und Länder zur Gesetzgebung befugt sind. Hat der Bund allerdings von seiner Gesetzgebungszuständigkeit Gebrauch gemacht, ist die Gesetzgebungszuständigkeit der Länder verbraucht. Der Bund darf von seiner Gesetzgebungszuständigkeit nur Gebrauch machen, wenn ein Bedürfnis nach bundesgesetzlicher Regelung besteht. Dieses besteht, falls die Angelegenheit durch Landesgesetzgebung nicht wirksam geregelt werden kann, die Regelung durch ein Land den Interessen anderer Länder zuwiderliefe oder zur Wahrung der Rechts- und Wirtschaftseinheit oder zur Wahrung der Einheitlichkeit der Lebensverhältnisse eine über das Gebiet eines Landes hinaus geltende Regelung erforderlich ist (Art. 72 GG).

[98] Einschließlich der Jugendhilfe (BVerfGE 22, 180, 212f.).

[99] *Axer*, in Bonner Kommentar zu Art. 74 Nr. 12 GG, Anm. 2ff.

[100] BVerfGE 119, 331.

[101] *Klie*, VSSR 1999, 327.

bundesrechtlichen Regelungen zur Jugendhilfe legen nur Leitlinien für die damit zusammenhängenden Aufgaben und Leistungen fest. Die konkrete Ausgestaltung der Jugendarbeit und -sozialarbeit wird dagegen landesrechtlich bestimmt (§ 15 SGB VIII). In der Sozialhilfe legt der Bund als örtliche Träger die kreisfreien Städte oder Landkreise fest (§§ 97, 98 I SGB XII). Die Bestimmung der überörtlichen Träger – die Länder selbst, „Landeswohlfahrtsverbände" oder „Bezirke" – obliegt hingegen den Ländern (§ 97 II SGB XII). Die Länder bestimmen darüber hinaus, wie sich die Aufgaben zwischen örtlichen und überörtlichen Trägern der Sozialhilfe verteilen (§ 99 SGB XII). Schließlich gestaltet die Landesgesetzgebung für die Angehörigen der freien Berufe Versorgungswerke, Ausbildungsbeihilfen für Schüler, sozialer Wohnungsbau und das Blindengeld.

Der deutsche Sozialstaat zeichnet sich damit durch ein auch im internationalen Vergleich der Bundesstaaten hohes Maß an Zentralisierung auf. Der Länder-Einfluss auf die Sozialgesetzgebung ist also gering – die Gesetzgebungskompetenz ist beim Bund konzentriert (und nur in diesem Rahmen über den Bundesrat dem Länder-Einfluss zugänglich). Die Bundesrepublik Deutschland ist also nicht nur wesentlich ein Sozialstaat, sondern obendrein auch ein einheitlich durch den Bund geregelter Sozialstaat.

## V. Sozialrechtliche Rückwirkungen der Europafreundlichkeit und Weltoffenheit des GG

Das GG versteht die Bundesrepublik Deutschland als einen Teil der Weltgesellschaft und des vereinten Europas. Hieraus erklärt sich seine Hinwendung zu den allgemeinen und unveräußerlichen Menschenrechten, seiner Unterwerfung unter das Völkerrecht und seine Hinwendung zu und Ausrichtung nach Europa. Gerade im Rahmen der europäischen Integration vollzieht sich gegenwärtig ein, auch die sozialstaatliche Ordnung verändernder Prozess einer fortschreitenden Europäisierung.

### 1. *Aufgaben und Zielbestimmungen der EU*

Art. 2, 3 EUV führen die der EU übertragenen Aufgaben auf. Diese Umschreibungen bemühen sich um eigene Begriffe. Nach Art. 2 EUV gründet sich die EU auf die Achtung der Menschenwürde, Freiheit, Demokratie, Gleichheit, Rechtsstaatlichkeit und die Wahrung der Menschenrechte, einschließlich der Rechte der Personen, die Minderheiten angehören. Weiter heißt es: „Diese Werte sind allen Mitgliedstaaten in einer Gesellschaft gemeinsam, die sich durch Pluralismus, Nichtdiskriminierung, Toleranz, Gerechtigkeit, Solidarität und die Gleichheit von Frauen und Männern auszeichnet". Diese Prinzipien und Grundsätze sind von erheblicher sozialrechtlicher Substanz.[102] Denn sie schützen den Menschen in seiner körperlichen Existenz, woraus Rechte auf Sozial- und Krankenhilfe folgen. Das Postulat der

---

[102] Vgl. auch *Streinz/Ohler/Herrmann*, Der Vertrag von Lissabon zur Reform der EU, 2008, 64.

Gleichheit[103] bedeutet die Absage an jegliches Privileg – nicht nur rechtlich, sondern auch sozial und begründet den Anspruch auf soziale Teilhabe. Gerechtigkeit und Solidarität bedeuten das Füreinander-Einstehen der Menschen. Eine, sich auf diese Werte gründende Ordnung setzt eine ausgebaute sozialstaatliche Ordnung voraus, die dem Einzelnen die Entfaltung der Freiheiten ermöglicht.

Die Wirtschafts- und Sozialordnung der EU wird in Art. 3 III EUV umschrieben: „Die Union errichtet einen Binnenmarkt. Sie wirkt auf die nachhaltige Entwicklung Europas auf der Grundlage eines ausgewogenen Wirtschaftswachstums und von Preisstabilität, eine in hohem Maße wettbewerbsfähige soziale Marktwirtschaft, die auf Vollbeschäftigung und sozialen Fortschritt abzielt, ... hin. ... Sie bekämpft soziale Ausgrenzung und Diskriminierungen und fördert soziale Gerechtigkeit und sozialen Schutz, die Gleichstellung von Frauen und Männern, die Solidarität zwischen den Generationen und den Schutz der Rechte des Kindes".

Diese Aussage klärt, dass der auf Wachstum, Preisstabilität, Wettbewerb und Nachhaltigkeit beruhende Binnenmarkt nicht um seiner selbst willen errichtet wurde und besteht, sondern letztlich auf Vollbeschäftigung und sozialen Fortschritt zielt und damit den arbeitenden Menschen und der Gesellschaft als Ganzer zugute kommen soll. Vollbeschäftigung und ein fairer Anteil der arbeitenden Bevölkerung am Erwirtschafteten sind Voraussetzungen wie Ziele erfolgreicher Sozialpolitik. In der Verknüpfung von Prosperität durch Wettbewerb und dessen sozialstaatliche Flankierung liegt das Europäische Sozialmodell.[104]

Darüber hinaus weist die Bestimmung der EU originäre Aufgaben auf sozialpolitischem Gebiet zu, nämlich die soziale Ausgrenzung und Diskriminierung zu „bekämpfen" und die soziale Gerechtigkeit und den sozialen Schutz zu fördern. Diese Aufgaben stehen selbständig und gleichrangig neben der ökonomischen Aufgabe der EU.[105]

## 2. *Einzelermächtigung, Subsidiarität und Verhältnismäßigkeit*

Art. 4, 5 EUV bekräftigt die überkommene Zuständigkeitsabgrenzung zwischen EU und Mitgliedstaaten, namentlich die Grundsätze der begrenzten Einzelermächtigung, Subsidiarität und Verhältnismäßigkeit. Die Zuständigkeit der EU wird danach auf die Vertragsziele beschränkt und kann nur gebraucht werden, wenn dessen Ziele von den Mitgliedstaaten nicht selbst besser verwirklicht werden können; ihr Gebrauch soll sich auf das zur Zielerreichung Notwendige beschränken.

Nach Art. 2 III AEUV koordinieren die Mitgliedstaaten „ihre Wirtschafts- und Beschäftigungspolitik im Rahmen von Regelungen nach Maßgabe dieses Vertrages, für deren Feststellung die Union zuständig ist". Damit wird eine Kooperationspflicht für die Mitgliedstaaten in allen Fragen der Wirtschafts- und Beschäftigungspolitik

---

[103] *Nußberger*, DVBl. 2008, 1081 ff.; *Piazolo*, Solidarität. Deutungen zu einem Leitprinzip der Europäischen Union, 2004.

[104] *Jepsen/Pascual*, Unwrapping the European Social Model, 2006; *Zweynert*, Europa als Wirtschafts- und Soziamodell?, in: Kadelbach (Hg.), Europäische Identität, 2008, S. 25.

[105] *Pechstein*, in: Streinz, EGV/EUV, 2003, Art. 2 EUV Rn. 8.

begründet. Sie soll für die Mitgliedstaaten den Rahmen abstecken. Darin wird für die EU eine das mitgliedstaatliche Handeln koordinierende, ergänzende und unterstützende Zuständigkeit begründet, welche jenes überformt, allerdings nicht die EU-Kompetenz ausweitet (Art. 2 V AEUV).

Art. 3 I b AEUV weist der EU die ausschließliche Zuständigkeit für die „Festlegung der für das Funktionieren des Binnenmarkts erforderlichen Wettbewerbsregeln" zu. Dadurch wird der EU-weite Wettbewerb auch für daran beteiligte Sozialleistungsträger durch die im EU-Kartell-, Vergabe- und Beihilferecht niedergelegten Regeln bestimmt. Art. 6 AEUV sieht eine ergänzende, unterstützende, koordinierende Rolle zum Schutz und der Verbesserung der Gesundheit, bei der allgemeinen und beruflichen Bildung und für die Verwaltungszusammenarbeit vor.

Eine zwischen EU und Mitgliedstaaten geteilte Zuständigkeit weist Art. 4 II AEUV im Hinblick auf den Binnenmarkt, die „Sozialpolitik einschließlich der in diesem Vertrag genannten Aspekte", den „wirtschaftlichen, sozialen und territorialem Zusammenhalt" sowie den Verbraucherschutz auf. Schließlich bestimmt Art. 5 AEUV: „(1) Die Mitgliedstaaten koordinieren ihre Wirtschaftspolitik innerhalb der Union. Zu diesem Zweck erlässt der Rat Maßnahmen; insbesondere beschließt er die Grundzüge dieser Politik ... (2) Die Union trifft Maßnahmen zur Koordinierung der Beschäftigungspolitik der Mitgliedstaaten, insbesondere durch die Festlegung von Leitlinien für diese Punkte. (3) Die Union kann die Initiativen zur Koordinierung der Sozialpolitik der Mitgliedstaaten ergreifen".

Entsprechend der originär sozialpolitischen Grundausrichtung der EU (vgl. Art. 3 III EUV) kommt ihr auf dem Gebiet der Sozialpolitik eine Vielzahl geteilter Zuständigkeiten zu. Dementsprechend führen Art. 151, 153 AEUV eine Fülle sozialpolitischer Einzelmaterien auf, in denen die EU die Mitgliedstaaten bei der Verwirklichung ihrer Aufgaben unterstützt und ergänzt (vgl. Art. 153 I AEUV): Verbesserung der Arbeitsumwelt zum Schutz der Gesundheit und Sicherheit der Arbeitnehmer, Arbeitsbedingungen, soziale Sicherheit und sozialer Schutz der Arbeitnehmer, Schutz der Arbeitnehmer bei Beendigung des Arbeitsvertrags, Unterrichtung und Anhörung der Arbeitnehmer, kollektive Wahrnehmung der Arbeitnehmer- und Arbeitgeberinteressen einschließlich der Mitbestimmung mit Ausnahme von Arbeitsentgelt, Koalitions-, Streik- und Aussperrungsrecht, Beschäftigung von Drittstaatsangehörigen, berufliche Eingliederung der aus dem Arbeitsmarkt Ausgegrenzten, die neben der Zuständigkeit für die berufliche Bildung tritt, Chancengleichheit von Männern und Frauen auf dem Arbeitsmarkt und Gleichbehandlung, Bekämpfung der sozialen Ausgrenzung und Modernisierung der Systeme des sozialen Schutzes.[106] Der Gestaltungsspielraum der EU wird durch unterschiedliche Anforderungen an die für EU-Handeln notwendigen Mehrheiten konkretisiert.

Durch die Neuregelung der angestammten Aufgaben der zwischenstaatlichen Koordinierung der Systeme sozialer Sicherheit ist die Änderung von Koordinationsrecht im einfachen Gesetzgebungsverfahren erlaubt. Jeder Mitgliedstaat erhält ein das Gesetzgebungsverfahren für 4 Monaten anhaltendes Vetorecht (Art. 48 AEUV), falls „wichtige Aspekte seines Systems der sozialen Sicherheit, insbesondere dessen Gel-

---

[106] *Streinz*, Europarecht, 8. Aufl. 2008, Rn. 1093; *Eichenhofer*, in: Streinz, EUV/EGV, 2010, Art. 153 AEUV Rn. 4ff.

tungsbereich, Kosten oder Finanzstruktur verletzen oder dessen finanzielles Gleichgewicht beeinträchtigen würde.“

### 3. *Mitgliedstaatliche Vorbehalte und EU-Vorränge*

Die „anerkannte Befugnis der Mitgliedstaaten, die Grundprinzipien ihres Systems der sozialen Sicherung festzulegen“, ist nicht berührt (Art. 153 IV AEUV). Ferner darf das EU-Recht weder das finanzielle Gleichgewicht der Systeme sozialer Sicherheit beeinträchtigen, noch die Mitgliedstaaten hindern, ein höheres Maß an Schutz zu verwirklichen.

Dies ist für die Rollenverteilung zwischen EU und Mitgliedstaaten folgenreich.[107] Zwar kommt der EU auch künftig kein umfassendes sozialpolitisches Mandat zu. Aber genauso wenig kann behauptet werden, die Mitgliedstaaten wären in ihrer sozialpolitischen Gestaltungsmacht durch das EU-Recht unbegrenzt. Denn einerlei, ob in ergänzender, unterstützender oder koordinierender Weise – die EU kann auf sämtlichen Gebieten der Sozialpolitik aktiv werden, mögen dafür auch die Mehrheitsanforderungen und Eingriffsmodalitäten variieren.

Angesichts dieser primärrechtlichen Lage wird verständlich, dass die EU seit 2000 im Rahmen der offenen Methode der Koordinierung Berichte und sozialpolitische Leitlinien formuliert, die thematisch denkbar weit sind; ihre Wirkung wird lediglich durch einen verminderten Anspruch auf Verbindlichkeit beschränkt.[108] So nimmt die EU mit der allergrößten Selbstverständlichkeit in ihrem „Joint Report on Social Protection and Social Inclusion 2008. Social inclusion, pensions, health care and long-term care“[109] zu allen sozialpolitisch wesentlichen Themen eingehend wie richtungsweisend Stellung – von der Bekämpfung von Familien- und Kinderarmut über die Finanzierung öffentlicher und privater Alterssicherung wie den Schutz privater Vorsorgerechte bis hin zur Sicherung einer angemessenen Pflege.

Dies kann und darf nicht als Usurpation oder Erschleichung von EU-Zuständigkeiten kritisiert werden. Denn jede Regelung auf dem Gebiet des sozialen Schutzes umschreibt zugleich Bedingungen des wirtschaftlichen Handelns. Soll aber die EU ein einheitlicher Binnenmarkt mit einer einheitlichen Wettbewerbsordnung sein, so müssen auch die sozialen Bedingungen im Binnenmarkt, wenn nicht einheitlich gestaltet, zumindest einander angeglichen sein. Ein Binnenmarkt verlangt nach dem europäischen Sozialraum; dieser kommt nur mittels EU-Normsetzung zustande.[110]

Eine Deutung, welche den Mitgliedstaaten – jedenfalls „grundsätzlich“ – die umfassende sozialpolitische Kompetenz zuerkennen und die EU auf eine randständige Rolle zu beschränken würde, verfehlte auch die Mehr-Ebenen-Struktur der EU.[111] Sie steht jeder gedanklichen Bezugnahme auf den Staat als Körperschaft und Ord-

---

[107] BVerfG, Urt. v. 30.1.09, Az. 2 BvE 2/08 u.a. (Lissabon-Vertrag), Rn. 394.

[108] *Goltschy*, Taking Stock of Social Europe: is there such a thing as a community social model?, in: Jepsen/Serrano, Unwrapping the European Social Model, 2006, 47, 70.

[109] KOM (2008) 42 final.

[110] *Jepsen/Pascual*, The Concept of the ESM – and supranational legitimacy building, in: dies., Unwrapping the European Social Model, 2006, p. 25 et sequ.

[111] *Leibfried/Pierson* (Ed.), European Social Policy, 1995.

nungsmodell entgegen.[112] Diese Sicht verfehlte zum einen, dass die Mitgliedstaaten die EU als deren Mitglieder formen und prägen, weshalb auch das höchst populäre Bild von der EU als einer den Mitgliedstaaten als fremd und feindselig gegenüber tretende Macht schief ist. Denn sollte zum anderen auch das Wirken eines Mitgliedstaates in den supranationalen Strukturen der EU als eine Erscheinungsform mitgliedstaatlichen Handelns in transnationaler Bündelung gedacht und verstanden werden. Die eigentliche Stärke erwächst der EU aus ihrer institutionellen Schwäche, zur Gestaltung einer eigenständigen Sozialpolitik mangels eigener Administration nicht befähigt zu sein.[113] Das vorherrschende Instrument der EU-Sozialpolitik ist vor diesem Hintergrund die Reflexion auf sozialpolitische Grundfragen, verbunden mit dem Bemühen um eine möglichst einvernehmliche Überzeugungsbildung unter den Mitgliedstaaten.[114] Die Entlastung von der Last des administrativen Vollzugs befreit, weil sie zur Konzentration auf das Konzeptionelle von Sozialpolitik zwingt und diese auch befördert.

### 4. *Sozialpolitisch erhebliche EU-Grundrechte*

#### *a) Verbindliche Grundrechte*

Ausweislich von Art. 6 EUV anerkennt die EU die in der seit 2000 geltenden, bisher unverbindlichen Charta der Grundrechte niedergelegten Rechte, Institutionen und Grundsätze als den Verträgen im Range gleichstehendes Recht an. Diese Charta sollte die gerade vom BVerfG einst[115] beanstandete menschenrechtliche Lücke in der EU-Rechtsetzung schließen helfen. Sie soll also die EU-Rechtsetzung an den von den Mitgliedstaaten wie weltweit anerkannten Menschenrechten ausrichten und in ihrem eigenen Handeln leiten. Zugleich soll gesichert werden, dass EU-Recht mit dem Verfassungsrecht der Mitgliedstaaten im Einklang steht und Kollisionen vermieden werden.

#### *b) Sozialpolitisch gehaltvolle Grundrechte*

Gemessen an dem auf den Kern bürgerlicher und politischer Grundrechte beschränkten Grundrechte-Katalog des GG sind die Charta-Grundrechte weiter und in seiner Ausrichtung an modernen Gleichheitspostulaten auch sozialpolitisch gehaltvoller als das GG. Deswegen könnten die mit der Schaffung eines EU-Grundrechtekatalogs gerichteten Bestrebungen, dadurch wegen nicht gewährleisteter Menschenrechte Lücken im EU-Recht zu schließen, angesichts der Zeitgemäßheit, Breite und Tiefe der EU-Menschenrechte in das Gegenteil des ursprünglich Beabsichtigten ver-

---

[112] *Bach*, Kollektive Identität in Europa, in Kadelbach (Hrsg.), Europäische Identität, 2008, S. 17 ff.

[113] *Kohler-Koch*, The Strength of Weakness. The Transformation of Governance in the EU, in Gustavsson/Lewin (Ed.), The Future of the Nation State. Essays on Cultural Pluralism and Political Integration, 1996, p. 169 et sequ.

[114] *Teague*, EU Journal of Industrial Relations 7 (2001), p. 7 et sequ.

[115] BVerfGE 22, 293; 31, 145; 37, 271; 52, 187; 73, 389; 89, 155; 102, 147; 113, 237.

kehren. Statt die EU an den Menschenrechtsstandard der Mitgliedstaaten zu binden, wird dieser durch die EU-Menschenrechte fortentwickelt!

### *c) Gehalte*

Aus dem Katalog der EU-Menschenrechte ergeben sich außerdem mögliche Neuausrichtungen der Sozialpolitik, die auch Rückwirkungen auf die Rechtsordnungen der Mitgliedstaaten haben. So ist mit der Garantie der Rechtsgleichheit ein weit gefasstes Diskriminierungsverbot verbunden, das über den Katalog der in Art. 19 AEUV genannten Merkmale hinausgeht (Art. 21), weil es etwa auch Diskriminierungen wegen der sozialen Herkunft, genetischer Merkmale, politischer Anschauungen, des Vermögens oder der Lebensart untersagt. Einen speziellen Nachdruck mit der Forderung der Gleichheitsrechte wird auf die Rechte von Kindern und älteren Menschen (Art. 24f.) und auf berufliche Eingliederung der behinderten Menschen (Art. 26) gelegt. Auf diese starke Betonung der sozialen Gleichheit wird die europäische Sozialpolitik zu reagieren haben.

Anders als das GG kennt die Grundrechte-Charta in deren Kapitel IV über die Solidarität eigenständige soziale Grundrechte (Art. 27–38) in der französischen Tradition des „droit social". Sie umfassen also Garantien des Arbeitsrechts und der sozialen Sicherheit (= des „Sozialrechts"). Die in der Charta enthaltenen Gewährleistungen setzen den Hauptakzent auf das Arbeitsrecht, namentlich die Unterrichtung und Anhörung der Arbeitnehmer(innen), Kollektivverhandlungen und -maßnahmen, den Schutz vor ungerechtfertigter Entlassung, gerechte und angemessene Arbeitsbedingungen, das Verbot der Kinderarbeit und den Schutz der Jugendlichen am Arbeitsplatz sowie die Vereinbarkeit von Familien- und Erwerbsarbeit. Daneben stehen ferner Grundrechte sozialrechtlichen Gehalts, so die Rechte auf Zugang zu einem unentgeltlichem Arbeitsvermittlungsdienst und Leistungen sozialer Sicherheit[116] und sozialer Dienste auf Gesundheitsschutz wie Dienstleistungen von allgemeinen wirtschaftlichen Interesse, worunter vor allem die Einrichtungen öffentlicher Daseinsvorsorge fallen, ferner auf Umwelt- und Verbraucherschutz. Zu den Bürgerrechten gehören die Rechte auf gute Verwaltung (Art. 41) und Zugang zu Dokumenten (Art. 42).

Die in der Grundrechte-Charta formulierten Rechte auf Zugang zu den Einrichtungen der Sozialversicherung und den sozialen wie medizinischen Diensten als allgemeine Menschenrechte sind ohne Ansehen von sozialem Rang und sozialer Stellung der Menschen gewährleistet. Daraus folgt für das gegliederte System sozialer Sicherheit in Deutschland ein Anpassungsbedarf. Der gesamte Regelungskomplex richtet menschenrechtlich fundierte Anforderungen an die europäische Sozialpolitik.

---

[116] *Nußberger*, in: Tettinger/Stern (Hrsg.), Kölner Gemeinschaftskommentar zur Europäischen Grundrechte-Charta, 2006, Art. 34, Rn. 8, 10, 52, 64ff.

### 5. *Sozialpolitische Reichweite des EU-Rechts*

Obwohl Art. 153 IV AEUV „die anerkannte Befugnis der Mitgliedstaaten, die Grundprinzipien ihres Systems der sozialen Sicherheit fortzuführen" bekräftigt, weisen viele Bestimmungen im Lissabonner Vertrag der EU in der Sozialpolitik eine wachsende Rolle zu. Schon die wirtschaftliche Integration durch den Binnenmarkt verfolgte die sozialen Ziele Vollbeschäftigung und sozialer Fortschritt, d.h. mehr Teilhabe der abhängig Beschäftigten am wirtschaftlichen Ertrag und Ausweitung öffentlicher Dienstleistungen. Inzwischen sind der soziale Schutz die und soziale Gerechtigkeit – verstanden als Teilhabegerechtigkeit – als eigenständige Ziele hinzugetreten, die in den sozialen Grundrechten und Gerechtigkeitspostulaten programmatisch durchaus anspruchsvoll übersetzt wurden.

Am klarsten, elementarsten folgt der sozialpolitische Auftrag und Anspruch aus Art. 3 III EUV. Darin ist der EU global aufgetragen, soziale Ausgrenzung und Diskriminierungen zu bekämpfen wie soziale Gerechtigkeit und den sozialen Schutz zu fördern. Diese Kompetenz ist thematisch breit ausgelegt und der EU als Ziel gleichrangig neben der EU-weit entfalteten sozialen Marktwirtschaft aufgetragen. Die EU wurde darüber zumindest in dem Maß wie es als wirtschaftliches Projekt angelegt war, auch zu einem sozialrechtlichen Projekt. Der Sozialstaat wird darüber vom nationalen zum europäisch angeleiteten und verflochtenen Sozialstaat.[117]

## VI. Fazit

60 Jahre GG haben im deutschen Sozialrecht tiefe Spuren hinterlassen. Obgleich es sich gerade des sozialen Themas nicht umfassend annimmt, hat es für die Entfaltung des deutschen Sozialstaats eine weitreichende Bedeutung. Eine sozialstaatlich fundierte Deutung der Menschenwürde verknüpft diese mit dem Sozialstaatsgrundsatz. Daraus folgt nicht nur der herausgehobene institutionelle Rang des Sozialrechts, sondern – und nicht minder – sein unverzichtbarer individualrechtlicher Gehalt. Das GG enthält in seinen Einzelgewährleistungen einen nur punktuellen und deshalb eingeschränkten sozialrechtlichen Gehalt. Auf elementare Fragen nach den inzwischen welt- und europaweit anerkannten sozialen Grundrechten bleibt das GG eine zureichende Antwort schuldig: Punktuelle Garantien einzelner sozialrechtlicher Gewährleistungen – über die Gleichstellung, Schutz der behinderten Menschen, nichtehelichen Kinder und Mütter – gelangte das GG nicht zu einer konzisen Antwort auf die Grundsatzfrage des Sozialstaats – nämlich nach Funktion und Aufgabe von Sozialversicherung oder Sozialhilfe oder dem Recht auf Gesundheit, Arbeit, Wohnung und Bildung.

Aber die Rechtsprechung des BVerfG zu den „bürgerlichen Grundrechten" – namentlich zu Handlungsfreiheit, Gleichheit und Eigentumsgarantie – förderte sozialrechtlich Gehaltvolles und Belastbares zutage. Zentralstaatliche Traditionen der

---

[117] *Schulte*, Europäische Integration und sozialer Schutz, in: Kraus/Leisen (Hrsg.), Sozialstaat in Europa. Geschichte, Entwicklung, Perspektiven, 2001, S. 285, 294ff.; *Barnard*, EC Employment Law, 3. ed. 2006.

deutschen Sozialpolitik befördernd, legt das GG seinen Akzent auf die zentralstaatliche Zuständigkeit. Die Vereinigung Deutschlands nach vier Jahrzehnten der Trennung bedeutete daher vor allem ein gesamtstaatliches Gesetzgebungsvorhaben.

Das GG steht auch der europäischen Integration offen gegenüber; auch der seit zwei Jahrzehnten steigende Einfluss Europas auf die Sozialpolitik rührte auch nicht an die Grundfesten des deutschen Sozialstaates, weil die europäischen Impulse dem deutschen Gesetzgeber nicht aufgezwungen, sondern als Teil einer selbst verantworteten Modernisierung und Umgestaltung des Sozialstaats wirksam wurden.

# 60 Jahre Grundgesetz – aus der Sicht des Steuerrechts

von

Prof. Dr. Christian Waldhoff, Universität Bonn

Wenn Geschichte und Entwicklung des Grundgesetzes aus der Perspektive des Steuerrechts analysiert werden sollen, geht es vorrangig um das Verhältnis von Verfassungs- und Steuerrecht. Dieser Bereich wird mit dem Terminus Steuerverfassungsrecht beschrieben. Die hier eingenommene Perspektive mag in der Gegenwart ungewöhnlich erscheinen – im größeren verfassungsgeschichtlichen Kontext sind Fragen der Staatsfinanzierung freilich stets erstklassige Indikatoren, um etwas über den Zustand und die Gestaltung der jeweiligen Verfassungsordnung zu erfahren, stellt sich doch die Herausbildung des modernen Staates als sich wechselseitig bedingende Prozesse zwischen Rüstung, Finanzierung und Administrierung dar[1].

Unter Steuerverfassungsrecht wird üblicherweise die Anwendung verfassungsrechtlicher, zumeist allgemein formulierter Maßstäbe auf Besteuerungsvorgänge verstanden[2]. Fragen um die Besteuerungsgleichheit sowie die verfassungsrechtliche Einhegung staatlicher Finanzmacht durch die Freiheitsrechte und – damit zusammenhängend – das Problem der verfassungsgerichtlichen Prüfungsdichte bestimmen die Judikatur und die sich daran anschließende Diskussion[3]. Im Folgenden wird zunächst ein kurzer einführender Überblick über die Entwicklung des Steuerrechts gegeben

[1] Grundlegend *Wolfgang Reinhard*, Geschichte der Staatsgewalt, 1999, S. 15ff., 125ff., 141ff., 306ff. und passim; *ders.*, Das Wachstum der Staatsgewalt, Der Staat 31 (1992), S. 59ff.; *Hans-Peter Ullmann*, Der deutsche Steuerstaat, Geschichte der öffentlichen Finanzen, 2005, S. 13ff.

[2] Näher *Christian Waldhoff*, Grundzüge des Finanzrechts des Grundgesetzes, in: Isensee/Kirchhof (Hrsg.), Handbuch des Staatsrechts der Bundesrepublik Deutschland, Bd. 5, 3. Aufl. 2007, § 116 Rdnr. 98.

[3] Vgl. als diskutierende ausführlichere Rechtsprechungsüberblicke nur *Hans-Wolfgang Arndt/Andreas Schumacher*, Einkommensbesteuerung und Grundrechte, AöR 118 (1993), 513; *Klaus Vogel/Christian Waldhoff*, in: Dolzer/Kahl/Waldhoff/Graßhof (Hrsg.), Bonner Kommentar zum Grundgesetz, Loseblattsammlung, Stand des Gesamtwerks: 145. Lieferung April 2010, Vorb. z. Art. 104a-115, Rdnr. 471ff.; *Dieter Birk/Rainer Barth*, in: Hübschmann/Hepp/Spitaler, Abgabenordnung. Finanzgerichtsordnung. Kommentar, Loseblattsammlung, Stand des Gesamtwerks: 206. Lieferung April 2010, § 4 AO (Vorbearbeitung) Rdnr. 370ff., 525ff.; *Dieter Birk*, Rechtsprechungsanalyse Steuerrecht und Verfassungsrecht, Die Verwaltung 35 (2002), 91; *Klaus Vogel*, Verfassungsrechtsprechung zum Steuerrecht, 1999; *Paul Kirchhof*, Der Grundrechtsschutz des Steuerpflichtigen, AöR 128 (2003), 1; *Hans-Jürgen Papier*, Steuerrecht im Wandel – Verfassungsrechtliche Grenzen der Steuerpolitik, DStR 2007, 973; *Johanna Hey*, Rechtsprechung des Bundesverfassungsgerichts zum Steuerrecht im Wandel?, StbJb. 2007/2008, 2008,

(unter 1.), um darauf aufbauend die Situation des Faches und des Steuerrechts zur Zeit des Inkrafttretens des Grundgesetzes zu beleuchten (unter 2.). Anschließend gilt es die Hauptströmungen der Steuerrechtswissenschaft seit 1949, d.h. unter der Geltung des Grundgesetzes zu beschreiben (unter 3.), um zum Kern des Beitrags, der Analyse des Steuerverfassungsrechts unter 60 Jahren Grundgesetz (unter 4.) zu kommen. Der Schluss (unter 5.) versucht eine Würdigung unserer Verfassung aus steuerrechtlicher Perspektive, indem Chancen und Gefahren der unter dem Grundgesetz eingetretenen Konstitutionalisierung des Steuerrechts erörtert werden.

## 1. Steuerrecht als junge Teildisziplin der Rechtswissenschaft

Die Steuerrechtswissenschaft ist eine verhältnismäßig junge Disziplin innerhalb der Rechtswissenschaft[4]. Steuerrecht wurde zunächst – systematisch richtig – als Teil des Verwaltungsrechts gesehen und erfuhr durch *Otto Mayer* sowie die Rechtsprechung des Preußischen Oberverwaltungsgerichts[5] eine erste, bis heute fortwirkende Dogmatisierung aus verwaltungsrechtlicher Perspektive[6]. Im akademischen Unterricht konnte – von Frühformen abgesehen – das Steuerrecht erst zu Beginn der Weimarer Zeit seinen Platz an den Universitäten und in den wissenschaftlichen Vereinigungen erobern. Zuvor wurden steuerrechtliche Fragen von den volkswirtschaftlichen Finanzwissenschaften und vom Verwaltungsrecht (mit-)behandelt. Mehrere Ursachen begünstigten diesen Prozess: Gegen die zuvor zu beobachtenden partikularen Rechtsbildungen brachte die Erzbergersche Finanzreform eine entscheidende reichsrechtliche Vereinheitlichung. Damit zusammen hing die enorme Steigerung staatlicher Steuerfinanzierung angesichts der finanziellen Kriegsfolgelasten nach dem Ersten Weltkrieg[7]. War die Steuerfinanzierung noch im 19. Jahrhundert lediglich ein Teil der Staatsfinanzierung gewesen, schob sie sich nun ganz in den Vordergrund[8]. Die Schaffung der Reichsabgabenordnung diente vorrangig der Durchsetzung der neu entstandenen Steuerlasten. Durch ihre kodifikatorische Leistung stimulierte sie zugleich die wissenschaftliche Arbeit am Steuerrecht. Die „Blüte des jungen Faches",

---

20; *Christian Waldhoff*, Rechtsprechungsanalyse Steuerrecht und Verfassungsrecht, Die Verwaltung 41 (2008), 259.

[4] Zur Geschichte des Steuerrechts allgemein *Michael Stolleis*, Geschichte des öffentlichen Rechts in Deutschland, Bd. 3, 1999, S. 126, 203f. und v.a. 220ff.; für die Zeit davor *Andreas Schwennicke*, „Ohne Steuer kein Staat", 1996; für die Zeit seit dem 19. Jh. *Klaus Tipke*, Die Steuerrechtsordnung, Bd. 1, 1. Aufl. 1993, S. 26ff.; Nachtrag in der 2. Aufl. 2000, S. 24ff.; *Manfred Friedrich*, Geschichte der deutschen Staatsrechtswissenschaft, 1997, S. 375f.; *Ekkehart Reimer / Christian Waldhoff*, Steuerrechtliche Systembildung und Steuerverfassungsrecht in der Entstehungszeit des modernen Steuerrechts in Deutschland, in: dies. (Hrsg.), Albert Hensel. System des Familiensteuerrechts und andere Schriften, 2000, S. 1 (26ff.); *Christian Waldhoff / Rainer Hüttemann*, Steuerrecht in Forschung und akademischem Unterricht an der Universität Bonn, 2008, S. 1ff.

[5] Vgl. als zeitgenössische Rechtsprechungsanalyse etwa *Fritz Haußmann*, Der Rechtsgrundsatz der Gleichmäßigkeit im Preußischen Kommunalabgabenrecht, 1917.

[6] Deutsches Verwaltungsrecht, Bd. 1, 1. Aufl. 1895, S. 378–482 unter der Kapitelüberschrift „Die Finanzgewalt".

[7] Zu den Erzbergerschen Reformen sowie den damit einhergehenden Belastungszuwächsen näher *Franz Menges*, Reichsreform und Finanzpolitik, 1971; *Vogel/Waldhoff* (Fn. 3), Rdnr. 143ff., 152.

[8] Vgl. auch *Hans-Peter Ullmann*, Steuerstaat (Fn. 1), S. 97ff.

die „besonders interessante und literarisch fruchtbare Zeit" (*Michael Stolleis*[9]) fällt mit den Jahren nach 1918 zusammen[10]. Als Namen seien nur der Schöpfer der Reichsabgabenordnung *Enno Becker* (1869–1940)[11], die frühen Steuerrechtler *Ludwig Waldecker* (1881–1946)[12] und *Ottmar Bühler* (1884–1965)[13] sowie aus der Praxis *Kurt Ball* (1891–1976)[14] und *Johannes Popitz* (1884–1945)[15] erwähnt.

## 2. Die Situation des Steuerrechts 1949

Als eigenständiges Rechtsgebiet wurde das Steuerrecht durch Arbeiten und Lehrbuchdarstellungen von *Albert Hensel* und *Ottmar Bühler* in der Zwischenkriegszeit entwickelt[16]. Für unsere Fragestellung ist dabei etwa wichtig, dass *Hensel* von vornherein parallel die Dogmatik des einfachgesetzlichen Steuerrechts wie des Steuerverfassungsrecht – man könnte zeigen: mit Wechselwirkungen – vorantrieb[17]. Im Grunde brach 1933 eine frühe Blüte der Diskussion (und auch Judikatur) der grundrechtlichen Einbindung des Steuerrechts ab, die in den Weimarer Diskussionen um die Bindung des Gesetzgebers an die Grundrechte der Verfassung ihren Sitz hatte[18]. Nach dem Ende der Gewaltherrschaft sah sich das Steuerrecht in Deutschland auf den Stand des Jahres 1933 zurückgeworfen, freilich mit dem Unterschied, dass an diese Blütezeit der Steuerrechtswissenschaft wegen der Zeitumstände, vor allem jedoch wegen des irreparablen Aderlasses der Vertreibung jüdischer oder politisch unerwünschter Gelehrter[19], kaum auf gleichem Niveau angeknüpft werden konnte. Auf unteren staatlichen Ebenen arbeiteten die Finanzämter mehr oder weniger kontinuierlich weiter, mit dem Reichsfinanzministerium war freilich ihr „Kopf" weggefal-

---

[9] Geschichte (Fn. 4), S. 225.

[10] Zur Situation 1928 vgl. als zeitgenössische Bewertung *Johannes Popitz*, Finanzrecht und Finanzwissenschaft, in: Teschemacher (Hrsg.), Beiträge zur Finanzwissenschaft. Festgabe für Georg von Schanz zum 75. Geburtstag, 1928, Bd. 1, S. 39 (40 ff.).

[11] *Walter Ordemann*, Alles was Recht war, 1987; *Manuel René Theisen* (Hrsg.), Gedenkschrift zum 50. Todestag von Dr. h.c. Enno Becker, 1990; *Alfons Pausch*, Enno Becker. Schöpfer der Reichsabgabenordnung, in: ders., Persönlichkeiten der Steuerkultur, 1992, S. 44 ff.

[12] *Reimer/Waldhoff*, Systembildung (Fn. 4), S. 32.

[13] *Albert J. Rädler*, Ottmar Bühler zum 100. Geburtstag, FR 1984, S. 573; *ders.*, Ottmar Bühler, in: Juristen im Portrait, 1988, S. 195; *Alfons Pausch*, Ottmar Bühler. Hauptwegbereiter der akademischen Steuerrechtslehre zwischen Weimar und Bonn, in: ders., Persönlichkeiten der Steuerkultur, 1992, S. 120 ff.

[14] *Alfons Pausch*, Im Gedenken an Kurt Ball, StuW 1976, S. 387; *ders.*, Kurt Ball. Verfechter der Selbständigkeit des Steuerrechts, in: ders., Persönlichkeiten der Steuerkultur, 1992, S. 76 ff.

[15] *Hans Herzfeld*, Johannes Popitz, in: FG für Fritz Hartung, 1958, S. 345 ff.; *Lutz-Arwed Bentin*, Johannes Popitz und Carl Schmitt, 1971; *Gerhard Schulz*, Über Johannes Popitz (1884–1945), Der Staat 24 (1985), S. 237 ff.

[16] Dazu näher *Reimer/Waldhoff*, Systembildung (Fn. 4), S. 30 ff., 45 ff.

[17] Näher *Reimer/Waldhoff*, Systembildung (Fn. 4), S. 45 ff.

[18] *Christian Waldhoff*, Verfassungsrechtliche Vorgaben für die Steuergesetzgebung im Vergleich Deutschland-Schweiz, 1997, S. 238 ff.

[19] Vgl. insgesamt *Reimer Voß*, Steuern im Dritten Reich, 1995; *Ullmann*, Steuerstaat (Fn. 1), S. 141 ff.; als bedeutende Steuerrechtler jüdischen Glaubens bzw. jüdischer Herkunft seien hervorgehoben *Albert Hensel, Ludwig Waldecker* und *Rolf Grabower.*

len[20]. Fragen der Verfassungsbindung des Steuerrechts lagen sämtlichen Beteiligten in Wissenschaft und Praxis fern – an die Judikatur und die wissenschaftliche Diskussion vor 1933 wurde kaum unmittelbar angeknüpft. Hier bedurfte es erst der Initialzündung(en) durch das Bundesverfassungsgericht. Diese Isolierung des Faches und der steuerrechtlichen Diskussion hatte zugleich zur Folge, dass sich die frühen (verfassungs-)rechtlichen Diskurse der Nachkriegszeit kaum im Steuerrecht niederschlugen. Das Steuerrecht wurde als technische Materie eher aus betriebswirtschaftlicher und steuerpraktischer, denn aus wissenschaftlicher und systematischer Sicht betrieben.

## 3. Entwicklungslinien der Steuerrechtswissenschaft unter dem Grundgesetz

Nach dem Zweiten Weltkrieg sind es vor allem drei Namen, die mit ihren „Schulen"[21] die Steuerrechtswissenschaft geprägt und vorangebracht haben: *Werner Flume*, *Klaus Tipke* und *Klaus Vogel*.

*Flume* (1908–2009) hat zunächst die öffentlich-rechtliche Verankerung durch biographisch und programmatisch bedingte Umstände aufgeweicht und die – für die Praxis ohnehin näher liegenden – Verbindungslinien mit dem Zivilrecht, insbesondere mit dem Gesellschafts- und Bilanzrecht deutlich betont. Wissenschaftsorganisatorisch stellte das einen Paradigmenwechsel dar[22], inhaltlich war es eine Bereicherung. Seine programmatischen Ausführungen in dem Beitrag zur Festschrift seines damaligen Göttinger Fakultäts-Kollegen *Rudolf Smend* „Steuerwesen und Rechtsordnung" von 1952 verdeutlichen sein von positivistisch-dezisionistischen und damit letztlich realistischen Positionen ausgehendes Programm. Die zentralen Ausführungen, die um die Begriffe „Kongruenz" und „Inkongruenz", jeweils der Steuerrechtsnormen zu sonstigen Rechtsnormen kreisen, verdienen zitiert zu werden:

> „Wenn die Steuergesetze ‚Recht' sein sollen, müssen sie aber auch materiell Rechtsgehalt haben. ... Als ‚Recht' sind die Steuergesetze Teil der Rechtsordnung und unterliegen damit dem Gesetz der Einheit der Rechtsordnung, dem Gesetz der Kongruenz. Wird das Gesetz der Kongruenz nicht gewahrt, so ergibt sich statt Ordnung Unordnung. Mit der Frage der Kongruenz ist die Frage des Rangverhältnisses zwischen Steuerrecht und sonstiger Rechtsordnung gestellt. Die Erhebung von Abgaben dient nun zweifellos nicht unmittelbar der Ver-

---

[20] *Eberhard Schweigert*, Die Finanzverwaltung Westdeutschlands in der Zeit vom Ende des 2. Weltkriegs bis zu ihrer Neuordnung durch das Grundgesetz, 1970, S. 30ff.; *Ulrike Metzger/Joe Weingarten*, Einkommensteuer und Einkommensteuerverwaltung in Deutschland, 1989, S. 220; *Vogel/Waldhoff* (Fn. 3), Rdnr. 175ff.

[21] Mit allen Vorbehalten und Differenzierungen wird man zur *steuerrechtlichen* „Flume-Schule" die allzu früh verstorbene *Brigitte Knobbe-Keuk* (Bonn), *Wolfgang Schön* (München) und *Rainer Hüttemann* (Bonn) rechnen; zur „Tipke-Schule" zählen demnach etwa *Joachim Lang* (Köln), *Roman Seer* (Bochum), *Johanna Hey* (Köln), *Klaus-Dieter Drüen* (Düsseldorf) und *Joachim Englisch* (Münster); zur „Vogel-Schule" wären etwa *Paul Kirchhof* (Heidelberg), *Dieter Birk* (Münster), *Moris Lehner* (München), *Michael Rodi* (Greifswald), *Rainer Prokisch* (Maastricht), *Anna Leisner-Egensperger* (Jena), *Christian Waldhoff* (Bonn), *Hanno Kube* (Mainz), *Christian Seiler* (Tübingen), *Rainer Wernsmann* (Passau), *Ekkehart Reimer* (Heidelberg), *Roland Ismer* (Erlangen-Nürnberg) und *Alexander Rust* (Luxemburg) zu rechnen.

[22] Vgl. jetzt etwa *Waldhoff/Hüttemann*, Steuerrecht (Fn. 4), S. 13ff.

wirklichung eines Rechtswerts. Eine Rechtswertverwirklichung kommt nur für die Art der Gestaltung der Abgaben in Frage. Hierfür können sich die rechtlichen Gesichtspunkte aber nur aus der allgemeinen Rechtsordnung ergeben. Entsprechend der allgemeinen rechtlichen Ordnung müssen die Umlagen nach den Grundsätzen der Gerechtigkeit erfolgen, wie diese sich in der bestehenden allgemeinen Rechtsordnung manifestieren. ... Sieht der Steuergesetzgeber diese Problematik nicht, so entstehen aus dem steuerlichen Eingriff Inkongruenzen, durch welche die Rechtsordnung als solche in Frage gestellt wird."[23]

Aus heutiger Sicht bemerkenswert erscheint die Betonung der Notwendigkeit der Einbettung des Steuerrechts in die Gesamtrechtsordnung, ohne die Stufung dieser Rechtsordnung, d.h. das Verfassungsrecht zu thematisieren. Das schien 1952, ein Jahr nach Einrichtung des Bundesverfassungsgerichts zumindest für einen aus dem römischen Recht und dem Zivilrecht kommenden Steuerrechtler noch weitgehend fern liegend zu sein.

*Tipke* (* 1925) stellt demgegenüber sein gesamtes steuerrechtliches Denken unter den Begriff des (inneren sowie äußeren) Systems und der Gerechtigkeit[24]. Diese Kategorien werden nicht aus der Verfassung hergeleitet, wohl aber mit ihr in Beziehung gesetzt. Dabei kann man sich nicht stets des Eindrucks erwehren, dass nach den Entsprechungen im Verfassungstext für anderweitig eingeführte Kategorien gesucht wird. Das ist im Einzelfall legitim, sind manche steuerrechtliche Institute doch älter als die Verfassung; insgesamt wird man allerdings aus der Verfassung kein Steuersystem deduzieren können. Der unmittelbare Rekurs auf die Gerechtigkeit als juristischer Kategorie ist – hier wie stets – Einwänden ausgesetzt. In der Sache hat dieser Ansatz allerdings die Steuerrechtswissenschaft sehr vorangebracht, im Grunde nach *Hensel* und *Bühler* auf eine neue – die heutige – Stufe gehoben.

*Vogel* (1930–2008) wiederum geht von der Verfassung und – mit der Finanzverfassung[25] – durchaus auch deutlich von ihren organisationsrechtlichen Teilen aus. Zudem hat er von vornherein durch sein Habilitationsthema[26] bedingt die grenzüberschreitende Dimension von Besteuerung im Blick (ohne dies zunächst jedoch mit dem Finanz- und Steuerverfassungsrecht zu verbinden). Die strikte Verfassungsbindung des Steuerrechts ist so von Anfang an ein zentrales Postulat[27] – manchmal stellt sich allerdings die Frage, ob der Gestaltungsspielraum des unmittelbar demokratisch legitimierten Steuergesetzgebers, ob die Eigenrationalität einfachen Rechts nicht vernachlässigt wird; zudem leidet dieser spezifisch öffentlich-rechtliche Zugang zum

[23] FS für R. Smend, 1952, S. 59, hier zitiert nach *Knobbe-Keuk* (Hrsg.), Steuerwesen und Rechtsordnung, 1986, S. 9 (10, 12).

[24] Statt vieler Schriften neben dem bahnbrechenden Lehrbuch zum Steuerrecht sei hier verwiesen auf: Steuergerechtigkeit in Theorie und Praxis, 1981, sowie: Die Steuerrechtsordnung, Bd. 1, 1. Aufl. 1993, S. 12ff., 105ff. und öfter.

[25] Finanzverfassung und politisches Ermessen, 1972; Zweitkommentierungen im Bonner Kommentar zum Grundgesetz, 1971ff.; dazu die Analyse *Christian Waldhoff*, Begriff und Funktion der Finanzverfassung im Werk Klaus Vogels, in: Lehner (Hrsg.), Reden zum Andenken an Klaus Vogel, 2010, S. 43ff.

[26] Der räumliche Anwendungsbereich der Verwaltungsrechtsnorm, 1965.

[27] Programmatisch insofern: Steuergesetzgebung und Verfassungsrecht, Bitburger Gespräche, Jahrbuch 1972/73, 115; Steuergerechtigkeit und soziale Gestaltung, DStZ/A 1975, 409; Die Besonderheit des Steuerrechts, DStZ/A 1977, 5; Der Verlust des Rechtsgedankens im Steuerrecht als Herausforderung für das Verfassungsrecht, in: Friauf (Hrsg.), Steuerrecht und Verfassungsrecht, DStjG 12, 1989, 123.

Fach unter einer gewissen Vernachlässigung des Bilanz- und Unternehmenssteuerrechts.

Alle drei Protagonisten haben programmatisch notwendig ihren Ansatz – bei *Flume* die Verbindung des Steuerrechts mit dem Zivilrecht; bei *Tipke* die Systembildung und bei *Vogel* die verfassungsrechtliche Verankerung – bis zu einem gewissen Punkt wahrscheinlich überpointiert. Praxis und Lehre haben alle drei Ansätze aufgegriffen und in unterschiedlicher Weise zu einem Ausgleich gebracht. Vor diesem Hintergrund soll noch einmal grundsätzlich nach dem Verhältnis von Steuerrecht und Verfassung unter dem Grundgesetz gefragt werden.

## 4. Steuerverfassungsrecht als neue Richtung des Steuerrechts?

### *a) Steuerrecht und Verfassungsrecht vor Inkrafttreten des Grundgesetzes*

Im Staatsrecht der konstitutionellen Monarchie bildete die ausdrückliche Verankerung der Steuergleichheit in den Verfassungsurkunden neben der Wehrgleichheit eine Vorstufe zum allgemeinen Gleichheitssatz[28]. Das Steuerrecht sollte in Abkehr von vorausgegangenen Erfahrungen – man denke nur an die Steuervorrechte des Adels – privilegienfeindlich ausgestaltet werden. Freilich konnte von einem Vorrang der Verfassung, von einer Bindung des Steuergesetzgebers an inhaltliche Direktiven in der Verfassung oder schlicht an Grundrechte nicht gesprochen werden[29]. Steuergerechtigkeit und d.h. Steuergleichheit wurde durch die Beteiligung der das Bürgertum repräsentierenden frühen Volksvertretungen gewährleistet. Durch das weit verbreitete Zensuswahlrecht wurde dieser Effekt noch verstärkt: Wer viel Steuern zahlte, hatte entsprechend erhöhte Mitwirkungsmöglichkeiten[30]. Die Höhe der Steuerbelastung stellte bei Spitzensteuersätzen etwa von 4% in Preußen ohnehin noch kein wirkliches Problem dar. Mit dem grundlegenden legitimatorischen Umbruch durch die Revolution und die Verfassunggebung 1918/19 stellten sich die Probleme freilich neu. Zudem war nun, nach den Finanzlasten des verlorenen Ersten Weltkriegs, auch die Steuerbelastung ein erstrangiges politisches und ökonomisches Problem[31]. Das Parlament fungierte jetzt als zentrales Staatsorgan, es erfuhr gegenüber

[28] Eingehend *Oechsle*, Die steuerlichen Grundrechte in der jüngeren deutschen Verfassungsgeschichte, 1993, S. 51ff., 110ff.; *Waldhoff*, Verfassungsrechtliche Vorgaben (Fn. 18), S. 216ff.

[29] Zur Bindungswirkung der Grundrechte im konstitutionellen Staatsrecht vgl. *Wolfgang von Rimscha*, Die Grundrechte im süddeutschen Konstitutionalismus, 1973; *Ulrich Scheuner*, Die rechtliche Tragweite der Grundrechte in der deutschen Verfassungsentwicklung im 19. Jahrhundert, in: FS für Ernst-Rudolf Huber, 1973, S. 139ff.; *Gerhard Kleinheyer*, Grundrechte, Menschen- und Bürgerrechte, in: Brunner/Conze/Koselleck (Hrsg.), Geschichtliche Grundbegriffe, Bd. 2, 1975, S. 1047ff.; *Rainer Wahl*, Rechtliche Wirkungen und Funktionen der Grundrechte im deutschen Konstitutionalismus des 19. Jahrhunderts, Der Staat 18 (1979), S. 321ff.; *Dieter Grimm*, Die Grundrechte im Entstehungszusammenhang der bürgerlichen Gesellschaft, in: ders., Die Zukunft der Verfassung, 1991, S. 67ff.; *Klaus Kröger*, Grundrechtsentwicklung in Deutschland, 1998, S. 12ff.; *Thomas Würtenberger*, Von der Aufklärung zum Vormärz, in: Merten/Papier (Hrsg.), Handbuch der Grundrechte in Deutschland und Europa, Bd. 1, 2004, § 2 Rdnr. 26ff.

[30] Vgl. etwa *Peter Michael Ehrle*, Volksvertretung im Vormärz, 1979, S. 495ff., 674ff., 688ff.

[31] *Ullmann*, Steuerstaat (Fn. 1), S. 97ff.

den konstitutionellen Volksvertretungen einen entscheidenden Bedeutungswandel, der sich auch auf seine Funktion bei der Steuergesetzgebung auswirken musste. Das Zensuswahlrecht war dem Gedanken der formalisierten demokratischen Gleichheit gewichen. Die zentrale verfassungsrechtliche Vorgabe stellte nun Art. 134 WRV dar: „Alle Staatsbürger ohne Unterschied tragen im Verhältnis ihrer Mittel zu allen öffentlichen Lasten nach Maßgabe der Gesetze bei." Wenn auch dieser Vorschrift keine größere praktische Bedeutung zwischen 1919 und 1933 zukam, erwachte doch – nach anfänglicher Ignorierung – zumindest in der Spätphase der Weimarer Republik das wissenschaftliche Interesse an der Norm[32]. Von einigen wohl überwiegend weltanschaulich motivierten Schmähkritiken an der Vorschrift[33] einmal abgesehen, erscheint Art. 134 WRV in klarer Abgrenzung zum konstitutionellen Verfassungszustand, indem materielle Schranken für die Abgabenerhebung aufgestellt werden, da der formellen Schutzfunktion des Parlamentsbeschlusses in der parlamentarischen Demokratie nur mehr eingeschränkt vertraut wurde. So betont *Albert Hensel*, dass gerade die Entscheidung durch Mehrheitsbeschluss als das grundlegende Formalprinzip der demokratischen Gesetzgebung für das materielle Steuerrecht verhängnisvolle Wirkungen zeitigen könne, da gerade die Parlamentsmehrheit bestrebt sein könne, „das gesamte Steuersystem wie das einzelne Steuergesetz so auszugestalten, wie es von dem staatssubjektiven Nützlichkeitsstandpunkt der Mehrheitspartei aus gesehen richtig erscheint"[34]. Das „extrem demokratische Wahlrecht" ohne jede Verbindung zwischen Stimmgewicht und Steuerleistung bedürfe daher des materiellen Gegengewichts der in Art. 134 WRV niedergelegten Gerechtigkeitsgrundsätze. Üblicherweise wurden drei zentrale Inhalte der Verfassungsnorm unterschieden:

- der Grundsatz der Allgemeinheit der Besteuerung,
- der Grundsatz der Besteuerung im Verhältnis der Mittel (Grundsatz der Besteuerung nach der wirtschaftlichen Leistungsfähigkeit) und
- der Grundsatz der Gesetzmäßigkeit der Besteuerung[35].

Der *Grundsatz der Allgemeinheit der Besteuerung* besage nicht, dass *alle* Staatsbürger zu allen öffentlichen Lasten beitragen sollen, *jeder* einzelne müsse also nicht zu jeder Abgabe herangezogen werden[36]. Gemeint sei auch nicht, dass jeder Bürger in irgendeiner Weise, sei es direkt oder indirekt, einen Mindestobulus für das Gesamtabgabensystem erbringen müsse[37].

---

[32] Drei größere Arbeiten verdienen eine Hervorhebung: *Ottmar Bühler*, Artikel 134. Gleichheit der Lastenverteilung, in: Nipperdey (Hrsg.), Die Grundrechte und Grundpflichten der Reichsverfassung, Bd. 2, 1930, S. 313 ff.; *Albert Hensel*, Verfassungsrechtliche Bindungen des Steuergesetzgebers, Vierteljahresschrift für Steuer- und Finanzrecht 4 (1930), S. 441 ff.; *Alfred Huttel*, Gleichmäßige Besteuerung nach der Leistungsfähigkeit, Diss. iur. Frankfurt 1934.

[33] Vgl. etwa *Axel von Freytagh-Loringhoven*, Die Weimarer Verfassung in Lehre und Wirklichkeit, 1924, S. 329 f.

[34] Verfassungsrechtliche Bindungen (Fn. 32), S. 444.

[35] *Heinz Paulick*, Der Grundsatz der Gleichmäßigkeit der Besteuerung – sein Inhalt und seine Grenzen, in: FS für Ottmar Bühler, 1954, S. 121 (142); *Bühler*, Gleichheit der Lastenverteilung (Fn. 32), S. 313; vgl. auch *Hensel*, Verfassungsrechtliche Bindungen (Fn. 32), S. 443.

[36] *Heinrich Aldag*, Die Gleichheit vor dem Gesetz in der Reichsverfassung, 1925, S. 123; *Huttel*, Gleichmäßige Besteuerung (Fn. 32), S. 46.

[37] *Hensel*, Verfassungsrechtliche Bindungen (Fn. 32), S. 458 f.; die „Allgemeinheit" der Besteuerung könne hier nur im Zusammenhang mit der „Besteuerung im Verhältnis der Mittel" gesehen werden, d. h., wenn in bestimmten Bevölkerungsgruppen die Mittel, die eine geringste Besteuerung nach den

Die Vorschrift wende sich somit gegen Steuerprivilegien[38], d. h. dass „steuerliche Bevorzugungen einzelner Personen, Stände oder Gesellschaftsklassen nicht weiter bestehen oder neu eingeführt werden dürfen“[39] und schließe sich damit an ähnliche Bestimmungen in früheren deutschen Verfassungen an[40]. Gedacht gewesen sei in erster Linie an die früheren Steuerprivilegien der Landesherren sowie die frühere preußische Steuerbefreiung der Beamten[41]. *Hensel* betont in diesem Zusammenhang, dass dabei die unbeabsichtigte Privilegierung Einzelner durch mangelhafte technische Umformung des gesetzgeberischen Besteuerungsmotivs in den Gesetzeswortlaut gegenüber der bewussten Abweichung zugunsten gewisser Kreise die weitaus größere Gefahr darstelle[42]. Der *Grundsatz der Besteuerung nach der wirtschaftlichen Leistungsfähigkeit* komme in den Wörtern „im Verhältnis ihrer Mittel“ zum Ausdruck[43], der allerdings immer nur im engen Verhältnis zum Grundsatz der Allgemeinheit der Besteuerung gesehen werden könne[44]. Mit diesem Grundsatz werde vor allem an finanzwissenschaftliche Erkenntnisse angeknüpft[45]. Nicht zuletzt daher wird auch im zeitgenössischen Schrifttum eine gewisse Unsicherheit bei der Bestimmung des Inhalts der Norm festgestellt[46]. Dies kommt auch zum Ausdruck, wenn *Bühler*[47] feststellt: „Art. 134 ist zu unbestimmt gehalten, als dass man in ihm geradezu eine Festlegung dieses unseres jetzigen Steuersystems sehen könnte.“ Als Mindestforderung könne man jedoch zunächst festhalten, dass ein Steuersystem geschaffen werden müsse, in dem die proportionale Gesamtbelastung gleichmäßig anwachse[48]. „Ein Steuersystem, in welchem der ‚Reiche‘ einen geringeren Bruchteil seines Einkommens dem Staate zur Verfügung stellt als der ‚Arme‘, wäre verfassungswidrig.“[49] Darüber hinaus war in der Weimarer Staatsrechtslehre – anders als heute – ganz h. M., dass der Rechtsgrundsatz der Besteuerung nach der wirtschaftlichen Leistungsfähigkeit ein Progressivsteuersystem erfordere[50], wobei die genaue Ausgestaltung der Progression der Verfassung nicht entnommen werden konnte[51]. Zudem lägen Bestimmungen über ein steuerfreies Existenzminimum „recht eigentlich in seinem [des

---

vom Gesetzgeber befolgten Gerechtigkeitsgrundsätzen nicht mehr rechtfertigen, nicht mehr vorhanden sind, jeder Anlass entfiele, hier zugunsten eines Formalprinzips aus Art. 134 Besteuerungsauflagen aufzustellen, ebd., S. 459.

[38] *Ottmar Bühler*, Lehrbuch des Steuerrechts, Bd. 1, 1927, S. 28.

[39] *Gerhard Anschütz*, Die Verfassung des deutschen Reichs vom 11. August 1919, 14. Aufl. 1933, Anm. 1 zu Art. 134.

[40] *Bühler*, Gleichheit der Lastenverteilung (Fn. 32), S. 313.

[41] *Bühler*, Gleichheit der Lastenverteilung (Fn. 32), S. 315.

[42] *Hensel*, Verfassungsrechtliche Bindungen (Fn. 32), S. 460 f.

[43] *Hensel*, Verfassungsrechtliche Bindungen (Fn. 32), S. 463.

[44] *Hensel*, Verfassungsrechtliche Bindungen (Fn. 32), S. 459.

[45] *Bühler*, Gleichheit der Lastenverteilung (Fn. 32), S. 316.

[46] *Hensel*, Verfassungsrechtliche Bindungen (Fn. 32), S. 471.

[47] Gleichheit der Lastenverteilung (Fn. 32), S. 316.

[48] *Hensel*, Verfassungsrechtliche Bindungen (Fn. 32), S. 469.

[49] Ders., ebd.

[50] *Huttel*, Gleichmäßige Besteuerung (Fn. 32), S. 2 ff., mit ausführlicher Argumentation *Hensel*, Verfassungsrechtliche Bindungen (Fn. 32), S. 469; *Bühler*, Gleichheit der Lastenverteilung (Fn. 32), S. 316; *Paulick*, Gleichmäßigkeit der Besteuerung (Fn. 32), S. 151.

[51] *Hensel*, Verfassungsrechtliche Bindungen (Fn. 32), S. 470.

Art. 134 WRV] Sinne“[52]. Der *Grundsatz der Gleichmäßigkeit der Besteuerung* wird oft nicht vom Grundsatz der Allgemeinheit der Besteuerung unterschieden[53].

Neben diesen inhaltlichen Maßstäben für die Ausgestaltung der einzelnen Steuergesetze wurde in der zeitgenössischen Interpretation der Vorschrift noch eine zweite Geltungsebene im Hinblick auf das Gesamtsteuersystem hervorgehoben. Gerade diese müsse noch vor den Einzelsteuergesetzen an den aufgestellten inhaltlichen Maßstäben ausgerichtet werden[54]. Insbesondere ein Übergewicht der indirekten Steuern sei damit nicht vereinbar[55].

Unabhängig von der Bedeutung der Worte „nach Maßgabe der Gesetze“ für die Frage der verfassungsrechtlichen Bindung des Steuergesetzgebers handelt es sich um die ausdrückliche Normierung des steuerlichen Gesetzesvorbehaltes. Die Verbindung dieses Regelungsinhalts mit inhaltlichen Maßstäben in einer Norm entspricht durchaus der deutschen Regelungstradition. Entsprechendes gilt für den Bedeutungsinhalt des Art. 134 WRV als Grundpflicht[56].

Nach diesem Überblick über die mit Art. 134 WRV verbundenen Regelungsinhalte ist die *rechtliche Funktion* dieser Verfassungsnorm für unsere Fragestellung von entscheidender Bedeutung, wie sie zum einen in der zeitgenössischen Staatspraxis, zum anderen in der Lehre gesehen wurde. Die Grundrechte allgemein befanden sich in der Zeit zwischen 1919 und 1933 in einer Umbruchphase zwischen dem konstitutionellen System und dem grundgesetzlichen Rechtszustand mit der unbestrittenen Grundrechtsbindung des Gesetzgebers gem. Art. 1 Abs. 3 GG[57]. Der Streit um die Bindung des Gesetzgebers an die Verfassung entzündete sich in der rechtswissenschaftlichen Diskussion am allgemeinen Gleichheitssatz des Art. 109 Abs. 1 WRV[58]. Das Reichsgericht hatte bis 1933, trotz Anerkennung des richterlichen Prüfungsrechts, die Frage letztlich immer offen gelassen[59]. Art. 134 WRV hat in der Rechtsprechung nur eine marginale Rolle gespielt. In den wenigen höchstrichterlichen Entscheidungen zur Verfassungskonformität von Steuergesetzen stand er nie im Zentrum[60]. Bemerkenswert ist in diesem Zusammenhang das Urteil des OVG Hamburg

---

[52] *Bühler*, Gleichheit der Lastenverteilung (Fn. 32), S. 315.

[53] So vor allem von *Hensel*, Verfassungsrechtliche Bindungen (Fn. 32), S. 458.

[54] Besonders deutlich: *Hensel*, Verfassungsrechtliche Bindungen (Fn. 32), S. 453 f.

[55] *Bühler*, Gleichheit der Lastenverteilung (Fn. 32), S. 316.

[56] Vgl. dazu *Huttel*, Gleichmäßige Besteuerung (Fn. 32), S. 15 und 73; *Hasso Hofmann*, Grundpflichten und Grundrechte, in: Isensee/Kirchhof (Hrsg.); Handbuch des Staatsrechts der Bundesrepublik Deutschland, Bd. 5, 1. Aufl. 1992, § 114, Rdnr. 15 f. A. A. wohl *Hensel*, Verfassungsrechtliche Bindungen (Fn. 32), S. 462.

[57] *Rainer Wahl/Frank Rottmann*, Die Bedeutung der Verfassung und der Verfassungsgerichtsbarkeit in der Bundesrepublik, in: Conze/Lepsius (Hrsg.), Sozialgeschichte der Bundesrepublik Deutschland, 1988, S. 339 (356), sprechen plastisch von einer „Inkubationszeit“; vgl. auch *Klaus Kröger*, Der Wandel des Grundrechtsverständnisses in der Weimarer Republik, in: Freundesgabe für Alfred Söllner zum 60. Geb., 1990, S. 299 (303); *ders.*, Grundrechtsentwicklung (Fn. 29), S. 46 ff.; *Horst Dreier*, Die Zwischenkriegszeit, in: Merten/Papier (Hrsg.), Handbuch der Grundrechte in Deutschland und Europa, Bd. 1, 2004, § 4 Rdnr. 38 ff.

[58] Vgl. dazu zusammenfassend *Kröger*, Wandel (Fn. 57), S. 304 ff.

[59] So vor allem in der bekannten „Aufwertungsentscheidung“ RGZ 111, 320 (v. a. S. 328 ff.); *Oechsle*, steuerliche Grundrechte (Fn. 28), S. 168 f., weist darauf hin, dass der RFH schon früher ein Prüfungs- und Verwerfungsrecht in Anspruch genommen habe.

[60] Ähnlicher Befund bei *Albert Hensel*, Grundrechte und Rechtsprechung, in: Schreiber (Hrsg.), Die

vom 18. März 1925, das mit dem Hamburger Gehaltsummensteuergesetz – soweit ersichtlich – zum ersten und einzigen Mal ein Steuergesetz wegen Verstoßes gegen Art. 134 WRV für nichtig erklärte[61]. Die zeitgenössischen literarischen Äußerungen zu Art. 134 WRV erkannten die Frage der verfassungsrechtlichen Bindung des Steuergesetzgebers als „das eigentliche Kernproblem für die Auslegung des Art. 134"[62]. *Hensel*[63] differenziert dabei klar zwischen der Frage des Adressaten der Norm und der

---

Reichsgerichtspraxis im deutschen Rechtsleben. FG der juristischen Fakultäten zum 50jährigen Bestehen des Reichsgerichts (1. Oktober 1929), Bd. 1, 1929, S. 1 (26f.).

Folgende Entscheidungen sind zu erwähnen:

RGZ 107, 370 (376f.), Entscheidung des V. Zivilsenats, Urt. v. 1. März 1924 – V 129/23, zur Frage der Rechtsgültigkeit der Regelung der Hypothekenaufwertung durch die 3. Steuernotverordnung vom 14. Februar 1924. Dort wird ein Teil der angegriffenen Regelung an Art. 134 WRV gemessen und mit diesem für vereinbar erklärt, so dass auf das Problem der Bindungswirkung selbst nicht mehr ausdrücklich eingegangen werden musste.

RGZ 134, 26* (46*f.), Urteil des Staatsgerichtshofs für das Deutsche Reich am 5. Dezember 1931 in der verfassungsrechtlichen Streitsache der Fraktion in der Reichspartei des Deutschen Mittelstandes (Wirtschaftspartei) im Sächsischen Landtag gegen den Sächsischen Staat über die Frage der Verfassungswürdigkeit der Sächsischen Gemeindesteuernotverordnung vom 24. September 1930 u.a. Das Urteil erklärt Art. 134 WRV in dem behandelten Fall nicht für einschlägig und erklärt beiläufig (S. 47*): „Im übrigen hat Art. 134 kaum eine weitere Bedeutung als die einer allgemeinen Richtlinie für Gesetzgebung und Verwaltung ..."

RFH, Urteil vom 9. Mai 1924 – II A 45/24, in: StuW, Bd. III, Sp. 717 (719): „programmatische Anweisung an den Gesetzgeber". *Hensel*, Verfassungsrechtliche Bindungen (Fn. 32), S. 492f., weist darauf hin, dass dieses Urteil noch vor Beginn der eigentlichen Kontroverse über die Verfassungsbindung des Gesetzgebers ergangen sei und daher nicht als Stellungsnahme des Gerichts zu dieser Frage angesehen werden könne.

RFHE 29, 110 (111), Urteil des IV. Senats vom 22. April 1930 – IV A 101/31, betrifft die Frage der Heranziehung von Rechtsanwälten zur Mecklenburg-Strelitzer Gewerbesteuer; die Frage der rechtlichen Bindung ist auch hier letztlich offengelassen, da – eine Bindung unterstellt – keine Verletzung festgestellt wurde. „Auch wenn man in ihm [Art. 134 WRV] insoweit unmittelbar anzuwendendes Recht erblicken will, als danach offenbare Verletzungen des in dem Artikel aufgestellten Grundsatzes ausgeschlossen sind und man den Steuergerichten die Befugnis zuspricht, Steuern, die nach willkürlichen, dem Wesen der Besteuerung fremden Maßstäben auf die Staatsbürger verteilt werden, als verfassungswidrig und infolgedessen die Heranziehung zu solchen Steuern als unzulässig zu erklären ..., so kann keinesfalls darin, dass ganzen Berufsständen (freien Berufen) eine Steuer (Gewerbesteuer) auferlegt wird, eine offenbare Verletzung des Grundsatzes des Art. 134 der Reichsverfassung erblickt werden."

Am weitesten wagt sich der Beschluss des RFH vom 15. Januar 1931 – VI A 2253/30 S, in: JW 1931, S. 1728f. (=RFHE 27, 321; bestätigt durch das Urteil vom 25. März 1931 – VI A 2253/30 –, RFHE 28, 208, dem als Sachverhalt das Verlangen eines Beamten auf Erstattung der auf Grund einer Notverordnung des Reichspräsidenten einbehaltenen „Reichshilfe" zugrunde lag), vor: „Art. 134 RVerf. enthält im wesentlichen nur eine Richtlinie, jedoch insoweit auch unmittelbar anzuwendendes Recht, als offenbare Verletzungen des in dem Artikel aufgestellten Grundsatzes ausgeschlossen sind. ... Die Steuergerichte würden daher Steuern, die nach willkürlichen, dem Wesen der Besteuerung fremden Maßstäben auf die Staatsbürger verteilt werden, als verfassungswidrig und infolgedessen die Heranziehung zu solchen Steuern als unzulässig zu erklären haben."

Die Auffassung von *Anschütz*, Verfassung des deutschen Reichs (Fn. 39), Art. 134 Anm. 4: „Richterliche Nachprüfungen von Steuergesetzen unter Anlegung der Maßstäbe des Art. 134 sind bisher [1933], soweit bekannt, nicht vorgekommen" war somit schon zu ihrer Entstehungszeit ungenau.

[61] StuW 1925, Sp. 1469ff.; zum Fall eingehender *Oechsle*, steuerliche Grundrechte (Fn. 28), S. 144f.

[62] *Huttel*, Gleichmäßige Besteuerung (Fn. 32), S. 17.

[63] Verfassungsrechtliche Bindungen (Fn. 32), S. 442.

eigentlichen Bindungsproblematik[64]: dass sich der Verfassungsgeber vor allem an den Steuergesetzgeber wenden wollte, sei völlig unstrittig und unproblematisch; entscheidend und problematisch sei jedoch der Grad der Bindung desselben. Die Bindung wird dabei von allen drei größeren Studien zu Art. 134 WRV bejaht, auch wenn zum Teil gleichzeitig dieselbe bei Art. 109 Abs. 1 WRV, dem allgemeinen Gleichheitssatz, verneint wird. *Ottmar Bühler* begründet dies überwiegend historisch[65]. *Alfred Huttel* argumentiert in seiner Dissertation einerseits mit dem Wortlaut der Norm im Vergleich zu anderen Bestimmungen[66], andererseits konstatiert er eine Vermutung für die bindende Kraft bei vom Verfassunggeber gebilligten Wertungen im Verfassungstext[67]. Nach *Albert Hensel*[68] lassen die grammatikalische und die systematische Auslegung des in Art. 134 WRV enthaltenen Gesetzesvorbehalts letztlich kein eindeutiges Ergebnis hinsichtlich einer verfassungsrechtlichen Bindung des Steuergesetzgebers erkennen. Daher sei auf Zweckmäßigkeitserwägungen abzustellen. In diesem Zusammenhang wird dann zunächst auf die „besondere Empfindlichkeit des Steuerrechts im Rahmen einer rechtsstaatlichen Verfassungsordnung" hingewiesen. „Gerade wenn man einen ausgedehnten Steuerschuldnerschutz für notwendig hält, erscheint es besser, eine gerichtliche Überprüfung der Steuergesetze auf ihre Verfassungsmäßigkeit hin zuzulassen, als diese zu versagen." Schließlich wird noch darauf hingewiesen, dass das Hauptbedenken gegen die Bindungswirkung des allgemeinen Gleichheitssatzes, die völlige Unbestimmtheit des Maßstabes, hier nicht gegeben sei. Das überzeugendste Argument ist m. E., dass nach dem Fortfall des dualistischen konstitutionellen staatsrechtlichen Systems die formale Ausgestaltung des Gesetzgebungsverfahrens keine effektive Garantie für eine gerechte Ausgestaltung der Steuergesetze mehr bieten könne und dies durch von der Verfassung aufgestellte Maßstäbe für die Besteuerung kompensiert werden könne[69]. Selbst *Gerhard Anschütz*, der in dem Streit um die Bindungswirkung des allgemeinen Gleichheitssatzes zu den entschiedensten Gegnern der eine Bindung bejahenden sog. antipositivistischen Leh-

---

[64] Vgl. auch *Oechsle*, steuerliche Grundrechte (Fn. 28), S. 166.

[65] Gleichheit der Lastenverteilung (Fn. 32), S. 314: „Das Gleichheitsgebot des Art. 134 richtet sich aber auch an den (Reichs- und Landes-)Gesetzgeber. Es will ausschließen, dass Ungleichheiten anderer Art als solche, die sich aus der Berücksichtigung der Leistungsfähigkeit ergeben, in Gesetzen angeordnet werden. Dass Art. 134 ein Gebot dieser Art auch an den Gesetzgeber sein will, kann weniger bezweifelt werden als bei Art. 109. Denn die steuerlichen Privilegien, die für die Zukunft ausgeschlossen sein sollten, sind früher manchmal durch regelrechte gesetzliche Bestimmungen geschaffen oder doch aufrechterhalten gewesen, … Da es sicher Aufgabe des Art. 134 ist, solche Bestimmungen für künftig unmöglich zu machen, ist der Schluss unabweislich, dass er den Charakter einer Bindung nicht nur der vollziehenden, sondern auch der gesetzgebenden Gewalt haben soll."

[66] Gleichmäßige Besteuerung (Fn. 32), S. 34.

[67] Gleichmäßige Besteuerung (Fn. 32), S. 35. Beide Argumentationen können aus heutiger Sicht nicht mehr überzeugen. Zum einen wird die begriffliche Durchdringung der Verfassungstexte überschätzt; zum anderen geht die Vermutung fehl, denn eine solche Bindungswirkung wäre ja gerade eine verfassungsrechtliche Neuerung gewesen.

[68] Verfassungsrechtliche Bindungen (Fn. 32), S. 488 ff.

[69] Ebd., S. 445.

re gehörte, geht offensichtlich fast selbstverständlich von einer Bindungswirkung aus[70]. Die ablehnenden Stimmen blieben demgegenüber in der Minderzahl[71].

### *b) Entwicklungsphasen steuerverfassungsrechtlicher Rechtsprechung unter dem Grundgesetz*

Das Steuerverfassungsrecht dirigiert die Steuergesetzgebung, die Steuererhebung und damit auch die Steuerrechtsprechung[72]; auch Nebenaspekte wie die Indienstnahme Privater, etwa des Arbeitgebers im Lohnsteuerverfahren müssen sich insofern rechtfertigen[73]. Das Grundgesetz kennt – im Gegensatz zur überkommenen deutschen Verfassungstradition[74] – kein *ausdrückliches* Steuerverfassungsrecht. Im Zuge der Rationalisierung der Verfassungstexte sind die expliziten steuerspezifischen Besonderheiten, die noch bis in die Weimarer Reichsverfassung mit ihrem Art. 134 Verfassungstexte prägten, eliminiert. Geradezu gegenläufig kann bei der Anwendung der Maßstäbe eine kontinuierliche Effektuierung feststellt werden[75]. Die Maßstäbe dieses „ungeschriebenen Finanzrechts des Grundgesetzes"[76] sind einmal die

---

[70] Verfassung des deutschen Reichs (Fn. 39), Art. 134 Anm. 4: „Wie schon in den vorstehenden Bemerkungen ... zum Ausdruck gebracht ist, bindet Art. 134 nicht nur die Verwaltung, insbes. die Steuerverwaltung an das Gesetz, er bindet auch, reichsverfassungskäftig, den Gesetzgeber selbst." Ferner bejahend: *Lassar*, Anmerkung zum Urteil des PrOVG vom 8. April 1930 II C 135/29, JW 1931, S. 2328; *Gerhard Leibholz*, Die Gleichheit vor dem Gesetz, 2. Aufl. 1959, S. 99, 110; *A. Zeiler*, Verletzung des Grundsatzes der Steuergerechtigkeit durch die hamburgische Gehaltsummensteuer vom 4. April 1923, Hamburger Rechtsfragen 2, 1924, S. 17 (19f.); offen lassend *Enno Becker*, Schutz gegen landesrechtliche Verletzung des Grundsatzes der Gleichmäßigkeit der Besteuerung, Hamburger Rechtsfragen 2, 1924, S. 10 (13f.).

[71] *Hans Nawiasky*, Die Grundgedanken der Reichsverfassung, 1920, S. 14 und S. 138; *Adolf Velden*, Die Rechtsgültigkeit des hamburgischen Grundsteuergesetzes, Hanseatische Rechts- und Gerichtszeitschrift 12 (1929), Sp. 273 (276); *Fritz Morstein-Marx*, Freihafensteuer und Grundsatz der Besteuerungsgleichmäßigkeit, Hanseatische Rechts-Zeitschrift 9 (1926), Sp. 207 (213f.); *Wilhelm Hofacker*, Grundrechte und Grundpflichten der Deutschen, 1926, S. 63 und besonders polemisch *ders.*, Die Auslegung der Grundrechte, 1931, S. 20f. Aus heutiger Sicht wenig verständlich ist die Argumentation von *Kurt Struve*, Der Grundsatz der Gleichmäßigkeit der Besteuerung als Rechtssatz, Diss. iur. (maschinenschriftlich) Hamburg 1926. Dieser kommt auf S. 114 zu dem Ergebnis, dass der Grundsatz der Gleichmäßigkeit der Besteuerung ein den Steuergesetzgeber bindender Rechtssatz sei. Dies folge jedoch nicht aus Art. 134 WRV, der wegen seines Mischcharakters (auch als Grundpflicht) nur „Richtschnur und Schranke für den Gesetzgeber" sein könne, sondern aus dem allgemeinen Gleichheitssatz des Art. 109 Abs. 1 WRV. Dieser wird dabei bereichsspezifisch ausgelegt. Zumindest auf dem Gebiet des Steuerrechts soll er verfassungskräftige Bindungswirkung für den Steuergesetzgeber entfalten. Für andere Sachbereiche wird dies ausdrücklich offengelassen.

[72] Zu dem Zusammenhang und zu den Wechselwirkungen zwischen Steuererhebung und Steuergesetz BVerfGE 84, 239 – Zinsbesteuerung, und BVerfGE 110, 94 – Spekulationssteuer.

[73] *Oliver Geißler*, Der Unternehmer im Dienste des Steuerstaates, 2001; *Gregor Kirchhof*, Die Erfüllungspflichten des Arbeitgebers im Lohnsteuerverfahren, 2005; *Klaus-Dieter Drüen*, Die Indienstnahme Privater für den Vollzug von Steuergesetzen, Habilitationsschrift Bochum 2005 (Manuskript).

[74] *Oechsle*, steuerliche Grundrechte (Fn. 28), S. 46ff.; *Waldhoff*, Verfassungsrechtliche Vorgaben (Fn. 18), S. 211ff.

[75] *Waldhoff*, Verfassungsrechtliche Vorgaben (Fn. 18), S. 260ff.

[76] *Klaus Vogel*, Das ungeschriebene Finanzrecht des Grundgesetzes, in: GS für W. Martens, 1987, S. 265.

Grundrechte, zum anderen rechts- und sozialstaatliche Postulate[77]. Bei den grundrechtlichen Maßstäben können gleichheits- und freiheitsrechtliche Anforderungen an die Steuererhebung unterschieden werden. Sowohl in historischer wie auch in aktueller Perspektive ist die steuerliche Konkretisierung des allgemeinen Gleichheitssatzes der zentrale Prüfungsmaßstab. Wie inzwischen erkannt wurde, können gleichheits- und freiheitsrechtliche Anforderungen jedoch nicht mehr strikt getrennt werden, sie überlagern und beeinflussen sich speziell im Steuerverfassungsrecht gegenseitig[78]. Die verfassungsrechtliche Ausrichtung der Steuer erweist sich dann als zentrales Element der Steuerrechtfertigung[79]. Bevor diese Maßstäbe skizziert werden, sollen verschiedene Phasen der steuerverfassungsrechtlichen Judikatur unter dem Grundgesetz unterschieden werden.

### *aa) Phasen steuerverfassungsrechtlicher Judikatur*

Betrachtet man die Rechtsprechung des Bundesverfassungsgerichts in Steuersachen seit seiner Gründung über alle Prüfungsmaßstäbe hinweg, so können – bei etwas vergröbernder Betrachtungsweise – verschiedene Phasen der Judikatur unterschieden werden. Das Gericht leitete seine steuerverfassungsrechtliche Rechtsprechung mit der vorbildlosen, die Steuergesetzgebung stark einbindenden frühen Entscheidung zum Ehegatten-Splitting im Jahr 1957 („einem Paukenschlag") und einigen nachfolgenden Entscheidungen ein. Die durch die Berichterstatterin *Erna Scheffler*[80] und ihren Mitarbeiter *Wolfgang Zeidler* geprägte Entscheidung leitete den unter der Weimarer Reichsverfassung in Art. 134 normierten Grundsatz der Steuergerechtigkeit aus dem allgemeinen Gleichheitssatz her und grenzt diesen zu Art. 6 GG ab; der Grundsatz der „Individualbesteuerung" und das Prinzip der Besteuerung nach der wirtschaftlichen Leistungsfähigkeit klangen bereits an:

„Das Grundgesetz enthält – anders als die Weimarer Reichsverfassung in Artikel 134 – keine ausdrückliche Bestimmung darüber, nach welchem Grundsatz die Staatsbürger an den öffentlichen Lasten zu beteiligen sind. Es besteht jedoch kein Zweifel daran, dass der Gesetzgeber an den Grundsatz der Steuergerechtigkeit gebunden ist, der sich aus Art. 3 Abs. 1 GG ergibt. Nach der Rechtsprechung des Bundesverfassungsgerichts liegt der Sinn des Art. 3 Abs. 1 GG ‚zu einem wesentlichen Teil darin, dass nicht alle tatsächlichen Verschiedenheiten zu unterschiedlicher Behandlung im Recht führen dürfen, sondern nur solche tatsächlichen Ungleichheiten, denen aus Erwägungen der Gerechtigkeit und Zweckmäßigkeit auch für das Recht unterscheidende Bedeutung zukommt. Dies zu entscheiden ist in erster Linie Sache des Gesetzgebers' … Das Ermessen des Gesetzgebers findet jedoch seine Grenze nicht nur im Willkürverbot und in den ‚Konkretisierungen' des allgemeinen Gleichheitssatzes (insbesondere Art. 3 Abs. 2 und 3 GG), sondern auch in sonstigen Grundsatznormen, in denen für bestimmte Bereiche der Rechts- und Sozialordnung Wertentscheidungen des Verfassungsge-

---

[77] Hinsichtlich der rechtsstaatlichen Anforderungen vgl. *Paul Kirchhof*, Die Steuern, in: Isensee/Kirchhof (Hrsg.), Handbuch des Staatsrechts der Bundesrepublik Deutschland, Bd. 5, 3. Aufl. 2007, § 118 Rdnr. 80 ff.; *Vogel/Waldhoff* (Fn. 3), Rdnr. 472 ff.

[78] *Christian Seiler*, Besteuerung von Einkommen, in: DJT 2006, S. F 7 (F 10 ff.).

[79] *Michael Rodi*, Die Rechtfertigung von Steuern als Verfassungsproblem, 1994, S. 64 ff.

[80] Zu ihr m. w. N. *Christian Waldhoff*, Erna Scheffler – erste Richterin des Bundesverfassungsgerichts, JöR 56 (2008), S. 261 ff.

bers ausgedrückt sind. Kommen solche Grundsatznormen in Betracht, so ist eine Bestimmung zunächst darauf zu prüfen, ob sie mit ihnen vereinbar ist; wird das verneint, dann ist für eine Prüfung am allgemeinen Gleichheitssatz (Art. 3 Abs. 1 GG) kein Raum mehr. Daher hat das Finanzgericht München zutreffend Art. 3 Abs. 2 und Art. 6 Abs. 1 GG als besondere Prüfungsmaßstäbe bezeichnet. ..."[81]

In der folgenden mittleren Phase wechselnder Prüfungsintensität wurde zunehmend der Gestaltungsspielraum des Steuergesetzgebers betont[82], bevor seit Ende der 1970er Jahre der Erste Senat mit seiner Rechtsprechung zur Berücksichtigung von Unterhaltsleistungen im Gegensatz zur früheren Judikatur[83] und seit Ende der 1980er Jahre vor allem der Zweite Senat mit den Entscheidungen über die Zinsbesteuerung[84], zum steuerlichen Existenzminimum[85] und zu den Einheitswerten[86] eine Phase neuer Qualität und Intensität in der verfassungsgerichtlichen Kontrolle der Steuergesetzgebung einleiteten. Neben dem Gleichheitssatz wurden nun zunehmend mehr auch die Freiheitsrechte als Grenzen staatlicher Besteuerungsgewalt anerkannt. In der Gegenwart wurde diese letzte Phase weitergeführt und die dort entwickelten Maßstäbe wurden überwiegend verfeinert; neben die sachbereichsspezifische Konkretisierung von Art. 3 Abs. 1 GG als Prinzip der Besteuerung nach der wirtschaftlichen Leistungsfähigkeit traten zunehmend auch Anforderungen an Folgerichtigkeit und Systemgerechtigkeit[87].

### *bb) Gleichheitsrechtliche Maßstäbe für die Besteuerung*

Das Prinzip der Besteuerung nach der individuellen wirtschaftlichen Leistungsfähigkeit ist nicht nur ein finanzwissenschaftliches Postulat, sondern als Ausprägung der Steuergleichheit und damit als Konkretisierung geltenden Verfassungsrechts für den Steuergesetzgeber unmittelbar bindend. Es handelt sich um ein Rechtsprinzip, um die Konkretisierung von Rechtssätzen und damit um mehr als eine bloße Direktive, eine bloße Gerechtigkeitserwägung[88]. Durchbrechungen[89] bedürfen der verfassungsrechtlichen Rechtfertigung. Regelmäßig verfälschen steuerliche Lenkungszwecke die Besteuerung nach der individuellen wirtschaftlichen Leistungsfähigkeit, wenn sie wirksam einen Verhaltensbefehl oder eine Verhaltensempfehlung überbringen wollen. Auch die im (Einkommen-)Steuerrecht häufig anzutreffenden Pauscha-

[81] BVerfGE 6, 55 (70f.).
[82] Vgl. etwa als späte Entscheidung dieser Phase BVerfGE 43, 108 (118ff.).
[83] Vgl. v.a. BVerfGE 61, 319 (342ff.); 66, 214 (222ff.); 82, 60 (83ff.); 89, 346 (352ff.); 91, 93.
[84] BVerfGE 84, 239.
[85] BVerfGE 87, 153; 82, 60; 99, 246.
[86] BVerfGE 93, 121; 93, 165.
[87] Vgl. zuletzt BVerfGE 122, 210 (230f.) – Pendlerpauschale.
[88] A.A. *Heinrich Wilhelm Kruse*, Über Gleichmäßigkeit der Besteuerung, StuW 1991, S. 322 (327f.); *ders.*, Die Einkommensteuer und die Leistungsfähigkeit des Steuerpflichtigen, in: FS für K.H. Friauf, 1996, S. 793; *Hans-Wolfgang Arndt*, Steuerliche Leistungsfähigkeit und Verfassungsrecht, in: FS für O. Mühl, 1981, S. 12; dagegen bereits eingehend *Vogel/Waldhoff* (Fn. 3), Rdnr. 524 m.w.N.; *Joachim Lang*, Die Bemessungsgrundlage der Einkommensteuer, 1988, S. 122ff.
[89] Zur lückenhaften Umsetzung vgl. *Kruse*, FS Friauf (Fn. 88), S. 798ff.

lierungen und Typisierungen können als „Vereinfachungsnormen" einer leistungsfähigkeitsgerechten Besteuerung im Einzelfall zuwiderlaufen.

Wie viele Besteuerungsprinzipien wurde das Leistungsfähigkeitsprinzip zunächst durch die Finanzwissenschaften entwickelt und diskutiert, bevor es in Gesetzestexten oder durch die Rechtsdogmatik rezipiert wurde[90]. Mögen sich die Finanzwissenschaften zwischenzeitlich von der Forderung nach leistungsfähigkeitsgerechter Besteuerung abgewendet haben und die Diskussion in der Ökonomie teilweise andere Wege gegangen sein, so kann dies die (verfassungs-)rechtliche Betrachtung wegen ihrer grundsätzlich autonomen Begriffs- und Prinzipienbildung nicht unmittelbar beeinflussen[91].

Das Leistungsfähigkeitsprinzip besagt zunächst, dass die Steuerlast eines jeden nach seiner Fähigkeit zu bemessen ist, Steuerleistungen aus seinem Einkommen zu erbringen[92]. Leistungsfähigkeit meint dabei tatsächliche (effektive, in Geldwert vorhandene) Ist-Zahlungsfähigkeit[93]. Das Einkommen (die Einkünfte) ist der Indikator, den der Gesetzgeber zur Bestimmung dieser Größe ausgewählt hat[94]. Damit gibt das Prinzip eine Antwort auf die Frage, nach welchem Maßstab die Bürger zu den öffentlichen Lasten beitragen sollen[95]. Das Prinzip der Besteuerung nach der individuellen wirtschaftlichen Leistungsfähigkeit hat zwei Seiten: Infolge seiner Herleitung (auch) aus Grundrechten (vorrangig Art. 3 Abs. 1 GG) hat es eine begrenzende, den Bürger schützende Funktion; als Zugriffsprinzip (Lastenausteilungsmaßstab) hat es darüber hinaus jedoch auch eine fordernde, u. U. eine Besteuerung gebietende Funktion[96]. Auch eine (relative, d. h. im Verhältnis zu anderen Steuerpflichtigen bestehende) „Unter-" oder „Minderbesteuerung" kann gegen das Prinzip verstoßen. Das Prinzip wirkt nicht nur innerstaatlich, sondern nach richtiger Ansicht hat es der deutsche Steuergesetzgeber auch bei grenzüberschreitenden Besteuerungsvorgängen zu beachten.

Die Prinzipien der Allgemeinheit und der Gleichmäßigkeit der Besteuerung erweisen sich als Unterfälle des Prinzips der Besteuerung nach der individuellen wirtschaftlichen Leistungsfähigkeit. Dies folgt daraus, dass „Gleichmäßigkeit", als steuerliche Gleichheit, immer verhältnismäßige Gleichheit sein muss[97]; auch eine Steuer, die nicht „allgemein" ist, sondern nach unsachgemäßen Differenzierungen unterscheidet, kann nicht an der wirtschaftlichen Leistungsfähigkeit ausgerichtet sein. Die

---

[90] *Dieter Birk*, Das Leistungsfähigkeitsprinzip als Maßstab der Steuernormen, 1983, S. 6ff.; in historischer Perspektive *Oechsle* (Fn. 28).

[91] *Monika Jachmann*, Leistungsfähigkeit und Umverteilung, StuW 1998, S. 293. Allgemein zu dem Verhältnis von (öffentlichem) Recht und Ökonomie mit deutlicher Betonung der Autonomie der Rechtswissenschaften *Christian Waldhoff*, Rezension, Der Staat 38 (1999), S. 625. Daher ist der Rückgriff auf Relativierungen der Finanzwissenschaften in BVerfGE 43, 108 (120) methodologisch verfehlt.

[92] *Lang* (Fn. 88), S. 97.

[93] Vgl. etwa *Birk/Barth* (Fn. 3), Rdnr. 457.

[94] Aus ökonomischer Sicht *Stefan Bach*, Die Perspektive des Leistungsfähigkeitsprinzips im gegenwärtigen Steuerrecht, StuW 1991, S. 116 (120ff.).

[95] *Birk/Barth* (Fn. 3), Rdnr. 451 f.

[96] *Birk/Barth* (Fn. 3), Rdnr. 461.

[97] *Joachim Becker*, Transfergerechtigkeit und Verfassung, 2001, S. 77ff., spricht anschaulich von „normativer Gleichheit im Abgabenrecht".

ständige Rechtsprechung des Bundesverfassungsgerichts leitet aus dem allgemeinen Gleichheitssatz des Art. 3 Abs. 1 GG ein „grundsätzliches Gebot der Steuergerechtigkeit" her, das sich als Gebot der Besteuerung nach der wirtschaftlichen Leistungsfähigkeit erweist[98]. Im Laufe dieser Rechtsprechungslinie trat dabei die Argumentation aus der „Steuergerechtigkeit" zugunsten einer Entfaltung des Leistungsfähigkeitsgebots zurück, gleichzeitig wurde – zumindest seit den achtziger Jahren – die verfassungsrechtliche Bindung des Steuergesetzgebers verstärkt[99]. Im Schrifttum sind diese Herleitungsansätze des Bundesverfassungsgerichts ergänzt worden. Das Leistungsfähigkeitsprinzip wird nicht allein aus dem allgemeinen Gleichheitssatz in seiner steuerspezifischen Konkretisierung hergeleitet, sondern auf weitere Normen des Grundgesetzes gestützt und so in seiner Ableitung aus der Verfassung erweitert. Neben den allgemeinen Gleichheitssatz des Art. 3 Abs. 1 GG können spezielle Gleichheitssätze mit strengeren Anforderungen an Differenzierungen treten, beispielsweise der entsprechende Teilgehalt des Art. 6 Abs. 1 GG. Hinzu kommen Freiheitsgrundrechte – insbesondere die für die Besteuerung relevante Eigentumsgarantie des Art. 14 GG sowie die Menschenwürdegarantie des Art. 1 Abs. 1 GG – , das Sozialstaatsprinzip (Art. 20 Abs. 1, 28 Abs. 1 GG) und die Zentralnorm der bundesstaatlichen Finanzverfassung (Art. 106 GG), die traditionelle Steuertypen des deutschen Rechts aufnimmt, die in ihrem kondensierten Kern ebenfalls Hinweise auf der Besteuerung offen stehende Quellen steuerlich abzuschöpfender wirtschaftlicher Leistungsfähigkeit bieten[100].

### *cc) Freiheitsrechtliche Maßstäbe für die Besteuerung*

Steuergerechtigkeit wird üblicherweise als Verteilungsgerechtigkeit und damit als Gleichheitsproblem verstanden[101]. Dabei wird jedoch übersehen, dass auch die Höhe der Belastung als vertikale Dimension der Steuergerechtigkeit i. w. S. relevant ist. Im steuerverfassungsrechtlichen Bereich verschärft sich das Problem noch dadurch, dass regelmäßig nur einzelne Steuern betrachtet werden, die kumulative Steuerbelastung im Vielsteuersystem der deutschen Rechtsordnung unterbelichtet bleibt[102]. Bis in die Gegenwart fortwirkend hat hier die These *Ernst Forsthoffs* – da der Steuerstaat den Rechts- mit dem Sozialstaat verbinde, sei eine verfassungsrechtliche Überprüfung

---

[98] BVerfGE 6, 55 (70f.); 9, 237 (243ff.); 43, 108 (118ff.); 61, 319 (342ff.); 66, 214 (222ff.); 82, 60 (83ff.); 91, 93 (108f.).

[99] Zur Entwicklung dieser Rechtsprechungslinie und zu deren Bewertung *Moris Lehner*, Einkommensteuerrecht und Sozialhilferecht, 1993, S. 304ff.; *Vogel/Waldhoff* (Fn. 3), Rdnr. 495ff., 592ff.

[100] *Vogel/Waldhoff*, (Fn. 3), Rdnr. 519ff.

[101] Kritisch *Jörn Ipsen*, Besteuerung und Eigentum, in: FS für P. Badura, 2004, S. 201 (209).

[102] Obgleich die beiden zentralen Entscheidung zur Vermögensbesteuerung nach Einheitswerten (BVerfGE 93, 121) und zur Geltung des Halbteilungsgrundsatzes (BVerfGE 115, 97) gerade das Zusammenwirken von zwei Steuerarten (Einkommen- und Vermögen- bzw. Einkommen- und Gewerbesteuer) betrafen; vgl. zuvor bereits *Karl-Heinrich Friauf*, Substanzeingriff durch Steuer-Kumulation und Eigentumsgarantie, StuW 1977, S. 59. Zu diesem verfassungsrechtlichen Problem allgemein m. w. N. *Gregor Kirchhof*, Kumulative Belastungen durch unterschiedliche staatliche Maßnahmen, NJW 2006, S. 732.

der Höhe der Steuerbelastung nicht möglich[103] – eine dogmatische Auseinandersetzung jenseits politischer Vorverständnisse behindert und eine „Immunisierung"[104] der Eigentumsgarantie gegenüber Besteuerungsvorgängen befördert, obgleich historisch kein Zweifel daran bestand, dass die Besteuerung einen Eigentumseingriff darstellt[105]. Nicht erklärt werden konnte mit diesem Postulat, warum in dem qualitativ wie quantitativ neben dem Polizeirecht wichtigsten Bereich der Eingriffsverwaltung der Grundrechtsschutz wenn nicht ausgeschlossen, so doch entscheidend eingeschränkt sein solle. Entgegen den Annahmen von *Forsthoff* stellt dies nicht die Verwirklichung, sondern eine kaum zu begründende Ausnahme von Rechtsstaatlichkeit, nämlich von Rechtsbindung dar[106].

Nachdem bereits früh in Abgrenzung zu einem weiteren einflussreichen Missverständnis *Forsthoffs*[107] geklärt werden konnte, dass Besteuerung verfassungsrechtlich niemals Enteignung sein kann[108], war die Rechtsprechung des Gerichts – und ist diejenige des Ersten Senats bis in die Gegenwart[109] – geprägt durch die logisch nur schwer nachzuvollziehende Feststellung, dass die Auferlegung öffentlicher Abgaben grundsätzlich die Eigentumsgarantie schon tatbestandlich nicht berühre[110], dieses Grundrecht aber verletzt sei, wenn der Pflichtige übermäßig belastet und dadurch seine Vermögensverhältnisse grundlegend beeinträchtigt werden, die Abgabe erdrosselnde Wirkung besitze[111]. Außerhalb konsistenter Grundrechtsdogmatik[112] wurde

[103] Eigentumsschutz öffentlich-rechtlicher Rechtsstellungen, NJW 1955, S. 1249 (1250); Begriff und Wesen des sozialen Rechtsstaats, VVDStRL 12 (1954), S. 8 (32); ferner *Karl Maria Hettlage*, Die Finanzverfassung im Rahmen der Staatsverfassung, VVDStRL 14 (1956), S. 2 (4f.); *Peter Badura*, Diskussionsbeitrag, VVDStRL 39 (1981), S. 396f.; *ders.*, Eigentum, in: Benda/Maihofer/Vogel (Hrsg.), Handbuch des Verfassungsrechts, 2. Aufl. 1994, § 10 Rdnr. 42; *Ulrich K. Preuß*, Rechtsstaat – Steuerstaat – Sozialstaat, in: Deiseroth/Hase/Ladeur (Hrsg.), Ordnungsmacht, 1981, S. 54f.; *Joachim Wieland*, in: Dreier (Hrsg.), Grundgesetz. Kommentar, Bd. 1, 2. Aufl. 2004, Art. 14 Rdnr. 48; *Brun-Otto Bryde*, Steuerverweigerung und Sozialstaat, in: FS für F. von Zezschwitz, 2005, S. 321; richtige Rekonstruktion des Zusammenhangs demgegenüber bei *Hanno Kube*, Staatsaufgaben und Solidargemeinschaften, in: Mellinghoff (Hg.), Steuern im Sozialstaat, 2006, S. 11 (16ff.): Vorrang der Steuerfinanzierung zur Erzielung politisch „ungebundener" Finanzmittel zu sozialstaatlicher Gestaltung.

[104] Vgl. *Gunnar Folke Schuppert*, Verfassungsrechtliche Prüfungsmaßstäbe bei der verfassungsgerichtlichen Überprüfung von Steuergesetzen, in: FS für W. Zeidler, 1987, S. 691.

[105] Die überkommene, den Vorbehalt des Gesetzes auslösende konstitutionelle Formel von den „Eingriffen in Freiheit und Eigentum" meinte zuallererst den Steuereingriff.

[106] *Ipsen* (Fn. 101), 205f.: „Nicht einleuchtend ist freilich, warum die unabweisbare sozialstaatliche Notwendigkeit der Mittelbeschaffung zu rechtsstaatlichen ‚Lockerungen' sollte führen können."; so jetzt auch explizit BVerfGE 115, 97 (111f.); der im Haupttext dargelegten Fehlvorstellung unterliegen auch Teile des Sondervotums *Böckenförde* zum Vermögensteuerbeschluss, BVerfGE 93, 149 (163f.): Sozialstaatlichkeit als „letzter Grund" für die Exemtion der Abgabenerhebung aus dem Schutzbereich von Art. 14 GG; besonders deutlich bei *Bryde* (Fn. 103), S. 327ff.

[107] Begriff und Wesen des sozialen Rechtsstaats, in: VVDStRL 12 (1954), S. 8 (32).

[108] BVerfGE 2, 237 (258f.); nach der Rückschneidung und Formalisierung des Enteignungstatbestands auf einen zwangsweisen hoheitlichen (Sach-)Güterbeschaffungsvorgang, insbesondere durch die Nassauskiesungsentscheidung BVerfGE 58, 300, wird dies noch deutlicher; explizit wiederum BVerfGE 115, 97 (112); anders gelagert ist der argumentative Rückgriff von *Vogel*, Verfassungsrechtsprechung zum Steuerrecht (Fn. 3), S. 20.

[109] BVerfGE 95, 267 (300).

[110] BVerfGE 4, 7 (17); 75, 108 (154); 78, 249 (277); 81, 108 (122).

[111] BVerfGE 19, 119 (128f.); 23, 12 (30); 30, 250 (271f.); 63, 312 (327); 68, 287 (310f.)

[112] *Peter Selmer*, Steuerinterventionismus und Verfassungsrecht, 1972, S. 255; *Karl-Heinrich Friauf*, Steuergesetzgebung und Eigentumsgarantie, JurA 1970, 299 (302f.); *Jürgen Eschenbach*, Der verfassungs-

und wird so die Berührung des Schutzbereichs an die Verletzung des Grundrechts gekoppelt, die Frage der tatbestandlichen Einschlägigkeit mit der Frage der Rechtfertigung eines Eingriffs vermengt.

Diese Konsequenz vermied der Zweite Senat des Bundesverfassungsgerichts in seiner Entscheidung zur Vermögensbesteuerung nach Einheitswerten[113]. Diese knüpft an ein Vorverständnis der Eigentumsgarantie an, welches jenseits substanzhafter Eigentumsvorstellungen und damit auch der Umgehung der Frage nach dem eigentumsrechtlichen Schutz des „Vermögens als solchem" Eigentum im Sinne eines Handlungsspielraums aus den dem Eigentümer zustehenden Vermögenswerten auffasst[114]. Angesichts des Versagens der überkommenen grundrechtlichen Schranken-Schranken wird im Wege einer quantifizierten verfassungsrechtlichen Grenze judiziert, dass die Gesamtsteuerbelastung – im konkreten Fall bezogen auf die kumulativen Wirkungen von Vermögen- und Einkommensteuer – „bei typisierender Betrachtung von Einnahmen, abziehbaren Aufwendungen und sonstigen Entlastungen in der Nähe der hälftigen Teilung zwischen privater und öffentlicher Hand" verbleiben solle. Dieser sog. steuerrechtliche Halbteilungsgrundsatz[115], der vom Ersten Senat niemals akzeptiert wurde, ist inzwischen auch vom Zweiten Senat aufgegeben worden[116]. An seine Stelle soll der Grundsatz der Verhältnismäßigkeit treten; eine abwägend-dynamische Schranken-Schranke der Eigentumsgarantie soll den strikten Zahlenwert ersetzen und damit zugleich den politischen Gestaltungsspielraum des Steuergesetzgebers hinsichtlich der Höhe der Steuerbelastung vergrößern. Es gehörte bis dahin zu den gesicherten Erkenntnissen der Grundrechtsdogmatik, dass eine Verhältnismäßigkeitsprüfung hinsichtlich des Fiskalzwecks von Steuergesetzen nicht möglich sei. Der Zweck-Mittel-Relation des Übermaßverbots fehle das abwägungstaugliche Ziel, da der Fiskalzweck als solcher „maßlos" sei[117]. Zu Recht wurde ganz überwiegend[118] der Versuchung widerstanden, die konkret zu finanzierenden Staatsaufgaben für diese Abwägung heranzuziehen. Dies würde nicht nur der finanzverfassungsrechtlichen Grundentscheidung der Trennung von Einnahmen und Ausgaben widersprechen, sondern stellte letztlich wohl einen weit stärkeren Übergriff in den Politikbereich der Legislative dar, als eine Quantifizierung der Steuerhöchstbelastung oder eine wertende Beurteilung von Belastungsgrenzen allein aus der Belastungswirkung heraus. Die Allgemeinheit dieser Feststellung ist allerdings inzwischen für steuerrechtliche Ausnahmetatbestände, die etwa die Umgehung be-

---

rechtliche Schutz des Eigentums, 1996, S. 231 ff.; *Vogel/Waldhoff* (Rdnr. 3), Rdnr. 540 ff.; *Ipsen* (Fn. 101), S. 208 ff.

[113] BVerfGE 93, 121 (135 ff.).

[114] *Paul Kirchhof*, Besteuerung und Eigentum, in: VVDStRL 39 (1981), S. 213; abweichend *Birk*, Leistungsfähigkeitsprinzip (Fn. 90), S. 204 ff.

[115] Zu dem überkommenen kirchensteuerrechtlichen Halbteilungsgrundsatz bei konfessions-, nicht hingegen bei glaubensverschiedenen Ehen BVerfGE 19, 226; 19, 242; 19, 268.

[116] BVerfGE 115, 97.

[117] *Hans-Jürgen Papier*, Die finanzrechtlichen Gesetzesvorbehalte und das grundgesetzliche Demokratieprinzip, 1973, S. 76 ff.; *ders.*, Besteuerung und Eigentum, DVBl. 1980, S. 787 (793); *Birk*, Leistungsfähigkeitsprinzip (Fn. 90), S. 189.

[118] A. A. insbesondere *Hans Herbert von Arnim*, Besteuerung und Eigentum, VVDStRL 39 (1981), S. 286; *Michael Elicker*, Der Grundsatz der Verhältnismäßigkeit in der Besteuerung, DVBl. 2006, S. 480; *Walter Frenz*, Die Verhältnismäßigkeit von Steuern, GewArch. 2006, S. 282 (285 ff.).

stimmter steuerlicher Regelungen verhindern sollen und damit einen abwägungsfähigen Zweck umzusetzen suchen, relativiert worden[119]; für Lenkungszwecke von Steuern galt er nie, da der Sachzweck – ganz ähnlich wie etwa im Recht der Gefahrenabwehr – ein abwägungstaugliches Ziel darstellt[120].

Ist der Schutzbereich der Eigentumsfreiheitsgarantie des Art. 14 GG thematisch einschlägig und vermag der sog. Halbteilungsgrundsatz allenfalls in Sondersituationen als effektive Schranken-Schranke zu wirken, stellt sich die Frage nach der verfassungsrechtlichen Rechtfertigung eines durch die Auferlegung einer Steuer oder sonstigen Abgabe bewirkten Eingriffs neu: Sofern und soweit der Weg der Quantifizierung versperrt ist, bleibt der Grundsatz der Verhältnismäßigkeit als relevantes verfassungsrechtliches Widerlager[121]. Die Formulierung der Sozialpflichtigkeit des Eigentums in Art. 14 Abs. 2 GG deutet auf eine wertend-abwägende Bestimmung der Grenze hin[122]; andere Textstellen des Grundgesetzes wie Art. 106 Abs. 3 S. 4 Nr. 2 Alt. 2 GG[123] verdeutlichen, dass eine übermäßige Steuerbelastung einen Verfassungsverstoß darstellte. In seinem Beschluss vom 18. Januar 2006 hat der Zweite Senat nunmehr eine Art abgeschwächte oder eingeschränkte Verhältnismäßigkeitsprüfung kreiert[124]: Der Fiskalzweck sei hinsichtlich der Geeignetheit und der Erforderlichkeit kein tauglicher Abwägungsgesichtspunkt, wohl aber die Verhältnismäßigkeit i. e. S., d. h. die Angemessenheit des Steuereingriffs[125]. Wie dies geschehen soll und ob der Verhältnismäßigkeitsgrundsatz in dieser Weise aufspaltbar ist, harrt der Konkretisierung[126]. Zur Identifizierung einer besonders hohen und damit besonders rechtfertigungsbedürftigen Steuerbelastung soll (auch) der internationale Belastungsvergleich dienen. Vor dem Verdikt der Übermäßigkeit und damit Verfassungswidrigkeit steht noch eine Darlegungspflicht des Gesetzgebers zur Rechtfertigung dieser Last. Auch hier zeigt sich – wie so oft in neueren Judikaten[127] – die Tendenz, durch Darlegungspflichten des Gesetzgebers entweder die bei isolierter Prüfung des Gesetzes womöglich drohende Verfassungswidrigkeit abzuwehren bzw. durch die vom Gesetzgeber dargelegten Begründungen Argumente und Ansatzpunkte für eine Abwägung zu erhalten. Es bleibt abzuwarten, ob und inwieweit dieser neue Ansatz tragfähig ist. Eine positive Deutung birgt die Hoffnung, dass mit dieser Entscheidung die allgemein-politische Frage der Höhe der Steuerbelastung generell-abstrakt dem poli-

---

[119] *Markus Heintzen*, Die unterschiedliche Behandlung von Gewinnen und Verlusten, in: von Groll (Hrsg.), Verluste im Steuerrecht, 2005, S. 163 (179 ff.).

[120] *Rainer Wernsmann*, Verhaltenslenkung in einem rationalen Steuersystem, 2005, S. 203 ff., 237 ff.; *Tina Beyer*, Die Freiheitsrechte, insbesondere die Eigentumsfreiheit als Kontrollmaßstab für die Einkommensbesteuerung, 2004, S. 162 f., 164 ff.

[121] Vgl. insgesamt – wenn auch nicht stets überzeugend -*Beyer* (Fn. 120), insbes. S. 142 ff.

[122] *Ipsen* (Fn. 101), S. 213 f.

[123] Zu dieser Bestimmung *Waldhoff*, Verfassungsrechtliche Vorgaben (Fn. 18), S. 254 ff.

[124] BVerfGE 115, 97 (113 ff.).

[125] Vgl. bereits *Ipsen* (Fn. 101), S. 214.

[126] *Frenz*, Verhältnismäßigkeit (Fn. 118), S. 283; insofern zu Recht auch *Ute Sacksofsky*, Halbteilungsgrundsatz ade – Scheiden tut nicht weh, NVwZ 2006, S. 661 (662) mit dem Hinweis, dass auch hier der problematische Rückgriff auf eine verfassungsgerichtliche Ausgaben- und damit Aufgabenbeschränkung offen bleibt.

[127] Überblick und Analyse bei *Christian Waldhoff*, „Der Gesetzgeber schuldet nichts als das Gesetz", in: FS für J. Isensee, 2007, S. 325 ff.

tischen Prozess überlassen bleibt, dass aber die Möglichkeit besteht, im besten grundrechtlichen Minderheitenschutz „Ausreißer" erfassen zu können.

## 5. Schluss: Chancen und Gefahren der Konstitutionalisierung des Steuerrechts unter dem Grundgesetz

Die Analyse einer Verfassungsordnung angesichts eines Jubiläums aus der Perspektive der Finanzierung dieser Ordnung, d. h. aus steuerrechtlicher Sicht, stellte nur auf den ersten Blick etwas Ungewöhnliches dar. Für eine verfassungsgeschichtliche Untersuchung über einen längeren Zeitraum als 60 Jahre läge sie geradezu nahe, ja wäre letztlich zwingend. Aber auch für das Grundgesetz hat sich das Verhältnis von Verfassungsordnung und Besteuerung sowohl hinsichtlich der Einbettung in die Vorgeschichte unserer Verfassung, als auch als Analyseraster, um das Spezifische der deutschen Verfassungsgerichtsbarkeit besser verstehen zu können, als hilfreich erwiesen. Für die Gegenwart – und damit gleichsam als Ausblick – stellt sich auch in diesem Sachbereich die Frage nach den Chancen und Gefahren einer Konstitutionalisierung der Steuerrechtsordnung.

Der ebenso „attraktive wie rätselhafte" Begriff der Konstitutionalisierung der Rechtsordnung im innerstaatlichen Bereich meint die Beeinflussung des einfachen Rechts durch Verfassungsrecht, die verfassungsrechtliche Überformung jedes Teilrechtsgebiets[128]. Dafür sind drei Voraussetzungen erforderlich[129]: Der Grundsatz des Vorrangs der Verfassung muss strikt durchgeführt sein[130], das Verfassungsrecht muss neben organisationsrechtlichen Regelungen materielle Vorgaben für die Rechtsordnung enthalten und eine Gerichtsbarkeit muss Willens und in der Lage sein, die Konstitutionalisierung durchzusetzen. Konstitutionalisierung macht die Verfassung zum „Supra-" oder „Megarecht", führt zum „Verfassungsexpansionismus"[131]. „Stellt man sich das Recht eines Staates als eine hierarchisch gestufte Ordnung vor und geht man vom Vorrang der Verfassung aus … dann erscheint die Konstitutionalisierung der einfachen Rechtsordnung als ebenso zwingend wie selbstverständlich. Damit jedoch das Phänomen der Konstitutionalisierung erklären zu wollen, griffe viel zu kurz. … Was die Konstitutionalisierung der Rechtsordnung eigentlich zum untersuchungsbedürftigen Phänomen macht, sind die zahlreichen, manchmal durchaus verschlungenen Wege, auf denen sich die Konstitutionalisierung der Rechtsordnung vollzieht."[132] Dieses Zitat aus einer der wenigen wissenschaftlichen Untersuchungen zum Phänomen der Konstitutionalisierung der einfachgesetzlichen Rechtsordnung bedient sich vorrangig an Beispielen aus dem Zivilrecht. Hier stellt sich die Frage, ob

---

[128] *Rainer Wahl*, Konstitutionalisierung – Leitbegriff oder Allerweltsbegriff? in: FS für W. Brohm, 2002, S. 191 (192); *Hans Paul Prümm*, Trends im Deutschen Recht, JA 2005, S. 310 (311); *Matthias Knauff*, Konstitutionalisierung im inner- und überstaatlichen Recht, ZaöRV68 (2008), S. 453 (454 ff.).

[129] In Anlehnung an *Knauff* (Fn. 128), S. 477 f.

[130] Grundlegend *Rainer Wahl*, Der Vorrang der Verfassung, Der Staat 20 (1981), S. 481; hier zitiert nach: *ders.*, Verfassungsstaat, Europäisierung, Internationalisierung, 2003, S. 121.

[131] *Michael Kloepfer*, Vom Zustand des Verfassungsrechts, JZ 2003, S. 481.

[132] *Gunnar Folke Schuppert/Christian Bumke*, Die Konstitutionalisierung der Rechtsordnung, 2000, S. 9.

das Steuerrecht als staatliches Eingriffsrecht dieselbe Eigenrationalität besitzt oder besitzen kann wie die auf zwei Jahrtausenden Rechtstradition basierende Zivilrechtsordnung[133]. Außerdem ist diese Form der Konstitutionalisierung nicht auf den „Umweg“ mittelbarer Drittwirkung oder von Schutzpflichten angewiesen[134]. Die Konstitutionalisierung von öffentlichem Recht als Eingriffsrecht ist zunächst eine verfassungsrechtlich notwendige und in einem schmerzvollen Prozess erkämpfte Errungenschaft, die im geltenden Recht der Grundrechtsbindung sämtlicher Staatsgewalt geschuldet ist (vgl. die „Brückennormen“[135] der Art. 1 Abs. 3 und 20 Abs. 3 GG)[136]. Nicht von ungefähr wird das Verwaltungsrecht nach 1949 als „konkretisiertes Verfassungsrecht“ beschrieben[137]. Vor diesem Hintergrund stellt sich die Aufgabe der präziseren Abschichtung eines legitimen gesetzgeberischen Gestaltungsspielraums im Steuerrecht von notwendiger verfassungsrechtlicher Einhegung anders als in der eingehenden Kritik der Grundrechte als objektiver Wertordnung[138]. Die Verfassung gibt und kann auch das Maß der Einwirkung nicht angeben. Die neuere Wendung in der verfassungsgerichtlichen Rechtsprechung zu den eigentumsrechtlichen Grenzen der Besteuerung scheint für unsere Fragestellung den Weg zu weisen: Die – wenn auch freiheitsrechtlich angereicherte – Gleichheitsprüfung kann und sollte gerade im Steuerrecht streng erfolgen, da dieses Rechtsgebiet rechtlich wie im Bereich der politischen und gesellschaftlichen Akzeptanz durch seine Pflichtenbasiertheit in besonderem Maße auf gleichheitsrechtliche Legitimität, man könnte auch sagen: Gerechtigkeit angewiesen ist[139]. Manche der oben erwähnten Kongruenzanforderungen *Flumes* stellen sich als Gleichheits- oder Systemgerechtigkeitsproblem dar. Die genuin politische Frage, welche politischen Ziele verwirklicht und damit auch finanziert werden, hängt primär nicht von einer gleichheitsgerechten Lastenverteilung, sondern von der Höhe der Steuerbelastung, d. h. vom Gesamtsteueraufkommen ab. Die Abschichtung zwischen der der mitgliedstaatlichen politischen Entscheidung überlassenen Bestimmung der Steuerhöhe über den Steuersatz und einer rechtskonformen Bemessungsgrundlage scheint auch im europäischen Steuerrecht das Mittel der Wahl zu sein[140]. Hier steht die Feinarbeit der Analyse noch aus.

---

[133] Vgl. insgesamt auch *Wolfgang Schön*, Die zivilrechtlichen Voraussetzungen steuerlicher Leistungsfähigkeit, StuW 2005, S. 247 (248 f.).

[134] Seit BVerfGE 7, 198 – Lüth; aus der Literatur vgl. nur *Claus-Wilhelm Canaris*, Grundrechte und Privatrecht, 1999 sowie *Matthias Ruffert*, Vorrang der Verfassung und Eigenständigkeit des Privatrechts, 2001.

[135] *Knauff* (Fn. 128), S. 477.

[136] Näher *Rainer Wahl*, Der Vorrang der Verfassung und die Selbständigkeit des Gesetzesrechts, NVwZ 1984, S. 401; hier zitiert nach: *ders.*, Verfassungsstaat, Europäisierung, Internationalisierung, 2003, S. 161 (167 ff.).

[137] *Fritz Werner*, Verwaltungsrecht als konkretisiertes Verfassungsrecht, DVBl. 1959, S. 527; differenziert *Wahl*, Vorrang (Fn. 136), S. 162 f.

[138] Vgl. statt vieler *Ernst-Wolfgang Böckenförde*, Zur Lage der Grundrechtsdogmatik nach 40 Jahren Grundgesetz, 1989; *Wahl*, Vorrang (Fn. 136), 163 ff.; zu den gewaltenteiligen Problemen von Verfassungsgerichtsbarkeiten *Christoph Möllers*, Gewaltengliederung, 2005, S. 135 ff.

[139] Vgl. *Moris Lehner/Christian Waldhoff*, in: Kirchhof/Söhn/Mellinghoff (Hrsg.), Einkommensteuergesetz. Kommentar, Loseblattsammlung, Stand des Gesamtwerks: 206. Lieferung März 2010, § 1 Rdnr. A 156.

[140] Durchgeführte (Verbrauch- und Umsatzsteuern) wie geplante Harmonisierungen (gemeinsame

Ferner: Konstitutionalisierung ist ein komplexer Prozess, keine Einbahnstraße und an ihr wirken zahlreiche Akteure mit (die Verfassungsgerichtsbarkeit, die Fachgerichtsbarkeit, der Gesetzgeber, der politische Prozess im Übrigen usw.)[141]. Vor diesem Hintergrund ist in Bezug auf die gescheiterten Steuerreformen zu fragen, was die Bedingungen solcher Reformen sind. Nicht neue, ohnehin unrealistische Großentwürfe, sondern eine präzise Analyse des politischen Prozesses des Scheiterns von Steuerreformen tut not, um das Spannungsverhältnis zwischen Konstitutionalisierung und Reform zu erfassen[142].

Schließlich: Wie können die spezifisch juristischen Argumente in Bezug auf Zukunftsfragen der Besteuerung von den immer mehr dominierenden ökonomischen Diskursen getrennt und geschärft werden? Enthielt das Steuerverfassungsrecht im deutschen Konstitutionalismus noch Programme und Verheißungen „neuer" Steuerordnungen, hat die Rationalisierung der Verfassungstexte in Richtung auf volle Justiziabilität die letzten expliziten Steuermaßstäbe zugunsten des oben beschriebenen „ungeschriebenen Finanzrechts" verdrängt[143]. Die Verfassungsjudikatur als solche ist ebenfalls kaum in der Lage, zukunftsweisende Impulse zu geben[144]. Ein Methodensynkretismus wäre sicherlich der falsche Weg, denn rechtliche Maßstäbe sind von ökonomischen grundsätzlich zu unterscheiden, „Gerechtigkeit" ist im rechtlichen Sinne etwas anderes als im ökonomischen (und im politischen Kontext, in dem vielfältige Teilrationalitäten verarbeitet werden müssen, vielleicht wiederum anders aufzufassen). Die Berücksichtigung „beider Seiten" des Steuerverfassungsrechts[145] – neben inhaltlichen Maßstäben auch die organisatorische Einbindung der Steuerrechtsetzung und Steuererhebung – ist bei dieser Aufgabe unverzichtbar.

---

Bemessungsgrundlage der Unternehmenssteuern) überlassen die Bestimmung der Höhe des Steuersatzes – und sei es in einem Rahmen – stets der politischen Entscheidung der Mitgliedstaaten.

[141] *Schuppert/Bumke* (Fn. 132), S. 45 ff.

[142] Vgl. *Wolfgang Schön*, Steuerpolitik 2008 – Das Ende der Illusion? DStR, Beihefter zu Heft 17, 2008, S. 11 ff.

[143] Eingehend *Waldhoff*, Verfassungsrechtliche Vorgaben (Fn. 18), S. 211 ff.

[144] *Schön*, Steuerpolitik 2008 (Fn. 142), S. 13.

[145] *Christian Waldhoff*, Die „andere Seite" des Steuerverfassungsrechts, in: Schön/Beck (Hrsg.), Zukunftsfragen des deutschen Steuerrechts, 2008, S. 125 ff.

# 60 Jahre Grundgesetz aus der Sicht des Europarechts

von

Professor Dr. Dres. h. c. Peter-Christian Müller-Graff,
Universität Heidelberg

Sechzig Jahre Grundgesetz aus der Sicht des Europarechts zu reflektieren, nimmt eine andere Ausgangsperspektive ein als die Betrachtung von sechzig Jahren Europarecht aus der Sicht des Grundgesetzes. Letztere ist die Domäne staatsrechtlicher Erörterungen[1]. Mit der Sicht des Europarechts auf das Grundgesetz geht es um eine sich damit zwar sachgegenständlich überschneidende, aber doch unterscheidbare, miteinander verschränkte Doppelfrage: zum einen, in welchem Maße die Entfaltung der zweiten republikanischen Verfassung Deutschlands vom Schutz des stabilen Entwicklungsgangs der rechtlich gegründeten europäischen Integration seit 1952 begünstigt wurde und auch unter dem Gesichtspunkt einer wechselseitigen Stabilisierung von unionalem Primärrecht und nationalen Verfassungsrechten[2] im Sinne eines gemeineuropäischen Verfassungsrechts (*Häberle*)[3] künftig wird; zum anderen, inwieweit das Grundgesetz dazu beitrug und beiträgt, das historisch innovative Phänomen des für Deutschland relevanten supranationalen[4] Europarechts (ursprünglich Gemeinschaftsrecht, seit 1. Dezember 2009 Unionsrecht) zu ermöglichen, zu rezipieren, zu fördern, zu gestalten und zu begrenzen. Während die Beantwortung des ersten Teils der ersten Frage ebenso wie derjenigen nach der Förderung der Wiedervereini-

---

[1] Vgl. dazu nur die Beiträge von *Peter M. Huber* und *Getrude Lübbe-Wolf* zum Thema „Europäisches und nationales Verfassungsrecht, in: Veröffentlichungen der Vereinigung der Deutschen Staatsrechtslehrer Heft 60, 2001, S. 194 ff., 247 ff., jeweils m. w. N.

[2] Vgl. dazu und zum Europäischen Verfassungsverbund den Beitrag von *Ingolf Pernice*, ebda., S. 148 ff., 165 ff., 186 ff., 192 f. (IV 5).

[3] Grundlegend *Peter Häberle*, Gemeineuropäisches Verfassungsrecht, EuGRZ 1991, 261 ff.; *ders.*, Europäische Rechtskultur, 1994; vgl. auch *Peter-Christian Müller-Graff / Eibe Riedel* (Hrsg.), Gemeinsames Verfassungsrecht in der Europäischen Union, 1998; *Albrecht Weber*, Europäische Verfassungsvergleichung, 2010.

[4] Ausgeklammert bleibt im folgenden das nicht supranationale Europarecht, namentlich die EMRK; vgl. dazu den Beitrag von *Christoph Grabenwarter* zum Thema „Europäisches und nationales Verfassungsrecht“, a.a.O. (Fn. 1), S. 90 ff.; speziell zur EMRK *ders.*, Europäische Menschenrechtskonvention, 4. Aufl. 2009; zum – subverfassungsrechtlichen – Rang der EMRK in der deutschen Rechtsordung jüngst BVerfG, Beschluß v. 4. 2. 2010 Tz. 21 – 2 BvR 2307/06 –.

gung Deutschlands 1990 durch dessen Einbettung in den Europäischen Gemeinschaften zuvörderst, wenn auch nicht ausschließlich, Aufgabe der Geschichts- und Sozialwissenschaften ist und hier nicht weiterverfolgt werden kann[5], und während der zweite Teil der ersten Frage spekulativ ist, läßt die zweite Frage zuallererst Antworten der mit dem positivierten Recht befaßten Rechtswissenschaft zu. Um dies zu bewerkstelligen, sind zunächst die Eigenheiten der Supranationalität im Europarecht zu kennzeichnen (A), sodann der textlich-konzeptionelle Ausgangspunkt des Grundgesetzes im Hinblick auf diese zu umreißen (B), danach die etappenweise Auslegung des grundgesetzlichen Textes durch das Bundesverfassungsgericht im hermeneutischen Dialog zum Entwicklungsgang des Europarechts zu befragen (C) und schließlich die Zwischenbilanz der historischen Gegenwartslage des Grundgesetzes für die zukünftige Rezeption und Orientierung des Europarechts zu ziehen (D).

## A. Supranationales Europarecht als neues Rechtsphänomen und rechtliches Profil eines transnationalen Gemeinwesens

Verbindliche Normen auf der Grundlage völkerrechtlicher Verträge sind kein historisches Novum des 20. Jahrhunderts. Das supranationale Europarecht jedoch, wie es seit 1952, beginnend mit der Montanunion (EGKS) in Gestalt des Europäischen Gemeinschaftsrechts die Bühne der Rechtswelt betrat und sich allmählich tastend als das rechtliche Profil eines von herkömmlichen völkerrechtlichen Organisationen unterscheidbaren transnationalen Gemeinwesens konturierte[6], ist ein geschichtlich innovatives Phänomen. Offen bleiben muß in diesem Beitrag die Frage, ob oder inwieweit der mit einem spezifischen Sanktionsmechanismus verbundene Rechtsbegriff (im Unterschied zu anderen Normkategorien) kategorial in gleicher Weise paßfähig zu internationalen, europäischen und staatlichen Normordnungen ist, die das Attribut „Recht" nutzen[7].

Der Begriff der Supranationalität findet sich nirgendwo verbindlich positiviert noch konsentiert[8]. Er ist vielmehr ein synthetisiertes Konzept aus verschiedenen Ele-

---

[5] Vgl. zur Verzahnung von Wiedervereinigungspolitik und Europapolitik *Konrad Adenauer*, Erinnerungen 1955–1959, 1967, S. 252ff.; *Carl-Otto Lenz*, Westintegration und Wiedervereinigung, EGM Nr. 3/1990, S. 8; s. auch *Peter-Christian Müller-Graff*, Deutsche Einheit und Europäische Integration, in: Beate Kohler-Koch (Hrsg.), Die Osterweiterung der EG, 1991, S. 23, 41ff., 43ff.

[6] Vgl. zu diesen Entwicklungsschritten *Peter-Christian Müller-Graff*, Primärrechtliche Entwicklungsschritte der Gemeinschaftsintegration zu einem transnationalen Gemeinwesen, integration 2007, 407ff.

[7] Die Durchsetzungsschwäche des herkömmlichen Völkerrechts ist bekannt und hat in diesem Bereich auch breitflächig das Aufkommen nicht verbindlicher Normen und Selbst„verpflichtungen" („soft law") gefördert; so *Boyle*, The Making of International Law, p. 210, 215.

[8] Vgl. schon *Hans-Peter Ipsen*, Über Supranationalität, in: Hans-Peter Ipsen, Europäisches Gemeinschaftsrecht in Einzelstudien, 1984, S. 97ff.; *Hans Lecheler*, „Supranationalität" der Europäischen Gemeinschaften – Rechtliche Beschreibung oder unverbindliche Leerformel?, JuS 1974, 7ff.; *Manfred Zuleeg*, Wandlungen des Begriffs der Supranationalität, integration 1988, 103ff.; *Gert Nicolaysen*, Europarecht I, 1991, S. 28ff.; *Rudolf Streinz*, Europarecht, 4. Aufl., 1999, S. 41; *Peter-Christian Müller-Graff*, The Concepts of Supranationality and National Legal Autonomy, in: Hans Petter Graver (ed.), National Judicial Reaction to Supranationality in the EC and the EEA, 2004, p. 35 et seq.; *Thomas Oppermann / Claus Dieter Classen / Martin Nettesheim*, Europarecht, 4. Aufl. 2009, S. 60f. (§ 5 Rdz. 9ff.) mit Klassifi-

menten, die sich auf dem Pionierpfad des Gemeinschaftsrechts aus vertrags- und rechtspolitischen Entscheidungen sowie aus deren judikativen Konkretisierungen bildeten. Betrachtet man diese nahezu 60jährige Entwicklung rückblickend, so zeigen sich kennzeichnende Merkmale in mehreren Charakteristika der transnationalen Rechtsetzung (I), Rechtswirkung (II) und Rechtsprechung (III). Man mag für einzelne Elemente Parallelen in anderen internationalen Kontexten finden. Ihre einzigartige Kombination erzeugt indes ein besonderes Gepräge. Im schillernden Wortteil „Supra" leuchtet in seiner rechtlichen Dimension der Gedanke von Durchsetzungs- und Verwirklichungsgewicht von Normen, die nicht der alleinigen Disposition des einzelnen betroffenen Staates unterliegen.

## *I. Transnationale Rechtsetzung*

Transnationale Rechtsetzung allein konstituiert noch nicht notwendig Supranationalität, wie etwa die bis zum 30. November 2009 möglichen Rahmenbeschlüsse in der polizeilichen und strafjustiziellen Zusammenarbeit der Europäischen Union belegen[9]. Ein erstes supranationales Rechtselement kommt indes ins Spiel, wenn von dem Grundsatz abgewichen wird, daß es zu einer verbindlichen Regel nur kommen kann, wenn der betroffene Staat zustimmt.

### *1. Mehrheitsentscheidungen der Regierungsvertreter*

Die genannte Schwelle wird daher überquert, wenn Mehrheitsentscheidungen der Staatenvertreter getroffen werden können[10]. In der Entwicklung des Europäischen Gemeinschaftsrechts wurde dieser Pionierschritt bereits vom EGKS-Vertrag vollzogen, der zugleich eine Stimmengewichtung in Abbildung der mitgliedstaatlichen Kohle- und Stahlproduktion schuf[11]. EWG-Vertrag und EAG-Vertrag zogen nach[12]. Im Rahmen der Einheitlichen Europäischen Akte wurde das Beschlußverfahren der qualifizierten Mehrheitsentscheidung auf die binnenmarktförderliche Rechtsangleichung erstreckt[13]. Hierbei richtet sich die (von der Novellierung durch den Vertrag von Lissabon[14] ab 1. 11. 2014 abgelöste) differenzierte Stimmponderierung der Mit-

---

zierung der Überstaatlichkeit der Europäischen Union insgesamt (also nicht speziell des Europarechts) durch: Breite der Aufgabenbereiche, Verpflichtung auf gemeinsame politische Grundwerte, autonome und intensive Rechtsetzungsgewalt der EU, Selbständigkeit der EU-Organe, finanzielle Selbständigkeit der Union, umfänglicher Rechtsschutz, Unvollendetheit und Dauerhaftigkeit der Union.

[9] Vgl. Art. 34 Abs. 2 lit. b ex-EUV; vgl. zum Umsetzungsgesetz zum Rahmenbeschluß über den Europäischen Haftbefehl Urteil des BVerfG v. 18. 7. 2005 – 2 BvR 2236/04 –.

[10] Vgl. *Rudolf Streinz*, Europarecht, 7. Aufl. 2005, Rn. 127.

[11] *Hans-Peter Ipsen*, Europäisches Gemeinschaftsrecht, 1972, S. 496.

[12] Vgl. für die EWG Art. 148 EWGV; dazu im einzelnen *Heinz Haedrich*, in: Hans von der Groeben / Hans von Boeckh / Jochen Thiesing, Kommentar zum EWG-Vertrag, 2. Aufl., 1974, Art. 148, S. 90 ff.

[13] Ursprünglich: Art. 100a EWGV (dazu: *Peter-Christian Müller-Graff*, Die Rechtsangleichung zur Verwirklichung des Binnenmarktes, EuR 1989, 107, 141 f.); seit der Vertragsreform von Lissabon Art. 114 AEUV i. V. m. Artt. 289, 294 AEUV (ordentliches Gesetzgebungsverfahren).

[14] Art. 16 Abs. 4 enthält eine ab dem 1. 11. 2014 geltende Neudefinition der qualifizierten Mehrheit

gliedstaaten nach dem Prinzip der degressiven Proportionalität, das Unterschiede der Mitgliedstaaten unter den Gesichtspunkten von Bevölkerungsgröße und Wirtschaftspotenzial abflachend berücksichtigt[15].

### 2. *Rechtlich gesicherter Steuerungseinfluß eines transnationalen Parlaments*

Ein weiteres Element der Supranationalität in der Rechtsetzung wird hinzugefügt, wenn auf sie Entscheidungen eines transnationalen Parlaments verfahrensrechtlich gesichert steuernden Einfluß nehmen können. War die in den Anfangsjahren der Europäischen Gemeinschaften so genannte Versammlung aus delegierten[16] Mitgliedern in ihren Befugnissen zunächst sehr begrenzt (Beratung und Kontrolle, nicht Legislation)[17], so konnte sich prozedural gesicherter Einfluß des Europäischen Parlaments auf die Rechtsetzung der EWG, namentlich beginnend mit den Haushaltsnovellen (1970/71; 1975/77) und der Einheitlichen Europäischen Akte (1986/1987)[18], inhalts- und textstufenförmig über die Reformverträge von Maastricht[19] und Amsterdam[20] bis hin zum nunmehr so genannten, aus dem Verfassungsvertrag rezipierten[21], ordentlichen Gesetzgebungsverfahren im Lissabonner Vertrag[22] zunehmend stärker und sachgegenständlich breiter entfalten. In diesem Rahmen wird den Staatenvertretern die alleinige Befugnis und Verantwortlichkeit für transnationale Rechtsetzung entzogen. Dem gouvernemental-exekutiven Einfluß auf Gestaltung und Verabschiedung eines konkreten Rechtsakts wird der davon unabhängige Einfluß der Vertreter der Völker beigesellt. Zwar vermag auch im ordentlichen Gesetzgebungsverfahren das Europäische Parlament einen Rechtsakt nicht gegen die Entscheidung des Rates durchzusetzen, doch umgekehrt auch der Rat nicht gegen die Entscheidung des Europäischen Parlaments. Dies zwingt zu Verhandlungen.

## *II. Supranationale Rechtswirkung*

Die supranationalen Elemente der Rechtsetzung allein schöpfen allerdings den supranationalen Rechtscharakter des Gemeinschaftsrechts nicht aus und sind letztlich auch nur bedingt kennzeichnend. Denn dieser kann sich auch ohne Mehrheitsent-

---

als doppelte Mehrheit (55 %-Mehrheit der Mitglieder des Rates, gebildet aus mindestens 15 Mitgliedern, sofern die von disen vertretenen Mitgliedstaaten mindestens 65 % der Bevölkerung der Union ausmachen).

[15] Vgl. *Hans-Peter Ipsen*, Europäisches Gemeinschaftsrecht, 1972, S. 495 f.; *Heinz Haedrich*, a.a.O., S. 91.

[16] Artt. 138 Abs. 1 EWGV, Art. 108 Abs. 1 EAGV, Art. 21 Abs. 1 EGKSV.

[17] Vgl. *Hans-Peter Ipsen*, Europäisches Gemeinschaftsrecht, 1972, S. 329 ff.

[18] *Marcel Haag / Roland Bieber*, in: Hans von der Groeben / Jochen Thiesing / Claus-Dieter Ehlermann (Hrsg.), EUV/EGV-Kommentar, 5. Aufl. 1997, Art. 137 Rn. 30.

[19] Einführung des Mitentscheidungsverfahrens; vgl. *Marcel Haag/Roland Bieber*, in: Hans von der Groeben / Jürgen Schwarze (Hrsg.), EUV/EGV. Kommentar, 6. Aufl. 2004, Art. 189 Rdz. 30.

[20] Ebda.

[21] Dort Art. III-396 VVE.

[22] Artt. 289, 294 AEUV.

scheidung und ohne rechtlich gesicherten Steuerungseinfluß eines transnationalen Parlaments allein aus der Rechtswirkung in den und für die Mitgliedstaaten ergeben. Bahnbrechend für diese Einsicht wurde bekanntlich die Rechtsprechung des Gerichtshofs der Europäischen Gemeinschaften (EuGH) in seinen Leitentscheidungen „*van Gend & Loos*“[23] und „*Costa/ENEL*“[24], in denen aus dem Gedanken des Gemeinschaftsrechts als einer eigenen Rechtsordnung einerseits das Verhältnis zum herkömmlichen Völkerrecht mit der unmittelbaren Anwendbarkeit und andererseits das Verhältnis zum nationalen Recht mit der Qualität des Anwendungsvorrangs grundsätzlich bestimmt und damit das Europarecht in seiner supranationalen Eigenheit dauerhaft markiert wurde.

### 1. *Unmittelbare Anwendbarkeit*

Ein wesentliches Merkmal der unionalen Supranationalität ist die unmittelbare Anwendbarkeit einer dazu geeigneten, wiewohl auf völkervertraglicher Grundlage beruhenden Bestimmung, mithin die Verpflichtung jeder mitgliedstaatlichen Einrichtung (Behörde, Gericht) zu deren Anwendung ex officio. Diese Möglichkeit wurde von der Handlungsform der *allgemeinen* Entscheidung in der EGKS eröffnet[25] und sodann auch von derjenigen der Verordnung im EWG-Vertrag und EAG-Vertrag. Deren Rechtswirkung wird seit Anbeginn vertragspositiv mit allgemeiner Geltung, Verbindlichkeit in allen ihren Teilen und unmittelbarer Geltung in jedem Mitgliedstaat gekennzeichnet[26]. Eben diese Wirkung übertrug der EuGH, beginnend mit „*van Gend & Loos*“, auf dazu geeignete (hinreichend bestimmte und unbedingte) Vorschriften des EWG-Vertrages und überwand dabei den Einwand der nur völkervertraglichen Grundlage mit der überzeugenden fundamentalen Überlegung, daß Zweck der Gemeinschaft die Errichtung eines Gemeinsamen Marktes sei, dessen Funktionieren den Einzelnen unmittelbar betreffe[27] und der sich daher auf eine einschlägige marktintegrative Freiverkehrsbestimmung berufen können müsse[28]. Einleuchtend erweiterte der EuGH diesen Gedanken auch gegenüber transnationalen Freiverkehrsbeeinträchtigungen durch private Kollektivorganisationen[29] und vorhersehbar, weil folgerichtig, in jüngerer Zeit auch gegenüber einem Boykottaufruf durch einen internationalen Gewerkschaftsverband[30] und sogar gegenüber den Bedingungen eines Arbeitgebers für den Zugang zu einem Auswahlverfahren zur Personaleinstellung[31]. Auch erstreckte er die unmittelbare Anwendbarkeit zugunsten Einzelner gegenüber einem Mitgliedstaat auf Richtlinienbestimmungen, die entgegen der

---

[23] EuGH, Slg. 1963, 1.

[24] EuGH, Slg. 1964, 1141.

[25] Artt. 14 Abs. 2, 15 Abs. 3 EGKSV; dazu *Hans-Peter Ipsen*, Europäisches Gemeinschaftsrecht, 1972, S. 447.

[26] Heute in der EU: Art. 288 Abs. 2 AEUV.

[27] EuGH, Slg. 1963, 1.

[28] Ebda.

[29] EuGH, Slg. 1974, 1405 (Walrave und Koch); Slg. 1995, I-4921 (Bosman).

[30] EuGH, Rs. C-341/05, Urteil v. 18. 12. 2007 (Laval).

[31] EuGH, Slg. 2000, I-4139 (Angonese).

staatlichen Zielverwirklichungspflicht[32] (heute Art. 288 Abs. 3 AEUV) von diesem nicht fristgemäß in geltendes nationales Recht umgesetzt werden[33].

### 2. *Anwendungsvorrang*

Zum zweiten Merkmal der supranationalen Rechtswirkung einer Gemeinschaftsnorm erwuchs der schon in „*van Gend & Loos*" angelegte, grundlegend aber mit der Entscheidung „*Costa/ENEL*" begründete Anwendungsvorrang des Gemeinschaftsrechts vor abweichendem mitgliedstaatlichem Recht mit der Konsequenz, dass mitgliedstaatliche Gerichte und Behörden eine konfligierende Bestimmung des innerstaatlichen Rechts unangewendet zu lassen haben. Wegen der folgerichtigen Ableitung des Anwendungsvorrangs aus dem Gedanken der vertraglich – synallagmatisch – mit wechselseitigen Verpflichtungen konstituierten Rechtsgemeinschaft[34] erübrigt sich zwar eine ausdrückliche vertragspositive Festlegung, wie sie der Verfassungsvertrag vorsah[35]. Dies wäre aber um der transparenten Klarheit wegen wünschenswert.

### 3. *Rechtliche Durchsetzungsmechanismen gegen Widerstrebende*

Als drittes Merkmal supranationaler Rechtswirkung figuriert die Verfügbarkeit rechtlicher Durchsetzungsmechanismen gegen Normadressaten. Soweit die Mitgliedstaaten verpflichtet sind, beauftragt das Primärrecht im Falle pflichtwidrigen Verhaltens eines Staates die Kommission mit der Durchführung eines Vertragsverletzungsverfahrens vor dem EuGH[36], das gegebenenfalls in die Verhängung eines zu zahlenden Pauschalbetrags oder Zwangsgeldes münden kann[37]. Hierbei geht es nicht nur um tätige Verletzungen[38], sondern auch um die Verletzung von Schutzpflichten zugunsten binnenmarktlich freiverkehrsberechtigter Einzelner gegen deren Behinderung durch andere Private[39]. Die Rechtsprechung des EuGH ermöglicht seit der Entscheidung „*Francovich*" auch Einzelnen, die durch qualifizierte Vertragsverletzung eines Mitgliedstaats zu Schaden gekommen sind, dessen Kompensation[40] und entscheidet da-

---

[32] Heute: Art. 288 Abs. 3 AEUV.

[33] Z.B: EuGH, Slg. 1970, 825 (Grad); Slg. 1979, 1629 (Ratti); Slg. 1982, 53 (Becker); Slg. 1987, 3969 (Kolpinghuis Nijmegen); Slg. 1984, 1075 (Kloppenburg); Slg.1988, 4689 (Moormann).

[34] EuGH, Slg. 1964, 1141 (Costa/ENEL).

[35] Art. I-6 VVE: „Die Verfassung und das von den Organen der Union in Ausübung der der Union übertragenen Zuständigkeiten gesetzte Recht haben Vorrang vor dem Recht der Mitgliedstaaten."

[36] Art. 258 AEUV.

[37] Art. 260 Abs. 2 und 3 AEUV.

[38] Namentlich durch Rechts- und Verwaltungsvorschriften und Verwaltungspraxis.

[39] EuGH, Slg. 1997, I-6959 (Agrarblockaden).

[40] EuGH, Slg. 1991, I-5357 (Francovich); EuGH, Slg. 1996, I-1029 (Brasserie du Pêcheur / Factortame); EuGH, Slg. 1996, I-1631 (British Telecommunications); EuGH, Slg. 1996, I-2604 (Hedley Lomas); EuGH, Slg. 1996, I-4845 (Dillenkofer); EuGH, Slg. 1996, I-5085 (Denkavit); EuGH, Slg. 2003, I-10239 (Köbler); vgl. *Sofia Moreira de Sousa / Wolfgang Heusel* (Hrsg.), Durchsetzung des Gemeinschaftsrechts von Francovich zu Köbler, 2004.

durch im Spannungsfeld zwischen europarechtlich gebotenem Rechtsschutz des Einzelnen und staatlicher Souveränität[41] zugunsten des Bürgers. Folgerichtig können nach jüngerer Rechtsprechung auch Private, deren Verhalten gegen gemeinschaftsrechtliche Wettbewerbsregeln verstößt, von geschädigten Marktteilnehmern kraft Unionsrechts (im Grundsatz unabhängig von nationalen Durchsetzungsnormen wie § 33 GWB) in Anspruch genommen werden[42]. Der darin aufscheinende allgemeine Rechtsgedanke ließe sich künftig auch auf Schäden Einzelner infolge des Verstosses Privater gegen die binnenmarktlichen Freiverkehrsvorschriften als transnational wettbewerbseröffnenden Normen[43] erstrecken. Zudem zählen zum Durchsetzungsinstrumentarium des europäischen Wettbewerbsrechts seit Anbeginn Untersagungsverfügungen und die Verhängung von Geldbußen[44]. Schließlich hält das Unionsrecht Durchsetzungsmechanismen auch gegen Unionsorgane bereit, die Unionsrecht verletzen: für andere Organe und jeden Mitgliedstaat sowie – unter eingegrenzten Voraussetzungen – für natürliche und juristische Personen die Nichtigkeits- und Untätigkeitsklage[45] sowie für Einzelne die Klage auf Ersatz des Schadens, der durch Organe oder Bedienstete in Ausübung ihrer Amtstätigkeit verursacht wurde[46].

## *III. Rechtsgemeinschaft durch Gemeinschaftsrechtsprechung*

Ein drittes Element der Supranationalität läßt sich in der Zuweisung der letztverbindlichen Auslegung des Unionsrechts an ein gemeinsames Gericht sehen. Vertragstextlich ausdrücklich ist der EuGH befugt, bei der Auslegung und Anwendung das Recht zu wahren[47]. Schon die grammatikalische Wendung dieser Aufgabe signalisiert, daß „Recht" mehr umschließt als das positivierte Primär- und Sekundärrecht. Umfaßt ist auch der Gedanke der allgemeinen Rechtsgrundsätze, die im Unionskontext zu formulieren und zu artikulieren dem EuGH aufgetragen ist (z. B. des Grundrechtsschutzes, der Verhältnismäßigkeit, des Vertrauensschutzes u. a. m.). Auch in der Einrichtung eines derart befugten Gerichts unterscheidet sich das Unionsrecht vom Muster herkömmlicher völkervertraglicher Vereinbarungen, die in der Regel nicht einen Mechanismus zur verbindlichen Interpretation durch einen unabhängigen Spruchkörper vorsehen. Das WTO-Streitbeilegungsverfahren hat noch nicht eine vergleichbare Ausgestaltung erreicht[48]. Supranational sind zugleich die Schaffung ei-

---

[41] Zum triangulären Spannungsverhältnis *Peter-Christian Müller-Graff*, Die Rechtsangleichung zur Verwirklichung des Binnenmarktes, EuR 1898, 107, 119 ff.

[42] EuGH, Rs. C-453/99, Urteil v. 20. 9. 2001 (Courage); Rs. C-295/04 u. a., Urteil v. 13. 7. 2006 (Manfredi).

[43] Vgl. *Peter-Christian Müller-Graff*, Marktfreiheiten als Herzstück der europäischen Wettbewerbsidee: Funktion und Wirkungen, in: Hermann-Josef Blanke / Arno Scherzberg / Gerhard Wegner (Hrsg.), Dimensionen des Wettbewerbs. Europäische Integration zwischen Eigendynamik und Gestaltung, 2010, S. 329 ff.

[44] Ursprünglich: Kartellverordnung Nr. 17; jetzt VO (EG) 1/2003.

[45] Artt. 263, 265 AEUV.

[46] Art. 268 AEUV i. V. m. Art. 340 Abs. 2 und 3 AEUV.

[47] Art. 19 Abs. 1 EUV.

[48] Vgl. dazu die detaillierte Vergleichanalyse von *Olaf Weber*, WTO-Streitbeilegung und EuGH im Vergleich, 2007 (Heidelberger Schriften zum Wirtschaftsrecht und Europarecht Band 38).

ner judikativen Kompetenz zur Verwerfung legislativer und administrativer Maßnahmen und zugleich deren Monopolisierung bei einem gemeinsamen Gericht[49] (Artt. 263, 267, 264 AEUV).

## B. Textlich-konzeptionelle Ausgangspunkte der europäischen Offenheit des Grundgesetzes

Die ausdrücklichen textlich-konzeptionellen Ausgangspunkte der supranationalen Offenheit des Grundgesetzes zur europäischen Integration in der heute geltenden Fassung beinhalten abstrakte Grundsätze (I), konkrete Botschaften (II) und auslegungsoffene Konditionen (III).

### *I. Abstrakte Grundsätze*

Die abstrakten Grundsätze finden sich als textliches Urgestein des Grundgesetzes in dessen Präambel und Artikel 24 sowie als spezielle Neuschöpfung für die Europäische Union nach der großen Epochenzäsur vor zwanzig Jahren (1989/1990) im neu gefaßten Artikel 23. Das textliche Urgestein erklärt bündig, daß der Bund durch Gesetz Hoheitsrechte auf zwischenstaatliche Einrichtungen übertragen kann. Demgegenüber präzisiert der jüngere Artikel 23 diese Befugnis zur Verwirklichung eines vereinten Europas für die Mitwirkung der Bundesrepublik bei der Entwicklung der Europäischen Union durch Strukturgrundsätze und bindet die (auch hier terminologisch mißverstehbar so bezeichnete[50]) „Übertragung" ausdrücklich an die Zustimmung des Bundesrates. Die Präambel bekundet überwölbend, daß das Deutsche Volk von dem Willen beseelt ist, als gleichberechtigtes Glied in einem vereinten Europa dem Frieden der Welt zu dienen. Diese drei Textstücke formen zum einen eine verfassungsrechtliche Ermächtigung zur Öffnung des deutschen Hoheitsraums derart, daß der Ausschließlichkeitsanspruch deutscher Hoheitsträger zur Hoheitsübung in Deutschland zurückgenommen werden kann. Und zugleich ist Artikel 23 GG eine Staatszielbestimmung der Bundesrepublik, an der Entwicklung der Europäischen Union konstruktiv mitzuwirken[51].

### *II. Konkrete Botschaften*

Das knappe einschlägige Textgerüst beinhaltet mehrere Botschaften, die aus tiefer Einsicht in die unheilvolle Grammatik bitterster Leidenszeiten der europäischen Geschichte gesprochen sind. Die Normen bekennen zuallererst die Einsicht in das Scheitern des blinden Egoismus von Staaten und Nationen in Europa. Deshalb er-

---

[49] Artt. 263, 267, 264 AEUV.

[50] Zur Mißverständlichkeit vgl. schon BVerfGE 37, 271, 279 (Begriff darf „nicht wörtlich genommen werden"). *Rudolf Streinz*, in: Michael Sachs (Hrsg.), Grundgesetz. Kommentar, 3. Aufl. 2003, Art. 23 Rdz. 57.

[51] Vgl. z.B. *Rudolf Streinz*, a.a.O., Art. 23 Rdz. 10.

hofft die konditionierte Relativierung der staatlichen Alleinhoheit im eigenen Staatsgebiet zuallererst die allgemeine Chance zur konstruktiven Überwindung schadensstiftender Auswirkungen ungezähmt rivalisierender Staatlichkeiten. Diese Möglichkeit wurde vom Grundgesetz pionierhaft zu einem Zeitpunkt proklamiert, als es noch keine supranationale europäische Organisation gab. Das „Lissabon"-Urteil des Bundesverfassungsgerichts bestätigt ausdrücklich diese grundgesetzliche Botschaft, den staatlichen Alleinherrschaftsanspruch auf dem eigenen Gebiet zu Gunsten des friedlichen Zusammenwirkens der Nationen und der europäischen Integration zu modifizieren. Es bekräftigt explizit die Loslösung „von einer selbstgenügsamen und selbstherrlichen Vorstellung souveräner Staatlichkeit"[52]. Zugleich beinhaltet der jüngere Artikel auch die Hoffnung auf die Selbstbehauptung der Bundesrepublik mittels der Europäischen Union in den globalen Herausforderungen. Die Europäische Union wird durch diese Hervorhebung gerade nicht als eine völkerrechtliche Organisation wie jede andere gesehen (wie aber einzelne Aussagen des „Lissabon"-Urteils anzudeuten scheinen[53]), sondern als die Konkretisierung eines Staatsziels. Darin schwingt die Einsicht in die Paradoxie mit, die eigene Souveränität einschränken zu müssen, um sie in veränderten Herausforderungen zu behaupten.

## *III. Auslegungsoffene Konditionen*

Die textlichen Ausgangspunkte der Offenheit zur supranationalen europäischen Integration sind allerdings nicht ohne Konditionen. Der vergleichsweise junge Art. 23 GG konkretisiert sie dahin, daß die Staatszielbestimmung der Mitwirkung nur für eine Europäische Union gilt, „die demokratischen, rechtsstaatlichen, sozialen und föderativen Grundsätzen und dem Grundsatz der Subsidiarität verpflichtet ist und einen diesem Grundgesetz im Wesentlichen vergleichbaren Grundrechtsschutz gewährt". Der Sinn dieser Maßstäbe liegt auf der Hand. Wenn Akte eines außerstaatlichen Hoheitsträgers in Deutschland grundgesetzlich generell anerkannt werden sollen, dann darf dieser außerstaatliche Hoheitsträger in seiner Wesensart nicht gänzlich fremdartig zu den Grundsätzen sein, die die Verfassungsordnung des Grundgesetzes kennzeichnen.

Das Grundgesetz fordert jedoch andererseits mit seinen Strukturanforderungen an die Europäische Union nicht eine punktgenaue Identität der europäischen Ordnung zu derjenigen des Grundgesetzes, sondern konzeptionell sinnfällig und realitätsnah lediglich eine der Union „strukturangepasste Grundsatzkongruenz"[54]. Denn die Legitimation eines in seinen Hoheitsrechten von den Staaten[55] – und über diese media-

---

[52] Urteil des Bundesverfassungsgerichts v. 30. 6. 2009 (2 BvE 2/08 u.a.), BVerfGE 123, 267 Tz. 223.

[53] So BVerfGE 123, 267 namentlich in Tz. 229, 233, 237, 264, 340 des Urteils; vgl. zum Aufwuchs allgemeiner völkerrechtlicher Topoi in der Argumentation des „Lissabon"-Urteils *Peter-Christian Müller-Graff*, Das Karlsruher Lissabon-Urteil: Bedingungen, Grenzen, Orakel und integrative Optionen, integration 2009, 354 f.

[54] So *Rudolf Streinz*, in: Michael Sachs (Hrsg.), Grundgesetz. Kommentar, 3. Aufl. 2003, Art. 23 Rdz. 22. So in der Sache zum Demokratieprinzip BVerfG 89, 155, 182.

[55] Vgl. *Peter M. Huber*, a.a.O., S. 243, IV 8. Dies beinhaltet in den Mitgliedstaaten der EU zugleich

tisiert den Völkern- abgeleiteten transnationalen Gemeinwesens erfordert spezifische Legitimationsverfahren. Die Schaffung einer europäischen Hoheitsordnung wäre zudem unmöglich, wollte jeder Mitgliedstaat auf die minutiöse Abbildung seiner nationalen Legitimationsverfahren auf europäischer Ebene bestehen. Einsichtig akzeptieren Grundgesetz und Bundesverfassungsgericht daher einen teilweisen Wandel der Ordnung der Legitimationsverfahren und damit der Hoheitsordnung, die für die Bundesrepublik maßgeblich ist[56]. Gleichwohl beinhaltet Art. 23 GG auch einen Gestaltungsauftrag für die europäische Ebene. Soweit sich die Bundesrepublik in eine europäische Hoheitsordnung eingliedert, soll diese jedenfalls abstrakt Maßstäben entsprechen, die denen des Grundgesetzes wesensähnlich sind.

Tatsächlich bekennt sich der Unionsvertrag in seinem Art. 2 S. 1 EUV seinerseits nahezu im Gleichklang zum Grundgesetz zur Achtung der Menschenwürde, Freiheit, Demokratie, Gleichheit, Rechtsstaatlichkeit und der Wahrung der Menschenrechte als Werte der Europäischen Union, in Art. 3 Abs. 3 S. 1 zur „Sozialen Marktwirtschaft" und in Art. 4 Abs. 2 zur Achtung der jeweiligen nationalen Identität der Mitgliedstaaten, „die in ihren grundlegenden politischen und verfassungsmäßigen Strukturen einschließlich der regionalen und lokalen Selbstverwaltung zum Ausdruck kommt."

## C. Etappenweise Konturierung der (konditionierten) Offenheit des Grundgesetzes im hermeneutischen Dialog mit der Entwicklung des Europarechts

Die an konstruktiven Konfliktlösungen für das deutsche Gemeinwesen reiche sechzigjährige Geschichte des Grundgesetzes, seiner Auslegung durch das Bundesverfassungsgericht und seiner breitflächigen Akzeptanz ist auch eine Geschichte der etappenweisen Konturierung der Offenheit der staatlichen Verfassung durch das Bundesverfassungsgericht im hermeneutischen Dialog mit der Entwicklung des Europarechts. Naturgemäß vollzog sich diese inhaltliche Konkretisierung der grundgesetzlichen Maßstäbe anfänglich reaktiv zu der von Regierung und Parlament eingeschlagenen Integrationspolitik. Seit der Neuformulierung des Art. 23 GG im Umkreis des Vertrages von Maastricht und dem „Maastricht"-Urteil des Bundesverfassungsgerichts[57] sind jedoch auch präzeptorisch-gestalterische Elemente des Grundgesetzes für die europäische Integration und deren stärkere verfassungsgerichtliche Betonung für die Entwicklung des Europarechts erkennbar. Grob geschichtet läßt sich die verfassungsrechtliche Antwort auf die europarechtliche Entwicklung in Verbindung zu verschiedenen Integrationsschüben setzen: der Gründungsphase der Europäischen Gemeinschaften (I), der ersten räumlichen Ausweitungsphase (II), der Verfeinerung der Grundrechte-Rechtsprechung des EuGH bis zur Einheitlichen Europäischen

---

eine über die jeweiligen Regierungen vermittelte demokratische Legitimation durch das jeweilige Volk; vgl. als weit gespannten Ansatz auf die Völker und Bürger *Ingolf Pernice*, a.a.O., S. 190: III 8–10.

[56] Vgl. auch BVerfGE 123, 267 Tz. 219.

[57] BVerfGE 89, 155 ff.

Akte (III), der Gründung der Europäischen Union durch den Vertrag von Maastricht (IV) und der Verschmelzung von Europäischer Gemeinschaft und Europäischer Union durch den Vertrag von Lissabon (V).

## *I. Die grundgesetzliche Öffnung zur unmittelbaren und vorrangigen Anwendbarkeit des Gemeinschaftsrechts in der Gründungsphase der Europäischen Gemeinschaften bis 1972*

Die Gründungsphase der Europäischen Gemeinschaften (EGKS, EWG, EAG), die sich für den zwanzigjährigen Zeitraum des ursprünglichen Sechserbündnisses aus Deutschland, Frankreich, Italien und den Beneluxstaaten zwischen 1951/52 und 1972, beginnend mit der Gründung der Montanunion (EGKS), ansetzen läßt, gab der verfassungsgerichtlichen Rechtspraxis nur wenig Anlaß, zu Fragen der grundgesetzlichen Integrationsoffenheit Stellung zu nehmen. Diese Phase war gemeinschaftsrechtlich in der EWG vor allem von der politischen Verwirklichung der Zollunion als Grundlage von Gemeinsamem Markt und Gemeinschaft sowie, wie gezeigt, den grundlegenden Urteilen des EuGH zum Verständnis des Gemeinschaftsrechts als eigener Rechtsordnung und, damit verbunden, dessen unmittelbarer und vorrangiger Anwendbarkeit geprägt[58].

Die wenigen einschlägigen bundesverfassungsgerichtlichen Entscheidungen aus jener Zeit zeigen eine sehr konstruktiv-offene Grundhaltung. So übernahm insbesondere im Jahre 1967 der Beschluß über die Unzulässigkeit einer Verfassungsbeschwerde gegen eine Verordnung des Rates und der Kommission der EWG[59] unter ausdrücklicher Bezugnahme auf die Rechtsprechung des EuGH[60] dessen Grundaussagen zum Charakter des Gemeinschaftsrechts, um zu begründen, daß es sich bei einer Gemeinschaftsverordnung nicht um Akte der deutschen öffentlichen Gewalt im Sinne von § 90 BVGG handele. Das Gericht kennzeichnete derartige Verordnungen als „Akte einer besonderen, durch den Vertrag geschaffenen, von der Staatsgewalt der Mitgliedstaaten deutlich geschiedenen „supranationalen" öffentlichen Gewalt"[61]. Es mag dahinstehen, ob der Begriff der öffentlichen „Gewalt" zur Bezeichnung der spezifischen Hoheitsrechte der Gemeinschaften in diesem Kontext glücklich gewählt war[62]. Jedenfalls konturierte das Gericht das sekundäre Gemeinschaftsrecht im Einklang mit dem EuGH als eigene Rechtsordnung, die aus einer „autonomen Rechtsquelle" fließe, das weder Völkerrecht noch nationales Recht sei[63]. Auch bringt bereits diese erste einschlägige Entscheidung die funktional-konstitutionelle Dimension des Primärrechts mit dem Satz zum Ausdruck: „Der EWG-Vertrag stellt gewissermaßen die Verfassung dieser Gemeinschaft dar"[64], der als Kon-

---

[58] S. oben A II.

[59] Beschluss v. 18.10. 1967, BVerfGE 22, 293ff.

[60] Ebda., S. 296: EuGH, Slg. VIII, 97; Slg. X, 1251, 1270.

[61] Ebda., 295f., 297.

[62] Weder standen der EWG noch stehen der Union Befugnisse zur physischen Durchsetzung gegen Widerstrebende zu.

[63] BVerfGE 22, 296.

[64] Ebda., 296.

tinuum auch im „Lissabon“-Urteil von 2009 in der Bezeichnung des Völkervertrags- oder Primärrechts als „Verfassung Europas“ im Sinne einer „abgeleiteten Grundordnung“ und dem Topos der „Verfassung im funktionellen Sinne“ widerhallt[65]. Eher beiläufig wirkt dabei der abschließende Hinweis, daß mit dem Beschluß nicht entschieden sei, ob im Falle eines zulässigen Verfahrens Gemeinschaftsrecht an der Grundrechtsordnung der Bundesrepublik zu messen sei[66].

Vier Jahre später, 1971, wurde der Gedanke der autonomen Gemeinschaftsrechtsordnung vom Bundesverfassungsgericht im Einklang mit der Rechtsprechung des EuGH nachdrücklich bekräftigt. Im Beschluß über eine Verfassungsbeschwerde gegen ein Urteil des Bundesfinanzhofs[67] bestätigte es dessen auf ein EuGH-Urteil bezogene[68] Entscheidung (unter mehrfacher eigener Bezugnahme auf die Judikatur des EuGH), den seinerzeitigen Art. 95 EWGV (Verbot diskriminierender oder protektiver indirekter Steuern) unmittelbar und vorrangig vor entgegenstehendem nationalen Umsatzsteuerrecht anzuwenden[69]. Einen Verstoß des Bundesfinanzhofes gegen das Gewaltenteilungsprinzip (Kompetenz des nationalen Steuergesetzgebers) wies es mit klarer Begründung aus der Rechtsnatur des Gemeinschaftsrechts zurück[70]. Der Bundesfinanzhof habe sich im Rahmen seiner Kompetenzen bewegt, da die Frage, ob eine innerstaatliche Vorschrift des einfachen Rechts mit einer Bestimmung des Gemeinschaftsrechts unvereinbar und deshalb nicht anwendbar sei, in die Prüfungs- und Verwerfungskompetenz der zuständigen Fachgerichte, nicht aber des Bundesverfassungsgerichtes, falle. Denn durch die Ratifizierung des EWG-Vertrages in Übereinstimmung mit Art. 24 Abs. 1 GG sei eine „eigenständige“ Gemeinschaftsrechtsordnung entstanden und daher sei der Bundesfinanzhof auch an die Auslegung von Gemeinschaftsrecht durch den EuGH gebunden gewesen. Folgerichtig erkennt es, daß Art. 24 Abs. 1 GG nicht nur besage, „daß die Übertragung von Hoheitsrechten auf zwischenstaatliche Einrichtungen überhaupt zulässig ist, sondern auch, daß die Hoheitsakte ihrer Organe, wie hier das Urteil des Europäischen Gerichtshofs, vom ursprünglich ausschließlichen Hoheitsträger anzuerkennen sind.“[71] Der Beschluss rezipiert mithin über die Öffnungsvorschrift des Art. 24 Abs. 1 GG die vom EuGH ausgesprochene unmittelbare und vorrangige Anwendbarkeit von Gemeinschaftsrecht im innerstaatlichen Raum als verfassungsrechtliches Gebot. Dieser Grundsatz erwuchs zur ständigen Rechtsprechung[72]. Sechzehn Jahre später akzep-

[65] BVerfGE 123, 267 Tz. 231 des Urteils; das „Maastricht“-Urteil sprach von „Gemeinschaftsverfassung“; vgl. BVerfGE 89, 155, 212; zum funktionalen Verfassungsbegriff vgl. *Ingolf Pernice*, a.a.O., S. 189, II 3; *Peter M. Huber*, a.a.O., S. 196 ff., 199 ff. *Peter-Christian Müller-Graff*, Europäische verfassungsordnung, in: Dieter H. Scheuing (Hrsg.), Europäische Verfassungsordnung, 2003, S. 11, 15; *ders.*, Verfassungsziele der EU/EG, in: Manfred A. Dauses (Hrsg.), Handbuch zum EU-Wirtschaftsrecht, 2000, A I Rdz. 67 ff.

[66] BVerfGE 22, 298 f.

[67] Beschluss v. 9. 6. 1971, BVerfGE 31, 145 ff., 151 ff. (Lütticke); belobigend *Hans Peter Ipsen*, Anmerkung, EuR 1972, 57 ff.

[68] Ebda., 151: EuGH, Slg. XIV, 215.

[69] Ebda., 151 ff., 169 ff., 173 ff. (Lütticke).

[70] Ebda., 173 ff.

[71] Ebda., 174.

[72] Z.B. BVerfG, Beschluss v. 14. 2. 1983, NJW 1983, 1258 ff.; BVerfG, Urteil v. 28. 1. 1992, EuR 1993, 183 ff. (Nachtarbeitsverbot).

tierte der Beschluss vom 8. 4. 1987 (Kloppenburg) diese Wirkung auch für nicht fristgemäß umgesetzte Richtlinien unter den vom EuGH entwickelten Voraussetzungen als eine vom Zustimmungsgesetz zum EWG-Vertrag gedeckte Rechtsfortbildung[73].

## *II. Errichtung der grundgesetzlichen Grenzlinie des Grundrechtsschutzes gegenüber sekundärem Gemeinschaftsrecht in der ersten räumlichen Ausweitungsphase des Gemeinschaftsrechts*

Die im Jahre 1973 vollzogene Erweiterung der Europäischen Gemeinschaften durch den Beitritt von Britannien, Dänemark und Irland beinhaltete eine erste Ausweitung des räumlichen Anwendungsbereichs des supranationalen Europarechts. Dies dämpfte zwar teilweise die (erst mit der Einheitlichen Europäischen Akte von 1987 machtvoll neu angeschobene) Legislativtätigkeit der EWG, nicht aber deren Administrativ- und Judikativtätigkeit. In die Anfangsphase dieser integrationsperspektivisch ambivalenten Zeit fällt die Errichtung einer ersten grundgesetzlichen Grenzlinie in Art. 24 GG durch das Bundesverfassungsgericht gegenüber den Anforderungen der unmittelbaren und vorrangigen Anwendbarkeit von Gemeinschaftsrecht: aus dem Gedanken des grundgesetzlichen Grundrechtsschutzes gegenüber abgeleitetem (sekundärem) Gemeinschaftsrecht. In seinem berühmt gewordenen Beschluß vom 29. 5. 1974 („Solange I")[74], dem eine Vorlage des VG Frankfurt zur Vereinbarkeit von Regelungen der Gemeinsamen Marktordnung für Getreide mit dem Grundgesetz zugrundelag, bestätigte das Gericht zwar, daß Art. 24 GG die nationale Rechtsordnung für die unmittelbare Anwendbarkeit des Gemeinschaftsrechts öffne, stellte diese Öffnung aber in die Grenzen der Grundstruktur der Verfassung, zu der es (in sich stimmig) auch den Grundrechtsschutz zählt[75]. Gleichzeitig bestätigte es zwar eine Aufgabenteilung, nach der das Gemeinschaftsrecht eine autonome Rechtsordnung bilde, deren Akte nicht der verfassungsgerichtlichen Kontrolle unterliegen[76], unterstellte aufspaltend dieser Kontrolle aber die Anwendung von Gemeinschaftsrecht durch nationale Behörden unter dem Gesichtspunkt eines umfassenden Grundrechtsschutzes[77] (scil.: im Sinne des grundgesetzlichen Grundrechtsschutzes). Damit bejahte das Bundesverfassungsgericht im Ergebnis die Zulässigkeit und Gebotenheit des konkreten Normenkontrollverfahrens und eine Prüfungskompetenz mit der berühmt gewordenen, aber von Anfang an umstrittenen Formel „solange der Integrationsprozeß der Gemeinschaft nicht so weit fortgeschritten ist, daß das Gemeinschaftsrecht auch einen von einem Parlament beschlossenen ... Katalog von Grundrechten enthält, der dem Grundrechtskatalog des Grundgesetzes adäquat ist."[78]

---

[73] BVerfG, Beschluss v. 8. 4. 1987, BVerfGE 75, 223 ff.

[74] Beschluss v. 29. 5. 1974, BVerfGE 37, 271; kritisch dazu statt aller *Hans Peter Ipsen*, BVerfG versus EuGH – Grundrechte, EuR 1975, 1 ff.

[75] BVerfGE 37, 280.

[76] Ebda., 277 f., 281 f.

[77] Ebda., 282.

[78] Ebda., 271, 285.

### III. *Die Anpassung der ersten grundgesetzlichen Grenzlinie durch Anerkennung der Grundrechte-Rechtsprechung des EuGH bis zur Einheitlichen Europäischen Akte*

Angesichts der massiven Kritik des europarechtlichen Schrifttums an dieser Überlagerung statt Anerkennung der Aufgabe des EuGH zum Grundrechtsschutz gegenüber abgeleitetem Gemeinschaftsrecht[79] und angesichts der sich entwickelnden, schon fünf Jahre vor dem Solange-I-Beschluss einsetzenden[80] Grundrechte-Rechtsprechung des EuGH[81] begann das Bundesverfassungsgericht seine erste Grenzlinie bereits seit 1979 in kleinen Trippelschritten zu relativieren. So ließ es in seinem Beschluss vom 25. 7. 1979 („Vielleicht"), in dem es für primäres Gemeinschaftsrecht nur das Zustimmungsgesetz, nicht aber das Gemeinschaftsrecht selbst einer unmittelbaren grundgesetzlichen Prüfung für zugänglich erklärte und seine Bindung an die Auslegung primären Gemeinschaftsrechts durch den EuGH unterstrich[82], offen, inwieweit der Prüfungsvorbehalt „angesichts mittlerweile eingetretener politischer und rechtlicher Entwicklungen im europäischen Bereich" für künftige Vorlagen von abgeleitetem Gemeinschaftsrecht „weiterhin uneingeschränkt Geltung beanspruchen könne"[83]. In der Entscheidung vom 23.6. 1981 („Eurocontrol I"[84]; inhaltlich bestätigt in „Eurocontrol II"[85]), die sich zwar nicht auf Gemeinschaftsrecht, sondern das Internationale Übereinkommen über Zusammenarbeit zur Sicherung der Luftfahrt von 1960 bezog, findet sich die generalisierende Überlegung zu dem von Art. 24 Abs. 1 GG unaufgebbaren Grundgefüge der Verfassung zum Grundrechtsschutz, es sei nicht ein „in Umfang und Wirksamkeit in jeder Hinsicht" dem gegenüber Akten der deutschen öffentlichen Gewalt gleichkommendes Rechtsschutzsystem erforderlich, doch müsse dieses den „Anforderungen an einen umfassenden und wirksamen Rechtsschutz" genügen[86]. Schließlich bestätigte das Bundesverfassungsgericht in einem Nichtannahmebeschluß vom 14. 2. 1983 die innerstaatliche Verbindlichkeit von EWG-Verordnungen mit „Eingriffscharakter" auf Grund des Zustimmungsgesetzes zum EWG-Vertrag und ließ nunmehr schon akzentuierter dahinstehen, ob es von seinem Prüfungsvorbehalt solange nicht mehr Gebrauch mache, wie gemeinschaftsrechtlich „... gemessen am Grundgesetz, ausreichender Grundrechtsschutz ... generell gewährleistet erscheint."[87]

Der damit von langer Hand vorbereitete Wandel der Bewertung des gemeinschaftsrechtlichen Grundrechtsschutzes vollzog sich schließlich ausdrücklich in der gleichermaßen bekannten „Solange II"-Entscheidung vom 22. 10. 1986, mit dem das Bundesverfassungsgericht seinen Prüfungsvorbehalt in Umkehr der Solange-Formel zurückstellte, „solange die Europäischen Gemeinschaften, insbesondere die Rechtsprechung des Gerichtshofs der Gemeinschaften einen wirksamen Schutz der Grund-

[79] Vgl. statt aller *Hans Peter Ipsen*, BVerfG versus EuGH – Grundrechte, EuR 1975, 1ff.

[80] EuGH, Slg. 1969, 419 (Stauder/Ulm).

[81] Vgl. namentlich EuGH, Slg. 1970, 1125 (Internationale Handelsgesellschaft); Slg. 1974, 491 (Nold); Slg. 1979, 3727 (Hauer).

[82] Beschluss v. 25. 7. 1979, BVerfGE 52, 187ff., 199ff.

[83] Ebda., 202f.

[84] Beschluss v. 23. 6. 1981, BVerfGE 58, 1ff.

[85] Beschluss v. 10. 11. 1981, BVerfGE 59, 63ff.

[86] BVerfGE 58, 41.

[87] Beschluss v. 14. 2. 1983, NJW 1983, 1258, 1259.

rechte gegenüber der Hoheitsgewalt der Gemeinschaften generell gewährleisten, der dem vom Grundgesetz als unabdingbar gebotenen Grundrechtsschutz im wesentlichen gleichzuachten ist, zumal den Wesensgehalt der Grundrechte generell verbürgt, ..."[88] Dieser Linie folgten mehrere nachfolgende Entscheidungen[89]. Keineswegs zog das Gericht damit allerdings die Konsequenz, den Kontrollmaßstab des Grundgesetzes und seine Kontrollzuständigkeit bei Anwendung des sekundären Gemeinschaftsrechts gänzlich aufzugeben, was angesichts des Zustimmungsgesetzes zur jurisdiktionellen Kontrollaufgabe des EuGH gegenüber Maßnahmen der Gemeinschaft geboten gewesen wäre. Tatsächlich wurde der Prüfungsvorbehalt in nachfolgenden Entscheidungen wiederholt betont: so namentlich bei der Zurückweisung eines Antrags auf einstweilige Verfügung gegen die Mitwirkung der Bundesregierung bei der Tabak-Etikettierungsrichtlinie[90], im „Maastricht"-Urteil[91], im Bananenmarktbeschluss[92] und im „Lissabon"-Urteil[93], ohne daß jedoch seitens des Bundesverfassungsgerichts je ein Gemeinschaftsakt wegen Verletzung des grundgesetzlich gebotenen Grundrechtsschutzes für unanwendbar in der Bundesrepublik erklärt worden wäre.

## *IV. Die textlichen und interpretatorischen Neuerungen des Grundgesetzes bei und nach Gründung der Europäischen Union, insbesondere die Grenzlinie des Demokratieprinzips*

Die Gründung der Europäischen Union durch den Vertrag von Maastricht von 1992 mit dem darin enthaltenen neuen Ziel der Währungsunion und der Zuordnung neuer Kompetenzen an den nunmehr in Europäische Gemeinschaft umbenannten Rechtsträger im Gefolge der großen europäischen Epochenzäsur von 1989/1990 hatte grundgesetzlich sowohl textliche als auch interpretatorische Folgen für die Entwicklung des Europarechts. Textlich schuf das Gesetz vom 21. 12. 1992 die beschriebene neue grundgesetzliche Grundlage des Art. 23 GG mit seiner Öffnung und strukturellen Konditionierung für die Mitwirkung der Bundesrepublik an der Europäischen Union. Wenig später substantiierte das „Maastricht"-Urteil vom 12. 10. 1993[94] eine neue grundgesetzliche Grenzlinie, zu der es erstmals den neu gefaßten

[88] Beschluss v. 22. 10. 1986, BVerfGE 73, 339, 340, 387; dazu statt aller *Hans Peter Ipsen*, Das Bundesverfassungsgericht löst die Grundrechtsproblematik, EuR 1987, 1ff.; s. auch *Meinhard Hilf*, Solange II: Wie lange noch Solange?, EuGRZ 1987, 1ff.; *Christoph Vedder*, Ein neuer gesetzlicher Richter?, NJW 1987, 526ff.

[89] Vgl. nachfolgende Fundstellen.

[90] Beschluss v. 12. 5. 1989, NJW 1990, 974; dazu einerseits *Gert Nicolaysen*, Tabakrauch, Gemeinschaftsrecht und Grundgesetz, EuR 1989, 215ff.; *Ulrich Everling*, Brauchen wir Solange III?, EuR 1990, 185ff.; andererseits *Rupert Scholz*, Wie lange noch bis Solange III?, NJW 1990, 941ff.; Urteil v. 12. 10. 1993, BVerfGE 89, 155ff. (Vertrag von Maastricht).

[91] BVerfGE 89, 155ff.

[92] Beschluss v. 7. 7. 2002, BVerfGE 102, 147 (Bananen-Marktordnung).

[93] BVerfGE 123, 268.

[94] BVerfGE 89, 155ff.; zustimmend z.B.: *Volkmar Götz*, Das Maastricht-Urteil des Bundesverfassungsgerichts, JZ 1993, 1081ff.; kritisch z.B.: *Dieter H. Scheuing*, Bericht in: 17. FIDE-Kongreß 1996, Band I, S. 70ff., 97ff.; *Christian Tomuschat*, Die Europäische Union unter der Aufsicht des Bundesverfassungsgerichts, EuGRZ 1993, 489ff.; *Jürgen Schwarze*, Europapolitik unter deutschem Verfassungs-

Art. 23 GG heranzog: die Grenze des Demokratieprinzips sowohl gegenüber primärrechtlichen Entwicklungen als auch gegenüber Sekundärrecht unter dem Gesichtspunkt des Integrationsprogramms („ausbrechender Rechtsakt“; im „Lissabon“-Urteil: „ultra vires“[95]). Zugleich nutzt es diesen archimedischen Punkt des grundgesetzlichen Demokratieprinzips, um das Rechtsmittel der Verfassungsbeschwerde mittels des Gedankens der Beeinträchtigung des Wahlrechts zum Bundestag (Art. 38 GG) als des demokratischen Teilhaberechts gegen europarechtliche Entwicklungen zu aktivieren, die die Befugnisse des Bundestags aushöhlen oder aus dem ratifizierten Integrationsprogramm ausbrechen. Und unter Aufgabe seiner bisherigen Rechtsprechung erstreckte es die Gewährleistungen des Grundgesetzes und die Aufgaben des Bundesverfassungsgerichts hinsichtlich des Grundrechtsschutzes gegenüber deutschen Staatsorganen nunmehr auf „den Grundrechtsschutz in Deutschland“, mithin auch auf Akte „einer besonderen, von der Staatsgewalt der Mitgliedstaaten geschiedenen öffentlichen Gewalt einer supranationalen Organisation“, versicherte aber ohne nähere Konkretisierung, es übe seine Rechtsprechung über die Anwendbarkeit von abgeleitetem Gemeinschaftsrecht in Deutschland in einem „Kooperationsverhältnis“ zum EuGH aus.[96]

Die inhaltlichen Grenzen der verfassungsändernden Integrationsgewalt werden unter dem Gesichtspunkt des Demokratieprinzips als Schranken der Integrationsermächtigung des Art. 23 Abs. 1 S. 3 GG i. V. m. Art. 79 Abs. 3 GG bestimmt. Danach hindert das Demokratieprinzip Deutschland zwar nicht an der Mitgliedschaft in einer zwischenstaatlichen Gemeinschaft[97], doch müssen dem Bundestag Aufgaben von substantiellem Gewicht verbleiben[98]. Der Ausdehnung der Befugnisse der Europäischen Gemeinschaften setzt es daher vom einzelstaatlich radizierten demokratischen Prinzip her Grenzen[99]. Auf dieser konzeptionellen Spur bewegen sich auch die Überlegungen im „Lissabon“-Urteil, in dem das Bundesverfassungsgericht die Zustimmung zur Verleihung von Kompetenzen in der Strafrechtspflege nur im Licht der „gebotenen“ und vom ihm erläuterten engen Auslegung dieser Befugnisse für grundgesetzkonform hält[100].

Die Anforderungen des Demokratieprinzips setzen sich im „Maastricht“-Urteil auch im Gedanken der Grenzlinie des ratifizierten Integrationsprogramms für Gemeinschaftsakte und der daraus abgeleiteten Konsequenzen des „ausbrechenden“ Rechtsaktes“ und der fehlenden Bindungswirkung einer vertragserweiternden Auslegung von Befugnisnormen in Deutschland fort[101]. Daran ist europarechtlich selbstverständlich, dass ein Sekundärrechtsakt, der ohne primärrechtliche Kompetenznorm erlassen wurde (also aus dem ratifizierten Integrationsprogramm „ausbricht“), über ein entsprechendes Verfahren vor dem EuGH als nichtig (bzw. je nach Verfah-

---

richtervorbehalt, NJ 1994, 1 ff.; *Meinhard Schröder*, Das Bundesverfassungsgericht als Hüter des Staates in der europäischen Integration, DVBl. 1004, 316 ff.

[95] BVerfGE 123, 267 Tz. 240.

[96] BVerfGE 89, 156 Leitsatz 7.

[97] Ebda., 184.

[98] Ebda., 186; in Anwendung auf den Vertrag von Maastricht, 207.

[99] Ebda., 186.

[100] BVerfGE 123, 267 Tz. 355 ff.

[101] BVerGE 89, 156: Leitsätze 5 und 6; 210.

ren als ungültig oder unwirksam) erkannt werden kann[102] (z.B. so z.B. die Tabakwerberichtlinie 98/43/EG[103]). Erstaunlich ist jedoch, wenn das Bundesverfassungsgericht für die Prüfung einen zum Europarecht selbständigen Prüfungsmaßstab und für sich eine eigenständige Kriterienformulierungs- und Verwerfungskompetenz reklamiert[104]. Dieser Ansatz fand und findet Kritik[105], die wegen der im Einklang mit Art. 24 Abs. 1 GG ratifizierten Aufgabenzuweisung an den EuGH auch eine verfassungsrechtliche Grundlage hat. Der Fall einer vom Bundesverfassungsgericht eigenständig erklärten Unanwendbarkeit eines „ausbrechendenden" Sekundärrechts blieb auch bis heute aus.

Eine derartige Konsequenz wurde auch nicht im Verfahren um die Quotenregelung der Fernseh-Richtlinie 89/552/EWG in der allerdings anders gelagerten Frage einer Verletzung der Rechte der Länder durch die Bundesregierung gezogen, die vom Bundesverfassungsgericht bejaht wurde[106]. Bemerkenswert und zutreffend daran ist, daß das Urteil die interne Verletzung des grundgesetzlichen Bund-Länder-Verhältnisses nicht auf die Wirksamkeit eines Gemeinschaftaktes durchschlagen läßt. Es verpflichtet aber sowohl aus dem Prinzip der Bundestreue als auch der Gemeinschaftstreue einleuchtend die Bundesregierung, im Rat bei einem Beschlußgegenstand, der innerstaatlich in die Länderkompetenz fällt, im Falle eines Beschlußverfahrens mit Mehrheitsentscheidung das aus der Gemeinschaftstreue folgende Gebot gegenseitiger Rücksichtnahme zur Geltung zu bringen. Konsequenterweise liegt darin eine bundesverfassungsrechtliche Verpflichtung der Bundesorgane, „einer langfristigen Entwicklung entgegenzuwirken, bei der durch eine schrittweise ausdehnende Inanspruchnahme der Gemeinschaftskompetenzen, vor allem der Querschnittskompetenzen, verbliebene Sachkompetenzen der Mitgliedstaaten und damit auch Länderrechte beeinträchtigt werden."[107] Die bundesstaatlichen Erfordernisse im Innenverhältnis für Angelegenheiten der europäischen Integration sind in mehreren Reformschüben des Grundgesetzes (zuletzt durch die Föderalismusreform) auf den derzeitigen Stand des Art. 23 Abs. 2 bis 7 GG gebracht und verleihen Bundesrat und Ländern ein hinreichendes Einflußpotential, das das innerstaatliche Kompetenzverhältnis im Grundsatz kompromißartig abbildet. Sie nehmen die Länder damit zugleich in eine bundesstaatliche Integrationsverantwortung nach innen und außen[108].

---

[102] Artt. 263, 267, 277 AEUV.

[103] EuGH, Slg. 2000, I-8419.

[104] So läßt sich in BVerfGE 89, 156 die Kombination der Leitsätze 5 und 6 sowie S. 188 und 201 durchaus verstehen, weil unter der „Auslegung von Befugnisnormen durch Einrichtungen und Organe der Gemeinschaften" (210) auch diejenige des EuGH gefaßt werden kann; bestätigt durch BVerfGE 123, 267 Tz. 238, 240, 333, 338.

[105] Vgl. dazu statt aller die umsichtige Kritik von *Herbert Steinberger*, Anmerkungen zum Maastricht-Urteil des Bundesverfassungsgerichts, in: Peter Hommelhoff/Paul Kirchhof (Hrsg.), Der Staatenverbund der Europäischen Union, 1994, S. 25, 31 ff.

[106] Urteil v. 22. 3. 1995, BVerfGE 92, 203 ff.; vgl. dazu *Peter-Christian Müller-Graff/Anja Reichel*, Die Europäische Integration aus der Sicht der Rechtsprechung nationaler Verfassungsgerichte, in: Mathias Jopp / Andreas Maurer / Heinrich Schneider (Hrsg.), Europapolitische Grundverständnisse im Wandel, 1998, 365, 375 ff.

[107] BVerfGE 92, 203.

[108] Vgl. dazu *Peter-Christian Müller-Graff*, Die Europatauglichkeit der grundgesetzlichen Föderalismusreform, in: Wege gelebter Verfassung in Recht und Politik, Festschrift für Rupert Scholz (hrsg. von Rainer Pitschas und Arnd Uhle), 2007, S. 705 ff.; s. auch *ders.*, The German Länder: Involvement in

## *V. Die Entwicklung der Verfassungsidentität und der Integrationsverantwortung anläßlich der Lissabonner Verschmelzung von Europäischer Gemeinschaft und Europäischer Union*

Der jüngste Schritt in der Konkretisierung grundgesetzlicher Grenzlinien durch das Bundesverfassungsgericht erfolgte aus Anlaß der Verschmelzung von Europäischer Gemeinschaft und Europäischer Union durch den Vertrag von Lissabon und dem damit verbundenen Aufwuchs supranationaler Befugnisse[109] im „Lissabon"-Urteil vom 30. 6. 2009[110]. Seine Begründung nimmt die Neuerungen der Vertragsreform umfänglich als Sachverhalt der verfassungsrechtlichen Bewertung auf.

Zum einen werden die schon zuvor herausgestellten grundgesetzlichen Grenzlinien und Kontrollansprüche supranationaler Integration bestätigt und terminologisch teils schärfer akzentuiert (Demokratieprinzip[111], „ultra vires"-Kontrolle[112]). Insbesondere entfaltet das Urteil verfassungsrechtlich das Demokratieprinzip mit potentieller „Außenwirkung" als Gegenspieler weitreichender Integration (gegenüber Vertragsänderungen und Sekundärrecht) und mit „Innenwirkung" für Bundestag und Bundesrat als Integrationsverantwortung in Fällen der „dynamischen Vertragsentwicklung"[113].

Zum anderen setzt das Urteil mit dem Gedanken des grundgesetzlichen Gebots der Erhaltung der Verfassungsidentität[114] einen vorläufigen summarischen Schlußstein aus Artt. 23 Abs. 1 S. 3 i. V. m. 79 Abs. 3 GG. Dadurch werden die von Art. 23 Abs. 1 S. 3 ausdrücklich in Bezug genommenen unveräußerlichen Verfassungsgrundsätze des Art. 79 Abs. 3 GG umfaßt und der Norm in Verbindung mit dem Demokratieprinzip zugleich die Garantie der souveränen Staatlichkeit entnommen[115], eine Kategorie, die in Frankreich seit jeher den -insgesamt für die Entwicklung des Europarechts aber folgenlosen- Dreh- und Angelpunkt der Überlegungen des Conseil Constitutionnel zur europäischen Integration bildet.[116] Daraus zieht das Urteil den Schluß, die Eingliederung der Bundesrepublik in einen europäischen Bundesstaat als

---

EC/EU Law and Policy Making, in: Stephen Weatherill / Ulf Bernitz (eds.), The Role of Regions and Sub-National Actors in Europe, 3005, p. 103 et seq.; *ders.*, La Fonction Représentative d'un Etat fédéral dans l'Union Européenne, in: Die Herausforderung von Grenzen. Festschrift für Roland Bieber (hrsg. von Astrid Epiney / Marcel Haag / Andreas Heinemann), 2007, S. 387 ff.

[109] Vgl. zu dessen Grundlinien z. B. *Peter-Christian Müller-Graff*, Der Vertrag von Lissabon auf der Systemspur des Europäischen Primärrechts, integration 2008, 123 ff.

[110] Vgl. dazu z. B. *Peter Häberle*, Das retrospektive Lissabon-Urteil als versteinernde Maastricht II-Entscheidung, JöR 58 (2010), S. 317 ff.; *Peter-Christian Müller-Graff*, Das Karlsruher Lissabon-Urteil: Bedingungen, Grenzen, Orakel und integrative Optionen, integration 2009, 331 ff. m. w. N.; *ders.*, Das Lissabon-Urteil: Implikationen für die Europapolitik, APuZ Nr. 18/2010, S. 22 ff.; *Christian Tomuschat*, The Ruling of the German Constitutional Court on the Treaty of Lisbon, in: German Law Journal 8/2009, S. 1260ff.

[111] BVerfGE 123, 267 Tz. 207 ff., 274.

[112] BVerfGE 123, 267 Tz. 240; s. auch Tz. 333; modifiziert durch BVerfG, Beschluß v. 6. 7. 2010 – 2 BvR 2661/06.

[113] BVerfGE 123, 267 Tz. 411 ff.

[114] BVerfGE 123, 267 Tz. 219.

[115] BVerfGE 123, 267 Tz. 216.

[116] Vgl. als Analyse der französischen Judikatur im einzelnen bis 1993 *Peter-Christian Müller-Graff / Anja Reichel*, a.a.O., S. 378 ff., 397; zur Handhabung des Konzepts der nationalen Souveränität durch die Corte Costituzionale bis 1995, ebda. S. 398 ff., 409 f.

unvereinbar mit dem GG zu erklären und ein solches Vorhaben auf den Weg einer neuen Verfassung nach Art. 146 GG zu verweisen[117]. Abgesehen von der fehlenden Aktualität dieser Frage und den im Schrifftum aus der Entstehung des Grundgesetzes und seiner Präambel geäußerten Zweifel an dieser Schlußfolgerung[118] bleibt naturgemäß unklar, welche Beschaffenheit im Verhältnis von Kern und Gliedern ein derartiger „europäischer Bundesstaat" aufweisen müßte, um mit Art. 79 Abs. 3 GG zu kollidieren. Das Grundmuster der Europäischen Union ist davon jedenfalls auch nach Ansicht des Bundesverfassungsgerichts („Staatenverbund") nicht erfaßt[119].

## D. Die Zwischenbilanz 2010 als Orientierung für die Zukunft des supranationalen Europarechts und des Grundgesetzes in Europa

Vor dem Hintergrund der bis zum Jahre 2010 in der Rechtsprechung des Bundesverfassungsgerichts aufgewachsenen konditionierten Offenheit des Grundgesetzes läßt sich eine Zwischenbilanz als Orientierung für die wechselseitige Verbindung der Zukunft des supranationalen Europarechts in Deutschland (I) und derjenigen des Grundgesetzes in Europa (II) versuchen.

### *I. Die grundgesetzliche Zukunft des supranationalen Europarechts in Deutschland*

Aussagen zur grundgesetzlichen Zukunft des supranationalen Europarechts in Deutschland lassen sich für dessen Wirkung, Rechtsprechung und Rechtsetzung treffen.

#### *1. Die Zukunft der supranationalen Wirkung des Europarechts*

Hinsichtlich der Wirkung werden kategorial weder die vom EuGH in ständiger Rechtsprechung ausgesprochene unmittelbare Anwendbarkeit noch der Anwendungsvorrang des supranationalen Unionsrechts vom Bundesverfassungsgericht grundsätzlich in Frage gestellt. Anderes stünde auch im Widerspruch zur Integrationsoffenheit des Art. 23 Abs. 1 GG in Verbindung mit dem Zustimmungsgesetz zum Vertrag von Lissabon, in dessen Folge Art. 19 EUV (als Nachfolgenorm zu Art. 220 EGV) den EuGH mit der Wahrung des Rechts beauftragt, wozu auch die Klarstellung der rechtlichen Eigenheiten des Unionsrechts zählt.

Allerdings relativiert das „Lissabon"-Urteil beide Eigenschaften für den Fall des „ersichtlich" fehlenden „konstitutiven Rechtsanwendungsbefehls durch das Zustimmungsgesetz.[120] Dies betrifft in seinem Ansatz Fälle, in denen entweder ein „Ultra-Vires"-Handeln vorliegt oder in den vom ratifizierten Integrationsprogramm abgesi-

---

[117] BVerfGE 123, 267 Tz. 228.

[118] So namentlich *Carl Otto Lenz*, Ausbrechender Rechtsakt, F. A. Z. v. 8. 8. 2009, S. 8.

[119] BverfGE 123, 267 Tz. 276ff.; Dies ergibt sich auch im Gegenschluss aus den Ausführungen zum Erhalt der souveränen Staatlichkeit der Bundesrepublik.

[120] So BVerfGE 123, 267 Tz. 339, 342f.

cherten Kernbereich der substantiellen demokratischen Selbstgestaltung des Bundestags eingegriffen wird oder der Grundrechtsschutz durch den EuGH generell nicht hinreichend gewährleistet wird. Die Nichtanwendbarkeit eines „ultra-vires"-Aktes ist eine selbstverständliche Folge in Fällen, in denen der EuGH eine unionale Maßnahme erga omnes für nichtig (Art. 263 AEUV) oder inter partes für ungültig oder unwirksam (Artt. 267, 277 AEUV) erklärt. Weder verfassungs- noch europarechtlich überzeugend wäre hingegen ein derartiger, vom „Lissabon"-Urteil für möglich gehaltener Wirkungsausschluß in Deutschland durch das Bundesverfassungsgericht im Sinne einer „äußeren Kontrolle" ohne die Grundlage einer entsprechenden Entscheidung durch den EuGH"[121]. Denn wird die Ungültigkeit einer unionalen Maßnahme vor dem Bundesverfassungsgericht geltend gemacht und kommt es auf eine Entscheidung dieser Frage in dem anhängigen Verfahren an, ist das Bundesverfassungsgericht nach Art. 267 Abs. 3 AEUV verpflichtet, diese Frage dem EuGH zur Vorabentscheidung vorzulegen, und ist an dessen Entscheidung gebunden. Im Interesse der Rechtseinheit der unionalen Rechtsgemeinschaft und des horizontalen wie vertikalen Gewaltenteilungsprinzips der Union ist die Verwerfung eines unionalen Rechtsaktes dem EuGH vorzubehalten.

## 2. *Die Zukunft der supranationalen Rechtsprechung*

Die aus dem Grundgesetz abgeleitete Inanspruchnahme eines autonomen Rechts des Bundesverfassungsgerichts, unionale Maßnahmen in der Bundesrepublik für unanwendbar zu erklären, umfaßt nach dem „Lissabon"-Urteil gegebenenfalls auch Entscheidungen des EuGH[122]. In diesem Anspruch liegt eine weitere Gefährdung der europäischen Rechtsgemeinschaft. Er basiert auf einer Auslegung des Art. 23 GG in Verbindung mit dem Zustimmungsgesetz zur Aufgabeneinsetzung des EuGH[123], die – anders als die frühere Rechtsprechung und das „Maastricht"-Urteil schärfend – diesem seine ausschließliche Letztentscheidungsbefugnis („Endgültigkeit des Richterspruchs") in der Auslegung unionaler Kompetenz- und Sachnormen mit Wirkung für alle Mitgliedstaaten abspricht[124]. Damit wird aber die vielleicht größte rechtliche Errungenschaft der supranationalen europäischen Integration in Frage gestellt, ein gemeinsames Gericht bei Auslegungsdivergenzen verbindlich für alle beteiligten Staaten entscheiden zu lassen. Die verbale Einschränkung derartiger Kontrolle durch das „Lissabon"-Urteil auf Ausnahmefälle ändert nichts daran, daß allein der Anspruch den Grundsatz der Rechtsgemeinschaft zu relativieren geeignet ist. Es ist keineswegs ausgeschlossen, daß die Position des Bundesverfassungsgerichts von Gerichten in anderen Mitgliedstaaten als argumentativer Rückhalt für die Verwerfung der Anwendbarkeit eines unionalen Rechtsakts in ihrem Jurisdiktionsbereich genutzt wird[125]. Das Ideal der judikativen europäischen Rechtsgemeinschaft kann daher mit dem „Lissabon"-Urteil nur dann leben, wenn das Bundesverfassungsgericht in ein-

[121] So aber BVerfGE 123, 267 Tz. 238.
[122] BVerfGE 123, 267 Tz. 240, 333f.
[123] Art. 19 Abs. 1 EUV.
[124] BVerfGE 123, 267 Tz. 338.
[125] Dieses Problem betonte schon *Herbert Steinberger* in seiner Kritik am „Maastricht"-Urteil (a.a.O.).

schlägigen Fällen, in denen es auf die Auslegung von Unionsrecht oder die Gültigkeit von sekundärem Unionsrecht ankommt, diese Fragen mit Darlegung seiner eigenen Einschätzung dem EuGH vorlegt und sodann dessen Spruch folgt. Erstmals deutet das Bundesverfassungsgericht eine derartige Vorlagebereitschaft im Beschluss v. 6. 7. 2010 (2 BvR 2661/06) als Ausdruck des Prinzips der europafreundlichen Ausübung der „ultra-vires"-Kontrolle an. Aus Art. 23 GG in Verbindung mit dem Zustimmungsgesetz zu Art. 19 EUV, Artt. 251 ff. AEUV folgt aber auch, dass zum Zweck der Rechtseinheit der unionalen Rechtsgemeinschaft und des doppelten Gewaltenteilungsprinzips (Judikative/Legislative/Administration; Union/Mitgliedstaaten) die Verwerfung eines unionalen Rechtsaktes dem EuGH vorzubehalten ist. Nicht dem Prinzip nach, wohl aber in der Tendenz wirkt in diese Richtung die Erhöhung der Voraussetzungen für die beanspruchte autonome Verwerfungskompetenz des Bundesverfassungsgerichts durch den Beschluss v. 6. 7. 2010. Denn danach bedarf es nunmehr eines „hinreichend qualifizierten" Kompetenzverstoßes der europäischen Organe und Einrichtungen, der wiederum voraussetzt „dass das Handeln der Unionsgewalt offensichtlich kompetenzwidrig ist und der angegriffene Akt im Kompetenzgefüge zwischen Mitgliedstaaten und Europäischer Union zu einer strukturell bedeutsamen Verschiebung zulasten der Mitgliedstaaten führt."

### *3. Die Zukunft der supranationalen Rechtsetzung*

Im Hinblick auf die künftige unionale Rechtsetzung auf der Grundlage des bestehenden (also vereinbarten und ratifizierten) primären Unionsrechts entzieht sich diese als Unionsagenda im Grundsatz naturgemäß jeglicher Überlagerung durch Maßstäbe des Grundgesetzes mit rechtlicher Wirkung für die *gesamte* Union.

#### *a. Die Maßgeblichkeit des primären Unionsrechts*

Maßgeblich ist insoweit allein das primäre Unionsrecht. Dies wird insbesondere für die Dauerfrage der hinreichenden demokratischen Legitimation unionaler Rechtsetzung vom „Lissabon"-Urteil erneut bestätigt. Die vorgetragene Kritik an einem unzureichenden Legitimationsstand wird vom Bundesverfassungsgericht im Ergebnis zurückgewiesen. Zu Recht wird erneut erkannt, daß die in Art. 23 Abs. 1 S. 1 GG ausdrücklich ausgesprochene Bindung der Unionsentwicklung an demokratische Grundsätze nicht einen Gleichlauf des unionalen Legitimationsverfahrens mit den Legitimationsverfahren innerstaatlicher Rechtsetzung beinhaltet[126], weil die Union nicht die drei kategorialen Elemente der Staatseigenschaft erfüllt, insbesonders normativ nicht über ein Unionsvolk verfügt, und deshalb als organisationelles Aliud ein anderes Legitimationsverfahren ermöglicht. Das im Hinblick auf diese Besonderheiten primärrechtlich ausgestaltete Legitimationsniveau wird vom „Lissabon"-Urteil als „noch" hinreichend bewertet[127].

---

[126] BVerfGE 123, 267 Tz. 219, 227, 252 ff.
[127] BVerfGE 123, 267 Tz. 275.

Richtigerweise erfordert die ratifizierte Konzeption der Union als eines transnationalen Gemeinwesens[128] mit Legislativrechten auf vertraglicher Grundlage[129] auch ein anderes, nämlich ein ihr gemäßes Legitimationsverfahren, das sich binär aus zwei Wurzeln speist: aus der staatlichen Repräsentanz und aus der demokratischen Repräsentanz. Diesem Petitum trägt das durch die Lissabonner Reform novellierte Primärrecht des nunmehr so genannten ordentlichen Gesetzgebungsverfahrens im Dreieck von Kommission, Europäischem Parlament und Rat[130] in signifikant verbesserter Weise Rechnung. Die wichtigste Neuerung betrifft den Entscheidungsmodus der qualifizierten Mehrheit im Rat, die ab 1.November 2014 als doppelte Mehrheit definiert wird[131]. Die staatlich repräsentierte Legitimation basierte zwar bereits vor der Reform auf dem Gleichheitsgrundsatz. Denn die Beschlußfassung des Rates setzte auch in der Variante der qualifizierten Mehrheit die völkerrechtliche Staatengleichheit insoweit voraus, als sie zusätzlich zu der ponderierten Stimmenzahl der qualifizierten Mehrheit die Zustimmung der (einfachen oder zweidrittigen) Mehrheit der Mitglieder des Rates erforderte (Art. 205 Abs. 2 EGV). Durch die Lissabonner Reform wird jedoch auch der demokratischen Repräsentanz über den Rat zusätzliches Gewicht verschafft. Wiewohl die Legitimationsquelle des jeweiligen Ratsmitglieds der jeweils staatliche Demos ist, ist der Übergang vom bisherigen politischen Kompromißmodell der proportional degressiven Stimmenponderierung der Mitglieder des Rats hin zum Modell der demographisch streng proportionalen Repräsentanz (Art. 16 Abs. 4 EUV) grundsätzlich ein Gewinn an Bürgergleichheit in der Union. Zwar denkt dieses Modell weder in der Kategorie eines europäischen Demos noch in der strikten Kategorie der Unionsbürgerschaft, sondern in derjenigen der – nach Mitgliedstaaten gegliederten – Gesamtbevölkerung der Union. Indes spiegelt sich darin doch der demokratische Grundgedanke der Mehrheitsentscheidung wider. Damit bestimmt das demographische Verhältnis zwischen den Mitgliedstaaten und dessen Entwicklung deren jeweiliges Einflußgewicht in der Union.[132] Hinzu kommen insbesondere die Stärkung der demokratischen Legitimation vermittels des (freilich unter dem Gesichtspunkt der Gleichheit der Repräsentanz der Unionsbürger weiterhin nicht hinreichend zusammengesetzten[133]) Europäischen Parlaments mittels der sachgebietlichen Ausweitung des bisherigen Mitentscheidungsverfahrens sowie die behutsame Einbeziehung der nationalen Parlamente über das Subsidiaritätsprotokoll im allgemeinen[134] und im vereinfachten Vertragsänderungsverfahren der Entscheidungsregeln im besonderen[135].

---

[128] Zu dieser Kategorisierung der Europäischen Gemeinschaft vgl. *Peter-Christian Müller-Graff*, Europäische Verfassungsordnung – Notwendigkeit, Gestalt und Fortentwicklung – in: Dieter H. Scheuing (Hrsg.), Europäische Verfassungsordnung, 2003, S. 11 ff., 20 f.

[129] Artt. 289, 294 AEUV i. V. m. der jeweiligen Einzelermächtigung, z. B. Art. 114 AEUV.

[130] Art. 294 AEUV.

[131] Art. 16 Abs. 4 EUV.

[132] Vgl. dazu *Josef Schmid*, Das demographische Profil Deutschlands und seine Stellung innerhalb der Europäischen Union, in: Peter-Christian Müller-Graff (Hrsg.), Deutschlands Rolle in der Europäischen Union, 2. Aufl. 2009, S. 31 ff.

[133] Dies wird vom „Lissabon“-Urteil zutreffend vermerkt: BVerfGE 123, 267 Tz. 287.

[134] Artt. 6 und 7 des Protokolls (Nr. 2) über die Anwendung der Grundsätze der Subsidiarität und Verhältnismäßigkeit.

[135] Art. 48 Abs. 7 EUV.

### *b. Der Einfluss des Grundgesetzes*

Trotz der Maßgeblichkeit des primären Unionsrechts hat die Auslegung des Grundgesetzes durch die Rechtsprechung des Bundesverfassungsgerichts zur Mitwirkung der Bundesrepublik an der Entwicklung der Europäischen Union für die unionale Legislation inhaltsbeeinflußendes und prozedurales Potential.

*Inhaltsbeeinflußend* wirkt – jenseits der allgemeinen Einwirkungsmöglichkeiten nationaler Rechtsordnungen auf die Schaffung von Europarecht[136] – insbesondere der (wenn auch weder unionsrechtlich noch verfassungsrechtlich stichfeste) Warnhinweis auf eine autonome Kompetenz des Bundesverfassungsgerichts zur Verwerfung der Anwendbarkeit eines unionalen Rechtsaktes in oder für die Bundesrepublik. Denn dieser Hinweis ist mit zwei möglichen Anwendungskonstellationen verbunden, deren zweite infolge der Grundgesetzkonformität aller bisherigen Zustimmungsgesetze allerdings nur eine Variante der ersten ist: zum einen die Überschreitung einer begrenzten Einzelermächtigung („ultra vires"), die vom „Lissabon"-Urteil nunmehr, rezeptiv zum Europarecht, auch zu einem verfassungsrechtlichen Prinzip der Kompetenzzuordnung an die Union erklärt wird[137]; zum anderen der Eingriff in den Kernbereich substantieller, dem nationalen Gesetzgeber verfassungsrechtlich vorbehaltener Gestaltungsspielräume, die vom „Lissabon"-Urteil im Hinblick auf die neuen Unionskompetenzen mittels eines grundgesetzlichen engen Auslegungsverständnisses (namentlich im Bereich der Strafrechtspflege[138] und der Gemeinsamen Handelspolitik[139]) und damit der Errichtung von „intra vires"-Grenzschildern markiert werden. Auch wenn es sich dabei lediglich um Auslegungsdirektiven aus der speziellen Sicht der grundgesetzlich noch zulässigen Souveränitätsöffnung (mittels Kompetenzeinräumung) handelt, wird der unionale Gesetzgeber, will er das Risiko der Nichtanwendbarkeit einer grenzwertigen Bestimmung in der Bundesrepublik vermeiden, die Auslegungsbegrenzung des Lissabon-Urteils in seine Gestaltungsüberlegungen vernünftigerweise jedenfalls miteinbeziehen.

*Prozedurales* Gewicht für unionale Rechtsetzung entfalten demgegenüber die vom „Lissabon"-Urteil verfassungsrechtlich als „dynamische Vertragsentwicklung" profilierten Fälle des nationalen Gesetzeserfordernisses als Voraussetzung für das Abstimmungsverhalten des deutschen Ratsmitglieds[140]. Dieses steigert gewiß die nationale demokratische Legitimation des Vertreters, der befugt ist, für die Regierung verbindlich zu handeln. Es wird aber auch Initiativen und Inhalt der unionalen Rechtsetzung in den betroffenen Entscheidungsfällen, die Einstimmigkeit erfordern, nicht unberührt lassen, sondern den unionalen Gesetzgeber vernünftigerweise dazu bewegen, die Positionen der Mehrheiten in Bundestag und Bundesrat gleichermaßen prophylaktisch zu berücksichtigen oder eine in Deutschland unter Gesetzesvorbehalt stehende Ermächtigungsgrundlage des Primärrechts zu vermeiden. Dies mag im

---

[136] Vgl. dazu *Peter-Christian Müller-Graff*, Die Einwirkung nationalen Rechts auf das Europäische Gemeinschaftsrecht, in: Festschrift für Horst Konzen (hrsg. von Barbara Dauner-Lieb / Peter Hommelhoff / Matthias Jacobs / Dagmar Kaiser / Christoph Weber), 2006, S. 583 ff.

[137] BVerfGE 123, 267 Tz. 234, 298.

[138] BVerfGE 123, 267 Tz. 355 ff.

[139] BVerfGE 123, 267 Tz. 375 ff.

[140] BVerfGE 123, 267 Tz. 411 ff.

Frühjahr 2010 bereits eine Rolle dafür gespielt haben, dass die Verordnung zur Errichtung eines Europäischen Finanzmarktstabilisierungsmechanismus nicht auf die Abrundungskompetenz des Art. 352 AEUV, sondern – nicht problemfrei – auf die Notfallklausel des Art. 122 Abs. 2 AEUV gestützt wurde.[141]

### 4. *Die Zukunft der Primärrechtsetzung*

Schließlich ist die Zukunft der Primärrechtsetzung unverändert an die Vereinbarkeit mit den verfassungsrechtlichen Vorgaben aller Mitgliedstaaten gebunden. Unionsrechtlich wiederholt Art. 48 EUV insoweit nur die bisherige Rechtslage. Dass das „Lissabon"-Urteil insoweit aus Art. 79 Abs. 3 GG die Schranken des Erhalts substantieller Gestaltungsspielräume des Bundestags[142], der Verfassungsidentität[143] und der souveränen Staatlichkeit[144] ableitet, scheint künftige primärrechtliche Kompetenzerweiterungen der Union auf den ersten Blick zu erschweren. Indes sind die Schranken mit hoch abstrakten und auslegungsbedürftigen Begriffen umschrieben. Sie bringen Primärrechtsnovellen vor ihrer Ratifikation in den Kreis judikativer Überprüfbarkeit, werden sinnfälligen Neuerungen letztlich aber nicht im Wege stehen und können deren Akzeptanz innerstaatlich argumentativ sogar erhöhen. Gegen eine derartige Überprüfung ist nichts einzuwenden, solange sich das Bundesverfassungsgericht im Blick auf die Folgen seiner Entscheidungen gerade auch im transnationalen Verhältnis seiner spezifischen Rolle im System der grundgesetzlichen Gewaltenteilung wie bisher bewußt bleibt. Hierbei wird es auch zu beachten haben, dass Auftrag und konditionierte Offenheit des Grundgesetzes zur Mitwirkung an der supranationalen europäischen Integration das Verständnis staatlicher Souveränität verändert. Es stellt neben die Dimension der Binnengestaltung die Außendimension der Mitwirkung in einem supranationalen Hoheitsträger[145] und führt auf die Frage, inwieweit die Bereitschaft zu Einschränkungen autonomer Binnengestaltung durch Gewinne bei der Mitwirkung an der Gestaltungspolitik des supranationalen Hoheitsträgers für die gesamte Union kompensiert wird. Eine bloße Defensivhaltung schöpfte diese Dimension nicht aus.

## II. *Die Zukunft des Grundgesetzes in Europa*

Wendet man sich mit den Erfahrungen der Zwischenbilanz der Zukunft des Grundgesetzes in der Entwicklung der Europäischen Union zu, so liegt auf der Hand, daß das hermeneutische Wechselspiel des Dialogs zwischen europäischer Integration und Normentwicklung einerseits und grundgesetzlichem Normverständnis andererseits nicht abgeschlossen ist, sondern sich auch weiterhin im großen historischen Entwicklungsgang zwischen den nationalen Gemeinwesen (als „demokratischen Pri-

---

[141] VO (EU) Nr. 407/2010 des Rates v. 11. 5. 2010, ABl. 2010 L 11 S. 1.
[142] BVerfGE 123, 267 Tz. 168, 246.
[143] BVerfGE 123, 267 Tz. 218.
[144] BVerfGE 123, 267 Tz. 216.
[145] Vgl. dazu *Peter-Christian Müller-Graff*, a.a.O., integration 2009, 331, 360.

märräumen"[146]), dem transnationalem Gemeinwesen und dem Rechtsschutz der Einzelnen in einem triangulären Spannungsfeld vollziehen wird. Die hierbei die Richtung bestimmenden Kraftvektoren des Verhältnisses beider Typen von Gemeinwesen haben, wie die bisherige Integrationsgeschichte zeigt, zahlreiche Quellen: so insbesondere die großen Krisenanstöße (namentlich die Erfahrung des kriegszerstörten Europas von 1945), die großen Gestaltungskonzepte (so namentlich die vordenkenden Entwürfe von *Coudenhove-Kalergi*, das *Briand*-Memorandum, der *Schuman*-Plan, der *Spaak*-Bericht, das Konzept der Währungsunion, das Konzept des Verfassungsvertrages) und die großen politischen Rahmenänderungen (so namentlich der Untergang der Sowjetunion und das Ende der west-östlichen Bipolarität im Gefolge der Epochenzäsur von 1989, die Abschwächung der amerikanischen Dominanz und der Aufstieg Chinas im ersten Jahrzehnt des 21. Jahrhunderts). Hinzu kommen wirkungsmächtig die graduellen pfadabhängigen Ausreifungen des positivierten Rechts: zum einen in rechtspolitischen Entscheidungen wie z.B. in der Entwicklung des so genannten Raums der Freiheit, der Sicherheit und des Rechts[147], zum anderen gerade auch aus Anstößen privater Rechtsschutzbegehren sowohl in der transnationalen Integration (so namentlich die judikative neofunktionale Entfaltung der Systemrationalität der vereinbarten Grundnormen der Binnenmarktintegration aus transnationalen Marktgrundfreiheiten[148] und Wettbewerbsregeln) als auch in der staatlichen Selbststeuerung (so namentlich die grundgesetzliche und demokratische Entfaltung eines staatlichen Verfassungsprogramms). Dieses Quartett aus großen Krisen, Gestaltungskonzepten, Rahmenänderungen und pfadabhängiger Normentfaltung wird auch künftig den Entwicklungsgang prägen. Er ist nicht determiniert, weil das Kräftespiel offen ist.

Im „Lissabon"-Urteil des Jahres 2009 beschreibt das Bundesverfassungsgericht dieses Verhältnis von Staatlichkeit und organisierter europäischer Transnationalität aus der Sicht des Grundgesetzes mit dem Gedanken des „demokratischen Primärraums"[149] des Staates, der in Deutschland im Demokratieprinzip des deutschen Volkes wurzelt, und erkennt auf dieser Grundlage in der Europäischen Union einen politischen Sekundärraum. Vieles spricht dafür, daß dieses Verständnis einerseits auf absehbare Zeit die wirkungsmächtige Wirklichkeit widerspiegelt, andererseits aber immer wieder in neue Herausforderungen geraten wird. Schon ist eine derartige Spannungslage im Sommer 2010 durch die Großkrise der Europäischen Währungsunion auf einem neuen Feld aktuell geworden. Denn ein Konzept, das zum Zweck der dauerhaften Stabilisierung der Währungsunion ohne zwischenstaatliche Transferlösungen eine supranationale Aufsicht über einzelstaatliche Haushalte befürwortet, gerät in Konflikt zum Gedanken des primären demokratischen Selbstbestimmungsraums staatlicher Budgetgestaltung[150]. Das im Gang politischer Gestaltungskonzepte

[146] BVerfGE 123, 267 Tz. 360, 399.

[147] Zu dieser neofunktionalen Ausreifung durch die Verträge von Amsterdam und Lissabon vgl. *Peter-Christian Müller-Graff*, Der Raum der Freiheit, der Sicherheit und des Rechts in der Lissabonner Reform, in: EuR Beiheft 1/2009, S. 105, 109f., 125f.

[148] Vgl. z.B. oben unter A II zur Ausweitung des Adressatenkreises der Marktgrundfreiheiten.

[149] BVerfGE 123, 267 Tz. 360, 399.

[150] BVerfGE 123, 267 Tz. 256; vgl. *Peter-Christian Müller-Graff*, Einander ausgeliefert, Frankfurter Allgemeine Zeitung v. 20.5.2010, S. 8.

stetig sachbezogen erneut in angemessener Begrifflichkeit zu artikulierende Verständnis des Grundgesetzes wird sich in derartigen Spannungslagen umso besser gegenüber dem Erfordernis einer neuen Verfassungsgebung (Art. 146 GG) behaupten, je geschmeidiger es den sinnfälligen Aktionsraum der Bundesrepublik für und in der Europäischen Union zu bestimmen vermag.

## E. Fazit

Insgesamt zeigt sich im nahezu sechzigjährigen Wechselspiel von Grundgesetz und supranationalem Europarecht damit zum einen das Verdienst des Grundgesetzes und des dieses entfaltenden Bundesverfassungsgerichtes um die Verwirklichung des supranationalen Europarechts in Deutschland und zum anderen eine graduell sich konkretisierende Konditionierung der europäischen Offenheit des Grundgesetzes und darin dessen demokratisches Stabilisierungspotential für die Gestaltung des Europarechts und der Europäischen Union. Der Beitrag zur Verwirklichung des supranationalen Europarechts in Deutschland zeigt sich insbesondere in der grundsätzlichen Anerkennung dessen unmittelbarer und vorrangiger Anwendbarkeit (auch im Falle nicht umgesetzter Richtlinien), der Bindung der Fachgerichte an Entscheidungen des EuGH, der Anerkennung des EuGH als gesetzlichen Richters[151] (mit der damit verbundenen Verfassungsbeschwerdefähigkeit der willkürlichen Nichtvorlage eines vorlagepflichten Gerichts) sowie neuerdings in der Andeutung der Vorlagebereitschaft des Bundesverfassungsgerichts in „ultra vires"-Fragen (Gebot der Europafreundlichkeit). Das Grundgesetz enthält zudem in Verbindung mit den verfassungsrelevanten Zustimmungsgesetzen das Potential zur osmotischen Rezeption von materiellen Grundprinzipien und Grundwertungen des supranationalen Primärrechts[152], so insbesondere des Prinzips der wettbewerbsverfaßten Marktwirtschaft (Art. 3 Abs. 3 EUV, Protokoll Nr. 27, Art. 119 Abs. 1 AEUV) als eines wirtschaftsverfassungsrechtlich relevanten Argumentationstopos und Grundmusters für die Prüfung hoheitlicher Wirtschaftsintervention[153] (und als einer Grundlage einer europäischen Privatrechtsgesellschaft[154]). Allerdings ist andererseits der Anspruch einer Verwerfungskompetenz unionaler Rechtsakte durch das Bundesverfassungsgericht geeignet, die europäische Rechtsgemeinschaft zu gefährden. Zudem läßt das „Lissabon"-Urteil auch Gefahren engmaschiger judikativer Vorweg-Festlegungen für die Europapolitik (einschließlich der europäischen Rechtspolitik) ahnen. Je kleinteiliger und starrer dem Grundgesetz über die Auslegung des Art. 79 Abs. 3 GG Integrationsgrenzen zugeschrieben würden, desto eher könnten unvorhersehbare Integrationserfordernisse die robuste Dauerhaftigkeit des Grundgesetzes gefährden. Das in seinem

[151] Zuletzt BVerfG, Beschluss v. 30. 8. 2010 – 1 BvR 1631/08.

[152] Dazu bereits *Peter-Christian Müller-Graff*, Unternehmensinvestitionen und Investitionssteuerung im Marktrecht 1984, S. 320ff.

[153] Ebda., S. 320ff., 324f.; s. auch S. 250ff., 265f. *Helge Sodan*, JZ 1998, 421; 425; *ders.*, DÖV 2000, 361, 367; dies verkennt *David Jungbluth*, EUR 2010, 471ff.

[154] Zu deren Grundlagen *Peter-Christian Müller-Graff*, Die Europäische Privatrechtsgesellschaft in der Verfassung der Europäischen Union, in: Peter-Christian Müller-Graff/Herbert Roth (Hrsg.), Recht und Rechtswissenschaft, 2000, S. 271ff.

Text integrationsoffene und aus tiefer historischer Einsicht konstruktiv geprägte Grundgesetz einschließlich seiner verfassungsgerichtlich aktualisierenden Auslegung ist aber fähig und wert, im Gang der europäischen Integration auch weiterhin ein dauerhaft ausstrahlendes und rezipierendes grundlegendes Normwerk mit (mindestens) Jahrhundertperspektive auch im Dialog mit dem supranationalen Europarecht zu sein.

# Deutschland und die internationalen Beziehungen – „offene Staatlichkeit" nach 60 Jahren Grundgesetz

von

Prof. Dr. Markus Kotzur, LL.M., Leipzig

## Einleitung: „Als gleichberechtigtes Glied in einem Vereinten Europa dem Frieden der Welt zu dienen"

„Als gleichberechtigtes Glied in einem Vereinten Europa dem Frieden der Welt zu dienen", war schon im Jahre 1949 Leitmotiv offener Staatlichkeit[1], das die Präambel des Grundgesetzes einer Betätigung der verfassungsgebenden Gewalt des Deutschen Volkes zur Zielvorgabe machte. Tiefer hätte die historische Zäsur nach Überwindung der nationalsozialistischen Gewaltherrschaft, nachdrücklicher hätte das mit dem Verfassungsvorspruch gegebene Integrationsversprechen nicht ausfallen können.[2] Wie stark gerade die Idee der europäischen Einigung die Arbeiten am Grundgesetz prägte, wie selbstverständlich der Gründergeneration die internationale Einbindung war, mag aus der historischen Rückschau erstaunen.[3] Das Erstaunen wird umso größer, wenn heute europäische und internationale Integration in vielerlei Hinsicht eher als Krisenphänomene denn Zukunftsoptionen wahrgenommen werden.[4] Die Euro-

---

[1] Wegweisend *K. Vogel*, Die Verfassungsentscheidung des Grundgesetztes für eine internationale Zusammenarbeit, 1964; sodann *W. Rudolf*, Völkerrecht und deutsches Recht, 1967; *R. Bernhardt*, Verfassungsrecht und internationale Lagen, DÖV 1977, S. 457 ff.; unter Zugrundlegung des Kooperationsgedankens weiterführend *P. Häberle*, Der kooperative Verfassungsstaat (1978), in: ders., Verfassung als öffentlicher Prozess, 3. Aufl. 1998, S. 407 ff.; weiterhin *H. Mosler*, Die Übertragung von Hoheitsrechten, in: HStR, Bd. VIII, 1. Aufl. 1992, § 175 Rn. 10; *U. di Fabio*, Das Recht offener Staaten, 1998; S. *Hobe*, Der offene Verfassungsstaat zwischen Souveränität und Interdependenz, 1998; *ders.*, Der kooperationsoffene Verfassungsstaat, Der Staat 37 (1998), S. 521 ff.; *K.-P. Sommermann*, Der entgrenzte Verfassungsstaat, in: D. Merten (Hrsg.), Der Staat am Ende des 20. Jahrhunderts, 1998, S. 19 ff.; mit spezifischem Blick auf den europäischen Integrationsprozess *B. Beutler*, Offene Staatlichkeit und europäische Integration, in: FS E.-W. Böckenförde, 1995, S. 109 ff.; für eine instruktive Übersicht schließlich *R. Wahl*, Der offene Staat und seine Rechtsgrundlagen, JuS 2003, S. 1145 ff.

[2] *K.-P. Sommermann*, Offene Staatlichkeit: Deutschland, in: A. v. Bogdandy/P. Cruz Villalón/P. M. Huber (Hrsg.), Handbuch Ius Publicum Europaeum, Bd. 2, 2008, § 14 Rn. 1.

[3] Ebd., Rn. 2; *R. Geiger*, Grundgesetz und Völkerrecht, 4. Aufl. 2009, § 10.

[4] Zum Begriff der Krise *H. Schulze-Fielitz*, Das Bundesverfassungsgerichts in der Krise des Zeitgeistes, AöR 122 (1997), S. 1 ff.

päische Union hat ihre „Verfassungskrise ohne Verfassung" längst hinter sich; der Vertrag von Lissabon weckt (mitunter diffuse) Ängste vor der Erosion staatlicher Verfasstheit und nationaler Identität. Gegen das Zustimmungsgesetz wurde vor dem Bundesverfassungsgericht sogar das Widerstandsrecht aus Art. 20 Abs. 4 GG in Stellung gebracht.[5] Der aktuelle Streit um den Rettungsschirm für Griechenland und andere in Finanznot geratene EU-Staaten befördert weitere Beunruhigung.[6] Auf globaler Ebene tut die Finanzkrise desgleichen.[7] Warum im Rahmen internationaler Mandate deutsche Soldaten in Afghanistan oder vor dem Horn von Afrika zum Einsatz kommen, ist im politischen Diskurs nur schwer vermittelbar. Abstrakt also sind der Dienst am Weltfrieden in internationalen Verantwortungsgemeinschaften und die bereitwillige Mitwirkung am Europäischen Integrationsprozess gewiss *willkommene Identitätszuschreibungen* der politischen Gemeinschaft unter dem Grundgesetz, in ihrer konkreten Umsetzung kommt es indes zum Schwur.

Gerade dem Tag für Tag neuen *Einigwerden* Europas fehlt häufig jene Strahlkraft der großen politischen Ideen, die in seinen konstitutionellen Texten klassisch präsent sind.[8] Europa als „Einheit in Vielfalt" (*J. Ch. Burckhardt*)[9] lässt sich leichter ausbuchstabieren als leben respektive politisch mit Leben füllen. Nicht zuletzt für die jüngeren Generationen, die Europas Trümmerfeld nach 1945 nicht mehr aus eigener Anschauung, die *leidvolle Erfahrungen* und *leidenschaftliches Europawerben* der Gründerjahre allenfalls noch aus dem Geschichtsunterricht kennen[10], ist das heute integrierte Europa ein mehr oder weniger selbstverständliches „Faktum ohne besonderen Charme"[11]. Ein *europäisches „Wir- Gefühl"*[12] bleibt weiterhin Desiderat, ein *weltbürgerliches „Wir-Gefühl"* rückt in noch sehr viel weitere Ferne. Der offene Verfassungsstaat muss sich seiner Offenheit daher immer neu vergewissern und werbend für sie eintreten. Es gilt einerseits deutlich machen, dass „offene Staatlichkeit" gerade keine staatliche Selbstaufgabe will; dass „offene Staatlichkeit" die vertraute politische Einheit im Verfassungsstaat nicht in Frage stellt, sondern sie vielmehr zur Voraussetzung hat und auf ihr aufbaut. Es gilt anderseits aber auch herauszustellen, dass Souveränitätsverzicht durch Integration nicht Souveränitätsverlust bedeuten muss, sondern Souveränitäts-

---

[5] Vgl. BVerfGE 123, 267 (313f.); die Zurückweisung dieses Ansinnens erfolgte durch das Gericht mit der wünschenswerten Eindeutigkeit, ebd. S. 333.

[6] *D. Schwarzer*, Governance-Dynamik in der Eurozone, Parl. Beilage 18 (2010), S. 16ff.

[7] *Ch. Ohler*, International Regulation and Supervision of Financial Markets after the Crisis, European Yearbook of International Economic Law (EYIEL), Bd. 1 (2010), S. 3ff.

[8] Zu denken ist etwa an den von Frankreich ausgehenden Menschenrechtsuniversalismus, vgl. *L. Kühnhardt*, Die Universalität der Menschenrechte, 2. Aufl. 1991, S. 231ff.

[9] Grundrechtsspezifisch *A. Weber*, Einheit und Vielfalt der europäischen Grundrechtsordnung(en), DVBl. 2003, S. 220ff.

[10] Zu denken ist überdies an *W. Churchills* Neuordnungsideen unmittelbar nach dem Zweiten Weltkrieg, dazu *M. Seidel*, Der europäische Verfassungsprozess und Winston Churchills Züricher Vision der „Vereinigten Staaten von Europa", EuZW 2008, S. 1.

[11] *U. Sarcinelli/M. C. Herrmann*, Europa in der Wahrnehmung junger Menschen – Bedingungen und Konsequenzen für Politikvermittlung und politische Bildungsarbeit, in: Aus Politik und Zeitgeschichte. Beilage zur Wochenzeitung Das Parlament B25–26/98 (12. Juni 1998), S. 10ff., 11.

[12] *A. Deringer*, Europäisches Parlament und Maastrichturteil des Bundesverfassungsgerichts, in: FS U. Everling, Bd. I, 1995, S. 248ff., 251: Gemeinsame Identität aus einem „Wir-Gefühl", das gerade keine Homogenität voraussetzt.

gewinn durch neue, *integrative wie integrierte Handlungs- und politische Gestaltungsmacht des Nationalstaates* sein kann.[13]

## I. Souveränität und offene Staatlichkeit der Bundesrepublik Deutschland

Schon die Literatur der frühen Jahre[14] sprach, in Anlehnung an den eingangs zitierten Präambeltext, von einer „demokratischen Wendung zu einer internationalistischen Grundeinstellung". Sie bezog sich dabei auch auf die Anerkennung der eigenen unrechtsstaatlichen Vergangenheit und auf eine gleichsam „kathartische" Abkehr vom nationalsozialistischen Regime.[15] Zu dieser Katharsis gehört seither die bewusste Loslösung von einer „selbstgenügsamen und selbstherrlichen Vorstellung souveräner Staatlichkeit" ebenso wie der Bruch „mit allen Formen des politischen Machiavellismus und einer rigiden Souveränitätsvorstellung, die noch bis zu Beginn des 20. Jahrhunderts das Recht zur Kriegsführung – auch als Angriffskrieg – für ein selbstverständliches Recht des souveränen Staates hielt"[16]. Die verfassungsgebende Gewalt des Volkes, wie sie das Grundgesetz versteht, war folglich niemals *ungebunden*, sondern von vornherein durch universelle Gerechtigkeitsbedingungen ebenso wie durch völkerrechtliche Bindungsmaßstäbe determiniert. „Bindungslose Selbstherrlichkeit" und „rücksichtslose Interessendurchsetzung" will „das souveräne Selbstbestimmungsrecht der politischen Gemeinschaft" weder fördern noch schützen.[17]

---

[13] *P. Häberle*, Europäische Verfassungslehre, 6. Aufl. 2009, S. 209 ff.; weitere Nachweise zur rechts- ebenso wie zur politikwissenschaftlichen Diskussion bei *M. Kotzur*, Sovereignty and the European Federal Constitution – New Perspectives on Sovereignty in a Multilevel Scheme of Constitutionalism, The Federalist 2008, S. 131 ff.

[14] *H. Kraus*, Die auswärtige Stellung der Bundesrepublik nach dem Bonner Grundgesetz, 1950, S. 21. Und mehr als 50 Jahre später betont die höchstrichterliche Rechtsprechung aus Karlsruhe: „Das Grundgesetz hat die öffentliche Gewalt programmatisch auf die internationale Zusammenarbeit (Art. 24) und auf die europäische Integration (Art. 23 GG) festgelegt (BVerfGE 111, 307, 318 – *Görgülü*).

[15] *H. Dreier*, in: ders. (Hrsg.), GG-Kommentar, 2. Aufl. 2004, Präambel Rn. 36.; *P. M. Huber*, in: M. Sachs (Hrsg.), GG, 5. Aufl. 2009, Präambel Rn. 41 ff.; allg. *Ch. Starck, W. Berg* und *B. Pieroth*, Der Rechtsstaat und die Aufarbeitung der vor-rechtsstaatlichen Vergangenheit, VVDStRL 51 (1992), S. 9 ff., S. 46 ff. und S. 91 ff.; allg. auch *M. Bermanseder*, Die europäische Idee im Parlamentarischen Rat, 1998.

[16] So BVerfGE 123, 267 (346), mit Verweis u. a. auf *Ch. Starck*, Der demokratische Verfassungsstaat, 1995, S. 356 f. Diese und die folgenden Passagen aus dem wegen seines teilweise retrospektiven Souveränitätsverständnisses zu Recht kritisierten *Lissabon*-Urteil (vgl. etwa *P. Häberle*, Das retrospektive Lissabon-Urteil als versteinernde Maastricht II-Entscheidung, JöR 58 (2010), S. 317 ff.) seien bewusst zitiert, um jene *prospektiven Souveränitätsargumente* zu unterstreichen, die das Gericht im gleichen Urteil auch durch den Sprachstil besonders stark macht – und in ihrer Konsequenz dann doch nicht vollständig umsetzt.

[17] BVerfGE 123, 267 (344). Auch für die frühe Politik der Westintegration und Europäischen Einigung unter Bundskanzler *K. Adenauer* wirkte ein solches Souveränitätsdenken wegleitend, vgl. *W. Weidenfeld*, Konrad Adenauer und Europa. Die geistigen Grundlage der westeuropäischen Integrationspolitik des ersten Bonner Bundeskanzlers, 1976; *A. Doering-Manteuffel*, Die Bundesrepublik in der Ära Adenauer: Außenpolitik und innere Entwicklung 1949–1963, 2. Aufl. 1988.

Die Betätigung dieses Selbstbestimmungsrechts blieb indes im Jahre 1949, so kurze Zeit nach Ende des Zweiten Weltkrieges, angesichts von Besatzung und beginnendem „Kalten Krieg" in mehrfacher Hinsicht defizitär: nicht das ganze Deutsche Volk konnte von seiner pouvoir constituant Gebrauch machen – in der ursprünglichen Präambelfassung hieß es noch aussagekräftig, der gestaltungsmächtige Teil des Volkes habe auch für „jene Deutschen gehandelt, denen mitzuwirken versagt war."[18] In Bruch mit den überkommenen Regeln der Verfassungsgebung fehlte es weiterhin an einer Volksabstimmung über das Verfassungswerk, das ohnehin nur Provisorium[19] sein und einem bloßen „Staatsfragment"[20] vorläufige konstitutionelle Einheit verleihen sollte. Vor allem aber führte der Akt der Verfassungsgebung nicht zu voller – immer verstanden als völkerrechtlich gebundener und instrumental auf den Menschen hin gedachter[21] – Souveränität der Bundesrepublik Deutschland.[22]

Diese „volle Souveränität" blieb einer Vollendung der Einheit und Freiheit Deutschlands mit der Wiedervereinigung vorbehalten und fand im 2+4-Vertrag zwischen den beiden deutschen Staaten und den Alliierten 1990 ihren völkerrechtlichen Niederschlag.[23] Mag dieser *Souveränitätsgewinn* rechtlich nicht an den europäischen Integrationsprozess gebunden gewesen sein, politisch war er es ohne Zweifel. Deutsche und europäische Einigung standen in enger Wechselwirkung, nur das europäisch integrierte Deutschland durfte auf ein Ja zur Wiedervereinigung seitens der Alliierten und der internationalen Gemeinschaft als solcher hoffen.[24] Die integrationsbedingten Souveränitätsverluste waren für die Bundesrepublik von Anfang an ein Souveränitätsgewinn.[25] Gerade aus dieser Perspektive wird schnell verständlich, war-

---

[18] *P. M. Huber*, in: M. Sachs (Hrsg.), GG. 5. Aufl. 2009, Präambel Rn. 4 ff. Für eine weit ausgreifende Dokumentation sei verwiesen auf *M. Feldkamp*, Der Parlamentarische Rat 1948–1949: Die Entstehung des Grundgesetzes, 1998.

[19] Dass die GG-Präambel deshalb eine unzutreffende Beschreibung der Entstehungsgeschichte beinhalte, wurde immer wieder kritisiert, statt aller etwa *D. Murswiek*, Die verfassungsgebende Gewalt nach dem Grundgesetz für die Bundesrepublik Deutschland, 1978, S. 96 und öfter. *H. Dreier*, in: ders. (Hrsg.), GG-Kommentar, 2. Aufl. 2004, Präambel Rn. 68 weist überzeugend nach, warum diese Kritik jedenfalls in ihrer Rigidität fehlgeht und der „komplexen Legitimationsfigur" der verfassunggebenden Gewalt nicht gerecht wird. Die Abweichung vom tradierten Standardmodell bleibt dennoch ein die bundesrepublikanische *Verfassungsidentität* prägendes Faktum.

[20] T. Hertfelder/J. Hess (Hrsg.), Streiten um das Staatsfragment. Theodor Heuss und Thomas Dehler berichten von der Entstehung des Grundgesetzes, 1999.

[21] Programmatisch *J. P. Müller*, Wandel des Souveränitätsbegriffs im Lichte der Grundrechte, in: Symposion L. Wildhaber, 1997, S. 45 ff.

[22] Grundlegend *M. Stolleis*, Besatzungsherrschaft und Wiederaufbau deutscher Staatlichkeit, in: J. Isensee/P. Kirchhof (Hrsg.), HStR, Bd. 1, 3. Aufl. 2003, § 7; *R. Mußgnung*, Zustandekommen des Grundgesetzes und Entstehen der Bundesrepublik Deutschland, in: ebd., § 8; *W. Benz*, Die Gründung der Bundesrepublik: Von der Bizone zum souveränen Staat, 1984.

[23] *W. Schäuble*, Der Vertrag. Wie ich über die deutsche Einheit verhandelte, 1991; *K. Stern*, Der Zwei-plus-Vier-Vertrag, BayVBl. 1991, S. 523 ff.; *Ch. Raap*, Ist das vereinte Deutschland souverän?, BayVBl. 1992, S. 11 ff.

[24] Diese Auffassung hatte sich bereits im Parlamentarischen Rat durchgesetzt; dazu, etwa unter Bezugnahme auf ein Zitat von Dr. Süsterhenn (CDU), *K.-P. Sommermann*, Offene Staatlichkeit: Deutschland, in: A. v. Bogdandy/P. Cruz Villalón/P. M. Huber (Hrsg.), Handbuch Ius Publicum Europaeum, Bd. 2, 2008, § 14 Rn. 5 m. w. N.; *M. Bermanseder*, Die europäische Idee im Parlamentarischen Rat, 1998, S. 102 ff.

[25] Das gilt es vor allem zu berücksichtigen, wenn die nationale Verfassungsidentität gegen die konstitutionelle Dynamik des europäischen Integrationsprozesses in Stellung gebracht wird, vgl. *Ch. Cal-*

um in den letzten 60 Jahren für die deutsche Staatsrechtslehre unter dem Grundgesetz – aber auch für das Bundesverfassungsgericht[26] – die gleichberechtigte Einbindung des deutschen Nationalstaates in transnationale Integrations- bzw. Verantwortungsgemeinschaften ein die Verfassungsidentität prägendes „*Lebensthema*" war. So hat sich die deutsche Staatsrechtlehrervereinigung manche Kontroversen um das Spannungsverhältnis von staatlicher Selbstbehauptung und Integrationsoffenheit geliefert. Das Themenspektrum ihrer Jahrestagungen[27] zeugt letztlich aber von einer Dynamik des Wandels, für die *K. Hesse* eine prägende Formel gefunden hat:

> „Wir leben insoweit von dem Gedankengut einer Welt, die nicht mehr die unsere ist und die, wie wir immer deutlicher sehen, in den tiefen Wandlungen des ausgehenden 20. Jahrhunderts ihren Untergang gefunden hat. Über ihre Grundlagen, bislang als gesichert geltende Bestandteile der Staats- und Verfassungslehre, ist die Geschichte hinweggegangen. Den bekannten Tatbestand jener Wandlungen umschreibe ich hier mit den geläufigen Stichworten: Funktionswandel moderner Staatlichkeit, Internationalisierung oder auch Globalisierung, Europäisierung."[28]

Was *Hesse* durchaus mit dialektischer Stoßrichtung umschreibt, steht in besonders hohem Maße für die Teleologie des Europäischen Integrationsprozesses, aber auch für andere Formen transnationaler Integration. Der (Verfassungs-)Staat bleibt weiterhin die historisch gewachsene, für die Freiheit und Sicherheit ihrer Bürger wirkungsmächtige, „global anerkannte Organisationsform einer handlungsfähigen politischen Gemeinschaft"[29]. Die Handlungsfähigkeit jedoch mit Autarkie gleichzusetzen, wäre wirklichkeitsblind; die Gemeinschaftlichkeit mit Geschlossenheit zu verwechseln, widerspräche der normativen Orientierung des Grundgesetzes. Gerade die Einbindung in staatenübergreifenden Integrationszusammenhänge – respektive Verantwortungsgemeinschaften – will jene Steuerungsfähigkeit sicherstellen, die jedem Staat für sich genommen angesichts weit ausgreifender Globalisierungsprozesse verloren zu gehen droht. In der EU sind die „Souveränitäten" zwischen Union und Mitgliedstaaten – anders als in der Vorstellungswelt des Souveränitätsklassikers *Jean Bodin* – geteilt.[30] Durch die freiwillige Übertragung von Hoheitsrechten soll letztendlich der zentrale Zweck jeder Form politischer Gemeinschaftsbildung, die Kon-

*liess*, Das Ringen des Zweiten Senats mit der Europäischen Union: Über das Ziel hinausgeschossen (...), ZEuS 2009, S. 559ff. Insgesamt war, auch daran sei bewusst erinnert, die deutsche Rechtsordnung vor der Wiedervereinigung extrakonstitutionell bedingt, dazu *M. Herdegen*, Extrakonstitutionelle Grundlagen der deutschen Rechtsordnung?, Staat und Recht 39 (1990), S. 697ff. Für eine Übersicht schließlich *H. Bauer*, Die Verfassungsentwicklung des wiedervereinigten Deutschland, in: J. Isensee/P. Kirchhof (Hrsg.), HStR, Bd. 1, 3. Aufl. 2003, § 14.

[26] Vgl. *J. Alshut*, Der Staat in der Rechtsprechung des Bundesverfassungsgerichts, 1999.

[27] Frühe Beispiele geben *W. G. Grewe/E. Menzel*, Die auswärtige Gewalt der Bundesrepublik, VVDStRL 12 (1954), S. 129ff. bzw. 179ff.; *G. Erler/W. Thieme*, Das Grundgesetz und die öffentliche Gewalt internationaler Staatengemeinschaften, VVDStRL 18 (1960), S. 7ff. bzw. 50ff.; *J. H. Kaiser/P. Badura*, Bewahrung und Veränderung demokratischer Verfassungsstrukturen in den internationalen Gemeinschaften, VVDStRL 23 (1966), S. 1ff. bzw. 34ff. Eine vollständige Übersicht zu den Themen und Berichterstattern findet sich auf der Homepage der Staatsrechtslehrervereinigung unter http://vdstrl.zar-muenster.de/themen.html.

[28] *K. Hesse*, in: M. Morlok (Hrsg.), Die Welt des Verfassungsstaates, 2001, in seinen „Einleitenden Bemerkungen", S. 11ff., 13.

[29] BVerfGE 123, 267 (346).

[30] Aus der kontroversen Diskussion, insbesondere seit dem Maastricht-Urteil des BVerfG (E 89, 155)

kretisierung von Gemeinwohl, nunmehr kooperativ realisiert werden. Auch wo, bei graduell schwächeren Integrationsformen, die Übertragung von Hoheitsrechten nicht in Rede steht, wirkt die Idee *kooperativer Gemeinwohlverwirklichung* leitmotivisch für die internationale Einbindung und – ihr korrespondierend – für das Verständnis der auswärtigen Gewalt im kooperativ-offenen Verfassungsstaat.

## II. Das Verhältnis von überstaatlichem und staatlichem Recht: „praktische Konkordanz" im Mehrebenensystem

Unter dieser Prämisse, und nicht etwa verengt auf normhierarchische Konstruktionsmodelle, gilt es auch die Wechselbezüglichkeit von staatlichem und überstaatlichem Recht zu bestimmen. Der große Schulenstreit über ein monistisches oder dualistisches Verhältnis von Völkerrecht und Landesrecht[31] hatte in der Entstehungszeit des Grundgesetzes längst an Schärfe und Bedeutung verloren. In ihren extremen Varianten waren sowohl der Versuch, Völkerrecht und staatliches Recht als strikt voneinander geschiedene Rechtsordnungen zu begreifen, als auch dessen Gegenmodell, alles Recht auf ein einheitliches staatenübergreifendes System zurückzuführen, letztlich gescheitert und mussten modifizierten Spielarten weichen. Für die in ihrem Art. 25 und 59 Abs. 2 GG gemäßigt dualistische Verfassung der Bundesrepublik sollte bei aller Kooperationsoffenheit nach Außen Völkerrecht nicht ohne weiteres innerstaatlich zu beachten sein; zugleich stand aber die Verfassungspflicht, innerstaatlich eine völkerrechtskonforme Rechtlage herzustellen, nie in Frage.[32] Klassisch dualistisch argumentiert auch das BVerfG, besonders pointiert etwa in seiner umstrittenen *Görgülü*-Entscheidung[33]:

> „Dem Grundgesetz liegt deutlich die klassische Vorstellung zugrunde, dass es sich beim Verhältnis des Völkerrechts zum nationalen Recht um ein Verhältnis zweier unterschiedlicher Rechtskreise handelt und das die Natur dieses Verhältnisses aus der Sicht des nationalen Rechts nur durch das nationale Recht selbst bestimmt werden kann; dies zeigen die Existenz und der Wortlaut von Art. 25 und Art. 59 Abs. 2 GG. Die Völkerrechtsfreundlichkeit entfaltet Wirkung nur im Rahmen des demokratischen und rechtsstaatlichen Systems des Grundgesetzes."

---

siehe etwa *Ch. Enders*, Offene Staatlichkeit unter Souveränitätsvorbehalt – oder: Vom Kampf der Rechtsordnungen nach Maastricht, in: FS E.-W. Böckenförde, 1995, S. 29ff.

[31] Klassiker sind etwa *H. Triepel*, Völkerrecht und Landesrecht, 1899; *H. Kelsen*, Das Problem der Souveränität und die Theorie des Völkerrechts, 1920; *A. Verdross*, Die Einheit des rechtlichen Weltbildes auf der Grundlage der Völkerrechtsverfassung, 1923; dazu *R. Geiger*, Heinrich Triepels Lehre über den Dualismus von Völkerrecht und Landesrecht: ein Rückblick, in: Leipziger Juristenfakultät (Hrsg.), Festschrift der Juristenfakultät zum 600jährigen Bestehen der Universität Leipzig, 2009, S. 73ff., und *ders.*, Grundgesetz und Völkerrecht, 4. Aufl. 2009, S. 13ff., jeweils mit weiteren Nachweisen.

[32] *R. Geiger*, Grundgesetz und Völkerrecht, 4. Aufl. 2009, S. 14f.; umfassend *Ch. Amrhein-Hofmann*, Monismus und Dualismus in den Völkerrechtslehren, 2003.

[33] BVerfGE 111, 307 (318).

Das Karlsruher Gericht stellt die *Integrationsoffenheit* damit – ganz parallel zu seiner Maastricht[34]- und jüngst Lissabon-Entscheidung[35] – unter *Souveränitätsvorbehalt*. Das Grundgesetz erstrebe zwar „die Einfügung Deutschlands in die Rechtsgemeinschaft friedlicher und freiheitlicher Staaten", verzichte aber nicht auf „die in dem letzten Wort der deutschen Verfassung liegende Souveränität".[36] Deshalb seien solche völkerrechtlichen Normen unbeachtlich, deren Anwendung einen Verstoß gegen die „tragenden Grundsätze der Verfassung"[37] respektive – um eine Formulierung des Lissabon-Urteils aufzugreifen – gegen die „Verfassungsidentität"[38] darstelle. Gewiss wird in der neueren völkerrechtlichen Literatur mitunter ein „verfassungsrechtliches Widerstandsrecht" gegen internationale Normen postuliert, die Kernprinzipien der nationalen Verfassungen wie die Grundrechte oder das Demokratieprinzip verletzen.[39] Als ultima ratio mag es konstruktiv auf die Fortentwicklung des Völkerrechts wirken, aber nur dann, wenn das übergeordnete Ziel verfassungsstaatlicher Öffnung und internationaler Kooperation seine Leitgesichtspunkte bleiben.[40]

---

[34] BVerfGE 89, 155; P. Hommelhoff/P. Kirchhof (Hrsg.), Der Staatenverbund der Europäischen Union, 1994.

[35] BVerfGE 123, 267; die Begleitliteratur ist schon nach kurzer Zeit kaum mehr zu überblicken, in Auswahl etwa: *Ch. Calliess*, Nach dem Lissabon-Urteil des Bundesverfassungsgerichts – Parlamentarische Integrationsverantwortung auf europäischer und nationaler Ebene, ZG 2010, S. 1 ff.; *W. Cremer*, Lissabon-Vertrag und Grundgesetz, Jura 2010, S. 296 ff.; *P. Häberle*, Das retrospektive Lissabon-Urteil als versteinernde Maastricht II-Entscheidung, JöR 58 (2010), S. 317 ff.; *F. J. Lindner*, Das Lissabon-Urteil des Bundesverfassungsgerichts und die Konsequenzen für die europäische Integration, BayVBl. 2010, S. 193 ff.; *F. C. Mayer*, Rashomon in Karlsruhe, NJW 2010, S. 714 ff.; *P.-Ch. Müller-Graff*, Das Lissabon-Urteil – Implikationen für die Europapolitik, ParlBeilage Nr. 18, 2010, S. 22 ff.; *U. J. Schröder*, Die offene Flanke. Die verfassungsrechtlichen Anforderungen an die Begleitgesetzgebung zum Vertrag von Lissabon, DÖV 2010, S. 303 ff.; *A. Weber*, Die Europäische Union unter Richtervorbehalt?, JZ 2010, S. 157 ff.; *M. Wiemers*, Der Lissabon-Vertrag und das Bundesverfassungsgericht – Zum BVerfG-Urteil über den Vertrag zur Reform der Europäischen Union, VR 2010, S. 73 ff.; *C. D. Classen*, Legitime Stärkung des Bundestages oder verfasungsrechtliches Prokrustesbett?, JZ 2099, S. 881 ff.; *K. F. Gärditz/Ch. Hillgruber*, Volkssouveränität und Demokratie ernst genommen – Zum Lissabon-Urteil des BVerfG, JZ 2009, S. 872 ff.; *D. Grimm*, Das Grundgesetz als Riegel vor einer Verstaatlichung der Europäischen Union, Der Staat 48 (2009), S. 475 ff.; *M. Jestaedt*, Warum in die Ferne schweifen, wenn der Maßstab liegt so nah?, Der Staat 48 (2009), S. 497 ff.; *Ph. Terhechte*, Souveränität, Dynamik, Integration – making up the rules as we go along, EuZW 2009, S. 724 ff.; *D. Thym*, Europäische Integration im Schatten staatlicher Souveränität, Der Staat 48 (2009), S. 559 ff.; *R. Wahl*, Die Schwebelage im Verhältnis von Europäischer Union und Mitgliedstaaten, Der Staat 48 (2009), S. 587 ff.

[36] BVerfGE 123, 267 (319).

[37] Ebd.

[38] Vgl. *K. Dingelmann*, Integrationsverantwortung und Identitätskontrolle: Das Lissabon-Urteil des Bundesverfassungsgerichts, ZEuS 2009, S. 491 ff.; *H. Sauer*, Kompetenz- und Identitätskontrolle von Europarecht nach dem Lissabon-Urteil, ZRP 2009, S. 195 ff.

[39] *Th. Cottier/D. Würger*, Auswirkungen der Globalisierung auf das Verfassungsrecht: Eine Diskussionsgrundlage, in: Sitter-Liver (Hrsg.), Herausgeforderte Verfassung: Die Schweiz im globalen Konzert, 1999, S. 241 ff., 263 f.; *A. v. Bogdandy*, Pluralism, Direct Effect, and the Ultimate Say: On the Relationship between International and Domestic Constitutional Law, Journal of International Constitutional Law 6 (2008), 397 ff.

[40] *Ch. Gloria*, in: K. Ipsen, Völkerrecht, 5. Aufl., 2004, § 54 Rn. 21 m. w. N.; zur theoretischen Einordnung des Völkerrechts als „Menschheitsrecht" *P. Häberle*, Das „Weltbild" des Verfassungsstaates – eine Textstufenanalyse zur Menschheit als verfassungsstaatlichem Grundwert und „letztem" Geltungsgrund des Völkerrechts, in: FS M. Kriele, 1997, S. 1277 ff.

Der potentielle Gegensatz zwischen „Verfassungsidentität" und völkergemeinschaftlichen Erwartungen an die staatlich verfasste Gemeinschaft verliert ohnehin schnell an Schärfe, wird „Souveränität" nicht zu einer Art Abwehrrecht nach außen umgedeutet. Souveränität meint nichts anderes als „völkerrechtlich geordnete und gebundene Freiheit"[41]; auch die Volkssouveränität, im demokratischen Verfassungsstaat immer mit der inneren und äußern Souveränität zusammenzulesen[42], unterliegt diesen Bindungen. Der Staat ist, wie es *W. v. Simson* klassisch formuliert hat, überstaatlich bedingt[43] und das Völkerrecht wird zur „Legitimationsordnung moderner Staatlichkeit".[44] Nicht nur Begriff und Aufgaben, auch die instrumental auf den Menschen hin zu denkenden Legitimationsgrundlagen des Staates sind angesichts der tatsächlichen und rechtlichen Verflechtungen des Globalisierungszeitalters nur unter Einschluss der völkerrechtlichen Perspektive treffend zu verstehen. Für das analytische Begreifen dieser Verflochtenheit der Rechtsordnungen bleiben sowohl Monismus als auch Dualismus zu grobe Raster und haben allenfalls begrenzten Erklärungswert.[45].

Geeignetere Matrix solcher Verflechtungen, deren internationale Maßstabsnormen[46] das nationale Recht teils durchdringen und umformen, teils aber auch rezipieren und damit internationalisieren, ist das Mehrebenensystem, wo es um verfassungsqualitative Momente des „Verflochten-Seins" geht, der Mehrebenen-Konstitutionalismus.[47] Das den Politikwissenschaften entlehnte Modell hat sich für den europäischen Verfassungsraum weithin durchgesetzt und findet auch bezüglich völ-

---

[41] *F. v. Martitz*, Internationale Rechtshilfe in Strafsachen, Bd. I, 1988, S. 416 – aufgegriffen in BVerfG 123, 267 (346), das sich für ein modernes Souveränitätsverständnis interessanter Weise auf einen Gelehrten des 19. Jahrhunderts beruft.

[42] *J. Kokott*, Souveräne Gleichheit und Demokratie im Völkerrecht, ZaöRV 64 (2004), S. 517 ff.

[43] Etwa *W. v. Simson*, Die Bedingtheit der Menschenrechte, in: FS C. Aubin, 1979, S. 217 f.; ausführlich P. Häberle / J. Schwarze / W. Graf Vitzthum (Hrsg.), Die überstaatliche Bedingtheit des Staates: zu Grundpositionen Werner von Simsons auf den Gebieten der Staats- und Verfassungslehre, des Völker- und des Europarechts, 1993.

[44] *D. Thürer*, Kosmopolitisches Staatsrecht, 2005, S. 427 f. Schon *W. Fiedler* (Die Kontinuität des deutschen Staatswesens im Jahre 1990 – Zur Einwirkung des Völkerrechts auf Verfassungslagen, AVR 31 (1993), S. 333 ff., 333) hatte dualistische Denkmodelle überzeugend relativiert: „Das Denken in „dualistischen" Modellen bediente sich verschiedener Transformationsvorstellungen, um im konkreten Einzelfall alle wirksamen Aspekte einzubeziehen. Eine strenge Unterscheidung etwa zwischen Staats- und Völkerrecht wurde dabei schon früh von „Gemengelagen" durchbrochen, die vor allem in der Deutschlandfrage für systematische Unklarheit sorgten. Inzwischen steht fest, dass die „Gemengelage" meist dem jeweils fallbezogenen Verhältnis zwischen nationalem und internationalem Recht entsprach, während die systematischen Unklarheiten eher in den Köpfen der Interpreten entstanden. Dass differenzierende Fragen zu stellen waren, die im konkreten Fall mehr der einen oder mehr der anderen Rechtsmaterie zuzuordnen waren, änderte nichts daran, dass nur der Zusammenhang beider verlässliche Antworten liefern konnte, ohne dass die systematischen Eigenarten des Details in ein notwendig diffuses Licht getaucht werden mussten."

[45] *M. Zuleeg*, Der Standort des Verfassungsstaats im Geflecht der internationalen Beziehungen, DÖV 1977, S. 467 ff., 467.

[46] *Ch. Calliess*, Auswärtige Gewalt, in: J. Isensee / P. Kirchhof (Hrsg.), HStR, Bd. IV, 3. Aufl. 2006, § 83 Rn. 6.

[47] *I. Pernice*, Multilevel Constitutionalism and the Treaty of Amsterdam: European Constitution-Making Revisited?, Common Market Law Review 36 (1999), S. 703 ff.; jüngst etwa fortentwickelt bei *M. Knauff*, Der Regelverbund: Recht und Soft Law im Mehrebenensystem, Habilitationsschrift (Manuskriptfassung) 2009, S. 7.

kerrechtlicher Konstitutionalisierungsprozesse vorsichtigen Anklang. Eine Hierarchisierung der Entscheidungsebenen darf indes nicht impliziert werden.[48] Treffende Umschreibungen leisten daher ebenfalls (Leit-)Bilder wie „Politikverflechtung"[49], „Mehrebenenverflechtung"[50], „Sympolitie"[51] oder „Synarchie"[52]. Auf demokratische Legitimationsprobleme verweist die „Mehrebenen-Demokratie"[53]. Insgesamt kommt es zu vielfachen, in ihrer Komplexität häufig schwer greifbaren Wechselwirkungen zwischen der Konstitutionalisierung des transnationalen Rechtsraumes und der Internationalisierung des Verfassungsrechts.[54]

Für die wechselseitige Zuordnung dieser Rechtsräume sei daher das von *K. Hesse* für die Grundrechtsdogmatik entfaltete Prinzip der „praktischen Konkordanz"[55] nutzbar gemacht. Ihm zufolge soll die verhältnismäßige Zuordnung von Rechtsgütern so erfolgen, dass beide auch im Kollisionsfall zu optimaler Wirksamkeit gelangen.[56] Solch ein Ausgleich erweist sich gewiss schon innerhalb des innerstaatlichen Rechts als schwierig; auf den Ausgleich zwischen potentiell divergierenden Normsystemen lässt sich das Modell erst recht nicht passgenau übertragen. Vor allem darf der harmonisierende Duktus der „Konkordanz" nicht darüber hinwegtäuschen, dass es zwischen den verflochtenen Normierungsebenen zu Normkonflikten kommen kann, die notwendigen Abwägungsprozesse mitunter an ihrer Überkomplexität zu scheitern drohen und Vorrang- bzw. Letztentscheidungsfragen nichtsdestoweniger beantwortet werden müssen. Das gelingt aber angesichts des heutigen Intensitätsgrades immer weniger *durch kategoriale Scheidung* und *abstrakten Vorrang* des einen oder des anderen. Solcher „Perplexität" stellt sich das Modell der *praktischen* – durchaus auch einzelfall-orientiert *pragmatischen* – Konkordanz. Nichts anderes meinen Stimmen aus der Literatur, die ein „kommunikatives" statt strikt hierarchisches Verhältnis von Völkerrecht und nationalem Recht anmahnen.[57] Das Bundesverfassungsgericht

---

[48] Dezidiert *P. Badura*, Verfassung und Verfassungsrecht in Europa, AöR 131 (2006), S. 423 ff., 426; *P. Häberle*, VVDStRL 66 (2007), S. 84; jetzt in *ders.*, Verfassungsvergleichung in europa- und weltbürgerlicher Absicht, 2009, S. 204 f.; allgemein *W. L. Weh*, Vom Stufenbau zur Relativität. Das Europarecht in der nationalen Rechtsordnung, 1997, etwa S. 213 ff.

[49] *F. W. Scharpf / B. Reissert / F. Schnabel*, Politikverflechtung. Theorie und Empirie des kooperativen Föderalismus in der Bundesrepublik, 1976; später *F. W. Scharpf*, Die Politikverflechtungs-Falle: Europäische Integration und deutscher Föderalismus im Vergleich, in: Politische Vierteljahresschrift 26 (1985), S. 323 ff.

[50] *A. Peters*, Elemente einer Theorie der Verfassung Europas, 2001, S. 188; ihr folgend *J. Schwind*, Zukunftsgestaltende Elemente im deutschen und europäischen Staats- und Verfassungsrecht, 2008, S. 75.

[51] *D. Th. Tsatsos*, The European Sympolity: New Democratic Discourses, 2008.

[52] *D. N. Chryssochoou*, Europe as a Synarchy: A Study in Organized Co-Sovereignty, JöR 57 (2007), S. 407 ff.

[53] *U. di Fabio*, Das Recht offener Staaten. Grundlinien einer Staats- und Rechtstheorie, 1998, S. 139 ff.

[54] *B.-O. Bryde*, Konstitutionalisierung des Völkerrechts und Internationalisierung des Verfassungsrechts, Der Staat 62 (2003), S. 61 ff.; *A. Fischer-Lescano*, Globalverfassung, 2005.

[55] *K. Hesse*, Grundzüge des Verfassungsrechts der Bundesrepublik Deutschland, 20. Aufl. 1995 (Neudruck 1999), Rn. 317 ff.

[56] Ebd., Rn. 318.

[57] Nachweise dazu, auch unter Hinweis auf die Arbeiten von *Th. Cottier*, *D. Würger* und *A. v. Bogdandy* bei *A. Peters*, Rechtsordnungen und Konstitutionalisierung: Zur Neubestimmung der Verhältnisse, ZÖR 65 (2010), S. 3 ff., 60.

in seiner *Solange*-Rechtsprechung[58], der EuGH in der *Kadi*-Entscheidung[59] und der EGMR in der Rechtssache *Bosphorus*[60] weisen diesbezüglich praktikable Wege.

## III. Die grundgesetzliche Ausgestaltung der „offenen Staatlichkeit"

### 1. *Eine verfassungstextliche Bestandsaufnahme*

#### *a) Präambel und Grundrechtsteil*

Der offene Verfassungsstaat strebt letztlich die *Konkordanz* seiner Rechtsordnung mit transnationalen Rechtssystemen an. „Offene Staatlichkeit" ist zunächst aber ein deskriptiver Begriff respektive eine „rechtssoziologische Charakterisierung".[61] Sie reflektiert überdies, was Wirklichkeit werden soll, und dieses Sollen gewinnt hinreichend präzise normative Konturen erst durch die Positivierung im Verfassungstext. Im Sinne einer „gestuften Normativität" leistet die Verfassungspräambel dabei das grundlegende Bekenntnis, der operative Verfassungsteil die notwendige Konkretisierung. In feierlicher Sprache, zugleich Bürgernähe suchend, wirbt die Präambel semantisch um Integrationsoffenheit und erhebt letztere zum Verfassungsprogramm der Bundesrepublik.[62] Und sie tut das nicht nur mit integrationspolitischem Ansporn, sondern durchaus auch mit normativem Anspruch. Das Bundesverfassungsgericht hat in seinem berühmten Grundlagenvertragsurteil (E 36, S. 1ff.) insoweit eindeutige Stellung genommen. Das Wiedervereinigungsgebot und das Selbstbestimmungsrecht des deutschen Volkes waren im ursprünglichen Präambeltext verankert. Das Gericht betonte nachdrücklich, dass der Vorspruch des Grundgesetzes nicht nur politische Bedeutung, sondern auch rechtlichen Gehalt habe, der sich gerade durch das Zusammenspiel mit den nachfolgenden Verfassungsbestimmungen entfalte.[63] Letztere seien „im Lichte" der Präambel zu lesen.

Eine vergleichbare, ihrerseits völkerrechtlich inspirierte Orientierungsfunktion für den grundgesetzlichen Verfassungsstaat übernimmt die Menschenwürdeklausel

---

[58] BVerfGE 37, 271 – *Solange I*; BVerfGE 79, 339 – *Solange II*.

[59] *M. Kotzur*, Kooperativer Grundrechtsschutz in der Völkergemeinschaft – zur Rechtsmittelentscheidung des EuGH (Große Kammer) in den verbundenen Rechtssachen Kadi u.a., EuGRZ 2008, S. 673ff. mit weiteren Nachweisen.

[60] EGMR, Urteil vom 30.06. 2005 (*Bosphorus Airways*) – Application no. 45036/98, abrufbar unter http://cmiskp.echr.coe.int.; dazu *U. Maier*, Der Fall „Bosphorus Airways" vor dem Europäischen Gerichtshof (EuGH) und dem Europäischen Gerichtshof für Menschenrechte (EGMR) – Ein Wendepunkt im Verhältnis der beiden Gerichte und im europäischen Grundrechtsschutz?, Diss. Leipzig, 2010.

[61] *S. Hobe*, Der offene Verfassungsstaat zwischen Souveränität und Interdependenz, 1998, S. 137.

[62] *P. Häberle*, Präambeln im Text und Kontext von Verfassungen, in: FS Broermann, Berlin 1982, S. 211ff., 245; siehe über das Grundgesetz hinaus *A.-C. Kulow*, Inhalte und Funktionen der Präambel des EG-Vertrages, 1997, zu den kognitiven, deliberativen und voluntativen Elementen von Präambeltexten; *M. Kotzur*, Theorieelemente des internationalen Menschenrechtschutzes, 2001, S. 102; Einen guten, auch rechtsvergleichenden Überblick gibt am Beispiel des deutschen Grundgesetzes *H. Dreier*, in: ders., GG-Kommentar, Bd. I, 2. Aufl. 2004, Präambel Rn. 16ff. Für die Schweiz *L. Waser-Huber*, Die Präambeln in den schweizerischen Verfassungen, 1988.

[63] E 36, 1 (17).

aus Art. 1 Abs. 1 GG[64]. Die weltweite Menschenrechtsbewegung, die von den Vereinten Nationen ausging und in der Allgemeinen Erklärung der Menschenrechte aus dem Jahre 1948 einen ersten Höhepunkt fand[65], hatte nachhaltige Auswirkungen auf die deutsche Verfassungsgebung des Jahres 1949.[66] Die Menschenwürde und die völkerrechtlich postulierten Menschenrechte wurden zum „Maßstab der Verfassungskonkretisierung" – schon in seiner Genese war das menschenrechtsfreundliche Grundgesetzt damit überstaatlich mitbedingt und mitbestimmt.[67] Das in Art. 1 Abs. 2 GG *positivierte* Bekenntnis des deutschen Volkes zu *überpositiven*, das heißt „unverletzlichen und unveräußerlichen Menschenrechten", ist zugleich verfassungsrechtliche Öffnung zu völkerrechtlich radizierter Menschenrechtsuniversalität. Denn diese Rechte, so fährt der Verfassungstext fort, sind „Grundlage jeder menschlichen Gemeinschaft, des Friedens und der Gerechtigkeit in der Welt". Im wiederum hochfahrend-feierlichen Sprachduktus einer „Grundrechtspräambel" rezipiert das Grundgesetz das universelle Menschenrechtsideal[68], macht es sich präskriptiv als Bekenntnis zu eigen und legt zugleich eine Menschenrechtsbindung deutscher hoheitlicher Gewalt nahe, wo diese extraterritorial handelt.

Integrationsoffenheit und Völkerrechtsfreundlichkeit reflektieren auch manche der speziellen Grundrechtsverbürgungen. Art. 9 Abs. 2 GG verbietet Vereinigungen, die sich „gegen den Gedanken der Völkerverständigung richten". Internationale, wenn nicht universelle Kooperationsideale leben von grundrechtlicher Freiheit, können ihr aber auch Grenzen setzen.[69] Mit Art. 16 Abs. 2 S. 2 GG kennt der Grundrechtsteil des Grundgesetzes ein weiteres Element spezifisch *„grundrechtsgesicherter"* offener Staatlichkeit. Das vormals vorbehaltlos garantierte Auslieferungsverbot zugunsten deutscher Staatsangehöriger wird eingeschränkt. Der Gesetzgeber darf nunmehr eine Auslieferung vorsehen, wenn es sich um einen Mitgliedstaat der EU oder einen internationalen Gerichtshof handelt – besonders relevant mit Blick auf die Ratifizierung des Römischen Statuts des Internationalen Strafgerichtshofs. Weil dabei

---

[64] *Ch. Enders*, Die Menschenwürde in der Verfassungsordnung, 1997; *P. Häberle*, Die Menschenwürde als Grundlage der staatlichen Gemeinschaft, HStR, Bd. 2, 3. Aufl. 2004, § 2; K. Seelmann (Hrsg.), Menschenwürde als Rechtsbegriff, ARSP Beiheft 110, 2004; *K. Lehnig*, Der verfassungsrechtliche Schutz der Würde des Menschen in Deutschland und den USA, 2003.

[65] Zur AEMR aus Anlass ihres „60. Geburtstages" *B. Fassbender*, Die Menschenrechtserklärung der Vereinten Nationen von 1948 – eine Einführung in ihre Entstehung, Bedeutung und Wirkung, in: ders (Hrsg.), Menschenrechtserklärung. Neuübersetzung, Synopse, Erläuterung, Materialien, 2009, S. 1 ff.; *M. Kotzur*, 60 Jahre Allgemeine Erklärung der Menschenrechte – Reflexionen zur Entstehungsgeschichte, Ideengeschichte und Wirkungsgeschichte, MenschenRechtsMagazin Potsdam 2008, S. 184 ff.

[66] *J. Isensee*, Positivität und Überpositivität der Grundrechte, in: D. Merten / H.-J. Papier (Hrsg.), Handbuch der Grundrechte, Bd. 1, 2006, § 26, Rn. 3.

[67] Programmatisch *K.-P. Sommermann*, Völkerrechtlich garantierte Menschenrechte als Maßstab der Verfassungskonkretisierung – Die Menschenrechtsfreundlichkeit des Grundgesetzes, AöR 114 (1989), S. 391 ff.

[68] *H. Dreier*, in: ders. (Hrsg.), GG-Kommentar, Bd. 1, 2. Aufl. 2004, Art. 1 Abs. 2 Rn. 11; *J. Isensee*, Positivität und Überpositivität der Grundrechte, in: D. Merten / H.-J. Papier (Hrsg.), Handbuch der Grundrechte, Bd. 1, 2006, § 26, Rn. 82.

[69] Siehe *R. Geiger*, Grundgesetz und Völkerrecht, 4. Aufl. 2009, S. 306.

aber rechtsstaatliche Grundsätze gewahrt sein müssen, wird zugleich grundrechtliche Rückbindung gesichert.[70]

### *b) Die Integrationshebel aus Art. 23 und 24 GG*

In Art. 23 n. F., der nach der Wiedervereinigung symbolträchtig an die Stelle des gleichsam verbrauchten Beitrittsartikels getreten ist, öffnet sich das Grundgesetz der politischen Integration Europas und erhebt sie zum prioritären Ziel.[71] Die Norm, zugleich Staatszielbestimmung und Integrationsmaßstab[72], leistet die verfassungsrechtliche Rückbindung des europäischen Integrationsprozesses und ist damit zugleich selbst konstitutioneller Baustein im europäischen Verfassungsverbund. Letzterer muss, wie die Struktursicherungsklausel aus Abs. 1 S. 1 vorgibt, demokratischen, rechtsstaatlichen, sozialen und föderativen Grundsätzen genügen, dabei das Subsidiaritätsprinzip wahren und einen grundgesetzlichen Standards vergleichbaren Grundrechtsschutz gewährleisten.[73] Eine Fülle prozeduraler Anforderungen will neben den Rechten des Parlaments und den Interessen der Länder insgesamt breite innerstaatliche Konsensfindung in Sachen Integration sichern – und eben das durch konsensstiftende Verfahren.[74]

Art. 24 GG, vor Neufassung des Art. 23 GG zugleich Grundlage für den europäischen Integrationsprozess, ermöglicht eine noch weitergehende Übertragung von Hoheitsrechten auf zwischenstaatliche Einrichtungen, seit geraumer Zeit auch auf sog. „grenznachbarschaftliche Einrichtungen“ zur kleinräumig-kooperativen Ausgestaltung des europäischen Verfassungsraums.[75] Nicht verschwiegen sei, dass damit schwierige Fragen nach dem diese Einrichtungen steuernden Recht, vor allem aber nach dem Rechtsschutz der potentiell betroffen Bürger verbunden sind.[76] Mit Art. 24 GG, der in der deutschen Verfassungsgeschichte kein Vorbild kennt, war erstmals der nationalstaatliche „Souveränitätspanzer“[77] durchschlagen und zwischenstaatlichen

---

[70] Dazu *K.-P. Sommermann*, Offene Staatlichkeit: Deutschland, in: A. v. Bogdandy / P. Cruz Villalón / P. M. Huber (Hrsg.), Handbuch Ius Publicum Europaeum, Bd. 2, 2008, § 14 Rn. 49.

[71] *V. Skouris*, Die mitgliedstaatlichen Verfassungen nach fünfzig Jahren europäischer Integration – Bemerkungen am Beispiel des Grundgesetzes, in: K. Stern (Hrsg.), 60 Jahre Grundgesetz. Das Grundgesetz für die Bundesrepublik Deutschland im europäischen Verfassungsverbund, 2010, S. 37 ff., S. 41; *M. Cornils*, Artikel 23 Abs. 1 GG: Abwägungsposten oder Kollisionsregel, in: AöR 129 (2004), S. 336 ff.; *J. A. Frowein*, Die Europäisierung des Verfassungsrechts, in: FS 50 Jahre Bundesverfassungsgericht, Bd. 1, 2001, S. 209 ff.; *D. König*, Die Übertragung von Hoheitsrechten im Rahmen des europäischen Integrationsprozesses: Anwendungsbereich und Schranken des Art. 23 des Grundgesetzes, 2000; *F. C. Mayer*, Kompetenzüberschreitung und Letztentscheidung, 2000.

[72] *Ch. Starck*, Das Grundgesetz heute. Deutsche und europäische Perspektiven, in: K. Stern (Hrsg.), 60 Jahre Grundgesetz. Das Grundgesetz für die Bundesrepublik Deutschland im europäischen Verfassungsverbund, 2010, S. 55 ff., 64.

[73] Ausführliche Nachweise bei *I. Pernice*, in: H. Dreier (Hrsg.), GG-Kommentar, Bd. 2, 2. Aufl. 2006, Art. 23 Rn. 50 ff.

[74] *K.-P. Sommermann*, Offene Staatlichkeit: Deutschland, in: A. v. Bogdandy / P. Cruz Villalón / P. M. Huber (Hrsg.), Handbuch Ius Publicum Europaeum, Bd. 2, 2008, § 14 Rn. 34.

[75] *M. Kotzur*, Grenznachbarschaftliche Zusammenarbeit in Europa, 2004.

[76] *M. Niedobitek*, Das Recht der grenzüberschreitenden Verträge, 2001, S. 440 ff.

[77] *A. Bleckmann*, Zur Funktion des Art. 24 Grundgesetz, ZaöRV 35 (1975), S. 79 ff., 81 f.

Einrichtungen die Möglichkeit eines – auch den Bürger verpflichtenden – Durchgriffs in den innerstaatlichen Kompetenzraum eröffnet.[78] Das plastisch-vereinfachende Sprachbild vom „Integrationshebel" ist bis heute gebräuchlich.[79] Dieser „Hebel" darf effektiven Rechtsschutz jedoch nicht aushebeln oder Grundrechtsbindungen verkürzen.

### c) Art. 25 und 26 GG

Im Gegensatz zu Art. 23 GG und Art. 24 GG bleibt Art. 25 GG, auch wenn er über die parallele Bestimmung aus Art. 4 der Weimarer Reichsverfassung hinausweist, stärker im Rahmen traditioneller völkerrechtlicher Öffnungsklauseln und ist kein prägendes Offenheitsspezifikum des Grundgesetzes.[80] Für Art. 59 Abs. 2 GG, der die innerstaatlich Umsetzung völkerrechtlicher Verträge regelt, gilt Paralleles. Dennoch kann die Verpflichtung aller staatlichen Organe, die allgemeinen Regeln des Völkerrechts strikt zu beachten und das gesamte innerstaatliche Recht völkerrechtsfreundlich[81] auszulegen, gar nicht hoch genug eingeschätzt werden.[82] Dass Art. 25 GG die allgemeinen Regeln des Völkerrechts zu Bestandteilen des Bundesrechts mit Übergesetzesrang erhebt – ohne sich eindeutig für deren (generelle) Transformation oder (generelle) Adaption auszusprechen[83] –, zeugt nicht nur von der Völkerrechtsfreundlichkeit des Grundgesetzes, sondern auch von einer spezifischen Bindung des Handelns der Bundesrepublik Deutschland. Sie hat sich, wo immer völkerrechtliche Vertretungsmacht aktiviert oder völkerrechtliches Handeln durch innerstaatliche politische Willensbildung vorbereitet wird, an den zentralen Maßgaben der UN-Charta, der „Friendly Relations Declaration"[84] oder des Menschenrechte-Völkerrechts zu orientieren.

Bezogen auf das Gewaltverbot aus Art. 2 Nr. 4 UN-Charta gestaltet Art. 26 GG diese Orientierung zum konkreten Verbot des Angriffskrieges aus. Dass unter dem Grundgesetz ebenso wie unter einer „International Rule of Law" Herr nicht mehr ist, wer über den Ausnahmezustand entscheidet[85], könnte kaum sinnfälligeren Ausdruck

---

[78] Früh *P. Badura*, Bewahrung und Veränderung rechtsstaatlicher Verfassungsstruktur in den internationalen Gemeinschaften, VVDStRL 23 (1966), S. 34ff., 54ff.; ausführliche Nachweise bei *K.-P. Sommermann*, Offene Staatlichkeit: Deutschland, in: A. v. Bogdandy / P. Cruz Villalón / P. M. Huber (Hrsg.), Handbuch Ius Publicum Europaeum, Bd. 2, 2008, § 14 Rn. 11, Fn. 38.

[79] Insoweit heute klassisch *H. P. Ipsen*, Das Verhältnis des Rechts der europäischen Gemeinschaften zum nationalen Recht, in: Aktuelle Fragen des europäischen Gemeinschaftsrechts – Europarechtliches Kolloquium 1964, 1965, S. 1ff., 26; später ders., Europäisches Gemeinschaftsrecht, 1972, § 10 Rn. 53.

[80] *K.-P. Sommermann*, Offene Staatlichkeit: Deutschland, in: A. v. Bogdandy / P. Cruz Villalón / P. M. Huber (Hrsg.), Handbuch Ius Publicum Europaeum, Bd. 2, 2008, § 14 Rn. 6.

[81] Von „Völkerrechtsfreundlichkeit" spricht schon BVerfGE 6, 309 (362f.).

[82] Aus der Rspr. z. B. BVerfGE 23, 288 (316); 46, 343 (363); 63, 343 (373); 75, 1 (18); 112, 1 (24); dazu auch *R. Streinz*, in: M. Sachs, GG-Kommentar, 5. Aufl. 2009, Art. 25 Rn. 8.

[83] *R. Geiger*, Grundgesetz und Völkerrecht, 4. Aufl. 2009, S. 141.

[84] GA Res. 2625 (XXV) vom 24. Oktober 1970.

[85] *C. Schmitt*, Politische Theologie, vier Kapitel zur Lehre von der Souveränität, 1922 (3. Aufl. 1979); in Auseinandersetzung damit *R. Smend*, Verfassung und Verfassungsrecht, in: *ders.*, Staatsrechtliche Abhandlungen, 2. Aufl. 1958, S. 119ff., 194; *P. Schneider*, Ausnahmezustand und Norm, 1957; *K. Hesse*, Grundfragen einer verfassungsmäßigen Normierung des Ausnahmezustandes, JZ 1960, S. 105ff.;

finden. Um die Vornahme und Vorbereitung friedensstörender Handlungen effektiv zu sanktionieren, formuliert Art. 26 Abs. 1 S. 2 GG einen Gesetzgebungsauftrag, der durch § 80, § 80 a oder § 130 StGB, nebenstrafrechtlich durch § 34 Abs. 2 Nr. 2 Außenwirtschaftsgesetz und § 19 Abs. 2 Nr. 2 b Kriegswaffenkontrollgesetz jedenfalls teilweise realisiert ist. Ebenso wichtig sind die im deutschen Völkerstrafgesetzbuch (VStGB) positivierten Straftatbestände des Völkermordes, der Verbrechen gegen die Menschlichkeit oder der Kriegsverbrechen.[86] Die „offene Staatlichkeit" bedarf, was gerade für den strafrechtsrelevanten Bereich sehr deutlich wird, nicht nur der *verfassungsrechtlichen Absicherung*, sondern auch der *einfachgesetzlichen Konkretisierung*.

### *d) Die bundesstaatlichen Spezifika bei der Ausgestaltung der internationalen Beziehungen*

Der Pflege der auswärtigen Beziehungen, vor allem in ihren kompetenzrechtlichen Dimensionen, gilt Art. 32 GG. Die Pflege der auswärtigen Beziehungen ist grundsätzlich Sache des Bundes.[87] Ihm obliegt die gesamtstaatliche Repräsentanz der Bundesrepublik gegenüber anderen Völkerrechtsubjekten. Neben der Anhörungspflicht besonders betroffener Länder gesteht Art. 32 Abs. 3 den Ländern im Rahmen ihrer Gesetzgebungszuständigkeit sogar völkerrechtliche Vertragsabschlusskompetenz zu.[88] Ob es sich dabei um eine ausschließliche oder lediglich konkurrierende Kompetenzzuweisung handelt, ist bis heute umstritten.[89] Eine pragmatische Lösung der Kontroverse hält das Lindauer Abkommen aus dem Jahre 1957 vor.[90] Ohne Details vorstellen zu können, sei dessen Grundtenor knapp umrissen: wo immer völkerrechtliche Verträge wesentliche Interessen der Länder berühren – ob sie nun in deren ausschließliche Gesetzgebungszuständigkeit fallen oder nicht – werden diese möglichst frühzeitig unterrichtet, damit sie noch vor Vertragsabschluss rechtzeitig ihre Einwände erheben können. Der nach außen *kooperative Verfassungsstaat* ist insoweit nach innen *kooperativer Bundesstaat*.[91] Insgesamt zeigt die Verfassungsentwicklung unter dem Grundgesetz – parallel zur *Parlamentarisierung* – eine immer stärkere Tendenz zur *Föderalisierung* des auswärtigen Handelns. Gerade im europäischen Verfassungs-

---

heute *G. Agamben*, L'Etat d'exception, 2003; *M. García-Salmones*, The Ethos of the Rule of Law in International Legal Discourse: Portrait of an Outsider, in: International Community Law Review 10 (2008), S. 29 ff., 33; zahlreiche weitere Nachweise aus der kaum zu überblickenden Lit. bei *M. Kotzur*, Die Weltgemeinschaft im Ausnahmezustand, AVR 42 (2004), S. 353 ff., 356 ff.

[86] BGBl. 2002 I, 2254; zu alldem noch *R. Geiger*, Grundgesetz und Völkerrecht, 4. Aufl. 2009, S. 309.

[87] Ausführlich dazu und zum Folgenden *Ch. Calliess*, Auswärtige Gewalt, in: J. Isensee / P. Kirchhof (Hrsg.), HStR, Bd. IV, 3. Aufl. 2006, § 83 Rn. 53 ff.; früh und wegweisend *R. Bernhardt*, Der Abschluss völkerrechtlicher Verträge im Bundesstaat, 1957.

[88] Vgl. BVerfGE 2, 347 (370).

[89] Differenziert *W. Graf Vitzthum*, Der Föderalismus in der europäischen und internationalen Einbindung der Staaten, AöR 115 (1990), S. 281 ff.

[90] Statt aller hier nur *H.-J. Papier*, Abschluss völkerrechtlicher Verträge und Föderalismus. Lindauer Abkommen, DÖV 2003, S. 265 ff.

[91] *P. Häberle*, Der kooperative Verfassungsstaat (1978), in: ders., Verfassung als öffentlicher Prozess, 3. Aufl. 1998, S. 407 ff.; *ders.*, Aktuelle Probleme des deutschen Föderalismus, Die Verwaltung 24 (1991), S. 169 ff.

verbund haben die Länder nachhaltig um Mitgestaltungskompetenzen gerungen (vgl. Art. 23 Abs. 4 bis 7 GG)[92] und sich für ein „Europa der Regionen" stark gemacht.[93]

### e) *Art. 79 Abs. 3 GG: der „offene Verfassungsstaat" unter Ewigkeitsvorbehalt*

Dass auch die Unveränderlichkeitssperre aus Art. 79 Abs. 3 GG Ausdruck „offener Verfassungsstaatlichkeit" ist, liegt zunächst nicht auf der Hand. Im Gegenteil, wie es das BVerfG in seinen Entscheidungen zum Vertrag von Maastricht (E 89, 155) und zum Reformvertrag von Lissabon (E 123, 267) unmissverständlich klar gemacht hat, setzt die Norm der Integrationsoffenheit eindeutige Grenzen und dient jedenfalls nach Karlsruher Lesart dem „Bestandsschutz" deutscher Staatlichkeit ebenso wie der Bewahrung deutscher Verfassungsidentität.[94] Umso bemerkenswerter ist eine Passage, die sich auch in der jüngsten Lissabon-Entscheidung findet: „Mit der sogenannten Ewigkeitsgarantie reagierte das Grundgesetz einerseits auf historische Erfahrungen einer schleichenden oder abrupten Aushöhlung der freiheitlichen Substanz einer demokratischen Grundordnung. Es macht aber auch deutlich, dass die Verfassung der Deutschen in Übereinstimmung mit der internationalen Entwicklung gerade auch seit Bestehen der Vereinten Nationen einen universellen Grund besitzt, der durch positives Recht nicht verändert werden soll."[95] Was zur unveränderlichen Verfassungsidentität gehört, ist auf diese Weise überzeugend völkerrechtlich angereichert. Der Grund der Unveränderlichkeit ist ein *universeller*, die *universellen* Prinzipien der UN-Charta widerspiegelnder. Mit dieser überzeugenden Argumentation sind auch die „offene Verfassungsstaatlichkeit" und die „Völkerrechtsfreundlichkeit" des Grundgesetzes unter Ewigkeitsvorbehalt gestellt; die offene Verfassungsstaatlichkeit ist überdies zu einem wesentlichen Element der deutschen Verfassungsidentität gemacht. Karlsruhe locuta.

## 2. *Die Gewährleistungsverantwortung des offenen Verfassungsstaates für seine internationale Handlungsfähigkeit*

Aus den hier vorgestellten vieldimensionalen verfassungsrechtlichen Öffnungsklauseln, vor allem aber aus der Tatsache, dass die „offene Staatlichkeit" zu den prägenden Elementen deutscher Verfassungsidentität zählt, sind weitreichende Kon-

---

[92] Siehe schon *S. Hobe*, Die auswärtige Gewalt – Tendenzen zur Föderalisierung und Parlamentarisierung, Jura 1986, S. 818 ff.; *Ch. Calliess*, Innerstaatliche Mitwirkungsrechte der deutschen Bundesländer nach Art. 23 GG und ihre Sicherung auf europäischer Ebene, in: R. Hrbek (Hrsg.), Europapolitik und Bundesstaatsprinzip, 2000, S. 13 ff.; *I. Pernice*, in: H. Dreier (Hrsg.), GG-Kommentar, Bd. 2, 2. Aufl. 2006, Art. 23 Rn. 106 ff.

[93] Ausführlich *Ch. Calliess*, Das gemeinschaftsrechtliche Subsidiaritätsprinzip als „Grundsatz der größtmöglichen Berücksichtigung der Regionen", AöR 121 (1996), S. 509 ff., 513 ff.

[94] In kritischer Auseinandersetzung mit der Konzeption des BVerfG *I. Pernice*, Bestandssicherung der Verfassungen: Verfassungsrechtliche Mechanismen zur Wahrung der Verfassungsordnung, in: R. Bieber / P. Widmer (Hrsg.), Der europäische Verfassungsraum, 1995, S. 225 ff.

[95] BVerfGE 123, 267 (344).

sequenzen zu ziehen: die Offenheit muss innerstaatlich wie überstaatlich gestaltet werden. Das setzt einen handlungsfähigen und gestaltungsmächtigen Staat voraus – eben auch und gerade als *internationalen Akteur.* Mit anderen Worten: Den offenen Verfassungsstaat trifft eine *Gewährleistungsverantwortung* für seine internationale Handlungsfähigkeit.[96] Dieser muss er in allen drei staatlichen Gewalten Rechnung tragen. Das kann seinerseits wiederum sehr konkret und schon auf Verfassungsebene geschehen. So beruht der Schutz der eigenen Staatsangehörigen im Ausland (diplomatischer und konsularischer Schutz) zwar auf Völkerrecht, er hat aber auch im Verfassungsrecht seine individualrechtliche Basis, insbes. in Art. 16 Abs. 1 GG.[97] Das kann andererseits abstraktes politisches – insbesondere haushaltspolitisches – Gebot bleiben. Aus der Fülle relevanter integrations- respektive kooperationsvölkerrechtlicher Aufgabenbereiche, die solches *Akteurspotential* (und die dazugehörige finanzielle Leistungsfähigkeit) fordern, seinen etwa hervorgehoben: die Friedenssicherung, die wirtschaftliche Kooperation, die soziale Wohlfahrt, die nachhaltige Entwicklung, der Menschenrechtsschutz, der Umweltschutz, das Gesundheitsrecht, das Verkehrsrecht, schließlich der technisch-administrative Bereich und die technische Standardisierung.[98] Aber auf keinem anderen Feld ist gegenwärtig die staatliche Gewährleistungsverantwortung für seine internationale Handlungsfähigkeit so gefordert wie bei der Finazmarktregulierung.[99] Das allzu beliebte politische *Mantra der „Alternativlosigkeit"* stellt nicht nur für die lebendige Demokratie, sondern auch für die Gewährleistungsverantwortung des offenen Verfassungsstaates eine ernsthafte Gefährdung dar.

### 3. *Die staatlichen Akteuere im überstaatlichen Wirkungszusammenhang*

Mit der Frage nach der Gewährleistungsverantwortung verbunden ist die Frage nach den verantwortlichen Akteuren, die „auswärtige Gewalt" zu gestalten haben. Der Terminus der auswärtigen Gewalt ist dem Grundgesetztext unbekannt, als

---

[96] Grundlegend und prägend für den Begriff der „Gewährleistungsverantwortung" im Kontext der verwaltungsrechtlichen/verwaltungswissenschaftlichen Privatisierungsdebatte *A. Voßkuhle*, Beteiligung Privater an der Wahrnehmung öffentlicher Aufgaben und staatlicher Verantwortung, VVDStRL 62 (2003), S. 266ff., 304ff. Diese Gewährleistungsverantwortung trifft alle staatlichen Gewalten und soll vor allem die Verantwortung des Parlaments nicht auf eine generelle Gewährleistungsverantwortung reduzieren, vgl. BVerfGE 123, 267 (330): „Das Parlament trägt mit anderen Worten nicht nur eine abstrakte „Gewährleistungsverantwortung" für das hoheitliche Handeln anderer Herrschaftsverbände, sondern die konkrete Verantwortung für das Handeln des Staatsverbandes".

[97] Siehe BVerfGE 37, 217 (241); 55, 349 (364); *K. Stern*, Die Schutzpflichtenfunktion der Grundrechte: Eine juristische Entdeckung, DÖV 2010, S. 241ff.

[98] Nachweise bei *D.-E. Khan / A. Paulus*, Gemeinsame Werte in der Völkerrechtsgemeinschaft?, in: I. Erberich u.a. (Hrsg.), Frieden und Recht, 1998, S. 217ff.

[99] *J. Matthes*, Die Rolle des Staates in einer neuen Weltwirtschaftsordnung, 2009; *P. Nobel*, FINMAG – Ende der Magie, SJZ 2009, S. 253ff.; *H.-G. Henneke*, Sparkassen- und Landesbankenstruktur nach der Finanzkrise, DVBl. 2010, S. 472ff.; noch vor der Finanzkrise *S. Weber*, Bankenregulierung im Spannungsfeld zwischen gemeinschaftlicher Harmonisierung und faktischer Vereinheitlichung im Rahmen des Basler Ausschusses für Bankenaufsicht, in: Ch. Calliess/H. Isak (Hrsg.), Der Konventsentwurf für eine EU-Verfassung im Kontext der Erweiterung, 2004, S. 141ff.

Grundgesetzkontext dafür aber umso geläufiger.[100] Verfassungsrechtslehre und Verfassungspraxis sehen in ihm einen zweckmäßigen Sammelbegriff, der in einem weiteren Sinne die Pflege aller auswärtigen Angelegenheiten, in einem engeren Sinne die Summe aller staatlichen Kompetenzen zur Gestaltung der internationalen Beziehungen meint. Schnell wird damit deutlich, dass die auswärtige keine eigenständige Gewalt im Sinne der klassischen Gewaltenteilungslehre ausformt. Sie ist nicht etwa vierte Gewalt neben der Exekutive, Legislative und Judikative, sondern wird von diesen je funktionenspezifisch ausgeübt respektive kontrolliert.[101] Diese Ausübung ihrerseits ist durch die offene Verfassungsstaatlichkeit des Grundgesetzes bedingt und hält – in den Grenzen von Art. 23 Abs. 2 S. 2 sowie Art. 79 Abs. 3 GG – das innerstaatliche Verfassungsrecht rezeptionsoffen für die Entwicklungen des Völker- und Europarechts.[102] Auswärtige Gewalt ist deshalb immer auch ein Stück weit Integrationsgewalt, [103] eingebunden in das System von „checks and balances", rechtsstaatlich zu bändigen und demokratisch zu legitimieren.

In diesem gewaltenteilig organisierten Institutionengefüge obliegt dem Bundespräsidenten als Staatsoberhaupt die völkerrechtliche Vertretung (Art. 59 Abs. 1, Art. 58 GG, Art. 11 GOBREg).[104] Er hat in seiner Funktion des höchsten Repräsentanten, was klassischen völkerrechtlichen Vorstellungen und monarchischer Tradition entspricht, die umfassende Befugnis zur Außenvertretung. Diese ist angesichts seiner limitierten Kompetenzen allerdings rein formaler Natur und kann überdies auch auf andere Verfassungsorgane delegiert werden. Die Praxis differenziert hier je nach tätig werdendem Vertretungsorgan zwischen Staatsverträgen, Regierungsabkommen und Ressortabkommen. Eine eigenständige politische Gestaltungskompetenz hat der Bundespräsident nicht. Er tritt auch nach außen hin in staatsnotarieller Funktion auf.[105] Die politische Außenvertretung gehört indes zur Zuständigkeit der parlamentarisch verantwortlichen Akteure (Bundeskanzler, Außenminister). Es korrespondiert gängiger völkerrechtlicher Praxis, auch die formale völkerrechtliche Vertretungskompetenz auf diese zu delegieren (vgl. Art. 59 Abs. 1 GG i. V. m. Art. 7 Abs. 2 lit. a WVK).[106] Eine Vertretung der Bundesrepublik durch den Bundespräsidenten im Europäischen Rat bleibt aufgrund von Art. 23 Abs. 6 GG, Art. 15 Abs. 2, Art. 16 EUV von vornherein ausgeschlossen.

---

[100] *W. Fiedler*, Auswärtige Gewalt und Verfassungsgewichtung, FS H.-J. Schlochauer, 1981, S. 57ff.; *B. Ehrenzeller*, Legislative Gewalt und Außenpolitik, 1993.

[101] *Ch. Calliess*, Auswärtige Gewalt, in: J. Isensee / P. Kirchhof (Hrsg.), HStR, Bd. IV, 3. Aufl. 2006, § 83 Rn. 1; *W. Kluth*, Die verfassungsrechtlichen Bindungen im Bereich der auswärtigen Gewalt nach dem Grundgesetz, in: FS K. H. Friauf, 1996, S. 197ff.; *W. G. Grewe*, Zum Verfassungsrecht der Auswärtigen Gewalt, AöR 112 (1987), S. 521ff.; *G. H. Reichel*, Die auswärtige Gewalt nach dem Grundgesetz für die Bundesrepublik Deutschland vom 23. Mai 1949, 1967.

[102] *Ch. Calliess*, Auswärtige Gewalt, in: J. Isensee / P. Kirchhof (Hrsg.), HStR, Bd. IV, 3. Aufl. 2006, § 83 Rn. 13.

[103] *A. Ruppert*, Die Integrationsgewalt, 1969.

[104] *K. Schlaich*, Die Funktion des Bundespräsidenten im Verfassungsgefüge, in: J. Isensee / P. Kirchhof (Hrsg.), HStR, Bd. 2, 2. Aufl. 1998, § 49 Rn. 43ff.; jetzt *M. Nettesheim*, Amt und Stellung des Bundespräsidenten, in: ebd., Bd. III, 3. Aufl. 2005, § 62 Rn. 42ff.

[105] *K. Stern*, Das Staatsrecht der Bundesrepublik Deutschland, Bd. II, 1980, S. 221, 224.

[106] Siehe *U. Fastenrath*, Kompetenzverteilung im Bereich der auswärtigen Gewalt, 1986, S. 205ff.

Damit steht die herausgehobene außenpolitische Funktion der Exekutive (Gubernative) außer Frage. Die Exekutive trifft nicht nur die wesentlichen außenpolitischen Entscheidungen sondern ist auch maßgeblicher Akteur auf der internationalen bzw. supranationalen Ebene.[107] Damit verbunden bleibt das Risiko einer Entparlamentarisierung, wo, etwa im Rahmen der EU, vergemeinschaftete (unionalisierte) Rechtsetzung in Rede steht oder Recht in intergouvernementalen Mechanismen erzeugt wird.[108] Eine stärkere Beteiligung der Legislativen soll auf europa- wie völkerrechtlicher Ebene Kompensation schaffen. Art. 59 Abs. 2 S. 1 GG erstreckt die Kontrollrechte des Bundestages bewusst auf die Vertragsgewalt.[109] Das gilt, wenn hochpolitische Verträge betroffen sind. Dazu rechnen solche, die die Existenz des Staates, seine territoriale Integrität, seine Unabhängigkeit, letztlich seine „Gewährleistungsverantwortung" in der Staatengemeinschaft betreffen.[110] Dazu rechnen weiterhin all die Verträge, zu deren innerstaatlichen Umsetzung ein Gesetz notwendig ist, um einer Erosion des Gesetzesvorbehalts entgegen zu wirken.[111] Für die europäische Integration hält Art. 23 Abs. 3 als lex specialis noch weitergehende Beteiligungsrechte des Parlaments vor[112]; hinsichtlich der Begleitgesetzgebung zum Vertrag von Lissabon hat das BVerfG extrem restriktive Kriterien vorgegeben.[113]

Das Karlsruher Gericht unterstellt die auswärtige Gewalt als solche einer umfassenden gerichtlichen Kontrolle[114], ist aber durchaus zu einer Reduzierung der Kontrolldichte bereit.[115] Gerade im grundrechtssensiblen Bereich darf diese Reduzierung

---

[107] *Ch. Calliess*, Auswärtige Gewalt, in: J. Isensee / P. Kirchhof (Hrsg.), HStR, Bd. IV, 3. Aufl. 2006, § 83 Rn. 22; *U. Fastenrath*, Kompetenzverteilung im Bereich der auswärtigen Gewalt, 1986, S. 16. Hier sind durch verstärkte zwischenstaatliche Kooperation und supranationale Organisation die stärksten Veränderungen im Laufe von 60 Jahren Grundgesetz zu beobachten. In der Europäischen Union haben über den Rat die mitgliedstaatlichen Exekutiven auch auf den Rechtssetzungsprozess bestimmenden Einfluss. Verschiedene Varianten der Komitologie treten hinzu und wecken bei manchen die Befürchtungen einer europäischen „Technokratie". Auch intergouvernementale Mechanismen bedingen eine Verschiebung des innerstaatlichen Kräfteverhältnisses zugunsten der Exekutiven. Das Wirtschafts- und Währungsrecht liefert manches Anschauungsmaterial. Eindringlicher noch beweist das Vorgehen des UN-Sicherheitsrates bei seinen Anti-Terrormaßnahmen, wie weit die Bindung an Sicherheitsratssanktionen ohne unmittelbare demokratische Legitimation und ohne hinreichende gerichtliche Kontrolle reichen kann. Die oben (Fn. 59) zitierte Kadi-Entscheidung des EuGH kann hier als wegweisend gelten.

[108] *M. Herdegen*, Informalisierung und Entparlamentarisierung politischer Entscheidungen als Gefährdungen der Verfassung, VVDStRL 62 (2003), S. 7 ff., 26 ff.

[109] Dazu bereits BVerfGE 1, 372 (390)

[110] BVerfGE 40, 141 (164).

[111] BVerfGE 1, 372 (388 f.)

[112] *J. Kokott*, Kontrolle der auswärtigen Gewalt, DVBl. 1996, S. 937 ff., 943 f.; stärker die erweiterten parlamentarischen Mitwirkungsrechte betonend *R. Wolfrum*, Kontrolle der auswärtigen Gewalt, VVDStRL 56 (1997), S. 38 ff., 57 f.

[113] BVerfGE 123, 267 (369 ff.). Bei aller introvertierten Verengung ist die Stoßrichtung als solche modern: sowohl in der Europa- als auch in der Völkerrechtslehre wird eine immer intensivere und möglichst frühzeitige Beteiligung der nationalen Parlamente bei allem völkerrechtsrelevantem Handeln der staatlicher Akteure gefordert. Wenn der Reformvertrag von Lissabon die Subsidiaritätskontrolle stärkt, den mitgliedstaatlichen Parlamenten im Rahmen des „Frühwarnsystems" eine „orange Karte" zugesteht, macht er mit dieser Forderung seinerseits ernst.

[114] Seit BVerfGE 4, 157 (161); umfassend *G. F. Schuppert*, Die verfassungsrechtliche Kontrolle der auswärtigen Gewalt, 1973, S. 162 ff. und öfter.

[115] Solche funktionellrechtlichen Grenzen hatte schon *K. Hesse*, Funktionelle Grenzen der Verfassungsgerichtsbarkeit, FS H. Huber, 1981, S. 261 ff., angemahnt.

jedoch ihrerseits nicht zu weit gehen.[116] Maßstäbe setzt hier die – auch von anderen Gerichten aufgegriffene – *Solange*-Rechtsprechung. Gemäß seiner „Solange I“-Entscheidung[117] wollte Karlsruhe nicht darauf verzichten, auch gemeinschaftsrechtliche (heute unionale) Hoheitsakte an nationalen Grundrechtsstandards zu messen. Das war kein deutscher Sonderweg. In ganz ähnlicher Weise entschied auch der Italienische Verfassungsgerichtshof. Der EuGH reagierte rasch und konsequent. Er entwickelte im wertenden Rechtsvergleich unter Heranziehung der mitgliedstaatlichen Grundrechtsstandards schrittweise die unverzichtbaren Unionsgrundrechte als allgemeine Rechtsgrundsätze.[118] Frühe, auch methodisch wegweisende Leitentscheidungen sind die Fälle *Stauder*[119], *Internationale Handelsgesellschaft*[120] und *Nold*[121]. Sie machen unmissverständlich klar, dass sowohl das Unionshandeln als auch das Handeln der Mitgliedstaaten grundrechtsgebunden sind und in den je nationalen bzw. im europäischen Grundrechtekatalog ihre zwar eigenen, aber durchaus interdependenten Rechtsquellen finden.[122] Die „*verbundoffene*“ Verfassungsstaatlichkeit hätte keinen treffenderen Beleg finden können.

### 4. *Ein Beispielsfall: Die Auslandseinsätze deutscher Streitkräfte*

Ein Lehrstück zur immer intensiveren Parlamentarisierung der auswärtigen Gewalt bildet die Rechtsprechung des BVerfG zum Auslandseinsatz von Bundeswehrstreitkräften. Seine ursprüngliche Annahme zugunsten einer Prärogative der Exekutive[123] hat das Gericht immer stärker relativiert. Es verlangt zwar noch immer keine gesetzliche Grundlage im Sinne eines Entsendegesetzes, wohl aber einen *konstitutiven* Parlamentsbeschluss. Als „Parlamentsheer“ dürfe das Machtpotential der Bundeswehr nicht ausschließlich der Exekutive überantwortet bleiben, sondern müsse sich in das Gesamtgefüge der demokratischen Verfassungsordnung einfügen.[124] Mag die auswärtige Gewalt auch eine Domäne der Exekutive bleiben und in weiten Teilen zum Kernbereich ihrer Eigenverantwortung rechnen, ist das Parlament jedenfalls dann und dort mit einzubinden, wo wesentliche Grundrechtspositionen – hier der im Einsatz befindlichen deutschen Soldaten – betroffen sind („Grundrechtswesentlichkeit“).

---

[116] Siehe *Th. Giegerich*, Verfassungsrechtliche Kontrolle der auswärtigen Gewalt im europäisch-atlantischen Verfassungsstaat: Vergleichende Bestandsaufnahme mit Ausblick auf die neuen Demokratien in Mittel- und Osteuropa, ZaöRV 57 (1997), S. 409ff., 446ff.

[117] BVerfGE 37, 271.

[118] *R. Streinz*, Europarecht, 8. Aufl. 2008, Rn. 759ff.; *R. Schwartmann*, Europäischer Grundrechtsschutz nach dem Verfassungsvertrag, AVR 43 (2005), S. 129ff., 132f. m. w. N.; *J. Kühling*, Grundrechte, in: A. v. Bogdandy, Europäisches Verfassungsrecht, 2003, S. 583ff., 586ff.; *G. Nicolaysen*, Die gemeinschaftsrechtliche Begründung von Grundrechten, EuR 2003, S. 719ff.

[119] EuGH Rs. 29/69, Slg. 419.

[120] EuGH Rs. 11/70, Slg. 1125.

[121] EuGH Rs. 4/73, Slg. 491.

[122] *M. Ruffert*, EU-Staaten als Verpflichtete der Gemeinschaftsgrundrechte, EuGRZ 1995, S. 518ff.

[123] BVerfG 68, 1 (80ff.).

[124] BVerfGE 90, 286 (381f.). Einzelheiten und Kritik bei *Ch. Calliess*, Auswärtige Gewalt, in: J. Isensee/P. Kirchhof (Hrsg.), HStR, Bd. IV, 3. Aufl. 2006, § 83 Rn. 39ff.

Die Grundrechtsradizierung der auswärtigen Gewalt wird insgesamt umso wichtiger, je intensiver internationale Akteure normsetzend tätig werden und je selbstverständlicher nationale Akteure jenseits ihres eigenen Hoheitsgebietes handeln. Für die erste Variante liefern die Antiterrorresolutionen und das „smart sanctions"-System des UN-Sicherheitsrates, mit der *Kadi*-Entscheidung bereits angesprochen, für die zweite Variante Auslandseinsätze der Bundeswehr in Afghanistan oder vor Somalia wichtige Beispiele. Sind die Grundrechte im Sinne von Art. 1 Abs. 2 GG Grundlage jeder menschlichen Gemeinschaft und binden sie im Sinne Art. 1 Abs. 3 GG die staatlichen Gewalten umfassend, so ist diese Bindung nicht auf innerstaatliches Handeln begrenzt. Sie wirkt überall dort, wo deutsche Hoheitsgewalt ausgeübt wird. Nur das wird dem von Art. 1 GG erhobenen *Universalitätsanspruch* gerecht.[125] Parallelen lassen sich auch im EMRK-Recht erkennen.[126] Grundsätzlich besteht die Menschenrechtsverpflichtung aus der EMRK für staatliches Handeln auf dem jeweiligen Territorium des Mitgliedstaates. Hiervon hat der Gerichtshof jedoch wichtige Ausnahmen zugelassen. In ständiger Rechtsprechung bejaht er eine Verpflichtung aus Art. 3 EMRK in solchen Auslieferungs- oder Ausweisungsfällen, bei denen die Rechtsverletzung im aufnehmenden Staat droht. Des Weiteren können Militäraktionen eine extraterritoriale Grundrechtsverantwortung begründen. Spätestens seit dem Kosvo-Krieg kommt dieser Frage höchste Aktualität zu. Formal werden die Voraussetzungen, unter denen eine extraterritoriale Bindungswirkung der EMRK zu fordern ist, vor der Interpretation der „Hoheitsgewalt", der „jurisdiction" bestimmt. Bei Militäreinsätzen ist sie dann gegeben, wenn der betroffene Staat *effektive* Kontrolle über fremdes Hoheitsgebiet ausübt. Materiell steht dahinter aber auch der unausgesprochene Universalitätsanspruch jener Menschenrechte, die Grundlage *jeder* menschlichen Gemeinschaft sind – um auf die berühmte Formel aus Art. 1 Abs. 2 GG zurückzukommen.

## VI. Abschließende Bewertung

Die Stärke einer Verfassung erweist sich nicht zuletzt in ihrer Fähigkeit, neue Wirklichkeiten zu verarbeiten. Den Funktionswandel moderner Staatlichkeit, mit den schon einleitend genannten Stichworten von Europäisierung, Internationalisierung und Globalisierung skizziert, konnten die Väter und Mütter des Grundgesetzes in seinem heutigen Umfang und seiner heutigen Dynamik kaum voraussehen. Als Phänomene mögen solche ökonomisch und politisch bedingten, kommunikationstechnisch begünstigten „Entgrenzungsprozesse"[127] nicht neu sein; sie haben aber in quantitativer Hinsicht so stark zugenommen, dass daraus ein qualitativer Sprung resultiert und sogar die „traditionelle Monopolstellung des Staates als Anbieter von

[125] *Th. Giegerich*, Grund- und Menschenrechte im globalen Zeitalter: Neubewertung ihrer territorialen, personalen und internationalen Dimension in Deutschland, Europa und den USA, EuGRZ 2004, S. 758 ff.

[126] *Ch. Grabenwarter*, Europäische Menschenrechtskonvention, 3. Aufl. 2008, § 17 Rn. 11.

[127] Von einem „Verlust der territorialen Radizierung des Staates" spricht *U. Di Fabio*, Das Recht offener Staaten, 1998, S. 97 ff.

Recht" in Frage gestellt ist.[128] Ein Schwanengesang auf die Staatlichkeit, weder in abstracto noch in concreto auf die grundgesetzlich verfasste Staatlichkeit, sei mit diesem Wirklichkeitsbefund allerdings nicht angestimmt.[129] Es geht vielmehr darum, den Territorialstaat, der auf klassisch-hierarchische Steuerungsmodelle vertraute, „in einem Umfeld nicht-hierarchischer grenzüberschreitender Verflechtungen neu zu organisieren".[130] Dazu bedarf es nicht zuletzt auch „des internationalen Juristen"[131], der mit rechtsvergleichendem Arbeiten vertraut ist und „seine" lebende Verfassung, seine „living constitution" komparatistisch inspirieren kann. Dass Integrationsoffenheit ebenso wie Freiheit immer auch ein Risiko bedeutet, steht außer Frage.[132] Ebenso, dass das Grundgesetz im Spannungsfeld von staatlicher Öffnung und staatlicher Selbstbehauptung eine umkämpfte Ordnung bleiben wird.[133] Das Leitmotiv dieser stets neuen und stets neu herausgeforderten Ordnungsorientierung steht aber auch für die nächsten 60 Jahre fest: „in einem vereinten Europa dem Frieden der Welt zu dienen".

---

[128] *A. Peters*, Wettbewerb von Rechtsordnungen, VVDStRL 69 (2010), S. 7 ff., 15; zum Globalisierungsprozess ferner *M. Ruffert*, Die Globalisierung als Herausforderung an das öffentliche Recht, 2004, S. 11 ff.; *Ch. Walter*, Die Folgen der Globalisierung für die europäische Verfassungsdiskussion, DVBL. 2000, S. 1 ff.; vorher schon *F. Scharpf*, Die Handlungsfähigkeit des Staates am Ende des 20. Jahrhunderts, PVS 1991, S. 621 ff.

[129] Dezidiert etwa in seinem Eintreten für den Staat als Garanten freiheitlicher Ordnung *J. Isensee*, Die alte Frage nach der Rechtsfertigung des Staates, JZ 1999, S. 265 ff.

[130] *Ch. Calliess*, Auswärtige Gewalt, in: J. Isensee / P. Kirchhof (Hrsg.), HStR, Bd. IV, 3. Aufl. 2006, § 83 Rn. 4; *ders.*, Subsidiaritäts- und Solidaritätsprinzip als rechtliches Regulativ der Globalisierung von Staat und Gesellschaft, Rechtstheorie, Beiheft 20 (2002), S. 371 ff.

[131] *J. Drolshammer*, The Global Groove of the Harvard Yard – Persönliches zur Person in der „Globalisierung und die Anglo-Amerikanisierung von Recht und Rechtsberufen, ZSR 128 (2009), S. 317 ff.

[132] *H. Dreier*, Der freiheitliche Verfassungsstaat als riskante Ordnung, Rechtwissenschaft 1 (2010), S. 11 ff.

[133] *G. S. Schaal/C. Ritzi*, Das Grundgesetz als umkämpfte Ordnung. Deutungsmuster in der massenmedialen Berichterstattung anlässlich der Jubiläumstage des Grundgesetzes, Behemoth 3 (2010), S. 101 ff.

# 60 Jahre Grundgesetz. Anmerkungen eines Politikwissenschaftlers*

von

Prof. Dr. Peter Graf Kielmansegg, Universität Mannheim

Für die Rechtswissenschaften versteht sich das Interesse an der Verfassung von selbst. Sie sehen den Staat zuerst und vor allem als ein Gebilde des Rechts und die Verfassung als das Fundament dieses Rechtsgebäudes. Wer sich mit der Verfassung beschäftigt, so stellt es sich für die Rechtswissenschaften dar, hat den Kern der Staatlichkeit im Visier. Bei der Politikwissenschaft liegen die Dinge ganz anders. Sie spricht lieber vom politischen System als vom Staat. Für sie ist die Bedeutung der Verfassung kein gegebenes Ausgangsdatum. Ganz im Gegenteil: Es ist eine ihrer wesentlichen Aufgaben, die Frage zu stellen und zu beantworten, welche Rolle das dem politischen Prozess zugrunde liegende Regelwerk tatsächlich spielt.[1] Selbst wenn wir die Scheinverfassungen beiseite lassen, die nur auf dem Papier stehen und keinerlei aktuelle Wirkung entfalten (dass in ihnen ein Wirkungspotential bereitliegt, bleibt freilich immer zu bedenken), fallen die Antworten der Politikwissenschaft auf diese Frage von Fall zu Fall durchaus unterschiedlich aus. Denn wenn auch alle modernen Demokratien Verfassungsstaaten sind, sein müssen, weil Freiheit nur in der Symbiose von Demokratieprinzip und Verfassungsprinzip bewahrt werden kann, sind sie es doch auf je eigene Weise.

---

* In der freundlichen Einladung des Herausgebers hieß es, er wünsche sich einen Beitrag zum Thema „60 Jahre Grundgesetz" aus der Sicht eines Politikwissenschaftlers. Ich habe das nicht als Aufforderung verstanden, einen beschreibenden Überblick darüber zu geben, wie die Politikwissenschaft im allgemeinen in ihrer Beschäftigung mit dem politischen System der Bundesrepublik das Grundgesetz behandelt, sondern als Anregung an einen Politikwissenschaftler, mit der Perspektive seines Faches und dem Mut zur Subjektivität über 60 Jahre Grundgesetz nachzudenken.

[1] Die zahllosen Darstellungen des politischen Systems der Bundesrepublik folgen keinem einheitlichen Muster. Manche Autoren widmen der Verfassung ein eigenes Kapitel, die Mehrzahl fügt, was über das Grundgesetz aus ihrer Sicht zu sagen ist, in eine vorgeordnete politikwissenschaftliche Systematik ein. – Einige Bilanzen, die zum 50. Geburtstag der Bundesrepublik erschienen sind, geben einen breiten Überblick darüber, wie die Politikwissenschaft das politische System der Bundesrepublik und damit auch das Grundgesetz wahrnimmt: *Thomas Ellwein / Everhard Holtmann* (Hrg.), 50 Jahre Bundesrepublik Deutschland, Sonderheft 30 der Politischen Vierteljahresschrift, Opladen 1999; *Max Kaase / Günter Schmid* (Hrg.), Eine lernende Demokratie. 50 Jahre Bundesrepublik Deutschland, Berlin 1999; *Eckhard Jesse / Konrad Löw* (Hrg.), 50 Jahre Bundesrepublik Deutschland, Berlin 1999.

Die Bundesrepublik Deutschland ist gerade unter dem Verfassungsgesichtspunkt ein ganz besonderer Fall. Sie ist das, was man einen emphatischen Verfassungsstaat nennen könnte. Damit meine ich einen Verfassungsstaat, der die Verfassung mit demonstrativer Entschiedenheit ins Zentrum seiner politischen Kultur rückt, bis hin zu einer Art von Verfassungskult. Es liegt auf der Hand, dass die Politikwissenschaft in einem solchen Fall gute Gründe hat, besonders sorgfältig zwischen der symbolischen und der instrumentellen Dimension der Bedeutung der Verfassung zu unterscheiden. Und sich mit ihrer Frage nach der Geltungskraft, mit der die Verfassung in den politischen Prozess hineinwirkt, an dieser Unterscheidung zu orientieren. Die Wirkung des Grundgesetzes jedenfalls lässt sich ohne sie nicht angemessen erfassen. Sie wird deshalb in den folgenden Überlegungen eine wichtige Rolle spielen.

## I

Dass die zweite Demokratiegründung in Deutschland, die von 1949, erfolgreich war, erstaunlich erfolgreich, wie man konstatierte, solange das Scheitern des ersten deutschen Demokratieversuchs noch lebhaft in Erinnerung war, stellt nach 60 Jahren kaum noch jemand in Zweifel. Die Bundesrepublik wird als „geglückte Demokratie“ (Edgar Wolfrum) beschrieben. In den regelmäßigen Demokratiebewertungen von Freedom House erreicht sie verlässlich eine Position in der Spitzengruppe.[2] In der vergleichenden Demokratieforschung, etwa bei Arend Lijphart, wird sie zur Kerngruppe der Demokratien gezählt, die über einen längeren Zeitraum ihre Stabilität und Funktionsfähigkeit unter Beweis gestellt haben, zu einer Gruppe also, der weltweit noch immer nicht mehr als 30–40 Staaten zugerechnet werden.[3]

Für eine politikwissenschaftliche Betrachtung liegt die Frage nahe – und von ihr will ich denn auch ausgehen –, ob die Verfassung, das Grundgesetz an dieser Erfolgsgeschichte wesentlichen Anteil hat. Der bundesrepublikanische Verfassungskult setzt das ganz selbstverständlich voraus. Dass das Grundgesetz zur Erfolgsgeschichte der zweiten deutschen Demokratie einen entscheidenden Beitrag geleistet habe, ist communis opinio. Soviel Evidenz diese Antwort auch für sich hat – gerade im Umgang mit dem, was sich als evident aufdrängt, ist für die Wissenschaft Sorgfalt geboten. Eine pointierte Gegenthese könnte lauten: Die Bundesrepublik wäre auch mit der Weimarer Verfassung erfolgreich gewesen. Und die Weimarer Republik auch mit dem Grundgesetz gescheitert. Denn Erfolg im einen und Scheitern im anderen Fall seien nicht der Verfassung zuzurechnen, jedenfalls nicht in erster Linie, sondern ganz

---

[2] Freedom House ist eine private, in New York ansässige Organisation, die seit 1971 jährliche Berichte über die Demokratieentwicklung weltweit veröffentlicht. Sie arbeitet mit zwei Messskalen („civil rights“ und „political liberties“) und stuft die Staaten der Welt auf diesen Skalen ein. Die Bundesrepublik gehört danach konstant zu einer Spitzengruppe von etwa 30 Staaten. Freedom House, Freedom in the World. The Annual Survey of Political Rights and Civil Liberties, New York 1971 ff. Eine tabellarische Übersicht über verschiedene Demokratieskalen findet sich bei *Manfred Schmidt*, Demokratietheorien, Wiesbaden [4]2008, S. 392 ff.

[3] *Arend Lijphart*, Patterns of Democracy, New Haven/London 1999. Lijphart berücksichtigt in seinen typologischen Untersuchungen 36 Demokratien. Ein Hauptkriterium seiner Auswahl: Die Demokratien müssen zum Zeitpunkt der Untersuchung als Demokratien seit mindestens zwei Jahrzehnten stabil gewesen sein.

anderen Faktoren. Natürlich ist diese Gegenthese nicht einmal eine Hypothese; sie ist eine Behauptung, die sich weder beweisen noch widerlegen lässt. Aber zum Nachdenken kann sie anregen und darauf kommt es hier an.

Versuchen wir es zunächst mit dem Nein – nein, das Grundgesetz ist für den Erfolg des zweiten Demokratieexperimentes in Deutschland nicht entscheidend gewesen. Auch mit einer anderen (demokratischen) Verfassung wäre dieses Experiment vermutlich gelungen. Entscheidend dafür, dass die Bundesrepublik sich zu einer stabilen, funktionsfähigen Demokratie entwickelte, war – so wäre diese These zu entfalten – die Hochkonjunktur der beiden ersten Nachkriegsjahrzehnte, die Westdeutschland half, sich sehr schnell aus dem materiellen Elend der Nachkriegsjahre herauszuarbeiten; war die internationale Konstellation, der Kalte Krieg, um es genauer zu sagen, der dem westdeutschen Staat den raschen politischen Wiederaufstieg ermöglichte; war schließlich die Schockerfahrung des totalen Zusammenbruchs, die, wenn auch nicht von heute auf morgen, die politische Kultur in Deutschland von Grund auf umprägte.[4]

Die besonderen Verfassungsvorkehrungen hingegen, die der Parlamentarische Rat ersonnen hatte, um der Bonner Republik das Schicksal der Weimarer zu ersparen,[5] erwiesen sich als überflüssig, eben weil die angedeuteten Umstände der Bundesrepublik jene Belastungen ersparten, unter denen die Demokratie von Weimar schließlich zusammengebrochen war. Das gilt insbesondere für den Komplex von Verfassungsregeln, der die Funktionsfähigkeit der parlamentarischen Regierungsweise auch unter widrigen Umständen zu sichern bestimmt war, und für das Konglomerat von Bestimmungen, die die Bonner Demokratie „wehrhaft" machen sollten. Nicht die Regelung des Art. 67 GG (das sogenannte konstruktive Misstrauensvotum) hat bewirkt, dass die Bundesrepublik (fast) jederzeit über handlungsfähige parlamentarische Regierungen verfügte, und dies bei relativ hoher Regierungsstabilität, sondern das Parteiensystem, das durchgehend die Bildung ziemlich stabiler Mehrheitskoalitionen im Parlament möglich gemacht hat. Selbst wenn man die im Wahlgesetz verankerte 5%-Klausel dem materiellen Verfassungsrecht zurechnet, war es nicht die Verfassung, die die Struktur des westdeutschen Parteiensystems bestimmt hat. Die komplizierten Vorschriften zum Gesetzgebungsnotstand (Art. 81), auch sie der Sorge vor Weimarer Krisen entsprungen, haben nie eine Rolle gespielt. Die Vorschriften zur Vertrauensfrage und zur vorzeitigen Auflösung des Bundestages (Art. 68) – insgesamt dreimal ist das Parlament bekanntlich nach dem Verfahren des Art. 68 aufgelöst worden – haben es durchaus, aber eine glückliche Rolle war es nicht.

Was die „wehrhafte Demokratie" angeht, so haben die einschlägigen Verfassungsvorkehrungen einfach deshalb keine große Bedeutung erlangt, weil der zweiten deutschen Demokratie eine ernsthafte Herausforderung durch innere Feinde erspart

[4] Zur Frage, wie sich der Erfolg der zweiten Demokratiegründung in Deutschland erklärt, *Peter Graf Kielmansegg*, Nach der Katastrophe, Berlin 2000 (als Paperback 2007 unter dem geänderten Titel „Das geteilte Land" veröffentlicht) und *Edgar Wolfrum*, Die geglückte Demokratie, Stuttgart 2006.

[5] Zu diesem Thema noch immer grundlegend *Friedrich Karl Fromme*, Von der Weimarer Verfassung zum Bonner Grundgesetz. Die verfassungspolitischen Folgerungen des Parlamentarischen Rates aus Weimarer Republik und nationalsozialistischer Diktatur, Tübingen 1962.

geblieben ist.[6] Von den beiden Bestimmungen, durch die vor allem der Parlamentarische Rat die Bonner Republik wehrhafter machen wollte, als es die Weimarer Republik gewesen war, ist die eine, der Art. 18, der dem Bundesverfassungsgericht die Möglichkeit eröffnet, Grundrechte abzuerkennen, die zum Kampf gegen die freiheitlich-demokratische Grundordnung missbraucht werden, nie angewendet worden, während die andere, die verfassungsfeindliche Parteien für verfassungswidrig erklärt (Art. 21 Abs. 2), nach dem ersten Jahrzehnt stillschweigend „suspendiert" wurde. Die beiden frühen Verfahren, die zu Verboten der neonationalsozialistischen SRP (1952) und der KPD (1956) führten, hatten eher symbolische Bedeutung. Und das späte, ergebnislose Verbotsverfahren gegen die NPD, zu dem es fast ein halbes Jahrhundert danach noch einmal kam, spiegelt vor allem Unsicherheit im Umgang mit einer Verfassungsbestimmung wider, von deren Opportunität wie Legitimität die Öffentlichkeit weithin nicht mehr überzeugt war. In einem Wort: Die bundesrepublikanische Demokratie verdankt ihr Überleben, ihr Wachsen und Gedeihen nicht den verfassungsrechtlichen Waffen der Wehrhaftigkeit. Deren bedufte sie nicht wirklich.

Soviel zum Nein – zum Zweifel daran, um es vorsichtiger auszudrücken, dass das Grundgesetz der entscheidende oder auch nur ein mitentscheidender Faktor der Erfolgsgeschichte der Bundesrepublik war. Und was lässt sich für die entgegengesetzte These anführen, für das Ja – ja, ohne gerade diese Verfassung ist diese Erfolgsgeschichte nicht denkbar; das Grundgesetz ist sozusagen ihr Kernkapitel? Die These würde jeder Plausibilität entbehren, wenn sie auf die Leugnung der Schlüsselbedeutung jener anderen gerade genannten Faktoren hinausliefe – der Gunst einer fast 20 Jahre anhaltenden Hochkonjunktur; der Gunst einer internationalen Konstellation, die Sieger und Besiegte jedenfalls auf der westlichen Seite binnen kürzester Zeit zu Partnern machte; der Gunst einer durch eine einzigartige Katastrophe hervorgerufenen exzeptionellen Bereitschaft, politisch zu lernen. Bei der Bestimmung der Bedeutung, die dem Grundgesetz in der Erfolgsgeschichte der Bundesrepublik zukommt, muss dieser Kontext immer mitgedacht werden. Wahrscheinlich muss schon die Frage anders gestellt werden.

Stellt man sie anders, so wird sofort deutlich: Dass die Vorkehrungen, die der Parlamentarische Rat ersann, um der zweiten Republik das Schicksal der ersten zu ersparen, überwiegend nicht gebraucht wurden, ist eine Sache. Dass die Verfassung, die er schuf, die zweite deutsche Demokratie durch und durch geprägt hat; dass sie tatsächlich in einem ganz buchstäblichen Sinn ihr „Grundgesetz" wurde, eine andere. Ob die Bonner Republik auch mit einer anderen Verfassung ihren Weg erfolgreich gegangen wäre, ist eine nicht nur unbeantwortbare, sondern letztlich auch irrelevante Frage. Für die politikwissenschaftliche Würdigung des Grundgesetzes ist entscheidend, dass es zum rechtlichen Fundament einer dauerhaft stabilen und funktionsfähigen Demokratie geworden ist. Als solches ist es unzweifelhaft Teil der Erfolgsgeschichte.

Näherhin: In dem, was eine Verfassung zu leisten hat, hat das Grundgesetz sich bewährt. Auf der instrumentellen Seite gilt, dass das vom Grundgesetz geschaffene Institutionensystem sich als, alles in allem – von den Einschränkungen wird noch die

---

[6] Eine Bilanz auf halbem Wege: *Eckhard Jesse*, Streitbare Demokratie. Theorie, Praxis und Herausforderungen in der Bundesrepublik Deutschland, Berlin 1980.

Rede sein müssen, funktionstüchtig erwiesen hat. Was den Beitrag des Grundgesetzes zur politischen Kultur der Republik angeht: Es ist in erstaunlich kurzer Zeit zum Kristallisationskern eines für die Bundesrepublik konstitutiven, stabilen normativen Konsenses geworden – eine für ein unter durchaus prekären Umständen entstandenes Verfassungsdokument erstaunliche Karriere. Beide Feststellungen bedürfen der Erläuterung. Von der instrumentellen Verfassung, der Konfiguration der Institutionen, dem Flussbett, wenn man es in einer Metapher sagen will, des politischen Prozesses, soll zuerst gesprochen werden.

## II

Vier Strukturentscheidungen des Grundgesetzes haben das politische System wesentlich geprägt: die Entscheidung für eine konsequent repräsentativ verfasste Demokratie; die Entscheidung für die parlamentarische Variante der repräsentativen Demokratie in einer ganz bestimmten Ausgestaltung; die Entscheidung für einen Föderalismus, der die beiden Ebenen der Staatlichkeit, die zentrale und die regionale, nicht voneinander trennt, sondern ineinander verzahnt; und die Entscheidung für den Primat des Rechts. Zwei weitere Grundentscheidungen des Verfassungsgebers müssen gesondert, aber doch auch in diesem Zusammenhang genannt werden, weil sie zwar von anderer Art sind als die ersten vier, aber wie sie verfassungsrechtliche Weichen für die zweite deutsche Demokratie gestellt haben: die Entscheidung, die Bundesrepublik von Verfassungs wegen auf die Zusammenarbeit mit anderen Staaten, auf die Mitarbeit in größeren Staatenverbünden auszurichten; und, wenn man denn hier von einer Entscheidung sprechen will, der Entschluss zu einer gewissen Zurückhaltung, was inhaltliche Vorgaben für den politischen Prozess angeht.

Von den vier zunächst genannten Strukturentscheidungen sind die ersten beiden als eher konventionell zu qualifizieren, die Bundesrepublik ist insoweit eine Demokratie unter vielen; während die dritte und die vierte Weichenstellung eine Demokratie ganz besonderer Ausprägung hervorgebracht haben. Sie sind wesentlich – natürlich nicht allein – dafür verantwortlich, dass die bundesrepublikanische Demokratie sich im Kreis der stabilen verfassungsstaatlichen Demokratien zu einem politischen System sui generis entwickelt hat.

Die Bundesrepublik – eine Demokratie unter vielen: Alle modernen Demokratien sind, das braucht kaum gesagt zu werden, repräsentativ verfasst. Zwar kennen die meisten von ihnen Verfahren direkt-demokratischer Intervention in den politischen Prozess, das Grundgesetz gehört mit seinem strikten Ausschluss solcher Möglichkeiten (die einzige Ausnahme ist der Art. 29), so gesehen, zu einer kleinen Minderheit von Verfassungen.[7] Aber bei näherem Hinsehen zeigt sich, dass in der überwie-

---

[7] Ein – freilich nicht mehr ganz neuer – Überblick über die Verbreitung direkt-demokratischer Verfahren in den Demokratien der Welt: *David Butler / Austin Ranney* (Hrg.), Referendums Around the World, Washington 1994. Eine Übersicht, die nicht deskriptiv angelegt ist, sondern analytischen Zwecken dient, bei *Sabine Jung*, Die Logik direkter Demokratie, Wiesbaden 2001, S. 240 ff. Zum Status der Bundesrepublik im weltweiten Vergleich *Peter Graf Kielmansegg*, Über direkte Demokratie – sechs Anmerkungen zu einer unbefriedigenden Debatte, in: Uwe Backes / Eckhard Jesse (Hrg.), Jahrbuch Extremismus und Demokratie, 18. Jahrgang, Baden-Baden 2006, S. 57–80.

genden Mehrzahl der Fälle die direkt-demokratischen Interventionsverfahren der Kontrolle durch repräsentativ-demokratische Verfassungsorgane unterliegen – das macht Deutschland, das auf den ersten Blick als Ausnahme da steht, doch wieder eher zu einem Normalfall, zumal wenn man die in den Länderverfassungen stark ausgebauten Rechte direkt-demokratischer Partizipation in eine deutsche Gesamtbilanz einbezieht.[8]

Auch für die parlamentarische Form der repräsentativen Demokratie gilt, dass sie unter den Demokratien der Gegenwart viel weiter verbreitet ist als etwa, um nur die Hauptalternative zu nennen, die amerikanische Präsidialverfassung.[9] Europa, nach wie vor der Kontinent mit der weitaus größten Dichte stabiler verfassungsstaatlicher Demokratien, hat die amerikanische Demokratievariante in keinem einzigen Fall übernommen. Sieht man in der ( nicht glücklich so genannten ) semi-präsidentiellen Demokratie französischen Musters,[10] wofür verfassungssystematisch gute Gründe sprechen, unbeeindruckt vom Etikett eher eine Sonderform der parlamentarischen Demokratie, so sind alle europäischen Demokratien, die schweizerische ausgenommen, parlamentarisch verfasst. Auch die besondere verfassungsrechtliche Ausprägung, die der Parlamentarische Rat dem parlamentarischen System gegeben hat, seine Bemühung, einerseits dem Parlament eindeutig die Verantwortung für die Existenz und Handlungsfähigkeit einer mehrheitsgestützten Regierung zuzuweisen (Art. 63, 67 und 68), andererseits die Regierung dem Parlament gegenüber stark zu machen (Art. 64, 65, 67, 81), macht Deutschland nicht zu einem Sonderfall. Es sind, um es noch einmal zu sagen, nicht diese Verfassungsbestimmungen, es ist das Parteiensystem in seiner spezifischen Struktur, das die Funktionsweise des parlamentarischen Systems in Deutschland bestimmt und für das, was allenfalls als Besonderheit gelten kann, verantwortlich ist: für die relative Leichtigkeit und Verlässlichkeit, mit der stabile Mehrheitskoalitionen sich bildeten; für die Schwierigkeiten des Alternierens; für die prekäre Balance zwischen der vom Grundgesetz vorgesehenen Richtlinienkompetenz des Kanzlers/der Kanzlerin (Art. 65) und der Praxis, dass alle wichtigen Entscheidungen zwischen den jeweiligen Koalitionspartnern ausgehandelt werden. Ganz folgerichtig ändert sich denn auch die Praxis parlamentarischen Regierens mit dem Parteiensystems, obwohl das einschlägige Regelwerk seit 1949 unverändert geblieben ist.

Die Verfassungsentscheidungen für die repräsentative Form der Demokratie und für die parlamentarische Variante der Repräsentativdemokratie also Entscheidungen, die bei all ihrer Bedeutung zum charakteristischen Profil der bundesrepublikanischen Demokratie nur wenig beigetragen haben. Ganz anders die beiden anderen Weichenstellungen. Es sind die besondere Ausprägung der bundesstaatlichen Ordnung und der die gesamte öffentliche Ordnung durch und durch prägende Primat des

[8] Näheres bei *Andreas Kost* (Hrg.), Direkte Demokratie in den deutschen Ländern, Wiesbaden 2005.

[9] Umfassend zum parlamentarischen System *Klaus von Beyme*, Die parlamentarische Demokratie. Entstehung und Funktionsweise 1799–1999, Opladen/Wiesbaden 1999.

[10] Zum Semipräsidentialismus *Winfried Steffani*, Semi-Präsidentialismus: Ein eigener Systemtyp? In: Zeitschrift für Parlamentsfragen 26 (1995) S. 621–641; *Robert Elgie* (Hrg.), Semi-Presidentialism in Europe, Oxford/New York 1999.

Rechts, die die Bundesrepublik Deutschland zu einer verfassungsstaatlichen Demokratie ganz eigener Art machen.

Die besondere Ausprägung der bundesstaatlichen Ordnung – das ist jenes eigentümliche, nicht nur faktische sondern von der Verfassung so verordnete Ineinander-Verflochten-Sein von Bund und Ländern, das dem Sinn des Föderalismus geradewegs zu widersprechen scheint und doch zu seiner Bestandsbedingung in Deutschland geworden ist. Wenn man Typenbegriffe bemühen will: Die Bundesrepublik hat sich von Anfang an für den „Verbundföderalismus" und gegen den „dualistischen Föderalismus" entschieden. Und sie hat diese Entscheidung bis heute durchgehalten.[11] Zwar ist die bundesstaatliche Ordnung ständigem Wandel unterworfen gewesen. Schon ein flüchtiger Blick auf das lange Verzeichnis der Verfassungsänderungen zeigt: Die weitaus meisten von ihnen betreffen in irgendeiner Weise die Beziehungen zwischen Bund und Ländern. Der Verfassungsartikel, der am häufigsten geändert wurde, dürfe im Abschnitt X des Grundgesetzes „Das Finanzwesen" zu finden sein; und in diesem Abschnitt geht es, nicht ausschließlich aber doch ganz überwiegend, um die bundesstaatliche Finanzverfassung. Aber die Haupttendenz des Wandels ist eindeutig die Intensivierung, die Verfestigung der Verflechtung gewesen. Ohne die Gegenbemühung des letzten Jahrzehnts zu ignorieren: Das Verflechtungsniveau liegt nach 60 Jahren Verfassungsentwicklung weit über dem des Beginns.

Ineinander verschränkt sind die beiden Ebenen der Staatlichkeit im deutschen Bundesstaat zuerst und vor allem durch die Institution des Bundesrates einerseits und die Finanzverfassung andererseits. Der Bundesrat hat weltweit nicht seinesgleichen. Zwar haben alle föderalistisch verfassten Demokratien zwei Repräsentativkörperschaften, zwei Kammern, von denen die eine die Teilhabe der Gliedstaaten an der Bundespolitik gewährleisten soll. Aber nur in Deutschland, wirklich nur in Deutschland, sind es die *Regierungen* der Gliedstaaten, die in der föderalistischen Kammer vertreten sind. Das ist eine deutsche Sondertradition, die ihre Wurzeln im 19. Jahrhundert, genauer: in den Umständen der Gründung zunächst des Norddeutschen Bundes, dann des Deutschen Reiches hat.[12]

Die Regel ist eine zweite Kammer, die von den Bürgern der Gliedstaaten direkt gewählt wird. Bundesstaaten, heißt das, sind im Regelfall dadurch charakterisiert, dass ihre Bürger in der einen Kammer als Bürger des Gesamtstaates, in der anderen als Bürger eines Gliedstaates repräsentiert werden, wobei die zweite Kammer üblicherweise dem Prinzip der Gleichheit aller Glieder eines Bundesstaates folgt. In beiden Kammern aber handelt es sich um Repräsentation kraft direkter Wahl. Die deutsche Bundesratslösung bedeutet, dass diejenigen die Länder in der Bundespolitik vertreten, die kraft Amtes für die spezifischen Interessen der Länder zuständig sind; diejenigen, wenn man es feierlich formulieren will, die für die Staatsraison der Gliedsstaaten einzustehen haben. Es liegt auf der Hand, dass dieser Repräsentations-

[11] Zur bundesstaatlichen Ordnung in Deutschland *Heinz Laufer / Ursula Münch*, Das föderative System der Bundesrepublik Deutschland, Opladen 1998; *Ute Wachendorfer-Schmidt*, Politikverflechtung im vereinigten Deutschland, Wiesbaden 2003. Den Begriff Politikverflechtung hat Fritz Scharpf in den siebziger Jahren in die Debatte über den bundesrepublikanischen Föderalismus eingeführt. Er ist längst Allgemeingut geworden.

[12] Zu dieser deutschen Sondertradition *Peter Graf Kielmansegg*, Vom Bundestag zum Bundesrat, in: Bundesrat (Hrg.), Vierzig Jahre Bundesrat, Baden-Baden 1989, S. 43–61.

modus viel unmittelbarer als der gemeinhin Übliche die Länder als Länder in die Bundespolitik, vor allem die Gesetzgebung des Bundes hineinbringt; dass er viel unmittelbarer Bundes- und Länderinteressen aufeinandertreffen lässt. Der Bundesrat ist, noch einmal, in der Weise, in der er Bund und Gliedstaaten aneinander bindet, eine singuläre Institution.

Die Finanzverfassung ist in gewissem Sinne das Herzstück jeder bundesstaatlichen Ordnung.[13] Wie schwer sich der Parlamentarische Rat gerade mit der Finanzverfassung tat, zeigt ein Blick in die Urfassung des Grundgesetzes. Manche Entscheidungen wurden einfach vertagt, andere kamen nur als mühsam ausgehandelte Kompromisse zustande, die in der Formulierung der einschlägigen Artikel als solche deutlich in Erscheinung treten. Inzwischen sind die grundgesetzlichen Regelungen zur Finanzverfassung um ein mehrfaches komplexer geworden, in immer neuen Anläufen, immer neuen Versuchen, befriedigende Lösungen zu finden – darauf wird noch einmal zurückzukommen zu sein. Der längste Artikel des Grundgesetzes (Art. 106 – Verteilung der Steuern) findet sich bezeichnenderweise im Kapitel X „Das Finanzwesen", das insgesamt auf mehr als das Doppelte seines ursprünglichen Umfangs angewachsen ist. Dabei hat sich der Charakter der bundesrepublikanischen Finanzverfassung als Verbundverfassung immer detaillierter ausgeprägt.

Um nur die Hauptmerkmale dieser Verbundverfassung in Erinnerung zu rufen: Für die Einnahmen gilt, dass der Bund ein Beinahe-Monopol in der Steuergesetzgebung hat, aber als Gesetzgeber bei den wichtigsten Steuern nur im Verein mit den Ländern handlungsfähig ist, insofern der Bundesrat mitentscheidet. Es gilt ferner, dass die Einnahmen aus den Hauptsteuern zwischen Bund und Ländern geteilt werden, teils nach einem durch die Verfassung festgelegten, teils nach einem ausgehandelten Schlüssel. Der vertikale Finanzausgleich verdichtet die Verflechtung weiter (dass es auch einen horizontalen Finanzausgleich gibt, schafft eine zweite Dimension der Verflechtung). Für die Ausgaben gilt, dass die Verpflichtungen sich nicht einfach aus der in der Verfassung festgeschriebenen Zuständigkeitsverteilung ergeben, sondern dass auch hier die Länder einerseits durch den Bundesgesetzgeber in die Pflicht genommen werden können, andererseits aber über den Bundesrat selbst an der diesbezüglichen Gesetzgebungsgewalt des Bundes Anteil haben. Bund und Länder sind, um es kurz zu sagen, in Finanzdingen aneinander gekettet.

Das Stichwort Verbundverfassung, bezogen auf die föderalistische Ordnung Deutschlands, ist mit dem Hinweis auf den Bundesrat und die Finanzverfassung bei weitem nicht ausbuchstabiert. An die Gemeinschaftsaufgaben, Aufgaben, für die Bund wie Länder zuständig sind, wäre zu erinnern; an die sich aus den Gemeinschaftsaufgaben ergebenden Finanzierungsverbünde; an das dichte Netz von Kooperationsgremien aller Art; an die Abhängigkeit des Bundes von den Ländern in Verwaltungsangelegenheiten; selbst die konkurrierende Gesetzgebung könnte genannt werden. Aber hier soll ja nur deutlich gemacht werden, dass, wenn von der Prägung des politischen Systems der Bundesrepublik durch die Verfassung die Rede ist, die

[13] *Wolfgang Renzsch*, Finanzverfassung und Finanzausgleich. Die Auseinandersetzung um ihre politische Gestaltung in der Bundesrepublik Deutschland zwischen Währungsreform und deutscher Vereinigung (1948 bis 1990), Bonn 1991.

föderalistische Ordnung in ihrem besonderen und, wie der internationale Vergleich zeigt, ungewöhnlichen Zuschnitt mit an erster Stelle genannt werden muss.

Die zweite Strukturentscheidung, die zweite Weichenstellung, der in der Einleitung dieses Argumentationsgangs eine ähnlich fundamentale Prägekraft zugeschrieben wurde, ist die für den Primat des Rechtes. Ihr kommt in gewissem Sinn noch elementarere Bedeutung zu. Jeder Verfassungsstaat gründet seine politische Ordnung auf den Primat des Rechtes.[14] Was ist besonders an der verfassungsstaatlichen Demokratie Bundesrepublik Deutschland? Besonders ist, dass das Recht, von dem hier die Rede ist, nicht nur ein Verfahrensrecht ist, auch nicht nur das Verfahrensrecht der Demokratie, sondern zuerst und vor allem das Recht einer Grundrechtstafel, die aus der Anerkennung der Würde eines jeden Menschen als der eigentlichen Fundamentalentscheidung der Verfassung, will sagen: des sich in dieser Verfassung konstituierenden Gemeinwesen abgeleitet ist. Besonders ist die Konsequenz und Klarheit, mit der die Verfassung die Verbindlichkeit ihrer Wertentscheidungen für alle – in klassischer Begrifflichkeit – „verfassten Gewalten" proklamiert, in Art. 1 Abs. 3 und anderswo. Besonders ist schließlich die Entschiedenheit, mit der die Verfassung den Primat des Rechts durch eine starke Gerichtsbarkeit zu sichern sucht, eine starke, sozusagen allzuständige Gerichtsbarkeit im Allgemeinen (Art. 19 Abs. 3) und eine starke Verfassungsgerichtsbarkeit im Besonderen, die die Geltung der Verfassung gegenüber allen (um noch einmal auf die klassische Begrifflichkeit zurückzugreifen) „verfassten Gewalten" gewährleisten soll.

Die Begründung einer machtvollen Verfassungsgerichtsbarkeit ist vermutlich die prägendste, folgenreichste Entscheidung des Verfassungsgebers überhaupt gewesen.[15] Das Bundesverfassungsgericht ist im politischen System der Bundesrepublik zur „Instanz des letzten Wortes" (Josef Isensee) geworden, weil die Verfassung der letzte, unbedingt verbindliche Maßstab allen politischen Handelns ist. Wer sie auslegt, entscheidet, was sie gebietet und was sie verbietet. „The constitution is, what the judges say it is", wie es ein Chief Justice der Vereinigten Staaten einmal formuliert hat.[16] Unterscheidet man, wie es in der Politikwissenschaft gelegentlich vorgeschlagen worden ist, im Blick auf die letzte Instanz demokratischer Entscheidungsprozesse zwischen Volkssouveränität, Parlamentssouveränität und Verfassungssouveränität, so stellt sich die Demokratie des Grundgesetzes unzweifelhaft als eine Demokratie mit Verfassungssouveränität dar.[17] Und es ist die Auslegungskompetenz, die, um das Mindeste zu sagen, wie keine andere Teilhabe an dieser Souveränität gewährt.

Natürlich ist der Verfassungstext dem Gericht vorgegeben, aber gerade die wesentlichen Partien, der Grundrechtskatalog etwa, werden erst zu anwendbaren Normen durch Auslegung. Und auch die Tatsache, dass das Gericht nicht von sich aus in

---

[14] Umfassend zur Herkunft und Geschichte des Verfassungsstaates *Hans Fenske*, Der moderne Verfassungsstaat. Eine vergleichende Geschichte von der Entstehung bis zum 20. Jahrhundert, Paderborn u.a. 2001.

[15] Das Bundesverfassungsgericht ist lange ein Thema fast ausschließlich für Rechtswissenschaftler gewesen. Allmählich entdecken es aber auch die Politikwissenschaftler. Ein Beispiel: *Robert van Ooyen / Martin Möllers* (Hrg.), Das Bundesverfassungsgericht im politischen System, Wiesbaden 2006.

[16] Zitiert nach *Peter Irons*, A People's History of the Supreme Court, New York 1999, S. 266.

[17] *Heidrun Abromeit*, Volkssouveränität, Parlamentssouveränität, Verfassungssouveränität: Drei Realmodelle der Legitimation staatlichen Handelns, in: Politische Vierteljahresschrift 36 (1995) S. 49–66.

den politischen Prozess eingreifen kann, sondern, wie jedes Gericht, nur auf Anrufung tätig wird, nimmt dem Bundesverfassungsgericht nichts von seiner überragenden Bedeutung. Die Erfahrung zeigt, dass in einem politischen System mit einer starken, kompetenzreichen Verfassungsgerichtsbarkeit die meisten politischen Streitfragen von Gewicht über kurz oder lang als verfassungsrechtliche Streitfragen vor das Verfassungsgericht getragen werden, auch wenn sie nicht von Anfang an als solche diskutiert wurden. Tocqueville hat das in den frühen Vereinigten Staaten beobachtet;[18] für die Bundesrepublik gilt es nicht weniger, von den Ostverträgen bis zum Lissaboner Vertrag, von der Mitbestimmung bis zur Abtreibung. Weit über 100 Bände füllen die Urteile des Verfassungsgerichts mit ihren Begründungen inzwischen, weit über 100 Bände, in denen das Grundgesetz in stetiger Auslegungsarbeit konkretisiert wird, der Grundrechtsteil zumal, der durch die Rechtssprechung des Verfassungsgerichts eine das ganze Gemeinwesen durchdringende Wirkung entfaltet hat, aber auch die Staatsorganisationsnormen, im besonderen die das Bund-Länder-Verhältnis betreffenden.

Mit dem Hinweis auf die Schlüsselrolle, die das Grundgesetz dem Verfassungsgericht zuweist und die dieses Gericht, wahrscheinlich über die Erwartung des Parlamentarischen Rates hinaus, in den 60 Jahren seit 1951 auch wirklich gespielt hat, sind jene beiden anderen Weichenstellungen der Verfassung, von denen einleitend die Rede war, der Sache nach bereits angesprochen. Die Artikel 24–26 des Grundgesetzes – später kam Art. 87a hinzu – sind ein besonders deutlicher Ausdruck des Willens des Verfassungsgebers, ein ganz anderes Deutschland zu schaffen, als es der deutsche Nationalstaat von 1871 zumal in seiner letzten Schreckensphase gewesen war, ein der Welt freundlich zugewandtes Deutschland, soweit so etwas mit den Mitteln des Verfassungsrechts möglich ist. Die Präambel mit der Formel, das deutsche Volk wolle als gleichberechtigtes Glied in einem vereinten Europa dem Frieden der Welt dienen, gab gleichsam die Melodie vor. Die Artikel 24–26 verpflichten die Bundesrepublik auf den Frieden im Allgemeinen und auf das Völkerrecht, auf Zusammenarbeit in der Völkergemeinschaft und auf die Bereitschaft, Souveränitätsverzichte zu Gunsten des Friedens und der Zusammenarbeit zu leisten, in Europa und weltweit. Nicht dass es der Verfassung bedurft hätte, um der Außenpolitik der jungen Bundesrepublik diese Richtung zu geben. Sie hätte sie auch ohne Verfassungsvorgaben eingeschlagen. Aber es war vorhersehbar, dass sich irgendwann Verfassungsfragen stellen würden. Sie haben sich ja auch gestellt, zwei vor allem.

Eben diese Fragen brachten dann notwendig das Verfassungsgericht ins Spiel – es konnte in den deutschen Verhältnissen nicht anders sein. Inzwischen ist es zur letzten Instanz insbesondere auch der deutschen Europapolitik geworden. Und wird es bleiben, weil Europa kein Konsensthema mehr ist, sein kann, seit – ein halbes Jahrhundert nach Beginn der europäischen Einigung – die Existenzfrage sich stellt, ob das Grundgesetz die Bundesrepublik ermächtige, sich im Zuge des Integrationsprozesses als Staat selbst aufzugeben. Die andere Frage betraf den Einsatz der Bundeswehr zu anderen Zwecken als denen der Verteidigung des eigenen Landes und der Erfüllung der Bündnispflichten in der NATO. Das Verfassungsgericht hat in dieser Frage keine Neigung gezeigt, die Rolle eines Daueraufsehers über die Bundesregierung und ihre

[18] *Alexis de Tocqueville*, Über die Demokratie in Amerika, Bd. I, Teil I, Kapitel 6.

Sicherheitspolitik zu übernehmen. Es hat die verfassungsrechtlichen Handlungsspielräume für die Regierung eher weit definiert und die Aufsichtspflicht nachdrücklich dem Parlament zugewiesen.

Schließlich die sechste unserer Weichenstellungen, die freilich nicht eigentlich als strategische Entscheidung des Verfassungsgebers greifbar ist, sondern eher die sehr besondere Gründungskonstellation der Jahre 1948/49 widerspiegelt: die Selbstbeschränkung der Verfassung, was inhaltliche Vorgaben für die Politik angeht. Nicht dass das Grundgesetz konsequent darauf verzichtet hätte, dem Gemeinwesen Staatsziele mit auf den Weg zu geben und der Politik bestimmte Aufgaben zuzuweisen. Von den Staatszielen Frieden und europäische Einigung war eben schon die Rede. Auch das Staatsziel Wiedervereinigung ist natürlich zu nennen. Für die Deutschlandpolitik der 40 Teilungsjahre wie für die Ereignisse von 1989/90 hat es eine überragende Bedeutung gehabt, dass die Wiedervereinigung als Staatsziel in der Verfassung, genauer: in ihrer Präambel festgeschrieben war. Es gab Phasen in der Geschichte der Bundesrepublik, in denen die Politik ohne diese verfassungsrechtliche Bindung, ohne die auf sie gestützte, sie aktivierende Rechtssprechung des Verfassungsgerichts vermutlich andere Wege eingeschlagen hätte.

Auch ein paar sehr konkrete Aufgaben schrieb der Verfassungsgeber in die Verfassung hinein, die Gleichstellung der unehelichen Kinder etwa (Art. 6 Abs. 5), ebenso die von Mann und Frau (Art. 3 Abs. 2 in Verbindung mit Art. 117). Aber insgesamt ist das Grundgesetz als eine eher zurückhaltende Verfassung zu charakterisieren. Eine Verfassung, die es als ihre Aufgabe ansieht, den politischen Prozess zu organisieren, ihn in Schranken zu weisen, nicht aber seine Ergebnisse vorwegzunehmen. So schreibt das Grundgesetz, anders als die Verfassung der europäischen Union, nicht eine bestimmte Wirtschaftsverfassung fest, auch wenn die Grundrechte faktisch eine staatskontrollierte Planwirtschaft ausschließen. Es überlässt die Beantwortung der Frage, was einen Sozialstaat ausmache, fast vollständig dem Gesetzgeber.[19] Es verzichtet weitgehend auf Grundrechte, aus denen materielle Ansprüche von Bürgern an das Gemeinwesen (was der Sache nach ja immer heißt: an die übrigen Bürger) direkt ableitbar sind. Diese Zurückhaltung – sie wird nicht zuletzt im Vergleich des Grundgesetzes mit der wort- und versprechensreichen Weimarer Verfassung, aber auch mit anderen europäischen, ihrer Herkunft nach verwandten Verfassungen wie etwa der italienischen deutlich – ist keineswegs nur eine Sache der Verfassungsästhetik. In einem politischen System mit starker Verfassungsgerichtsbarkeit stehen hier Machtfragen zur Debatte. Jede Staatszielbestimmung, jeder als Grundrecht formulierte Anspruch auf materielle Leistungen des Staates erweitert folgenreich den Zuständigkeitsraum des Verfassungsgerichtes zu Lasten des Gesetzgebers und der Regierung. Übrigens ist – das wird noch zur Sprache kommen müssen – in den 60 Jahren, die das Grundgesetz inzwischen alt ist, die Neigung, die Verfassung inhaltlich aufzuladen, deutlich gewachsen.

[19] Dass diese Zurückhaltung auch auf eine Ermächtigung des Bundesverfassungsgerichtes hinausläuft, wie sich in dessen Hartz IV-Urteil gezeigt hat, liegt in der Logik des Grundgesetzes.

## III

Verfassungstypologien und Demokratietypologien sind natürlich nicht das Gleiche. Aber bei politischen Systemen, die wie das deutsche stark von der Verfassung geprägt sind, lohnt es sich, verfassungstypologische und demokratietypologische Überlegungen zueinander in Beziehung zu setzen. Konkret heißt das: zu fragen, welche Verfassungsmerkmale auf die demokratietypologische Einordnung des politischen Systems wirklich durchschlagen. Oder auch die Gegenfrage zu stellen: Können demokratietypologische Kategorisierungen zusätzliche Anregungen für die Charakterisierung von Verfassungsregeln geben?

Einfach ist es mit der geläufigsten demokratietypologischen Unterscheidung, der zwischen parlamentarisch und präsidentiell verfassten Demokratien; zwischen Demokratien, in denen die Regierung vom Parlament gestürzt werden kann (dass das Parlament den Regierungschef/die Regierung auch wählt, kann hinzukommen, ist für den Typus aber nicht konstitutiv), und denen, für die das nicht gilt, sondern Regierung und Legislative unabhängig voneinander vom Wähler bestellt werden.[20] Diese Unterscheidung ist unmittelbar auf Verfassungsregeln gegründet, deren Auswirkungen auf den politischen Prozess allerdings nicht einfach zu Tage liegen. Deutschland ist bekanntlich eine parlamentarische Demokratie. Die Funktionsweise dieser wie aller parlamentarisch verfasster Demokratien wird, daran ist hier noch einmal zu erinnern, allerdings nicht primär von der Verfassung sondern vom Parteiensystem bestimmt. Man kann das gerade jetzt, in einer Phase, in der ein seiner Struktur nach neues Parteiensystem dem politischen System seinen Stempel aufzudrücken beginnt, gut beobachten.[21] Die bundesrepublikanische Demokratie hatte es lange mit einem stabilen zweigipfligen, zur Mitte hin zentrierten Dreiparteiensystem zu tun, in dem die beiden Hauptparteien bis zu 90% der Wähler an sich binden konnten. Das hat den Funktionsmodus ihres parlamentarischen Systems entscheidend geprägt. In den letzten zweieinhalb Jahrzehnten hat sich schrittweise ein Fünfparteiensystem herausgebildet, das stärker polarisiert ist und in dem die beiden stärksten Parteien nur noch etwa 60% der Wähler für sich gewinnen können. Das hat weitreichende Folgen für die Funktionsweise des parlamentarischen Systems: Die Regierungsbildung wird schwieriger, Regierungswechsel werden häufiger, von der Richtlinienkompetenz des Kanzlers/der Kanzlerin bleibt, nicht nur in Großen Koalitionen, immer weniger übrig.

Andere Demokratietypologien sind, auf den ersten Blick, weniger verfassungsnah. Den derzeit weitaus einflussreichsten Entwurf hat der niederländisch-amerikanische Politikwissenschaftler Arend Lijphart vorgelegt.[22] Die endgültige Fassung seines Vorschlages ist erst ein gutes Jahrzehnt alt. Lijphart unterscheidet Mehrheitsdemokratien und Konsensdemokratien; Demokratien, in denen konsequent nach der Mehrheitsregel regiert wird, und solche, deren Regeln darauf abzielen, dass politische Entscheidungen mit dem erreichbaren Maximum an Zustimmung (Konsens ist das, genau

---

[20] *Winfried Steffani*, Parlamentarische und präsidentielle Demokratie, Opladen 1979.

[21] Zur Entwicklung des westdeutschen Parteiensystems *Ulrich von Alemann*, Das Parteiensystem der Bundesrepublik Deutschland, Opladen $^{3}$2003.

[22] Vgl. Anm. 3.

genommen, nicht) getroffen werden. Das klingt einfach und ist in gewissem Sinne auch einfach. Die Standardbeispiele – hier Großbritannien, dort die Schweiz – scheinen die Augenfälligkeit der Unterscheidung zu unterstreichen.

Lijphart lässt es aber nicht bei dieser einfachen Zweiteilung. Er listet zehn Merkmale des politischen Systems auf, an denen er seine Unterscheidung zunächst einmal fest macht, Merkmale teils institutioneller Natur (etwa: Gibt es Verfassungsgerichtsbarkeit oder gibt es sie nicht?), teils an Akteurskonstellationen anknüpfend (etwa: Haben wir es mit einem Zwei- oder einem Vielparteiensystem zu tun?). Diese zehn Merkmale werden dann wieder zu zwei Fünfer-Gruppen gebündelt, in denen jeweils engere systemische Beziehungen der Merkmale zueinander gegeben sind. Lijphart spricht von zwei Dimensionen, in denen die Unterscheidung zwischen Mehrheitsdemokratie und Konsensdemokratie verortet werden kann. In der einen Dimension geht es wesentlich um Gewaltenteilungsstrukturen verschiedener Art, in der anderen um Merkmale, die überwiegend mit dem Parteiensystem in Verbindung stehen. Diese Unterscheidungen werden in einer, wie Lijphart es nennt, „two-dimensional conceptual map of democracy" niedergelegt, einer Vier-Felder-Matrix, in der die quantitativ sorgfältig vermessene Ausprägung der 36 untersuchten stabilen Demokratien verortet wird, so dass jede Demokratie ihre genaue Position auf der Karte hat.[23]

Deutschlands Ort ist auffallend, zumindest in einer Dimension: der Gewaltenteilungsdimension. Deutschland und die Vereinigten Staaten sind in dieser Dimension die Demokratien, bei denen der Konsenscharakter weitaus am stärksten ausgeprägt ist. In der anderen Dimension hat Deutschland eher einen Mittelplatz, noch im Konsensquadranten, aber dem Majoritätsquadranten doch schon ziemlich nahe. Ausschlaggebend für die erste Einordnung sind, etwas verkürzt, der Bundesrat und das Bundesverfassungsgericht. Die Verfassung schlägt also voll auf die demokratietypologische Charakterisierung durch. In der anderen Dimension ist das kaum der Fall, kann es auch nicht sein, weil hier die Ausprägung des Parteiensystems der Schlüsselfaktor ist. Der Ort der deutschen Demokratie auf Lijpharts Landkarte, beide Dimensionen zusammengenommen, spiegelt wider, dass diese Demokratie in vieler Hinsicht durch konsensdemokratische Zwänge und Schranken geprägt ist; dass sie aber doch auch einige bedeutsame mehrheitsdemokratische Züge aufweist. Das macht übrigens dem Wähler die richtige Einschätzung des politischen Prozesses in Deutschland schwer. Bundestagswahlkämpfe können durchaus den Eindruck erwecken, Deutschland sei eine Mehrheitsdemokratie, werde von der Bundestagsmehrheit allein regiert. Die dominant konsensdemokratischen Züge des Systems geraten dem Wähler aus dem Blick. Das führt zu ganz falschen, für die Politik problematischen Erwartungen.

Die Stärken und die Schwächen der Lijphart'schen Konzeption zu erörtern, ist hier nicht notwendig. Für unsere Überlegungen qualifiziert sie sich allein dadurch, dass sie sich weithin durchgesetzt hat. Es sei aber doch vermerkt, dass die Unterscheidung zweier Dimensionen, die, wie die empirische Untersuchung zeigt, keineswegs eng miteinander verbunden sind, auf einer Demokratieskala, die sich zwischen den Endpunkten Mehrheitsentscheidung und Konsens erstreckt, Fragen aufwirft. Wenn man mit einer Dimension nicht auszukommen meint, ist es vermutlich schlüssiger und

[23] *A. Lijphart* (Anm. 3) S. 243ff.; insbesondere S. 248.

jedenfalls klarer (Klarheit ist für Typologien ein wichtiges Kriterium), definitiv und eindeutig zwei Dimensionen zu unterscheiden. Beispielsweise, so lautet ein jüngst von der Politikwissenschaftlerin Sabine Jung vorgelegter Vorschlag,[24] die Dimension Mehrheitsentscheidung – Konkordanz (der Begriff trifft die Sache besser als der von Lijphart bevorzugte Begriff Konsens), die den Entscheidungsmodus im Blick hat, und die Dimension Populismus – Konstitutionalismus, die den Entscheidungsraum betrachtet, das Maß an Handlungsfreiheit für die politischen Akteure bzw. an institutioneller, vor allem durch die Verfassung vorgegebener Beschränkung des Handlungsspielsraumes. Durch die Kombination der beiden Dimensionen ergeben sich vier Grundtypen von Demokratien. Deutschland ist klar ein Musterfall einer konstitutionellen Demokratie mit, weniger eindeutig, schwach majoritärem (oder, je nach den Mehrheitsverhältnissen im Bundesrat, gemäßigt konkordantem) Entscheidungsmodus.

Einen anderen Weg, nämlich den einer konsequenten Vereinfachung, einer Reduzierung der Kriterien, hat George Tsebelis mit seiner Figur des „Vetospielers" eingeschlagen,[25] die in den letzten Jahren in der politikwissenschaftlichen Diskussion zunehmend populär geworden ist. Als Vetospieler bezeichnet er Akteure bzw. Institutionen in einem politischen System, ohne deren Zustimmung politische Entscheidungen nicht getroffen werden können. Demokratien lassen sich dann typologisch nach der Zahl und der Position der Vetospieler sortieren. Deutschland ist eine Demokratie mit einer vergleichsweise hohen Zahl von institutionellen Vetospielern, Bundesverfassungsgericht und Bundesrat an erster Stelle. Der Prozess einer gemäßigten Auffächerung des Parteiensystems, der seit den 80er Jahren in Gang ist, hat die Zahl der zudem nicht-institutionellen Vetospieler erhöht. Auch diese Betrachtung führt also zu dem Befund: Die Verfassung bestimmt im deutschen Fall in hohem Maße den Demokratietypus, aber sie bestimmt ihn nicht allein.

## IV

Es wird Zeit, sich an das Stichwort Verfassungsemphase zu erinnern. Gewiss lässt sich etwas von der Verfassungsemphase der zweiten deutschen Demokratie auch dadurch schon sichtbar machen, dass man, wie es in den vorangegangenen Abschnitten geschehen ist, die überragende Bedeutung der Verfassung für die Strukturierung des politischen Prozesses nachzeichnet. Allein schon die Verfassungsgerichtsbarkeit, so wie sie sich in der Bundesrepublik entwickelt hat, macht diesen Staat zu einem Verfassungsstaat im emphatischen Sinn. Aber eigentlich geht es bei diesem Stichwort nicht um die instrumentelle sondern um die politisch-kulturelle, die symbolische Bedeutung der Verfassung. Das Wort Verfassungskult mag kritisch klingen. Man kommt zur Charakterisierung des Umgangs der Bundesrepublik mit dem Grundgesetz aber kaum ohne es aus. Es wird im Folgenden in rein deskriptiver Absicht verwendet, ohne jeden Beiklang sozusagen. Das ist umso leichter möglich, als es sich um einen sehr nüchternen Kult handelt, keine Verfassungsfeiern (außer dem Fahnen-

[24] *S. Jung* (Anm. 7) S. 51 ff.

[25] *George Tsebelis*, Veto Players. How Political Institutions Work, Princeton NJ 2002.

schmuck am 23. Mai), keine Verfassungsreliquien, wie das in den National Archives in Washington ausgestellte Original der amerikanischen Verfassungsurkunde eine Reliquie ist, keine Denkmäler für Verfassungsväter und Verfassungsmütter. Und dennoch ist es ein Kult in dem Sinn, dass in den 60 Jahren seiner Geltung unaufhörlich die Botschaft verkündet worden ist: Das Grundgesetz ist nicht nur das rechtliche Fundament des Staates Bundesrepublik Deutschland, es ist der Kern des normativen Konsenses, der dieses Gemeinwesen zusammenhält und ihm seine Identität gibt.

Ziemlich spät erst, nach 20 Jahren, ist das Wort Verfassungspatriotismus aufgetaucht. Dolf Sternberger hat es bekanntlich, in einem Leitartikel zum Verfassungstag, zum 23. Mai 1979, in die Debatte eingeführt.[26] Von da an war es der Leitbegriff des bundesrepublikanischen Verfassungskultes. Sternberger selbst hatte den Verfassungspatriotismus noch nicht in scharfen Gegensatz zu einem auf die Nation gegründeten Patriotismus gesetzt. „Das Nationalgefühl bleibt verwundet, wir leben nicht im ganzen Deutschland. Aber wir leben in einer ganzen Verfassung, in einem ganzen Verfassungsstaat und das ist selbst eine Art von Vaterland", schrieb er in jenem Leitartikel. Aber kurz davor liest man – die Rede ist von der „Zertrennung der Nation": „Noch immer trauern wir, noch immer hoffen wir." Erst Jürgen Habermas hat dem Begriff, als er ihn aufnahm, eine entschieden antinationale Bedeutung gegeben.[27] Für Habermas hat die Idee der Nation sich selbst zerstört. Die Verfassung soll an ihre Stelle treten. Sie soll die Identität der Bürgergemeinschaft stiften, das Bewusstsein der Bürgergemeinschaft von sich selbst bestimmen. Verfassungspatriotismus nicht als Notlösung sondern als Bekenntnis zu einer postnationalen Zukunft. Deutschland, das ist die Implikation dieser Sicht, ist durch sein selbstverschuldetes einzigartiges historisches Schicksal gewissermaßen aufgefordert, mit diesem Bekenntnis der übrigen Welt voranzugehen.

So oder so spiegelt der Gedanke des Verfassungspatriotismus die historischen Erfahrungen wider, in denen der bundesrepublikanische Verfassungskult wurzelt: die Erfahrung einer totalitären Diktatur, deren verbrecherische Willkürherrschaft mit größter Deutlichkeit vor Augen geführt hat, was es bedeutet, in einem auf das Recht gegründeten Verfassungsstaat, einem Rechtsstaat zu leben; und die Realität der Teilung, die es unmöglich machte, die Bundesrepublik als den Staat einer – der deutschen – Nation zu begreifen. Man kann es auch so sagen: Die Idee des Verfassungspatriotismus war der Versuch einer Nation, mit einer doppelten Verwundung umzugehen. Der Verwundung, die sie sich selbst zugefügt hat, indem sie sich, durch pathologischen Nationalismus geblendet, zum Instrument ungeheuerlicher Verbrechen hatte machen lassen. Und der Verwundung, mit der die Sieger sie durch die Teilung – dauerhaft, wie es schien – bestraft hatten.

[26] *Dolf Sternberger*, Verfassungspatriotismus. Schriften X, Frankfurt a.M. 1990, S. 13ff. Die beiden folgenden Zitate finden sich auf Seite 13.

[27] Habermas' Schlüsselbegriff ist eher der der postnationalen Demokratie als der des Verfassungspatriotismus. Aber auch diesen nimmt er explizit auf. Essays, die die Thematik in verschiedenen Fassungen behandeln, finden sich in den Bänden *Jürgen Habermas*, Die nachholende Revolution, Frankfurt a.M. 1990; *Jürgen Habermas*, Die postnationale Konstellation, Frankfurt a.M. 1998; *Jürgen Habermas*, Der gespaltene Westen, Frankfurt a.M. 2004. Siehe außerdem *Jürgen Habermas*, Faktizität und Geltung, Frankfurt a.M. 1992, S. 632–660. Zur Diskussion insgesamt *Florian Roth*, Die Idee der Nation im politischen Diskurs, Baden-Baden 1995, Kapitel 3.7.

Insofern war (und ist) der Verfassungspatriotismus ein sehr deutsches Projekt, was für den Verfassungskult als solchen, davon wird gleich noch zu reden sein, nicht in der gleichen Weise gilt; ein Projekt, das das Grundgesetz überfordert.[28] Das, was der Begriff Verfassung in der Wortverbindung Verfassungspatriotismus meint, sind ja nicht die Besonderheiten gerade des Grundgesetzes, sondern die Universalien, zu denen das Grundgesetz sich bekennt: Menschenrechte und Demokratie. Patriotismus aber kann sich nicht allein auf Universalien gründen, so elementar bedeutsam sie als Fundament des Gemeinwesens sind. Denn Patriotismus ist die Bejahung der Zugehörigkeit zu einem bestimmten Gemeinwesen, Teilhabe an einer bestimmten kollektiven Identität. Identität, individuelle wie kollektive, ist Besonderheit. Sie allein über Universalien definieren zu wollen, ist ein Widerspruch in sich selbst.

An den USA, die so oft als Beispiel für lebendigen Verfassungspatriotismus angeführt werden, lässt sich das studieren. Es ist wahr – eine Art von Verfassungskult gibt es auch in den USA. Die Verfassung steht im Zentrum des Gründungsmythos. Und im Gründungsmythos hat die politische Identität der Vereinigten Staaten ihre Wurzeln. Aber es sind eben nicht nur einfach die – in der Unabhängigkeitserklärung deutlicher als in der Verfassung proklamierten – politischen Universalien, an denen sich das amerikanische Nationalbewusstsein festmacht. Es ist die Idee, dass gerade dieses Gemeinwesen, gerade diese Nation eine Menschheitsmission im Dienst universaler Prinzipien zu erfüllen habe.[29] Es ist die Idee, etwas Besonderes zu sein. So konnten die Deutschen ihre späte Hinwendung zur verfassungsstaatlich-demokratischen Tradition natürlich nicht verstehen. Und so war Verfassungspatriotismus denn auch mehr ein intellektueller Wunschtraum als ein weitverbreitetes Lebensgefühl in Deutschland.

Das heißt nicht, dass die bundesrepublikanische Verfassungsemphase, hinter der viel pädagogischer Eifer steckte, eine Angelegenheit allein der politisch-publizistischen Eliten gewesen sei. Die Frage, ob man stolz sei auf die eigene Verfassung, hat im ersten Jahrzehnt der Republik nicht gerade eindrucksvolle Ergebnisse gebracht. Aber 20 Jahre später sah das schon ganz anders aus.[30] Was es wirklich bedeutet, wenn jemand auf die standardisierte Frage einer demoskopischen Erhebung antwortet, er sei stolz auf die Verfassung seines Landes, steht natürlich dahin. Aber dass sich darin ein langsam gereiftes Gefühl für Rang und Qualität des Grundgesetzes spiegelt, ein Gefühl dafür, dass das Grundgesetz eine gelungene, eine gute Verfassung sei, das wird man aus den Zahlen herauslesen dürfen. Die Wahrnehmung, dass das Grundgesetz im Ausland Respekt genießt, gelobt wird, da und dort auch nachgeahmt, hat den Respekt der Deutschen vor ihrer eigenen Verfassung vermutlich befördert.

Alles spricht dafür, dass die Verfassung tatsächlich die Kraft entwickelt hat, als Medium der Integration zu wirken. Und dass es der Verfassungskult, die durch die Rechtssprechung des Verfassungsgerichtes kontinuierlich gewährleistete, gesteigerte,

---

[28] *Josef Isensee*, Die Verfassung als Vaterland, in: Armin Mohler (Hrg.), Wirklichkeit als Tabu, München 1986, S. 11–25.

[29] Die Nr. 1 der sogenannten „Federalist Papers", verfasst von Alexander Hamilton, sind ein klassischer Text dieses Selbstverständnisses: die Vereinigten Staaten – ein Gemeinwesen mit einer besonderen historischen Mission im Dienst universaler Prinzipien.

[30] Dazu *David Conradt*, Changing German Political Culture, in: Gabriel Almond / Sidney Verba (Hrg.), The Civic Culture Revisited, Boston/Toronto 1980, S. 212–272.

ins Bewusstsein gehobene Geltungskraft des Grundgesetzes und seine verlässliche Funktionstüchtigkeit gemeinsam waren, die ihr diese Kraft gegeben haben. Der Konsens, der das politische System der Bundesrepublik trägt, ist – das ist das Fazit – im Kern ein Verfassungskonsens. Wesentliche Voraussetzungen für die Bildung und die Stabilität dieses Konsenses waren die Vorgeschichte, gegen die die Bundesrepublik konzipiert und der Kalte Krieg, in den hinein sie gegründet wurde. Man hat das gelegentlich in die Formel vom antitotalitären Konsens gefasst, der für die Bundesrepublik konstitutiv gewesen sei. Das meint: der die Bundesrepublik tragende Verfassungskonsens sei in gewissem Sinn ein Konsens des Nein gewesen, des unbedingten Nein zum nationalsozialistischen Totalitarismus und des nicht ganz so geschlossenen Nein zum kommunistischen Totalitarismus. So war es wohl auch. Damit ist zugleich Wesentliches über den normativen Gehalt dieses Konsenses gesagt.

## V

Das Grundgesetz hat, instrumentell wie symbolisch, das politische System der Bundesrepublik mit einer ganz erstaunlichen Kraft geprägt – das ist die eine Seite der Bilanz. Aber es gibt auch eine andere. Das hohe Lied vom „bewährten Grundgesetz", das ja ganz zu Recht immer wieder angestimmt wird, darf das nicht vergessen machen. Es gibt Schwächen dieser Verfassung, die Kehrseiten ihrer Stärken sind. Und es gibt Schwächen des Grundgesetzes, die einfach nur Schwächen sind; in der Verfassung festgeschriebene Strukturschwächen des politischen Systems, um es genauer zu sagen, die durch Verfassungsänderung oder gar Verfassungsreform zu beheben, die politischen Akteure nicht willens oder nicht in der Lage sind. Zu beiden Arten von Schwächen ist einiges zu sagen. Was die Kehrseite der Stärken angeht: Es ist gewiss keine polemische Überspitzung, von einer Übersteigerung des Gedankens, dass das Recht den Primat haben müsse, zu sprechen. Das Bundesverfassungsgericht hat das Netz der verfassungsrechtlichen Vorgaben durch „Auslegung" des Grundgesetzes in sechs Jahrzehnten intensiver Rechtssprechungstätigkeit immer dichter geflochten, es hat Verfassungsrecht für ganze Regelungsbereiche der Sache nach neu geschaffen; hat, um ein besonders eklatantes Beispiel zu nennen, auf dem schmalen Fundament eines Satzes des Art. 5 („Die Freiheit der Berichterstattung durch den Rundfunk ist gewährleistet") ein mehrstöckiges Verfassungsrechtsgebäude errichtet. Es disponiert faktisch über Milliardenbeträge im Budget, etwa indem es ziemlich detailliert über Pflichten und Rechte von Bund und Ländern im horizontalen wie im vertikalen Finanzausgleich entscheidet. Es ist in den meisten Gesetzgebungsprozessen, und nicht nur dort, präsent, weil Regierung und Gesetzgeber es ständig vorsorglich ins Kalkül ziehen, darauf bedacht, Entscheidungen zu vermeiden, die das Gericht als verfassungswidrig verwerfen könnte. Selbst in einem Bereich, in dem das Gericht sich bewusst Zurückhaltung auferlegt, dem der Außenpolitik, ist es ein höchst einflussreicher Mitspieler. Seine Entscheidung, Auslandseinsätze der Bundeswehr von der Zustimmung des Bundestages abhängig zu machen, ist folgenreich. In der deutschen Europapolitik wird das Gericht immer mehr zu einem, wenn nicht dem Schlüsselakteur.

Man mag die dominante Position, die das Verfassungsgericht im politischen System der Bundesrepublik innehat, im Grundgesetz zwingend angelegt finden. Man mag sie aus anderen Gründen begrüßen, das Grundgesetz mit seiner starken Verfassungsgerichtsbarkeit etwa als moderne Form einer „gemischten Verfassung" begreifen und bejahen.[31] Man kann auch auf den ziemlich unerschütterlichen Rückhalt verweisen, den das Verfassungsgericht in der Öffentlichkeit genießt.[32] Aber Klarheit über die bemerkenswerte Relation zwischen der dritten und den beiden anderen Gewalten im Verfassungssystem der Bundesrepublik muss bestehen.

Dafür, dass das Grundgesetz der dritten Gewalt eine herausragende Rolle zuweist, steht natürlich auch der Art. 19 Ab. 4. Er trägt den Primat des Rechts sozusagen in den Alltag. Auch hier mag man, ähnlich wie bei der Verfassungsgerichtsbarkeit, argumentieren, dass das Grundgesetz, indem es sich mit bedingungsloser Konsequenz für den Primat des Rechts entscheidet, unausweichlich die Dominanz der dritten Gewalt herbeiführt und legitimiert. Aber ob nun eine zwingende oder nur eine mögliche Folge der Verfassungsvorgaben, die Problematik liegt auf der Hand: Wenn von der Benotung von Klassenarbeiten bis zur Festsetzung der Ausbildungskapazität medizinischer Fakultäten prinzipiell alles Handeln der öffentlichen Gewalt gerichtlicher Nachprüfung unterliegt, dann müssen Richter ein sehr sensibles Sensorium für die Grenzen ihrer Zuständigkeiten entwickeln, damit die Balance zwischen den Gewalten, zwischen den Expertisen, die jeweils den Ausschlag geben, nicht verloren geht.

Bei aller Entschiedenheit, mit der das Grundgesetz die dritte Gewalt in den Vordergrund schiebt, ist es klugerweise nicht so weit gegangen, sie konsequent zu verselbständigen.[33] Der elementare Verfassungssatz, dass alle Gewalt vom Volk ausgehe (Art. 20, Abs. 2), gilt, wie vermittelt auch immer, auch für die Gerichtsbarkeit. Für den begrenzten Zuständigkeitsbereich des Bundes legt das Grundgesetz bekanntlich fest: Die Verfassungsrichter werden von Bundestag und Bundesrat gewählt, die Bundesrichter durch Richterwahlausschüsse, in denen der jeweils zuständige Bundesminister mit den Landesministern und Bundestagsabgeordneten zusammenwirkt (Art. 96 Abs. 2). Es ist inzwischen Erfahrungswissen, dass die völlige Verselbständigung der dritten Gewalt die Richterschaft überfordert. Vor allem aber: Sie lässt sich nicht rechtfertigen, weil im demokratischen Verfassungsstaat das machtbegrenzende Gewaltenteilungsprinzip und das machtbegründende Demokratieprinzip im Gleichgewicht gehalten werden müssen. Dass Regelungen, die den konkurrierenden politischen Parteien maßgeblichen Einfluss auf die Besetzung von Gerichten geben, ihrerseits Gefahren bergen, ist unbestreitbar. Auch die bundesrepublikanische Praxis belegt das. Aber man muss diese Gefahren nicht ganz hilflos in Kauf nehmen. Die Vorschrift, dass Bundesverfassungsrichter nur mit einer Zwei-Drittel-Mehrheit gewählt werden können, hat sich – in Grenzen – bewährt. Und einer aufmerksamen Öffentlichkeit bedarf die Demokratie ohnehin, damit ihr Regelwerk leistet, was es leisten soll.

---

[31] Auf diese Deutungsmöglichkeit weist *Peter Graf Kielmansegg*, Die Instanz des letzten Wortes, Stuttgart 2005, Abschnitt V hin.

[32] Dazu *Oskar Gabriel / Everhard Holtmann* (Hrg.), Handbuch Politisches System der Bundesrepublik Deutschland, München/Wien [3]2005, S. 501.

[33] Ein Beispiel für die weitreichende Verselbständigung der dritten Gewalt und die Probleme, die daraus resultieren, bietet Italien; zu dieser Verselbständigung siehe Art. 104, 105 und 135 der italienischen Verfassung.

Als Kehrseite einer Stärke wurde lange Zeit auch, jedenfalls von Kritikern der Bundesrepublik, wahrgenommen, was sie die Hyperstabilität der zweiten deutschen Demokratie nannten; Stabilität über die verlässliche Stabilität der parlamentarischen Mehrheitskoalitionen und die daraus resultierende Stabilität und Handlungsfähigkeit der Regierung hinaus, eine Erstarrung, so war es gemeint, des Parteiensystems und der Mehrheitsverhältnisse, das Ausbleiben des Mehrheitswechsels. In der Tat hat es 20 Jahre gedauert, bis die Union ihre dominierende Stellung, konkret: die Kanzlerschaft verlor. Das ist natürlich nicht dem Grundgesetz zuzuschreiben. Die Verfassung im weiteren Sinne aber geriet durchaus in die Diskussion: Die 5%-Klausel wurde für die vermeintliche Erstarrung des Parteiensystems verantwortlich gemacht. Sie mache das Aufkommen neuer Parteien praktisch unmöglich, wurde bis in die 70er Jahre behauptet. Inzwischen wissen wir, dass das eine voreilige Einschätzung war. Das Parteiensystem hat sich grundlegend verändert: Die Grünen haben die 5%-Hürde schon in den 80er Jahren überwunden, der PDS musste anfangs das Verfassungsgericht dabei helfen,[34] dann der Umweg über die Direktmandate. Aber inzwischen hat auch die Linke die 5%-Hürde sicher hinter sich gelassen. Und die Frequenz des Regierungswechsels, wie immer man sie misst, hat seit 1998 deutlich zugenommen. Von politischer Hyperstabilität kann für die Bundesrepublik sicher nicht mehr gesprochen werden.

Zu den Schwächen, die ihre in der Verfassung wurzelnden Stärken der Bundesrepublik in den 60 Jahren ihrer Geschichte beschert haben, mag man schließlich auch zählen, dass die Verfassungsemphase mit einer Neigung zur Exklusion verbunden war oder doch sein konnte. Die starke Betonung des Verfassungskonsenses als des normativen Fundamentes des Gemeinwesens hat die Figur des Verfassungsfeindes mit einer gewissen Logik hervorgebracht. Wenn man so will, hat das Grundgesetz selbst sie mit seinem Verdikt gegen verfassungswidrige Parteien, auch mit Art. 18 geschaffen. Verstärkt wurde diese im Grundgesetz angelegte Tendenz natürlich durch den Kalten Krieg, den Systemkonflikt zwischen West- und Ostdeutschland. Die Abgrenzung vom Systemgegner und die Abgrenzung vom Verfassungsfeind fielen gleichsam in eins. Eine praktische Bedeutung hat das vor allem in den 70er Jahren gehabt, als darum gestritten wurde, wer Zugang zum öffentlichen Dienst habe dürfe.[35] Die „freiheitlich-demokratische Grundordnung", jene Formel, mit der das Grundgesetz selbst seinen normativen Kern zu umschreiben versucht (Art. 18 und 21), wurde in der Polemik als FDGO verächtlich gemacht; und es war nicht immer leicht zu entscheiden, ob die Verachtung dem Grundgesetz oder denen, die es gegen „Verfassungsfeinde" verteidigen wollten, galt.

Was die zweite Kategorie von Schwächen der Verfassung angeht, so erscheint als die eigentliche Problemzone in der bundesrepublikanischen Verfassungsordnung ihre föderalistische Komponente. Eine wirklich funktionsfähige, allgemein akzeptierte bundesstaatliche Ordnung hat sich in den sechs Jahrzehnten bundesrepublikanischer Verfassungsgeschichte nicht entwickelt. Das Grundgesetz ist in seinen ein-

---

[34] Für die Bundestagswahl 1990 hatte das Verfassungsgericht festgelegt, dass die PDS die 5%-Hürde nur im „Beitrittsgebiet", nicht im gesamten Wahlgebiet überspringen müsse.

[35] Ein Zeitdokument der siebziger Jahre *Wulf Schönbohm* (Hrg.), Verfassungsfeinde als Beamte? München 1979. Siehe auch Anm. 6.

schlägigen Partien so etwas wie ein Spiegel dieser Schwäche. Das Urteil mag als allzu scharf erscheinen. Der Föderalismus wird ja nicht nur in der politischen Rhetorik als ein Grundpfeiler unserer politischen Ordnung gerühmt. Die bundesstaatliche Ordnung der Bundesrepublik in ihrer besonderen Ausprägung ist auch von anderen Bundesstaaten, die in Schwierigkeiten gerieten, Kanada etwa, als ein Modell wahrgenommen worden, von dem man etwas lernen könne. Das mag in mancher Hinsicht durchaus so sein, wenn auch die Tatsache, dass es in Deutschland keinen Separatismus gibt, mit der Qualität der bundesstaatlichen Ordnung nur sehr wenig zu tun hat. Aber dieser aus der Ferne kommende Beifall ändert doch nichts daran, dass aus der Binnensicht an kein Bauelement der Verfassungsordnung so viele wohlbegründete kritische Fragen zu stellen sind wie eben an das föderalistische.[36]

Ein Blick in jede Textausgabe des Grundgesetzes zeigt: Die weitaus meisten Verfassungsänderungen betreffen die bundesstaatliche Ordnung, und zwar durchgehend. Darunter sind große Reformunternehmungen wie die von 1969 und 2006 (beide wurden bezeichnenderweise von Großen Koalitionen durchgebracht) ebenso wie viele kleine. Aber diese lange Sequenz von Verfassungsänderungen kann eben nicht als Prozess, in dem sich allmählich eine „endgültige" Ordnung herausbildete, gelesen werden, sondern nur als unruhige, wieder und wieder neu ansetzende Suche nach einer Lösung, die nicht gefunden wird, wahrscheinlich unter den Bedingungen, unter denen die Suche stattfindet, nicht gefunden werden kann. Worin besteht das ungelöste Schlüsselproblem der deutschen bundesstaatlichen Ordnung? Es besteht in einer Überkomplexität der Handlungs-, Finanzierungs- und Verantwortungsstrukturen im bundesstaatlichen Zwei-Ebenen-System. Etwas klarer formuliert: Es besteht darin, dass es nicht gelingt, die Aufgaben einerseits und die Mittel andererseits – genauer: die Zugriffsrechte auf die Mittel – so zu verteilen, dass Bund und Länder in einem klar umgrenzten Raum von Zuständigkeiten eigenverantwortlich tätig werden können, dabei aber gleichzeitig das erwünschte hohe Niveau an innerer Homogenität gewahrt bleibt.

Man mag fragen: Gibt es überhaupt eine bundesstaatliche Ordnung, die diese Anforderungen erfüllt? Geben sich die Deutschen nicht die Quadratur des Zirkels auf, wenn sie zwar Föderalismus haben wollen, aber mit dem Bestehen auf „gleichwertigen Lebensverhältnissen" (Art. 72, Abs. 2; früher sprach das Grundgesetz von „Einheitlichkeit der Lebensverhältnisse") ablehnen, was daraus folgt? Es mag in der Tat sein, dass ein Gutteil der „Überkomplexität" einer politischen Kultur zuzuschreiben ist, die, anders als es etwa für die Schweiz und die USA gilt, kein eindeutiges Verhältnis zum Föderalismus hat. Aber wer von politischer Kultur spricht, ist meistens in einem Erklärungsnotstand. Es gibt zu der Frage, warum die zweite deutsche Demokratie seit 60 Jahren immer wieder von neuem erfolglos auf die Suche nach einem befriedigenden Regelwerk für ihre bundesstaatliche Ordnung geht, mehr zu sagen als nur dies.

---

[36] Zu den Problemen, die Deutschland mit seiner bundesstaatlichen Ordnung hat: *Fritz Scharpf*, Optionen des Föderalismus in Deutschland, Frankfurt a.M. / New York 1994; *Arthur Benz*, Der deutsche Föderalismus, in: O. Gabriel / E. Holtmann (Anm. 32) S. 135–153; *Arthur Benz*, Kein Ausweg aus der Politikverflechtung? In: Politische Vierteljahresschrift 46 (2005) S. 204–214.

Die knappste Diagnose, mit der man auf diese Frage antworten kann, lautet: Die Notwendigkeit der Reform des deutschen Föderalismus und die Unmöglichkeit einer Reform des deutschen Föderalismus haben die gleichen strukturellen Gründe. Zur Reformnotwendigkeit ist das Wesentliche bereits gesagt: Eine Struktur, die wenig Raum lässt für eigenständiges Handeln, die jeden von jedem abhängig macht und Verantwortung nicht klar zuordnet, muss problematische Effekte haben. Und wie erklärt sich die Reformresistenz? Weder Bund noch Länder können allein die Spielregeln ändern, sie können es nur gemeinsam – das gehört zu den Selbstverständlichkeiten jeder bundesstaalichen Ordnung. Das Ungewöhnliche des deutschen Falles ist allerdings, dass hier Regierungen auf Regierungen treffen. Das kann den Interessengegensätzen eine spezifische Prägnanz geben. Was den Bundesrat im besonderen angeht, so fällt ins Gewicht, dass die Interessen der Länder in Fragen der Finanzverfassung, die, man muss es immer wieder neu sagen, den Kern jeder bundesstaatlichen Verfassung bildet, höchst unterschiedlich sind. Es gibt, um nur zwei Kategorien zu nennen, reiche und arme Länder, ausgleichsverpflichtete und ausgleichsberechtigte. Zwei-Drittel-Mehrheiten, die man ja auch im Bundesrat für Verfassungsänderungen braucht, zusammenzubringen, ist folglich in Sachen Finanzverfassung mehr als schwierig. Und seit die Zahl der armen Länder, der Länder, die aus eigener Kraft gar nicht überleben können, durch die Wiedervereinigung stark gestiegen ist, ist es noch schwieriger geworden, als es immer schon war. Es ist bezeichnend, dass das Reformprojekt von 2006 die Finanzverfassung von vorneherein ausgeklammert hat.

Immobilität heißt natürlich nicht, dass sich im Lauf von sechs Jahrzehnten nichts verändert hätte. Es gibt ein wenn auch ziemlich eng begrenztes Möglichkeitsfeld für Veränderungen der bundesstaalichen Ordnung. Auf die Vielzahl der Verfassungsänderungen, mit denen an ihr herumgedoktert wurde, ist ja schon hingewiesen worden. Aber diese Änderungen haben in der Tendenz die strukturelle Immobilität eher verschärft. Gesetzgebungskompetenzen sind zum Bund gewandert, aber gleichzeitig wuchs der Einfluss der Länder auf die Gesetzgebung des Bundes, ausgeübt durch den Bundesrat. Parallel dazu wurde die Finanzverfassung immer stärker zu einer Verbundverfassung ausgebaut, in der die wechselseitigen Abhängigkeiten größer und größer wurden. Bewegung, das ist die Lektion der Geschichte des bundesrepublikanischen Föderalismus, ist, soweit es um die Finanzverfassung geht, offenbar nur in Richtung immer dichterer Verflechtung möglich. Allen anderen Optionen stehen Interessen entgegen, die über Vetomacht verfügen.

Auch der Umweg über eine Neugliederung ist offensichtlich nicht gangbar. Seit der Bildung des „Südweststaates" im Jahr 1951, für die das Grundgesetz besondere Konditionen bereitstellte (Art. 118), hat sich nichts mehr getan. Dass jeder Landespolitiker „sein" Land mit Zähnen und Klauen verteidigt, jeder Bundespolitiker die Folgen durchkalkuliert, die eine Neugliederung für den Bundesrat haben könnte und sich auf Ungewissheiten nicht einlassen mag, kann niemanden überraschen. Eher schon überrascht, dass auch die Bevölkerung, die nach Art. 29 zustimmen muss, zum Status Quo zu neigen scheint, wie sich 1996 in Brandenburg gezeigt hat. Es gibt also mächtige Beharrungskoalitionen. Mit dem Instrumentarium des Art. 29, der das Verfahren der Neugliederung regelt, lassen sich diese Koalitionen offensichtlich nicht überwinden.

In den fast unüberwindbar hohen Hürden, die einer Reform der bundesstaatlichen Ordnung in ihren wesentlichen Elementen entgegenstehen, tritt besonders markant ein Grundzug des politischen Systems der Bundesrepublik hervor, den die Politikwissenschaft in den letzten Jahrzehnten nachdrücklich herausgestellt hat.[37] Der Konsensbedarf für politische Entscheidungen ist generell – keineswegs nur für Verfassungsänderungen – sehr hoch und föderalistische Politikverflechtung hat daran einen wesentlichen Anteil. Der Bundesrat ist, was diesen Grundzug des bundesrepublikanischen politischen Systems angeht, die Schlüsselinstitution. Und er ist es nicht nur, weil in ihm Bundesregierung und Landesregierungen aufeinandertreffen. Im Bundesrat begegnen sich auch, in anderer Weise als im Bundestag, Regierung und Opposition als gegnerische Parteien oder Parteibündnisse. In der bundesrepublikanischen Parteiendemokratie hat das nicht selten dazu geführt, dass die Opposition, wenn sie über eine Mehrheit in der Länderkammer verfügte, die Vetomacht des Bundesrates für ihre Zwecke eingesetzt hat. Und man hat aus dieser Beobachtung den verallgemeinernden Schluss gezogen, in der vom Parteienwettbewerb beherrschten bundesrepublikanischen Demokratie könne der Bundesrat die ihm von der Verfassung zugedachte Funktion, Länderinteressen in der Bundespolitik zur Geltung zu bringen, allenfalls sekundär spielen, weil er notwendig in den Sog des Parteienwettbewerbs gerate. Der Parteienwettbewerb und die bundesstaatliche Ordnung stünden in einem Spannungsverhältnis zueinander, das die Funktionsfähigkeit des politischen Systems der Bundesrepublik belaste.[38]

Das ist eine wichtige Einsicht. Aber sie darf nicht vergessen machen, dass es Länderinteressen gibt, die ihren Vorrang vor den taktischen Interessen des Parteienwettbewerbs im Bundesrat immer behaupten, die finanziellen vor allem. Insofern unterstreicht dies Argument nur, dass es zwei ganz unterschiedliche Interessenlagen gibt, aus denen heraus die Vetomacht des Bundesrates genutzt werden kann; die von Ländern, Ländergruppen, die dem Bund gegenüberstehen, und, entsprechende Mehrheitsverhältnisse vorausgesetzt, die der Opposition, die der Bundesregierung im Bundestag gegenübersteht. Das steigert das Gewicht des Vetopotentials des Bundesrates in der Bundespolitik.

Eben weil dieses Vetopotential ein solches Gewicht hat, ist die erste Frage, die an Landtagswahlen gestellt wird, die nach den Auswirkungen dieses oder jenes Wahlausgangs auf die Zusammensetzung des Bundesrates. 16 Landtagswahlen in einem Wahlzyklus von vier bis fünf Jahren, das bedeutet: zusätzlich zur Bundestagswahl bis zu 16 Wahlen von potentiell bundespolitischer Bedeutung in einer Legislaturperiode. Die besondere Konstruktion der Länderkammer, heißt das, bringt bestimmte gravierende Schwächen des demokratischen Politikzyklus fast ununterbrochen zur Geltung: die Tendenz der regierenden Mehrheit, mindestens im Vorfeld von Wahlen alles zu vermeiden, was den Wählern missfallen könnte, auf der einen Seite; und die Tendenz der Opposition, die politische Auseinandersetzung zu heftigster Polemik zu übersteigern, auf der anderen. Überlegungen, wie diesem allgemein als Missstand

---

[37] Manfred Schmidt hat eine Analyse des politischen Systems der Bundesrepublik Deutschland vorgelegt, die diesen Gesichtspunkt konsequent in den Mittelpunkt rückt: *Manfred Schmidt*, Das politische System Deutschlands, München 2007.

[38] *Gerhard Lehmbruch*, Parteienwettbewerb im Bundesstaat, Wiesbaden $^{3}$2000.

empfundenen Effekt der Bundesratskonstruktion begegnet werden könnte, sind immer wieder angestellt worden.[39] Vor allem der Vorschlag, alle Landtagswahlen mit der Bundestagswahl zusammenzulegen oder wenigstens in zwei Terminen zusammenzufassen, taucht regelmäßig auf. Aber es ist nicht zu sehen, wie er sich ohne Entmündigung der Länder verwirklichen ließe. Die andere Option – die Abhängigkeit der Bundesregierung vom Bundesrat drastisch zu reduzieren – findet, so wie der deutsche Föderalismus nun einmal konstruiert ist, erst recht nicht die Zustimmung der Länder. Reformen wie die von 2006 zeigen, obwohl sie keineswegs bedeutungslos sind, dass die Länder in den für sie wirklich wichtigen Fragen auf ihren Rechten zur Mitwirkung an der Bundespolitik beharren, ja diese Rechte- wie in der Europapolitik – da und dort noch auszuweiten suchen.

Vielleicht sollten die kritischen Anmerkungen zum bundesrepublikanischen Föderalismus als *der* Schwachstelle des Verfassungsbauwerkes aber doch nicht das letzte Wort in dieser Sache sein. Der hohe Zustimmungsbedarf für politische Entscheidungen, der hier – wohlgemerkt nur als ein Argument unter anderen – gegen die besondere Ausprägung der bundesstaatlichen Ordnung in Deutschland ins Feld geführt wurde, kann ja auch anders bewertet werden. Lijphart kommt in seinen Studien zu dem Ergebnis, dass die Konsensdemokratie der Mehrheitsdemokratie unter dem Strich überlegen sei. Auch wenn man diese Frage für offen hält: Aus der Geschichte der Bundesrepublik lassen sich durchaus Beispiele dafür anführen, dass der Zwang zur Suche nach einem breiten Konsens zwar verzögernd gewirkt hat, aber der Qualität der gesetzgeberischen Entscheidung im Ergebnis durchaus zugute gekommen ist.

## VI

Spielregeln können ihren Zweck nur erfüllen, wenn sie von den Spielern nicht beliebig und schon gar nicht einseitig verändert werden können. Verfassungen legen die „Spielregeln" für die Politik fest. Es ist also folgerichtig, wenn der moderne Verfassungsstaat für Änderungen der Verfassung ein besonderes Verfahren vorsieht, dessen Hürden höher sind als die des einfachen Gesetzgebungsverfahrens. Das Regelwerk der Verfassung darf aber auch nicht starr sein. Verfassungen sind auf Dauer angelegt und müssen auf Dauer angelegt sein. Aber gerade deshalb dürfen sie nicht unabänderlich sein. Es muss die Möglichkeit geben, mit einer Veränderung der Regeln auf den Wandel der Zeiten, auch auf Erfahrungen zu reagieren. Moderne Verfassungsstaaten balancieren diese einander entgegengesetzten Notwendigkeiten durchaus unterschiedlich aus. Die erste französische Revolutionsverfassung machte die Hürden fast unüberwindlich hoch (Titel 7 der Verfassung vom 3.September 1791). Auch die wenige Jahre ältere Verfassung der Vereinigten Staaten hat – aus ganz anderen Gründen – für Verfassungsänderungen ein außerordentlich anspruchsvolles Verfahren vorgeschrieben. In neueren Verfassungen ist oft ein großer Schritt

---

[39] Ein Beispiel für politikwissenschaftliche Überlegungen zur Reform des Bundesrates: *Roland Sturm*, Vorbilder für eine Bundesratsreform? In: Zeitschrift für Parlamentsfragen 33 (2002) S. 166–179.

in die Gegenrichtung getan worden. Das Grundgesetz nimmt eine mittlere Position ein. Zwei-Drittel-Mehrheit in Bundestag und Bundesrat – das bedeutet: Von 1957 bis 2009 konnten immer nur die beiden großen Parteien gemeinsam die Verfassung ändern, weil jede von ihnen im Bundestag über eine Sperrminorität verfügte.[40] Und wenn es um die bundesstaatliche Ordnung geht, davon war schon die Rede, müssen sich Bund und Länder einigen. Es hängt in beiden Hinsichten von der konkreten Thematik ab, ob das hohe oder gar unüberwindlich hohe Hürden sind.

Das Grundgesetz ist im ersten halben Jahrhundert seiner Geltung nicht weniger als 46 Mal geändert worden.[41] Das erweckt den Eindruck, als seien die notwendigen Übereinstimmungen ziemlich leicht zustandezubringen. Aber die Zahl täuscht. Es gibt Änderungen, meist solche von sekundärer Bedeutung, die in der Tat ohne große Schwierigkeiten das vorgeschriebene Verfahren durchliefen. Es gibt andere, die sehr mühsam ausgehandelt werden mussten. Und es gibt natürlich auch Verfassungsbestimmungen, bei denen eine Änderung, mag sie auch da und dort für wünschbar gehalten werden, nicht denkbar ist, weil keinerlei Aussicht besteht, den breiten Änderungskonsens, den man braucht, herbeizuführen.

Aufs Ganze gesehen liegt das Problem nicht darin, dass es entweder zu leicht oder zu schwierig wäre, das Grundgesetz zu ändern. Das Problem liegt darin, dass sich in den letzten Jahrzehnten die politische Gewohnheit entwickelt hat, immer dann, wenn eine Verfassungsänderung nur als zäh erarbeiteter Kompromiss zustande gekommen ist, eben diesen Kompromiss in all seinen Einzelheiten in die Verfassung hineinzuschreiben.[42] Das bringt Ungetüme von Verfassungsartikeln hervor und gibt der Verfassung Schritt für Schritt eine Detailrigidität, die ihrem Wesen eigentlich ganz fremd ist. Beispiele finden sich im Grundrechtsteil (Art. 13, Art. 16a), ebenso bei den Regeln, die die bundesstaatliche Finanzverfassung betreffen. Auch der in den 90er Jahren in die Verfassung eingefügte Europaartikel (Art. 23), eine der wichtigsten Ergänzungen des Grundgesetzes überhaupt, ließe sich hier nennen. Immer spiegelt diese Art von Bestimmung, die das Ausführungsgesetz gleich mit in die Verfassung hinein nimmt, das Misstrauen wider, das die Kontrahenten gegeneinander hegen. Nur was in der Verfassung steht, ist sicher. Und ohne ein Maximum an Sicherheit gibt es keine Bereitschaft zum Kompromiss.

Nicht nur am Rande kommen dabei übrigens auch Gesichtspunkte der Verfassungsästhetik ins Spiel. Das hässliche Wörtchen „auch" in der 1994 in das Grundgesetz aufgenommenen Staatszielbestimmung des Art. 20a (Schutz der natürlichen Lebensgrundlagen) ist ein bemerkenswertes Beispiel dafür, welchen zunächst ästhetischen, potentiell aber durchaus weiter reichenden Schaden das Bemühen, einen politischen Kompromiss um jeden Preis ganz exakt in der Verfassung festzuschreiben, anrichten kann. Wer mit dem Grundgesetz hantiert, sollte sich immer daran

[40] In den ersten beiden Legislaturperioden hatte die SPD im Bundestag die Vetostärke noch nicht erreicht, 2009 hat sie sie nach mehr als einem halben Jahrhundert wieder verloren. Die CDU/CSU hat von der zweiten Legislaturperiode an durchgehend über mehr als ein Drittel der Bundestagsmandate verfügt, 2009 allerdings die Schwelle nur noch gerade eben überschritten.

[41] Zur Praxis der Verfassungsänderungen im politischen System der Bundesrepublik aus politikwissenschaftlicher Sicht *M. G. Schmidt* (Anm. 37) Kapitel 13.

[42] Art. 7 zeigt allerdings, dass auch der Parlamentarische Rat in Einzelfällen bereits mühsam ausgehandelte Kompromisslösungen sehr detailliert ins Grundgesetz hineinschrieb.

erinnern, dass die außerordentliche Wertschätzung des Grundgesetzes als einer gelungenen, einer identitätsstiftenden Verfassung Voraussetzungen hat, die nicht einfach ein für allemal gegeben sind.

Verfassungswandel vollzieht sich nicht allein durch Änderung des Verfassungstextes. In einem politischen System wie dem Deutschlands, in dem die verbindliche Auslegung der Verfassung einer gerichtlichen Instanz von unbestrittener Autorität anvertraut ist, einer Instanz, der auf einer Vielzahl von Zugangswegen ununterbrochen Streitfragen vorgelegt werden, die ihr auch tatsächlich Gelegenheit geben, von ihrer Auslegungsmacht Gebrauch zu machen – in einem solchen politischen System ist das Verfassungsrecht in ständiger Entwicklung begriffen. Durch verbindliche Auslegung wird die Verfassung konkretisiert und das heißt: in den Fällen, in denen die Norm der Konkretisierung zwingend bedarf, recht eigentlich erst geschaffen. Von der überragenden Bedeutung des stetigen Stroms von Auslegungsentscheidungen für die Geltung, für die Wirkkraft der Verfassung gerade im deutschen Fall war schon die Rede. Diesen Strom kann man als ein ständiges „Werden" von Verfassung verstehen. Technischer gesprochen handelt es sich um die ununterbrochene Ausübung von „sekundärer" verfassungsgebender Gewalt im Wege verbindlicher Auslegung.[43] Sekundär deshalb, weil der Text selbst nicht zur Disposition steht. Ob bei einer Verfassung, die, pointiert formuliert, durch Auslegung eines Basistextes sozusagen täglich geschaffen wird, Verfassungswandel überhaupt ein adäquater Begriff ist, kann man fragen.

Wie immer die Antwort ausfällt, man muss klar vor Augen haben, dass die Macht der Auslegung selbst da überragend ist, wo der Text sehr detaillierte Vorgaben macht oder zu machen scheint. In all seiner Ausführlichkeit lässt etwa der Europa-Artikel (Art. 23) die Frage, auf welches Ziel er die Bundesrepublik mit dem Satz „Zur Verwirklichung eines vereinten Europas wirkt die Bundesrepublik Deutschland bei der Entwicklung der europäischen Union mit" ausrichtet, letztlich offen. Auf einen europäischen Bundesstaat? Und wenn man sich zu dieser Auslegung entschließt, bleibt in der Systematik des Grundgesetzes, die bekanntlich zwischen unabänderlichem und veränderbarem Verfassungsrecht unterscheidet, immer noch die Frage offen, ob der Verfassungsgesetzgeber, der Art. 23 in das Grundgesetz eingefügt hat, den Staat Bundesrepublik Deutschland überhaupt zur Selbstaufgabe verpflichten oder auch nur ermächtigen kann. Die auslegende Instanz ist gefragt.

Schließlich: Es gibt auch Verfassungswandel durch politisches Verhalten, gleichsam stillschweigenden Verfassungswandel, den die politische Praxis herbeiführt. Zwei Beispiele müssen genügen, um auf diese Dimension bundesrepublikanischer Verfassungsgeschichte wenigstens zu verweisen. Das Stichwort „wehrhafte Demokratie" hat uns schon beschäftigt. So wichtig das Verfassungsprinzip der Wehrhaftigkeit für das Selbstverständnis der frühen Bundesrepublik war und bis in die 70er Jahre blieb, die einschlägigen Vorkehrungen des Grundgesetzes sind seitdem durch bewussten Nichtgebrauch in eine Art von Ruhestand versetzt worden, der eine Reaktivierung nicht ausschließt, aber doch sehr unwahrscheinlich macht.[44] Das hat

[43] *P. Graf Kielmansegg* (Anm. 31) S. 20.

[44] Siehe Anm. 6. Die Entwicklung der „wehrhaften Demokratie" seit den neunziger Jahren verfolgt das von *Uwe Backes* und *Eckhard Jesse* herausgegebene Jahrbuch „Extremismus und Demokratie".

nicht nur, aber doch auch mit dem Ende des Ost-West-Konfliktes zu tun, wie denn überhaupt das Ende des Ost-West-Konfliktes ein Epochendatum auch in der Verfassungsgeschichte der Bundesrepublik ist, nicht nur wegen der Wiedervereinigung. Das Grundgesetz im Kontext des Ost-West-Konfliktes war in mancher Hinsicht eine andere Verfassung als das Grundgesetz danach.

Ein ganz anderer Fall von Verfassungsgestaltung (wie man hier eher wird sagen müssen) durch politische Praxis ist die auf Art. 21 Abs. 1 Satz 1 fußende Entwicklung. Es gehört zu den Wesenszügen der zweiten deutschen Demokratie, dass sie Parteiendemokratie par excellence geworden ist.[45] Sie wäre es wohl auch ohne den ersten Satz des Art. 21 geworden. Aber dieser Satz hat den Parteien eben doch, seiner vorsichtigen Formulierung ungeachtet, zur verfassungsrechtlichen Legitimation ihres umfassenden Zugriffs auf den gesamten politischen Raum dienen können. Ihren Anspruch auf eine Art von Alleinzuständigkeit für Politik haben sie nie ganz durchsetzen können. Er stößt heute auf mehr Widerspruch als früher. Aber die deutschen Parteien sind diesem Ziel näher gekommen als die Parteien in vielen anderen Demokratien. Man kann das – und nur insoweit ist die Entwicklung hier von Interesse – als die Ausbildung einer vom Grundgesetz noch gedeckten, aber in seinem Demokratieverständnis keineswegs zwingend angelegten Verfassungspraxis beschreiben. Etwas anders formuliert: Es lässt sich mit dem Grundgesetz kaum gegen die konsequente Parteiendemokratie argumentieren; aber dass die Demokratie des Grundgesetzes mit der Vorbehaltlosigkeit Parteiendemokratie sein müsse, mit der sie es geworden ist, folgt aus Art. 21 nicht. Das Bundesverfassungsgericht als Auslegungsinstanz hat übrigens einen merkwürdig ambivalenten Anteil an der Ausbildung der parteiendemokratischen Verfassungspraxis. Es hat den Prozess einerseits gefördert und verfassungsrechtlich abgesichert. Es hat aber andererseits auch immer wieder Versuche unternommen, besonders in seiner nicht eben gradlinigen Rechtsprechung zur Parteienfinanzierung, der Parteiendemokratie gewisse Schranken zu setzen.

Verfassungswandel kann sich natürlich auch im Zusammenspiel zwischen Auslegung und einer bestimmtem politischen Praxis vollziehen. Das wichtigste Beispiel dafür bietet Art. 68 (Vertrauensfrage – Bundestagsauflösung). Dreimal ist der Bundestag nach dieser Verfassungsregel aufgelöst worden (1972, 1983 und 2005). Die politischen Konstellationen waren jeweils andere, aber in allen drei Fällen handelte es sich um einen manipulativen Gebrauch der Verfassungsvorschriften. Die Kontrollinstanzen Bundespräsident und Bundesverfassungsgericht haben diesen Gebrauch dreimal sanktioniert. Nach den Vorgängen des Jahres 2005 wird man sagen müssen, dass der Auflösung des Bundestages durch den Bundeskanzler aus Gründen der politischen Opportunität, wenn er denn seine parlamentarische Mehrheit für diesen Schritt gewinnen kann, nicht mehr viel im Wege steht. Das verkehrt die Intention der Verfassung in ihr Gegenteil. Die Folgen dieses „Verfassungswandels" sind noch nicht absehbar.

Man kann das Thema Verfassungswandel nicht diskutieren, ohne ziemlich rasch auf die Frage zu stoßen, wie sich Verfassungswandel und gesellschaftlicher Wandel

---

[45] *Oscar W. Gabriel / Oskar Niedermayer / Richard Stöss* (Hrg.), Parteiendemokratie in Deutschland, Bonn ²2001. Manche Parteienkritiker mögen nicht mehr von Parteien-„demokratie" sprechen, so etwa Hans Herbert v. Arnim. Dessen jüngstes einschlägiges Buch heißt „Das System" (München 2001).

zueinander verhalten und verhalten sollten. Die Frage liegt umso näher, als die 60 Lebensjahre des Grundgesetzes insgesamt gesehen eine Epoche dramatischen, ja revolutionären gesellschaftlichen Wandels gewesen sind: Emanzipation der Frau, Geburtenrückgang, Alterung – um nur drei Hauptstichworte zu nennen. Wertewandel lautet ein anderes. Diese Stichworte bezeichnen, wie man weiß, nicht das Sonderschicksal eines Landes, sie bezeichnen eine Entwicklungsdynamik, die in der zweiten Hälfte des 20. Jahrhunderts eine ganze Zivilisation von Grund auf veränderte. Deutschland, bis 1990 das westliche Deutschland war betroffen, weil es Teil einer Welt im Wandel war.

Das Grundgesetz hatte damit zunächst einmal gar nichts zu tun. Das ist die eine Seite. Auf der anderen Seite aber stellt sich natürlich die Frage, welche Möglichkeiten politischen Umgangs mit, politischer Bearbeitung von raschem, tiefgreifenden gesellschaftlichen Wandel ein politisches System bietet. Hier kommt die Verfassung ins Spiel. Wir haben das Grundgesetz in der Begrifflichkeit von George Tsebelis als eine Verfassung mit relativ vielen Vetopunkten oder auch, in den Kategorien von Arend Lijphart, als eine Demokratie mit stark konsensdemokratischen Zügen beschrieben.[46] Eine solche Verfassung macht es schwierig, auf stürmischen sozialen Wandel angemessen zu reagieren; auf den demografischen Wandel etwa, der lange absehbar war und einen frühzeitigen gründlichen Umbau des Systems sozialer Sicherung notwendig gemacht hätte. Deutschland hat das versäumt. Ein Blick in die Runde zeigt allerdings, dass praktisch alle Demokratien der Herausforderung lange ausgewichen sind. Man wird die Bedeutung der Besonderheiten des jeweiligen politischen Systems also nicht zu hoch veranschlagen dürfen. Aber dass das Handeln auch dann noch schwer fällt, wenn die Notwendigkeit des Handelns schlechterdings nicht mehr ignoriert werden kann – das hat etwas mit diesen Besonderheiten zu tun. Pointiert und zugleich sehr abstrakt formuliert: Der Handlungsbedarf, den ein säkularer sozialer Wandel erzeugte, überforderte phasenweise das im Grundgesetz in bestimmter Weise institutionalisierte Handlungspotential des politischen Systems.

Es geht aber bei der Thematik „Verfassung und gesellschaftlicher Wandel" nicht nur um die Verfahrensregeln, die Regeln, die festlegen, *wie* verbindliche Entscheidungen zustande kommen. Es geht auch um inhaltliche Festlegungen, mit denen die Verfassung das Gemeinwesen normativ ausrichtet. Das Grundgesetz hält sich, das ist schon gesagt worden, mit solchen Festlegungen zurück. Es hat der Bundesrepublik kein politisches Programm mit Verfassungsrang verordnet. Gesellschaftlichen Wandel hat es von Verfassungs wegen nur mit wenigen, eher konkreten Zielvorgaben gefördert (Art. 3 Abs. 2, Art. 6 Abs. 5). Es hat sich andererseits mit einem Grundrechtskatalog, an dessen Spitze die Menschwürde (Art. 1), die freie Entfaltung der Persönlichkeit (Art. 2) und die Gleichheit (Art. 3) stehen, als durchaus offen für die das letzte halbe Jahrhundert bestimmenden mächtigen Tendenzen des Wertewandels erwiesen – für Individualisierung, Emanzipation, Abbau von Ungleichheiten, um nur drei Hauptimpulse dieser Bewegung zu nennen.

Das heißt nicht, dass es im Grundgesetz keine inhaltlichen Festschreibungen gäbe, von denen retardierende Wirkungen ausgehen. Wie könnte es auch anders sein? Festgeschrieben werden im Allgemeinen fundamentale normative Überzeugungen

[46] Siehe Anmerkungen 3 und 25.

des Verfassungsgebers. Je konkreter das geschieht, desto wahrscheinlich wird es in modernen Gesellschaften, dass gesellschaftlicher Wandel wegführt von den Fixierungen, die eine bestimmte Generation hinterlässt. Auf den Wandel selbst hat die Verfassung kaum Einfluss. Aber dem Prozess der Umsetzung neuer Anschauungen in Recht wirkt die Festschreibung in der Verfassung, manchmal kürzer manchmal länger, entgegen.

Was das Grundgesetz angeht, so lässt sich das an Art. 6, der Ehe und Familie dem besonderen Schutz des Staates unterstellt, studieren. Die Institutionen Ehe und Familie, so wie der Verfassungsgeber sie 1949 vor Augen hatte, haben im letzten halben Jahrhundert dramatisch an Geltung und Selbstverständlichkeit verloren. Die Arrangements des Zusammenlebens sind individueller, unverbindlicher, lockerer geworden. Und es scheint, als sei diese Entwicklung noch keineswegs abgeschlossen. Art. 6 hat das nicht verhindern können, natürlich nicht. Art. 6 hat aber tatsächlich eine gewisse retardierende Wirkung gehabt, insofern er der raschen und vollständigen rechtlichen Anerkennung der neuen Beliebigkeit entgegengewirkt hat. Wiederum spielt das Bundesverfassungsgericht mit seiner Auslegungsmacht eine Schlüsselrolle. Es könnte die Begriffe Ehe und Familie, nicht von heute auf morgen, aber in wenigen Schritten, soweit öffnen, dass (fast) jedes vereinbarte Arrangement befristeten Miteinanders zur Ehe oder Familie wird. Das liefe dann allerdings der Sache nach auf eine Aufhebung des Art. 6 Abs. 1 hinaus. Und so hat das Gericht denn auch bisher nur den Weg einer behutsamen Öffnung eingeschlagen. Aber der Druck weiter zu gehen, wird wachsen.

Natürlich wirft gerade dieses Beispiel die Frage auf, wie die retardierende Wirkung normativer Festschreibungen durch die Verfassung zu bewerten sei. Wer meint, der Fortschritt, so wie er ihn definiert, habe Anspruch auf freie Bahn, wird sie kritisch sehen. Man kann die Verzögerung aber auch als Zeitgewinn verstehen. Zeit wird gebraucht, um Erfahrungen zu sammeln. Zeit wird gebraucht, um Moden von unwiderstehlichen historischen Trends unterscheiden zu können. Zeit wird gebraucht, um einen neuen Konsens aufzubauen. Zeit wird gebraucht, auch das kommt vor, um Irrtümer als solche zu erkennen. Das Wiedervereinigungsgebot des Grundgesetzes erschien spätestens in den 80er Jahren vielen Zeitgenossen als obsolet, störend, entspannungsfeindlich. Es überlebte, gestützt vom Verfassungsgericht, nur deshalb, weil nur eine Zwei-Drittel-Mehrheit in beiden Häusern des Parlamentes es aus der Verfassung hätte hinauswerfen können. Dass es überlebt hat, erwies sich, als die Geschichte 1989 eine revolutionäre Wendung nahm, als überaus hilfreich.

## VII

Dass das Grundgesetz des westdeutschen Staates von 1949 die Verfassung des wiedervereinigten Deutschlands wurde, war keineswegs eine zwingende Entwicklung. Und es hat ja, als es geschah, auch eine lebhafte Diskussion darüber gegeben, ob das vereinigte Deutschland nicht seine eigene neue Verfassung brauche.[47] Diese Diskus-

[47] Wichtige Beiträge zu dieser Diskussion finden sich in *Bernd Guggenberger / Tine Stein* (Hrg.), Die Verfassungsdiskussion im Jahr der deutschen Einheit, München 1991.

sion hat keine große Resonanz gefunden. Verfassungsfragen waren der breiten Öffentlichkeit ziemlich gleichgültig. Aber sie hatten in den Zirkeln, in denen sie geführt wurden, ein Gewicht, das sich aus der Sache, um die es ging, ergab. So ist es denn auch nicht unangemessen, eine letzte Überlegung an die Frage zu knüpfen, ob das Grundgesetz seinen gesamtdeutschen Weg mit einer Legitimitätsschwäche angetreten habe.[48] Wäre es geboten gewesen, dem vereinigten Deutschland eine neue Verfassung zu geben? Oder hätte ihm das zumindest gut getan?

Dass die Ausarbeitung einer neuen Verfassung dem Vollzug der Vereinigung nicht hätte vorausgehen können, wird niemand bestreiten, der sich mit den internationalen Konditionierungen des Geschehens, aber auch den innerdeutschen Verhältnissen in der kritischen Phase vertraut gemacht hat. Es stand nicht beliebig viel Zeit zur Verfügung. Aber hätten Beratungen über eine neue Verfassung dem nach Art. 23 a. F. vollzogenen Beitritt der Länder der DDR nicht folgen können? Natürlich wäre das möglich gewesen. Die zuständigen Verfassungsorgane haben es anders beschlossen und ein Verfahren festgelegt, bei dem absehbar war, dass es nur zu marginalen Änderungen des Grundgesetzes kommen würde. Und so war es dann auch.

Der Jurist braucht, wenn er nicht will, die Diskussion nicht über diesen Punkt hinaus zu führen. Für den Politikwissenschaftler aber ist die Frage, ob daraus nicht eine Legitimitätsschwäche des Grundgesetzes als gesamtdeutsche Verfassung resultiere, noch nicht beantwortet. Wird sie als empirische Frage gestellt, so lautet die Antwort: Indizien für eine solche Schwäche gibt es nicht. Zur Vermutung, die Deutschen im Osten des wiedervereinigten Landes würden eine neue Verfassung in höherem Maße als die ihre betrachten können, ist zu sagen: Das hinge vermutlich vor allem vom Inhalt dieser Verfassung ab, den wir nicht kennen. Von einer starken Identifizierung mit den selbst erarbeiteten Landesverfassungen ist im Übrigen nichts bekannt.[49] Und in die Rechnung einzustellen wären ja auch die Reaktionen der Westdeutschen auf den Abschied vom Grundgesetz.

Das demokratietheoretische Argument für einen neuen Konstitutionsakt mag einiges für sich haben, wenn man prinzipiell und abstrakt denkt. Die Argumente der praktischen Vernunft aber wiesen 1990 eindeutig in die andere Richtung. Die Diskussion hat seinerzeit mindestens andeutungsweise sichtbar gemacht und in den Verfassungsentwürfen des runden Tisches wie des Kuratoriums für einen demokratisch verfassten Bund Deutscher Länder kann man es nachlesen:[50] Es wäre ein elementarer Verfassungsdissens in wesentlichen Fragen aufgebrochen – direkte Demokratie, soziale Grundrechte, Staatsziele sind einige der einschlägigen Stichworte. Dieser Dissens aber hätte durch ein Mehrheitsvotum entschieden werden müssen, durch das Votum

---

[48] Dazu *Peter Graf Kielmansegg*, Vereinigung ohne Legitimität? In: Merkur 532 (Juli 1993) S. 561–575.

[49] Unabhängig von der Antwort auf die Frage, was die neuen Landesverfassungen den Ostdeutschen bedeuten, gilt: Es war für die Vereinigung von großer Bedeutung, dass die Bundesrepublik ein Bundesstaat ist, dem die DDR also auch nur gegliedert in Länder beitreten konnte. So haben die Deutschen des „Beitrittsgebietes" ein Stück verfassungsrechtlich gesicherter Selbstbestimmung und damit auch ein Element eigener, institutionalisierter politischer Identität mit in das vereinigte Deutschland hineinnehmen können.

[50] Die beiden Texte finden sich in *Uwe Thaysen* (Hrg.), Der Zentrale Runde Tisch der DDR, Wiesbaden 2000, Bd. V: Dokumente bzw. *Bernd Guggenberger / Ulrich Preuß / Wolfgang Ullmann* (Hrg.), Eine Verfassung für Deutschland, München/Wien 1991.

einer einfachen Mehrheit wohlgemerkt, denn mit qualifizierten Mehrheiten kann im Verfahren der Verfassungsgebung, das ja zu einem Ergebnis führen *muss*, in letzter Instanz nicht gearbeitet werden. Man hätte also eine Verfassung, der in einer 60jährigen Geschichte Zustimmung und Loyalität in außerordentlichem Maße zugewachsen waren, eine Verfassung, die ihre Tauglichkeit alles in allem überzeugend unter Beweis gestellt hatte, eine Verfassung schließlich, die ja im anderen Teil Deutschlands nirgends auf wirklichen Widerspruch stieß, gegen ein unerprobtes Dokument eingetauscht, an dem sich scharfer Dissens so oder so notwendig entzündet hätte. Und dies in einer Situation, in der es alle Kräfte auf das wirklich Dringliche zu konzentrieren galt. Auch wenn man denen, die für eine neue Verfassung stritten, den reinen guten Willen, vor allem eine Art von demokratischer Prinzipientreue zugesteht – der Vorschlag eines solchen Tausches bleibt doch naiv und ohne jeden Sinn für die politischen Risiken des Unternehmens. Wenn denn andere Motive im Spiel waren, ließe sich auch härter urteilen.

Es ist richtig: Der Beifall, der dem Grundgesetz damals von allen Seiten gezollt wurde, kann, wenn man die alternativen Verfassungsentwürfe ernst nimmt, kein ganz ehrlicher gewesen sein. Vielleicht ist der Verfassungskonsens, der das Grundgesetz trug und trägt, tatsächlich nicht ganz so intakt, wie die Verfassungsrhetorik glauben macht. Aber wenn das so wäre, gälte erst recht: Eine Verfassung, die selbst latenten Dissens in einen höheren Konsens einzubinden vermag, ist ein hohes Gut. Sie zu ersetzen durch eine Verfassung, die schon im Prozess ihrer Entstehung Verfassungsdissens zum offenen Ausbruch gebracht hätte, wäre schiere Unvernunft gewesen.

Ein Rest dieser Unvernunft hat in den Art. 146 n. F. Eingang gefunden.[51] Es ist eine gedanklich und sprachlich missratene Bestimmung, Produkt eines politischen Kompromisses, der notwendig war, um die erforderliche Mehrheit für die mit dem Einigungsvertrag verbundenen Verfassungsänderungen zusammenzubringen. Dass das deutsche Volk sich kraft seiner verfassungsgebenden Gewalt, wann immer es will, vom Grundgesetz verabschieden und eine neue Verfassung geben kann – aus dieser abstrakten demokratietheoretischen Binsenwahrheit eine Verfassungsnorm zu machen, war gänzlich überflüssig. In der sprachlichen Fassung, in der man es getan hat, wirft diese Binsenwahrheit ganz unnötig einen Verdachtsschatten auf das Grundgesetz, den Schatten des Verdachts, es sei um seine demokratische Legitimität nicht ganz gut bestellt. Es ist, nach allen Kriterien, ein abwegiger Verdacht.

---

[51] Zu Art. 146 n. F. *Martin Heckel*, Die deutsche Einheit als Verfassungsfrage. Sitzungsberichte der Heidelberger Akademie der Wissenschaften (Philosophisch-historische Klasse) Jahrgang 1995/3, Heidelberg 1995; *Horst Dreier*, Gilt das Grundgesetz ewig? München 2009.

Zweiter Teil

# Sechzig Jahre Grundgesetz von außen betrachtet

# 60 Years of the Basic Law and its Interpretation: An American Perspective

by

Prof. Dr. Peter E. Quint*, University of Maryland

Certainly most American observers would agree that, over the past 60 years, the Basic Law of the Federal Republic of Germany, and its interpretation by the Federal Constitutional Court, form one of the most brilliant success stories of democracy in the post-war world. The jurisprudence of the Constitutional Court – which now extends to more than 118 volumes of official reports – rivals (or even possibly exceeds) that of any of the world's other constitutional courts in complexity and subtlety of doctrine, cogency of argument, and in the protection of human rights and basic democratic structures of government.

This achievement is even more striking when one considers the intellectual landscape of Germany in the period immediately following World War II. A population demoralized by war, defeat, and – to a substantial extent – prior adherence to Nazism did not seem to provide the most favorable soil for the growth of strong democratic institutions. But for various complex reasons – including, among others, economic prosperity, the growth of European institutions, and a resumption of earlier traditions of legalism – these fragile structures grew stronger and more self-confident year by year, with the impressive results that we see today.

## I. The Basic Law and the American Constitution

The Basic Law of the Federal Republic of Germany is a product of the mid-twentieth century, and it is a successor, in several respects, of the adventurous Weimar Constitution of 1919. As such, the Basic Law possesses many characteristics that may well surprise an American observer schooled in the rather more modest eighteenth century Constitution of the United States.[1] Addressing problems that were not yet

* Jacob A. France Professor of Constitutional Law, University of Maryland School of Law, Baltimore, MD USA.

[1] On these points, see *Quint*, What is a Twentieth-Century Constitution?, 2007, 67 Maryland Law Review 238.

fully apparent in the eighteenth century, the Basic Law covers substantially more areas and is considerably more detailed than the elegant and spare American Constitution. For example, the Basic Law contains provisions on political parties and labor unions, institutions that were unknown in the America of the 1780s; and the Basic Law also provides much more detailed regulations on subjects such as governmental administration, governmental finance, and special emergency measures to be taken in times of military threat or hostilities. The complex and systematic emergency provisions, which were added to the Basic Law after bitter controversy in 1968, contrast sharply with the fleeting and fragmentary references to certain aspects of emergencies in the Constitution of the United States.[2] The German emergency provisions reflect the fears and tensions of the Cold War in Europe and, indirectly, the internal tensions of Germany during the 1960s as well.

Also in significant contrast with the American Constitution, the Basic Law imposes obligations on the government to provide a measure of social welfare for its citizens – although these obligations are primarily contained in laconic "social state" clauses[3] and are generally not spelled out in more elaborate detail, as they were in the Weimar Constitution of 1919, or as they are in the present-day Constitution of South Africa. A highly qualified article on the environment[4] – a recently added "third generation" provision – also goes far beyond anything present in the Constitution of the United States.

An American observer would also be impressed by the "internationalist" nature of the Basic Law. Indeed, in addition to significant provisions on international law in general,[5] the Basic Law contains detailed regulations governing the relationship between the Federal Republic of Germany and the European Union[6] – an institution of apparently "superior" constitutional standing, which has no parallel in the constitutional structure of the United States. In this connection one commentator has concluded that "ever since 1990 Europeanization has been the most important theme in German constitutional life."[7] Interestingly, this form of "Europeanization" reflects the original view of Chancellor Adenauer (later reprised by Chancellor Kohl) that in order to discourage a revival of potentially dangerous nationalism, German political institutions should be embedded in broader European structures. Finally, as will be discussed more fully below, the Basic Law imposes broad limits on its own amendment in a manner that seems to go substantially beyond the narrow and partially obsolete limits on amendments contained in Article V of the Constitution of the United States.

---

[2] See, e.g., U.S. Const., Art. I, § 9, cl. 2 (suspension of Habeas Corpus).

[3] Arts. 20 (1), 28 (1) GG; compare Art. 6 (4) GG.

[4] Art. 20a GG.

[5] Arts. 24–26 GG (see below).

[6] Art. 23 GG.

[7] *Spevack*, 2001, Allied Control and German Freedom, at 526.

## II. The Basic Law and Rejection of the Nazi Past

The development of the Basic Law in the past 60 years – both in the rather frequent amendment of its text as well as the extraordinary development in the jurisprudence of the Constitutional Court – provides a wealth of interesting and important similarities and contrasts with constitutional doctrine in the United States. Yet certain aspects of this 60-year history stand out as holding special interest for American observers. Certainly of very great importance to Americans – particularly those of an older generation – is the transformation of Germany from a dictatorial World War II adversary to a democratic partner in the post-War world. Viewed in this light, an especially impressive aspect of the Basic Law is its quality as a reaction to and rejection of the Nazi and authoritarian past. Although the essential first impetus in this direction was given by the victorious World War II Allies, the drafting of the details (and certainly the elaboration by the Constitutional Court) was principally a German project.

In this respect, the placement of a ringing guarantee of human dignity at the beginning of the constitution, immediately followed by a broad panoply of Basic Rights, demonstrates and symbolizes the rejection of this past. Furthermore, the incorporation of the general principles of international law into the domestic legal system[8] – and, most particularly, the adoption into constitutional law of the Nuremberg principle criminalizing the planning of aggressive war[9] – are also especially worthy of note. Indeed, the entire concept of the *Rechtsstaat* (government according to the rule of law), which runs throughout the Basic Law,[10] implies a total rejection of the arbitrary nature of Nazi rule. Other provisions make this rejection more specific by authorizing the prohibition of totalitarian political parties and groups.[11]

Yet an American observer might question whether even more might not have been done along these lines. For example, the citizenship provisions of the Basic Law fundamentally incorporate an ethnic concept of citizenship (*jus sanguinis*) which might seem uncomfortably close to earlier racialist views. It might also seem jarring that Hitler's Concordat with the Vatican, which gave "great advantages" to the Nazi regime in 1933[12], continues in effect, at least to some extent, under the Basic Law.[13] Transatlantic observers might also be surprised to learn that, in the doctrine of the Constitutional Court – and apparently in the views of the framers of the Basic Law – the German "Reich" did not disappear at the end of World War II[14]; rather this "Reich" continued on in a way that might even have allowed the theoretical assertion of German rights over territory east of the Oder-Neisse line, which was in effect transferred to Poland and the Soviet Union at the end of the War. In response, de-

[8] Art. 25 GG.

[9] Art. 26 GG.

[10] See, e.g., Arts. 19 (4), 103 GG.

[11] Arts. 21 (2), 9 (2).

[12] See *Holborn*, 1982, A History of Modern Germany 1840–1945, at 743.

[13] BVerfGE 6, 309 (1957). In the course of the *Concordat* decision, the Constitutional Court also retrospectively upheld the effectiveness of the "*Ermächtigungsgesetz*", through which Hitler consolidated power in March 1933. Id. at 330–32.

[14] See, e.g., BVerfGE 5, 85, 126 (1956) (KPD Case).

fenders of the theory of the "continuing Reich" might argue that this concept was important for German unification in 1990 and that, in any case, Germany has conclusively abandoned any claim to former German territories now in Poland or Russia.[15]

Yet notwithstanding certain possibly questionable aspects of doctrine, in important instances the Constitutional Court took significant steps to eradicate vestiges of the Nazi past in the Federal Republic. At a very early point, for example, the Constitutional Court issued a seminal opinion banning a far-right political group that appeared to be an attempted continuation of the Nazi Party.[16] In other notable decisions, the Court also rejected arguments that former members of the Nazi civil service possessed continuing constitutional claims for full pensions and other support under the Federal Republic.[17] In these decisions – which clearly seemed to favor a new constitutional jurisprudence over more traditional views held by many members of the ordinary judiciary – the Constitutional Court pointed out that the German civil service had been politicized and thus destroyed under the Nazis, with the result that its members had no continuing constitutional claim against the government of the Federal Republic.

The theme of confronting the past was also clearly evident – although in a more indirect manner – in the classic *Lüth* case of 1958.[18] In this famous decision, the Constitutional Court extended protection to the free speech of an anti-fascist activist who called for a boycott of a new film by Veit Harlan, the director of a vicious anti-Semitic film under the Nazis. In this decision, as well, the Constitutional Court emphasized the primacy of constitutional law over more traditional structures of the "ordinary" German law.

In the course of the *Lüth* opinion, the Court also took two steps that were to be fundamental for important aspects of German constitutional law in the future. First, the Court found that the constitution was applicable (to some extent at least) in questions of private law and that, indeed, the "radiations" of constitutional rights affected all branches of German law; this doctrine, which appears to apply broadly to legal relations among private persons, implied a role for constitutional law that went significantly beyond the limits of the "state action" doctrine in American constitutional jurisprudence. Second, the Court in *Lüth* held that statutes limiting the freedom of expression must be "balanced" against the very weighty constitutional freedom of expression protected by the Basic Law. Indeed, the Court quoted the American jurist Benjamin Cardozo in declaring that the freedom of expression is "the matrix, the indispensable condition of nearly every other form of freedom."[19] Accordingly, if the constitutional value is weightier under the circumstances, it will prevail over what might otherwise have been the statutory resolution of the "ordi-

---

[15] Treaty on the Final Settlement with Respect to Germany, Sept. 12, 1990, Art. 1.

[16] BVerfGE 2, 1 (1952) (SRP Case).

[17] BVerfGE 3, 58 (1953); BVerfGE 6, 132 (1957); for discussion, see *Baade*, 1961, Social Science Evidence and the Federal Constitutional Court of West Germany, 23 Journal of Politics 421.

[18] BVerfGE 7, 198 (1958). For more detailed commentary on this case and other free speech cases discussed below, see *Quint*, 1989, Free Speech and Private Law in German Constitutional Theory, 48 Maryland Law Review 247.

[19] BVerfGE 7, 198, 208.

nary" law – as it did in *Lüth* itself. In reaching this conclusion, the Court turned away from the literal text of the Basic Law (Article 5 (2)), which seemed to allow any statutory "general law" to prevail over the constitutional value of the freedom of expression.[20] Thus, in its early years, the Court provided a significant foundation for the constitutional protection of freedom of speech.

In finding that the interests of free speech prevailed in *Lüth*, the Constitutional Court placed particular weight on the speaker's position as a well-known activist who sought reconciliation between Germans and Jews and who was attempting to prevent international opinion from believing that significant figures under the Nazis could again achieve prominence in the arts under the Federal Republic.[21] The Court also approved Lüth's statement that Harlan's trial for crimes against humanity had resulted in a "formal acquittal" but a "moral condemnation": although Harlan was found to have committed crimes against humanity, he was acquitted because he was acting under orders.[22] Moreover, "respected figures in public life", within Germany and abroad, had also deplored Harlan's re-emergence in the post-war German cinema.[23]

Working through the extraordinary twists and turns of the *Lüth* opinion, the reader is confronted with a lesson that is important to understand in any system of judicial review: the constitutional text of the Basic Law itself is only an outline – and very often not a very clear outline – of the body of doctrine that becomes the real "constitution" only in the course of judicial interpretation. One could not possibly deduce in a "syllogistic" manner the principles of *Lüth* from the bare language of the Basic Law. But the doctrine of the *Lüth* case – even though it has been subject to some criticism in recent years – has become the doctrine of the Basic Law just as much as (or indeed even more than) the laconic outline of the text itself.

In a third case of the same early period, the Constitutional Court employed concepts of federalism, as well as the freedom of expression, in order to invalidate Chancellor Adenauer's plan to establish a national television channel that would be subject to the control of the federal government.[24] According to the Court, the Basic Law required that a variety of different views be broadcast on available radio and television channels. One may surmise that recent recollections of centralized government control of communications under the Nazis formed the theoretical background of this important decision.[25]

## III. Freedom of Expression Under the Basic Law

Of course, especially as time went on, much of the Court's work was not devoted to such spectacular decisions, but rather to the more typical work of a constitutional

---

[20] *Currie*, 1994, The Constitution of the Federal Republic of Germany, at 178–81.

[21] BVerfGE 7, 198, 216–18.

[22] Id. at 221–28.

[23] Id. at 229–30.

[24] 12 BVerfGE 205 (1961).

[25] Cf. *Wesel*, 2004, Der Gang nach Karlsruhe: Das Bundesverfassungsgericht in der Geschichte der Bundesrepublik, at 122.

court – making more modest interstitial adjustments to basic principles already set out. A number of these less spectacular – but, nonetheless, very interesting – decisions fell into the area of the freedom of expression, regulated under Article 5 of the Basic Law. This is an area of particular interest to American observers because the freedom of speech and press, protected by the First Amendment, forms one of the most distinctive and controversial areas of American constitutional law. Moreover, the German cases differ considerably – in technique and, sometimes, in result – from American First Amendment doctrine. As we have seen, the German Constitutional Court employs a technique of balancing in the individual case – a technique that is also used by the European Court of Human Rights and certain other modern courts. In contrast, the Supreme Court of the United States often resolves these issues by defining a number of quite narrow categories in which speech will no longer be protected. As a result, the Supreme Court's doctrine protects certain forms of expression that remain unprotected in Germany – and indeed, in most other countries of the world.

In cases following *Lüth*, the German Constitutional Court upheld the speech interests of a small magazine publisher that propagated unpopular political views, against the economic power of one of Germany's largest commercial publishers;[26] and it reversed an injunction that prohibited a political figure from stating that a prominent right-wing foundation was "a nationalistic enterprise ... in democratic clothing."[27]

On the other hand certain other cases rejected speech interests, or subordinated them to privacy or other values, in a manner that might strike many American observers as not granting sufficient protection to the freedom of expression.[28] Indeed, in a number of these cases, the Court seemed to retreat from a strong emphasis on the primacy of constitutional law by deferring to the assessment of contending interests undertaken by the ordinary civil or criminal courts. For example, the Court upheld an order banning the publication of a novel by the well-known writer Klaus Mann (son of the famous novelist Thomas Mann), which was said to have defamed the memory of a German actor and director who had collaborated with the Nazis.[29] Certainly, the prohibition of the publication of a novel – as a remedy for claimed defamation – would violate the general prohibition of prior restraints under American constitutional law.

In a particularly interesting decision of the same period, the Constitutional Court banned a television film because it portrayed a named individual who had participated, as an accessory, in a famous murder of German army personnel.[30] The individual was about to be released from prison, and the Court found that his rehabilitation might be impaired by a television portrayal of his crime. This decision is widely admired by German commentators as an example of the protection of human dignity; but many American observers might object that important speech interests – re-

[26] BVerfGE 25, 256 (1969) (Blinkfüer).

[27] BVerfGE 42, 163 (1976) (Echternach).

[28] See, e.g., BVerfGE 42, 143 (1976) (*Deutschland-Magazin*).

[29] BVerfGE 30, 173 (1971) (Mephisto). In this case the Court upheld the order by an equally divided vote.

[30] BVerfGE 35, 202 (1973) (Lebach).

lating to a public event of particular importance – had been subordinated to a questionable extension of the concept of privacy.[31]

## IV. The Constitutional Court in the 1970s: Attack from the Left

Although these more routine cases inevitably make up the bulk of the jurisprudence of any constitutional court, three prominent episodes in the history of the Constitutional Court and the Basic Law deserve particular mention because they evoked, in very sharp form, a type of criticism that, sooner or later, may be levied against any constitutional court in any constitutional system. The criticism was that, in these episodes, the court was acting as a political actor, willfully imposing its own choice of values on the legislature, executive, and the people, instead of following a path that in one way or another could be considered a "judicial" interpretation of the Basic Law. This is an issue, of course, that has also been present in the history of the United States Supreme Court for two hundred years – from the great opinions of Chief Justice Marshall in the early 19th Century[32], all the way up to the highly controversial decision of the Supreme Court in the 2000 Election Case, *Bush v. Gore*[33] – and beyond. Thus, for an American observer, these extraordinary episodes in the interpretation of the Basic Law, may suggest interesting comparative reflections on the nature not only of a particular constitutional court, but of the project of constitutional jurisprudence in general.

The first of these three episodes occurred in the 1970s. Up until 1966, the federal government had been controlled by a conservative coalition under Chancellors Adenauer and Erhard. But after three years of joint government by a "grand coalition", the SPD under Chancellor Willy Brandt assumed control of the national government (in coalition with the FDP) for the first time in the history of the Federal Republic.[34]

Under Brandt, the Social Democrats sought to loosen the strictness of German government and society, and Parliament enacted a number of initiatives along these lines. But during the 1960s the conservative coalition had secured the appointment of a preponderance of conservative justices[35], and the Constitutional Court invalidated several important legislative changes initiated by SPD governments at the state and federal level. In so doing the Court sometimes deployed inventive constitutional techniques. In these cases, it could be argued that the Constitutional Court aligned itself with conservative social and political forces, in endeavoring to preserve tradi-

---

[31] In its decades-long history, the Constitutional Court has adjudicated many other cases that sought to strike a balance between free expression and countervailing interests such as privacy. For some of the most important of these decisions, see BVerfGE 12, 113 (1961) (Schmid-Spiegel); BVerfGE 34, 269 (1973) (Soraya); BVerfGE 54, 208 (1980) (Böll); BVerfGE 82, 272 (1990) (Democrat by necessity); BVerfGE 101, 361 (1999) (Caroline of Monaco).

[32] See, e.g., Marbury v. Madison, 5 U.S. 137 (1803); McCulloch v. Maryland, 17 U.S. 316 (1819); Gibbons v. Ogden, 22 U.S. 1 (1824).

[33] 531 U.S. 98 (2000).

[34] This historical moment might remind American observers of the election of 1800 in the United States, in which, for the first time, the Jeffersonian party replaced the more conservative Federalists.

[35] *Wesel* at 97–107.

tional social structures and to check the flow of possible social reform. Indeed one such criticism went so far as to claim that the conservative CDU/CSU and the Constitutional Court judges were allied in an "extra-parliamentary opposition" (*außerparlamentarische Opposition*).[36]

From an American perspective, by far the most interesting of these cases is the first German Abortion Case, decided in 1975.[37] In this decision, the Constitutional Court took a position that, in theory, contrasted sharply with the position of the Supreme Court of the United States, in its great abortion decision of the same period.[38] The American decision begins with a constitutional "privacy" or "autonomy" right of a pregnant woman to decide to terminate her pregnancy, and that right is then qualified – to a certain extent only – by the state's interests in maternal health and the potential life of the fetus. The German doctrine, on the other hand, begins at the other side of the issue with the assertion of a constitutional right to life of the fetus, which then is qualified – to a certain extent only – by certain "personality" rights of the pregnant woman. Arguing from this premise, the German Court reached a position that would probably be impossible under the eighteenth century Constitution of the United States: the Court found that the government had a constitutional *duty* to impose criminal penalties on persons who undertook abortions in certain circumstances – a position that was vigorously criticized in a dissenting opinion.[39]

An American observer might conclude that the result in the first German Abortion Case bears an unexpected (and perhaps paradoxical) relationship to the German guarantee of the "social state" – in that both doctrines impose significant constitutional obligations on the government. The "social state" clause imposes an obligation on the government to provide *benefits* to its citizens in the form of social welfare; in contrast, the first Abortion Decision imposes an obligation on the government to impose *burdens* on certain of its citizens in the form of criminal penalties – although these penalties are viewed by the Constitutional Court as providing a *benefit* to the fetus. For better or worse, the eighteenth century Constitution of the United States, which largely eschews governmental obligations, has generally remained inhospitable to both forms of doctrine.[40]

There were other cases of the same period in which the Constitutional Court seemed to set its face against social change. Responding to student unrest of the 1960s, an SPD state government enacted a reform measure which required that students and nonacademic personnel be represented in the councils of the university. According to the Court, this statute violated the constitutional right of the full pro-

---

[36] *Lamprecht* & *Malanowski*, 1979, Richter machen Politik: Auftrag und Anspruch des Bundesverfassungsgerichts, at 23. For detailed discussion of these cases, see *Wesel*, at 223–75.

[37] BVerfGE 39, 1 (1975).

[38] Roe v. Wade, 410 U.S. 113 (1973).

[39] BVerfGE 39, 1, 68–95 (opinion of Justices Rupp-v. Brünneck and Simon).

[40] Interestingly, the stern rhetoric of the Court's 1975 Abortion Decision could not completely withstand the pressures of life: in certain of the *Länder*, at least, one of the exceptions to criminal liability acknowledged by the Court – the "social" exception – seemed to be expanded to the point of swallowing the rule; and, in any case, the rigor of the decision was considerably mitigated later, in the context of German unification, when the Court allowed decriminalization if the pregnant woman underwent an approved course of counseling before choosing an abortion. BVerfGE 88, 203 (1993).

fessors to retain majority control on questions of teaching and research.[41] The Court inferred this broad institutional right of the full professors from language of the Basic Law which simply stated that "research and teaching shall be free."[42] During this period, the Court also struck down a federal statute that relaxed the procedure for claiming an exemption from conscription as a conscientious objector: instead of requiring a hearing on the question, the statute allowed the candidate to claim the exemption by simply filing a written declaration. In invalidating the statute – principally on grounds of equality and the absence of consent by the Bundesrat – the Court seemed anxious to preserve certain traditional structures of the military.[43]

Finally, in a very important case of the 1970s, the Constitutional Court upheld the cornerstone of Willy Brandt's *Ostpolitik* – the Basic Treaty with the German Democratic Republic (GDR) – against claims that such a rapprochement violated a constitutional requirement of reunification and the underlying theory of the "continuing Reich."[44] The Court upheld the agreement, but its opinion so narrowed the effect of the treaty that it is questionable whether this decision could actually be considered a truly favorable result for Brandt and the Social Democrats.

These cases of the 1970s were decided against the background of the 1968 students' movement, which some saw as profoundly liberating, but many others viewed as a threat to the carefully nurtured post-war stability of Germany. Accordingly, what the critics believed was the determined political intent of these cases led to charges that the justices were acting more as politicians than as judges, in an attempt to preserve oppressive traditional structures of government and society. Yet these attacks from the left – although bitter and widespread – did not ultimately seem to shake or undermine the foundations of public confidence in the Constitutional Court.

## V. The Basic Law and German Unification

Certainly when the history of the Basic Law is written, the episode of German unification will play one of the most important roles. The Basic Law had been adopted in West Germany alone, but its framers had been adamant in declaring their goal of ultimate unification with the Soviet Occupation Zone or its successor the German Democratic Republic (GDR). When this event actually took place in 1990, the requirements of democratic theory might have seemed to favor the adoption of a new all-German constitution as contemplated by Article 146 GG; but in light of practical exigencies, the GDR simply "joined" West Germany under Article 23 GG. This method preserved the Basic Law and, of course, it also preserved the Constitutional Court's jurisprudence interpreting the Basic Law. An alliance of Social Democrats and representatives of the East German reform movement sought to amend the Basic Law to include more specific social welfare provisions and plebiscitary elements; but, after a parliamentary commission (*Gemeinsame Verfassungskommission*)

---

[41] BVerfGE 35, 79 (1973).

[42] Art. 5 (3) GG.

[43] BVerfGE 48, 127 (1978).

[44] BVerfGE 36, 1 (1973).

studied the problem, very few amendments were adopted – aside from technical changes required to accommodate unification and amendments related to the adoption of the EU's Maastricht Agreement. Thus the Basic Law was not significantly altered in a manner that would have moved it even farther from certain basic characteristics of the Constitution of the United States.

In the cases evoked by the epochal events of German unification, the Constitutional Court acted in a generally consistent manner. The justices upheld the main political choices made in the course of unification; but they also seemed anxious to give a degree of solace to some of the losers in the process. The main political choices concerned issues of profound importance, and the Court seemed reluctant to interfere with these great historical decisions. But by making significant adjustments that seemed directed toward reconciling various contending interests in the course of unification, the Court also made clear to the political branches that it must always be reckoned with, even in moments of high historical importance.

Thus, in the massive property settlement upon unification, the Court upheld the decision to deny restitution of property expropriated under the Soviet occupation regime (1945 to 1949).[45] Nonetheless the Court required that a measure of compensation be paid to the former owners of that property, even though the political settlement had made such payments optional only.[46] In another case, the Court upheld the dissolution of the vast East German bureaucracy, but it also insisted on certain measures of social welfare or preference for some of the most socially vulnerable among those who were affected.[47] Finally, the Court struck down plans for the first all-German parliamentary election, but at the same time it provided an easy road map for a constitutionally valid election.[48] The Court's preferred system gave an increased chance to certain small East German parties that would probably have been obliterated under the original plan which the Court found unconstitutional.

When we take an overall view of the episode of German unification, therefore, we see that the Constitutional Court seems to be acting as a mediator between the contending interests. The Court stands with the government as a general proposition, but it also gives consideration to the losers in the process – whether they are on the side of the generally prosperous (the former large landowners and their heirs), or on the side of the socially disadvantaged (certain individuals whose jobs were lost or imperiled in the dissolution of the eastern bureaucracy). The nature of these issues, and the extraordinary generality of the relevant constitutional provisions makes it very difficult to view the Court as proceeding in any syllogistic or otherwise clearly "juristic" way from established constitutional principles to any clear conclusions demanded by those principles. Rather, the Court seems here to be acting in a thoroughly pragmatic manner to achieve the results thought best for the process of uni-

[45] BVerfGE 84, 90 (1991); for more extended discussion of the unification cases along the lines set forth here, see *Quint*, 1997, The Imperfect Union: Constitutional Structures of German Unification.

[46] In this case, the Basic Law had been amended to support the statutory settlement. Yet in a manner of particular interest to American observers – as discussed more fully below – the Court indicated that it was empowered to pass on the constitutionality of these constitutional amendments. See *Quint*, Imperfect Union, at 136–38.

[47] BVerfGE 84, 133 (1991).

[48] BVerfGE 82, 322 (1990).

fication in general and for the reconciliation of the losers in certain aspects of that process.

## VI. The Constitutional Court in the mid-1990s: Attack from the Right

The Court's performance in the context of German unification did evoke unhappiness among some groups, but it generally met with popular approval. In contrast, the third of the episodes that we will examine did seem to precipitate a real crisis for the Constitutional Court and its role as interpreter of the Basic Law. Indeed, during this period in the mid-1990s, some observers thought that certain prominent decisions of the justices had seriously undermined public confidence in the Constitutional Court. In these cases the Court extended the reach of certain constitutional rights, and this time the attacks came from the conservative right, instead of the progressive left as was the case in the debates of the 1970s. The great outcry that these liberalizing decisions evoked may remind American observers of attacks on the progressive Warren Court of the 1950s and '60s in the United States. Certain of these cases also moved the Court's doctrine on freedom of speech and religion somewhat in the direction of American doctrine on the same subjects, and could possibly be viewed as another episode in the "Americanization" of Germany that has been the subject of much commentary (particularly among historians) over the years.[49]

In general, these cases of the mid-1990s aroused outrage because the Court seemed to prefer the interests of anti-nuclear or anti-war protestors, or other apparently marginal figures, over the interests of traditional governmental or cultural institutions such as the army or the church. In one case, for example, the Court reversed the criminal libel convictions of anti-war activists who had declared that "soldiers are murderers". Citing the freedom of expression, the Court very narrowly limited the circumstances under which such statements could be penalized.[50] In another controversial decision, the Court overturned the convictions of protestors who had blockaded the entrances of NATO missile bases in Germany. Although civil disobedience was not itself protected by the Basic Law, the Court found that the criminal statute employed against the protestors had been unduly extended by the lower courts, in violation of the rule of law.[51] In yet another decision, the Court seemed to minimize the interests of religion and the church by finding that it was unconstitutional for a state school to place a cross or crucifix in a classroom, over the objections of parents or students.[52]

Although at least two of these decisions – the *Soldiers* and *Crucifix* cases – would seem clearly correct (and not even particularly controversial) under American constitutional law, these opinions elicited an extraordinarily bitter reaction from conserva-

---

[49] For this point, and for a detailed analysis of these cases, see *Quint*, 2008, Civil Disobedience and the German Courts: The Pershing Missile Protests in Comparative Perspective, Ch. V.

[50] BVerfGE 93, 266 (1995); see also 1994 NJW 2943.

[51] BVerfGE 92, 1 (1995).

[52] BVerfGE 93, 1 (1995).

tive circles in the Federal Republic. Indeed, in a sort of mirror image of certain arguments of the 1970s, some critics of these decisions claimed that the radical 1968 generation had made a "long march through the institutions," ending up on the Constitutional Court itself. Like similar controversies over desegregation and school prayer in the United States, these German cases illustrate the very interesting interplay between judicial doctrine and popular reaction. Although Jutta Limbach, the Court's President at the time, seemed to fear that this controversy might significantly impair the Court's reputation and authority, the controversy eventually died away – perhaps in part by virtue of President Limbach's extraordinary public efforts to explain the role of the Court as an independent judicial organ. And indeed, in the succeeding years, the Court seems to have generally followed its liberalizing trend – for example, in important cases dealing with significant forms of religious liberty.[53]

## VII. Conclusion: Amending the Basic Law

Another liberalizing decision of quite recent years brings us back to some important points of distinction between the Basic Law and the Constitution of the United States, and we may conclude with some brief reflections on this case. In 1998, responding to fears of increased organized crime in Germany, Parliament authorized stringent measures of electronic surveillance in serious criminal cases. These measures seemed inconsistent with Article 13 of the Basic Law, which protected the inviolability of the home, and the Basic Law was amended for the purpose of supporting the new surveillance regime.[54]

An American observer might well raise an eyebrow at this development because the Constitution of the United States has never been amended for the purpose of limiting a specific constitutional right. (Indeed, in at least two previous instances – one also involving electronic surveillance and one concerning an alien's right of asylum – the German Basic Law had already been amended to limit the scope of a constitutional right.)[55] But, of course, the American Constitution is extremely difficult to amend, generally requiring a two-thirds vote of both houses of Congress and ratification by three-quarters of the states. The result has been that the American Constitution has been amended only a handful of times since it was adopted in 1789.[56]

In contrast, the Basic Law is a much more "flexible" constitution, which can be amended by two-thirds vote of both houses of Parliament – no separate ratification by the *Länder* is required. The result is that the Basic Law may easily be amended if both of the major political parties agree. The relative "flexibility" of the Basic Law is generally consistent with the provisions of many other important constitutions of the

[53] See BVerfGE 104, 337 (2002) (Muslim Butchers Case); BVerfGE 102, 370 (2000) (Jehovah's Witnesses).

[54] See Art. 13 (3)-(6) GG; BGBl I S. 610.

[55] Art. 10 (2) GG; see BVerfGE 30, 1 (1970); Art. 16a GG; see also note 46 supra.

[56] The first ten constitutional amendments were adopted as a single package in 1791; thereafter, the Constitution of the United States has been amended only 17 times in more than 200 years.

world; it is the Constitution of the United States that seems to be the exception in this respect.

Yet what appears to be a comparative ease of amendment – from an American point of view – is counterbalanced, to some extent at least, by an important factor that is essentially absent from the American Constitution. The provisions of Article 79 (3) GG impose significant limits on constitutional amendment; these limits are intended to preserve the fundamental values of human dignity and basic constitutional structure set forth in Articles 1 and 20 of the Basic Law and elsewhere. Moreover, the Constitutional Court has asserted the authority to strike down constitutional amendments if they violate the limitations on amendments set forth in Article 79 (3) GG. Certainly, a similar power has never been claimed by the Supreme Court of the United States.[57]

Thus, in the Basic Law we have an idea of constitutionalism that goes beyond anything found in, or implied by, the Constitution of the United States – that is, the view that there are certain fundamental constitutional principles that are inviolable and that must prevail as long as the constitution itself prevails. Thus, although natural law concepts permeated the thinking of the founders of the American Republic, it seems that certain natural law principles remain even stronger under the German Basic Law than under the Constitution of the United States.

Accordingly, the argument advanced in the electronic surveillance case was that this amendment of Article 13 of the Basic Law was itself invalid because the intrusions that it authorized unduly invaded human dignity in violation of Article 79 (3) GG. In a fascinating decision, the Court protected many of the claimed constitutional rights, but it did so in a manner that avoided a direct confrontation with Parliament.[58]

In reaching this decision, the Court seems to have been animated by two somewhat contradictory factors: first, the Court clearly concluded that aspects of the constitutional amendment were extremely dubious and could not really be sustained; but, second, it did not want to go too far in confronting the Parliament. Of course, as noted, the Court had previously asserted its authority to invalidate constitutional amendments that violate Article 79 (3) GG – but, in reality, the Court had never actually invalidated a constitutional amendment, and it did not seem to be willing to do so on this occasion either. Thus, instead of striking down the constitutional amendment, the Court *interpreted* the amendment in a narrow manner, so that a substantial portion of what the drafters seem to have intended to accomplish by the amendment could not actually be achieved. In this way, the Court's substantive objections were satisfied, but the Court did not actually have to tell the Parliament that its constitutional amendment was null and void. Thus the Court was acting both as an enforcer of constitutional principle, and as a political organ: when confronted

[57] Article V of the Constitution of the United States does impose certain limitations on amendments. But some limitations (involving slavery) are obsolete, and there has never been an occasion to test the surviving provision, which prohibits impairment of the states' equality of representation in the Senate. In any case, these American provisions were designed to protect political compromises among various regions and states and, in contrast with Article 79 (3) GG, were not intended to reinforce great protections of human rights.

[58] BVerfGE 109, 279 (2004).

with the apparent necessity of asserting the invalidity of an amendment of the Basic Law, it drew back from the constitutional brink.

In conclusion, what lessons can be learned by an American observer from sixty years of the Basic Law and its interpretation? First, as noted at the outset, the Basic Law represents one of the great successes of democracy in the post-War era – but this success is attributable not only to the text of the Basic Law but also to the sustained work of the Constitutional Court in interpreting that text.[59] Indeed, in a number of areas, the "Constitution" has rapidly shifted from the text of the Basic Law to the complex pattern of interpretations handed down by the Constitutional Court – many (if not most) of which cannot be deduced, in any direct syllogistic manner, from the constitutional text itself. Accordingly, the success of the Basic Law may well have depended as much on the good judgment of the justices as on the good judgment of the constitutional drafters.

An American observer will also note with interest that, as a twentieth-century constitution, the Basic Law covers considerably more areas, in considerably greater detail, than the spare eighteenth-century Constitution of the United States. The Basic Law provided a framework for the rejection of the Nazi past in the Federal Republic, and it also allowed the development of strong guarantees of the freedom of expression – although this was one notable area in which the Constitutional Court in effect ignored language of the Basic Law which, if literally applied, could have yielded a much weaker form of protection. The Basic Law and the Constitutional Court also provided a reasonable basis for the epochal events of German unification, and the Court survived various crises, or potential crises, resulting from attacks on the Court by the left in the 1970s and – perhaps more ominously – by the conservative right in the 1990s. Finally, an American observer might well be intrigued by the provisions for amendment of the Basic Law which – differing considerably from provisions for amendment of the American Constitution – allow the democratic forces considerable "flexibility" in amending the details of the Basic Law as time goes on. Yet the amendment provisions also reflect an infusion of natural law ideas – arising in reaction to the depredations of the Nazi era – and accordingly seek to protect a certain core of constitutional principle which may not be changed or affected as long as the Basic Law endures.[60]

---

[59] See, e.g., *Grimm*, 2001, Die Verfassung und die Politik, at 295–324.

[60] See *Quint*, Twentieth-Century Constitution, 67 Maryland Law Review at 257.

# Italienische Beobachtungen und Verarbeitungen des Grundgesetzes (1949–2009)

von

Prof. Jörg Luther, Università del Piemonte Orientale

## 1. Außenansichten und Selbstdarstellungen

Auch aus italienischer Sicht ist Bonn nicht Weimar und das Grundgesetz heute mehr bekannt als die Weimarer Verfassung. Es wird nicht nur in der akademischen Öffentlichkeit der Rechtsfakultäten, der Historiker, Politikwissenschaftler oder Ökonomen gelesen und verglichen[1], sondern auch in der täglichen Arbeit des Verfassungsgerichtshofs, der beiden Kammern des Parlaments, der Präsidialämter, der Farnesina (Außenministerium), der Regionalregierungen, des Richterrates, gelegentlich auch der Partei- und Gewerkschaftszentralen, der Zeitungsredaktionen etc. vielfach konsultiert und zitiert.

Das sich daraus ergebende Gesamtbild wird freilich eher aus vielen nur punktuellen Wahrnehmungen und häufig multilateralen Vergleichen, seltener aus einem Leseerlebnis des Gesamttextes gespeist, das allenfalls Studenten oder Doktoranden haben. Immerhin gibt es zahlreiche teils amtliche, teils wissenschaftliche Übersetzungen,[2] die den Text des Grundgesetzes zunächst eher einem Fachpublikum, spätestens seit Internet auch der Allgemeinheit in Italien zugänglich gemacht haben.

---

[1] Vgl. *P. Biscaretti di Ruffia*, Le scelte costituzionali fondamentali dell'Italia e della Germania nel 1947–49 considerate dopo un quarantennio di attuazione, in Riv. Trim. Dir. Pub. 1990, 3ff.; *D. Schefold*, 40 Jahre Grundgesetz: Das Grundgesetz im internationalen Wirkungszusammenhang der Verfassungen, und *P. Ridola*, Anmerkungen zum Bericht Italien, in: U. Battis (Hg.), Das Grundgesetz im internationalen Wirkungszusammenhang der Verfassungen, Berlin 1990, 69ff. und 83ff.; *G. Lombardi*, Landesbericht Italien, in: C. Starck (Hg.), Grundgesetz und deutsche Verfassungsrechtsprechung im Spiegel ausländische Verfassungsentwicklung, Baden-Baden 1990, 87ff.; *G. Bognetti*, La rinascita di due democrazie: convergenze e divergenze nelle costituzioni italiana e tedesca, in: G.E. Rusconi/H. Woller (Hg.), Italia e Germania 1945–2000: la costruzione dell'Europa, Bologna 2005, 259ff.; *K. Stern* (Hg.), Die italienische und die deutsche Verfassung am Vorabend ihres 60jährigen Jubiläums, in: Festschrift C. Starck, Tübingen 2007, 1006.

[2] La Costituzione Federale di Bonn, in: Relazioni Internazionali 1949, 344ff.; Legge Fondamentale per la Repubblica Federale Germanica (23 maggio 1949), in: Bollettino di informazioni costituzionali e parlamentari, I 1950, 105ss.; Ufficio stampa ed informazione del Governo della Repubblica federale di Germania, Legge fondamentale per la Repubblica federale di Germania: promulgata dal Consiglio

Die durch einzelne Wahrnehmungen und Lektüren des Gesamttextes vermittelten Außenansichten sind durch häufige Begegnungen der Verfassungsrichter oder ihrer Mitarbeiter[3], deutsch-italienische Verfassungskolloquien, Deutschlandstudienreisen italienischer Juristen (speziell nach Heidelberg und Karlsruhe), Tagungen der deutsch-italienische Juristenvereinigung und weitere wissenschaftliche, institutionelle und soziale Kontakte verfeinert worden.[4]

Vor allem bemühen sich aber auch seit langem Diplomaten, Goethe-Institute[5], Villa Vigoni, Deutsch-Italienische Historiker in Rom und Trient, die nach Italien reisenden deutschen Juristen, speziell Staatsrechtslehrer,[6] und nicht wenige Auslandsdeutsche darum, das Ansehen „ihres" Grundgesetzes in Italien zu mehren.

Nicht immer stimmen die Außenansichten italienischer Bürger und „costituzionalisti" mit den Selbstdarstellungen deutscher Bürger und Staatsrechtslehrer überein. Die Außenansichten und die Selbstdarstellungen von Verfassungen überschneiden und ergänzen sich ebenso wie die Fremd- und Selbstwahrnehmung der Nationen,

---

parlamentare il 23 maggio 1949 con gli emendamenti promulgati fino al 1. 1. 1971, Essen 1971, Neudruck 1975 (con gli emendamenti promulgati fino al 31 marzo 1975) und 1979; *S. Ortino*, L'esperienza della Corte costituzionale di Karlsruhe, Milano 1966; *A. Anzon/J. Luther*, La legge fondamentale tedesca, con introduzione di P. Häberle, Milano 1997; *G. Mannucci/I. Staff*, in Ufficio Stampa e Informazione del Governo federale (a cura di), Legge fondamentale della Repubblica Federale di Germania, Bonn 1998; *Franco Bartolomei*, La Carta costituzionale della Repubblica federale di Germania, Milano, 2000; *E. Di Suni Prat*, in: Le Costituzioni dei Paesi della Comunità Europea, Padova, Cedam, 2001; *F. Lanchester*, Le costituzioni tedesche da Francoforte a Bonn, Milano 2002 (A. Zei); *R. Zanon*, in: www.associazionedeicostituzionalisti.it; Verfassungen der DDR: La costituzione dello stato socialista di nazione tedesca, Dresden: Zeit im Bild, 1968, 2. Aufl. 1969, 3. Aufl. 1974; Costituzione della Repubblica democratica tedesca (a cura di I. Mercuri), Roma, 1976.

[3] In der Abteilung Rechtsvergleichung der Corte costituzionale haben die deutsche Stipendiaten (u. a. M. Hartwig, S. Stuth und der Verfasser) zahlreiche Dossiers zur Vorbereitung einzelner Entscheidungen und der Tagungen und Besuche des Gerichts erstellt.

[4] Vgl. auch die Einführungen in das Grundgesetz von *P. G. Lucifredi*, Appunti di diritto costituzionale comparato: Il sistema tedesco, Milano 1° ed. 1977, 6a ed. 2001; *F. Palermo/J. Woelk*, Germania, Bologna 2005.

[5] Veranstaltungen ab 1996: Grundrechte im Spiegel der Rechtsprechung der Verfassungsgerichte in Deutschland und Italien (Rom 13. 3. 1996); Rechtliche Rahmenbedingungen für die Europ. Einwanderungsgesellschaft (Turin 21. 3. 1996); Das politische System der Bundesrepublik Deutschland (Triest 19. 11. 1996); La sfida federalista – Italia e Germania. Riforme istituzionali e tempi dell'Europa (Rom 6.–7. 2. 1997); Föderalismus in Deutschland – unter besonderer Berücksichtigung der neuen Bundesländer (Triest 18.–20. 2. 1997); Was bedeutet eigentlich „Europäische Staatsbürgerschaft"? (Turin 28. 2. 1997); Verfassungsrecht in Italien und Deutschland im Vergleich (Mailand 26. 2. 1999); Weimar, Roma, Berlino. La prima democrazia tedesca e il futuro europeo (Rom 25.–26. 2. 1999); Der Konstitutionalismus zw. Gesellschaft und Gemeinschaft: Menschenrechte und Rechte von Minderheiten (Turin, 19.–20. 4. 1999); Deutschland-Italien: 50 Jahre Demokratie im Vergleich (Genua 27.–28. 5. 1999); Staat und Kirche im künftigen Europa (Rom 27. 3. 2000); Wege zu einer europäischen Verfassung: die europäische Grundrechtecharta (Turin 1.–2. 12. 2000); Primato del diritto o volontà della maggioranza? (Rom 16. 5. 2001), Grundfragen der Verfassungsgerichtsbarkeit (Turin 26. 3. 2001); La Costituzione europea – quesiti aperti (Turin, 9. 12. 2003); Religion und Menschenrechte (Mailand 20. 3. 2004); Gott und die Verfassung. Die liberale Demokratie und ihre Voraussetzungen (Turin 28. 5. 2004).

[6] Von der ersten Generation seien nur P. Badura, E.-W. Böckenförde, E. Denninger, D. Grimm, P. Häberle, H. Hofmann, W. Leisner, E.-G. Mahrenholz, D. Schefold, H.-P. Schneider, I. Staff, C. Starck, K. Stern, C. Tomuschat genannt.

die bekanntlich durch vielfache Klischees und Stereotypen belastet zur Findung der Identität ihrer Bürger beitragen.[7]

In vielen der Außenansichten des Landes jenseits der Alpen spiegeln sich wertende Selbstdarstellungen der Schwächen oder Stärken des eigenen Landes. Selbstdarstellungen werden andererseits durch fremde Kontrastbilder konditioniert, da Identitäten gerade auch durch Beobachtungen anderer konstituiert werden. Das gilt es auch bei der Frage nach dem perzipierten und rezipierten Grundgesetz zu bedenken. Geht man davon aus, daß Verfassungen auch die Bildung von Identitäten bzw. Identifikationen ermöglichen oder fördern, dann kann die italienische Wahrnehmung des Grundgesetzes nicht gänzlich von der deutschen Wahrnehmung der italienischen Verfassung entkoppelt werden. Die Wechselwirkungen sind nicht zu unterschätzen.

Klaus Stern hat seine jüngste vergleichende Betrachtung der italienischen und deutschen Verfassung mit der Einschätzung begonnen, daß die italienische Verfassung von 1947 letztlich keinen Einfluß auf das Grundgesetz von 1949 ausgeübt habe, obwohl seinerzeit die Alliierten eine dem Parlamentarischen Rat eine Übersetzung dieses neuen Verfassungstextes zugleitet hatten.[8]

Die Tatsache, daß auf diesen Text kaum Bezug genommen wurde, überrascht insofern nicht, als sich streng genommen ja beide Länder in einem noch nicht für beendigt erklärten Kriegszustand befanden, dessen rechtliche Beurteilung heute noch umstritten ist.[9] Die gewiß nicht sehr zahlreichen Bezugnahmen dienten aber immerhin dazu, die Länge der Präambel (Mangoldt), den Verzicht auf eine verfassungsrechtliche Festlegung des Grundsatzes der Verhältniswahl (Becker, Brentano), die Notwendigkeit wahlrechtlicher Vorsorge gegen die Parteienzersplitterung (Luther), die Wahl des Bundespräsidenten durch die Bundesversammlung (Lehr), den Nutzen allgemeiner Bestimmungen zum Schutz „anfälliger" Demokratien (Dehler) und sogar die Vorläufigkeit des „den Graben nicht vertiefenden" Grundgesetzes (Becker) zu rechtfertigen.[10] Inwieweit neben diesen Berührungen auch nicht aus den Akten erkenntliche kulturelle Einflüsse z.B. über die Alliierten, die Landesverfassungen oder über den politischen Katholizismus vermittelt wurden, mag noch nicht abschließend geklärt sein. Italien war gewiß weniger wichtig als Frankreich und England, aber der Mangel aktenmäßiger Rezeptionsbelege darf nicht dazu verleiten, die Gemeinsamkeiten der beiden Verfassungen nur auf ihre Verarbeitung von Weimar zu reduzieren. War nicht der Hinweis des Grundgesetzes auf Europa, von der italienischen Verfassungsvätern noch als nachteilig für künftige transatlantische Bindungen abgelehnt, ein Winken ohne Zaunpfahl? Mit dem Verfassen der Verfassungstexte begann eine

---

[7] Hierzu *J. Petersen*, Quo vadis Italia? München 1995.

[8] *K. Stern*, Die italienische und die deutsche Verfassung am Vorabend ihres 60jährigen Jubiläums, in: Festschrift C. Starck, Tübingen 2007, 1006.

[9] Vgl. *R. Quadri*, Sul termine „a quo" dello Stato di guerra tra Italia e Germania, Giurisprudenza italiana 1946, II, 43ff., für den die deutsche Besetzung Italiens nach dem 8. September 1943 keine regulären Kriegshandlungen, sondern einen völkerrechtswidrigen militärischen Eingriff in die inneren Angelegenheiten Italiens darstellte.

[10] Der Parlamentarische Rat 1948–49. Akten und Protokolle, Band V.2, 966; VI, 11, 22, 27, 179, 202; IX, 54, 225, 285; XIII, 309, 332, 362. Umgekehrt zum Einfluß der Weimarer und der Wiener Verfassung auf die italienische Verfassung von 1947 *S. Basile*, La cultura politica istituzionale e le esperienze „tedesche", in: U. De Siervo (Hg.), Scelte della Costituente e cultura giuridica, Bologna 1980, I, 293ss.

nicht nur vom Selbstmitleid besiegter Nationen getragene Verständigung. Schaut man sich aus diesem Blickwinkel die durchaus spannende Geschichte der letzten sechs Jahrzehnte an, so offenbart sich jedenfalls ansatzweise eine intensive Kommunikation und wechselseitige Verarbeitung von Erfahrungen auch im Verfassungsleben. Die folgenden Abschnitte können hierzu nur einige kursorische und eher literaturgeschichtliche Einblicke, keineswegs einen erschöpfenden Überblick geben.

## 2. Die beiden deutschen Verfassungen von 1949 im ersten Vergleich

Aus der Sicht der italienischen Außenpolitik der Nachkriegszeit war die Geburt des Grundgesetzes schwierig und langsam.[11] Die beiden zunächst in der Zeitschrift „Relazioni Internazionali" veröffentlichten deutschen Verfassungen, das Grundgesetz und die Verfassung der Deutschen Republik, schienen eine Teilung zu besiegeln, die keineswegs nur Deutschland, sondern ganz Europa betraf.

In einem kurzen Beitrag zur katholischen Zeitschrift der „Cronache sociali"[12] meinte Costantino Mortati damals, der Schlußsatz des Grundgesetzes habe einen beinahe ironischen Beiklang, „der sich in tiefer Traurigkeit bei jenen Italienern niederschlägt, die die Notwendigkeit eines europäisches Handelns Italiens sehen und ein geeintes Deutschland als notwendige Voraussetzung hierfür begreifen." Er berief sich auf das „Junge Europa" von Mazzini, um seiner Hoffnung auf ein neues „europäisches Gefühl als notwendige Voraussetzung der Lebensfähigkeit eines föderalen Organismus" Ausdruck zu verleihen. Gefordert sei ein gemeinsames Handeln der „späten" bzw. „jüngsten" Nationalstaaten, die sich von Anfang an vergeblich in das Spiel der europäischen Großmächte eingemischt hatten, um es in einer „höheren europäischen Einheit aufzuheben". Die Hoffnung war freilich mit einer aus der aus der geschichtlichen Erfahrung animierten Befürchtung gepaart: war Deutschland tatsächlich von seinen „hegemonialen Irrungen" geläutert?

Die heute in Deutschland vielleicht nur ungern erinnerte Verknüpfung des Grundgesetzes mit der anderen, gewiß nicht weniger „deutschen" Verfassung der DDR wurde in Italien nicht nur als ein Hindernis auf dem Weg zu einer höheren europäischen Einheit wahrgenommen. Sie verband sich auch mit der Sorge um die Zukunft der eigenen italienischen Verfassung, speziell nach dem durch die Ost-West-Spannungen beschleunigten Auseinanderbrechen der aus dem gemeinsamen Widerstand gegen den Faschismus und Deutschland hervorgegangenen Allparteienregierung. Gerade weil der italienische Verfassungskompromiss von 1947 zwischen denselben

---

[11] Aus heutiger Sicht in italienischer Sprache *J. Luther*, Pagine di storia costituzionale tedesca del secondo dopoguerra, in: 23ff. Germania ed Europa dal 1945 ad oggi, La Spezia 1999, 23ff.; *P. Häberle*, Il caso tedesco, in: Associazione Italiana dei Costituzionalisti (Hg.), La nascita delle costituzioni europee del secondo dopoguerra, Padova 2000, 126ff.; *L. Mezzetti*, L'esperienza tedesca fra corsi e ricorsi storici, in: S. Gambino (Hg.), Costituzionalismo europeo e transizioni democratiche, Milano 2003, 415ff.

[12] *C. Mortati*, Le due costituzioni tedesche, in: Cronache Sociali 1949, 286–289. Costantino Mortati (1891–1985) wurde 1936 Professor für Verfassungsrecht in Messina, 1946 Mitglied der verfassunggebenden Versammlung, 1960 Verfassungsrichter. Vgl. *F. Bruno*, Costantino Mortati fra Weimar e Bonn, in: M. Galizia (Hg.), Forme di Stato e forme di governo: nuovi studi sul pensiero di Costantino Mortati, Milano 2007, 316ff.

christdemokratischen und sozialistischen Kräften zustande gekommen war, die in Deutschland jetzt verschiedene Verfassungswege gingen, war der Vergleich der beiden deutschen Verfassungen aus einem europäischen Blickwinkel gefordert. Der dabei unerläßliche Systemvergleich sollte dazu dienen, das politische Ringen um Hegemonie in einen kulturellen Wettbewerb um den Konsens der Bürger zu verwandeln.

Worin lagen jedoch nun jenseits der gemeinsamen Demokratie- und Friedensansprüche die Unterschiede im „ideologischen Kern" der beiden deutschen Verfassungen? Für den Katholiken Mortati waren es vor allem die Aussagen des Grundgesetzes zum Verhältnis von Staat und Religion, speziell das Bekenntnis der Präambel zu einer besonderen Verantwortung des Volkes vor Gott und den Menschen, die Beziehung auch der Grundrechte auf ein höheres Sittengesetz, das einerseits ihren Wesengehalt der Verfassungsrevision entziehe, andererseits die Sanktionen des Mißbrauchs der Grundrechte anleite. Weniger die Weimarer Tradition als die Unrechtserfahrungen der jüngsten Vergangenheit spiegelten sich für ihn in den Diskriminierungsmerkmalen des Gleichheitssatzes, im Schutz der Gewissen gegen den Kriegsdienst, in der Informationsfreiheit, in der Verfassungstreuepflicht der Lehre, in der Privatschulfreiheit, im natürlichen Erziehungsrecht der Eltern, in der Sozialpflichtigkeit des Eigentums und vor allem in der Bewahrung des Weimarer Kompromisses zur Trennung von Staat und Kirchen.

Ein im Januar 1949 im Vatikan geschriebener Artikel der „Relazioni Internazionali" hatte über den Streit um einen Vorschlag der CDU berichtet, dem Vorbild der Bezugnahme auf die Lateranverträge in Art. 7 der italienischen Verfassung entsprechend auch das von Hitler und von Papen unterzeichnete Konkordat in der deutschen Verfassung zu verankern.[13] Die Fusion des Zentrums mit der CDU schien sich aus der Sicht dieses italienischen Beobachters mit einer nachgiebigeren Haltung des Kardinals Frings zur Konkordatsfrage zu verknüpfen. In der katholischen Zeitschrift „Civiltà cattolica" wurde später die Erklärung der deutschen Bischöfe zum Grundgesetz vom 23. 5. 1949 veröffentlicht, die die fehlende Anerkennung eines Elternrechts auf einen konfessionellen Charakter der öffentlichen Schulen und die Bremer Klausel zum Religionsunterricht beklagten.[14] Die Bischöfe unterstrichen freilich auch den provisorischen Charakter des Grundgesetzes, um den Willen der „Mehrheit unseres Volkes" und den Auftrag der christlichen Bevölkerung zu bekräftigen, die Verfassung in dieser Richtung zu reformieren und sozialen Fortschritt gewissermaßen als eine Grundpflicht der Parteien anzumahnen.

Dagegen hatte die DDR-Verfassung keinerlei Gottesbezug, eine schwächere Garantie der Unverletzlichkeit der Grundrechte und ein Verbot der Gleichstellung privater Schulen, andererseits aber auch zahlreiche der katholischen Soziallehre nicht widersprechende soziale Grundrechte. Gerade auch die Wirtschaftsverfassung des Bonner Grundgesetzes löste sich aus der Sicht Mortatis stärker von Weimar als die Berliner DDR-Verfassung. Hinsichtlich der Staatsform schien Mortati – entgegen den Forderungen der westlichen Alliierten – auch die Unitarisierungstendenz der

[13] *P. B.*, Chiesa e Stato al Consiglio parlamentare di Bonn, in: Relazioni Internazionali 1949, 49.

[14] Dichiarazione dei Vescovi Tedeschi circa la Legge fondamentale di Bonn, Civiltà cattolica 1949, II, 77ff.

Weimarer Verfassung in beiden Verfassungen eher fortgesetzt als abgeschwächt. Geringeres Gewicht hatten die Korrekturen der parlamentarischen Regierungsform, die er in der Stärkung des Regierungschefs gegenüber dem Staatspräsidenten, in einer Aufwertung der politischen Parteien und im Vorrang des Bundestages vor dem Bundesrat sah.

Beide deutschen Verfassungen boten ihm letztlich keine ausreichende Balance liberaler und sozialer Elemente, wie sie insbesondere die Formulierung der Grundprinzipien des Schutzes der Menschenrechte (Art. 2) und der Gleichheit (Art. 3) in der italienischen Verfassung versuchte. Das Grundgesetz versprach Menschenwürde, aber bot „keine Antwort auf die Frage unserer Zeit, wie der Genuß dieser Würde für alle effektiv werden kann", nicht zuletzt auch deswegen, weil ihm eine „vom Genius des Volkes gekürte politische Grundentscheidung" fehlte.

Beide deutsche Verfassungen schienen daher „lückenhaft und unvollkommen", drückten nicht ein Entwicklungsbedürfnis des deutschen Volkes, sondern eher den Widerspruch zweier gegensätzlicher und miteinander nicht kommunizierender Welten aus. Der demokratische Geist Deutschlands konnte sich für Mortati nur dann entwickeln, wenn „jenes Minimum von materiellem Wohlergehen gesichert wird, das die konkrete Wahrnehmung der Werte der Menschenwürde bedingt" und wenn die praktische Wirksamkeit dieses Geistes auch die internationalen Beziehungen wieder neu belebte.

Im nachhinein klingt diese erste italienische Beobachtung an der Wiege des Grundgesetzes zwar kritisch, aber durchaus zukunftweisend. Die Stabilisierung des Grundgesetzes konnte letztlich wohl nur durch das Wirtschaftswunder und die Institutionalisierung der sozialen Marktwirtschaft einerseits und durch die daran anknüpfende europäische Integration andererseits geleistet werden.

## 3. Die Bibliothek des erneuerten deutschen Verfassungsrechts

Das Grundgesetz war gewiß noch keine Antwort auf das Verlangen der europäischen Nachbarn, die Reichsidee aufzugeben.[15] Es bedurfte neuer Diplomatie und einer Reihe von Beobachtungen und Berührungen, um erst in der Auslegung der Verfassungstexte zu neuen europäischen Gemeinsamkeiten und Eigenheiten zu finden. Ein Beispiel hierfür geben die ersten Rezensionen deutscher staatsrechtlicher Nachkriegsliteratur in der „Rassegna di diritto pubblico".

*Giovanni Motzo* beschäftigte sich mit Carl Heyland's „Widerstandrecht des Volkes" zu Art. 147 der Verfassung von Hessen, um die gegenläufige Entscheidung der italienischen verfassungsgebenden Versammlung (und des Grundgesetzes in seiner Urfassung) mit den Worten de Abgeordneten Della Seta zu verteidigen: „Die Geschichte hat noch nie einen Mann, eine Partei und ein Volk verzeichnet, die sich vor der Aufnahme des Widerstands darum sorgten, ob er dem Verfassungstext entspreche oder

---

[15] Vgl. *L. V. Ferraris*, Die Vorbildwirkung ausländischer Verfasungswerke, in: K. Stern, 40 Jahre Grundgesetz – Entstehung, Bewährung und internationale Ausstrahlung, München 1992, 13. Anders *H. Dreier*, in: Handbuch Jus Publicum Europaeum, Heidelberg 2007, Bd. I, § 1, Rn. 30: „Wiederaneignung des zwischenzeitlich fremd gewordenen Eigenen".

nicht."[16] Die verfassungstextliche Anerkennung des Widerstandsrechts habe letztlich nur eine politische Funktion und könne allenfalls symbolisch die Naturrechtsrenaissance legitimieren. In der Konvergenz der Bejahung des Widerstands zeichnete sich so eine Divergenz hinsichtlich der Rolle der Verfassung ab. In Italien war ja der Wille zur Verfassung aus der Resistenza entstanden, während es in Hessen und Bremen nun so aussah, als ob die Verfassung den Willen zum Widerstand erzeugen sollte.

In Italien befürchtete man andererseits aber immer noch eine Fortsetzung des Widerstands von kommunistischer Seite und die Aufkündigung eines von der Verfassung endgültig besiegelten Waffenstillstands.[17] In seiner Rezension der Festschrift für Richard Thoma, wählte der spätere christdemokratische Staatspräsident *Francesco Cossiga* daher zwei Beiträge von Hermann Jahrreiss und Ulrich Scheuner zu den Themen Demokratie und Auswanderungsfreiheit aus.[18] Die Idee einer wehrhaften Demokratie im Bonner Grundgesetz setze voraus, daß auch das Mehrheitsprinzip nur einen relativen Wert haben dürfe und die beste Verfassung ohne ein demokratisches Selbstverständnis des Volkes keinen Bestand haben könne. Genau diese Krisenerfahrung sei auch für das damalige Italien von besonderem Interesse, in dem nun De Gasperi noch vor seinen ersten Kontakten mit Adenauer den Ausschluß der Kommunisten aus jeglichen Regierungsämtern betrieb, der lange Zeit durch eine „conventio ad escludendum" aufrechterhalten wurde. Cossiga selbst organisierte nach dem Beitritt zur NATO (1949) das Netzwerk Stay Behind (Gladio), um Widerstand gegen eine eventuelle kommunistische Machtübernahme zu leisten.

Aber auch die die spätere Geschichte Deutschlands und Europas prägende Ausreisefreiheit fiel Cossiga auf, die anders als in der italienischen Verfassung im Grundgesetz keine spezielle Garantie erhalten hatte. Scheuners Versuch, weniger das Naturrecht als vielmehr „idealistische Auffassungen und germanische religiöse Traditionen" dazu zu benutzten, um die Auffangfunktion des Art. 2 Abs. 1 für diese Ausreisefreiheit zu begründen, beeindruckte durch seine Methode des institutionellen Rechtsdenkens, das auch später eine besondere Brücke auch zwischen der deutschen und italienischen Verfassungskultur bildete.

Eine dritte Rezension von *Themistocle Martines* aus dem Jahre 1954 hat dann – auf der Grundlage einer der ersten Untersuchungen über die deutsche Verfassungsgerichtsbarkeit[19] – das Grundgesetz im Spiegel der Kommentare von Hermann von Mangoldt und Willi Geiger (BVerfGG) porträtiert.[20] Während in Deutschland die

---

[16] Rassegna di diritto pubblico 1950, 196f. Giovanni Motzo (1930–2002), Schüler von Giuseppe Guarino und Carlo Esposito, lehrte an den Universitäten Siena und Roma La Sapienza, und wurde 1995 „Ministro per le Riforme istituzionali" in der Regierung Dini.

[17] Vgl. *M. Dogliani/C. Pinelli*, in: Handbuch JuS Publicum Europeum, Heidelberg 2007, Bd. I, § 5.

[18] Rassegna di Diritto Pubblico 1950, 389. Francesco Cossiga (Sassari 1928), Professore associato di diritto costituzionale, Abgeordneter 1958, Staatssekretär im Verteidigungsministerium unter Moro 1966, Innenminister unter Andreotti 1976, Senatspräsident 1983, Staatspräsident 1985.

[19] Lineamenti della giustizia costituzionale in Germania, in: Studi nelle scienze giuridiche e sociali della facoltà di Giurisprudenza dell'Università di Pavia 1954, 49ss. Vgl. auch *H. Weinkauff*, L'organizzazione e i compiti della Corte costituzionale tedesca, in: Nuova Rivista di Diritto Commerciale 1954, 30ff.; *G. Leibholz*, La giurisdizione nello Stato democratico secondo la Costituzione di Bonn, Rivista internazionale di filosofia del diritto 1955, 149ff.

[20] Rassegna di diritto pubblico 1954, 610ff. Vgl. *M. Ainis*, Temistocle Martines e la difesa della Costituzione, Rivista trimestrale di diritto pubblico 1996, 829.

Verfassung bereits in Karlsruhe behütet wurde, war was der italienische Verfassungsgerichtshof auch deswegen noch nicht funktionsfähig, weil die Regierungsmehrheit keine von der kommunistischen Partei benannten Verfassungsrichter wollte. Die Entstehungsgeschichte des Grundgesetzes zeige nicht nur, daß der deutschen verfassunggebenden Gewalt mehr Beschränkungen von außen auferlegt worden seien als der italienischen. Zumindest anfänglich seien formale und materielle Verfassung auseinandergefallen. Der Erneuerung der Staatsstruktur habe nicht auch eine „Erneuerung des Geistes entsprochen, der sie mit Leben erfüllt und rechtfertigt".

Das kommentierte Grundgesetz stütze sich vor allem auf drei Grundprinzipien: Demokratie, Bundesstaat und Frieden. Das „westlich" definierte Konzept der parlamentarischen Demokratie sei durch die Institute der Grundrechtsverwirkung und des Parteiverbots besonders geprägt, dessen Voraussetzungen auch in Mangoldts Kommentierung noch so unbestimmt seien, daß sie überwiegend noch im „Niemandsland zwischen Politik und Recht" lägen. Das Bundesstaatsprinzip sei auch in abgeschwächter Form eine Stütze von Demokratie und Gewaltenteilung und der Vorrang des Bundesrechts letztlich von der Verteilung der Gesetzgebungskompetenzen abhängig, was den Sizilianer Martines zur Beobachtung veranlaßte, die Region Sizilien sei von einem Bundesland gelegentlich schwer zu unterscheiden. Hinsichtlich des Friedensprinzips erweise sich trotz der nur entstehungsgeschichtlichen Kommentierung Mangolds Art. 24 angesichts der Ideen eines europäischen Föderalismus wichtiger als Art. 26. Das wichtigste am Grundgesetz sei aber das Bundesverfassungsgericht, dessen Funktionen in der Kontrolle der Verfassungsmässigkeit, im Schutz des Demokratieprinzips und in der Erledigung von Verfassungsbeschwerden lägen. Bei der ersten Funktion sei die Ausweitung der konkreten durch die abstrakten Normenkontrollen bemerkenswert. Bei der zweiten sei vor allem die Idee einer Grundrechtsverwirkung aber auch eines Parteienverbots grundsätzlich abzulehnen. Ein Rechtsmißbrauch rechtfertige Verbote, nicht die Aberkennung von Rechten. Es bestehe die Gefahr eines politischen Missbrauchs dieser Institute und auch die Grundprinzipien der freiheitlich demokratischen Grundordnung ließen sich nicht versteinern. Um so begrüßenswerter sei dagegen das Institut der Verfassungsbeschwerde, das in der Auslegung Geigers den Schutz der Grundrechte dem Rechtsbewußtsein der Bürger und ihrer demokratischen Mündigkeit verantworte. Die ein Jahr später erschienene Studie von Mauro Cappelletti zur „Verfassungsgerichtsbarkeit der Freiheiten" wies freilich eher der Europäischen Menschenrechtsbeschwerde die Aufgabe zu, einen vergleichbaren Grundrechtsschutz auch in Italien zu gewährleisten.[21]

Diese und einige weitere Rezensionen zeigen, wie sich die italienische Staatsrechtslehre nur langsam mit dem Grundgesetz anfreunden konnte und wie man wohl von der deutschen Verfassungsrechtslehre immer noch mehr zu lernen glaubte als von der deutschen Verfassung.[22] Martines betonte daher nicht nur die einenden und trennenden Diktatur- und Kriegserfahrungen, sondern vor allem die sich „ergänzenden" (komplementären) Rechtskulturen beider Völker.

---

[21] *M. Cappelletti*, La giurisdizione costituzionale delle libertà, Milano 1955.

[22] 1949 gab der Verlag Giuffré eine rasch vergriffene zweite Auflage der von V.E. Orlando eingeleiteten Übersetzung der Allgemeinen Staatslehre Jellineks heraus, vgl. Rassegna di diritto pubblico 1951, 138ss.

## 4. Der beginnende Dialog der Verfassungsgerichte von Karlsruhe und Rom

Das italienische Bild des Grundgesetzes wurde dann maßgeblich durch den sich ab 1956 entwickelnden deutsch-italienischen Dialog der Verfassungsrichter und -rechtslehrer geprägt.[23] Schon in seinem ersten Urteil im Jahre 1956 entschied das italienische Verfassungsgericht, daß anders als in der Weimarer Reichsverfassung die Grundsatzbestimmungen der italienischen Verfassung rechtliche Verbindlichkeit selbst für den Gesetzgeber beanspruchen durften.[24]

Auch ohne Urteilsverfassungsbeschwerde (und schon vor dem Lüth-Urteil) versuchte das italienische Verfassungsgericht so, die Geltungskraft der Verfassung gerade auch gegenüber dem Kassationsgerichtshof zu stärken, der sein Prüfungsrecht in der Übergangszeit nur sehr zurückhaltend, wenn nicht widerwillig ausgeübt hatte. Anders als das Bundesverfassungsgericht mußte es sich von der übrigen Gerichtsbarkeit abheben, ohne eine besondere politische Legitimation in Anspruch nehmen zu können.

Von deutscher Seite leitete Gerhard Leibholz 1957 die „unter rechtsvergleichenden Aspekten sinnvoll und berechtigte" Veröffentlichung der Materialien zum Status des Bundesverfassungsgerichts mit der Feststellung ein, es sei gerade in Italien ein zunehmendes Interesse hieran festzustellen.[25] Sein Kollege Theodor Ritterspach stellte 1958 das Bundesverfassungsgericht in führenden italienischen Zeitschriften vor[26] und übersetzte einen Text des Verfassungsgerichtspräsidenten Gaetano Azzariti für das Jahrbuch des öffentlichen Rechts, in dem er das Verfassungsgericht als ein gerichtliches, aber von den drei Gewalten abgetrenntes Verfassungsorgan darstellte, das ebenso wie der Staatspräsident mit allen Gewalten kooperieren sollte und eine besondere, auch abwägende Funktion der Bewahrung des konstitutionellen Gleichgewichts erfüllen sollte. Dazu merkte der Herausgeber Leibholz an: *„Jedenfalls sind die Gerichts-*

---

[23] Eine Auswertung der Archive hierzu steht noch aus. Besonderes Interesse verdient z.B. der Verfassungsgerichtspräsident Gaspare Ambrosini (von 1962 bis 1967), dessen vergleichende Föderalismusstudien auch seine Arbeiten am Regionalismus in der verfassungsgebenden Versammlung beeinflußt hatten und der 1947 von De Gasperi zum Präsidenten der parlamentarischen Kommission für die Außenpolitik ernannt worden war.

[24] „*... denn die Verfassungswidrigkeit eines Gesetzes kann, in bestimmten Fällen, auch aus der Unvereinbarkeit mit sog. Programmnormen folgen, zumal in diese Kategorie nicht nur Normen fallen, die allgemein gehaltene Programme, deren Durchführung in der Zukunft liegt und unsicher ist, sondern auch solche in denen das Programm, wenn man es überhaupt so nennen will, so konkret ist, daß es den Gesetzgeber nur unmittelbar binden und sich auf die Auslegung der früheren Gesetzgebung und die fortdauernde Wirksamkeit einiger Teile derselben auswirken kann; so wie es auch Normen gibt, die Grundprinzipien festlegen, die sich ihrerseits auf die gesamte Gesetzgebung beziehen.*" Unter den Rechtsanwälten trat neben Costantino Mortati, Massimo Severo Giannini, Giuliano Vassalli und Piero Calamandrei auch Vezio Crisafulli auf, der mit einigen beherzten Aufsätzen (in: La costituzione e le sue disposizioni di principio, Milano 1952) der damals auch noch die Rechtsprechung inspirierenden Lehre von der fehlenden Justiziabilität der Programmsätze und Prinzipienartikel der Verfassung, speziell im Hinblick auf ihren sozialen Schutzbestimmungen, widersprochen hatte.

[25] *G. Leibholz*, Der Status des Bundesverfassungsgerichts, JöR 6 (1957), 118 ff. unter Bezugnahme auf Autoren wie Calamandrei, Cappelletti, Barile und Pierandrei.

[26] *T. Ritterspach*, La Corte costituzionale tedesca, JUS 1958, 146 ff.; *T. Ritterspach/H. Schuster*, L'organizzazione e i compiti della Corte federale costituzionale e della Corte federale della Germania occidentale, Rivista trimestrale di diritto e procedura civile 1958, 257 ff.

*höfe in Italien und in der Bundesrepublik übereinstimmend der Meinung, daß die früher übliche schablonenhafte Einordnung der Verfassungsgerichte in die rechtsprechende Gewalt weder der verfassungsrechtlichen noch der politischen Bedeutung dieser Organe in irgendeiner Weise gerecht zu werden vermag.*“[27]

Es folgte die bekannte Entscheidung Nr. 13/1960, in der die Corte costituzionale sich eine „Funktion der Verfassungskontrolle, der höchsten Garantie der Beachtung der Verfassung der Republik durch die Verfassungsorgane des Staates und der Regionen“ zuschrieb, die eine rechtliche Gleichstellung mit jedem allgemeinen oder besonderen Gericht verbiete.

Zwischenzeitlich war in Italien auch das deutsche KPD-Verbotsurteil kommentiert worden, bei dem aus italienischer Sicht vor allem die Freiheit der Abgeordneten nicht genügend berücksichtigt schien.[28] Der Verfassungsgerichtshof hatte intern Studien zur Organisation des Bundesverfassungsgerichts und zum deutschen Sozialversicherungssystem erstellen lassen und der Romanist Gaetano Sciascia, den Leibholz schon 1937 in Göttingen kennengelernt hatte, erarbeitete eine Reihe von Studien und Rechtsprechungsberichten.[29] Stolz verkündete Ritterspach 1961 in Rom, das Provisorium Grundgesetz sei „durch die volle Zusammenarbeit in Rechtsprechung, Staatspraxis und Staatslehre“ zu einer Staatsverfassung erstarkt.[30]

Sein Kollege Aldo Sandulli traf 1961 im Heidelberger Kolloquium zur Verfassungsgerichtsbarkeit auf Ernst Friesenhahn.[31] Im selben Jahr referierte Franco Pierandrei in Trier ergänzend zur Freiburger Staatsrechtslehrertagung über die Methoden der Verfassungsinterpretation in Italien.[32] Livio Paladin widmete 1962 ein Kapitel seines verfassungsgeschichtlich strukturierten Werks „Das Verfassungsprinzip der Gleichheit“ den „aktuellen Tendenzen“ speziell in der Bonner Rechtsordnung und lobte die Zurückhaltung, mit der das Bundesverfassungsgericht jeglicher neo-naturrechtlich inspirierter Auslegung des Gleichheitssatzes zugunsten eines eher formellen Rechtsstaatsverständnis entgegengetreten sei, das die Begründbarkeit von Sonder- und Ausnahmeregelungen fordere.[33] Claudio Rossano kam dagegen nach zwei Jahren als Alexander-Humboldt-Stipendiat in Heidelberg bei Ernst Forsthoff zu dem

---

[27] Anmerkung zu G. *Azzariti*, Die Stellung des Verfassungsgerichtshofs in der italienischen Staatsordnung, JöR 8 (1959), 13f.; der erste Teil des Textes war als amtlicher Text für Jahrespressekonferenz vom 28. 12. 1957 entworfen worden und befindet sich nun in www.cortecostituzionale.it/informazione/interventi_dei_presidenti/...

[28] *M. Bon Valsassina*, La giurisprudenza del Bundesverfassungsgericht in tema d'incostituzionalità dei partiti politici, Giurisprudenza costituzionale 1958, 442ff.

[29] *G. Sciascia*, Rassegna di Giurisprudenza della Corte costituzionale della Repubblica Federale Tedesca (1951–1958), (1959–1962), (1963–1968) jeweils in: Giurisprudenza costituzionale 1958, 1039ff.; 1962, 1308ff.; 1968, 235ff.

[30] *T. Ritterspach*, L'evoluzione costituzionale nella Repubblica federale tedesca, Archivio di Ricerche Giuridiche 1961, 26.

[31] Friesenhahns erweiterter Vortrag wurde von A. Cervati übersetzt: La giurisdizione costituzionale nella Repubblica federale tedesca, Milano 1965. Aldo Maria Sandulli (1915–1984) wurde 1939 Professor für Verwaltungsrecht, 1957 Verfassungsrichter, 1968 Präsident der Corte Costituzionale, 1969 Präsident der RAI, 1970 Professor für Verfassungsrecht und 1984 als Senator (der Democrazia Cristiana) Vizepräsident der ersten parlamentarischen Verfassungsreformkommission (sog. Commissione Bozzi).

[32] JöR 12, 201ff.

[33] Livio Paladin (1933–2000), Schüler von V. Crisafulli und C. Esposito, Professore di diritto costituzionale in Triest und Padova, Verfassungsrichter 1977, Präsident der Corte costituzionale 1985, Mi-

Ergebnis, Lehre und Rechtsprechung behandelten den Gleichheitssatz gleichermaßen als an überpositive Werte gebunden.[34]

Zum zehnjährigen Jubiläum der Corte 1966 organisierte Giuseppe Maranini in Florenz an der Politikwissenschaftlichen Fakultät ein Kolloquium, an dem sich Geiger und Ritterspach mit einigen italienischen Kollegen trafen. Maraninis Schüler Sergio Ortino hatte in München über „Die Erfahrung des Verfassungsgerichts von Karlsruhe" eine Analyse seiner Rechtsprechung zu den Grundprinzipien der Demokratie, des Rechtsstaates und des Bundesstaates geschrieben, in der auch Kritik an der Parteienstaatslehre von Leibholz geübt wurde. Er hob die Verfassungsorganqualität des Bundesverfassungsgerichts hervor, das gerade auch im Parteienstaat als sich selbst disziplinierendes konstitutionelles Gegengewicht gegen den parlamentarischen Gesetzgeber den Grundrechtsschutz verbessere. Im Falle eines Wechsels zum Mehrheitswahlrecht könne jedoch diese Art von Verfassungsgerichtsbarkeit nutzlos oder gar der Demokratie abträglich werden.[35]

In der Diskussion machte sich vor allem Aldo Sandulli unter dem Eindruck des Erfolgs der Verfassungsbeschwerde für die Einführung einer *„actio popularis"* in Italien stark, die freilich keinen direkten Zugang zur Corte costituzionale geben, sondern bei den Fachgerichten gewissermaßen „vorgeprüft" werden sollte. Ebenso wie Mortatis Vorschlag der Einführung eines *dissenting vote*[36] fand jedoch auch diese Idee kein Gehör bei der anschließenden kleinen Verfassungsreform von 1967, die vielmehr die Amtszeit der Verfassungsrichter von 12 auf 9 Jahre verkürzte und dem Erfordernis einer qualifizierten Mehrheit in der Parlamentswahl Verfassungsrang verlieh und damit endgültig den umstrittenen Zugang auch der kommunistischen Opposition zum Verfassungsgericht sicherte.

Die vielfältige Wahrnehmung des Grundgesetzes durch die Brille des vergleichenden „Verfassungsprozessrechts" kann hier nicht im einzelnen nachgezeichnet werden.[37] Festzustellen ist jedenfalls, daß die durch die Verfassungsorgantheorie gestütze Verfahrensautonomie nur das „stärkere" der beiden Verfassungsgerichte vor tiefergreifenden Reformen bisher verschont hat.

---

nistro per il Coordinamento delle politiche comunitarie nel Governo Ciampi 1993, Mitglied der Accademia Nazionale dei Lincei 1999.

[34] *C. Rossano*, L'eguaglianza giuridica nell'ordinamento costituzionale, Napoli 1966, 220ff. Vgl. auch *ders.*, Der Schutz der Gleichheit der Geschlechter beim Zugang zu öffentlichen und privaten Anstellungen in der italienischen Verfassung, in: Festschrift G. Leibholz, Tübingen 1966, II, 237ff.; *G. Del Vecchio*, Gleichheit und Ungleichheit im Verhältnis zur Gerechtigkeit, ivi, 609ff. Vgl. *J. Luther*, Die „gleiche Freiheit" der europäischen Bürger in Italien und Deutschland, ZaöRV 68 (2008), 371ff.

[35] *S. Ortino*, L'esperienza della Corte costituzionale di Karlsruhe, Milano 1966, 218.

[36] *C. Mortati* (a cura di), Le opinioni dissenzienti dei giudici costituzionali e internazionali, Milano 1964; *A. ANzon*, Per l'introduzione dell'opinione dissenziente dei giudici costituzionali, Pol. Dir. 1992, 329ff.; *J. Luther*, L'esperienza del voto dissenziente nei paesi di lingua tedesca, Pol. Dir. 1994, 241ff.; Corte costituzionale (a cura di), L'opinione dissenziente, Milano 1995.

[37] Vgl. z.B. den BVerfGG-Kommentar von T. Ritterspach (Firenze 1992) die Monographien von *G. Volpe*, L'ingiustizia delle leggi, Milano 1977; *L. Mezzetti*, Giustizia costituzionale e opposizione parlamentare, Rimini 1992; *G. Parodi*, La sentenza additiva a dispositivo generico, Torino 1996; *G. Cerrina Feroni*, Giurisdizione costituzionale e legislatore nella Repubblica federale tedesca, Torino 2002. Ferner *A. Cervati*, Incostituzionalità delle leggi ed efficacia delle sentenze delle Corti costituzionali austriaca, tedesca ed italiana, Quaderni costituzionali 1989, 257ff.; *P. Häberle*, La giurisdizione costituzionale nell'attuale fase di sviluppo dello stato costituzionale (2003), www.cortecostituzionale.ite.

Die Reisefreiheit der Verfassungsrichter hat so schon frühzeitig einen genuin europäischen Dialog ermöglicht, der 1972 mit Österreich und Jugoslawien zu einer ersten mitteleuropäischen Konferenz der Verfassungsgerichte erweitert und nach den Plänen der Präsidenten Zeidler und La Pergola in den achtziger Jahren zu einem Netzwerk ausgebaut werden sollte, das später in der Venedig-Kommission des Europarats aufging. Diese „Symbiose" der Verfassungsgerichte ermöglichte insofern eine konvergierende Verfassungsentwicklung, als die Praxis durch den zunehmenden Rückgriff auf allgemeine Verfassungsprinzipien auch die Unterschiede in den Texten langsam zu relativieren begann.

## 5. Die beängstigende Autorität und unnachahmliche Stabilität der Bonner Demokratie

Im Gegensatz zu der nur wenig Beachtung findende Wehrverfassung, wurde die besatzungsrechtlich induzierte Notstandsverfassung in Italien nicht als „Verfassungsnachholung" verstanden. Die große Koalition der Grundgesetzreformer konnte anders als die italienische Verfassung (Art. 77, 78) den Art. 48 der Weimarer Reichsverfassung nicht rationalisieren, schien unter dem Druck der Straße bedrohliche „Spezialgesetze" und zum Trost die bereits verworfene Widerstandspflicht in die Verfassung einzubauen. In der Zeitschrift „Relazioni Internazionali" titelte man, auf Bonn falle nun der Schatten von Weimar („Su Bonn l'ombra di Weimar").[38]

Derartige Schatten hatte die Zeitschrift „*Democrazia e Diritto*" freilich schon seit ihrem Erscheinen 1960 gezeichnet. „Staat ohne Recht" hieß der Titel einer Dokumentation eines Autorenkollektivs der DDR zur Entwicklung des westdeutschen politischen Strafrechts, dessen Rezensent in der BRD ein „Regime" am Werke sah, dessen Maxime laute: „die Verfassung sind wir."[39] Während die italienische Verfassung die Reorganisierung der Faschistischen Partei auf der Grundlage ihrer Taten verboten habe (Art. XIII Disposizioni finali) und andere Parteien nur dann verboten werden könnten, wenn sie sich keiner demokratischer Methoden bedienten (Art. 49), seien in Deutschland durch das Parteiverbot die kommunistischen Meinungen verfolgt worden. Eine Aufhebung des Verbots könne der Demokratie ebenso helfen, wie eine Aufhebung des Art. 18 des Grundgesetzes, hieß es 1967.[40] Zwei Jahre später wurde dann das Verbot der NPD gefordert und ein Vorschlag von Ernst Benda beklagt, radikale Studenten aus der BAFöG-Förderung auszuschließen.[41] 1970 wurde auf einer Tagung in Florenz mit der Zwei-Staaten-Theorie die These verbunden, die fehlende Anerkennung der DDR sei völkerrechtswidrig und die fortgesetzte „Alleinvertretungsanmaßung", auch in der Form der Leugnung der völkerrechtlichen

[38] Relazioni Internazionali, 4. 5. 1968, 435ff.

[39] *G. Nocera*, Stato senza diritto, Democrazia e diritto 1960, 97ff.

[40] So unter Hinweis auf *H. Ridder*, bei dem später Beniamino Caravita studierte, *R. Ferrucci*, Considerazioni in merito all'interdizione del partito comunista tedesco, Democrazia e diritto 1967, 295ff. Dagegen *T. Ritterspach*, Costituzionalità ed incostituzionalità dei partiti nell'ordinamento federale tedesco, in: Studi parlamentari e di politica costituzionale 1968, 59ff.

[41] *A. Galoppini*, Repressione delle agitazioni studentesche nella R. F. T., Democrazia e diritto 1969, 119ff.

Natur einer zwischenstaatlichen Vereinbarung stelle eine „wenn man so will indirekte und unbewaffnete Aggression" dar.[42] Wenige Jahre später beklagte Wilhelm Raimund Beyer einen „Abbau der Demokratie" durch den die politische Staatsbürgergleichheit und die Meinungs- und Berufswahlfreiheit verletzenden Radikalenerlaß[43] und noch 1976 durfte er das zwanzig Jahre alte Urteil zum KPD-Verbot als Zeichen des Despotismus eines Verfassungsgerichts geißeln, dessen Urteile unaufhebbar seien, auch wenn sie die Menschenrechte verletzten.[44]

Schon 1972 hatte Ulrich Schminck die marxistische Kritik am Grundgesetz zu einer Warnung vor den Illusionen eines „alternativen Rechtsgebrauchs" in Italien zugespitzt.[45] Mit der Entführung des Ministerpräsidenten und Mitglieds der verfassunggebenden Versammlung Aldo Moro wuchs die Angst, der deutsche „neo-autoritarismo" könne in Italien Schule machen.[46] 1977 bildete der Sozialist Lelio Basso, Mitglied der verfassunggebenden Versammlung, mit namhaften Intellektuellen gar ein „*Comitato di iniziativa ed appoggio alla difesa dei diritti civili e delle libertà democratiche nella RFT*", das zur Diskussion um die Rechtsstaatlichkeit der Antiterrormaßnahmen ein „*Bolletino di informazione e di documentazione sul modello Germania*" herauszugeben begann. Der Richter Salvatore Senese kritisierte die „Diktatur der Institutionen", die die rechtsstaatliche Substanz des Grundgesetz bedrohe, weil der Notstand zu einer suprakonstitutionellen Rechtsquelle erhoben worden sei.[47] Das deutsche Modell einer autoritär „geordneten Gesellschaft" mit einer „ausgehöhlten Verfassung" drohe auch Italien und ganz Europa zu beeinflussen.[48] In die entgegengesetzte Richtung gingen rechtsvergleichende Studien, die vor allem die deutsche Wehrverfassung als Vorbild für eine Konstitutionalisierung der Streitkräfte priesen.[49] Erst Erhard Denninger lenkte die Kritik an den Rechtsstaats- und Demokratiedefiziten der gelebten Bonner Verfassung in ruhigere Bahnen.[50]

Nur geringe Zustimmung hatten bereits die Versuche von Gerardo Morelli gefunden, auch aus dem Vergleich mit dem Bonner Grundgesetz eine allgemeine, in der

---

[42] *A. Bernardini*, Gli avvenimenti del 1945 e la debellatio della Germania, Democrazia e diritto 1970, 267 ff. (295).

[43] *W. R. Beyer*, Lo smantellamento della democrazia nella Repubblica federale tedesca, Democrazia e diritto 1973, 177ss.

[44] *W. R. Beyer*, Il problema della norma di riserva, Democrazia e diritto 1976, 537ss.

[45] *C. U. Schminck*, La contestazione dell'„ortodossia" giuridica in Germania, Quale giustizia 1972, 567ss.; idem, La nuova repressione in Germania: la rinascita del Leviatano, Quale Giustizia 1975, 19ss.

[46] Vgl. *C. Amirante/E. Collotti/L. Golino*, Stato e difesa della democrazia nella Repubblica Federale Tedesca, Napoli 1979; *A. Agnoli/G. Rescigno/L. Ferrajoli et al.*, La trasformazione autoritaria della democrazia, Napoli 1979.

[47] *S. Senese*, Dittatura delle Istituzioni, in: Germania 1980: una scadenza per l'Europa, Milano 1980, 112 ff.

[48] *S. Senese*, Bonn modello politico-istituzionale dell'Occidente europeo? in: G. Quazza, Germania federale ed Europa: l'ombra della democrazia autoritaria, Torino 1978, 103 ff.

[49] *G. De Vergottini*, Le modificazioni delle competenze in tema di difesa, Riv. trim. dir. pub. 1974, 409ss; *L. Mezzetti*, Il potere di guida e comando delle Forze Armate e la gestione degli stati di crisi nella Repubblica federale di Germania, in: G. De Vergottini (Hg.), Costituzione della difesa e stati di crisi, Roma: CEMISS 1991, 125 ff.; *V. Ilari*, Le precedenti iniziative dalla „bozza Missori" alla istituzione della commissione Paladin, ibidem, 388 ff. m. w. N. Vgl. *V. Götz*, La costituzione dell'emergenza nella legge fondamentale tedesca, Diritto e società 1991, 553 ff.

[50] *E. Denninger*, Sette tesi sullo stato delle istituzioni, Quaderni costituzionali 1982, 256 ff.

italienischen Verfassung nur implizierte *ordre public* Schranke der Grundrechte, eine Suspendierung von Grundrechten qua Notverordnungsrecht der Regierung und letztlich gar eine stillschweigende Anerkennung des Widerstandsrechts zu konstruieren.[51] Von Naturrecht durfte zwar in der Lehre weiter gesprochen werden, doch mit dem neuen „Statuto dei lavoratori" und dem Gesetz zur Regelung der Volksabstimmungen von 1970 ging es immer mehr um die „Erfüllung" der italienischen Verfassung durch den Gesetzgeber und rückte ihre soziale Gestaltungsfunktion definitiv in den Vordergrund.

Auch dadurch kamen die Differenzen beider Verfassungen stärker in den Blick. Schon Giorgio Lombardi's Werke über die Verfassungspflichten (1967) und die Grundrechtsbindung privater Gewalten (1970) hatten die Unterschiede in einem stärker ethisierten Verständnis der Republik und einem anspruchsvollerem Verständnis des auf soziale Grundrechte und materielle Gleichheit gegründeten Sozialstaates herausgearbeitet.[52]

Zu Beginn der achtziger Jahre wurden auch die Wertordnungsideen des Bundesverfassungsgerichts stärker kritisiert. Carlo Amirante hatte bereits frühzeitig auf die naturrechtlichen Implikationen Menschenwürdegarantie hingewiesen und zeichnete nun weitere Divergenzen in „Grundrechte und Verfassungssystem des Bonner Grundgesetzes und der italienischen Verfassung" auf.[53] Die Kritik an der Wertordnungslehre hielt jedoch das italienische Verfassungsgericht nicht davon ab, auch weiterhin in seinen Entscheidungen auf die „Werte der Verfassung" (valori della costituzione") Bezug zu nehmen, freilich eher um das Abwägungsermessen des Gesetzgebers hervorzuheben als eine Werthierarchie zu behaupten.[54]

Zustimmung hatte die Rechtsprechung des Bundesverfassungsgerichts zum Religionsverfassungsrecht gefunden.[55] 1976 erschien dann zur deutschen Diskussion um die „Grundwerte" in der Zeitschrift „Civiltà cattolica" ein bemerkenswerter Artikel, der einerseits den Extremistenbeschluß gegen den Vorwurf verteidigte, er habe die

---

[51] *G. Morelli*, La sospensione dei diritti fondamentali nello Stato moderno, Milano 1966; ders., Il diritto naturale nelle costituzioni moderne, Milano 1974.

[52] *G. Lombardi*, Contributo allo studio dei doveri costituzionali, Milano 1967; *ders.*, Potere privato e diritti fondamentali, 1970.

[53] Diritti fondamentali e sistema costituzionale nella Legge fondamentale di Bonn e nella costituzione italiana, Cosenza 1980, su cui G.U. Rescigno, I diritti fondamentali nella Germania federale, Politica del diritto 1981, 633ff. Vgl auch *C. Amirante*, La costituzione come „sistema dei valori" e la trasformazione dei diritti fondamentali nella giurisprudenza della corte costituzionale federale, Politica del diritto 1981, 9ff. Weiterführend *P. Häberle*, Linee di sviluppo nella giurisprudenza della Corte costituzionale federale in materia di diritti fondamentali, Giurisprudenza costituzionale 1996, 2881ff.; *K. Stern*, I valori culturali nel diritto costituzionale tedesco, Diritto pubblico 1998, 317ff.; *G. Gozzi*, Democrazia e diritti. Germania: dallo Stato di diritto alla democrazia costituzionale, Bari 1999, 119 ss.

[54] Für eine rationalisierte Version einer Werthierarchie als Alternative zu der eher kasuistischen Verwendung des Maßstabs der „Ragionevolezza" plädierte später in einem Seminar der Corte costituzionale *D. Schefold*, Aspetti di ragionevolezza nella giurisprudenza costituzionale tedesca, in: Il principio di ragionevolezza nella giurisprudenza della Corte costituzionale, Milano 1994, 121ff.; kritisch *J. Luther*, Ragionevolezza e Verhältnismäßigkeit nella giurisprudenza costituzionale tedesca", Diritto e società 1993, 307ff.; *G. Scaccia*, Il controllo di proporzionalità della legge in Germania, in: Annuario di diritto tedesco 2002, 409ff.

[55] Vgl. *L. Musselli*, Il diritto di libertà religiosa nella Giurisprudenza della Corte costituzionale della Corte costituzionale federale tedesca, Giurisprudenza costituzionale 1972, 1987ff.

Bundesrepublik in einen diktatorischen „Polizeistaat" verwandelt, andererseits einräumte, daß seine „faire" Anwendung (equa applicazione) tatsächlich Schwierigkeiten bereite. Wichtiger erschien die Auseinandersetzung mit der Kritik des Kanzlers an der Berufung auf die Grundwerte seitens der Bischofskonferenz und des Zentralkomitees der deutschen Katholiken im Bundestagswahlkampf von 1976. Dem liberalen Argument des Kanzlers, es sei Aufgabe der Kirche und nicht der Straf- und Zivilgesetzgebung, die Werte als Voraussetzungen des Staates zu pflegen, wurde damals die Idee einer gesamthänderischen individuellen und kollektiven Verantwortung von Einzelnem, sozialen Gruppen, Kirchen und Staat entgegengehalten, die jedenfalls eine ethische Verpflichtung zur Optimierung des Menschenwürdeschutzes beinhalte.[56]

Diese eher versöhnliche Position trug auch der Tatsache Rechnung, daß nach der Ermordung Aldo Moros die Bereitschaft zu politischen Kompromissen zwischen Katholiken und Kommunisten wuchs, wie sie bereits die religionsrechtlichen Grundlagenartikel der italienischen Verfassung (Art. 7–8) ermöglicht hatten. In der gemeinsamen Verteidigung der „patria" gegen die terroristische Bedrohung von links und rechts wurde man sich einig, auch Rom solle nicht Weimar werden. Das Interesse am Grundgesetz wuchs dabei vor allem unter denen, die sich Sorgen um die „Regierbarkeit" des Landes machten.[57]

Die in den Regierungswechseln ab 1969 deutlich gewordene politische Stabilität der deutschen Institutionen fand in der italienischen Staatsrechtslehre besonderes Interesse. Die anfänglichen französischen Kritiken an einer unpraktikablen (Eisenmann) und übertriebenen Rationalisierung (Mirkine-Guetzevitch) des parlamentarischen Systems bzw. eines neuen Mischsystems (Redslob) galten spätestens seit der „Réformette" der 4. Republik im Jahre 1954 widerlegt.[58]

In seinem Lehrbuch „Regierungsformen" (1973) beschrieb nun Constantino Mortati als Faktoren der Stabilität und Ausgewogenheit 1) die Verbindung von Kanzlerdemokratie und parlamentarischem System in der Parlamentswahl des Kanzlers und dem konstruktiven Mißtrauensvotum, 2) die Depotenzierung des Präsidenten, der freilich bei Minderheitsregierungen wieder Gewicht zu gewinnen vermag, 3) das nicht paritätisch konzipierte Zweikammersystem, das den Bundesrat an der Gesetzgebung, nicht aber an der Bildung und nur indirekt an der Kontrolle der Regierung beteiligt, 4) das Bundesverfassungsgericht und vor allem 5) die dem Wahlrecht zu verdankende Konzentration der politischen Kräfte in einem System mit zwei größeren Parteien.

Leopoldo Elia dagegen sah den Erfolg der Bonner Demokratie weniger durch das konstruktive Mißtrauensvotum, eher durch kulturellen Eigenheiten ihres Parteiensystems garantiert. Speziell die Kohäsion der größeren Parteien, der geringe Einfluß von Antisystemopposition und die hohe Bindungskraft der Koalitionsvereinbarungen

---

[56] *F. Lombardi*, Le elezioni tedesche e la discussione sui „valori fondamentali" della società, Civiltà cattolica 1976, IV, 390ff.

[57] Vgl. hierzu den Literaturbericht von F. Lanchester im ersten Heft der Quaderni costituzionali, 1981, 233ff.

[58] Hierzu *G. D'Eufema*, La forma di governo nella costituzione di Bonn, in: Scritti Orlando, Milano 1957, vol. I, 515ff.

habe sowohl Momente eines kooperierenden „consociativismo", als auch eines konkurrierenden „bipartitismo" ermöglicht.[59]

Was aus der Sicht von Mortati als Rationalisierungsleistung der Verfassung erschien, war für Elia wohl eher eine Leistung der politischen Kultur und ihrer Konventionen. Der Unterschied dieser Sichtweisen kam damals freilich weniger zu tragen, weil die Parteienkultur sich in Italien, anders als in Deutschland nach der Enquete zur Grundgesetzreform, zunehmend für „institutionelle Reformen" engagierte. Hierin trafen sich die Tradition des „rationalisierenden" Revisionismus der Christdemokraten und Liberalen mit radikaleren Ideen der linken Parteien, die sich von der Revision der Verfassung eine Restauration und Durchsetzung ihrer fortschrittlichen Werte erhofften.

Gerhard Leibholz, 1981 von Fulco Lanchester in Göttingen interviewt, wies dabei vor allem auf die Aufgabe des Wahlrechts hin, die Regierbarkeit und Stabilität der Exekutive als einen auch der Gleichheit gegenüber vorrangigen Wert zu gewährleisten.[60] Dazu befand die Mehrheit der Mitglieder der ersten Verfassungsreformkommission, die Vielzahl der Parteien und Meinungen spreche gegen eine Sperrklausel, gegen die sich bezeichnenderweise auch Kurt von Beyme ausgesprochen hatte.[61] Eine Minderheit empfahl „die Übernahme eines gemischten Wahlsystems nach deutschem Muster, freilich ohne Sperrklausel."[62] Deutlicher war der Bonner und Karlsruher Einfluß auf den Vorschlag der Kommission zur Änderung des Parteienartikels, der Gesetzgebungsaufträge zur Sicherung der Parteienfinanzierung und der parteiinternen Demokratie aufnehmen sollte.[63]

Die Reformen ließen jedoch weiter auf sich warten und in einer Tagung des Goe-

---

[59] *L. Elia*, Governo (forme di), in: Enciclopedia del Diritto, vo. XIX, Milano 1970, 65.

[60] *F. Lanchester*, Crisi della rappresentanza e sistemi elettorali: intervista a Gerhard Leibholz, Quaderni costituzionali 1981, 473ff.

[61] Quaderni costituzionali 1982, 441: „Ich würde die Übernahme der Sperrklausel oder der 5% Regel nicht empfehlen. Die verschiedenen Sperrklauseln sind in den jeweiligen Ländern nach eng politischen Betrachtungsweisen übernommen worden. In Schweden z.B. fördert die 4%-Klausel den Eintritt der kommunistischen Partei ins Parlament, in Italien dient die 5%-Klausel genau dem Gegenteil ..." Von Beyme sprach sich auch gegen eine Übernahme des konstruktiven Mißtrauensvotums aus und kritisierte auch die Regelungen zur Vertrauensfrage und zur Parlamentsauflösung als teilweise überflüssig, teilweise schädlich: Le coalizioni di governo tra legittimazione parlamentare e legittimazione elettiva, Quaderni costituzionali 1982, 703ff. Zum deutschen Wahlrecht vgl. ferner *S. Furlani*, Un nuovo sistema elettorale misto tedesco, Rivista trimestrale di diritto pubblico 1953, 180ff.; *idem*, La legge elettorale tedesca per il secondo Bundestag, Riv. trim. dir. pub. 1954, 628ff., *M. Caciegli*, Sistemi elettorali e consolidamento della democrazia: le esperienze tedesca e italiana a confronto, Queste istitezioni 1984, 26ff.; *F. Lanchester*, Il sistema elettorale in Germania e la discussione sulle riforme istituzionali in Italia, Parlamento 1988, fasc. 5–7 (luglio), 17ff.; *D. Sehefold*, Sistema elettarale e sistema parlamentare nella Republica federale di Germania, Politica del diritto 1988, 455ff.

[62] *Scoppola, Pasquino, Barbera, Giugni u.a.*, Der Bologneser Verfassungsrechtslehrer Augusto Barbera hatte von 1967 bis 1969 in Heidelberg und Karlsruhe gearbeitet.

[63] Zum Gesetz. *E. Friesenhahn*, „Status" e finanziamento dei partiti tedeschi. La legge federale 28 giugno 1967, in: Studi parlamentari 1968, 4, 85ff. zur Verfassungsrechtsprechung Bollettino di informazioni costituzionali e parlamentari 1970, 85ff.; ansonsten *K. v. Beyme*, Sviluppo costituzionale e finanziamento dei partiti, Quaderni costituzionali 1982, 495ff.; *H.H. v. Arnim*, I partiti politici nella RFT, Riv. trim. dir. pub. 1986, 352ff.; *idem*, Un nuovo modello di finanziamento pubblico dei partiti politici per la Repubblica federale tedesca, Politica del diritto 1993, 665ff.; *T. Tsatsos*, Il diritto dei partiti: verso una comune cultura europea? Quaderni costituzionali 1988, 475ff.; *S. Manzin Maestrelli*, Il partito politico nella giurisprudenza del tribunale costituzionale federale tedesco, Milano 1991;

the-Instituts im Jahre 1987 zum Thema „Autorità e democrazia" las Stefano Merlini Art. 63 GG in einem neuen Licht. Letztlich bedeute die Parlamentswahl ohne Aussprache nur den Vollzug einer indirekten Volkswahl des Kanzlers und habe ein grundsätzlich bipolares politisches System hervorgebracht, das sich dem englischen Modell der Alternanzdemokratie nähere. Das italienische Modell einer „democrazia consociativa" müsse versuchen, sich zu einer vergleichbaren „democrazia conflittuale" weiterzuentwickeln.[64] Auch von katholischer Seite wurde das Grundgesetz als eine Verfassung von besonderer „normativer Präzision" gelobt.[65]

In den neunziger Jahren haben dann die Direktwahl der Bürgermeister und die durch Referendum initiierten Wahlreformen die parlamentarische Regierungsform und das politische System in die Richtung eines „bipolarismo imperfetto" entwickelt, der auch deutsche Elemente, speziell die indirekte Wahl des Ministerpräsidenten verarbeitete.[66] Die dadurch veränderte Parteienlandschaft hat sich allerdings weiter von der deutschen entfernt. Als die bereits in den Partito Popolare umgewandelte Democrazia Cristiana 1993 in der zweiten Verfassungsreformkommission die Parlamentswahl des Premierministers und das konstruktive Mißtrauensvotum empfahlen, waren die Chancen einer Stabilisierung der Regierungsform durch Verfassungsreform bereits verloren.[67] Weder das deutsche Kanzlermodell, noch der französische Semipräsidentialismus setzten sich durch und für die italienische Verfassung begann eine ungewisse und wohl noch unabgeschlossene Zeit des „Übergangs" (transizione).

## 6. Europäische Integration und Wiedervereinigung

Schon in den siebziger Jahren hatten der sozialistische Außenminister Nenni und Altiero Spinelli die neue Ostpolitik gegen die „antideutsche Kampagne" der KPI verteidigt.[68] Noch 1984 hatte dagegen Giulio Andreotti – wohl nur im Hinblick auf Tirol – vor einem übertriebenen „pan-germanesimo" gewarnt: „Es gibt zwei deutsche Staaten, und zwei müssen es bleiben."[69]

Dem Hinweis des Bundeskanzlers auf die Präambel des Grundgesetzes folgte da-

---

*M. Morlok*, Finanziamento della politica e corruzione: il caso tedesco, Quaderni costituzionali 1999, 257 ff.

[64] *S. Merlini*, Democrazia protetta e democrazia conflittuale: i casi dell'Italia e della RFT, Democrazia e diritto 1989, 365 ff. Vertiefend später *S. Mangiameli*, La forma di governo parlamentare. L'evoluzione nelle esperienze di Regno Unito, Germania ed Italia, Torino 1998.

[65] *R. Bozzi*, Coerenza delle costituzioni, Civiltà cattolica 1989, I, 542 ff.

[66] Vgl. dazu auch den Beitrag von *D. Schefold*, Sviluppi attuali del sistema parlamentare nella Repubblica Federale di Germania, Giurisprudenza costituzionale 1987, 362 ff.

[67] Vgl. *G. Rizza*, La Cancelleria nel sistema di governo della Repubblica federale tedesca, in: Costituzione e strutture del governo, Padova 1984; *S. Filippone Thaulero*, Il ruolo del cancelliere federale secondo la Legge fondamentale, Torino 1994; *A. Barbera*, Gli equivoci a proposito del cancellierato, in: G. Preterossi, Italia e Germania nell'Europa che cambia, Rom 1997, 57 ff. Zur heutigen Deutung des Modells vgl. *J. Luther*, La democrazia del cancellierato come „sublimazione" del presidenzialismo, in: A. Di Giovine (Hg.), La presidenzializzazione degli esecutivi nelle democrazie contemporanee, Torino 2007, 59 ff.

[68] *A. Spinelli*, Das deutsche Problem von Italien aus europäisch gesehen, Frankfurter Hefte 1973, 237 ff.

[69] Süddeutsche Zeitung, 17. 9. 1984.

mals die Erklärung des Ministerpräsidenten Craxi, die Regierung achte die „Grundsätze und Ideale, an welchen die Bundesregierung sich ausrichtet und die Bestandteil ihrer im Grundgesetz verankerten Ordnung sind".[70] Das Wiedervereinigungsgebot war aus dieser Sicht kein kategorischer Imperativ, sondern nur ein mit den übrigen Prinzipien der Präambel und den internationalen Realien der Politik abzuwägendes Prinzip und Ideal.

Dazu gehörte auch und in erster Linie die fortschreitende europäische Integration. Schon 1983 hatte Spinelli zusammen mit deutschen Kollegen im Europaparlament begonnen, für eine europäische Verfassung zu werben. 1984 entschied die Corte costituzionale im Fall Granital, der Vorrang der Gemeinschaftsrechtsordnung begründe ein Recht der ordentlichen Gerichte, entgegenstehendes nationales Recht unangewendet zu lassen, wie es auch „aus teilweise anderen Gründen, in der deutschen Bundesrechtsordnung geschieht". Das schließe allerdings nicht eine verfassungsgerichtliche Kontrolle des Zustimmungsgesetzes „indem gewiß unwahrscheinlichen Fall" aus, daß das Gemeinschaftsrecht den Grundprinzipien der Verfassungsordnung oder den Menschenrechten widerspreche.[71] Der damalige Berichterstatter Antonio La Pergola erklärte dann 1987 in der Festschrift für Zeidler das Koordinationskonzept dieser neuen Rechtsprechung mit einer dualistischen Auffassung des Verhältnisses beider Rechtsordnungen, die auch der Solange-Rechtsprechung des Bundesverfassungsgerichts zugrunde liege. Zugleich wertete er in der Tradition des italienischen, eher supranational angelegten Föderalismus den Vorrang des Gemeinschaftsrechts als „Anzeichen einer Föderation, die selbstverständlich noch nicht zu einem vollkommenen Staatenbund herangereift ist".[72]

„*Italia e Germania protagonisti dell'integrazione europea*" war der Titel einer Tagung im Jahre 1989, auf der auch Eberhard Grabitz für eine „italienisch-deutsche Aktion" zur Ingangsetzung einer „allgemeinen Revision der Verträge (Europäische Verfassung)" plädierte.[73] Im gleichen Jahr wurde per Verfassungsgesetz ein gleichzeitig mit den Wahlen zum europäischen Parlament zu veranstaltendes Referendum zur Frage angeordnet, ob zur Umwandlung der Gemeinschaft in eine Union das europäische Parlament den Auftrag erhalten solle, eine europäische Verfassung zu entwerfen."

Zum vierzigjährigen Jubiläum versuchte schließlich der Botschafter Luigi Vittorio Ferraris, das Grundgesetz – wohl im Vorgriff auf die Fortschreibung seiner Präambel – als bewußte Verabschiedung der Reichsidee durch ein neues Modell eines konstitutionalisierten „europäischen Nationalstaates" zu interpretieren, in dem es den Deutschen darum gehe „andere nicht mehr zu beherrschen, sondern mit ihnen zu-

[70] Die Welt, 17. 9. 1984.

[71] Corte costituzionale, sent. n. 170/1984 mit Anmerkung von Ritterspach, EUGRZ 1985, 98ff.

[72] *A. La Pergola*, Das Verhältnis von nationalem Recht und Gemeinschaftsrecht in der Rechtsprechung des italienischen Verfassungsgerichtshofes, in: Festschrift W. Zeidler, Berlin 1987, Bd. 2, 1695ff. Zur Rechtsprechungsentwicklung vgl. Corte costituzionale (a cura di), La Corte costituzionale tra diritto interno e diritto comunitario, Milano 1990. La Pergola entwarf anschließend als „Ministro per il coordinamento delle politiche comunitarie" das Gesetz Nr. 86/1989, das u.a. die Figur einer jährlichen „legge comunitaria" zur Umsetzung der Richtlinien und EuH-Entscheidungen einführte und war als Generalanwalt am EuGH federführend zum Urteil Tanja Kreil.

[73] *E. Grabitz/O. Schmuck*, Prospettive per il sistema istituzionale della Comunità Europea: un ruolo speciale per il tandem italo-tedesco, in: ISPI (Hg.), Italia e Germania protagoniste dell'integrazione europea, Bologna 1990, 201ff.

sammenzuarbeiten".[74] Der Wille zur Einheit und zur Demokratie („wir sind das Volk") hatte 1989 ebenso überlebt wie die Germanophobie der Nachbarn, die die Zustimmung zu den Einigungsverträge wie ein geopolitisches Tauschgeschäft im Modus des „*do ut des*" mit der anschließenden Gründung der Europäischen Union speziell auch als Währungsunion zu verknüpfen beanspruchten.[75]

Die Ablösung von Art. 23 a. F. durch Art. 23 n. F. war aus dieser Sicht und im Lichte der neugefaßten Präambel auch Verbriefung eines nicht nur einseitigen Willens, als gleichberechtigtes Glied in einem vereinten Europa dem Frieden in der Welt zu dienen.[76] Aus dieser mit der Innenansicht des Art. 23 als eines reinen Konservierungsmittels kaum zu vereinbarenden Sicht könnte man nicht nur von einem gemeinsamen Europaverfassungsrecht, sondern vielleicht sogar von einem stillschweigend geschlossenen „Verfassungsvorvertrag" oder zumindest von einer „Konstitutionalisierungsabrede" sprechen. Gerade auch aus katholischer Sicht waren die „Bindungen, die Deutschland sicher dem Europa der Gemeinschaft verbunden halten, eine Garantie gegen die Rückkehr der Vergangenheit."[77]

Die Wiedervereinigung von „RFT" (Repubblica Federale Tedesca) und „RDT" (Repubblica Democratica Tedesca) zur „RFG" (Repubblica Federale di Germania) beeinflußte Italiens Verfassungsreformdebatten in verschiedener Hinsicht.[78] Besondere Aufmerksamkeit erhielten neben der Frage nach der Bewährung des Verhältniswahlrechts[79] und den Reformen des Ausländerwahl- und Asylrechts[80] vor allem der Föderalismus[81] und die Rolle der verfassunggebenden Gewalt.[82]

---

[74] *L. V. Ferraris*, Die Vorbildwirkung cit. (Fn. 15).

[75] Vgl. *L. Caracciolo*, Gli usi geopolitica della germanophobia, in: G. Rusconi/H. Woller, Italia e Germania 1945–2000: la costruzione dell'Europa, Bologna 2005, 463ff.; vgl. auch *A. Bolaffi*, Il sogno tedesco, Roma 1993 und *S. Dellavalle*, Quo vadis Germania? Difesa degli interessi nazionali e postnazionalismo europeista nella Germania unificata, in: E. Bosco (Hg.), La nuova Germania, Milano 2001, 461ff.

[76] Hierzu *R. Miccu*, L'integrazione europea e la Legge fondamentale tedesca, Quaderni costituzionali 1993, 173ff.

[77] *A. Macchi*, La Germania di fronte ai problemi della riunificazione, Civiltà cattolica 1993, II, 289ff.

[78] Vgl. *C. Tomuschat*, L'unità tedesca, Giurisprudenza costituzionale 1991, 2523ff.; *J. Luther*, Dalla Repubblica federale tedesca alla Repubblica federale di Germania, Quaderni costituzionali 1991, 139ff.; *P. Häberle*, La controversia sulla riforma della legge fondamentale tedesca, Quaderni costituzionali, 1993, 279ff.; *E. Denninger*, La riforma costituzionale in Germania tra etica e certezza del diritto, Giurisprudenza costituzionale 1993, 2369ff.; *K. Stern*, La Costituzione della Germania dopo la riunificazione, Diritto e società 1995, 415ff.; *S. Mangiameli*, I dieci anni della Wiedervereinigung e le esperienze costituzionali tedesca e italiana, Riv. dir. pub. comp. eur. 2001, 9ff.

[79] Hierzu *G. Capoccia*, La Germania unita fra continuità e rinnovamento, Roma 1995; *A. de Petris*, L'ordinamento tedesco a dieci anni dalla riunificazione: ancora un Parteienstaat? Nomos 2000, 45ff., *M. Volpi*, Sistema elettarale tedesco e riforma elettorale italiana, DPCE 2001, 1387ff.

[80] Hierzu *G. Mangione*, La revisione del Grundgesetz in materia di asilo, Milano 1994. Schon 1980 hatte man aus katholischer Sicht ein Ausländerwahlrecht mit Art. 20 I GG für kaum vereinbar gehalten, aber gleichzeitig das Recht zu Wählen in ein allgemeines Menschenrecht auf politische Teilhabe am demokratischen Leben eingebettet und davor gewarnt, das kulturelle Recht auf Bildung zu nationalisieren. Vgl. *M. Casagrande*, Il diritto di voto per gli immigrati nelle elezioni comunali nei paesi della CEE, Civiltà cattolica 1980, IV, 81ss. Besondere Beachtung fand dagegen die Kritik des deutschen Staatsbürgerschaftsbegriffs in *P. Häberle*, La cittadinanza come tema di una dottrina europea della costituzione, Rivista di diritto costituzionale 1997,19ff.

[81] Hierzu *L. Violini*, Bundesrat e Camera delle Regioni, Milano 1989; *B. Pezzini*, Il Bundesrat della

Die Erfüllung des Wiedervereinigungsauftrags des Grundgesetzes verlief gewissermaßen als Kontrastprogramm zur Krise des Einheitsprinzips der italienischen Verfassung (Art. 5), das vor allem von den – eher an Schweizer Vorbildern orientierten – Föderalismusplänen der Lega Nord in Frage gestellt wurde, die 1996 sogar mit einer Sezession drohte.[83] Schon die ersten Föderalismuspläne von Gianfranco Miglio und der Agnelli-Stiftung hatten unter Anlehnung an deutsche Vorbilder eine territoriale Neuordnung, eine Umsiedlung zentralstaatlicher Ämter und sogar Ministerien und einen Regionalproporz bei der Vergabe zentralstaatlicher Stellen gefordert.[84] Nachdem die zweite Verfassungsreformkommission 1993 eine Reform des Regionalismus mit einer Katalogisierung der zentralstaatlichen Gesetzgebungskompetenzen und die dritte Verfassungsreformkommission 1997 eine komplette Neufassung des zweiten Teils der Verfassung vorgeschlagen hatte, der die Überschrift „Föderale Ordnung der Republik" erhalten sollte, brachte die 2001 nach einem Referendum in kraft getretene kleine Verfassungsreform einige Neuerungen. Von einem Teil der Lehre wurden sie als „föderalistisch inspiriert" dargestellt, obwohl sie überwiegend nur die Entwicklungen der Rechtsprechung, z.B. den an die Bundestreue angelehnten Grundsatz der „leale collaborazione" (treue Zusammenarbeit), kodifizierten und die per Verwaltungsreform versuchte Erneuerung des Regionalismus „verfassungsfest" machen sollten. Weiterentwickelt wurden daher eher österreichische und spanische als deutsche Modelle, letztere vor allem hinsichtlich einiger Mechanismen des Finanzausgleichs (Art. 119). Aus der Sicht Leopoldo Elias scheiterte eine weitergehende Annäherung des Regionalismus an den Föderalismus des Grundgesetzes vor allem daran, daß sich der Senat nicht in einen Bundesrat verwandeln ließ.[85] Zu der Frage, ob und wie die Verfassungsreform von 2001 umzusetzen

---

Germania federale, Milano 1990; *A. Anzon*, La Bundestreue e il sistema federale tedesco, Milano 1995; *M. Degni/G. Iovinella*, Federalismo modello Germania , Roma 1995; *F. Palermo*, Germania ed Austria: modelli federali e bicamerali a confronto, Trento 1997; *J. Woelk*, Konfliktregelung und Kooperation im italienischen und deutschen Verfassungsrecht, Baden-Baden 1999; *V. Losco*, Il Federalismo fiscale in Germania, Milano 2005.

[82] Hierzu *M. Bonini*, Il potere costituente del popolo tedesco, Milano 2001.

[83] Sie dazu *J. Luther*, Die italienische Verfassung im letzten Jahrzehnt, JöR 43 (1995), 506; *idem*, Die Verfassung in Zeiten des Übergangs: italienische Beobachtungen, JöR 50 (2002), 353ff.

[84] Vgl. als Vorarbeiten *J. Frowein*, Il sistema federale della Repubblica Federale di Germania, in: Federalismo, Regionalismo ed autonomie differenziate, Palermo 1991, 151ff.; *P. Häberle*, Problemi attuali del federalismo tedesco, in: Giurisprudenza costituzionae 1992, 3353ff.; *A. D'Atena* (Hg.), Federalismo e regionalismo in Europa, Milano 1994; *P. Häberle*; Föderalismus, Regionalismus, Kleinstaaten, in: G. Zagrebelsky (Hg.), Il federalismo e la democrazia europea, Roma 1994, 67ff.; Ein deutscher Beitrag zur italienischen Regionalismus- bzw. Föderalismusdebatte, in: FS für Jean-François Aubert, 1996, 483ff.; Probleme der Verfassungsreform in Italien – Außenansichten eines „teilnehmenden Beobachters", in: Verfassung als öffentlicher Prozeß, Berlin 1996/1998, 817ff.; *J. Luther*, Il modello tedesco dello stato federale sociale in: F. Pizzetti, Federalismo regionalismo e riforma dello stato, Torino 1996, 241ss.; *G. Scaccia*, Solidarietà e cooperazione nel sistema federale tedesco, Giurisprudenza costituzionale 2000, 3586ff.

[85] *L. Elia*, Commissione bicamerale e modello tedesco, in: G. Preterossi, La sfida federalista, Roma 1997, 85ff.; vgl. auch *G. Falcon*, Il modello Bundesrat e le riforme istituzionali italiane, Regioni 1997, 277ff.; *C. Antonucci*, Bundesrat e rappresentanza del territorio, Il Politico 1997, 353ff.; *V. Götz*, Qualche osservazione sul Bundesrat, Quaderni costituzionali 2001, 323ff.; *M. Kotzur*, Federalism and Bicameralism – The German Bundesrat (Federal Council) a san Atypical Model, in: J. Luther/P. Passaglia/R. Tarchi (Hg.), A World of Second Chambers, Milano 2006, 257ff.

oder erneut zu reformieren sei, befaßte sich das italienische Parlament immerhin in einer eigenen Anhörung mit den Erfahrungen der jüngsten deutschen Föderalismusreform und der Reform des spanischen Regionalismus.[86]

Während die Wiedervereinigung aus der Bonner Republik eine Berliner Republik machte, sprach man auch in Italien angesichts der Wahlreformen und der Änderungen des Parteiensystems zeitweise von einer „zweiten Republik". Die Reformen des Grundgesetzes nach der Wiedervereinigung erfolgten „step by step", ohne die Option des Art. 146 GG wahrzunehmen. Die italienischen Reformversuche beanspruchten dagegen, immer umfassender die Verfassung umzugestalten und versuchten mit ad-hoc Verfassungsgesetzen ebenfalls einen dritten Weg zwischen der normalen Verfassungsänderung und der von Gianfranco Miglio und anderen geforderten Einberufung einer neuen verfassunggebenden Versammlung zu gehen.[87] Das dabei *ex ante* vereinbarte Verfassungsreferendum lockerte im Gegensatz zum deutschen Verfahren den Entscheidungszwang für die italienischen Parteien. Der dritte Weg wurde ungangbar und es kam zu Verfassungsänderungen der Regierungsmehrheit, was wiederum in der Verfassungslehre die Forderung nach Einführung einer unabdingbaren qualifizierten Parlamentsmehrheit nach deutschem Modell erheben ließ. Während auch die Auslegung der Änderungsschranken des Art. 139 itVerf sich der des Art. 79 GG näherte, wurde das Dogma eines schrankenlosen und unverbrauchten „*pouvoir constituant*" verabschiedet.[88]

## 7. Die Gegenwart und Zukunft des Grundgesetzes in Italien

Was bleibt? Das Grundgesetz genießt in Italien heute ein hohes Ansehen, das einerseits durch die Stabilität der Regierungsform, andererseits durch die Qualität der Verfassungsrechtsprechung getragen wird.

Bezeichnenderweise wird dabei die Rechtsprechung des Bundesverfassungsgerichts in Italien aufmerksamer verfolgt als umgekehrt in Deutschland die Rechtsprechung der Corte costituzionale.

Ihre Entscheidungen verweisen insgesamt wohl häufiger auf europäische Verfassungstexte, Gesetzgebungserfahrungen und Verfassungsjudikate als diejenigen des Bundesverfassungsgerichts. Eine genauere Analyse der Bezugnahmen auf die deutsche Rechtsordnung und ein Vergleich zur Relevanz anderer Rechtsordnungen in

[86] Cfr. *R. Bifulco*, La riforma costituzionale del federalismo tedesco del 2006; *J. Luther*, La riforma del federalismo in Germania all'esame del Parlamento italiano (2007), *A. Anzon Demmig*, Cooperazione e differenziazione nella riforma del federalismo tedesco, *D. Schefold*, Lo sviluppo costituzionale italiano fra regionalismo, devolution e federalismo. Paralleli con la Germania?, alle in: www.issirfa.cnr.it.

[87] Wohl auch durch die deutsche Diskussion inspiriert, versuchte der Staatspräsident Cossiga 1991 in einer Botschaft an das Parlament verschiedene Wege zur Verfassungsreform, einschließlich der Einberufung einer verfassunggebenden Versammlung zu weisen.

[88] *M. Dogliani*, Potere costituente e revisione costituzionale nella lotta per la costituzione in: G. Zagrebelsky/P. Portinaro/J. Luther (Hg.), Il futuro della costituzione, Torino 1996, 253ff.; *P. Häberle*, Potere costituente (teoria generale), Enciclopedia giuridica; Aggiornamenti IX, Roma 2001. Vgl. auch Associazione italiana dei costituzionalisti, La riforma costituzionale, Padova, 1999; *A. Atripaldi/R. Bifulco*, La Commissione parlamentare per le riforme costituzionali della XIII legislatura: cronaca dei lavori e analisi dei risultati, Torino, 1998.

Italien steht allerdings ebenso noch aus wie eine Überprüfung der durch die Gerichte in Luxemburg und Straßburg vermittelten Mechanismen der europäischen und weltweiten sog. „constitutional cross fertilization".[89] Meistens nutzt die Corte costituzionale die ausländische Gesetzgebung um aufzuzeigen, wie groß der Ermessensspielraum des Gesetzgebers ist. In einigen Fällen geht es jedoch darüber hinaus, wofür sich neben der bereits zitierten Rechtsprechung zum Europarecht vor allem die folgenden besonders bezeichnenden Beispiele angeben lassen:

(1) Das Urteil Nr. 206/1974 erklärte die gesetzliche Regelung der Liste der Berufskrankheiten für nicht verfassungswidrig, weil sie in einem besonderen Verfahren unter Beteiligung der Gewerkschaften geändert werden und ein Gericht selbst nicht die technisch Beurteilung der vorgelegten Fälle neu entdeckter Berufskrankheiten leisten könne. Gleichzeitig mahnte es aber Regierung und Parlament, zu dem von der EWG schon 1962 empfohlenen „und in der Bundesrepublik schon durch Gesetz vom 20.4. 1963" eingeführten Mischsystem überzugehen, das dem Arbeitnehmer gestattet, auch eine nicht aufgelistete Berufskrankheit im Einzelfall nachzuweisen. Der Hinweis auf die deutsche Sozialgesetzgebung verstärkte den verfassungsgerichtlichen Gesetzgebungsauftrag auch deswegen, weil er in der italienischen Verfassung auf besonderen sozialen Grundrechten (Art. 38 Abs. 2 itVerf) beruhte.[90]

(2) Das Urteil Nr. 161/1985 verteidigte das Recht des Gesetzgebers, im Falle einer Geschlechtsumwandlung Anspruch auf Berichtigung des Personenstandsregisters zu gewähren, u.a. mit Hinweisen auf die Gesetzgebung zahlreicher anderer Länder, eine Straßburger Entscheidung und eine Resolution des Europäischen Parlaments. Hinzu kam der folgende Satz: „Im Transsexuellen besteht das grundlegende Bedürfnis, Soma und Psyche in Übereinstimmung zu bringen (wie es das Bundesverfassungsgericht in der bekannten Entscheidung vom 11.4. 1978 ausdrückte), und dazu ist die chirurgische Operation in der Regel unverzichtbar." In diesem Fall ersparte die Bezugnahme nicht nur eine eigene Beweisaufnahme zu den *„legislative facts"*, sondern diente auch zur Anerkennung eines universellen Grundrechts, denn die beanstandeten Normen waren „zum Schutz der menschlichen Person und der Gesundheit gegeben", wie er in Art. 2 und 32 der Verfassung aufgegeben ist.

(3) Das Urteil Nr. 71/1987 erklärte Art. 18 der Einführungsbestimmungen zum Zivilgesetzbuch mit der Begründung für verfassungswidrig, die Theorie der „Neutralität" der Kollisionsnormen sei durch jüngere ausländische Verfassungsgerichtsurteile, speziell „die Entscheidungen des Verfassungsgerichts der Bundesrepublik Deutschland vom 4. Mai 1971, 22. Februar 1983 und 8. Januar 1985", unhaltbar geworden.[91]

---

[89] Italienische Vorarbeiten in *L. Pegoraro,* La Corte costituzionale e il diritto comparato nelle sentenze degli anni '80, Quaderni costituzionali 1987, 601ff.; *G.F. Ferrari/A. Gambaro* (a cura di), Le Corti nazionali ed il diritto comparato; Napoli 2006; *G. Zagrebelsky*, Corti costituzionali e diritti universali, in: Rivista trimestrale di diritto pubblico, 2006, 297–311 (franz.: Revue du droit public et de la Science Politique en France et à l'Etranger, 2007, 131–144).

[90] Hinsichtlich eine EG-Richtlinie findet sich eine ähnliche Bezugnahme auf Deutschland im Urteil Nr. 140/1981.

[91] Wegweisend *E. Jayme*, La costituzione tedesca e il diritto internazionale privato, Rivista di diritto internazionale privato e processuale 1972, 76ff.

In diesen und anderen Fällen ist die Verfassungsrechtsprechung zum Grundgesetz nicht nur beobachtet, sondern auch „verarbeitet" worden. Das Grundgesetz hat in derartigen Fällen zunehmend die italienische Rechtsordnung mitgestaltende Außenwirkungen entfaltet. Sie wurden überwiegend durch rechtsvergleichende Arbeiten des Parlaments und des Verfassungsgerichtshofs vermittelt. Seit den neunziger Jahren finden sich daher auch in der Zeitschrift „Giurisprudenza costituzionale" Zweijahresberichte zur deutschen Verfassungsrechtsprechung (J. Woelk), in den „Quaderni costituzionali" umfassende Verfassungschroniken (A. Zei) und in zahlreichen anderen Zeitschriften[92] Anzeigen und Besprechungen deutscher Verfassungsjudikate, die auch zunehmend durch englischsprachige Literatur Verbreitung in Italien finden.

Ob diese Präsenz des Grundgesetzes in Italien auch eine Zukunft hat, hängt jedoch auch von der Entwicklung der Beziehungen beider Länder ab, die entgegen den pflichtgemäßen Beteuerungen der Diplomaten weiter alten und neuen Spannungen ausgesetzt sind. Die Streitigkeiten um die Entschädigung der deportierten Zwangsarbeiter[93] oder um den deutschen oder europäischen Sitz im Sicherheitsrat der Vereinten Nationen, die unterschiedliche wirtschaftliche Entwicklung und die auch auf Personen zugespitzten politischen Meinungsverschiedenheiten im Europart und in der Europäischen Union sind eher besorgniserregende Zeichen. Während Gian Enrico Rusconi auf italienischer Seite für die Gegenwart eine „schleichenden Entfremdung" diagnostiziert, sieht Hans Woller eher eine seit dem Kriegsende gewachsene Sympathie, die sich längst in dauerhafte „Empathie" verwandelt habe.[94] Der Integrationsfortschritt ist unbestreitbar, aber nicht irreversibel. Aus politischer Sicht sind die Beziehungen beider Länder seit der Wiedervereinigung gerade auch in der Europäischen Union (wie auch der europäische Föderalismus) asymmetrischer geworden. Aber auch aus kultureller Sicht scheint man in Italien (immer noch) mehr von Deutschland zu lernen bereit zu sein als umgekehrt.

Das kann auch auf den Umgang mit den jeweiligen Verfassungen Auswirkungen haben. Die Beobachtung der Verfassung des vermeintlich stärkeren Landes, zumal von einem weitaus mächtigeren Gericht gehütet, läuft Gefahr, auf der einen Seite die Vorliebe zu einer (sich selbst) „wertenden" Rechtsvergleichung, auf der anderen Seite die Neigung zu einer (sich selbst) „dekonstruierenden" Verfassungskritik zu verstärken.

Viel wird von der weiteren Entwicklung der europäischen Union als Verfassungsverbund abhängen. Der Anspruch Italiens zusammen mit Deutschland und Frankreich zum Kern Europas zu gehören, rechtfertigt sich nicht nur aus der Erinnerung an das heilige römische Reich.

---

[92] Speziell www.associazionedeicostituzionalisti.it, www.unisi.it/dipec/palomar, www.federalismi.it.

[93] Vgl. BVerfG, 2 BvR 1379/01 vom 28.6.2004 vs. Suprema Corte di Cassazione, Sezioni Unite Civili, sentenza n. 14201/2008.

[94] Vgl. die Beiträge zu *G.E. Rusconi/T. Schlemmer/H. Woller*, Estraniazione strisciante tra Italia e Germania, Bologna 2008.

# Sechzig Jahre Grundgesetz aus österreichischer Sicht

von

Prof. Dr. Dr. h.c. mult. Herbert Schambeck, Linz

## I.

Das Recht[1] ist der Ausdruck der Ordnung und in einer Demokratie[2] Ausdruck des Willens eines Volkes bzw. seiner Vertreter. Das Recht der Verfassung ist die Grundordnung eines Staates in normativer Form[3]. In der Konstituierung einer solchen normativen Grundordnung und in ihrer weiteren Entwicklung drückt sich die Geschichte eines Staates und seines Volkes aus.

*Jeder Staat und jede Verfassungsrechtsordnung* haben ihre *eigene Geschichte*[4] wie auch jedes Volk sein Schicksal. Das Verfassungsrecht drückt dies in Form und Inhalt aus. Staatsrechtsordnungen können daher auch nicht deckungsgleich sein, weil sie je nach den unterschiedlichen Gegebenheiten eines Gemeinwesens und dessen Umständen, mit denen es sich auseinander zu setzen gilt, verschieden sind. Diese mehr allgemeine Feststellung gilt auch für die Staatsrechtsordnung der Bundesrepublik Deutschland[5] und der Republik Österreich[6], besonders wenn ein Jubiläum, wie das von 60 Jahre Geltung des Bonner Grundgesetzes aus der Sicht Österreichs zu bedenken ist.

[1] Siehe *Theo Mayer-Maly*, Gedanken über das Recht, Wien/Köln/Graz 1985 und *Herbert Schambeck*, Das Recht und seine Verantwortung in unserer Zeit, Symposium „Jus 2000", Österreichs Rechtstheorie und Rechtspraxis um die Jahrtausendwende, hrsg. von Walter Barfuß, Wien 1994, S. 7 ff.

[2] Dazu *Hans Kelsen*, Vom Wesen und Wert der Demokratie, 2. Aufl., Tübingen 1929.

[3] Beachte *Werner Kägi*, Die Verfassung als rechtliche Grundordnung des Staates, Untersuchungen über Entwicklungstendenzen im modernen Verfassungsrecht, Zürich 1945, Neudruck Darmstadt 1971 und *Anna Gamper*, Staat und Verfassung, eine Einführung in die allgemeine Staatslehre, Wien 2007.

[4] Siehe Verfassung, Zur Geschichte des Begriffs von der Antike bis zur Gegenwart, zwei Studien von *Heinz Mohnhaupt* und *Dieter Grimm*, 2. Auflage, Berlin 2002.

[5] Näher *Klaus Stern*, Das Staatsrecht der Bundesrepublik Deutschland, Band I–V, München 1984 ff. und Handbuch des Staatsrechts der Bundesrepublik Deutschland, hrsg. von Josef Isensee und Paul Kirchhof, Band I–X, Heidelberg 1987 ff. sowie *Peter Häberle*, Das Grundgesetz zwischen Verfassungsrecht und Verfassungspolitik, Baden-Baden 1996.

[6] Hierzu *Günther Winkler*, Verfassungsrecht und Verfassungsrechtsdenken, Eigenarten der Verfassung und deren Erheblichkeit für die Wissenschaft vom Verfassungsrecht, Verfassungstag 1991, hrsg. vom Verfassungsgerichtshof der Republik Österreich, Wien 1992 und *Robert Walter, Heinz Mayer, Gabriele Kucsko-Stadlmayer*, Grundriss des österreichischen Bundesverfassungsrechts, 10. Aufl., Wien 2007.

Deutschland und Österreich haben zwar die gleiche Sprache aber Unterschiedlichkeit an kulturellen Akzenten und politischen Entwicklungen[7], die auch in der Verfassungsordnung ihren Ausdruck fanden.

Die *Verfassung*[8] ist die *politische Ordnung eines Staates*, sie hat die Ausübung der Staatsgewalt in den Staatsfunktionen der Gesetzgebung, Gerichtsbarkeit und Verwaltung sowie das Verhältnis des Einzelnen zum Staat zu regeln; Ersteres erfolgt durch die Staatsorganisation und Letzteres durch die Grundrechtsordnung[9].

Von der Verfassung wird die Begründung der Staatsgewalt und in deren Ausübung neben der Beachtung des Rechts- und Machtzweckes zur Herstellung von Ruhe, Ordnung und Sicherheit in dieser Zeit auch die Entsprechung des Kultur- und Wohlfahrtszweckes durch kulturellen Fortschritt, wirtschaftliches Wachstum und soziale Sicherheit erwartet. In dieser Mehrzweckefunktion kann die Verfassung besondere Ordnung begründen, Antwort geben und Hilfe gewähren[10]. Auf diese Weise entsteht eine besondere Beziehung von Staat, Gesellschaft und Einzelnen, die durch das politische Ordnungssystem der Demokratie und der Staatsform der Republik eine Prägung der Mitverantwortung erhält. Dies ist in Deutschland und Österreich in gleicher Weise gegeben.

Die Verfassung als politische Grundordnung des Staates ist als solche *im materiellen Sinn* erfahrbar; sie ist dann aber auch *im formellen Sinn*[11] gegeben, wenn sie insoferne eine normative Prägung erhält, als sie Inhalt von Verfassungsrechtssätzen wird, entweder in einer Verfassungsrechtsquelle, wie dies im Bonner Grundgesetz 1949 der Fall ist, oder in mehreren Verfassungsgesetzen, was in Österreich mit dem Bundes-Verfassungsgesetz (B-VG) 1920 beginnend bis heute gegeben ist. Die Folge dessen sind Unterschiedlichkeiten an Kenntnissen und Bewusstsein des Verfassungsrechtes des jeweiligen Staates, was sich jeweils in der Praxis an Verschiedenheit der Verwendung des Verfassungsrechtes zeigt.

---

[7] Beachte Was heißt Österreich? Inhalt und Umfang des Österreichbegriffs vom 10. Jahrhundert bis heute, hrsg. von Richard G. Plaschka, Gerald Stourzh, Jan Paul Niederkorn, Österr. Akademie der Wissenschaften, Archiv für österreichische Geschichte, Band 136, Wien 1995 und *Ernst Bruckmüller*, Nation Österreich, Kulturelles Bewußtsein und gesellschaftlich-politische Prozesse, Wien/Köln/Graz sowie *Christian Prosl*, Österreich-Deutschland Beim Einzug der Normalität, Konturen 2.2008, S. 39 ff.

[8] Dazu *Peter Häberle*, Verfassung als öffentlicher Prozeß, Materialien zu einer Verfassungstheorie der offenen Gesellschaft, Berlin 1978 (3. Aufl. 1998).

[9] Näher *Herbert Schambeck*, Die Grundrechte im demokratischen Verfassungsstaat, in: Ordnung im sozialen Wandel, Festschrift für Johannes Messner zum 85. Geburtstag, hrsg. von Alfred Klose, Herbert Schambeck, Rudolf Weiler, Valentin Zsifkovits, Berlin 1976, S. 445 ff. und Handbuch der Grundrechte in Deutschland und Europa, hrsg. von Detlef Merten und Hans J. Papier, Band I–IX, Heidelberg 2003 ff.

[10] Hiezu *Herbert Schambeck*, Der Verfassungsbegriff und seine Entwicklung, in: Festschrift für Hans Kelsen zum 90. Geburtstag, hrsg. von Adolf J. Merkl, René Marcic, Alfred Verdross, Robert Walter, Wien 1971, S. 211 ff., Neudruck in: *derselbe*, Der Staat und seine Ordnung, ausgewählte Beiträge zur Staatslehre und zum Staatsrecht, hrsg. von Johannes Hengstschläger, Wien 2002, S. 45 ff.

[11] Näher *Herbert Schambeck*, Zum Begriff der Verfassung im formellen und materiellen Sinn aus österreichischer Sicht, in: Recht als Aufgabe und Verantwortung, Festschrift Hans R. Klecatsky zum 70. Geburtstag, hrsg. von Siegbert Morscher, Peter Pernthaler, Norbert Wimmer, Wien 1990, S. 247 ff.

## II.

*Im Bonner Grundgesetz* 1949 ist eine Identität von *Verfassung in formeller und materieller Hinsicht* gegeben; sie wird im Art. 79 (1) GG mit dem Inkorporationsgebot vorbildlich verbunden. Beides *kennt das österreichische Verfassungsrecht nicht*! Das Verfassungsrecht ist in Österreich in Verfassungsgesetzen des Bundes und der Länder, in einfachen Gesetzen enthalten Verfassungsbestimmungen sowie in verfassungsändernden Staatsverträgen enthalten. Die Folge ist eine Übersichtlichkeit an Verfassungsrecht in Deutschland, die Österreich mit seinem Verfassungsrechtspluralismus und der von *Hans R. Klecatsky* bezeichneten „Ruinenhaftigkeit“[12] der Verfassung nicht besitzt! In Österreich fehlt daher auch ein prägendes Verfassungsbewusstsein und oft ist ein Ge- oder gar Missbrauch der Form des Verfassungsrechtes zu unterschiedlichen Zwecken festzustellen. So kann auch Inhalt der Verfassung im formellen Sinn werden, was kaum einen Zusammenhang mit der Verfassung im materiellen Sinn hat. Der Gesetzgeber kann nämlich in Österreich festlegen, in welcher Form eine Gesetzesbestimmung beschlossen wird. Da in Österreich Verfassungsbestimmungen grundsätzlich vom Verfassungsgerichtshof nicht überprüft werden können, werden auch solche Gesetze im Parlament als Verfassungsbestimmungen zu dem Zweck beschlossen, dass sie nicht vom Verfassungsgerichtshof überprüft werden[13]. Das Parlament kann auf diese Weise in Österreich seine eigene Kontrolle verhindern, wodurch das Verfassungsrecht in Österreich zur Disposition der Politik gestellt wird! Anders ist die Rechtslage in beispielgebender Weise in Deutschland nach dem Grundgesetz[14], das neben dem Inkorporationsgebot im Art. 79 (1) GG in Art. 79 (3) GG die Bestimmungen jeglicher Änderung selbst durch den Verfassungsgesetzgeber (Art. 79 (2) GG) entzogen hat, durch welche die Gliederung des Bundes in Länder, die grundsätzliche Mitwirkung der Länder bei der Gesetzgebung oder die in den Art. 1 über die Würde des Menschen und in Art. 20 über den demokratischen und sozialen Bundesstaat, die parlamentarische Demokratie, die Bindung der Staatstätigkeit an Gesetz und Recht sowie das Recht zum Widerstand als unabänderbar erklärt. Damit wurde auch ein Maß an *Starrheit des Grundgesetzes* begründet, das Österreich überhaupt nicht kennt! In Österreich ist mit qualifiziertem Präsens- und Konsensquorum sowie Kennzeichnung als Verfassungsbestimmung jede Verfassungsänderung möglich, nach Art. 44 (1) B-VG bedarf eine Totaländerung einer obligatorischer Volksabstimmung. Das Grundgesetz drückt mit der „Ewigkeitsklausel“ des Art. 79 (3) GG aber auch mit dem Gottesbezug der Präambel und nicht zuletzt mit der Bindung an Gesetz und Recht in Art. 20 Abs. 3 GG. eine deutliche Werthaltung aus. Anders hingegen das 1920 beschlossene B-VG als die bereits genannte Hauptquelle des österreichischen Verfassungsrechts.

---

[12] *Hans R. Klecatsky*, Bundes-Verfassungsgesetz und Bundesverfassungsrecht, in: Das österreichische Bundes-Verfassungsgesetz und seine Entwicklung, hrsg. von Herbert Schambeck, Berlin 1980, S. 83f.

[13] Dazu *Herbert Schambeck*, Gedanken zur Verfassungsgerichtsbarkeit und Gesetzgebung in Österreich, in: Der Rechtsstaat vor neuen Herausforderungen, Festschrift für Ludwig Adamovich zum 70. Geburtstag, hrsg. von B. Ch. Funk, F. Holzinger, H.R. Klecatsky, K. Korinek, W. Mantl, P. Pernthaler, Wien 2002, S. 709ff.

[14] Beachte *Walter Schmitt Glaeser*, Der freiheitliche Staat des Grundgesetzes, Grundzüge, Tübingen 2008.

Das B-VG begründete, geprägt vom *Rechtspositivismus* des Schöpfers seines Entwurfes *Hans Kelsen*[15], eine Staatsrechtsordnung, für welche der von *Adolf Merkl*, einem Mitschöpfer des Textes des B-VG und Mitbegründer der Wiener Rechtsschule, geprägte Begriff der Rechtswegeverfassung[16] treffend ist. Das B-VG gibt nämlich die Rechtswege und Rechtssatzformen sowie deren stufenförmige Ordnung und deren Kontrolle an, ohne, wie das Grundgesetz, Vorschriften für den Rechtsinhalt zu treffen. Anders wie das Grundgesetz überlässt das B-VG die weitere Gesetzgebung der Politik. Während in Österreich betreffend Staatsziele oder Staatszwecke von einigen Ausnahmen[17] abgesehen keine ausdrückliche Erklärung dieser und – soweit es solche gibt – keine Rangfolge angegeben wurde, ist dies im GG der Fall. Es erklärt im Art. 20 (1) „die Bundesrepublik Deutschland ist ein demokratischer und sozialer Bundesstaat". Auf diese Weise wurde 1949 eine dem Volk und seinem Gemeinwohl sich verpflichtet sowie verantwortlich fühlende Staatszweck- und Staatszielsetzung in normativer Form erklärt. Dieses Bemühen um verfassungsrechtlich Vorgeschriebenes fand hernach beispielgebend über Deutschland hinaus seine Ausführung in der sozialen Marktwirtschaft.[18] Auf diese Weise hat Deutschland mittels des Aufbau- und Arbeitswillen des Deutschen Volkes auf den im GG aufgezeigten Wegen kulturellen Fortschritt, wirtschaftliches Wachstum und soziale Sicherheit erreicht sowie durch seine dadurch erlangte innerstaatliche Stabilität die Voraussetzung geschaffen, ein bedeutender Faktor in der internationalen Ordnung zu sein, der in der Völkergemeinschaft zum Frieden und zur Völkerfreundschaft beiträgt.

Nicht konträr, aber doch unterschiedlich war die Einstellung Österreichs zu den Staatszwecken, nämlich die der grundsätzlichen Neutralität von einigen Ausnahmen[19] abgesehen.

Staatszwecke sind, ohne generell ausdrücklicher Erklärung aus der bundesstaatlichen Kompetenzverteilung der Art. 10ff. B-VG zu entnehmen, sie enthalten sowohl Aufgaben des Rechts- und Machtszwecks wie des Kultur- und Wohlfahrtszwecks. Sie sind dem einfachen Gesetzgeber des Bundes und der Länder gleich einer Blankovollmacht eröffnete Möglichkeiten, von denen er Gebrauch machen kann, aber nicht

---

[15] Dazu *Hans Kelsen* im Selbstzeugnis, Sonderpublikation anlässlich des 125. Geburtstages von Hans Kelsen am 11. Oktober 2006, hrsg. von Matthias Jestaedt in Kooperation mit dem Hans Kelsen-Institut, Tübingen 2006.

[16] *Adolf Merkl*, Zum 80. Geburtstag Hans Kelsens Reine Rechtslehre und Moralordnung, Österreichische Zeitschrift für öffentliches Recht, Band XI, Heft 3–4, Wien 1961, S. 303.

[17] Verbot nazistischer Tätigkeit nach § 3 Verbotsgesetz StGBl.Nr. 13/1945 i.d.F. des NS-Gesetzes BGBl.Nr. 25 1947 und Art. 9 und 10 Staatsvertrag von Wien, BGBl.Nr. 152/1955; BVG vom 26. 10. 1955, BGBl.Nr. 211 über die Neutralität Österreichs; Art 9a B-VG Fassung BGBl.Nr. 368/1975 betr. die umfassende Landesverteidigung; BVG vom 27. 11. 1984, BGBl.Nr. 491/1984 über den umfassenden Umweltschutz; BVG für ein atomfreies Österreich, BGBl.Nr. 149/1999; BGBl.Nr. 87/1997 betr. die Gleichbehandlung von Behinderten und die Gleichstellung von Mann und Frau; BGBl.Nr. 68/2000 betr. Schutz der Volksgruppen; BVG über die Sicherung der Unabhängigkeit des Rundfunks als öffentliche Aufgabe BGBl.Nr. 396/1974; Sicherstellung des gesamt wirtschaftlichen Gleichgewichts bei der Haushaltsführung des Bundes, der Länder und Gemeinden nach Art. 13 Abs. 2 B-VG (i.d.F. BGBl. Nr. 212/1986) sowie näher *Herbert Schambeck*, Von den Staatszwecken Österreichs, in: Parlamentarismus und öffentliches Recht in Österreich, hrsg. von demselben, 1. Band, Berlin 1993, S. 3ff. und *Theo Öhlinger*, Verfassungsrecht, 7. Aufl., Wien 2007, S. 70ff.

[18] *Stern*, a.a.O., S. 869ff. und 902ff.

[19] Siehe Anmerkung 17.

muss. Wie Österreich in den Jahrzehnten seiner Entwicklung davon Gebrauch gemacht hat, kann dem Budget[20] des jeweiligen Jahres entnommen werden. Es hat dazu diesen einfachgesetzlichen Weg auf Bundes- und Landesebene beschritten, wurde so als demokratischer Rechtsstaat auch Kultur-, Wirtschafts- und Sozialstaat und bemüht sich heute den Anforderungen der ökosozialen Marktwirtschaft[21] gerecht zu werden sowie auch mitverantwortlich Teil der neuen Ordnung des integrierten Europa zu sein.

Mehr als dies in Österreich der Fall ist, enthält das Grundgesetz solche Wertaussagen! *René Marcic*, der oft den Verfassungsvergleich Deutschlands und Österreichs grundsätzlich und zu Einzelfragen zog, weist daher auf das „beredte Schweigen"[22] des österreichischen Verfassungsrechts hin! Der Grund für diese Zurückhaltung an Grundsatzaussagen im B-VG liegt vor allem darin, dass in Österreich der Schöpfer des Entwurfes zum B-VG *Hans Kelsen* war, der schon Rechtsberater des letzten österreichischen Monarchen *Kaiser Karl I.* gewesen ist und ebenso Berater des Staatskanzlers der neu entstandenen Republik *Dr. Karl Renner*[23] wurde; er war ein Vertreter des Rechtspositivismus[24], der das positive Recht ganz nach seiner „Reinen Rechtslehre"[25] nur im normativen Sinn ausgelegt wissen wollte, weshalb er philosophisch, religiös, weltanschaulich und ideologisch oder sonstig geistig begründete Begriffe und Wertaussagen vermied. Dies schloss eine Auseinandersetzung sowie Diskussion über Werte aus und führte zu einer normativen Grundordnung des Staates, die von einem Werteneutralismus und Gesinnungsindifferentismus getragen war. Dazu kam noch, dass, wie *Kelsen* selbst betonte, dem *B-VG* ein *provisorischer Charakter*[26], der auch in der mangelnden Überzeugung der Existenzfähigkeit des Neustaates begründet war, *und* eine *Kompromisshaftigkeit* eignete, die das Grundgesetz nicht kennt.

## III.

Das *Bonner Grundgesetz* 1949 war *nach dem 2. Weltkrieg* und dem NS-Regime in kritischer Auseinandersetzung mit der Weimarer Verfassung 1919, welche 1933 in Verfassungskontinuität das autoritäre und totalitäre NS-Regime mit demokratischer

---

[20] Dazu *Johannes Hengstschläger*, Das Budgetrecht des Bundes, Berlin 1982.

[21] Dazu *Josef Riegler, Franz Josef Rademacher*, Global Marshall Plan für eine weltweite ökosoziale Marktwirtschaft, ein Projekt der Hoffnung, Wien-Ulm 2004.

[22] *René Marcic*, Das beredte Schweigen der Verfassung, in: Im Dienste der Sozialreform, Festschrift für Karl Kummer, hrsg. von Anton Burghardt, Karl Lugmayer, Erich Machek, Gerhard Müller, Hans Schmitz, Wien 1965, S. 403 ff.

[23] Beachte *Rudolf Aladar Metall*, Hans Kelsen Leben und Werke, Wien 1969, S. 18 ff.

[24] Dazu *Hans Kelsen*, „Was ist juristischer Positivismus?", Juristenzeitung, 20. Jg., August 1965, Heft 15/16, S. 465 ff., Neudruck in: Die Wiener Rechtstheoretische Schule, Schriften von Hans Kelsen, Adolf Merkl, Alfred Verdross, hgb. von René Marcic, Hans R. Klecatsky und Herbert Schambeck Band 1, Wien-München 1968, S. 941 ff.

[25] Siehe *Hans Kelsen*, Reine Rechtslehre, mit einem Anhang: Das Problem der Gerechtigkeit, 2. Aufl., Wien 1960, S. 1 ff.

[26] Die Bundesverfassung vom 1. Oktober 1920m hrsg. in Verbindung mit Georg Froehlich und Adolf Merkl von *Hans Kelsen*, Wien-Leipzig 1922, S. 63.

Mehrheit auf dem Weg parlamentarischer Staatswillensbildung zustande kommen ließ, beschlossen worden[27]. Das B-VG 1920[28] Österreichs hingegen war ein Kompromiss zwischen der vor 1918 im österreichischen Teil der konstitutionellen Donaudoppelmonarchie des Hauses Habsburgs[29] geltenden sogenannten Dezemberverfassung 1867 mit ihren fünf Staatsgrundgesetzen[30] und den Erfordernissen des 1918 durch Dismembratio neu entstandenen demokratischen Republik[31]. Dieser Neustaat nannte sich ursprünglich auch in seiner ersten Verfassung „Republik Deutschösterreich“[32] und war in der Folge, deutlich auch im Inhalt, wie *Merkl*[33] oft betonte, „ein staatsrechtlich nicht akzeptiertes Offert an die Weimarer Republik“. Dies zeigt sich u. a. in der Ähnlichkeit der Bestimmungen über das Staatsoberhaupt, den Reichspräsidenten[34] und den Bundespräsidenten[35], sowie in Anssätzen einer plebiszitären Demokratie[36].

Dem gegenüber bemüht sich das Grundgesetz hingegen um eine *neue Form des Konstitutionalismus*[37] *und der Demokratie Deutschlands*, das sich in den Bestimmungen über die Grundrechte, weiters über den Bundespräsidenten, die Verantwortung in der Demokratie und ihres Parlamentarismus, seine Grenzen und deren Kontrolle, besonders des Bundesverfassungsgerichts verdeutlicht. *Österreich übernahm* hingegen das *Verfassungssystem der Monarchie und entwickelte* dieses entsprechend der neuen Staats-

[27] Dazu *Hans Maier*, Das Grundgesetz nach 50 Jahren – Versuch einer historischen Würdigung, in: Bewährung und Herausforderung, Die Verfassung vor der Zukunft, Dokumentation zum Verfassungskongreß „50 Jahre Grundgesetz/50 Jahre Bundesrepublik Deutschland“ vom 6. bis 8. Mai 1999, hrsg. vom Bundesministerium für Inneres unter Mitarbeit von Prof. Dr. Depenheuer und Prof. Dr. Oberreuter, Opladen 1999, S. 21 ff.

[28] Beachte *Hans Kelsen*, Österreichisches Staatsrecht, ein Grundriß entwicklungsgeschichtlich dargestellt, Tübingen 1923, S. 163 ff.

[29] *Kelsen*, a.a.O., S. 5 und S. 22 ff.

[30] Siehe Die österreichischen Verfassungsgesetze mit Erläuterungen, hrsg. von Edmund Bernatzik, Wien 1911, S. 390 ff. und *Herbert Schambeck*, Der Verfassungsbegriff und die Dezemberverfassung 1867, in: Rechtsgeschichte und Rechtsdogmatik, Festschrift Hermann Eichler, hrsg. von Ursula Floßmann, Wien-New York 1977, S. 549 ff.

[31] Dazu *Adolf Merkl*, Gedanken zur Entstehung und Entwicklung der Republik Österreich und ihrer Verfassung, in: Festschrift für Ernst C. Hellbling, hrsg. von Hans Lentze und Peter Putzer, Salzburg 1971, S. 517 ff.

[32] Beachte *Adolf Merkl*, Die Verfassung der Republik Deutschösterreich, ein kritisch-systematischer Grundriß, Wien und Leipzig 1919.

[33] *Merkl*, Gedanken zu Entstehung, S. 530 ff.; siehe dazu *Wilhelm Brauneder*, Deutschland-Österreich 1918 die Republik entsteht, Wien-München 2000.

[34] Siehe Art. 25 Abs. 1, 45, 46, 47, 48, 53, 54, 73 Abs. 1 und 4 sowie 74 Abs. 3 der Verfassung des Deutschen Reiches vom 11. August 1919 (WV).

[35] Siehe Art. 60 ff. B-VG und *Herbert Schambeck*, Der Bundespräsident und das Parlament, in: Einigkeit und Recht und Freiheit, Festschrift für Karl Carstens, hrsg. von Bodo Börner, Hermann Jahrreiß, Klaus Stern, Band 2, Köln-Berlin-Bonn-München 1984, S. 789 ff. bes. S. 801 ff., Neudruck in: Der Staat und seine Ordnung, S. 439 ff., bes. 451 ff.

[36] Art. 22, 41, 73 und 76 WKV dazu *Carl Schmitt*, Volksentscheid und Volksbegehren – ein Beitrag zur Auslegung der Weimarer Verfassung und zur Lehre von der unmittelbaren Demokratie, Berlin und Leipzig 1927 und *Werner Weber*, Spannungen und Kräfte im Westdeutschen Verfassungssystem, 3. Aufl., Berlin 1970, S. 9 ff.

[37] Dazu *Dieter Grimm*, Das Grundgesetz nach 50 Jahren – Versuch einer Würdigung, in: Bewährung und Herausforderung, S. 39 ff.

form der Republik und des neuen Staatsaufbaus der Bundesstaatlichkeit *weiter*[38]. Aus diesem Grund wird im Art. 1 B-VG die Republik und im Art. 2 B-VG der Bundesstaat als neue Grundbestimmungen genannt, nicht aber, wie im Grundgesetz 1949 der Rechtsstaat, der Gesetzesstaat, auch nicht die Grundrechte, weil diese schon seit 1867 in einem eigenen Staatsgrundgesetz, nämlich über die allgemeinen Rechte der Staatsbürger gegeben war. Dieses war *mangels Einigung auf einen neuen Grundrechtskatalog 1920* aus dem Staatsrecht der konstitutionellen Monarchie in das Verfassungsrecht der demokratischen Republik Österreichs auf dem Weg der Rezeption in Art. 149(1) B-VG übernommen worden und gilt auch heute mit Ergänzungen fort[39].

Österreich hat also noch heute am Beginn des 21. Jahrhunderts als Hauptquelle der Grundrechte jenen Katalog an Fundamentalrechten, welche die Liberalen im letzten Drittel des 19. Jahrhunderts, also in einer Zeit, in der es noch keine demokratisch gewählte Volksvertretung gab, dem damals noch absolutistisch denkenden Monarchen *Kaiser Franz Josef I.* abgetrotzt hatten. Das B-VG 1920 enthält nur einige Grundrechtsbestimmungen, die vereinzelt angeführt sind, wie über die Gleichheit[40], das Wahlrecht[41] und Verfahrensgrundsätze[42] und das seit mehr als 140 Jahre geltende Staatsgrundgesetz über die allgemeinen Rechte der Staatsbürger mit klassischen, nämlich liberalen und demokratischen aber ohne sozialen Grundrechte[43]. Anders als das Grundgesetz enthält weder das B-VG noch das Staatsgrundgesetz Begriffe wie die Freiheit und Würde des Menschen noch auch ein Bekenntnis zu Ehe und Familie wie im Art. 6 GG, die dort unter dem besonderen „Schutze der staatlichen Ordnung" stehen[44].

Das Grundgesetz war 1949 positivrechtlicher Ausdruck des Bemühens um die Begründung eines neuen Konstitutionalismus Deutschlands, der sich auch in dem bisher im Staatsrecht Deutschlands nicht gebrauchten Begriff des Grundgesetzes ausdrückt. Dies war eine bisher nicht gegebene Standortbestimmung des positiven Rechts überhaupt, was sich insbesondere darin zeigt, dass das Grundgesetz mit einer Präambel beginnt, die deutliche präpositive Bezüge hat, nämlich eine Invocatio Dei[45] mit den Worten: „Im Bewusstsein seiner Verantwortung vor Gott und den Menschen", so wie auch die Naturrechtsbezogenheit des Art. 20 (3) GG: „Die Gesetzgebung ist an

---

[38] Näher *Walter/Mayer/Kucsko Stadlmayer*, a.a.O., S. 75 ff.

[39] Dazu 70 Jahre Republik Österreich, Grund- und Menschenrechte in Österreich, Grundlagen, Entwicklung und internationale Verbindungen, hrsg. von Rudolf Machacek, Willibald P. Pahr und Gerhard Stadler für die Österreichische Juristenkommission, Kehl/Straßburg/Arlington, Band I–III, 1991 ff. sowie *Walter/Mayer/Kucsko Stadlmayer*, a.a.O., S. 612 ff., bes. S. 635 ff.

[40] Art. 7 Abs. 1 B-VG.

[41] Art. 26 Abs. 1, Art. 95 Abs. 1 und Art. 117 Abs. 1 B-VG.

[42] Art. 83, Abs. 2 und Art. 90 B-VG.

[43] Siehe *Walter/Mayer/Kucsko Stadlmayer*, a.a.O., S. 615 ff. und S. 623 f.

[44] Beachte *Herbert Schambeck*, Der Schutz der Familie in den Grundrechten, in: Apostolat und Familie, Festschrift für Opilio Kardinal Rossi, hrsg. von demselben, Berlin 1980, S. 393 ff. und *derselbe*, Familie und öffentliches Recht, Österreichische Juristenzeitung 1994, 49. Jg., Heft 12, S. 401 ff.

[45] Siehe *Herbert Schambeck*, Gott und das Verfassungsrecht, L'Osservatore Romano, Wochenausgabe in deutscher Sprache vom 16. Januar 2004, Nr. 3, S. 12. sowie *Johannes Rau*, alles was unser Leben ausmacht, Exklusiv-Interview, unsere Kirche, evangelische Wochenzeitung für Westfalen und Lippe, Nr. 17, 20. – 26. 4. 2003, S. 11 und *derselbe*, Die Reformen dürfen nicht scheitern, Bild am Sonntag, 7. 12. 2003, S. 4 f.

die verfassungsmäßige Ordnung, die vollziehende Gewalt und die Rechtsprechung an Gesetz und Recht (!) gebunden".

Solche *präpositiven Bezüge* sind *dem österreichischen Staatsrecht* im Allgemeinen und dem B-VG im Besonderen *fremd*; es enthält *keine Präambel*[46] und *keinen Naturrechtsbezug*[47], und – wie bereits erwähnt –, keine Anerkennung der Freiheit und Würde des Menschen expressis verbis. Der mit Art. 20 (3) GG vergleichbare Art. 18 (1) B-VG erklärt nur die Gesetzesgebundenheit der Vollziehung mit einer von *Merkl*[48] als Redaktionsfehler gewerteten Formulierung, welche diese Gesetzesgebundenheit namentlich auf die Verwaltung und nicht auch auf die Gerichtsbarkeit bezieht, sondern diese vielmehr stillschweigend voraussetzt. Dies beweist einmal mehr, dass der österreichische Verfassungsgeber nur das Neue im B-VG expressis verbis ausdrückt, das Übernommene aber über weite Strecken still voraussetzte[49]. Trotz der 1918 erfolgten Neustaatsgründung, die auf den untergegangenen Staat „der im Reichsrat vertretenen Königreiche und Länder" die „Republik Deutschösterreich" folgen ließ, war in der Staatsordnung Österreichs selbst insoferne eine Kontinuität gegeben, als die Dezemberverfassung 1867 der Monarchie mit ihren fünf Staatsgrundgesetzen richtungsweisend für die Staaatsrechtsordnung der Republik wurde. Dabei wurde die Rechtsstaatlichkeit auch mit ihren Kontrolleinrichtungen wie Verfassungs- und Verwaltungsgerichtshof sowie Rechnungshof weiterentwickelt[50].

In diesem *Verfassungsvergleich* ist es bemerkenswert, dass Österreich nach 1918 ein Bundesstaat wurde, nachdem der österreichische Teil der Doppelmonarchie vor 1918, trotzdem er in seiner Staatsbezeichnung den Länderbegriff geführt hatte, ein dezentralisierter Einheitsstaat[51] war. *Die Kompetenzverteilung* dieses dezentralisierten Einheitsstaates wurde 1918 in die Zuständigkeitsverteilung des Bundesstaates Österreich übernommen[52]. Aus diesem Grund ist ein bestimmter unitaristischer Zug dem österreichischen Föderalismus eigen, der sich bis heute fortsetzt!

---

[46] Dazu *Herbert Schambeck*, Zur Gottesfrage als Verfassungsfrage in Österreich, in: Identität und offener Horizont, Festschrift für Egon Kapellari, hgb. von Franz Lackner und Wolfgang Maute, Wien-Graz-Klagenfurt 2006, S. 1107 ff.

[47] Näher *Johannes Messner*, Das Naturrecht, Handbuch der Gesellschaftsethik, Staatsethik und Wirtschaftsethik, 6. Aufl., Innsbruck-Wien-München 1966, Neudruck Berlin 1984; *Rudolf Weiler*, Die Wiederkehr des Naturrechts und die Neuevangelisierung Europas, Wien 2005 und *Herbert Schambeck*, Naturrecht in Zeitverantwortung, in: Mensch und Naturrecht in Evolution, hrsg. von Werner Freistetter und Rudolf Weiler, Wien-Graz 2008, S. 15 ff.

[48] Oftmalige Erklärung von *Adolf Merkl* in seinen Vorlesungen.

[49] Näher *Herbert Schambeck*, Möglichkeiten und Grenzen der Verfassungsinterpretation in Österreich, Juristische Blätter, 102. Jg., Heft 9/10/1980, S. 225 ff., Neudruck in: Der Staat und seine Ordnung, S. 73 ff.

[50] Dazu *Walter/Mayer/Kucsko Stadlmayer*, S. 448 ff., 496 ff. und 566 ff.

[51] Beachte *Herbert Schambeck*, Zum Werden und zu den Aufgaben des österreichischen Föderalismus, in: Föderalismus und Parlamentarismus in Österreich, hrsg. von demselben, Wien 1992, S. 17 ff. und *derselbe*, Die Bundesstaatlichkeit und das Verfassungssystem Österreichs, in: hrsg. von demselben, Bundesstaat und Bundesrat in Österreich, Wien 1997, S. 7 ff. und *Walter/Mayer/Kucsko Stadlmayer*, a.a.O., S. 85 ff.

[52] Näher *Heinz Schäffer*, Die Kompetenzverteilung im Bundesstaat, in: Bundesstaat und Bundesrat, S. 65 ff.; *Walter/Mayer/Kucsko Stadlmayer*, a.a.O., S. 154 ff.

## IV.

Einen *anderen Ursprung hat die Bundesstaatlichkeit Deutschlands* mit dem Staatscharakter ihrer Länder, die schon vor dem Wechsel der Staatsform von der Monarchie zur Republik 1918 im Deutschen Reich gegeben war[53]; kennzeichnend dafür ist auch die Länderkammer der deutschen Gesetzgebung, der *Bundesrat*[54], der immer aus Exekutivvertretern bestand, die heute ein gebundenes Mandat haben. Anders die Zweite Kammer Österreichs, die vor 1918 ein konservatives Element war und aus den geborenen und ernannten Mitgliedern des Herrenhauses des Reichsrates bestand und 1920 bis 1933 sowie ab 1945 bis heute als Bundesrat eine Länderkammer wurde, bestehend aus von den neun Landtagen entsandten Ländervertretern mit freiem Mandat[55].

Die Prägung der Bundesstaatlichkeit erfolgt in Deutschland und in Österreich durch die politischen Parteien. Diese *Parteienstaatlichkeit* ist *im GG.*[56] grundgelegt, nicht aber genauso ausdrücklich im B-VG. Art. 21 GG. erklärt deutlich (1) „die Parteien wirken bei der politischen Willensbildung des Volkes mit. Ihre Gründung ist frei. Ihre innere Ordnung muss demokratischen Grundsätzen entsprechen. Sie müssen über die Herkunft und Verwendung ihrer Mittel sowie ihr Vermögen öffentlich Rechenschaft geben" (2). „Parteien, die nach ihren Zielen oder nach dem Verhalten ihrer Anhänger darauf ausgehen, die freiheitliche demokratische Grundordnung zu beeinträchtigen oder zu beseitigen oder den Bestand der Bundesrepublik Deutschland zu gefährden, sind verfassungswidrig. Über die Frage der Verfassungswidrigkeit entscheidet das Bundesverfassungsgericht."

Anders ist die *Regelung der Parteien in Österreich* erfolgt[57]. In Österreich haben auch die politischen Parteien 1918 die demokratische Republik Österreich ausgerufen und 1945 auf Bundes- und Landesebene wiedererrichtet, trotzdem sind sie entgegen ihrer Bedeutung nicht entsprechend in das B-VG 1920 aufgenommen worden. Wie *Kelsen* selbst auf die diesbezügliche Frage dem Verfasser am Karfreitag 1967 in Berkeley sagte, hat er sie bloß still vorausgesetzt. Erst 1975 wurde die Rechtsstellung der Parteien in Österreich in einem eigenen einfachen Bundesgesetz[58] mit einer Verfas-

---

[53] Dazu *Fritz Ossenbühl*, Landesbericht Deutschland, in: Föderalismus und Regionalismus in Europa, Verfassungskongress in Bonn vom 14. – 16. September 1989, hrsg. von demselben, Baden-Baden 1990, S. 117 ff.

[54] Näher *Johannes Rau*, Bewährt oder erstarrt? Unser föderatives System auf dem Prüfstand, in: 50 Jahre Herrenchiemseer Verfassungskonvent „Zur Struktur des deutschen Föderalismus", Tagungsband zum Wissenschaftlichen Symposium des Bundesrates vom 19. bis 21. August 1998 im Kloster Seeon, hrsg. vom Bundesrat, Bonn 1999, S. 17 ff.

[55] Art. 50 ff. B-VG; dazu in: Bundesstaat und Bundesrat in Österreich: *Günther Schefbeck*, Zur Entstehung des Bundesrates, S. 299 ff., *Walter Labuda*, Die Zusammensetzung des Bundesrates, Vorbilder für eine Länderkammer, S. 347 ff.; *Jürgen Weiss*, Der Bundesrat und die Bundesstaatsreform, S. 497 ff.; *Martin Strimitzer*, Der Bundesrat und die politische Kultur, S. 527 ff. und *Herbert Schambeck*, Von der Bedeutung des Bundesstaates und Bundesrates in Österreich, S. 575 ff. sowie Der Bundesrat in Deutschland und Österreich, hrsg. von Detlef Merten, Berlin 2001.

[56] Dazu *Stern*, a.a.O., Band 1, 2. Aufl., S. 456 ff.

[57] Dazu *Herbert Schambeck*, Politische Parteien und österreichische Staatsrechtsordnung, in: Staatsrecht in Theorie und Praxis, Festschrift für Robert Walter zum 60. Geburtstag, hrsg. von Heinz Mayer, Wien 1991, S. 603 ff.

[58] BGBl. Nr. 404/1975.

sungsbestimmung geklärt, nachdem sich diese Notwendigkeit der Klärung ihrer Rechtsstellung im Zusammenhang mit ihrer Bildungsarbeit und Finanzierung ergeben hatte. § 1 Abs. 1 dieses Parteiengesetzes erklärt, dass die Existenz und Vielfalt politischer Parteien wesentlicher Bestandteil der demokratischen Ordnung der Republik Österreich sind und zitiert auch Art. 1 B-VG. Die Parteienvielfalt wird hervorgehoben und verfassungsgesetzlich grundgelegt. In Übereinstimmung mit Art. 8 des Staatsvertrages vom 15. Mai 1955 betreffend die Wiederherstellung eines unabhängigen und demokratischen Österreich wird Österreich als Mehrparteienstaat verankert, was der grundrechtlich geschützten Pluralität der Gesellschaft entspricht.

Aus dem Wortlaut des Parteiengesetzes ergibt sich, dass die *politischen Parteien in Österreich nicht* als *einziger Bestandteil der demokratischen Ordnung* angesehen werden, auch andere Formen der repräsentativen Demokratie, wie die Interessenverbände und sehr zum Unterschied Deutschlands auch direkt demokratische Einrichtungen, wie Volksbegehren, Volksabstimmung und Volksbefragung werden anerkannt. Auf diese Weise wird durch die Interessenverbände, gleich Deutschland, die demokratische Repräsentation erweitert und das mit dem Bemühen um Versachlichung sowie, um mit *Kelsen*[59] selbst zu sprechen, das freie Mandat der Abgeordneten durch plebiszitäre Möglichkeiten ergänzt, aber nicht ersetzt. Letzteres würde auch nicht zu einer verbesserten Demokratisierung, sondern zu einer Jakobinisierung[60] führen, was im Hinblick auf die Grundsätze und Erfordernisse des demokratischen Verfassungsstaates mit parlamentarischem Regierungssystem abzulehnen ist. Österreich hat sich deshalb um eine Ausgewogenheit von repräsentativ und plebiszitär demokratischen Einrichtungen in seine Staatsrechtsordnung[61] bemüht, wobei es bei aller staatsrechtlichen Normierung nicht immer leicht ist, in der Meinungs-, Willens- und Urteilsbildung der Öffentlichkeit zu aktuellen Themen, wie z. B. in Bezug auf Fragen die neue Ordnung des integrierten Europa betreffend, ein allgemein anerkanntes Verständnis für die Politik zu finden. Das offene Tor zu Möglichkeiten der direkten Demokratie bietet daher auch die Gefahr der Polemik und des Opportunismus. Für politische Parteien wird im § 1 Abs. 1 PartG. nur demonstrativ „die Mitwirkung an der politischen Willensbildung" genannt, ohne eine umfassende und abschließende Begriffs- und Aufgabenerklärung zu geben.

Beachtenswert sind auch im Verfassungsvergleich die Bestimmungen betreffend die Gründung und das Verbot der Parteien. Abs. 3 des § 1 PartG beschäftigt sich mit der Gründung politischer Parteien und stellt diese frei, sofern nicht durch Bundesverfassungsgesetz etwas anderes bestimmt ist. Der Verfassungsgesetzgeber ist in Österreich für das Verbot politischer Parteien zuständig und nicht ein Gerichtshof, wie

---

[59] *Hans Kelsen*, Das Problem des Parlamentarismus, Wien und Leipzig 1925, Neudruck in: Die Wiener rechtstheoretische Schule, 2. Band, S. 1667 f.

[60] *Herbert Schambeck*, Rede gehalten in der Festsitzung des Nationalrates und Bundesrates der Republik Österreich am 27. April 1985 aus Anlass des 40-Jahrtages der Gründung der Zweiten Republik, Protokoll S. 11.

[61] Näher *Herbert Schambeck*, Repräsentative und plebiszitäre Komponenten im demokratischen Verfassungsstaat Österreich, in: „MNHMH" Gedächtnisschrift für Michael A. Dendias, hrsg. von Jean Rivero, Marcel Waline, Gerhard Leibholz, Herbert Schambeck, Giovanni Cassandro, Giuseppe Ermini, Theodore Anghelopoulos, Spyridon Gangas, Athen-Paris 1978, S. 209 ff., Neudruck in: Der Staat und seine Ordnung, S. 289 ff.

in der Bundesrepublik Deutschland das Bundesverfassungsgericht[62]. Dies erklärt sich nicht zuletzt aus der grundsätzlich unterschiedlichen Haltung des Verfassungsgesetzgebers in den beiden Staaten. Österreichs Verfassungsrecht ist tendenziell wertneutral positivistisch gehalten, das bundesdeutsche dagegen von einer bestimmten Wertrichtung geprägt, was sich u. a. in den „ewigen Verfassungsartikeln" des Grundgesetzes[63] zeigt.

Auch in Bezug auf die *Parteibildung* offenbart sich dieser Unterschied. Damit wird die Konzeption der „streitbaren Demokratie" besonders deutlich.[64] Art. 21 Abs. 2 erklärt Parteien, „die nach ihren Zielen oder nach dem Verhalten ihrer Anhänger darauf ausgehen, die freiheitliche demokratische Grundordnung zu beeinträchtigen oder zu beseitigen oder den Bestand der Bundesrepublik Deutschland zu gefährden", für verfassungswidrig. Über die Frage dieser Verfassungswidrigkeit entscheidet das Bundesverfassungsgericht. Einen Absatz davor, nämlich im Art. 21 Abs. 1 GG werden Parteien im deutschen Verfassungsrecht verankert: „Die Parteien wirken bei der politischen Willensbildung des Volkes mit. Ihre Gründung ist frei. Ihre innere Ordnung muss demokratischen Grundsätzen entsprechen. Sie müssen über die Herkunft und Verwendung ihrer Mittel sowie über ihr Vermögen öffentlich Rechenschaft geben." Damit wird die Konzeption der „streitbaren Demokratie" besonders deutlich. Österreich dagegen ist eher als „neutrale", denn als „wehrhafte" Demokratie ausgerichtet. Die Verfassung trifft daher auch keine solche grundsätzliche, wertorientierte Entscheidung, sondern nur, wenn von Fall zu Fall aus einer verfassungsrechtlichen Bestimmung explizit ein Verbot hervorgeht, kommt es zu einer Einschränkung der Parteigründungsfreiheit. Von einem dementsprechenden Verbot im Verfassungsrang abgesehen, ist die Gründungsfreiheit unbeschränkt: Jedermann kann eine politische Partei gründen. Einschränkungen wegen ideologischer, weltanschaulicher, religiöser oder politischer Ziele sind unzulässig. Schranken für die Freiheit zur Parteigründung enthält das Verbot der nationalsozialistischen Wiederbetätigung im Sinne des Verbotsgesetzes[65] und die Verfassungsbestimmungen der Art. 9 und 10 des Staatsvertrages von Wien[66]. In diesem Zusammengang sei auch die Feststellung des Verfassungsgerichtshofes Österreichs erwähnt: „Die kompromisslose Ablehnung des Nationalsozialismus ist ein grundlegendes Merkmal der wiedererstandenen Republik".[67]

Die *Gründungsmodalitäten* bei politischen Parteien regelt in Österreich der Abs. 4 des im Verfassungsrang stehenden § 1 Parteiengesetz. Die Parteien haben Satzungen zu beschließen, welche einen näher bestimmten Mindestinhalt[68] aufweisen müssen und die in einer periodischen Druckschrift zu veröffentlichen sowie beim Bundesmi-

---

[62] Art. 21 Abs. 2 GG.

[63] Art. 79 Abs. 3 GG.

[64] *Herbert Schambeck*, Gedanken über die wehrhafte Demokratie – ein Beitrag zum Verständnis der Parteienstaatlichkeit in Österreich und Deutschland, in: Recht im Pluralismus, Festschrift für Walter Schmitt Glaeser, hrsg. von Hans-Detlef Horn, Berlin 2003, S. 75 ff.

[65] StGBl. Nr. 13/1945.

[66] BGBl. Nr. 152/1955.

[67] VfSlg. 10.705/1985.

[68] Sie haben zu bestimmen, welches die Organe der Partei sind, welche hievon zur Vertretung nach außen befugt sind sowie welche Rechte und Pflichten ihre Mitglieder besitzen.

nisterium für Inneres zu hinterlegen sind. Die gesetzlichen Erfordernisse können also ziemlich problemlos erfüllt werden. Es sei speziell darauf hingewiesen, dass dem Bundesminister keinerlei Einfluss auf die Gründung zusteht; er kann insbesondere eine Satzung, die den formellen Anforderungen genügt, nicht ablehnen. Relativ lapidar bestimmt der letzte Satz des Abs. 4, dass „mit der Hinterlegung ... die politische Partei Rechtspersönlichkeit erlangt". Die Frage nach der Rechtsnatur ist es auch, die – zwar grundsätzlich bejaht – keineswegs abschließend und eindeutig geklärt wurde. Neben der fehlenden Begriffsbestimmung der politischen Partei ist diese die offenkundigste ungelöste Problematik der Verfassungsregelung. Der Begriff der politischen Partei wird im § 1 Abs 1 PartG sozusagen unterdeterminiert gebraucht. Schließt man nun einerseits die Rechtspersönlichkeit gemäß dem Vereinsgesetz nach dem Willen des Gesetzgebers aus und verneint man andererseits – der Auffassung von Judikatur und Lehre folgend, da eben den politischen Parteien die Merkmale einer juristischen Person des öffentlichen Rechts fehlen – auch diesen Charakter, so kann im Grunde nur die Konsequenz gezogen werden, dass die politischen Parteien juristische Personen besonderer Art sind, juristische Personen sui generis[69]. Diese Charakterisierung ist die einzige, die den Parteien den ihnen zugedachten Freiraum belässt, sie keiner verwaltungsbehördlichen Kontrolle unterwirft und ihnen den für eine befriedigende Aufgabenerfüllung nötigen organisatorischen und rechtlichen Abstand zum Staate einräumt. Sie wirken zwar auf den Staat ein, gehen aber nicht in diesem auf!

Anders ist, wie bereits bemerkt wurde, der Bezug zu den *politischen Parteien im Verfassungsrecht Deutschlands*. Sie sind nicht, wie in Österreich, in einem einfachen Gesetz mit einer Verfassungsbestimmung geregelt, d.h. in einer Rechtsquelle neben dem B-VG 1920, sondern im GG 1949 selbst. Das GG der Bundesrepublik Deutschland ist nach der Erfahrung der Zwischenkriegszeit mit der Weimarer Verfassung in Abkehr zu dieser und auch in Konfrontation zum damaligen kommunistischen Osten Deutschland entstanden. Das GG verbindet die Verankerung der politischen Parteien in der Fundamentalnorm des deutschen Staatsrechts mit einer Wertaussage zur Demokratie, nämlich zum Konzept einer wehrhaften Demokratie; die sich deutlich in Art. 9 Abs. 2 und Art. 18 GG zeigt.

Art. 9 Abs. 2 GG verbietet Vereinigungen, deren Zwecke oder deren Tätigkeit den Strafgesetzen zuwiderlaufen oder die sich gegen die verfassungsmäßige Ordnung oder gegen den Gedanken der Völkerverständigung richten. Art. 18 sieht die Verwirkung der Grundrechte, wie u.a. auch die Vereinigungsfreiheit (Art. 9), für den vor, der die Freiheit „zum Kampf gegen die freiheitliche demokratische Grundordnung missbraucht".

---

[69] Gutachten der Sozialwissenschaftlichen Arbeitsgemeinschaft Nr. 51, S. 5; siehe dazu *Herbert Schambeck*, Die Stellung der politischen Parteien nach österreichischem Verfassungsrecht, in: Form und Erfahrung. Ein Leben für die Demokratie, zum 70. Geburtstag von Ferdinand A. Hermens, hrsg. von Rudolf Wildemann, Berlin 1976, S. 61 ff., bes. S. 78.

## V.

Mit der *Positivierung der Wehrhaftigkeit der Demokratie im GG*[70] hat Deutschland mit der Demokratie eine bestimmte Wertvorstellung verbunden sowie dem öffentlichen Leben vorgeschrieben. Wer in dieses öffentliche Leben in der Form der politischen Parteien als Vereinigungen oder auch als Einzelpersonen eintritt und zur Volks- und Staatswillensbildung beitragen will, hat eine entsprechende Verpflichtung auf sich zu nehmen. Die Verpflichtung besteht vor allem in der Anerkennung und Einhaltung der Grundwerte, die zur Herstellung und Aufrechterhaltung der freiheitlichen demokratischen Grundordnung erforderlich sind.

Neben den Parteien sind die *Interessenverbände* für die Politik in Deutschland[71] und Österreich[72] bestimmend. Im GG sind die Verbände im Art. 9 des Grundrechtsteils des GG verfassungsrechtlich geregelt: (1) „Alle Deutschen haben das Recht Vereine und Gesellschaften zu bilden.“ Die Verbände zur Repräsentation von Sozial- und Wirtschaftsinteressen werden in Art. 9 (3) mit Gewährleistung für alle Berufe eigens genannt. Verboten werden hingegen nach Art. 9 (2) „Vereinigungen, deren Zwecke und deren Tätigkeit den Strafgesetzen zuwiderlaufen oder die sich gegen die verfassungsmäßige Ordnung oder gegen den Gedanken der Völkerverständigung richten“. Neben den diesbezüglichen Verbotsvorschriften Parteien betreffend ist dies ein Ausdruck mehr für die Wehrhaftigkeit der deutschen Demokratie[73].

Im B-VG Österreichs ist hingegen vergleichsweise eine eigene diesbezügliche Vorschrift betreffend die Verbände nicht gegeben. Sie haben ihre verfassungsrechtliche Grundlage als juristische Personen des öffentlichen Rechts, sind Selbstverantwortungskörper[74] und werden Kammern genannt, in den Kompetenzbeständen der Art. 10ff. B-VG sowie als juristische Personen des privaten Rechts in dem Art. 12 StGG., das die Vereins-[75] und Versammlungsfreiheit gewährt, verfassungsrechtlich begründet.

2008 wurde basierend auf den Arbeiten des Österreich-Konvents die nichtterritoriale Selbstverwaltung sowie ihre wesentlichen Merkmale im B-VG verankert. In einem neuen fünften Hauptstück wird in Art. 120 a Abs. 1 B-VG erklärt „Personen können zur selbständigen Wahrnehmung öffentlicher Aufgaben, die in ihrem ausschließlichen oder überwiegend gemeinsamen Interesse gelegen und geeignet sind, durch sie gemeinsam besorgt zu werden, durch Gesetz zu Selbstverwaltungskörpern zusammengefasst werden.

(2) Die Republik anerkennt die Rolle der Sozialpartner. Sie achtet deren Autonomie und fördert den sozialpartnerschaftlichen Dialog durch Einrichtung von Selbstverwaltungskörpern“.

---

[70] Dazu *Herbert Schambeck*, Gedanken über die wehrhafte Demokratie, S. 75ff.

[71] Siehe *Stern*, a.a.O., S. 461ff.

[72] Dazu *Walter/Mayer/Kucsko-Stadlmayer*, a.a.O., S. 437ff.

[73] Dazu *Jürgen Becker*, Die wehrhafte Demokratie im Grundgesetz, in: Handbuch des Staatsrechts, Band VII, Heidelberg 1992, S. 309ff.

[74] Beachte *Karl Korinek*, Wirtschaftliche Selbstverwaltung, Wien, New York 1970.

[75] Hiezu *Herbert Schambeck*, Interessenvertretung und Vereinsfreiheit, in: Dimensionen des Rechts, Gedächtnisschrift für René Marcic, hrsg. von Michael Fischer, Raimund Jakob, Erhard Mock, Helmut Schreiner, Erster Band, Berlin 1974, S. 647ff.

Hervorhebenswert ist im Zusammenhang mit den Interessenverbänden, dass das öffentliche Leben Österreichs von einer freiwilligen Zusammenarbeit der großen Arbeitgeber- und Arbeitnehmerverbänden in Form der Sozialpartnerschaft[76] beeinflusst ist, welche freiwillig ist. Sie kennzeichnet mit in Österreich die Verfassungswirklichkeit.

Die Interessenverbände[77] im allgemeinen und die Sozialpartnerschaft im besonderen geben der Demokratie Österreichs eine eigene Prägung, die trotz unterschiedlicher Rechtsgrundlage in Deutschland und Österreich von gleicher Bedeutung ist, weil sie die Ministerverantwortung[78] und die parlamentarische Staatswillensbildung[79] dadurch beeinflussen, dass sie durch Verhandlungen und auf dem Weg der Stellungnahmen zu Regierungsvorlagen sowie Beratung vor Gesetzesbeschlüssen Einfluss ausüben.

Durch diesen Einfluss der Interessenverbände ist einerseits ein Interessenausgleich mit der Möglichkeit der Versachlichung und Objektivität der Politik sowie der Staatswillensbildung, aber auch andererseits die Gefahr einseitiger Gruppenbildung möglich. Beides ist auch bei einem Verfassungsvergleich beachtens-, aber auch bedenkenswert. Wo der Staat auf diese Weise vergesellschaftet wird, geht dies auf Kosten des Gemeinwohls und letztlich der Autorität des Staates[80]. Diese Autorität des Staates haben der Bundespräsident, das Parlament und die Bundesregierung zu wahren; ihre Legitimation erhalten diese in jedem der beiden Staaten auf ihre Weise durch die Demokratie und ihr Wahlrecht, welches in Deutschland und Österreich von Proportionalität[81] gekennzeichnet ist.

Ohne längere und ausführliche Debatten, wofür in Österreich weder 1918 noch 1945 Zeit war, hatte man sich in Deutschland[82] und Österreich[83] nach Ausrufung der Republik für *das Verhältniswahlrecht* entschieden. Schon in der Monarchie wollten die Parteien im Parlament entsprechend dem Wählerwillen ihrer Stärke nach vertreten und für die Existenz der Regierung bestimmend sein. Es war dies mit eine Reaktion auf die Monarchie; an die Stelle des Vertrauens des Monarchen sollte das Vertrauen des Parlaments treten. Die Folge dessen ist, dass in dem parlamentarischen Regierungssystem mit dem Propotionalwahlsystem, das einen starken Repräsentations- und nur geringen Integrationseffekt hat, Koalitionsregierungen zu häufigen Kom-

---

[76] Dazu *Alfred Klose*, Ein Weg zur Sozialpartnerschaft, das österreichische Modell, Wien 1970.

[77] Beachte *Ernst-Wolfgang Böckenförde*, Die politische Funktion wirtschaftlicher Verbände und Interessenträger in der sozialstaatlichen Demokratie, in derselbe (Hrsg.), Staat, Verfassung, Demokratie, 2. Aufl., Frankfurt am Main 1992, S. 406 ff.

[78] Näher *Herbert Schambeck*, Die Ministerverantwortlichkeit, Karlsruhe 1971 und *Karl Korinek*, Ministerverantwortlichkeit, Wien 1986.

[79] Hiezu *Helmut Widder*, Parlamentarische Strukturen im politischen System, zu Grundlagen und Grundfragen des österreichischen Regierungssystems, Berlin 1979.

[80] Über die Gefahren der verstaatlichten Gesellschaft und des vergesellschafteten Staates siehe *Herbert Schambeck*, Kirche-Staat-Gesellschaft, Wien 1967, S. 65 ff. und S. 77 ff.

[81] Dazu *Peter Pernthaler*, Allgemeine Staatslehre und Verfassungslehre, 2. Aufl., Wien, New York 1996, S. 196 f.

[82] Gesetz über die Zusammensetzung des Reichstages und die Verhältniswahl in großen Reichswahlkreisen vom 24. 8. 1918, RGBl. S. 1079.

[83] StGBl.Nr. 115/1918, dazu *Herbert Schambeck*, Die Entwicklung des österreichischen Wahlrechtes, Jahrbuch des öffentlichen Rechts, Neue Folge, Band 21, Tübingen 1972, S. 256 ff.

promissen gezwungen werden, die niemanden zufrieden stellen können. Dies führte in Österreich 1929 zu einer B-VG-Novelle[84] zwecks Stärkung der Stellung des Bundespräsidenten, der seither die Bundesregierung ernennt, die aber jeweils nach Art. 74 B-VG vom Vertrauen des Nationalrates insofern abhängig ist, als der Bundespräsident verpflichtet ist, die Bundesregierung oder einzelne ihrer Mitglieder zu entlassen, wenn sie das Vertrauen des Nationalrates verlieren. Diese Regelung gilt daher in Österreich heute noch so wie sie nach Art. 53 der Weimarer Reichsverfassung für die Bestellung der Reichsregierung vorgesehen war, denn danach wurde der Reichskanzler und auf seinen Vorschlag die Reichsminister vom Reichspräsidenten ernannt und entlassen; sie bedurften zwar des Vertrauens des Reichstages, das jedoch nicht positiv ausgesprochen werden musste. Ein konstruktives Misstrauensvotum[85], wie es das GG in Art. 67 vorsieht, kennt das B-VG nicht. Das konstruktive Misstrauensvotum ist eines der Kennzeichen des GG, welches für die Beachtung der Erfahrung aus der Zeit der Weimarer Republik spricht und auf eine handlungsfähige Staatsführung und Regierungstätigkeit im Dienste der Staatszwecke gerichtet ist.

## VI.

Anders als Österreich mit seinem B-VG 1920 als Grundnorm und Hauptquelle österreichischen Verfassungsrechts hat Deutschland im Grundgesetz 1949 bereits in der Präambel erklärt, „von dem Willen beseelt", zu sein, „als gleichberechtigtes Glied in einem vereinten Europa dem Frieden der Welt zu dienen", und in Art. 24 Abs. 1 GG mit der Feststellung: „Der Bund kann durch Gesetz Hoheitsrechte auf zwischenstaatliche Einrichtungen übertragen" sich die Möglichkeit des Anschlusses an ein kollektiv Sicherheitssystem eröffnet[86]. Deutschland zählt auch zu den Gründerstaaten der heutigen Europäischen Union, der sich Österreich mit „Beitrittsvertrag" vom 24. 6. 1994[87], der am 1. 1. 1995 in Geltung trat, anschloss.[88] Diesem Beitritt Österreichs zur EU war schon am 12. Juni 1994 eine Volksabstimmung vorangegangen, mit der das Bundesvolk die „bundesverfassungsgesetzlich zuständigen Organe" ermächtigte, den Staatsvertrag über den Beitritt Österreichs zur EU abzuschließen. Mit dem EU-Begleit-BVG (BGBl. Nr. 1013/1994) wurde u. a. das Erste Hauptstück des B-VG durch einen Abschnitt B mit der Überschrift „Europäische Union" ergänzt.[89]

Betreffend den Notwendigkeiten und Auswirkungen des Beitritts Österreichs zur EU auf das österreichische Verfassungs- und Rechtssystem, wie die Mitwirkung von Organen des Bundes, der Länder und Gemeinden am Rechtsleben der EU[90], vor

[84] BGBl. Nr. 392/1929.

[85] Näher *Stern*, a.a.O., S. 989 ff.

[86] Siehe *Alexander Schmitt-Glaeser*, Grundgesetz und Europarecht als Elemente europäischen Verfassungsrechts, Berlin 1996.

[87] BGBl.Nr. 45/1995.

[88] Näher *Walter/Mayer/Kucsko-Stadlmayer*, a.a.O., S. 130.

[89] Art. 23a–23f B-VG; siehe *Walter/Mayer/Kucsko-Stadlmayer*, a.a.O., S. 125 ff. und *Öhlinger*, a.a.O., S. 88 ff.

[90] Beachte *Walter/Mayer/Kucsko-Stadlmayer*, a.a.O., S. 138 ff. sowie Föderalismus und europäische Gemeinschaften, hrsg. von Detlef Merten, Berlin 1990.

allem auch der Wahrung des Subsidiaritätsprinzips, wie es der Vertrag von Maastricht vorsieht[91], war Deutschland mit seinem GG ein *wegweisendes Vorbild für Österreich und seine EU-Mitgliedschaft mit deren Konsequenzen.* Vorbild ist das GG auch für viele postkommunistische Staaten auf ihrem Weg zu einem demokratischen Verfassungsstaat und einem parlamentarischen Regierungssystem[92] geworden. Dabei sei besonders die Bedeutung der Grundrechte des GG, der Regelung ihrer Drittwirkung[93] und Wesensgehaltsgarantie[94] sowie der Judikatur des Bundesverfassungsgerichts[95] genannt, die nicht ohne Einfluss auf Österreich gewesen sind, vor allem, was das materiale Verfassungsverständnis in Österreich betrifft.[96] Dies zeigt sich besonders in der Judikatur des Verfassungsgerichtshofes zum Gleichheitssatz[97] der immer mehr zum Sachlichkeitgebot[98] wird, zur Erwerbsfreiheit[99], Kunstfreiheit[100], Meinungsfreiheit[101] und Eigentumsfreiheit[102]. Die österreichische Verfassungsgerichtsbarkeit ist hingegen mit ihrer auf die Lehre MERKLS vom Stufenbau der Rechtsordnung[103] in die Höchstgerichtsbarkeit öffentlichen Rechts[104] eingebrachte Normenkontrolle weltweit von Bedeutung geworden.

---

[91] Art. 5 Abs. 2 EGV (ex Art. 3 b). Die konsolidierte Fassung des EUV/EGV findet sich im Amtsblatt der EU, Nr. C 321 E vom 29. Dez. 2006; hiezu *Herbert Schambeck*, Subsidiarität und europäische Integration, eine Betrachtung aus österreichischer Sicht, in: Staat im Wort, Festschrift für Josef Isensee, hrsg. von Otto Depenheuer, Markus Heinzen, Matthias Jestaedt, Peter Axer, Heidelberg 2007, S. 707 ff.

[92] Näher *Herbert Schambeck*, Politik und Verfassungsordnung postkommunistischer Staaten Mittel- und Osteuropas, in: derselbe, Zu Politik und Recht, Ansprachen, Reden, Vorlesungen und Vorträge, hrsg. von den Präsidenten des Nationalrates und Präsidenten des Bundesrates, Wien 1999, S. 121 ff.; Die Verfassungen Mittel- und Osteuropas, Einführung und Verfassungstexte mit Übersichten und Schaubildern, hrsg. von Herwig Roggemann, Berlin 1990 und *Georg Brunner*, Transformation in Mittel- und Osteuropa, hrsg. von Otto Luchterhandt und Angelika Nußberger, Krakow 2006.

[93] Dazu *Stern*, a.a.O., Band III/1, München 1988, S. 1511 ff.

[94] Art. 19 Abs. 2 GG und hiezu *Stern*, a.a.O., Band III/2, 1994, S. 837 ff.

[95] Verfassungsgerichtsbarkeit in Deutschland und Österreich, hrsg. von Detlef Merten, Berlin 2008.

[96] Beachte *Karl Korinek*, Grundrechte und Verfassungsgerichtsbarkeit, Wien 2000; *Schambeck*, Zur Theorie und Interpretation der Grundrechte in Österreich, in: 70 Jahre Republik, S. 83 ff., bes. S. 89 ff. und *derselbe*, Demokratische Verfassungsstaatlichkeit und Verfassungsgerichtsbarkeit – dargestellt am Beispiel Österreichs und Deutschlands, in: Zu Politik und Recht, S. 157 ff., bes. S. 164 ff.

[97] Siehe u. a. VfSlg. 10.367/1985; 10.812/1986; 11.190/1986.

[98] Dazu *Richard Novak*, Entscheidungsbesprechung zu VFSlg. 9372/1982, Zeitschrift für Arbeitsrecht und Sozialrecht 1982, S. 233 ff.

[99] Beachte z. B. VfSlg. 10.179/1984 und 11.483/1987.

[100] VfSlg. 11.737/1988.

[101] z. B. VfSlg. 11.651/1988.

[102] Siehe u. a. VfSlg. 3.666/1959, 8981/1980 und 9.911/1983.

[103] *Adolf Merkl*, Prolegomena einer Theorie des rechtlichen Stufenbaues, in: Gesellschaft, Staat und Recht, Festschrift für Hans Kelsen, hrsg. von Alfred Verdroß, Wien 1931, S. 252 ff., Neudruck in: Die Wiener rechtstheoretische Schule, Band 2, S. 1311 ff.

[104] Siehe *Hans Kelsen*, Wesen und Entwicklung der Staatsgerichtsbarkeit, Veröffentlichungen der Vereinigung der Deutschen Staatsrechtslehrer, Heft 5, Berlin-Leipzig 1929, S. 30 ff., Neudruck in: Die Wiener rechtstheoretische Schule, Band 2, S. 1813 ff.

## VII.

*Deutschland und Österreich* bestehen als Völkerrechtssubjekte nach einer wechselvollen Geschichte *in der Völkergemeinschaft* neben und im Rahmen der EU in einem Miteinander des Bemühens um die neue Ordnung des integrierten Europas sowohl als Wirtschafts- und Währungsgemeinschaft, als auch als Rechts- und Wertegemeinschaft. In diesem Zusammenhang sei auch nie vergessen, dass es unter dem Dach dieses integrierten Europas 1989/90 möglich war, die Wiedervereinigung Deutschlands zustande zu bringen, nachdem die Bevölkerung in Mittel- und Ostdeutschland für ihr natürliches Recht auf den Plätzen, Straßen und Kirchen demonstrierte und so die Mauer mit der Teilung Berlins und Deutschlands zu Fall brachte. Diese auf plebiszitärem Weg politisch zustande gebrachte Einheit Deutschlands wurde auf repräsentativ demokratischem Weg mit Vertragsabschluss und Gesetzesbeschluss finalisiert.[105] Politiker, Diplomaten und Juristen haben das vom Volk Errungene normierend gesichert.[106] Nach *Richard Schröder* war 1989 „die erstgelungene deutsche Revolution, die zudem gewaltlos verlief, bei der sehr viele ein beachtliches Maß an Zivilcourage aufgebracht haben".[107]

Klugheit, Bekennermut und Patriotismus begleiteten auch weiter das Bemühen, die mit dem Volk erreichte Einheit Deutschlands zu bewahren und das GG – so wie 1949 beabsichtigt – „in freier Selbstbestimmung die Einheit und Freiheit Deutschlands" zu vollenden, auch auf die neuen alten Bundesländer der früheren DDR in Geltung zu setzen. Auf diese Weise ersparte man sich eine kräfteverzehrende Verfassungsdiskussion und es *gelang* den *Geist der demokratischen Verfassungsstaatlichkeit des GG vom Westen Deutschlands auf die übrigen neu mitvereinten Bundesländer zu erstrecken.* In welcher Weise dieser Geist des GG in Mittel- und Ostdeutschland angenommen wurde und mit dem demokratischen und sozialen Rechtsstaat im Rahmen des Möglichen auch eine soziale Marktwirtschaft zu verwirklichen gesucht hat, ist eine historische Leistung. *Paul Kirchhof* hat es bereits hervorgehoben: „Das Grundgesetz hat in der Wiedervereinigung Deutschlands gemeinsames Verfassungswissen und Werteerfahrung wieder freilegen, der europäischen Integration strukturierende Hilfen geben und die Stellung Deutschlands in der Völkergemeinschaft festigen, inzwischen auch verfassungsstaatliche Erfahrung an andere Staaten weitergeben können".[108] Diese Erfolge verdienen Respekt, der in verständnisvoller Nachbarschaft mit einem ad multos annos gezollt sei.

---

[105] Dazu *Detlef Nakath/Gerd Rüdiger Stephan*, Countdown zur deutschen Einheit, eine dokumentierte Geschichte der deutsch-deutschen Beziehungen 1987–1990, Berlin 1996.

[106] Beachte *Richard Schröder*, Die Verfassung der Freiheit, in: Bewährung und Herausforderung, S. 64 ff., bes. S. 72 ff. und S. 75 ff.

[107] *Schröder*, a.a.O., S. 77.

[108] *Paul Kirchhof*, Staat und Verfassung vor der Zukunft, in: Bewährung und Herausforderung, S. 206.

# Das deutsche Grundgesetz aus französischer Sicht

von

Prof. Dr. Constance Grewe*, Universität Straßburg

Das GG, obwohl anfänglich bloß ein Provisorium, ist nunmehr schon 60 Jahre alt und hat, trotz mannigfaltiger textlicher Änderungen, trotz zahlreicher verfassungsgerichtlicher Fortentwicklungen, seine Grundausrichtung beibehalten. Wie sieht und beurteilt man in Frankreich diese Verfassung, ihre Auslegung und Anwendung?

1. Die Beantwortung dieser Frage erfordert ein behutsames Herantasten. Zunächst ist festzuhalten, dass die deutsche Sprache[1] und vor allem die juristische Fachsprache hier ein erstes nicht zu unterschätzendes Hindernis darstellt. Viele französische Studierende geben zu, dass sie zwar Deutsch gelernt haben, doch unfähig sind, eine deutsche Gerichtsentscheidung zu verstehen. Von daher ist es leicht zu begreifen, dass das Verfassungsrecht der USA und des Vereinigten Königreichs spontan mehr Interesse erwecken als das deutsche. Außerdem existiert eine französische Version des Grundgesetzes zwar bereits seit geraumer Zeit, die wichtigsten Entscheidungen des Bundesverfassungsgerichts aber werden erst seit kurzem auf Englisch und fast überhaupt nicht auf Französisch übersetzt[2]. Zudem kann man kaum erwarten, dass die eigenen – hier die deutschen – Entwicklungsphasen in ihren Feinheiten im Ausland – in Frankreich – wahrgenommen werden, so wie auch die Veränderungen des französischen Rechts und der Lehre kaum oder nur zögernd in Deutschland Beachtung finden.

2. Diese Betrachtungen führen zur Frage, wie der Blickwinkel bestimmt werden soll, mit anderen Worten, welche Art von Kommunikation die Sicht des Grundgesetzes impliziert. Schematisch kann es sich hier um drei Intensitätsgrade handeln: Kenntnisnahme des deutschen Verfassungsrechts, also Information vor allem; Dialog und Einfluss, die auf einer gewissen Gegenseitigkeit beruhen; und schließlich Gedankenaustausch, d.h. eine regelrechte Auseinandersetzung mit dem anderen Sys-

* Professorin an der Universität Strasbourg, Institut de recherche Carré de Malberg (IRCM).

1 Bekanntlich lernen immer weniger Franzosen Deutsch und immer weniger Deutsche Französisch.

2 Siehe die Website des Bundesverfassungsgerichts. Dagegen wird die Website des französischen Verfassungsrats seit mehreren Jahren auch in einer deutschen und einer englischen Version angeboten.

tem. Die Kenntnisnahme von einem ausländischen Recht stellt sich vor allem als eine quantitative Frage der „Berichterstattung“ dar. Sie ist die unabdingliche doch ungenügende Voraussetzung für eine Meinungsbildung über das andere System, d.h. für eine Beurteilung des deutschen Grundgesetzes aus französischer Sicht. Dialog, Einfluss und Gedankenaustausch hingegen bilden qualitative Faktoren, die ein Wissen voraussetzen, ein Gespräch anknüpfen und in eine Auseinandersetzung mit der anderen Rechtsordnung münden. Sie hängen eng mit der eigenen Rechtskultur zusammen und mit dem, was als interessant und/oder veränderungswürdig empfunden wird. Die quantitativen und qualitativen Aspekte lassen sich jedoch nur schwer trennen, sie stehen in einer permanenten Interaktion. Die Berichterstattung geht teils der Meinungsbildung voraus, hängt aber teilweise auch von der Meinung ab: Es wird vor allem informiert über das, was aus eigener Sichtweise erwähnenswert erscheint.

3. Schließlich ist klarzustellen, wer in diesem Fall die französische Sicht verkörpern soll. Die feinste Sicht ist natürlich die der französischen Spezialisten für deutsches Recht; sie erscheint jedoch nicht repräsentativ genug. Am anderen Extrem befinden sich diejenigen, die eine juristische Grundausbildung absolviert haben, doch keinen spezifisch juristischen Beruf ausüben; deren Sicht scheint ebenfalls an mangelnder Repräsentativität, diesmal der Aussagekraft ihrer Meinungen, zu leiden. Bleiben also die Praxis, in erster Linie Richter und Anwälte, sowie die Lehre. Sie sollen hier im Vordergrund stehen, wobei die Äußerungen der ersteren viel seltener sind und oft nur mittelbar in die juristische Öffentlichkeit dringen, während die Aufgabe der Lehre darin besteht, Wissen zu verbreiten und zu vermitteln; insofern erscheint sie als „erstverantwortlich“ für den Blick auf Deutschland. Die französische Lehre hat sich jedoch mindestens ebenso verändert und entwickelt wie die deutsche. Infolgedessen würde ich wagen zu behaupten, dass die französische Sicht des Grundgesetzes mehr von der Entwicklung der französischen Verfassungslehre, der -rechtsprechung und des -rechts abhängt als von den Veränderungen des Grundgesetzes, der deutschen Rechtsprechung oder Lehre.

4. Die verschiedenen Vorstellungen vom deutschen Grundgesetz, bildlicher die verschiedenen Brillen, aus denen dieses gesehen wird, sollen in den folgenden Ausführungen in vier Etappen geschildert werden: Die erste einer fast völligen Blindheit, in der das Grundgesetz weitgehend ignoriert wird, dauert von den Nachkriegsjahren bis kurz nach Inkrafttreten der Verfassung der V. Republik (1949–1965). Die verzerrte Sicht der zweiten Etappe, gekennzeichnet durch ihre vornehmlich politikwissenschaftliche Orientierung, erstreckt sich von 1965 bis circa 1975/1980. In der dritten findet eine beträchtliche Annäherung statt; die französische Lehre findet zum substanziellen Recht zurück, indem sie sich besonders auf die Rechtsprechung konzentriert. Diese Phase dauert heute noch an, so dass die vierte Etappe entweder in der Zukunft liegt – dies ist die optimistische Annahme – oder eine Utopie darstellt – eine etwas pessimistischere Perspektive –, jedenfalls zeigen möchte, was in der gegenwärtigen Kommunikation noch fehlt.

## I. Blindheit: die Brille der Nachkriegszeit (1949–1960)

Wie bezeichnend, dass der deutsch-französische Gedankenaustausch am intensivsten nach 1871 war, zu einem Zeitpunkt, wo die Franzosen einen Krieg gegen Deutschland verloren hatten, aber auch das vergleichende öffentliche Recht entdeckt wurde. Bedeutende französischsprachige Juristen, wie Duguit, Esmein, Carré de Malberg und Mirkine-Guetzevitch halten in dieser Epoche den Kontakt mit deutschen Kollegen aufrecht und berichten dem französischen Publikum in kritischen Kommentaren[3]. Diese Periode endet mit dem zweiten Weltkrieg. Diesmal hat Deutschland verloren; das Zeitalter der großen Klassiker und des Gedankenaustausches ist vorbei. Der Akzent liegt in beiden Ländern auf der Beschäftigung mit dem nationalen Recht. In der Folgezeit findet eine regelrechte bibliographische Inflation statt, die bewirkt, dass der einzelne Autor bedeutend weniger Einfluss ausübt: Duguit, Esmein und alii müssten sich also verzehnfachen, um annähernd denselben Dialog hervorzubringen.

Die Periode von 1949 bis 1960/65 zeichnet sich durch eine vor allem institutionelle Ausrichtung der französischen Lehre aus, die natürlich auch durch die Labilität der IV. Republik bedingt war. Infolgedessen bestand kaum ein Interesse für das deutsche Verfassungsrecht. Die IV. Republik steht für Schwäche des politischen Systems, sowohl im Innern als auch im Äußern. Man denke an die gravierenden Probleme mit den Kolonien, an den Krieg in Indochina und später den Algerienkrieg. Andere Charakteristika der IV. Republik sind Regierungsinstabilität, Vielzahl der politischen Parteien und andauernde Diskussionen über Verfassungsänderungen, die die gewünschte Stabilität fördern sollten. Diesem schwachen vom Vorrang des Parlaments bestimmten Regime folgte dann 1958 im Zuge des Algerienkrieges die V. Republik, im Gegensatz zu der IV. von der Aufwertung der Exekutive und einer beeindruckenden Stabilität geprägt.

Die Lehre war nach dem zweiten Weltkrieg verständlicherweise ganz auf das eigene System und dessen augenscheinliche Mängel fixiert. Die juristische Standardliteratur, d. h. die gängigen Lehrbücher[4] und die Veröffentlichungen der größten Zeit-

---

[3] Siehe dazu M. Schönberger, Penser l'Etat dans l'Empire et la République: Critique et réception de la conception juridique de l'Etat de Laband chez Carré de Malberg, in: *Annales de la Faculté de droit de Strasbourg*, Presses universitaires de Strasbourg, 1997, 255.

[4] Es wurden die gängigsten Lehrbücher von 1949 bis heute ausgewertet:

Aus den 40er und 50er Jahren: G. Burdeau, *Cours de droit constitutionnel*, L. G. D. J., 3. Aufl. 1944; G. Liet-Veaux, *Manuel élémentaire de droit constitutionnel*, Rousseau, 1949; J. Laferriere, *Manuel de droit constitutionnel*, Domat-Montschrestien, 2. Aufl. 1947; G. Vedel, *Manuel élémentaire de droit constitutionnel*, Sirey 1949; R. Pinto, *Eléments de droit constitutionnel*, 2. Aufl. Morel & Corduant, Lille 1952; G. Burdeau, *Manuel de droit constitutionnel*, 6. Aufl. L. G. D. J., 1952; M. Duverger, *Droit constitutionnel et institutions politiques*, P. U. F. Thémis, 1955.

Aus den 60er Jahren: M. Duverger, *Institutions politiques et droit constitutionnel*, 7. Aufl. P. U. F. Thémis, 1963; A. Hauriou, *Droit constitutionnel et institutions politiques*, Montchestien/Domat, 1965; P. Lalumiere, A. Demichel, *Les régimes parlementaires européens*, P. U. F. Thémis, 1966.

Aus den 70er Jahren: M. Prelot, *Institutions politiques et droit constitutionnel*, 5. Aufl. PrécisDalloz, 1972; P. Pactet, *Institutions politiques et droit constitutionnel*, 3. Aufl. Masson, 1974; J. Cadart, *Institutions politiques et droit constitutionnel*, 2 Bände., L. G. D. J., 1975; G. Bureau, *Droit constitutionnel et institutions politiques*, 17. Aufl. L. G. D. J., 1976; M.-H. Fabre, *Principes républicains de droit constitutionnel*, 3. Aufl. L. G. D. J., 1977.

schriften[5] bezeugen dies in erstaunlicher Übereinstimmung. Das Verfassungsrecht wurde in fast allen Lehrbüchern nach ähnlichen Mustern und Gliederungen behandelt. Dies hatte seinen Grund darin, dass es bis 1968 nationale in ministeriellen Verordnungen geregelte Lehrprogramme für das juristische Studium gab. In einer Reform von 1954[6] zur juristischen Grundausbildung wurde eine Vorlesung über Verfassungsrecht in den beiden ersten Semestern vorgeschrieben, deren Programm folgendermaßen formuliert war: Allgemeine Theorie des Verfassungsrechts, die Grundrechte, die wichtigsten ausländischen politischen Systeme – meist die USA, Großbritannien und oft die Schweiz –, französische Verfassungsgeschichte, das geltende Verfassungsrecht. Die Reform von 1962[7] behält diese Grundzüge bei, führt allerdings das verfassungsrechtliche Programm sehr viel detaillierter auf.

Zu dieser Zeit wecken also das Ausland im Allgemeinen und Deutschland im Besonderen kaum die Aufmerksamkeit der französischen Verfassungsrechtler. Der deutsch-französische Dialog ist abgebrochen. Die Auswertung der juristischen Standardliteratur ergibt, dass auch die Berichterstattung durch die Lehrbücher zum großen Teil unterbrochen ist, so dass nur in Monographien[8] Informationen über das

---

Aus den 80er Jahren: M. Duverger, *Institutions politiques et droit constitutionnel*, Bd. 1, *Les grands systèmes politiques*, 16. Aufl. P.U.F. Thémis, 1980; Ch. Cadoux, *Droit constitutionnel et institutions politiques*, 2 Bände, 2. und 3. Aufl. Cujas, 1982 und 1988; Ch. Debbasch, J. Bourdon, J.-M. Pontier, J.-C. Ricci, *Droit constitutionnel et institutions politiques*, Economica, 1983; J. Gicquel, A. Hauriou, *Droit constitutionnel et institutions politiques*, 8. Aufl. Montchrestien/Domat, 1984; B. Chantebout, *Droit constitutionnel et Science politique*, 8. Aufl. A. Colin, coll. U, 1988.

Aus den 90er Jahren: M. Prelot, J. Boulouis, *Institutions politiques et droit constitutionnel*, 11. Aufl. Précis Dalloz, 1990; M. Duverger, *Institutions politiques et droit constitutionnel*, Bd. 1, *Les grands systèmes politiques*, 18. Aufl. P.U.F. Thémis, 1990; Ph. Lauvaux, *Les grandes démocraties contemporaines*, P.U.F. Droit fondamental, 1990, 2. Aufl. 1998; B. Chantebout, *Droit constitutionnel et Science politique*, 10. Aufl. A. Colin, coll. U, 1991 und 15. Aufl. 1998; Y. Meny, *Politique comparée*, 3. Aufl. Montchrestien/Domat, 1991 und 5. Aufl. 1996; Le Mong Nguyen, *Les systèmes démocratiques contemporains*, 3. Aufl. STH, 1992; O. Duhamel, *Les démocraties*, Le Seuil/Points, 1993; J. Gicquel, *Droit constitutionnel et institutions politiques*, 12. Aufl. Montchrestien/Domat, 1993 und 14. Aufl. 1995; D. Turpin, *Droit constitutionnel*, 2. Aufl. P.U.F. 1er cycle, 1994; G. Burdeau, F. Hamon, M. Troper, *Droit constitutionnel*, 24. Aufl. L.G.D.J., 1995; Ph. Ardant, *Institutions politiques et droit constitutionnel*, 7. Aufl. L.G.D.J., 1995; C. Lecclercq, *Droit constitutionnel et institutions politiques*, 9. Aufl. Litec, 1995; P. Pactet, *Institutions politiques, Droit constitutionnel*, 15. Aufl. A. Colin, coll. U, 1996; H. Portelli, *Droit constitutionnel*, Dalloz/Cours, 1996; E. Zoller, *Droit constitutionnel*, 2. Aufl. P.U.F. coll. Droit Fondamental, 1999.

Aus den Jahren 2000 bis 2009: D. Chagnollaud, *Droit constitutionnel contemporain*, 2 Bde, Bd. 1, *Théorie générale, Les grands régimes étrangers*, 2. Aufl. A. Colin, 2001; V. Constantinesco, S. Pierre-Caps, *Droit constitutionnel, 3. Aufl.* Themis P.U.F. 2007; L. Favoreu, P. Gaia, R. Ghevontian, J.-L. Mestre, O. Pfersmann, A. Roux, G. Scoffoni, *Droit constitutionnel*, 7. Aufl. Précis Dalloz 2004; A.-M. Le Pourhiet, *Droit constitutionnel*, Economica 2007; B. Mathieu, M. Verpeaux, *Droit constitutionnel*, P.U.F. coll. Droit Fondamental, 2004; D. Rousseau, A. Viala, *Droit constitutionnel*, Montchestien, Pages d'Amphi 2004.

[5] Die für das Verfassungsrecht wichtigsten Zeitschriften sind die R.D.P. (*Revue du droit public et de la science politique*), seit 1990 die RFDC (*Revue française de droit constitutionnel*) und die AIJC (*Annuaire international de justice constitutionnelle*).

[6] Verordnung vom 27.3. 1954, D. n° 54–343, JO 28. März, 2966.

[7] Verordnung vom 6.7. 1962, D. n° 62–767, geändert durch ein Arrêté vom 8. August 1962, JO 10. August 1962, 7973.

[8] Ohne hier die gesamte französische Bibliographie über deutsches Verfassungsrecht aufnehmen zu können, seien einige besonders wichtige oder bekannte Bücher genannt: Ch. Eisenmann, *Bonn et Weimar: deux constitutions de l'Allemagne*, La Documentation française Nr. 1337, 1950; C. Lassalle, *Le fédé-*

Grundgesetz, den Föderalismus, die Verfassungsgerichtsbarkeit und den Bundeskanzler zu finden sind und nur in einzelnen Zeitschriftenartikeln[9] über Verfassungsgerichtsbarkeit, Parlamentarismus, Wahlverfahren und Bundepräsident berichtet wird.

## II. Verzerrung: die Brille der Politologie (1965–1975)

Später, ungefähr zu Beginn der V. Republik (1960–1965), beginnen die französischen Juristen, sich für ausländische Systeme zu öffnen. Die Verfassungslehre tendiert zunehmend zu politikwissenschaftlichen Analysen der Institutionen; diejenigen Verfassungsrechtler, deren Interesse eher einer juristischen Dogmatik gilt, wechseln zu diesem Zeitpunkt zum Verwaltungsrecht über. Für die politologische Tendenz ist das Lehrbuch von M. Duverger[10] besonders repräsentativ.

Obwohl den Universitäten 1968 eine gewisse wissenschaftliche und pädagogische Autonomie[11] verliehen wurde, hielt sich die Mehrzahl der Hochschullehrer und damit auch der Lehrbücher an das frühere Programm. Dieses dominiert auch heute noch, erst in letzter Zeit weichen mehr Autoren von diesem Schema ab[12]. Dies hat zur Folge, dass die Darstellung des ausländischen vom französischen Recht getrennt wird und insoweit die Vergleiche sowohl mit dem französischen Recht als auch mit der allgemeinen Theorie nicht unbedingt begünstigt werden. Der dem ausländischen Recht gewidmete Teil ist je nach Geschmack des Autors mehr oder weniger ausführlich. Wie wird nun das deutsche Grundgesetz in dieser Literatur dargestellt?

Der Anbruch der V. Republik und die fortschreitend politikwissenschaftliche Orientierung der Lehre bewirken, dass die neuen Lehrbücher oder die Neuauflagen der früheren das Grundgesetz erwähnen und kurz darstellen (circa 4 Seiten). Besonders zu bemerken ist hier das 1966 erschienene Buch von P. Lalumière et A. Demichel über die europäischen parlamentarischen Regierungssysteme[13], das sowohl die Neuorientierung der Lehre dokumentiert als auch die substanziellsten Ausführungen zum deutschen Verfassungsrecht enthält. Was in dieser Phase die französische Lehre besonders beschäftigt, ist die Frage, inwieweit rechtliche Regelungen das Spiel der

---

*ralisme dans la République fédérale allemande*, Paris 1954; CHENUT, *La justice constitutionnelle en Allemagne et le Tribunal constitutionnel de Karlsruhe*, Thèse Paris 1956; A. GROSSER, *La démocratie de Bonn*, A. Colin, Paris 1958; J. DE SOLAGES, *Les institutions fédératives de l'Allemagne occidentale*, Reims 1959; J. AMPHOUX, *Le Chancelier fédéral dans le régime constitutionnel de la République fédérale d'Allemagne*, L. G. D. J., Paris 1962.

[9] So insbesondere: C. LASSALLE, Le Tribunal constitutionnel fédéral et la réorganisation des Länder en Allemagne du Sud-Ouest, R. D. P. 1952, 396; C. LASSALLE, Les limites du contrôle de constitutionnalité des lois en Allemagne occidentale, R. D. P. 1953, 106; K. LOEWENSTEIN, La constitutionnalité des traités instituant la CED aux termes de la Constitution de Bonn, R. D. P. 1955, 632; G. HERAUD, L'arrêt du Tribunal constitutionnel fédéral allemand du 4 mai 1955 et le statut de la Sarre, R. D. P. 1955, 880; W. LEISNER, La conception du politique selon la jurisprudence de la Cour constitutionnelle allemande, R. D. P. 1961, 754.

[10] M. DUVERGER, *Institutions politiques et droit constitutionnel*, 7. Aufl. P. U. F. Thémis, 1963.

[11] Gesetz Nr. 68-978 vom 12. November 1968, JO 13. 11. 1968, 10579 bestätigt durch das Gesetz Nr. 84-52 vom 26. Januar 1984, JO 27. 1. 1984, 431.

[12] So vor allem die Lehrbücher von FAVOREU et alii, von CONSTANTINESCO/PIERRE-CAPS und von ZOLLER.

[13] P. LALUMIERE, A. DEMICHEL, *Les régimes parlementaires européens*, P. U. F. Thémis, 1966.

politischen Kräfte zu bändigen oder gar zu ändern vermögen. In ihrer großen Mehrzahl umgehen jedoch die Kommentatoren die Antwort auf diese Frage mit dem Hinweis auf das gute Funktionieren des deutschen politischen Systems, das diese Art von Rationalisierungsinstrumente nicht braucht[14]. Dies gilt insbesondere für das als besonders einfallsreich gelobte deutsche System des Misstrauensvotums[15], was aber gleichzeitig als heterodox in einem parlamentarischen Regierungssystem betrachtet wird, vor allem in der Verbindung mit dem Gesetzesnotstand, eine andere in französischen Lehrbüchern vorgestellte Institution. Sodann gilt die Aufmerksamkeit französischer Autoren dem deutschen Parteiensystem und deren Koalitionen. Stärker juristische Problemkreise wie der Föderalismus, die Verfassungsgerichtsbarkeit, das Verfassungskonzept oder die Grundrechte sind zu diesem Zeitpunkt in der französischen Standardliteratur abwesend.

So ist es auch nicht verwunderlich, wenn bis zu den 80iger Jahren etwaige Entwicklungen des deutschen Grundgesetzes, z.B. die zunehmenden Bundeskompetenzen im Föderalismus, höchstens von Spezialisten[16] wahrgenommen werden. Dies ändert sich Mitte der 70er, Anfang der 80er Jahre.

## III. Annäherung: die Brille der Gerichtsentscheidungskommentare (1975/80–2009)

Die Rückbesinnung auf das substanzielle Recht und damit auch auf das vergleichende Recht findet erst statt, nachdem sich der französische Verfassungsrat dazu entschieden hat, die Menschen- und Bürgerrechtserklärungen in die Verfassungskontrolle zu integrieren[17] (1971). Damit wird dem deutsch-französischen Dialog ein neues Fenster geöffnet, auch wenn viele Hindernisse noch immer die Tür versperren.

1. Das französische Verfassungsrecht hat seit den 70iger Jahren viele Veränderungen erfahren, die nichtsdestotrotz von seiner Stabilisierung zeugen. Zum Einen sind in diesem Zusammenhang die Reformen der Dezentralisierung[18] zu erwähnen, die den klassischen französischen Zentralismus weitgehend abgeschwächt haben. Diese Reform hätte die französischen Juristen dazu bewegen können, sich intensiver

---

[14] Eine der seltenen Debatten über das Verhältnis zwischen Politik und Recht fand Anfang der 90iger Jahre in der Zeitschrift „*Le Débat*" statt: „Le Droit contre la Politique", 1991, 158.

[15] Diese Insitution ist jedoch später in mehreren französischen Gebietskörperschaften übernommen worden; so in Korsika (Gesetz Nr. 91-428 vom 13. Mai 1991, JO 14. Mai, 6318) und im französischen Polynesien (Gesetz Nr. 84-820 vom 6. September 1984 JO 7. September, 2831).

[16] Siehe insbesondere den ausführlichen Artikel von M. Fromont: R.D.P. 1970, 535 sowie die Bücher von C. Autexier, *L'administration de l'enseignement en République fédérale d'Allemagne*, L.G.D.J., Paris 1974; A. Moster, Ph. Marcesson, J. Anastopoulos, *Etudes et documents de droit budgétaire fédéral (Allemagne fédérale, Etats-Unis, U.R.S.S.)*, L.G.D.J., Paris 1974; C. Grewe, *Le fédéralisme coopératif en République fédérale d'Allemagne*, Economica, Paris 1981.

[17] Darüber näher C. Grewe, „Die Grundrechte und ihre richterliche Kontrolle in Frankreich", *EuGRZ* 2002, 209.

[18] Den wichtigen gesetzlichen Reformen der Jahre 1981 bis 1983 folgte 2003 eine Verfassungsänderung (Verfassungsgesetz Nr. 2003-276 vom 28. März 2003, JO 29. März, 5568) über die dezentralisierte Organisation der französischen Republik.

mit dem deutschen Föderalismus zu befassen; dies ist teilweise[19] geschehen, doch hauptsächlich mit dem Blick auf Europa[20]. Ein zweites Reformpaket betrifft die Verfassungsgerichtsbarkeit[21] mit dem Ausbau der Anrufungsmöglichkeiten des Gerichts durch die Opposition und kürzlich (2008) die Einführung einer konkreten Normenkontrolle[22]. In der Tat wächst das Interesse für die Verfassungsgerichtsbarkeit in diesem Zeitraum beträchtlich. Eine dritte besonders wichtige Änderungsreihe befasst sich mit Europa[23] und hat die Ermächtigungen zu den verschiedenen durch die EU-Änderungsverträge bedingten Zuständigkeitsübertragungen zum Gegenstand. Auch diese Veränderungen eignen sich für einen französisch-deutschen Dialog über Europa-Klauseln und Grenzen der Zuständigkeitsübertragungen. Viertens wurde im Jahre 2005 die Charta für Umweltschutz[24] der Verfassungspräambel beigefügt, ein Thema, das bereits reichlich in Deutschland diskutiert worden war. Die fünfte größere Veränderung ist im Juli 2008[25] erfolgt, wo über die Hälfte der Verfassungsbestimmungen revidiert wurden, wobei vor allem die Aufwertung des Parlaments im Vordergrund stand. Diese Modernisierung der französischen Verfassung wirft selbstverständlich die Frage auf, inwieweit sie auf Rechtsvergleichen, insbesondere mit dem Grundgesetz, beruhen. Alle diese für Frankreich ungewöhnlich zahlreichen Verfassungsreformen stehen in einem Wechselverhältnis zur Lehre: Teils inspiriert die Verfassungsreform die Lehre, teils wird die Verfassungsreform durch die Lehre inspiriert und könnte insofern mittelbar deutschem Einfluss zu verdanken sein.

2. Jedenfalls wird ab Mitte der 70iger Jahre, vor allem aber mit Beginn der 80iger, ein Wandel in Gestalt einer Rückkehr zur Rechtswissenschaft in den Lehrbüchern und den Zeitschriften sichtbar. Nannten sich früher die Lehrbücher Verfassungsrecht und politische Institutionen oder gar andersrum, so beginnen nun Publikationen zu erscheinen, die einfach nur den Titel Verfassungsrecht tragen[26].

---

[19] Über eine grundsätzliche Auseinandersetzung mit dem allgemeineren Gedanken der Föderation, O. Beaud, *Théorie de la Fédération*, P. U. F. Léviathan, 2007.

[20] Siehe M. Criosat, *Le fédéralisme dans les démocraties contemporaines*, 2ème éd. Montchestien/Clefs, Paris 1995; M. Croisat et J.-L. Quermonne, *L'Europe et le fédéralisme*, Montchestien/Clefs, Paris 1996.

[21] Das Verfassungsgesetz Nr. 74-904 vom 29. Oktober 1974, JO 30. Oktober, 11035 hat den Kreis der anrufungsberechtigten Personen bei der Gesetzesprüfung auf die Parlamentarier erweitert und das Verfassungsgesetz Nr. 92-554 vom 25. Juni 1992, JO 26. Juni, 8406 hat dies ebenfalls für die Prüfung von völkerrechtlichen Verträgen übernommen.

[22] Verfassungsgesetz Nr. 2008-724 vom 23. Juli 2008, Modernisierung der Institutionen der V. Republik, JO 24. Juli, 2.

[23] Das Verfassungsgesetz Nr. 92-554 vom 25. Juni 1992, JO 26. Juni, 8406 fügt in die Verfassung einen neuen Titel XV ein, der die Teilnahme Frankreichs an der EG und der EU vorsieht und die Zuständigkeitsübertragungen des Maastricht Vertrags genehmigt; das Verfassungsgesetz Nr. 99-49 vom 25. Januar 1999, JO 26. Januar, 1343 berechtigt zu den durch den Vertrag von Amsterdam benötigten und vom Verfassungsrat als verfassungswidrig erklärten Zuständigkeitsübertragungen; das Verfassungsgesetz Nr. 2005-204 vom 1. März 2005, JO 2. März, 3696 verfährt in analoger Weise hinsichtlich des Vertrags für eine Verfassung Europas und das Verfassungsgesetz Nr. 2008-103 vom 4. Februar 2008, JO 5. Februar bezieht sich auf den Vertrag von Lissabon.

[24] Verfassungsgesetz Nr. 2005-205 vom 1. März 2005, JO 2. März, 3697.

[25] Verfassungsgesetz Nr. 2008-724 vom 23. Juli 2008, Modernisierung der Institutionen der V. Republik, JO 24. Juli, 2.

[26] Insbesondere die Lehrbücher (siehe Fn. 4) von: D. Turpin, H. Portelli, Hamon/Troper, E. Zoller, Favoreu (al.), und Constantinesco/Pierre-Caps.

Diese Umorientierung, die ebenfalls zur Folge hat, dass viele Verwaltungsrechtler nunmehr zum Verfassungsrecht zurückkehren, resultiert aus einer ganzen Reihe wichtiger Entwicklungen auf dem Gebiet der Rechtsprechung. In diesem Zusammenhang sind zunächst die Erweiterung und die zunehmende Häufigkeit der französischen verfassungsgerichtlichen Rechtsprechung zu nennen, sodann die Intensivierung der Rechtsprechung des europäischen Gerichtshofs für Menschenrechte im Licht der 1974 erfolgten französischen Ratifizierung der Konvention und der 1981 erteilten Zustimmung zur Individualklage und schließlich die sich auf eine verfassungsgerichtliche Entscheidung[27] gründende Entstehung der Vertragsmäßigkeitsprüfung von Gesetzen durch die ordentlichen Gerichte, die sogenannte Konventionalitätskontrolle[28]. Trotz der relativen Bescheidenheit, mit der die französischen Fachgerichte die Rechtsprechung zur EMRK anwenden, ist die Frage berechtigt, ob und inwieweit die Konventionalitätskontrolle mit der verfassungsgerichtlichen Prüfung in Konkurrenz steht oder deren Unterentwicklung korrigiert. Zwar haben die Fachgerichtsentscheidungen im Rahmen der Konventionalitätskontrolle nicht dieselbe Wirkung wie die Entscheidungen des Verfassungsrates, doch ist der Gegenstand der richterlichen Prüfung – das Gesetz – weitgehend identisch. So kann man durchaus in der Konventionalitätskontrolle einen Ersatz für die fehlende Verfassungsbeschwerde und die bisher abwesende konkrete Normenkontrolle sehen. Daher stellt sich die Frage, ob die kürzlich eingeführte verfassungsgerichtliche konkrete Normenkontrolle für einen späten Ausgleich zugunsten der Verfassungsgerichtsbarkeit sorgen soll. Einzelne Spannungen und Divergenzen zwischen ersteren und dem Verfassungsrat[29] deuten jedenfalls darauf hin, dass die Entwicklung der Konventionalitätskontrolle das französische Rechtssystem entscheidend verändert hat[30] im Sinne eines sehr viel amerikanischeren Zuschnittes, d.h. sowohl einer Aufwertung der Grundrechte als auch einer sehr viel diffuseren richterlichen Prüfung der Grundrechtsverletzungen.

All diese Faktoren haben dazu beigetragen, dass sich nunmehr die französische Lehre einerseits plötzlich für Grundrechte interessiert, andererseits jedoch, dass dies Interesse weniger in dogmatischen Analysen als in mehr oder weniger rechtspositivistischen Kommentaren der Rechtsprechung zum Ausdruck kommt.

3. Der Umschwung wirkt sich auch auf das Grundgesetz aus: Die Lehrbücher berichten ausführlicher über das deutsche Verfassungssystem (10–20 Seiten), manche widmen ihm sogar ein spezielles Kapitel[31]; die Bücher, Tagungen und Zeitschriftenartikel häufen sich und die Themen werden juristischer und reichhaltiger[32].

---

[27] CC 74-54 DC, 15. Januar 1975, Schwangerschaftsunterbrechung.

[28] Dazu C. Grewe, Frankreichs Beitrag zur europäischen Verfassungskultur, *JöR* Band 52, Mohr Siebeck, 2004, 43.

[29] CE 3. Juli 1996, Koné, Rec. 255, RFDA 1996, 882.

[30] So scheint z.B. der Kassationshof der Ansicht zu sein, die Erklärung der Verfassungsmäßigkeit eines Gesetzes hindere eine spätere Konventionalitätskontrolle nicht: Cass. 25. 4. 2001, Association Etre enfant au Chesnay/Terki, RFDA 2001, 1055, Kommentar J.-Y. Frouin und B. Mathieu.

[31] So das Lehrbuch von A.-M. Le Pourhiet (20 Seiten); die meisten anderen enthalten längere Ausführungen über die Verfassungsgerichtsbarkeit (Favoreu, al. und Zoller) oder über die parlamentarische Regierungsform (Chagnolleaud).

[32] Die wichtigsten *Bücher* sind: M. Fromont et A. Rieg, *Introduction au droit allemand*, tome 1: *Les fondements*, tome 2: *Droit public et droit* pénal, Cujas, Paris 1977 und 1984 sowie das Lehrbuch von C. Autexier, *Introduction au droit public allemand*, P.U.F. Droit fondamental, 1998. Siehe auch: O. Jouan-

Das institutionelle Recht, vor allem Parlamentarismus, politische Parteien, Föderalismus werden nunmehr auch aus juristischer Perspektive und ebenfalls in ihren historischen und zeitgenössischen Entwicklungen behandelt. So wurden z.B. der Vereinigung der beiden deutschen Staaten eine Dissertation und viele Artikel gewidmet.

Das materielle Recht und hier vor allem die Grundrechte finden ebenfalls eine neue Aufmerksamkeit in der französischen Lehre[33]. Die Berichterstattung über die

---

JAN, *Le principe d'égalité devant la loi en droit allemand*, Economica/PUAM, Paris 1992; O. BEAUD, *La puissance de l'Etat*, P.U.F./Léviathan, Paris 1994 und von demselben Autor, *Les derniers jours de Weimar. Carl Schmitt face à l'avènement du nazisme*, Descartes & Cie, Paris 1997.

Immer mehr *Dissertationen* befassen sich mit deutschem Verfassungsrecht: M.-D. BERNON *La liberté d'association en République fédérale d'Allemagne. Etude de droit comparé (droits allemand et français)* Thèse Nancy II, 1985; W. ZIMMER, *La réunification allemande. Contribution à la théorie du pouvoir constituant*, Thèse Lille II, 1994; F. CHAMBON BAZAUGOUR, *La portée de la liberté d'information en Allemagne* Thèse Paris II 1994; D. CAPITANT, *Les effets juridiques des droits fondamentaux en Allemagne*, Thèse Paris I 1996; T. ABLARD, *Le droit d'asile en Allemagne, en France et au Royaume-Uni. Etude comparative*, Thèse Paris I 1997; J. HUMMEL, *Le constitutionnalisme allemand (1815–1918). Le modèle allemand de la monarchie limitée*, Thèse Paris II 1998; A. LE DIVELLEC, *Le parlementarisme allemand*, Thèse Paris II 1998; N. PARRAVICINI, *Les droits des Constitutions allemandes et le processus inter-allemand d'unification*, Thèse Nice 1998; L. SASSO, *Les obligations positives en matière de droits fondamentaux. Etude comparée de droit allemand, européen et français*, Thèse Caen 1999; S. CALMES, *Du principe de protection de la confiance légitime en droits allemand, communautaire et français*, Thèse Paris II 2000; L. HEUSCHLING, *Etat de droit, Rechtsstaat, rule of law: étude de droit comparé*, Thèse Paris I 2000; F.-X. MEINDL, *La notion de droit fondamental dans les jurisprudences et doctrines constitutionnelles française et allemande*, Thèse Montpellier I 2001. A. LE GOFF, *Liberté religieuse et neutralité dans l'enseignement public en France et en Allemagne*, Thèse Paris I 2003; I. MANSUY, *La protection des droits des détenus en France et en Allemagne*, Thèse Paris I 2003; T. RAMBAUD, *Le principe de séparation des cultes et de l'Etat en droit public comparé (analyse des régimes français et allemand)*, Thèse Paris II 2003. T. GEORGOPOULOS, *La séparation horizontale des pouvoirs en France et en Allemagne à l'épreuve du droit communautaire: la fonction de contre-pouvoir, Thèse* Aix-Marseille III, 2004; C. DE ARANJO, *Les juges de la loi et la garantie des droits de l'Homme. Etude des rapports entre cours constitutionnelles et européennes en France et en Allemagne*, Thèse Paris II, 2005; C. PRAT-ERKERT, *Les demandeurs d'asile politique en Allemagne de 1945 à nos jours: aspects démographiques, politiques, juridiques et sociologiques*, Thèse la Sorbonne nouvelle-Paris III, 2005; V. BARBE, Le rôle du Parlement dans la protection des droits fondamentaux. Étude comparative: Allemagne, France, Royaume-Uni, Thèse Paris I, 2007.

Es ist – zum Glück – unmöglich, hier alle französischen *Artikel* über deutsches Verfassungsrecht aufzulisten, wobei noch zwischen Artikeln von französischen Juristen und auf Französisch geschriebenen Artikeln von deutschen Autoren unterschieden werden müsste. Daher wird sich folgende Liste auf Chroniken oder besonders oft zitierte Publikationen beschränken: M. FROMONT berichtet regelmäßig in der R.D.P., manchmal auch in der AIJC, über die deutsche Rechtsprechung und die größeren Reformen. Siehe auch die regelmäßige Chronik über deutsche Verfassungsrechtsprechung in der AIJC. Im übrigen sind zu erwähnen: PH. LAUVAUX et J. ZILLER, Trente-cinq ans de parlementarisme rationalisé en République fédérale d'Allemagne: un bilan, RDP 1985, 1023; G. MARCOU, L'évolution récente du fédéralisme allemand sous l'influence de l'intégration européenne et de l'unification, RDP 1995, 883; C. AUTEXIER et B. GENIUS-DEVIME, La Cour constitutionnelle allemande et le traité de Maastricht, RFDC Nr. 18 (1994), 421; W. ZIMMER, La réforme du droit d'asile en Allemagne, RFDC Nr. 19 (1994), 611; H. RABAULT, La participation de l'armée fédérale allemande aux opérations militaires internationales, RFDC Nr. 20 (1994), 859; C. GREWE et A. WEBER, Liberté religieuse et Constitution, RFDC Nr. 25 (1996), 183 sowie die Sondernummern der RFDC Nr. 8 (1991) über die Wiedervereinigung, „Réunification de l'Allemagne et Constitution" und Nr. 24 (1995) über die Grundrechte, „Constitution et droits fondamentaux".

[33] Siehe Fn. 31 sowie die Sondernummer der Zeitschrift AJDA (*Actualité juridique/Droit administratif*) über die Grundrechte und vor allem den Artikel von O. JOUANJAN, La théorie allemande des droits fondamentaux, 1998, 44. Siehe auch: P. BON, La protection constitutionnelle des droits fondamentaux:

deutsche Verfassungsrechtsprechung findet nunmehr regelmäßig in mehreren Zeitschriften statt und besonders wichtige oder aufsehenerregende Urteile sind Gegenstand besonderer Analysen und Kommentare. Auch wurden in den letzten Jahren mehrere deutsche Werke, sei es Carl Schmitt, Ernst-Wolfgang Böckenförde, Friedrich Müller oder Peter Häberle, ins Französische übersetzt[34]. Selbst die deutsche Dogmatik beginnt, Einfluss auf die französische Lehre zu gewinnen, wenn z.B. Konzepte wie der Vorbehalt des Gesetzes, der Kerngehalt der Grundrechte, die Unantastbarkeit der Verfassung, deren normativer Charakter, der Rechtsstaat oder der Terminus Grundrecht gebraucht werden und in der Argumentation eine Rolle spielen. Die deutsche Rechtsdogmatik wird hier geradezu als Modell für vergleichende Rechtsstudien betrachtet[35]. Insofern geht die heutige Sicht des Grundgesetzes über eine bloß quantitative Kenntnisnahme hinaus und lässt sich in die Kategorie des Einflusses einordnen.

## IV. Die fehlende Auseinandersetzung mit Grundsätzen und Vorverständnissen

Die französische Lehre und noch mehr die Praxis zeigen sich jedoch der Dogmatik gegenüber recht ablehnend. Die französischen Gerichte sind sehr viel pragmatischer als es ihr Urteilsstil vermuten lassen könnte und auch die Lehre ist im Allgemeinen wenig aufgeschlossen für rein dogmatische Diskussionen. Insofern sollte der Gebrauch deutscher Begriffe nicht irre führen: Oftmals werden sie in einem anderen sehr viel weniger präzisen Sinn gebraucht. Hier ist zunächst zu vermerken, dass sich der Begriff „Grundrechte" (*droits fondamentaux*) nur langsam und mühselig in Frankreich einbürgert. Dies hat sicher nicht nur geschichtliche Gründe[36], sondern erklärt sich auch daraus, dass die neue Vorrangstellung der Verfassung nur teilweise begriffen und in die juristische Praxis umgesetzt wurde. So scheint es bezeichnend, dass die Verfassungsänderung zur Einführung einer konkreten Normenkontrolle die Anrufung des Verfassungsrats den obersten Gerichten (Cour de cassation und Conseil d'Etat) vorbehält und dass ein Großteil des deutschen Einflusses im Bereich der

---

aspects de droit comparé européen in: *La nouvelle République brésilienne*, PUAM/Economica, Paris 1991, 223.

[34] C. Schmitt, *Théorie de la Constitution*, Übersetzung und Vorwort von O. Beaud, P.U.F./ Léviathan, Paris 1993; E.-W. Böckenförde, *Le droit, l'Etat et la constitution démocratique*. Zusammenstellung, Übersetzung und Einführung von O. Jouanjan, Bruylant/L.G.D.J. 2000; F. Müller, *Discours de la méthode juridique*, Übersetzung und Einführung von O. Jouanjan, P.U.F./Léviathan, Paris 1996; H. Kelsen, *Théorie générale des normes*, Übersetzung und Vorwort von O. Beaud und F. Malkani, P.U.F./ Léviathan, Paris 1996; P. Häberle, *L'Etat constitutionnel*, Übersetzung M. Ruffi, C. Grewe, Einführung von C. Grewe, Economica/PUAM 2004.

[35] In diesem Sinn: Ph. Lauvaux, Existe-t-il un modèle constitutionnel européen?, *Droits* Nr. 14, 1991, 49.

[36] Unter der III. Republik, deren Verfassung keine Grundrechte anerkannte, kam der Terminus „libertés publiques" auf im Hinblick auf die gesetzlich verankerten und geschützten Rechte. Deshalb lag der Schwerpunkt der Lehre auf dem Bemühen, diese Rechte vor Eingriffen der Verwaltung zu schützen.

Grundrechte den Umweg über die EMRK oder die EU einschlagen musste, um nach Frankreich – teilweise in anderen Formen oder aufgeweicht – zu gelangen.

1. Um diese relative Unterentwicklung der Rechtsdogmatik, insbesondere der Grundrechtsdogmatik und die Dominanz rechtspositivistischer Betrachtungsweisen, die heute von einer Minderheit der Lehre, vor allem aus der Rechtsgeschichte und der Politikphilosophie kritisiert werden[37], konkreter zu umschreiben, möchte ich das Beispiel der europäischen positiven Pflichten und damit die französische Rezeption von Ausstrahlungswirkung, Drittwirkung und Schutzpflichten etwas näher beleuchten.

Da das internationale und deshalb auch das europäische Recht im französischen Rechtssystem einen übergesetzlichen Rang einnimmt, beeinflusst dieses Recht die französische Rechtsprechung. Diese Einflussnahme wird als erträglich empfunden, soweit sie dem französischen Richter zugänglicher erscheint als die deutsche Dogmatik. Der Hauptgrund dieser größeren Zugänglichkeit beruht auf der Veränderung, die die deutschen Konzepte und Konstruktionen durch den EGMR erfahren. Dessen Rechtsprechung zielt darauf ab, diese Konzepte zu vereinfachen, um einen für alle Länder geltenden Standard, selbst für diejenigen, die keine ausgeprägte Theorie der Grundrechte besitzen, gewinnen zu können. Die Veränderung der deutschen Konzepte, die der EGMR vornimmt, besteht darin, dass eine Mehrzahl deutscher Begriffe in einem einzigen europäischen Konzept zusammengefasst wird[38].

Diese Art des Rechtsaustausches findet man sowohl im Bereich des Verhältnismäßigkeitsprinzips als auch in dem der positiven Pflichten. Besonders typisch dafür ist die Prüfung der Verhältnismäßigkeit, wenn z. B. der französische Richter in fünf Linien feststellt, dass in dem konkreten Fall keine offensichtliche Unverhältnismäßigkeit vorliegt. Die positiven Pflichten[39], so wie sie sich aus der Rechtsprechung des EGMR ergeben, stellen eine Synthese von drei Aspekten der deutschen Grundrechtstheorie dar, nämlich den Funktionen der Grundrechte, deren Schutz- und Anwendungsbereich. Diese Synthese ermöglicht es, so unterschiedliche Institutionen wie die Ausstrahlungswirkung, die Drittwirkung und die staatlichen Schutzpflichten zur Anwendung zu bringen. Der EGMR vereint die verschiedenen Elemente unter dem Begriff der Anwendungsbedingungen oder der Anwendbarkeit, wobei selbst dieser Begriff kaum definiert wird. Von daher gelangt er zur Differenzierung von negativen einen Eingriff verbietenden Pflichten und positiven eine Handlung gebietenden Pflichten. Diese oft problematische Unterscheidung[40] erweist sich im Endeffekt als in erster Linie pragmatisch: Der EGMR lehnt jegliche Systematisierung dieser positiven Pflichten ab und zieht ein kasuistisches Verhalten vor. Ziel dieser Recht-

---

[37] Siehe dazu die Nr. 1 der neuen elektronischen Zeitschrift *Jus Politicum, Le droit politique*, Dalloz 2009.

[38] Dazu C. Grewe, Entre la tour de Babel et l'Esperanto: les problèmes du (des) langage(s) du droit comparé, in: M. Baudrez, T. di Manno, *Liber Amicorum Jean-Claude Escarras. La communicabilité entre les systèmes juridiques*, Bruylant 2005, 115.

[39] Dazu: F. Sudre, Les „obligations positives" dans la jurisprudence européenne des droits de l'homme, *RTDH* 1995, 363; D. Spielmann, „Obligations positives" et „effet horizontal" des dispositions de la Convention, in: F. Sudre (dir.), *L'interprétation de la CEDH*, Bruylant, 1998, 133.

[40] Kritisch dazu O. de Schutter, *Fonction de juger et droits fondamentaux. Transformation du contrôle juridictionnel dans les ordres juridiques américain et européens*, Bruylant, 1999, 141.

sprechung ist die Effektivität der Konventionsrechte. Insofern resultieren die positiven Pflichten vor allem aus den gewünschten Konsequenzen einer extensiven Handhabung der Konventionsrechte, die die Staaten verpflichtet, aktiv für einen umfassenden und wirksamen Schutz der Konventionsrechte einzutreten. So wurde z. B. auf dem Gebiet des Rechts auf Privatleben[41] verfahren und manchmal hat der Gerichtshof sogar ausdrücklich erklärt, die staatliche Pflicht solle die Grundrechtsträger vor Eingriffen von Dritten schützen[42]. Gerade weil der EGMR die aus Deutschland übernommenen Begriffe vereinfacht, erweitert und zugleich abschwächt, werden sie in Frankreich rezeptionsfähig.

Wieweit geht nun die effektive Rezeption? Sie erstreckt sich hauptsächlich auf die Ausstrahlung und die Drittwirkung der Grundrechte; staatliche Schutzpflichten sind bisher der französischen Rechtsprechung und Lehre unbekannt.

Die Ausstrahlungswirkung der Grundrechte und der Verfassung ist eng mit der objektivrechtlichen Bedeutung der Grundrechte verbunden. Der französischen Rechtsprechung ist eine objektivrechtliche Analyse von subjektiven Rechten durchaus vertraut, kennt doch Frankreich eine lange Tradition des Vorranges des objektiven Rechts und der objektivrechtlichen Verfahren[43].

Insbesondere dem Verfassungsrat ist dieser Denkstil vertraut[44]. Um den Zusammenhang zwischen den allgemeinen Rechtsprinzipien des Zivil-, Straf- und Verwaltungsrechts mit denen des Verfassungsrechts augenscheinlich zu machen, hat er diese Prinzipien als „verfassungsrechtliche Grundsätze" der genannten Materien bezeichnet. Grundsätze, wie z. B. die Rechte der Verteidigung, der Schutz persönlicher Daten oder auch die Achtung des Privat- und Familienlebens, erhalten auf diese Weise verfassungsrechtlichen Rang und verpflichten somit auch den Gesetzgeber[45]. Jedoch fehlt dieser Rechtsprechung eine grundsätzliche Argumentation, eine Dogmatik, die zu einer Verdichtung der verfassungsrechtlichen Grundsätze in der Form einer Ausstrahlungswirkung führen könnte. Die Idee der Ausstrahlungswirkung kommt ebenfalls in der verfassungsrechtlichen Rechtsprechung über die sogenannten verfassungsrechtlichen Ziele[46] zum Ausdruck. Wie die deutschen Staatszielbestimmungen

---

[41] Oder auch bei dem Prinzip des fairen Prozesses, dem Recht auf körperliche Integrität, dem Recht auf Leben und demjenigen auf freie Wahlen.

[42] So in Bezug auf die Gewerkschaftsfreiheit, das Recht, keine Tortur oder eine unmenschliche oder degradierende Behandlung zu erfahren, auf das Recht auf Privat- und Familienleben und das Demonstrationsrecht. Siehe dazu: F. SUDRE, *Droit international et européen des droits de l'homme*, 4. Aufl. P. U. F. 1999, p. 196.

[43] So z. B. in der französischen Anfechtungsklage, dem „recours pour excès de pouvoir".

[44] Näheres bei C. GREWE, Die Rezeption der EMRK in Frankreich, in: C. GREWE, C. GUSY (Hsg.), *Menschenrechte in der Bewährung. Die Rezeption der Europäischen Menschenrechtskonvention in Frankreich und Deutschland im Vergleich*, Nomos, Baden-Baden 2005, 106.

[45] Siehe G. DRAGO, B. FRANCOIS, N. MOLFESSIS (Hsg.), *La légitimité de la jurisprudence du Conseil constitutionnel*, Economica, 1999 und insbesondere die Artikel von N. MOLFESSIS, Le droit privé, source de la jurisprudence du Conseil constitutionnel, 15; G. ROUHETTE, Le droit privé dans la jurisprudence du Conseil constitutionnel, 39; G. ROUHETTE, La jurisprudence du Conseil constitutionnel dans le droit privé, 141 und T. REVET, Le droit du travail dans la jurisprudence du Conseil constitutionnel, 53; F. MODERNE, L'intégration du droit administratif par le Conseil constitutionnel, 67. Ebenfalls L. PHILIP, La Constitutionnalisation du droit pénal français, *Rev. sc. crim. et drt. pén. comp.*, Nr. 4, 1985, 711.

[46] B. FAURE, Les objectifs de valeur constitutionnelle: une nouvelle catégorie juridique?, *RFDC* 1995, 47.

binden diese Ziele die öffentliche Gewalt und vor allem den Gesetzgeber, stellen aber keine Grundrechte dar und können deswegen von dem Einzelnen nicht vor Gericht geltend gemacht werden. Solche Ziele hat der Verfassungsrat seit den 80er Jahren in erster Linie aus allgemeinen Rechtsgrundsätzen gewonnen. Es handelt sich z.B. um die Aufrechterhaltung der öffentlichen Ordnung, die Beachtung der öffentlichen Gesundheit, dem Recht auf minimale Wohnbedingungen oder auch dem Prinzip der Verständlichkeit und der Zugänglichkeit des Gesetzes. Diese Rechtsprechung ist allerdings nur sehr bedingt grundrechtsfreundlich, da die verfassungsrechtlichen Ziele, wie z.B. die öffentliche Ordnung, dem Gesetzgeber eine zusätzliche Basis für Einschränkungen liefern. Man darf eben nicht vergessen, dass die französische Verfassung nicht in der Perspektive einer richterlichen Kontrolle geschrieben wurde und deshalb viele Elemente dafür fehlen, die der Richter wohl oder übel ergänzt.

Für Privatrechtler ist es jedoch weit problematischer zu akzeptieren, dass im Namen objektiver Werte das Verfassungsrecht Rechtsgebiete orientiert oder sogar „unterwirft", die sich bisher als völlig autonom betrachteten. Dennoch ignorieren die Fachgerichte die Ausstrahlungswirkung nicht mehr ganz. So wird insbesondere die Rechtsprechung im Rahmen der Konventionalitätskontrolle, die Verfassungs- oder Konventionsrechte direkt anwendet und infolgedessen das nationale Recht (Gesetze, Verordnungen) neu interpretiert oder sogar unangewendet lässt, diesem Anspruch gerecht. Man denke an das Urteil der Cour de cassation über die Meinungsumfragen während der Wahlkampagnen[47] oder an die Entscheidungen des Conseil d'Etat im Ausländerrecht[48].

Die positiven Pflichten können sich bis auf die Anwendung der EMRK im privatrechtlichen Bereich erstrecken, was insofern erstaunlich ist, als der Text der Konvention Verpflichtungen nur für die Mitgliedstaaten statuiert. Dieses Resultat wurde vom Gerichtshof durch den Hinweis auf die Effektivität der Rechte, deren soziale Implikationen und mithilfe der Technik der Zurechnung, die den Staat für eine Nicht-Verhinderung von Eingriffen in der privatrechtlichen Sphäre verantwortlich macht, erreicht. Hier ist vor allem die Zivilgerichtsbarkeit zuständig. Es fällt ihr schwer, eine solche Ausdehnung der Konvention zu akzeptieren, so dass man in diesem Punkt eine stark schwankende Rechtsprechung registrieren kann. Einerseits wendet der Kassationshof Artikel 8 der EMRK direkt an, wenn er einen Mietvertrag als Beeinträchtigung des Rechts auf Privatleben ansieht und ihn deswegen außer Acht lässt[49]. Andererseits lässt er jedoch die im *Code civil* noch bestehende Diskrimi-

[47] Cass.crim., 4. September 2001, D. 2002, Somm., 1794. Dieses Urteil hält das Verbot der Veröffentlichung von Meinungsumfragen in der letzten Woche vor den Wahlen für unvereinbar mit Art. 10 der EMRK. Daher wurde das Gesetz Nr. 2002-214 vom 19. 2. 2002 (JO 20.2., 3257) verabschiedet. Allgemeiner über die Anwendung der EMRK durch die Zivilgerichtsbarkeit: M. Fabre, A. Gouron-Mazel, *Convention européenne des droits de l'homme. Application par le juge français. 10 ans de jurisprudence*, Litec, 1998; Ministere de la Justice, *La France face aux exigences de la Convention européenne des droits de l'homme*, La Documentation française, 2001.

[48] So z.B. CE 28. September 2001, Préfet du Cher c/M. Chelli, *AJDA* 2002, 522.

[49] Cass. 6. 3. 1996, Mel Yedel, *RTDciv.* 1996, 580–4, Kommentar J. Hauser. Die beanstandete Klausel im Mietvertrag forderte ein exklusiv persönliches Wohnen während der Mieter den Vater seiner Kinder beherbergt hatte. In die gleiche Richtung einer direkten Anwendung der Konvention geht das Urteil des Cour cass., 3ème civ. 18. 12. 1996, Plouviez, Lexi-laser cassation; es handelte sich hier um die negative Vereinsfreiheit.

nierung zwischen legitimen und außerehelichen Kindern der Konvention vorgehen[50].

2. Erlaubt es der europäische Umweg, der Entwicklung einer systematischen Grundrechtstheorie aus dem Wege zu gehen, so stellt sich die Frage, ob die kürzlich eingeführte, doch noch nicht in Kraft getretene konkrete Normenkontrolle die Lage ändern könnte und den Verfassungsrat oder die Lehre möglicherweise zu grundsätzlicheren Diskussionen und/oder zu einer wirklichen Systematisierung veranlasst. Es ist sicher zu früh, um diese Frage beantworten zu können. Die nun festgeschriebene Konkurrenz der Konventionalitätskontrolle durch die Fachgerichte und der konkreten Normenkontrolle durch den Verfassungsrat, die außerdem den Filter der höchsten Gerichte überwinden muss, weist jedoch in die Richtung einer reduzierten Verfassungsrechtsprechung und damit einer geringeren Chance zu einer Neuentwicklung. Zwar sind die zu prüfenden Rechte der beiden Gerichtsarten unterschiedlich, in einem Fall Konventionsrechte, in dem anderen Verfassungsrechte, doch ähneln sich diese Rechte im Rahmen der globalen Grundrechtskonvergenz immer mehr und vor allem können die obersten Fachgerichte, Kassationshof und Staatsrat, die „Flut" der konkreten Normenkontrolle weitgehend steuern. Wollen sie der Konventionalitätskontrolle weiterhin einen Vorrang einräumen, so genügt es, die Vorlageanfragen an den Verfassungsrat so restriktiv wie möglich zu behandeln.

So ergibt sich, dass eine echte Auseinandersetzung mit dem deutschen Verfassungsrecht kaum durch institutionelle Reformen zu erreichen ist, sondern eher eine Frage des Willens ist. Dieser Wille sollte durch die Lehre stimuliert werden, was teilweise bereits der Fall ist. Doch ist der Einfluss der französischen Lehre auf die Rechtsprechung relativ gering, viel geringer jedenfalls als der Einfluss der Rechtsprechung auf die Lehre. Dies zeigt auch die Zusammensetzung des Verfassungsrats[51] sowie die von Frankreich für den EGMR und den EuGH vorgeschlagenen Kandidaten zur Richterbesetzung[52]. Die Universität ist eben nicht der Ort, wo Eliten rekrutiert werden, sondern es sind die *Grandes écoles*, vornehmlich die ENA, die direkt zum Staatsrat führt, der wiederum die meisten europäischen Richter aus Frankreich stellt. Im Gegensatz zu den Universitäten wird aber in den *Grandes écoles* bisher keine ernstzunehmende Forschung betrieben. Daher bestehen einige Gründe, diese vierte Etappe eher der Utopie als einer Zukunftsvision zuzurechnen.

---

[50] Cass. 25. 6. 1996, Mazurek, *RTDciv.* 1997, 543 Kommentar J.-P. Marguenaud. Der Fall war der Affäre Marckx ähnlich, in der der EGMR den Begriff der positiven Pflicht entwickelt hatte. Die Cour de cassation ist jedoch der Auffassung, dass Art. 760 des code civil die Erbnachfolge betrifft und daher nichts mit den Art. 8 und 14 EMRK zu tun hat!

[51] Die Ernennung in den Verfassungsrat erfordert keine besondere juristische Qualifizierung. Gegenwärtig hat die Mehrzahl der Verfassungsrichter entweder die ENA oder das Institut d'Etudes Politiques absolviert; nur eine Richterin hat eine akademische Herkunft, die Soziologin Dominique Schnapper.

[52] Sie kommen hergebrachterweise aus dem Conseil d'Etat.

# Die Ausstrahlung der Menschenwürdegarantie des Grundgesetzes auf die griechische Verfassung

von

Dr. Kostas Chryssogonos

Professor an der Aristoteles Universität Thessaloniki

Dr. Lina Papadopoulou

Privatdozentin an der Aristoteles Universität Thessaloniki

## I. Problemstellung

### *1. Die historischen Wurzeln*

Die Idee der Menschenwürde hat eine lange Geschichte. In der Antike, insbesondere bei Aristoteles, ist ‚Menschenwürde' Gestaltungsauftrag für ein moralisches Herausragen, das durch Leistung verdient wird.[1] Aristoteles sieht die Aufgabe, „das Leben des Einzelnen" und „die Entfaltung seiner natürlichen Anlagen zu schützen" beim Staat. In der antiken Denkweise: Würde ist Teil einer Würdigkeit, eines Verdienstes für das Gemeinwesen. Für Aristoteles besitzt jedoch nur der ‚Hochsinnige' Würde,[2] während Frauen, Sklaven und Bürger der untersten Schicht vom Genuss dieser Rechte ausgeschlossen waren.[3] Die Idee eines unveräußerlichen Rechts und einer von Natur her herausgehobenen Stellung jedes Menschen scheint in der Antike abwesend zu sein.[4]

Im Zeitalter des Absolutismus betrachtete Samuel Pufendorf die Würde des Menschen als Grundlage für die sittlich gebundene Freiheit des Menschen,[5] an der alle

---

[1] Eva Baumann, *Die Vereinnahmung des Individuums im Universalismus*, Münster 2001, S. 143.

[2] Aristoteles, *Nikomachische Ethik*, 1125a, in: *Philosophische Schriften in 6 Bänden*, Bd. 5, übers. von Eugen Rolfes, Hamburg $^{4}$1985, S. 87–8.

[3] Aristoteles, *Politik*, 1252b, in: *Philosophische Schriften in 6 Bänden*, Bd. 4, übers. von Eugen Rolfes, Hamburg 1995, S. 2ff.

[4] Chr. Horn, ‚Menschenrechte bei Aristoteles', in: K. Girardet/U. Nortmann (Hrsg.), *Menschenrechte und europäische Identität. Die antiken Grundlagen*, Stuttgart: 2005, S. 105ff. (113).

[5] Samuel Pufendorf, *Of the Law of Nature and Nations. Eight Books*, (*De jure naturae et gentium. Octo libri* – 1672), übers. auf Englisch von B. Kennett, London: $^{4}$1729, zweites Buch, erstes Kapitel, 2.1,5, S. 98.

Menschen gleichermaßen teilhaben.[6] Dieser Gedanke wird von Immanuel Kant vertieft. Gemäß seinem kategorischen Imperativ ist der Mensch niemals als Objekt, sondern stets als Zweck an sich zu behandeln, denn in jedem Mensch ist die Menschheit als solche zu ehren.[7] Folgenderweise ist der Mensch ein *Zweck an sich* und demnach die Menschenwürde verletzt, wenn ein Mensch als Mittel benutzt wird.[8] Die Idee der Würde bei Kant beruht auf der Vernunft, stellt einen absoluten Wert dar[9] und führt zum modernen rechtlichen Würdebegriff hin.[10]

Die rechtliche Verankerung der Menschenwürde erfolgt erst nach der französischen Revolution und erscheint in der Paulskirchenverfassung von 1849, in der die Grundrechte -wenn auch mit beschränkter Tragweite- inkorporiert wurden. In der deutschen Verfassungsgeschichte hat die Menschenwürde erstmals in der Weimarer Reichsverfassung ihre Stelle gefunden,[11] wurde jedoch lediglich als Programmsatz verstanden. Ebenfalls als Programmsatz wurde die Menschenwürde im Jahr 1948 in die von der Vollversammlung der UN beschlossene *Allgemeine Erklärung der Menschenrechte*[12] inkorporiert. Art. 1 stellt ausdrücklich fest, dass „alle Menschen frei und gleich an Würde geboren sind". Diese Erklärung hat eine entscheidende Wirkung für den völkerrechtlichen Rechtsbildungsprozess entfaltet. Heute stellt die Menschenwürde eines der unabdingbaren Elemente des gemeinsamen europäischen Kultur- und Rechtserbes[13], „Gemeingut moderner Verfassungstaatlichkeit"[14] dar.

---

[6] Samuel Pufendorf, *Of the Law of Nature and Nations*, 2,2,1.8 (S. 105, 117); P. Häberle, ‚Die Menschenwürde als Grundlage der staatlichen Gemeinschaft', in: J. Isensee/P. Kirchhof, *Handbuch des Staatsrechts*, Heidelberg: ³2004, Band II, § 22, S. 339 ff. (Rn. 34).

[7] I. Kant, *Metaphysische Anfangsgründe der Tugendlehre*, Berlin/New York 1907, Bd. VI, S. 434 f., 462 f.

[8] I. Kant, *Grundlegung zur Metaphysik der Sitten* (1785), Zweiter Abschnitt: Übergang von der populären sittlichen Weltweisheit zur Metaphysik der Sitten, Werke in zwölf Bänden, Herausgegeben von W. Weischedel, Band 7, Frankfurt am Main: 1977, S. 45: „Die Wesen, deren Dasein zwar nicht auf unserm Willen, sondern der Natur beruht, haben dennoch, wenn sie vernunftlose Wesen sind, nur einen relativen Wert, als Mittel, und heißen daher *Sachen*, dagegen vernünftige Wesen *Personen* genannt werden, weil ihre Natur sie schon als Zwecke an sich selbst, d. i. als etwas, das nicht bloß als Mittel gebraucht werden darf, auszeichnet, mithin so fern alle Willkür einschränkt (und ein Gegenstand der Achtung ist)."

[9] Baumann, *Die Vereinnahmung des Individuums im Universalismus*, a.a.O., S. 149.

[10] Kritisch zum gemeinsamen Topos, dass der moderne Begriff der Menschenwürde auf das kantische Denken zurückzuführen ist, M. Meyer, ‚Kant's Concept of Dignity and Modern Political Thought', *History of European Ideas* 1987, S. 319 ff.; D. von der Pfordten, ‚On the dignity of man in Kant', *Philosophy* 2009, S. 371 ff.

[11] Art. 151 I WRV: „Die Ordnung des Wirtschaftslebens muß den Grundsätzen der Gerechtigkeit mit dem Ziel der Gewährleistung eines menschenwürdigen Daseins für alle entsprechen".

[12] Präambel der Resolution 217 A (III) der Generalversammlung vom 10. Dezember 1948 (A/RES/217, UN-Doc. 217/A-III): „*Da* die Anerkennung der angeborenen Würde und der gleichen und unveräußerlichen Rechte aller Mitglieder der Gemeinschaft der Menschen die Grundlage von Freiheit, Gerechtigkeit und Frieden in der Welt bildet; … *da* die Völker der Vereinten Nationen in der Charta ihren Glauben an die grundlegenden Menschenrechte, an die Würde und den Wert der menschlichen Person und an die Gleichberechtigung von Mann und Frau erneut bekräftigt und beschlossen haben, den sozialen Fortschritt und bessere Lebensbedingungen in größerer Freiheit zu fördern".

[13] Vgl. P. Häberle, ‚Gemeineuropäisches Verfassungsrecht', *EuGRZ* 1991, S. 261 ff. (263 ff., 266).

[14] G. Robbers, ‚Artikel 1', in: D. Umbach/Th. Clemens, *Grundgesetz*, Heidelberg 2002, S. 3 ff. (6, Rn. 12).

## *2. Die Verankerung in der deutschen und griechischen Rechtsordnung*

### *a. Ähnlichkeiten und Unterschiede der zwei Verfassungsnormen*

Die Menschenwürde hat eine zentrale Stellung und Bedeutung sowohl im deutschen[15] als auch im griechischen Verfassungstext. Sie wird als oberstes Gebot im Staate und alle drei Gewalten bindendes Recht verstanden. Damit stellt sie zugleich eine „anthropologische",[16] sogar „kulturanthropologische Prämisse"[17] von Verfassung und Demokratie[18] dar. Das Bundesverfassungsgericht sieht die Menschenwürde als obersten Wert des GG und tragendes Konstitutionsprinzip.[19]

In der griechischen Verfassung wurde sie erst im Jahr 1975, nach der traumatischen Erfahrung der Militärjunta, eingeführt. Art. 2 (1) grV sieht vor: „Grundverpflichtung des Staates ist es, den Wert des Menschen zu achten und zu schützen"[20]. Wie Peter Häberle schon 1980 bemerkte, legt „dieser Artikel ... schon prima facie die rechtswissenschaftliche Zusammenarbeit von Griechenland und Deutschland nahe". Art. 1 Abs. 1 des Bonner Grundgesetzes „wirkte als eine Art Vorbild",[21] sogar viel eindeutiger als die obengenannten Regelungen der *Allgemeinen Erklärung der Menschenrechte* der Vereinten Nationen.

Die Ähnlichkeit der Formulierung in beiden Texten ist bemerkenswert, was den Einfluss des deutschen Grundgesetzes (GG) auf die griechische Verfassung (grV) offenlegt.[22] Der Unterschied der zwei Regelungen liegt darin, dass die griechische Verfassung das Wort ‚Wert' gebraucht, während das deutsche Grundgesetz von Würde spricht. Hierzu wurde vertreten, dass die Menschenwürde sich hauptsächlich auf die soziale Dimension der menschlichen Natur bezieht.[23] Dennoch sind mit dieser terminologischen Differenz keine normativen Folgen verbunden.

---

[15] Art. 1 (1) GG: „Die Würde des Menschen ist unantastbar. Sie zu achten und zu schützen ist Verpflichtung aller staatlichen Gewalt".

[16] P. Häberle, ‚Menschenwürde und Verfassung am Beispiel von Art. 2 Abs. 1 Verf. Griechenlands 1975', in: *Rechtstheorie* 11, 1980, 389 ff. (410) (weiterhin zitiert als ‚Menschenwürde').

[17] P. Häberle, ‚Verfassungsvergleichung und Verfassunggebung – der Beitrag der Rechtswissenschaft zum Entstehungsvorgang der europäischen Verfassung(en), in: ders., *Europäische Verfassungslehre in Einzelnstudien*, Baden-Baden 1999, S. 39 ff. (42–3); ders., ‚Die europäische Verfassungsstaatlichkeit', in: *Europäische Verfassungslehre in Einzelnstudien*, S. 64 ff. (71); so auch M. Kotzur, ‚Die Demokratiedebatte in der deutschen Verfassungsrechtslehre', in: H. Bauer/P. M. Huber/K.-P. Sommermann (Hrsg.), *Demokratie in Europa*, Tübingen 2005, S. 351 ff. (357).

[18] Vgl. Häberle, ‚Die Menschenwürde als Grundlage der staatlichen Gemeinschaft', a.a.O., S. 339 ff.

[19] BVerfGE 5, 85 (204); 6, 32 (36, 41); 45, 187 (227 f); 72, 155 (170); 96, 375 (399).

[20] Ek. Iliadou, ‚1st Chapter: Right to Life, Right to Physical and Mental Integrity, Human Dignity', in: A. Weber (Hrsg.), *Fundamental Rights in Europe and North America*, Part B I, Bd. Greece, Leiden et al: Martinus Nijhoff Publishers 2003, S. 9 ff.

[21] Häberle, ‚Menschenwürde', a.a.O., S. 390.

[22] So auch A. Manitakis, *Το υποκείμενο των συνταγματικών δικαιωμάτων κατά το άρθρο 25 παρ. 1 του Συντάγματος* (*Das Subjekt der Grundrechte nach Art. 25 Abs. 1 der Verfassung*), Athen-Komotini 1981, S. 132; Ar. Manessis, *Συνταγματικά Δικαιώματα, ά Ατομικές ελευθερίες* (*Verfassungsrechte, a. Abwehrrechte)*, Thessaloniki 1982, S. 110; P. Dagtoglou, *Συνταγματικά Δίκαιο. Ατομικά Δικαιώματα B'* (*Verfassungsrecht. Grundrechte*, B'), Athen – Komotini 1991, S. 1135.

[23] A. Dimitropoulos, ‚Κοινωνικός ανθρωπισμός και δικαιώματα του ανθρώπου' (‚Sozialer Humanismus und Menschenrechte'), *Nomiko Vima* 1980, S. 1655 ff., 1834 ff. (1660 f).

Es ist bemerkenswert, dass das Prinzip der Menschenwürde in der griechischen Verfassung nicht mit den übrigen Grundrechten im zweiten Teil (Art. 4–25 grV), unter dem Titel „Abwehr- und Soziale Grundrechte", sondern im ersten Teil („Fundamentale Regelungen"), und zwar im ersten Abschnitt („Regierungsform") platziert ist. Art. 2 Abs. 1 grV wird weiterhin durch Art. 7 Abs. 2[24] und Art. 106 Abs. 2[25] grV ergänzt. Wenn man davon ausgeht, dass die demokratische Fundierung der Staatsgewalt und ihre grundrechtliche Verpflichtung zur Menschenwürde in enger Verbindung steht, kann man zu der Schlussfolgerung gelangen, dass die griechische Verfassung besser als das Bonner Grundgesetz redigiert ist, weil sie -im Gegensatz zu letzterem (s. Art. 20 Abs. 2 GG) – „Zusammengehöriges zusammen normiert".[26] Wie diese textliche Platzierung von Menschenwürde und Demokratie offenbart, ist die Grundlage des Verfassungsstaates eine doppelte: Volkssouveränität *und* Menschenwürde. Anders ausgedrückt: Menschenwürde ist „‚Staatsform': Begründung, nicht nur Begrenzung des Staates."[27] In diesem Sinne, ist das Volk eine Zusammenfassung vieler Menschen mit eigener Würde.[28]

Die Stellung der Menschenwürde in den beiden Verfassungstexten zeigt, dass die Menschenwürde weiterhin zum Kern der Verfassung gehört. Sie wird als tragendes Konstitutionsprinzip[29] verstanden und wird durch die jeweilige Ewigkeitsgarantie (Art. 79 (3) GG und 110 (1) grV) geschützt. In der griechischen Rechtsordnung darf ihre Anwendung auch nicht einmal im Fall des Ausnahmezustands (Art. 48 Abs. 1 grV)[30] einschränkt werden. In der deutschen Literatur wird die Meinung vertreten, dass im Gegensatz zum Recht auf Leben, das zur Abwehr einer Gemeingefahr oder im Verteidigungsfall eingeschränkt werden kann, eine Beschränkung der Menschenwürde auch zugunsten der Abwehr einer Gemeingefahr, sogar bezüglich der Integrität des Staatsgebiets, nicht möglich sei.[31]

---

[24] Art. 7 Abs. 2 grV: „Die Folter, jegliche körperliche Misshandlung, Gesundheitsschädigung oder Ausübung psychologischen Zwanges sowie jede andere Verletzung der Würde des Menschen ist verboten und wird nach Maßgabe der Gesetze bestraft".

[25] Art. 106 Abs. 2 grV: „Die private wirtschaftliche Initiative darf nicht zu Lasten der Freiheit und der Menschenwürde oder zum Schaden der Volkswirtschaft entfaltet werden."

[26] Häberle, ‚Menschenwürde', a.a.O., S. 410.

[27] Häberle, ‚Menschenwürde', a.a.O., S. 410; ders. ‚Europäische Verfassungslehre – ein Projekt', Beitrag zu Ehren von D. Tsatsos zum 65. Geburtstag, Baden-Baden 1998, s. auch: ders., *Europäische Verfassungslehre in Einzelstudien*, Baden-Baden 1999, S. 11 ff. (28).

[28] D. Th. Tsatsos, Einführung in das Grundgesetz, Stuttgart/Berlin/Köln/Mainz 1976, S. 74.

[29] Exemplarisch: BVerfGE 6, 32 (36) – Elfes-Urteil; 45, 187 (227) – Lebenslange Freiheitsstrafe; 115, 118 (152) – LuftsicherheitsG; aus der griechischen Rechtslehre s. K. Chryssogonos, *Ατομικά και Κοινωνικά Δικαιώματα* (*Grundrechte*), Athen ³2006, S. 109.

[30] Art. 48 Abs. 1 grV: Der Präsident der Republik kann im Kriegs- oder Mobilmachungsfall wegen äußerer Gefahren durch eine vom Ministerrat gegengezeichnete Präsidialverordnung und im Falle ernster Störungen oder offensichtlicher Bedrohung der öffentlichen Sicherheit und Ordnung des Staates durch innere Gefahren durch eine vom Ministerpräsidenten gegengezeichnete Präsidialverordnung für das ganze Staatsgebiet oder für Teile desselben die Geltung der Bestimmungen der Artikel 5 Absatz 4; Artikel 6, 8, 9, 11, 12 Absätze 1 bis 4; Artikel 14, 19, 22, 23, 96 Absatz 4 und Artikel 97 oder einiger von ihnen aussetzen, das jeweils gültige Gesetz über den Ausnahmezustand in Anwendung setzen und Ausnahmegerichte einrichten. Dieses Gesetz kann während der Dauer seiner Anwendung nicht abgeändert werden.

[31] Ph. Kunig, Art. 1, in: I. von Münch/Ph. Kunig, Grundgesetz-Kommentar, Bd. 1, München ⁴1992, S. 77 ff., Rn. 5.

### *b. Menschenwürde als Grundrechtspflicht*

In beiden Verfassungsnormen (Art. 1 Abs. 1 GG, Art. 2 Abs. 1 grV) wird ausdrücklich vorgeschrieben, dass der Staat[32] die Menschenwürde nicht nur zu achten, sondern auch zu schützen hat. „Achtung und Schutz der Menschenwürde als ‚Grund(rechts)pflicht' des Staates ist die Prämisse für alle dogmatischen Einzelfragen".[33]

Die erste Schutzrichtung der Menschenwürde in beiden Rechtsordnungen entfaltet sich in der Abwehr von Eingriffen des Staates.[34] Dies ist in der Formulierung: „Der Staat hat die Menschenwürde zu achten" festgeschrieben. Es geht um ein Abwehrrecht, ein Recht des ‚*status negativus*'. Es ist bemerkenswert, dass die klassische Formulierung von Dürig,[35] nach dem „die Menschenwürde betroffen ist, wenn der konkrete Mensch zum Objekt, zu einem bloßen Mittel, zur vertretbaren Größe, staatlichen Verfahrens herabgewürdigt wird" vom griechischen Schrifttum übernommen wurde.[36] Weiterhin darf der Mensch auch nicht zum Objekt *gesellschaftlichen* Geschehens gemacht werden.[37]

Aus dem Prinzip der Menschenwürde entspringt[38] der Grundsatz der Humanität, der als solche verfassungsrechtlich gewährleistet ist. In diesem Modell wird der Mensch als selbstbestimmtes, autonomes, einen Eigenwert besitzendes Wesen verstanden und nicht als gelenktes, fremdbestimmtes und einen „gesellschaftlichen Nutzen" verkörpertes Glied eines Kollektivs.[39]

Weiterhin wird das Abwehrrecht zum positiven Recht, zum Teil des ‚status positivus' des Menschen, da die Menschenwürde auch einen positiven Schutzauftrag für den Staat darstellt.[40] Der Staat ist verpflichtet die Menschenwürde nicht nur zu achten, sondern auch vor Eingriffen durch andere private Personen oder Gruppen zu schützen. Die Menschenwürde entfaltet konsequenterweise eine Drittwirkung oder Allgemeinwirkung[41] erga omnes. Schon 1954 leitete das Bundesverwaltungsgericht[42]

---

[32] Vgl. auch Art. 25 (1) grV: „Die Rechte des Menschen als Individuum und als Mitglied der Gesellschaft und das Prinzip des sozialen Rechtsstaats werden vom Staat gewährleistet. Alle Staatsorgane sind verpflichtet, deren ungehinderte und effektive Ausübung sicherzustellen."

[33] Häberle, ‚Menschenwürde', a.a.O., S. 411, 414.

[34] Dies zeigt sich beispielhaft im Fall des Schwangerschaftsabbruchs, der oben genannt worden ist; vgl. Häberle, ‚Menschenwürde', a.a.O., S. 414.

[35] Dürig, in: Maunz/Dürig, Kommentar, München 1958, Art. 1 I, Rn. 28.

[36] Manitakis, *Das Subjekt der Grundrechte*, a.a.O., S. 121; Manessis, *Verfassungsrechte*, a.a.O., S. 112; I. Manoledakis, ‚Ανθρώπινη αξιοπρέπεια' (Menschenwürde), in: dess./Prittwitz (Hrsg.), *Η ποινική προστασία της ανθρώπινης αξιοπρέπειας* (*Der strafrechtliche Schutz der Menschenwürde*), Thessaloniki 1997, 14 ff.; Chryssogonos, *Grundrechte*, a.a.O., S. 110.

[37] Häberle, ‚Menschenwürde', a.a.O., S. 391.

[38] N. Klamaris, ‚Enforcement of Court Orders and Judgements: Greece', in: G. Walter/S. P. Baumgartner (Hrsg.), *Recognition and enforcement of foreign judgments outside the scope of the Brussels and Lugano Conventions*, The Hague/Boston: Kluwer Law International 2000, S. 275 ff. (281).

[39] Kl. Stern, Das Staatsrecht der Bundesrepublik Deutschland, Bd. III/1, München 1988, S. 17, § 58 II 1.

[40] BVerfGE 1, 97 (104) – Hinterbliebenenrente I.

[41] Häberle, ‚Menschenwürde', a.a.O., S. 414–5.

[42] BVerwGE, 1, 159 (161 f) – Fürsorgeanspruch, 5. Senat, Urteil vom 24. Juni 1954: Die unantastbare, von der staatlichen Gewalt zu schützende Würde des Menschen (Art. 1) verbietet es, ihn lediglich

in einer „vorbildlichen prätorischen Entscheidung"[43] aus den Prinzipien der Demokratie, des Rechts- und Sozialstaates und der Menschenwürde einen Fürsorgeanspruch ab, der später durch das Bundessozialhilfegesetz konkretisiert wurde. Obwohl eine solche oder ähnliche Entscheidung griechischer Gerichten schwer vorstellbar ist, spiegelt sich auch in der griechischen Verfassung die Verbindung zwischen Menschenwürde und sozialen Rechten wider. Eine leistungsrechtliche Ausprägung der Menschenwürde ist zum Beispiel mit dem Schulauftrag des Staates verbunden. Dies reflektiert in exemplarischer Klarheit Art. 16 grV, der ein Recht auf kostenlose Bildung in allen ihren Stufen in den staatlichen Unterrichtsanstalten anerkennt.[44]

Traditionell waren in beiden Rechtsordnungen Sicherheit, Freiheit und Eigentum als Inhalt eines Lebens in Würde angesehen. Neue Felder, in denen eine Bedrohung der Menschenwürde möglich ist, sind die Gentechnik und die elektronische Datenverarbeitung. In allen diesen Feldern hat der Staat die Menschenwürde zu schützen. Dies zeigt sich auch im bereits erwähnten Art. 106 Abs. 2 grV.

## II. Die Funktion und Rechtsnatur der Menschenwürde

### 1. *Die Menschenwürde zwischen Leitprinzip und Grundrecht*

#### a. *Fundament aller Grundrechte*

Die Menschenwürde liegt allen Grundrechten zugrunde[45] und funktioniert als ihr Fundament,[46] ihre „Wurzel",[47] und Gebärmutter. In beiden Rechtsordnungen gilt die Würde als dem Menschen angeboren, als eine Art vorpositiven Naturrechts.[48] Sie wird als unveräußerlich verstanden und ist schrankenlos gewährtleistet,[49] was jeden Eingriff verbietet. Sie fungiert als oberstes Konstitutionsprinzip und „oberster Zweck allen Rechts".[50]

als Gegenstand staatlichen Handelns zu betrachten, soweit es sich um die Sicherung des „notwendigen Lebensbedarfs" (§ 1 der Reichsgrundsätze), also seines Daseins überhaupt, handelt. Das verlangt auch das Grundrecht der freien Persönlichkeit (Art. 2 Abs. 1). ... Mit dem Gedanken des demokratischen Staates (Art. 20) wäre es unvereinbar, daß zahlreiche Bürger, die als Wähler die Staatsgewalt mitgestalten, ihr gleichzeitig hinsichtlich ihrer Existenz ohne eigenes Recht gegenüberständen."

[43] Häberle, ‚Menschenwürde', a.a.O., S. 417.

[44] Häberle, ‚Menschenwürde', a.a.O., S. 417–8. Zur engen Beziehung zwischen Menschenwürde und Erziehungszielen, s. auch P. Häberle, *Erziehungsziele und Orientierungswerte im Verfassungsstaat*, Freiburg/München 1981, passim, insb. S. 107.

[45] BVerfGE 30, 173 (194) – Mephisto.

[46] BVerfGE 107, 275 (284) – Schockwerbung II; Symvoulio tis Epikrateias (= Griechischer Staatsrat, der das oberste griechische Verwaltungsgericht ist, im folgenden StE) 1460/1978; Dimitropoulos, ‚Sozialer Humanismus und Menschenrechte', a.a.O., S. 1839.

[47] BVerfGE 93, 266 (293) – „Soldaten sind Mörder".

[48] Vgl. P. Häberle, *Die Wesensgehaltgarantie des Artikel 19 Abs. 2 Grundgesetz*, Heidelberg [3]1983, S. 217; vgl. auch Robbers, ‚Artikel 1', a.a.O., S. 8, Rn. 19, nach dem „Art. 1 an den Bereich überpositiven Rechts anknüpft".

[49] BVerfGE 93, 266 (293) – ‚Soldaten sind Mörder': „... die Menschenwürde als Wurzel aller Grundrechte ist mit keinem Einzelgrundrecht abwägungsfähig.

[50] BVerfGE 12, 45 (51) – Kriegsdienstverweigerung I: „Das Grundgesetz ist eine wertgebundene

In der deutschen Rechtsordnung ist die Menschenwürdegarantie ohne Zweifel eine im Mittelpunkt des verfassungsrechtlichen Wertsystems[51] platzierte „Grundnorm“.[52] Menschenwürde wird als höchster und oberster Rechtswert[53] betrachtet. Als Wertentscheidung des Verfassungsgebers genießt sie Achtung und Schutz des Staates. Sie erscheint auch mal als „das erste Schutzgut“,[54] sogar „mit Öffentlichkeitsbezug“.[55] Die Leitfunktion der Menschenwürde als verfassungsrechtlicher Grundwert beschränkt sich jedoch nicht nur auf die Grundrechte; ihre Ausstrahlung erstreckt sich auf die anderen Verfassungsprinzipien[56] und auf das ganze Rechtssystem einschließlich des politischen Systems beider Länder. Sie ist weiterhin „oberster Interpretationsmaßstab“ für alle andere Verfassungs- und einfachgesetzlichen Regelungen.[57] In diesem Sinne fungiert das Prinzip der Menschenwürde als „Schlüsselbegriff des Grundgesetzes“.[58] In Einzel- und Grenzfällen kann also die Menschenwürde als selbständiger Maßstab für die Prüfung der Verfassungsmäßigkeit staatlichen wie auch privaten Handelns genutzt werden.[59]

Die Menschenwürde steht in beiden Rechtsordnungen in enger Beziehung zu allen anderen Grundrechten, die ihre bereichsspezifische Konkretisierung darstellen. Insbesondere ist sie eng mit dem allgemeinen Persönlichkeitsrecht verbunden,[60] das

---

Ordnung, die den Schutz von Freiheit und Menschenwürde als den obersten Zweck allen Rechts erkennt; sein Menschenbild ist nicht das des selbstherrlichen Individuums, sondern das der in der Gemeinschaft stehenden und ihr vielfältig verpflichteten Persönlichkeit.“ So auch BVerfGE 33, 1 (10) – Strafgefangene und BVerfGE 37, 57 (65) – Haftbefehl in Berlin.

[51] BVerfGE 7, 198 (205) – Lüth-Urteil; 21, 362 (372) – Sozialversicherungsträger; 24, 119 (144) – Adoption I; 35, 202 (225) – Lebach; 39, 1 (43) – Schwangerschaftsabbruch I: „Bei einer Orientierung an Art. 1 Abs. 1 GG muß die Entscheidung zugunsten des Vorrangs des Lebensschutzes für die Leibesfrucht vor dem Selbstbestimmungsrecht der Schwangeren fallen..“

[52] BVerfGE 27, 344 (351) – Ehescheidungsakten; 32,373 (379) – Ärztliche Schweigepflicht; 34, 238 (245) – Tonband.

[53] Exemplarisch BVerfGE 5, 85 (204) – KPD-Urteil; 6, 32 (41) – Elfes-Urteil; 30, 173 (193) – Mephisto; 50, 166 (175) – Ausweisung I; 72, 105 (115) – Lebenslange Freiheitsstrafe; 109, 279 (311) – Großer Lauschangriff; 115, 118 (152) – LuftsicherheitsG.

[54] Robbers, ‚Artikel 1‘, a.a.O., S. 4, Rn. 6.

[55] P. Häberle, *Öffentliches Interesse als juristisches Problem. Eine Analyse von Gesetzgebung und Rechtsprechung*, Bad Homburg 1970, S. 373, Fußn. 80 anlässlich der BVerwGE 17, 5 (9).

[56] Häberle, ‚Menschenwürde‘, a.a.O., S. 402–3.

[57] StE 3130/2000, *Dioikitiki Diki* 2001, 110. Vgl. Manessis, *Verfassungsrechte*, *a.a.O*, S. 112; Ev. Kroustalakis, ‚Η αξία του ανθρώπου: Το ζητούμενο στην εφαρμογή του ποινικού δικαίου‘ (Die Würde des Menschen: Das Postulat in der Anwendung des Strafrechts), in: FS I. Manoledakis 2005, Ad. É, 161 ff. (166).

[58] A. Bleckmann, *Staatsrecht*, Bd. 2, *Die Grundrechte*, Köln u. a. ³1989, S. 446.

[59] BVerfGE 1, 97 (104 ff.) – Hinterbliebenenrente I; BVerfGE 20, 31 (31) – Ehemäklerlohn; BVerfGE 59, 128 (163) – Bekenntnis zum deutschen Volkstum; BVerfGE 75, 369 (380) – Strauß-Karikatur; BVerfGE 93, 266 (293) – ‚Soldaten sind Mörder‘; so auch Chryssogonos, *Grundrechte*, a.a.O., 109.

[60] Vgl. BVerfGE 75, 369 (380) – Strauß-Karikatur: „Soweit das allgemeine Persönlichkeitsrecht allerdings unmittelbarer Ausfluß der Menschenwürde ist, wirkt diese Schranke absolut ohne die Möglichkeit eines Güterausgleichs (Starck, in: v. Mangoldt/Klein, Das Bonner Grundgesetz, 3. Aufl., Art. 5 Abs. 3, Rn. 209). Bei Eingriffen in diesen durch Art. 1 Abs. 1 GG geschützten Kern menschlicher Ehre liegt immer eine schwerwiegende Beeinträchtigung des Persönlichkeitsrechts vor, die nach der Rechtsprechung des Bundesverfassungsgerichts (BVerfGE 67, 213, 228) durch die Freiheit künstlerischer Betätigung nicht mehr gedeckt ist.“

sich im Laufe der Zeit durch die Rechtsprechung des BVerfG[61] verselbständigt und zu einem eigenen Grundrecht entwickelt hat.[62] In ähnlicher Weise wurde von der griechischen Rechtsprechung erklärt[63], dass „das Recht auf freie Entfaltung der Persönlichkeit (Art. 5 Abs. 1 grV) eine Erscheinung der Menschenwürde darstellt, die ihren speziellen Ausdruck im Art. 5 Abs. 2 grV findet, wodurch der absolute Schutz vom Leben, Freiheit und Ehre auf den Kern des Menschenwertes im rechtlichen und ethischen Sinn zurückzuführen ist".

Angesichts der Tatsache, dass fast alle Seiten der Persönlichkeit von speziellen verfassungsrechtlichen Garantien geschützt werden, entfaltet Art. 2 (1) grV hauptsächlich eine subsidiäre Rolle. Er schützt vor solchen Verletzungen, die von den anderen Grundrechten nicht gedeckt werden. Er erfasst z. B. die Behandlung körperlich oder psychisch Kranker mit deren Einwilligung in Kliniken oder therapeutischen Zentren aller Art, die keine spezielle Bestimmung regelt.[64] Im Schrifttum wird auch die Ansicht vertreten, dass die Menschenwürde den Kern fast aller Grundrechte darstellt. Der Kern jedes Grundrechts in diesem Sinne ist kein unveränderliches Minimum, sondern lässt sich gemäß der konkreten Bedingungen differenzieren und wird durch die Reichweite der Menschenwürde beeinflusst.[65] Dieser Ansicht ist jedoch entgegenzuhalten, dass sie zur Relativierung und Verringerung des Kernbereichs der Grundrechte führt.

Zunächst ist der Menschenwürdebegriff wegen seiner inhaltlichen Dichte konkretisierungsbedürftig. Zunächst konkretisiert sich der Menschenwürdeschutz in einfachgesetzlichen Regelungen zivil- und strafrechtlicherArt, in der griechischen Rechtsordnung u. a. durch Art. 34 und 57[66] des Zivilgesetzbuches (Astikos Kodikas = AK), so wie durch mehrere Regelungen des Strafgesetzbuches. Die genannten zivilrechtlichen Regelungen, die der verfassungsrechtlichen Garantie vorangegangen waren, müssen nach der Einführung von Art. 2 (1) grV als seine Konkretisierung betrachtet und entsprechend interpretiert werden.[67] Außerdem hat der normative Charakter des Art. 2 (1) grV zur Folge, dass eine eventuelle Abschaffung oder Ver-

---

[61] Z. B. BVerfGE 27, 344 (350 ff.) – Ehescheidungsakten; BVerfGE 120, 180 (184 ff.) – Caroline von Monaco III.

[62] Kunig, in: von Münch/Kunig, Art. 1, Rn. 10.

[63] Areopag 869/1998, *Diki* 1998, S. 1312 ff. Schon 1990 hatte das oberste griechische Verwaltungsgericht Symvoulio tis Epikrateias (Συμβούλιο της Επικρατείας = Staatsrat) erklärte, dass die Regelungen der Art. 5 Abs. 3 und 4 grV bezüglich der persönlichen Freiheit eine Spiealregelung zum Konstitutionsprinzip von Art. 2 Abs. 1 darstellen. Demgemäß brauchen Beschränkungen der persönlichen Freiheit mit den obengenannten speziellen Regelungen und nicht mit dem generellen Prinzip vereinbar zu sein (StE 2565/1990, par. 9, veröffentlicht in: Juristische Datenbank der Anwaltkammer Athen).

[64] Dagtoglou, *Grundrechte*, a.a.O., S. 1139. Vgl. jedoch nunmehr Art. 5 Abs. 5 grV: „Jeder hat das Recht auf den Schutz der Gesundheit und seiner genetischen Identität. Ein Gesetz regelt den diesbezüglichen Schutz der Person gegen biomedizinische Eingriffe.", der als diesen Fall regelnde Norm angesehen werden könnte.

[65] T. Vidalis, ‚Κανονιστικές συμέπειες της αξίας του ανθρώπου, με αφορμή τη νομολογία του Συμβουλίου της Επικρατείας' (‚Normative Konsequenzen des Menschenwürdeprinzips anlässlich der Rechtsprechung des Staatsrates'), in: *Festschrift für den Staatsrat, 75 Jahre*, Athen-Thessalonikii 2004, S. 145 ff.

[66] Vgl. Areopag 715/1995, *ToS* 1996, 489 ff.

[67] N. Papantoniou, *Γενικές αρχές του αστικού δικαίου* (*Grundprinzipien des Zivilrechts*), Athen [3]1983, S. 123.

minderung des einfach gesetzlich gewährten Schutzes der Menschenwürde verfassungswidrig wäre.[68]

Weiterhin wird der Begriff durch die Rechtsprechung konkretisiert. Hier steht man vor einer bemerkenswerten Divergenz zwischen der deutschen und der griechischen Rechtsprechung bezüglich der Anwendung der Menschenwürde in konkreten Fällen und der Reichweite ihrer normativen Folgen, sogar ihrer normativen Kraft als Verbotsmaßstab staatlichen Handelns.

Die Idee der Menschenwürde als oberstes Grundrecht reflektiert die Entscheidung 13/1999[69] des griechischen obersten Zivil- und Strafgerichts Areios Pagos (Ἄρειος Πάγος = Areopag, im folgenden AP bezeichnet). Sie geht davon aus, dass im Fall einer Kollision zwischen dem Recht, eine Meinung frei zu äußern und zu verbreiten (Art. 14 grV) und der Freiheit der Wissenschaft (Art. 16 Abs. 1 grV) einerseits und dem Recht auf die Persönlichkeit andererseits, die ersteren nur dann Vorrang genießen, wenn die Menschenwürde nicht verletzt wird. Dadurch scheint der AP eine dreifache Rangordnung der Grundrechte einzuführen, wobei die Menschenwürde an die Spitze, die Freiheiten der Wissenschaft und der Meinungsäußerung auf die nächste Stufe und das ebenso verfassungsrechtlich verankerte Persönlichkeitsrecht auf die niedrigste Stufe gestellt werden. Als Kriterium dieser Abstufung hat vermutlich die Wertung der von jener dieser Regelungen geschützten sozialen Rechtsgüter gedient.

Diese Entscheidung und die in ihr vorgenommene Abstufung stoßen jedoch auf Kritik in der griechischen Literatur, nach der eine solche Abstufung, bei der die Menschenwürde auf der obersten Stufe platziert ist, nicht anzunehmen sei. Vorausgesetzt dass der Verfassungsgeber keine Abstufung der Grundrechte festgeschrieben hat, darf der Richter eine solche nicht eigenmächtig vornehmen.[70] Die Menschenwürde darf nicht als eine Art übergeordnetes Prinzip verstanden werden, das jenseits, über und vor der Verfassung anzusiedeln ist.[71] Deshalb können keine Verbote der Ausübung von anderen Grundrechten im Namen der Menschenwürde eingeführt werden. Dies würde entgegen dem pluralistischen Charakter der Gesellschaft zu einer staatlichen ethischen Ordnung führen.[72]

Die obenerwähnte Entscheidung des AP erinnert in mancher Hinsicht an die Mephisto-Entscheidung des Bundesverfassungsgerichts. In diesem Fall soll die enge Verbindung zwischen Art. 1 Abs 1 und Art. 2 Abs 1 GG das Gericht[73] dazu verführt[74] haben „die Abwägung zwischen dem durch Art. 1 Abs. 1 GG geschützten Persönlichkeitsbereich ... und der durch Art. 5 Abs. 3 S. 1 GG gewährleisteten Kunstfreiheit

[68] Manessis, *Verfassungsrechte, a.a.O*, S. 111; Entscheidung des Areopags 869/1998.

[69] In: *To Syntagma* 1999, S. 253.

[70] Chryssogonos, *Grundrechte*, a.a.O., S. 103.

[71] Zusammenfassend für die herrschende Meinung im griechischen Schrifttum s. E. Anastasiadou, ‚Η αρχή της ανθρώπινης αξιοπρέπειας στη γαλλική έννομη τάξη‘ (Das Prinzip der Menschenwürde in der französischen Rechtsordnung‘, *To Syntagma* 2003, S. 79 ff., 89).

[72] Ch. Anthopoulos, *Προστασία κατά του ρατσισμού και αλαυθερία της πληροφόρησης. Ένα συνταγματικό δίλημμα* (*Schutz gegen Rassismus und Informationsfreiheit. Ein verfassungsrechtliches Dilemma*), Athen 2000, S. 101 ff.; Anastasiadou, ‚Das Prinzip der Menschenwürde‘, a.a.O., S. 105.

[73] BVerfGE 30, 173 (194).

[74] So Häberle, ‚Menschenwürde‘, a.a.O., S. 401.

doch zum Nachteil der letzteren vorzunehmen".[75] Zutreffend bemerkt Häberle hierzu dass „der enge ‚Verbund', den das BVerfG sonst, d.h. in seiner bisherigen Judikatur, zu Recht zwischen Art. 1 Abs. 1 und Art. 2 Abs. 1 GG herstellt, hier in Worten *und Taten* gelockert bzw. durchbrochen werden „musste".[76] Dies scheint der griechische Areopag in der Begründung seiner obenerwähnten Entscheidung 13/1999 getan zu haben. Bei der Abwägung des vorbehaltlosen Grundrechts der Kunstfreiheit (Art. 5 Abs. 3 Satz 1 GG[77]) hat das BVerG „als kollidierenden Wertaspekt" nur den Menschenwürdeschutz, dagegen nicht auch den Persönlichkeitsschutz gegenübergestellt. Mit anderen Worten dürfen Ausstrahlungen der Menschenwürde auf die ‚nachfolgenden' Grundrechte nicht verhindern, deren Grenzen durch einzelfallbezogene Abwägung mit beiderseits ‚schonendstem Ausgleich' bzw. im Sinne der ‚praktischen Konkordanz' zu bestimmen".[78]

### *b. Die Menschenwürdegarantie als Grundrecht*

In beiden Rechtsordnungen ergibt sich die Frage, ob und inwieweit die Menschenwürde ein Grundrecht im eigentlichen Sinne darstellt. Sowohl das Schrifttum[79] als auch die Rechtsprechung sind häufig zu einer negativen Antwort gelangt. Dies ist dem Anschein nach darauf zurückzuführen, dass in den meisten Fällen ein staatlicher Eingriff in die Menschenwürde auch schon ein spezielles Grundrecht (*lex specialis*) verletzt. So würde beispielsweise ein derartiger Eingriff gegen das allgemeine Freiheitsrecht (Art. 2 Abs. 1 GG und Art. 5 Abs. 1 grV) und den Gleichheitssatz (Art. 3 Abs. 1 GG und Art. 4 Abs. 1 grV) verstoßen.[80]

In dieser Richtung wurde im griechischen Schrifttum die Ansicht vertreten,[81] Art. 2 (1) grV sei eine „Leitregelung", die ein Gebot vor allem an den Gesetzgeber richte, ohne dass diese Norm ein autonomes Abwehrrecht oder eine Verpflichtung des Staates für bestimmte Handlungen statuiere. Weiterhin wurde davor gewarnt, dass die Erhebung der Menschenwürde zur autonomen Rechtsquelle, im Gegensatz zu anderen Werten und Grundrechten der Verfassung, zu subjektiven und willkürlichen Gerichtsentscheidungen und zur Verletzung anderer Grundrechte führen

---

[75] Sondervotum E. Stein in BVerfGE 30, 200 (214). Stein stellt fest (S. 216–7): „Bei Abwägung der kollidierenden Interessen im Sinne der verfassungsrechtlichen Wertentscheidungen kann deshalb die Schmälerung der Personwürde des Verstorbenen nicht so gewichtig sein, dass sie ein Verbreitungsverbot rechtfertigen könnte."

[76] Häberle, ‚Menschenwürde und Verfassung am Beispiel von Art. 2 Abs. 1 Verf. Griechenlands 1975', a.a.O., S. 401.

[77] Art. 5 Abs. 3 S. 1: „Kunst und Wissenschaft, Forschung und Lehre sind frei."

[78] Häberle, ‚Menschenwürde und Verfassung am Beispiel von Art. 2 Abs. 1 Verf. Griechenlands 1975', a.a.O., S. 402.

[79] Vgl. R. Gröschner, ‚Menschenwürde als Konstitutionsprinzip der Grundrechte', in: A. Siegetsleitner/N. Koepffler (Hrsg.), *Menschenwürde im interkulturellen Dialog*, Freiburg 2005, S. 17ff. (21f.)? s. auch Dreier, in: ders. (Hrsg.), *Grundgesetz*, Bd. I, $^{2}$2004, Art. 1 I, Rn. 1; Chryssogonos, *Grundrechte*, a.a.O., 109: „Ihre Funktion ähnelt derjenigen eines Grundrechts"; Vidalis, ‚Normative Konsequenzen des Menschenwürdeprinzips', a.a.O., S. 146.

[80] Dürig in: Maunz/Dürig, Art. 1, Rn. 13f.

[81] Manessis, *Verfassungsrechte*, a.a.O, S. 111.

könne.[82] Dies würde bedeuten, dass die Menschenwürde nur eine Hilfs- und Bestätigungsrolle für andere Grundrechte spielen könnte.[83] Nach der Entscheidung 40/1998 des Plenums des Areopags[84] stellt Art. 2 Abs. 1 grV kein Grundrecht, sondern eine verfassungsrechtliche Rechtsnorm dar, die „unsere demokratische Staatsform als anthropozentrisch, fundiert auf der Menschenwürde, charakterisiert". Diese Entscheidung überrascht jedoch, weil sie die gesetzliche Abschaffung von schuldrechtlichen Ansprüchen, die aus die Persönlichkeit schützenden Regelungen entspringen, wegen Verletzung von Art. 2 (1) grV und nicht von Art. 5 (1) grV (Persönlichkeitsrecht) für verfassungswidrig erklärt. Die Meinung, dass Menschenwürde ein Grundrecht darstellt, wird auch in der griechischen Literatur vertreten,[85] sie scheint jedoch nicht vorherrschend zu sein.

Im Gegensatz dazu hat das Bundesverfassungsgericht schon von Anfang an die Menschenwürde als „Grundrecht"[86] bezeichnet und sogar angemerkt: „Dass Art. 1 Abs. 1 S. 1 GG kein nachfolgendes Grundrecht ist, schließt eine Bindung der staatlichen Gewalten an dieses obere Konstitutionsprinzip des Grundgesetzes nicht aus".[87] In der deutschen Rechtsordnung ist demnach anzuerkennen, dass die Menschenwürde als unmittelbar geltendes Recht zu verstehen ist, welches die gesamte Rechtsordnung prägt.[88] *Dies scheint jedenfalls ein wichtiger Unterschied mit normativen Folgen zwischen der deutschen und der griechischen Interpretation der Menschenwürde zu sein.*

Menschenwürde ist allerdings ein rein individualistisches Grundrecht, das nur den Innenraum als Abwehrrecht schützt. Einerseits trägt sie die ‚Öffnung zum Sozialen", „den Moment der Verantwortung gegenüber anderen Mitmenschen und dem Gemeinsamen".[89] Andererseits bedarf Menschenwürde der Gruppen und die Gruppen bedürfen der Menschenwürde, insofern sie die Wirkungsmöglichkeiten des einzelnen nicht steigern können, wenn das Handeln in der Gruppe nicht in der Menschenwürde und Freiheit des Einzelnen angelegt ist.[90] Wie AP[91] erklärt hat, beinhaltet „die Menschenwürde zuallererst die menschliche Persönlichkeit als inneres Würdegefühl und als soziale Anerkennung seiner Achtung".

---

[82] Manitakis, *Das Subjekt der Grundrechte nach Art. 25 Abs. 1 der Verfassung*, S. 127 der von einer ideologische Funktion der Menschenwürde spricht, auch im Anschluss an Th. Maunz, *Deutsches Staatsrecht*, München [22]1978, S. 122: „der ideelle Ausgangspunkt anderer Grundrechte".

[83] Vgl. Entscheidung 3667/1978 des Berufungsgerichts Athen, wonach das Recht auf Beschäftigung des Arbeiternehmers im Rahmen seines Vertrages *auch* aus Art. 2 Abs. 1 grV abgeleitet werden kann.

[84] Abgedruckt auch in: *To Syntagma* 1999, S. 103 ff. (gr); besprochen vom G. Kassimatis, *Nomiko Vima* 1999, S. 705 ff. und Th. Melfos, *To Syntagma* 2001, S. 87 ff.

[85] Dagtoglou, *Grundrechte*, a.a.O., S. 1138.

[86] Exemplarisch BVerfGE 1, 97 (99) – Hinterbliebenenrente I; 51, 43 (58) – Bayerisches Personalvertretungsgesetz; 59, 128 – Bekenntnis zum deutschen Volkstum und in ständiger Rechtsprechung.

[87] BVerfGE 61, 126 (137), in: *NJW* 1983, S. 559 ff.

[88] Dürig, in: Maunz/Dürig, GG (Erstbearbeitung), Art, 1 I, Rn. 4; Chr. Starck, ‚Menschenwürde als Verfassungsgarantie', *Academia Sinica Law Journal* 2007, S. 307 ff. (330); D. Hömig, ‚Die Menschenwürdegarantie des Grundgesetzes in der Rechtsprechung der Bundesrepublik Deutschland', *EuGRZ* 2007, 633 ff. (633).

[89] Häberle, ‚Menschenwürde', a.a.O., S. 419.

[90] Häberle, *Die Wesensgehaltgarantie des Artikel 19 Abs. 2 Grundgesetz*, a.a.O., S. 377.

[91] AP 40/1998, Plenum, *To Syntagma* 1999, 103.

Der Unterschied zwischen Grundprinzip und Grundrecht wird jedoch relativiert, wenn man der Theorie folgt, dass die Grundrechte nicht nur als subjektive Rechte sondern auch als objektive Grundsatznormen zu betrachten sind.[92]

## 2. *Träger*

In beiden Verfassungsbestimmungen wird hervorgehoben, dass die Würde *des* Menschen zu achten ist, d. h. *jeder* Mensch genießt Menschenwürde, unabhängig von Staatsangehörigkeit,[93] Alter,[94] Religion, Intellekt, Rasse u. s. w. Das gilt auch für diejenigen die sich nicht würdig verhalten oder sich ihrer eigenen Würde nicht bewusst sind.[95] Mit den Worten des Bundesverfassungsgerichts: „überall dort, wo menschliches Leben existiert, kommt ihm Menschenwürde zu".[96]

Weiterhin bleibt die Frage offen, inwieweit dem Ungeborenen Menschenwürde zukommt. Auch in der griechischen Lehre[97] wird in erster Linie die Auffassung der deutschen Rechtsprechung[98] und Lehre[99] vertreten, dass Art. 2 Abs. 1 grV im Prinzip auch das ungeborene Leben schützt, da es Menschenwürde besitzt. Das heißt, es wird auch der Embryo geschützt, ohne damit das Recht der Frau zur Entscheidung über eine eventuelle Abtreibung absolut auszuschließen.[100] Es soll jedoch unterstrichen werden, dass das griechische System der dezentralisierten,[101] ‚inzidenten'[102] und konkreten Prüfung der Verfassungsmäßigkeit der Gesetze eine Prüfung der gesetzlichen Fristlösung aus prozessrechtlichen Gründen praktisch nicht erlaubt.

In Griechenland wurden 1986 durch das Gesetz 1609/1986 vier spezielle Rechtfertigungsgründe für den Schwangerschaftsabbruch eingeführt (Art. 304 Abs. 4 gr. StGB). Sie setzen alle voraus, dass eine wirksame Einwilligung der Frau vorliegt und greifen grundsätzlich dann ein, wenn *medizinische, ethische oder eugenische Indikationen* festzustellen sind und der Abbruch innerhalb jeweils verschiedener bestimmter *Fristen* von einem *Arzt* vorgenommen wird. Einer der Rechtfertigungsgründe knüpft an die reine Einhaltung einer Frist an, d.h. er sieht die Rechtfertigung der Tat vor, wenn der Abbruch innerhalb der *ersten zwölf Wochen* der Schwangerschaft vorgenom-

---

[92] K. Hesse, *Grundzüge des Verfassungsrechts der Bundesrepublik Deutschland*, Heidelberg [17]1990, S. 120f.

[93] Vom griechischen Schrifttum s. unter anderen Dagtoglou, *Grundrechte*, a.a.O., S. 1140; Chryssogonos, *Grundrechte*, a.a.O., 110.

[94] Auch Kinder verfügen über Menschenwürde; s. BVerGE 24, 119 (144).

[95] Kunig in: von Münch/Kunig, GG-Kommentar, Art. 1, Rn. 11 f; B. Schmidt-Bleibtreu/F. Klein, *Kommentar zum Grundgesetz*, Neuwied et al [9]1999, S. 133, Rn. 1a; Manitakis, *Das Subjekt der Grundrechte*, a.a.O., S. 120.

[96] BVerGE 39, 1 (41) – Schwangerschaftsabbruch I.

[97] Chryssogonos, *Grundrechte*, a.a.O., S. 115.

[98] BVerfGE 39, 1 (1, 41) – Schwangerschaftsabbruch I; 88, 203 (251 f.) – Schwangerschaftsabbruch II.

[99] Schmidt-Bleibtreu/Klein, *Kommentar*, S. 142, Rn. 17a; Robbers, ‚Artikel 1', a.a.O., S. 9, Rn. 21.

[100] Chryssogonos, *Grundrechte*, a.a.O., 115.

[101] A. Weber, Generalbericht: Verfassungsgerichtsbarkeit in Westeuropa, in: Chr. Starck/A. Weber (Hrsg.), *Verfassungsgerichtsbarkeit in Westeuropa*, Bd. I, Baden-Baden 1986, S. 64ff. (73).

[102] Die Verfassungsmäßigkeit einer bestimmten Regelung darf nur „anlässlich" der Beschäftigung mit einem praktischen Fall geprüft werden, in dem sie einschlägig ist.

men wird. Diese sog. *reine Fristenlösung* wurde bereits von einigen Autoren in der Literatur als verfassungswidrig bezeichnet, weil sie angeblich eine Verletzung der Menschenwürde und des Rechts auf Leben des Embryos darstelle[103]. Obwohl diese Ansicht wenig überzeugend ist[104], könnte man es zwar theoretisch nicht ausschließen, dass sie auch von einigen Richtern übernommen werden könnte. Jedoch lässt es sich praktisch im Rahmen des Systems der *inzidenten Normenkontrolle* in Griechenland kaum vorstellen, dass es einen Staatsanwalt geben würde, der die Verfassungsmäßigkeit obiger Fristenregelung in einem konkreten Fall offen in Zweifel ziehen würde und infolgedessen ein Strafverfahren wegen Schwangerschaftsabbruchs trotz Erfüllung der Voraussetzungen der Fristenregelung einleiten würde. Ebenso wenig vorstellbar ist ein Strafgericht, das den einschlägigen ausdrücklich im Gesetz typisierten Rechtfertigungsgrund aus verfassungsrechtlichen Gründen für nichtanwendbar erklären würde und in der Konsequenz zu einer Verurteilung der Frau oder des Arztes gelangen würde. Käme es zu einer solchen Verneinung der Verfassungsmäßigkeit des genannten Rechtfertigungsgrundes in einem konkreten Fall, so ist jedenfalls davon auszugehen, dass das Gericht alle Beteiligten wegen unvermeidbaren Verbotsirrtums bzw. wegen Wegfall der Schuld für straffrei erklären würde.

Die Ausstrahlung des Bonner GG auf die griechische Grundrechtslehre zeigt sich auch daran, dass in beiden Rechtsordnungen angenommen wird, dass die aus der Menschenwürde entspringenden Verpflichtungen des Staates nicht mit dem Tode enden.[105] Auch Verstorbene besitzen ein Recht auf Würde, insbesondere bezüglich Art und Weise ihrer Beerdigung oder Verbrennung.[106] Im Gegensatz dazu sind juristischen Personen keine Träger von Menschenwürde.[107]

Die Berufung auf die Menschenwürde ist wichtiger für Ausländer,[108] die sich nicht auf die Staatsbürgerrechte berufen können. Jedoch hat die griechische Rechtsprechung angenommen, dass aus dem Art. 2 Abs. 1 grV kein Recht auf Aufenthalt eines Ausländers im Staatsgebiet abgeleitet werden kann.[109] Weiterhin wird die Menschenwürde weder verletzt, wenn einem Ausländer die Einbürgerung versagt wird, noch, wenn die Ablehnung seines Antrages ohne Begründung erfolgt. Demzufolge kann das Gericht den diesbezüglichen Verwaltungsakt nur dann als rechtswidrig aufheben, wenn die im negativen Bescheid enthaltene Begründung rechtswidrig ist.[110]

---

[103] Vgl. T. Filippidis, *Μαθήματα Ποινικού Δικαίου, Ειδικό Μέρος*, (*Vorlesungen des Strafrechts, Besonderer Teil*), A', Thessaloniki 1981, S. 109–10; A. Raikos, *Παραδόσεις Συνταγματικού Δικαίου, Τα θεμελιώδη δικαιώματα* (*Vorlesungen Verfassungsrechts. Grundrechte*), II, Athen $^{3}$1986, S. 47 ff.; E. Bessila-Makridi, *Η συνταγματική της άμβλωσης* (*Das verfassungsrechtliche Problem der Abtreibung*), Athen-Komotini 1992, S. 69 ff.

[104] Eingehend dazu E. Simeonidou-Kastanidou, Εγκλήματα κατά της ζωής (Delikte gegen das Leben), Thessaloniki 1995, S. 800 ff.

[105] BVerfGE 30, 173 (194); 51, 97 (110).

[106] Dagtoglou, *Grundrechte*, a.a.O., S. 1140.

[107] Dagtoglou, *Grundrechte*, a.a.O., S. 1140; Robbers, ‚Artikel 1', a.a.O., S. 9, Rn. 21.

[108] Vgl. Gutachten des Staatsanwaltes des Areopags (Γνωμοδότηση του Εισαγγελέα του Αρείου Πάγου) 10/2000, *Poiniki Dikaiosuni* 2000, S. 1217 ff., wo unterstrichen wird, dass als Menschenwürde „alles was den Inhalt der Persönlichkeit des Menschen, sogar nicht nur des griechischen Bürgers, sondern jedes Menschen" darstellt, verstanden werden soll.

[109] StE 3603/1991, in: *Epitheorissi Dimosiou Dikaiou* 1993, S. 130 ff.

[110] StE 2279/1990 (Plenum); 1159/1991; 1242/2007; 2780/2007.

Diese ständige Rechtsprechung kann jedoch kritisiert werden, gerade weil ein unbegründeter Akt die Würde des Ausländers als rationalem Wesen verletzt.[111]

Das Postulat der Unantastbarkeit der Menschenwürde und des Menschenwertes, das auch in der griechischen Rechtsordnung akzeptiert ist, bedeutet, dass keine Beschränkungen gestattet sind, auch nicht im Rahmen besonderer Gewaltverhältnisse. Beispielsweise genießen auch Häftlinge grundrechtliche Schutz.[112] Das gleiche gilt für die Militäroffiziere.[113]

## III. Die Reichweite des Schutzbereichs

Peter Häberle schrieb zu Recht, dass die „abstrakten Handreichungen bei der Auffüllung des Menschenwürdebegriffs oft durch die positive und negative Beispielstechnik veranschaulicht werden können und müssen".[114] Weiterhin wird gerade diese Technik benutzt, um den Inhalt des Menschenwürdeprinzips in der griechischen Rechtsordnung zu illustrieren und eventuelle Unterschiede mit der deutschen sichtbar zu machen.

### 1. *Die Garantie eines Schutzniveaus*

Von der griechischen Rechtsprechung wurde angenommen,[115] dass die Verminderung oder sogar Abschaffung älterer oder allgemeiner Gesetzesregelungen, die dem Schutz der Menschenwürde dienen, durch neuere oder speziellere Regelungen oder das Erlöschen von schon entstandenen konkreten Forderungen, die grundrechtliche Norm der Menschenwürde verletzt und deswegen verfassungswidrig ist. Dies gilt unabhängig davon, ob man die Menschenwürde als eine verfassungsrechtliche Grundnorm höchsten Ranges oder als ein Grundrecht ansieht. Ein solches beinhaltet nicht nur ein Abwehrrecht gegen staatliche Eingriffe, sondern auch eine Forderung an den Staat, der zu positivem Handeln verpflichtet ist, um Eingriffe von Dritten in die Menschenwürde zu verhindern. Demzufolge darf das Menschenwürdeschutzniveau nicht verringert werden.

In der Lehre wird zunächst angenommen, dass der Wert des Menschen seine Anerkennung als „Rechtssubjekt", als Träger von Rechten und Pflichten bedeutet. „Zivilsterben", d.h. der Verlust der Rechtssubjektivität vor dem biologischen Tod, ist mit dem Menschenwert unvereinbar.[116] Weiterhin wird die Meinung vertreten[117],

---

[111] Chryssogonos, *Grundrechte*, a.a.O., S. 111.

[112] Gutachten des Staatsanwaltes des Areopags (Γνωμοδότηση του Εισαγγελέα του Αρείου Πάγου) 10/2000, *Poiniki Dikaiosuni* 2000, S. 1217 ff.

[113] Entscheidung StE 888/2008, gemäß der ein Militäroffizier seiner Berufspost wegen seiner erotischen Beziehung mit der Ehegattin eines seiner Kollegen nicht entziehen darf. So was würde eine Verletzung der Rechte auf freie Entfaltung der Persönlichkeit und der Menschenwürde so wie auch der Unantastbarkeit des privaten Lebens darstellen.

[114] Häberle, ‚Menschenwürde', a.a.O., S. 422.

[115] AP 40/1998, in: *To Syntagma* 1999, S. 104.

[116] Dagtoglou, *Grundrechte*, a.a.O., S. 1139.

[117] P. Pararas, *Εύνταγμα και ευρωπαϊκή σύμβαση δικαιωμάτων του ανθρώπου* (*Verfassung und EMRK*), Athen-Komotini [2]2001, S. 16.

der Staat sei verpflichtet, die erforderlichen Maßnahmen zu treffen, um die Sicherheit der Bürger zu gewährleisten. Daraus folge ein Grundrecht der Bürger auf Sicherheit. Dagegen wird eingewandt, ein solches Grundrecht würde dem Staat völlig freie Hand lassen, in die Freiheit der Bürger unter dem Vorwand des Schutzes ihrer Sicherheit, einzugreifen.[118] Gemäß einer dritten vermittelnden Ansicht kann das Postulat eines freiheitlichen-demokratischen Staates nur bedeuten, dass Sicherheit innerhalb der Freiheit zu wahren ist. In diesem Sinne kann nur von einem Recht auf Sicherheit ausgegangen werden, das die Kumulation der Schutzklauseln von Art. 2 (1), 5 (2)[119] und (5)[120] und 17 (1)[121] grV darstellt.[122]

## 2. *Menschenwürde und strafrechtliche Politik*

Es wird im griechischen Schrifttum die Ansicht vertreten, dass eine Verletzung der Menschenwürde dann vorliegt, wenn „das Sühneopfer als Beispiel für die anderen und für den Erfolg der Verbrechensbekämpfungspolitik" instrumentalisiert wird.[123]

Das Prinzip der Menschenwürde bedeutet eine Reihe von Einschränkungen, nicht nur für den Inhalt der strafrechtlichen Sanktionen oder Maßnahmen, sondern auch für das Verfahren zur Auferlegung solcher Maßnahmen, das so gestaltet sein muss, dass nicht in erster Linie die Sanktionierung einer bestimmten Person bezweckt wird. Die Rechtsprechung des griechischen Staatsrats (oberstes Verwaltungsgericht) nimmt zu Recht an, dass Regelungen, die die willkürliche (d. h. keinen Kriterien für die Auswahl ihrer Mitglieder unterliegende) Zusammensetzung von Prüfungs- oder Disziplinarausschüssen für die Eröffnung des Disziplinarverfahrens vorsehen, um nur für einen konkreten Fall zu entscheiden, dem Art. 2 Abs. 1 grV zuwiderläuft.

In dieser Richtung wurde entschieden, dass die gesetzliche Regelung bezüglich der Zusammenstellung von Untersuchungsgerichten[124] oder disziplinarischen Ausschüssen, bestehend aus den die disziplinarische Verfolgung Ausführenden, um nur in einer bestimmten Angelegenheit zu beurteilen und ohne dass bestimmte Kriterien

---

[118] Ch. Anthopoulos, Präventionsstaat und Recht auf Sicherheit, in: dess./Kontiades/Papatheodorou (Hrsg.), *Ασφάλεια στην κοινωνία της διακινδύνευσης* (*Sicherheit und Grundrechte in der Risikogesellschaft*), 2005, 115 (gr.).

[119] Art. 5 (2) grV: „Alle, die sich innerhalb der Grenzen des griechischen Staates aufhalten, genießen ohne Unterschied der Nationalität, der Rasse oder Sprache und religiösen oder politischen Anschauungen den unbedingten Schutz ihres Lebens, ihrer Ehre und ihrer Freiheit. Ausnahmen sind in den vom Völkerrecht vorgesehenen Fällen zulässig."

[120] Art. 5 (5): „Jeder hat das Recht auf Schutz der Gesundheit und seiner genetischen Identität. Ein Gesetz regelt den diesbezüglichen Schutz der Person gegen biomedizinische Eingriffe."

[121] Artikel 17. (1) „Das Eigentum steht unter dem Schutz des Staates. Die sich daraus ergebenden Rechte dürfen jedoch nicht dem allgemeinen Interesse zuwider ausgeübt werden."

[122] Ausführlicher K. Chryssogonos, ‚Το δικαίωμα στην ασφάλεια' (Das Grundrecht auf Sicherheit), in: *Sicherheit und Grundrechte in der Risikogesellschaft*, a.a.O., 137 ff.

[123] L. Margaritis, ‚Ανθρώπινη αξιοπρέπεια' (‚Menschenwürde'), *Yperaspisi* 1996, S. 480 ff. S. auch T. Maunz/R. Zippelius, *Deutsches Staatsrecht*, München [29]1994, S. 166.

[124] StE 1749/1997, veröffentlicht in: Juristischer Datenbank Anwaltkammer Athen.

für die Auswahl ihrer Mitglieder erlassen werden, im Gegensatz zu Art. 2 Abs1 grV steht.[125]

### 3. *Technologie*

Es wird in der griechischen Lehre die Meinung vertreten, dass der Schutz der Menschenwürde der Gentechnologie insbesondere beim reproduktiven Klonen des Menschen gewisse Grenzen setzt, weil dies letztendlich dazu führt, das menschliche Gestalten erzeugt werden, die jedoch nur äußerlich menschliche Züge besitzen, und dass dabei die Einmaligkeit und der besondere Wert jeglichen menschlichen Daseins abgeschafft wird.[126]

Im griechischen Schrifttum wird auch vertreten, dass von den Art. 2 Abs. 1 und Art. 7 Abs. 2 grV ein Verbot des Eindringens in das „forum internum" der Person abzuleiten ist. Dies umfasst die Erforschung der innersten Gedanken, vor allem durch den Gebrauch von Methoden wie eines „Wahrheitsserums" (Wahrheitsdrogenanalyse),[127] des Lügendetektors[128], so wie auch der Unterziehung einer Person mit einem laufenden Hagel von Nachrichten politischer, ideologischer, religiöser oder von ähnlicher Natur (Gehirnwäsche).

Art. 2 Abs. 1 grV „richtet ein generelles Prinzip auf, nach dem die verschiedenen Organe des Staates verpflichtet sind, einerseits den Menschenwert zu respektieren und nicht mit Taten oder Unterlassungen in einen minimalen persönlichen von diesem Artikel garantierten Raum einzugreifen, andererseits den Menschenwert zu schützen, d. h. für die Abwendung von Verletzungen durch Träger staatlicher Gewalt oder auch durch Privatpersonen zu sorgen".[129] In der Folge wurde festgestellt, dass die Aufsicht über die Gefangenen in Arrestlokalen nicht durch ein Videoüberwachungssystem sichergestellt werden darf, da das die Verletzung deren Menschenwertes bedeuten würde. Den Gefangenen wird rechtmäßig die Freiheit entzogen, nicht aber auch ihre verfassungs- und völkerrechtlichen Grundrechte, ihren Menschenwert eingeschlossen.

### 4. *Die Verfassungswidrigkeit der Personenhaftung*

Es wird im griechischen Schrifttum die Ansicht vertreten[130], dass die Menschenwürde durch das Prinzip der Personenhaftung (persönliche Zwanghaft), also dem

---

[125] StE 789/1990 (Plenum); 1990/1990 (Plenum), veröffentlicht in: Juristischer Datenbank Anwaltkammer Athen.

[126] T. Vidalis, *Ζωή χωρίς πρόσωπο* (*Leben ohne Gesicht*), Αθήνα-Κομοτηνή 1999, S. 116ff.; S. Vlachopoulos, *Η κλωνοποίηση στην ελληνική έννομη τάξη* (*Das Klonen in der griechischen Rechtsordnung*), Athen-Komotini 2000, S. 81 ff.

[127] Manessis, *Verfassungsrechte*, a.a.O., S. 112; Dagtoglou, *Grundrechte*, a.a.O., S. 1140.

[128] Vgl. auch Iliadou, ‚Right to Life, Right to Physical and Mental Integrity, Human Dignity', a. a.O., S. 25.

[129] Gutachten des Generalanwaltes des Areopags 10/2000, *Poiniki Dikaiosuni* 2000, S. 1217 ff.

[130] A. Manessis, *Verfassungsrechte*, a.a.O., $^{4}$1982, S. 112 Dagtoglou, *Grundrechte*, a.a.O, S. 1135; Chryssogonos, a.a.O., 113.

Verlust der persönlichen Freiheit, verletzt wird, wenn diese nicht als Strafe für ein missbilligtes Verhalten, sondern als Druckmittel zur Zahlung einer Geldschuld vorgesehen ist. Es handelt sich um ein Zwangmittel nicht gegenüber dem Vermögen, sondern gegenüber der Person des Schuldners selbst, um die Begleichung der Schuld zu erreichen. Gerade weil der Schuldner zum Mittel zur Begleichung der Schuld herabgesetzt wird, verstößt das Instrument der Zwangshaft gegen Art. 2 Abs. 1 und 5 Abs. 3 grV, die den Respekt und den Schutz der Menschenwürde als Verpflichtung des Staates an die erste Stelle setzen. Im Besonderen wird die Meinung vertreten, dass das Mittel der Personenhaftung (Zwangshaft) auch dann verfassungswidrig sei, wenn es sich um Haftung aus unerlaubten Handlungen handelt, sofern sich der Schuldner in einer finanziellen Notlage zur Rückzahlung seiner Schuld befindet, weil es zur Erreichung des Zwecks ungeeignet ist und sich als Racheakt darstellt.[131] Inzwischen scheint sich der oberste griechische Verwaltungsgerichtshof in einer Reihe von Urteilen dieser Ansicht angeschlossen zu haben.[132]

Weiterhin wurde von dem griechischen Rechnungshof (Ελεγκτικό Συνέδριο) angenommen,[133] dass die objektive Haftung derer, die Defizite während der Wahrnehmung öffentlicher Aufgaben verursacht haben, nur dem Ziel dient, gegenüber dem Staat diese Defizite zu Lasten der Verantwortlichen auszugleichen. Dadurch werde das Prinzip der Menschenwürde verletzt. Mit anderen Worten: es wird ausgeschlossen, eine verschuldensunabhängige Haftung für den ordnungsgemäßen Gebrauch öffentlicher Gelder festzulegen. Dies steht in Einklang mit dem gleichartigen Prinzip der deutschen Rechtsprechung, nach der der Grundsatz ‚keine Strafe ohne Schuld' Verfassungsrang hat und sogar seine Grundlage im Gebot der Achtung der Menschenwürde sowie in Art. 2 Abs. 1 GG und im Rechtsstaatsprinzip findet.[134]

### 5. *Realityshows*

Es wurde vom obersten griechischen Verwaltungsgericht entschieden, dass die Sanktionen gegen Fernsehanstalten wegen Verletzung des verfassungsrechtlichen Gebots der Erhaltung des qualitativen Niveaus der TV-Programme (Art. 15 Abs. 2 grV) der Respektierung der Menschenwürde dient.[135]

Trotzdem sind sowohl Gerichte als auch Unabhängige Ausschüsse, insbesondere der zuständige Nationale Rat für Rundfunk und Fernsehen, in Griechenland recht zurückhaltend, wenn es darauf kommt, eine Verletzung der Menschenwürde durch die Medien, insbesondere das Fernsehen, festzustellen und die entsprechenden Sank-

---

[131] Chryssogonos, a.a.O., 114. *Contra* AP 1508/2004; Berufungsgericht Thessaloniki 213/2000, veröffentlicht in: Juristischer Datenbank Anwaltkammer Athen.

[132] StE 2611/2004; 250 & 251/2008 (Plenum); 785/2008, 900/2008; 1215/2008; *contra* die frühere AP 1753/1983 und andere.

[133] Ελεγκτικό Συνέδριο (Rechnungshof) 1976/1995, in: I. Sarmas, *Η συνταγματική νομολογία του Ελεγκτικού Συνεδρίου* (*Die Verfassungsrechtsprechung des Rechnungshofs*), Athen-Komotini 1997, S. 282.

[134] Vgl. BVerfGE 9, 167 (169) – Wirtschaftsstrafgesetz; 86, 288 (313) – Strafaussetzung bei lebenslanger Freiheitsstrafe; 95, 96 (140) – Mauerschützen; BVerfGE 120, 224 (253) – Geschwisterbeischlaf.

[135] StÅ 291/2008, Entscheidung des Aussetzungsausschusses, d. h. des für den einstweiligen Rechtsschutz zuständigen Gerichtsausschusses, in: Juristischen Datenbank der Anwaltkammer Athen.

tionen aufzuerlegen. Sie erwähnen Art. 2 Abs. 1 grV bloß bestätigend und zusätzlich zu anderen Verfassungsgrundrechten oder sogar einfachgesetzlichen Regelungen. Die Menschenwürde wird in diesem Rahmen als Schutzobjekt und nicht als Einschränkung der Ausdrucksfreiheit betrachtet. Jedoch gibt es Beispielsfälle, in denen als Sanktion die Einstellung einer Sendung verhängt wurde, weil angeblich die Menschenwürde und die Persönlichkeit der Teilnehmer verletzt wurde.[136]

## IV. Schlussbemerkungen

Aus der oben skizzierten Bestandsaufnahme wird ersichtlich, dass trotz der ähnlichen Formulierung und der Gegebenheit dass Art. 1 Abs. 1 GG als Vorbild für Art. 2 Abs. 1 grV fungiert hat, die Rechtssprechung in den beiden Ländern das Prinzip der Menschenwürde nicht gleichermaßen konkretisiert hat. Die deutschen Gerichte (und die deutsche Literatur) hatten viel mehr Anlass oder haben diese Anlässe viel ernster genommen, als die griechischen, weitere Präzisierungen in Einzelfällen zu entwickeln. Diese Divergenz ist auf mehrere Gründe zurückzuführen.

Erstens hat im Allgemeinen das Bundesverfassungsgericht eine viel bedeutendere Rolle im politischen System Deutschlands gewonnen, als sie den griechischen Gerichten zukommt. Dies hat insbesondere mit der Gestaltung der Normenkontrolle zu tun. Einerseits bedeutet die konzentrierte Verfassungsgerichtsbarkeit eine politisch schwergewichtige Rolle für das Bundesverfassungsgericht, die ihm über den Wortlaut der Verfassungsregelungen hinaus erlaubt, zu kreativen Lösungen zu gelangen. Andererseits erlaubt das Vorhandensein der abstrakten neben der konkreten Normenkontrolle, dass eine große Zahl von Vorschriften dem Bundesverfassungsgericht zur Prüfung vorgelegt werden. Dies zeigt sich beispielhaft im oben erwähnten Fall des Schwangerschaftsabbruch.

Weiterhin ist jede Menschenwürdeklausel in eine bestimmte Verfassung eingebettet, also kontextbezogen, ‚relativ' und rechtskulturbezogen, in dem Sinne, dass ihr Inhalt auch durch die übrigen Grundrechten mitbestimmt wird. Es gibt wenige wirklich bedeutende Entscheidungen der griechischen Gerichte in Bezug auf die Menschenwürde auch deswegen, weil die letzteren – im Gegensatz zu den deutschen Gerichten, insbesondere dem Bundesverfassungsgericht, die bereit sind der Menschenwürde eine autonome normative Rolle anzuerkennen – die Menschenwürde nicht als autonomes Grundrecht, sondern hauptsächlich als Hilfs- und Interpretationskriterium für andere Grundrechte auffassen.[137]

Kontext ist aber nicht nur der juristische, sondern auch – und vielleicht *sogar* – der kulturelle. Menschenwürdeklauseln sind – trotz ihrer ähnlichen Formulierung – jeweils auf eine kulturspezifische Vorstellung von Menschenwürde bezogen.[138] Men-

[136] S. z.B. die Entscheidung des Nationalen Rates für Rundfunk und Fernsehen 268/2009 von 02.06. 2009 bezüglich der Sendung „Der Moment der Wahrheit", wobei die Teilnehmer ihre persönlichen Geheimnisse preisgeben, um Geld zu gewinnen. Der Rat betont, dass die Fernsehsendungen verpflichtet sind, die Menschenwürde zu respektieren und dass sich diese Pflicht nicht durch Einwilligung der Teilnehmer sich selbst zu demütigen aufhebt.

[137] Vidalis, ‚Normative Konsequenzen des Menschenwürdeprinzips', a.a.O., S. 147.

[138] Häberle, ‚Menschenwürde', a.a.O., S. 403.

schenwürdevorstellungen stehen unter ständigem Einfluss der Kultur, insbesondere der Religions-, aber auch der politischen und Alltagskultur. Andere Disziplinen üben auch eine entscheidende Rolle aus.[139] Unterschiede zwischen der deutschen und griechischen Kultur reflektieren sich in der Interpretation und Entfaltung der Menschenwürdevorstellung, an die der normative Schutz anknüpft.

Aus alledem ergibt sich, dass die Ausstrahlung der im deutschen Grundgesetz gewährleisteten Menschenwürde auf die griechische Verfassung klar ersichtlich ist und zwar nicht nur was den Wortlaut, aber auch was den normativen Gehalt der entsprechenden Vorschriften (Art. 1 Abs. 1 GG einerseits, Art. 2 Abs. 1 gr. V. andererseits) angeht. Diese Ausstrahlung bleibt jedoch innerhalb gewisser Grenzen, die sowohl verfassungs- als auch kulturbezogen sind. Im Endeffekt ist die gerichtliche Normenkontrolle am Maßstab der Menschenwürde in Deutschland vergleichsweise „dichter" als in Griechenland.

---

[139] Häberle, ‚Menschenwürde', a.a.O., S. 423.

# Der Einfluss des Grundgesetzes auf die portugiesische Verfassung aus der Sicht eines portugiesischen Verfassungsrechtlers

von

Professor Dr. Fausto de Quadros

Ordentlicher Professor an der Juristischen Fakultät der Universität Lissabon

## 1. Die sechzig Jahre des Grundgesetzes. Seine Bedeutung und sein Gewicht für Deutschland und die Welt

Das GG ist die Verfassung von Deutschland. Als solche wollte es sich schon 1949 vor allem als neue rechtspolitische Basis Deutschlands und in diesem Sinne als Treffpunkt und Einigungsfaktor zwischen deutschen Staatsbürgern behaupten. Es hatte jedoch auch den Anspruch, Motor des Fortschritts und der Entwicklung Deutschlands nach dessen Zerstörung während des Zweiten Weltkrieges zu sein.

Heute können wir sagen, dass das GG während seiner sechzigjährigen Geltung, auf die wir in diesem Jahr zurückblicken können, all dies erreicht hat. Auf der Ebene der Werte und Grundsätze wurde das GG höchster Ausdruck der Unterwerfung Deutschlands unter das Recht. Es gelang ihm, das zu erreichen, was Immanuel Kant gefordert hatte: „die Vereinigung einer Menge von Menschen unter Rechtsgesetzen."[1]. Diese Vereinigung wurde vor allem durch das Primat der Würde der menschlichen Person und der Grundrechte erreicht. Diese Werte bilden den wesentlichen Kern des demokratischen Systems, welches vom GG eingerichtet wurde.

Auf strikt politischer Ebene brachte das Grundgesetz Deutschland ein Regierungssystem, welches ihm eine große politische Stabilität während dieser sechs Jahrzehnte ermöglichte. Die politische Instabilität, die während der Geltung der Weimarer Verfassung gelebt wurde, ist auf diese Weise beseitigt worden. Ebenso bestanden hat sie auch vor den Herausforderungen der Wiedervereinigung, die schließlich dem gesamten deutschen Volk das Recht zurückgab, innerhalb desselben Vaterlandes und unter derselben Fahne zu leben.

---

[1] Metaphysik der Sitten, 1. Teil: Metaphysische Anfangsgründe der Rechtslehre, 1797, S. 313 (RL VI 313).

Auf wirtschaftlicher Ebene schuf das Grundgesetz die Grundlagen der Sozialen Marktwirtschaft, die es Deutschland ermöglichte, ohne soziale Brüche die allerhöchsten Zielsetzungen von Wachstum und Fortschritt zu erfüllen.

Auf sozialer Ebene versetzte das GG Deutschland in die Lage, ein hohes Niveau an sozialer Gerechtigkeit und Wohlstand zu erreichen, was sich in der Formel des Wohlfahrtsstaates Ausdruck verleiht.

Letztendlich, auf internationaler Ebene, versöhnte das GG Deutschland mit der Welt, indem es dessen internationale Öffnung anregte.

All dies erlaubte es dem GG, den rechtlichen und politischen Grundstein des nach dem Krieg wieder geborenen Deutschlands zu setzen. Und zwar so, dass es auch als Modell verschiedener konstitutioneller Erfahrungen diente, vor allem von Staaten, welche hervorvorgegangen aus nicht demokratischen Regimen, neue Regierungsformen schafften mussten, die auf den Prinzipien von Freiheit und Demokratie gründeten. Dies war zum Beispiel der Fall von Portugal, von Spanien und in jüngerer Zeit von der Allgemeinheit der Staaten Osteuropas.

## 2. Der Einfluss des GG auf die portugiesische Verfassung

### *I. Einführung*

Das GG wurde bei keiner der Änderungen der portugiesischen Verfassung von 1933 berücksichtigt. Das erklärt sich daraus, dass das durch die Verfassung von 1933 in Portugal errichtete autoritäre Regime, offensichtlicherweise sich nie für eine an einer demokratischen und auf dem Primat des Menschen und der Grundrechte gründenden Verfassung interessierte.

Im Gegensatz hierzu übte das GG jedoch großen Einfluss bei der Ausarbeitung der Verfassung von 1976 aus. Es sei daran erinnert, dass diese Verfassung, den Körper des demokratischen Regimes schuf, welches infolge des Militärputsches vom 25. April 1974, der die Diktatur beseitigt hatte, eingerichtet wurde.

Jede Verfassung ist Frucht der Eigenschaften des entsprechenden Staates. Bei ihrer Ausarbeitung wiegt also vor allem die historische Erfahrung dieses Staates. Bei der Schaffung der portugiesischen Verfassung von 1976 beabsichtigte der Verfassungsgeber an erster Stelle eine Wiederholung der politischen Instabilität der Ersten Republik von 1911–1926, die Ergebnis des durch die Verfassung der Ersten Republik von 1911 geschaffenen parlamentarischen Systems war, zu vermeiden. Es sei daran erinnert, dass Portugal während dieser 15 Jahre 40 Regierungen hatte. Aus diesem Grund lehnten die Urheber der Verfassung von 1976 ein reines parlamentarisches System ab, wobei sie die Figur des Präsidenten der Republik, der in Portugal durch direkte und allgemeine Wahl gewählt wird, aufwerteten. In diesem Punkt folgte jene Verfassung also nicht dem GG. Aufgrund der Erfahrungen der Verfassung von 1911 wollte die Verfassung von 1976 eine Demokratie und ein System der soliden Regierung schaffen, die sowohl eine Rückkehr zu den autoritären Zügen des 1974 beseitigten Regimes vermied, als auch den totalitären Versuchungen im entgegengesetzten Sinn, die sich bald nach dem Militärputsch von 1974 und insbesondere zwischen dem 11. März und dem 25. November 1975 offenbarten, ein Ende setzte.

Betrachten wir jedoch die Materien, in denen das GG auf die Verfassung von 1976 Einfluss ausübte.

## *II. Grundrechte*

Die Grundrechte waren jene Materie, bei der die portugiesische Verfassung von 1976 sich stärker vom GG beeinflussen ließ. Es ist nicht verwunderlich, dass dies geschah. Tatsächlich bilden die Grundrechte, wie schon oben gesagt wurde, einen der Bereiche, wenn nicht sogar den Bereich, der im GG, schon aus historischen Gründen, am genauesten ausgearbeitet wurde. Da das GG unmittelbar dem Zeitraum folgte, in dem die Grundrechte auf deutschem Boden aufs Schlimmste missachtet worden waren, ist es in der Tat nicht zu verwundern, dass das GG den Schutz und die Garantien der Grundrechte zu einem seiner größten Anliegen machte.

Diese deutliche Behandlung der Grundrechte im GG ist auch die Ursache dafür, dass in diesem Bereich das GG verschiedenen nachfolgenden Verfassungen in Europa und in anderen Kontinenten als Inspiration diente.

Konkret bezüglich der portugiesischen Verfassung werden wir nun sehen, welches die Bereiche waren, in denen das GG im Rahmen der Grundrechte den größten Einfluss auf sie ausübte[2].

### *a) Der Art. 1*

Der Art. 1 der portugiesischen Verfassung lautete in seiner ursprünglichen Verfassung folgendermaßen:

Artikel 1
(Portugiesische Republik)
Portugal ist eine souveräne Republik, die sich auf die Grundsätze der Menschenwürde und des Volkswillens gründet und deren Ziel die Errichtung einer klassenlosen Gesellschaft ist.

Nach der Verfassungsänderung von 1989 erhielt die Verfassungvorschrift folgende Fassung:

Artikel 1
(Portugiesische Republik)
Portugal ist eine souveräne Republik, die sich auf die Grundsätze der und des Volkswillens gründet und deren Ziel die Errichtung einer freien, gerechten und solidarischen Gesellschaft ist.

Mit dieser Änderung der Fassung der Vorschrift wollte die Verfassungsreform von 1989 ihr einen aus idioologischer Sicht neutraleren Inhalt geben.

---

[2] Über die portugiesische Verfassung von 1976 gibt es in Portugal eine außerordentlich weite Bibliografie, ebenso gibt es wertvolle Studien in anderen Sprachen. Von den grundsätzlichen Werken werden hier zwei besonders hervorgehoben: das von *Gomes Canotilho* und *Vital Moreira*, Constituição da República Portuguesa anotada, 4. Aufl. 2007, und das von *Jorge Miranda* und *Rui Medeiros*, Constituição da República Portuguesa anotada, 3 Bde. 2005–2007.

Der Artikel zeigt einen starken Einfluss des GG hinsichtlich des Primats der „Menschenwürde". Dieselbe Fassung finden wir unter anderen auch in den Verfassungen von Belgien (Art. 23), Spanien (Art. 10, Nr. 1) Finnland (Art. 1) und Griechenland (Art. 2).

Die Menschenwürde bildet eine der bedeutendsten Verfassungsgrundlagen der portugiesischen Republik. Im portugiesischen Recht existiert also ein Verfassungsbegriff des Menschen. Jorge Miranda, der von 1975–76 und 1982 verfassunggebende Abgeordneter war, und der als Professor für Verfassungsrecht aktiv an der Abfassung vieler Verfassungsvorschriften teilhatte, beschreibt in seinem modernen Kommentar, was der Art. 1 besagen wollte: dass die Würde des Menschen ein *Prius* in Bezug auf den Volkswillen ist und sich somit gegen diesen durchsetzt; dass es keine Achtung des Willens des portugiesischen Volks ohne Achtung für die Menschenwürde gibt; und dass die portugiesische Rechtsordnung diese Würde als „uneinschränkbar, unersetzbar und nicht rückforderbar" betrachtet, wobei sie sich sowohl auf den Mann wie auch auf die Frau bezieht.[3]

Die Verfassung enthält verschiedene Konkretisierungen der Achtung des so verstandenen Vorrangs der Menschenwürde, welche sich in den autonomen Grundrechten befinden. Unter diesen verdienen es die Rechte der „Persönlichkeit", welche aus Titel II, Kapitel I der Verfassung (Art. 24ff.) hervorgehen, und insbesondere der zentrale Kern dieser Rechte in den Artikeln 24–33 besonders hervorgehoben zu werden: Das Recht auf Leben, welches vorschreibt, dass „das menschliche Leben unverletzlich ist" und dass „die Todesstrafe in allen Fällen ausgeschlossen ist" (Art. 24 Abs. 1 und 2); das „Recht auf persönliche Unversehrtheit", welches die Unverletzlichkeit der geistigen und körperlichen Unversehrtheit des Menschen und folglich das absolute Verbot von Folter, von grausamen, erniedrigenden oder unmenschlichen Behandlungen oder Strafen vorschreibt (Art. 25); die Rechte auf die Identität der Person, einschließlich der genetischen Identität, auf die Entfaltung der Persönlichkeit, auf die bürgerliche Geschäftsfähigkeit, auf die Staatsbürgerschaft, auf den guten Namen und Ruf, am eigenen Bild, am eigenen Wort, auf die Achtung des privaten und familiären Lebensbereichs sowie auf den Schutz gegen jede Form der Diskriminierung (Art. 26); das Recht auf Freiheit und Sicherheit, detailliert geregelt in den Artikeln 27–33, von denen, da sie im Rahmen der Rechtsvergleichung nahezu ursprünglich sind, die starken Restriktionen der Auslieferung besonders hervorgehoben werden sollen. Besonders zu beachten ist hierbei das Verbot der Auslieferung für Verbrechen die nach dem Recht des ersuchenden Staates die Todesstrafe oder eine andere Strafe, welche die unwiderrufliche Verletzung der körperlichen Unversehrtheit nach sich zieht (Art. 33 Abs 4, 2. Teil).

---

[3] *Constituição*, a.a.O. S. 53ff.

Die portugiesische Verfassungsrechtsprechung hat diese Konstruktion obwohl mit gewissen Schwankungen und unterschiedlichem Gespür übernommen.[4,5]

### *b) Der Art. 18*

Der Art. 18 der portugiesischen Verfassung lautete in seiner ursprünglichen Fassung:

Artikel 18
(Rechtskraft)

1. Die Verfassungsbestimmungen über die Rechte, Freiheiten und Garantien finden unmittelbare Anwendung und sind für öffentlich-rechtliche wie privatrechtliche Einrichtungen verbindlich.
2. Die Rechte, Freiheiten und Garantien können in den in der Verfassung ausdrücklich genannten Fällen durch Gesetz eingeschränkt werden.
3. Gesetze, die die Rechte, Freiheiten und Garantien einschränken, müssen genereller und abstrakter Natur sein und dürfen den Umfang und Anwendungsbereich des Wesensgehalts der Verfassungsbestimmungen nicht verringern.

Nach der Verfassungsänderung von 1982 erhielten die Abs. 2 und 3 folgende Fassung:

2. Die Rechte, Freiheiten und Garantien können in den in der Verfassung ausdrücklich vorgesehenen Fällen durch Gesetz eingeschränkt werden, wobei solche Einschränkungen sich auf das zur Wahrung anderer verfassungsrechtlich geschützter Rechte oder Interessen Notwendige beschränken müssen.
3. Gesetze, die die Rechte, Freiheiten und Garantien einschränken, müssen genereller und abstrakter Natur sein und dürfen weder zurückwirken, noch den Umfang und Anwendungsbereich des Wesensgehalts der Verfassungsbestimmungen verringern.

Dieser Art. 18 enthält die Grundregeln der Rechtsordnung der Grundrechte im portugiesischen Verfassungsrecht. Er deutet auf einen starken Einfluss der Art. 1 Abs. 3, und 19 Abs. 1 und 2, GG, die auch als Bezugspunkt für den Artikel 53 der spanischen Verfassung dienten.

Der Inhalt des Art. 18 sollte auf die Weise analysiert werden, dass wir in ihm drei Bestimmungen voneinander trennen.

In seinem Abs. 1 schreibt der Artikel die unmittelbare Anwendbarkeit der Verfassungsvorschriften auf Grundrechte und die Bindung aller öffentlichen Einrichtungen (das heißt aller staatlichen Gewalten, des *pouvoir modérateur*, der Legislative, der Exekutive und der Judikative) und aller privater Einrichtungen an diese Vorschriften

---

[4] Siehe. z.B. *J.M. Cardoso da Costa*, O princípio da dignidade da pessoa humana na Constituição e na jurisprudência constitucional portuguesa, Festschrift Manoel Gonçalves Ferreira Filho, 1999, S. 191 ff.; *B. Mc Crorie*, O recurso ao princípio da dignidade da pessoa humana na jurisprudência do Tribunal Constitucional, Studien zum zehnjährigen Jubiläum des Studienganges Rechtswissenschaften an der Universidade do Minho, Sammelwerk, 2004, S. 151 ff.; *D. Lorena Brito*, A vida pré-natal na jurisprudência do Tribunal Constitucional, 2007.

[5] Über den Art. 1 der Verfassung s. auch: *Franck Moderne*, La dignité de la personne humaine comme principe constitutionnel dans les Constitutions portugaise et française, in Perspectivas Constitucionais, Sammelwerk, I, 1996, S. 197 ff.

vor. Wenn gesagt wird, dass jene Vorschriften unmittelbar auf öffentliche Einrichtungen anwendbar sind, so bedeutet dies, dass jene Vorschriften unmittelbare vertikale Wirkung haben. Beziehungsweise, diese Vorschriften schaffen schon für sich allein bei allen staatlichen Gewalten die Pflicht, die von ihnen anerkannten Grundrechte zu achten. Genauer gesagt, bezüglich der gesetzgebenden Gewalt gründet diese durch jene Vorschriften auf der Pflicht, Gesetze zu erlassen und ihnen dabei den durch die jewiligen Verfassungsvorschriften bestimmten Inhalt zu geben, damit keine Verfassungswidrigkeit durch Unterlassung entsteht[6]. Aber insoweit wie sie auch unmittelbar gegenüber privaten Einrichtungen geltend gemacht werden können, wird ihnen unmittelbare horizontale Wirkung[7] zuerkannt. Es sei angemerkt, dass der Art. 1 Abs. 3, GG in seinen Vorschriften über die Grundrechte diese horizontale Wirkung nicht anerkennt, obwohl das Problem von der Lehre verfolgt wird[8]. Die portugiesische Verfassung ging, obwohl sie sich in ihrem Art. 18 Abs. 1 von jener Vorschrift des GG inspirieren ließ, bei diesem Punkt darüber hinaus[9].

In Abs. 2 schafft der Art. 18 den Gesetzesvorbehalt zur Beschränkung der Grundrechte und die Unterwerfung dieser Beschränkung unter die ausdrückliche verfassungsmäßige Genehmigung wie auch unter den Verhältnismäßigkeitsgrundsatz in der Modalität des Übermaßverbots oder der wechselseitigen Verdichtung der Grundrechte.

In Abs. 3 unterwirft er die Einschränkung der Grundrechte drei neuen Prinzipien: der Allgemeinheit und Abstraktion des einschränkenden Gesetzes, dem Verbot der rückwirkenden Anwendung des einschränkenden Gesetzes und der Garantie des wesentlichen Gehalts der Grundrechte (was bedeutet, dass der letzte Teil der Vorschrift besser abgefasst worden wäre, wenn er sich auf den wesentlichen Gehalt *der Grundrechte* und nicht auf den wesentlichen Gehalt *der Verfassungsvorschriften* bezöge).

Hinsichtlich der Forderung des allgemeinen und abstrakten Gesetzes zur Einschränkung der Grundrechte ist der Einfluss des Art. 19 Abs. 1 GG offenbar. Auf diese Weise sind nicht nur individuelle Rechtsakte sondern auch Maßnahmegesetze verboten (die *Maßnahmegesetze*, die zum ersten Mal von *Ernst Forsthoff* 1955 untersucht wurden[10]).

Was das Verbot der rückwirkenden Anwendung von Grundrechte einschränkenden Gesetzen angeht, ist zu unterstreichen, dass dieses sich sowohl auf die gesamte Rückwirkung als auch auf die teilweise Rückwirkung bezieht. Dies wäre der Fall bei

---

[6] So, *Miranda* und *Medeiros*, I, S. 153. Über die Verfassungswiedrigkeit durch Unterlassung in der Portugiesischen Verfassung, s. *F. de Quadros*, Omissões legislativas sobre direitos fundamentais, in Nos dez anos da Constituição, Sammelwerk, 1986, S. 55 ff.

[7] Siehe *Vieira de Andrade*, Os direitos fundamentais nas relações entre particulares, 1981; *Vasco Pereira da Silva*, A vinculação das entidades privadas pelos direitos, liberdades e garantias, in Revista de Direito e Estudos Sociais, 1987, S. 259 ff.

[8] *Dürig*, Grundrecht und Zivilrechtsprechung, Festschrift Nawinsky, 1956, S. 157 f.; und *Leisner*, Grundrechte und Privatrecht, 1960, S. 378 ff.

[9] Siehe das Lehrbuch von *Canotilho*, Direito Constitucional e Teoria da Constituição, 7. Aufl., 2003, S. 1288.

[10] Über Maßnahme-Gesetze, Gedächtnisschrift Walter Jellinek, S. 221 ff. Siehe auch *H. Schneider*, Über Einzelfallgesetze, Festschrift Carl Schmitt, 1959, und *K. Huber*, Maßnahmegesetz und Rechtsgesetz, 1963.

Gesetzen, die den Zweck haben, auf Sachverhalte, die von der Vergangenheit herrühren aber noch nicht beendet sind, angewendet zu werden[11].

Schließlich sollen Gesetze, die Grundrechte einschränken, diese in ihrem Wesensgehalt achten. In dieser Hinsicht ließ sich der Art. 18 Abs. 3 der portugiesischen Verfassung von Art. 19 Abs. 2 GG inspirieren. Jedoch, während die Vorschrift des GG in Deutschland[12] Gegenstand einer ausgedehnten und reichen Ausarbeitung seitens der Lehre und der Rechtsprechung war, wurde in Portugal die Definition der Bedeutung und des Anwendungsbereiches dieser Garantie sehr vernachlässigt[13]. Man kann sogar sagen, dass das Interesse für diese Materie mittels dessen, was das Völkerrecht über den Inhalt oder die „Substanz" der Grundrechte insbesondere des Rechts auf privates Eigentum bestimmt, nicht geringer war, als das Interesse für das, was die Verfassung hinsichtlich dieser selben Materie bestimmt[14]. Dieser ist wohl einer der Punkte, in denen das deutsche Verfassungsrecht dem portugiesischen Verfassungsrecht noch sehr helfen kann.

## *III. Die Internationale Offenheit der Verfassung*

Die zweite Materie, in der das GG vom portugiesischen Verfassunggeber als Bezugspunkt genommen wurde, war die der internationalen Offenheit der Verfassung. Während des autoritären Regimes, das 1974 beseitigt wurde, lebte Portugal isoliert von der Welt. Danach, 1974 und 1975, unmittelbar nach Wiedereinsetzung der Demokratie, verspürte das Land, wie oben gesagt, die Bedrohung eines autoritären Regimes im entgegengesetzten Sinn, wodurch es in Bezug auf die demokratische Welt wiederum in Einsamkeit hätte verfallen können. Deshalb empfanden die Urheber der Verfassung die Notwendigkeit, die Verfassung gegenüber dem Völkerrecht zu öffnen.

Eine ähnliche Sorge leitete den deutschen Verfassunggeber bei der Ausarbeitung des GG in Anbetracht der Ergebnisse der Weimarer Verfassung und der jüngsten Geschichte Deutschlands.

---

[11] *Miranda* und *Medeiros*, a.a.O. I, S. 163

[12] Siehe *Häberle*, Die Wesensgehaltgarantie des Art. 19 Abs. 2 GG, 3. Aufl., 1983; *Stelzer*, Das Wesensgehaltargument und der Grundsatz der Verhältnismässigkeit, 1991; und *Maunz* und *Dürig*, Grundgesetz Kommentar, Anmerkungen zum Art. 19 Abs. 2.

[13] In der Lehre sind vielleicht die einzigen Ausnahmen die von *J. Novais*, As restrições aos direitos fundamentais não expressamente autorizadas pela Constituição, 2003, S. 795 ff., und das Lehrbuch von *Canotilho*, S. 458 ff., übrigens, beide Werke in wesentlichen Punkten gegensätzlich. In der Rechtsprechung, s., z. B., zwei der letzten Urteile des Verfassunsgerichts in dieser Materie – die Urteile 644/98 und 254/99, in jeweils Acórdãos do Tribunal Constitucional, Bd. 41, 1998, S. 367 ff., und Bd. 43, 1999, S. 365 ff., ebenso in jeweils, Diário da República, II Série, Nr. 168, vom 21. Juli 1999, S. 10643 ff., und Nr. 137, vom 15 Juni 1999, S. 8586 ff.

[14] Siehe *Quadros*, A protecção da propriedade privada pelo Direito Internacional Público (mit Zusammenfassung in Englisch: The protection of private property by the International Law), 1998, wo der wesentliche Inhalt vor allem in Bezug auf das Recht auf Privateigentum und anhand der nationalen und internationalen Rechtsprechung sowie des staatlichen, einschließlich des deutschen Rechts untersucht wird – vor allem, S. 205–267.

Angesichts dieser großen Ähnlichkeit der Situationen in Deutschland nach dem Zweiten Weltkrieg und in Portugal 1974 und 1975 ist nicht zu verwundern, dass Portugal in dieser Materie die Erfahrung Deutschlands genutzt hat und sich deshalb von der internationalen Offenheit des GG inspirieren ließ.

Die Vorschriften der portugiesischen Verfassung, die sich mit dieser Materie beschäftigen, sind die Art. 8 Abs. 1 und 16. Sehen wir im Folgenden.

Der Art. 8 Abs. 1 bestimmt:

Artikel 8
(Internationales Recht)

1. Die Normen und Grundsätze des allgemeinen Völkerrechts sind uneingeschränkt Bestandteil des portugiesischen Rechts.

(...)

Weiter unten bestimmt der Art. 16 folgendes:

Artikel 16
(Bereich und Sinn der Grundrechte)

1. Durch die in der Verfassung verankerten Grundrechte werden keine anderen durch Gesetz oder durch die anwendbaren Vorschriften des internationalen Rechts festgelegten Rechte ausgeschlossen.

2. Die Auslegung und Anwendung der die Grundrechte betreffenden Verfassungs- und Rechtsvorschriften erfolgt in Übereinstimmung mit der Allgemeinen Menschenrechtserklärung.

Um diese beiden Artikel zu verstehen, ist es notwendig, vom jüngsten Stand der Beziehungen zwischen Völkerrecht und nationalem Recht auszugehen. Herkömmlicherweise waren diese Beziehungen von Gegensätzen und Widersprüchen geprägt, welche von voluntaristischen Thesen angeregt und vertieft wurden. In den letzten 20 Jahren entwickelten sie sich als Beziehungen mit wechselseitiger Abhängigkeit. Daraus ergab sich, dass die Relevanz des Völkerrechts in der innerstaatlichen Rechtsordnung der Staaten wuchs, und zwar sogar über das hinaus, was von den klassischen Systemen der Rezeption des Internationalen Rechts in der internen Rechtsordnung und insbesondere von den monistischen Theorien mit Vorrang des Völkerrechts gefordert worden war. Diese Richtung erhielt ihre Bestätigung in der Resolution, die vom Institut für Internationales Rechts bei seiner Sitzung in Mailand im September 1993 angenommen worden war. Art. 1 dieser Resolution lautet folgendermaßen: „Die nationalen Gerichte müssen durch ihr internes Recht dazu befugt werden, vollkommen unabhängig Internationales Recht auszulegen und anzuwenden". Es handelt sich im Grunde darum, in modernen Zeiten die alte Maxime der britischen Richter zu vertiefen, die besagt: *„international law forms part of the law of the land"*[15].

Das deutsche Verfassungsrecht jedoch hatte diese Bewegung über das Grundgesetz mit der Schaffung des Prinzips der *Völkerrechtsfreundlichkeit der Verfassung* vorgezogen. Sicher ist, dass das höchste Ziel dieses Prinzips die Grundrechte sind. In der Tat wur-

[15] Siehe in der deutschen Lehre, *Frowein*, The Implementation and Promotion of International Law trough National Courts, Proceedings of the United Nations Congress on Public International Law, 1995, S. 85ff.; ders. Völkerrecht und Verfassungsrecht am Ende des 20. Jahrhunderts, Max-Planck-Gesellschaft Spiegel, 1997-2, S. 46ff. Siehe in der portugiesischen Lehre, *Quadros*, A protecção, a.a.O., S. 531–534.

de der Grundsatz geschaffen, um zu erreichen, dass die Verfassung und über diese, das gesamte übrige innerstaatliche Recht die insgesamt oder teilweise vom Völkerrecht anerkannten Grundrechte aufnimmt, oder dass wenigstens das eine und das andere im Rahmen der Grundrechte gemäß des Völkerrechts ausgelegt und angewandt werden. Natürlich wird hierbei stets vorausgesetzt, dass das Völkerrecht für die Grundrechte der Bürger des entsprechenden Staates günstiger ist.

Auf der Ebene des vom Völkerrecht garantierten Schutzes der Grundrechte spricht man von Maßnahme zur Konkretisierung der Verfassung. Und folglich wird die Anwendung der Verfassung in Konformität mit dem internationalen Recht der Menschenrechte gefordert *(„Die Menschenrechtsfreundlichkeit des Grundgesetzes")*[16].

Aber wenn es das höchste Ziel dieses Grundsatzes ist, den Bereich der Menschenrechte auszudehnen, so ist der dazu eingeschlagene Weg der der internationalen Offenheit der Verfassung.

Nun, genau dies verwirklichen die zitierten Vorschriften der portugiesischen Verfassung[17]. Aber die Funktion beider Vorschriften ist nicht dieselbe.

Die Art. 8 Abs. 1 und 16 Abs. 1 konstitutionalisieren vom Völkerrecht anerkannte Grundrechte wie folgt. Der Art. 16 Abs. 2 seinerseits, legt als Maßstab oder Stufe der Auslegung des Völkerrechts, in diesem Fall, die AEMR fest. Es ist das, was Sommermann, ausgehend vom deutschen Verfassungsrecht, jedoch unter Einbeziehung ausländischer verfassungsmäßiger Erfahrungen einschließlich der portugiesischen, jeweils als „Konstitutionalisierung der Menschenrechte" und „Menschenrechte als Auslegungsmaßstab"[18] bezeichnet. Im Grunde sind dies zwei unterschiedliche Äußerungen des Grundsatzes der Völkerrechtsfreundlichkeit der Verfassung.

Die Konstitutionalisierung der vom Völkerrecht anerkannten Menschenrechte, ist zweifelsohne der intensivere der beiden erwähnten Ausdrücke jenes Prinzips. Wie schon gesagt, es wird in der portugiesischen Verfassung durch die Art. 8 Abs. 1 und 16 Abs. 1 verwirklicht.

Lassen wir jetzt den Art. 16 Abs. 1 beiseite. Als Neuigkeit zeigt er lediglich die Ausdehnung der Quellen des Völkerrechts. Wenden wir uns nun deshalb dem Art. 8 Abs. 1 zu. Als unmittelbare Quelle hatte er den Art. 25 GG. Der eine und der andere konstitutionalisieren durch Regeln des allgemeinen Völkerrechts anerkannte Grundrechte.

Hinsichtlich Satz 2 des Artikels 25 GG stellen wir fest, dass ihn der portugiesische Verfassunggeber nicht in Art. 8 Abs. 1 übernommen hat. Dies ist jedoch nicht bedeutsam, denn die unmittelbare Wirkung, die den allgemeinen Regeln des Völkerrechts über Grundrechte beigemessen wird, wird in der portugiesischen Verfassung durch ihren Art. 18 Abs. 1 erreicht, wie oben dargestellt wurde.

Im Gegenteil, die Nichtumsetzung in den Art. 8 Abs. 1 der portugiesischen Verfassung des ersten Teils vom 2. Satz des Artikels 25 GG hat eine große juristische Bedeutung. In diesem Abschnitt verleiht der Art. 25 GG den allgemeinen Regeln des

---

[16] Siehe *Sommermann*, Völkerrechtlich garantierte Menschenrechte als Maßstab der Verfassungskonkretisierung – Die Menschenrechtsfreundlichkeit des Grundgesetzes, AöR 1989, S. 395 ff. und 414 ff.; und *E. Klein*, Gedanken zur Europäisierung des deutschen Verfassungsrechts, Festschrift Klaus Stern, 1997, S. 1301.

[17] Siehe *Canotilho*, Direito Constitucional, a.a.O., S. 369 ff.; *Quadros*, A protecção, a.a.O., S. 535 ff.

[18] Ebd. S. 399 und 402 f.

Völkerrechts übergesetzlichen jedoch unterkonstitutionellen Rang. Dies ist die einvernehmliche Auslegung der Lehre, die jedoch unterstreicht, dass das Problem in der Praxis nicht aufgetreten ist[19]. Somit ergibt sich hieraus im Gegenteil, dass der portugiesische Verfassunggeber den Normen und Grundsätzen des Völkerrechts die in Artikel 8 Abs. 1 berücksichtigt sind, wenigstens Verfassungsrang geben wollte. Jedoch die genaue Auslegung des Ausdrucks „Bestandteil des portugiesischen Rechts", wenn ihm nicht ausdrücklich unterkonstitutioneller Rang beigefügt wird, wie es in Art. 25 GG geschieht, sowie die Beziehung, die zwischen dem Art. 8 Abs. 1 einerseits und dem Art. 16 Abs. 1 und 2 andererseits herzustellen ist, lassen uns dafür eintreten, dass die Regeln, auf die sich Art. 8 Abs. 1 bezieht, in der inneren portugiesischen Rechtsordnung überkonstitutionellen Rang haben[20].

Wie gesagt, erweitert der Art. 16 Abs. 1 das Verzeichnis der Quellen des Völkerrechts im Gegensatz zu den in Art. 8 Abs. 1 erwähnten Quellen. Das bedeutet, dass die portugiesische Verfassung bei der Konstitutionalisierung von durch das Völkerrecht anerkannten Grundrechten weiterging als das GG, denn zu den durch die allgemeinen Regeln des Völkerrechts anerkannten Grundrechten fügte sie noch die vom übrigen internationalen Recht anerkannten Rechte hinzu. Der Ausdruck „keine anderen (...) durch die *anwendbaren Vorschriften* des internationalen Rechts festgelegten Rechte ausgeschlossen" lässt keinen Raum für Zweifel[21].

Der Art. 16 Abs. 2 der portugiesischen Verfassung konstitutionalisiert, seinerseits, keine Rechte sondern legt den Auslegungsmaßstab für die Vorschriften des portugiesischen Rechts, somit der Vorschriften der Verfassung über Grundrechte fest. Er zielt darauf, dass die Allgemeine Erklärung der Menschenrechte die *minimale* Ebene der Auslegung und Anwendung der geltenden Regeln der internen portugiesischen Rechtsordnung über Grundrechte bereitstellt. Es geht hier, wie bereits zuvor erklärt, um die zweite Äußerung des Grundsatzes der Völkerrechtsfreundlichkeit der Verfassung. Er verpflichtet zur Auslegung der Verfassung in Konformität mit den Regeln über Grundrechte, wie sie aus dem Völkerrecht, in diesem Fall aus der Allgemeinen Erklärung der Menschenrechte hervorgehen. Dies ist die Auslegung des Art. 16 Abs. 2 wie sie auch von einem deutschen Verfassungsrechtler, Sommermann, der in diesem Bereich die portugiesische Verfassung gründlich untersucht hat, gemacht wird. Er vertritt, dass die so verstandene Auslegung einen „bindenden Auslegungsgrundsatz der portugiesischen Verfassung" bildet[22].

Indem er dem Art. 16 Abs. 2 der portugiesischen Verfassung diesen Sinn beimisst, stützt sich Sommermann auf die Lehre von Gomes Canotilho und Vital Moreira[23], wie auch auf die von Miranda[24].

---

[19] Siehe, zum Beispiel, *Tomuschat*, Die staatsrechtliche Entscheidung für die internationale Offenheit, in Isensee und Kirchhof (Hrsg.), Handbuch des Staatsrechts, VII, 1992, S. 491.

[20] So *Gonçalves Pereira* und *Quadros*, Manual de Direito Internacional Público, 3. Aufl., 1993, S. 116 ff.; *Canotilho* und *Moreira*, ebd., S. 254; und eine französische Autorin, *Delmas-Marty*, The European Convention for the Protection of Human Rights: International Protection versus National Restrictions, englische Fassung, 1992, S. 174.

[21] So *Quadros*, A protecção, a.a.O. S. 537 ff.; und *Canotilho* und *Moreira*, a.a.O., S. 366.

[22] Ebd. S. 402 ff.

[23] Constituição, ebd., Anmerkung IV zu Art. 16.

[24] A Constituição de 1976, 1978, S. 324.

Es sei angemerkt, dass die AEMR, die durch Art. 16 Abs. 2 als Minimalkriterium zur Auslegung der Verfassung im Bereich der Grundrechte definiert wird, schon vom portugiesischen Verfassungsrecht in den Artikeln 8 Abs. 1 und 16 Abs. 1 derselben Verfassung rezepiert worden ist.

Auch in dieser Materie geht die portugiesische Verfassung also über das GG hinaus, das keine dem Art. 16 Abs. 2 der portugiesischen Verfassung entsprechende Vorschrift enthält.

Wie bereits oben gesagt, verdienen die Art. 8 Abs. 1 und 16 Abs. 1 und 2 der portugiesischen Verfassung, aufgrund ihres höchsten Zieles, den Bereich der durch die portugiesische Verfassungsordnung geschützten Grundrechte auszudehnen, besondere Erwähnung. Doch, noch mehr als dies, sie verdienen hervorgehoben zu werden, da sie die völkerrechtliche Tendenz der portugiesischen Verfassung aufzeigen. Und auch hierbei ließ sie sich vom GG beeinflussen[25]. Anders gesagt und um einen für die deutsche Verfassungsrechtslehre, wenn sie den Art. 25 GG[26] ausgelegt, sehr wertvollen Ausdruck zu benutzen, führen jene Vorschriften der portugiesischen Verfassung zur „Internationalen Offenheit der portugiesischen Verfassungsordnung", auch in dieser Materie also durch Einfluss des GG[27].

## 3. Zwei Unterlassungen

Es gibt zwei Gebiete, auf denen die portugiesische Verfassung dem GG nicht die Bedeutung beigemessen hat, die es verdient.

Das erste ist das der Verfassungsklage. In dieser Materie folgten dem GG mehr oder weniger strikt andere Verfassungen einschließlich zum Beispiel die von Spanien. Der portugiesische Verfassunggeber jedoch entschied sich dafür, die Verfassungsklage zur Verteidigung der Grundrechte nicht zu berücksichtigen. Wir vertraten stets die Meinung, dass auch in diesem Punkt die portugiesische Verfassung das GG als Bezugspunkt hätte nehmen sollen[28]. In den Staaten, in denen das System der ordentlichen Gerichte zum Schutz der Grundrechte langsam ist, wie es in Portugal der Fall ist, brächte die Schaffung der Verfassungsklage durch die Verfassung zweifellos eine spürbare Verstärkung für die Garantien der Grundrechte.

Das zweite Gebiet ist das der europäischen Integration. Um die verfassungsmäßige Legitimierung seiner Beteiligung am Prozess der europäischen Integration zu erleichtern, sollte Portugal in seiner Verfassung eine Europa-Klausel haben. Das hat es nicht, und das System, das diese ersetzt, ist eindeutig unzulänglich. Die Fassung dieser Europa-Klausel sollte als Bezugspunkt den Art. 23 Abs. 1 des GG[29] nehmen, unbeschadet der Tatsache, dass eine noch rigorosere und vollständigere Fassung dieser Vorschrift vorgelegt werden könnte. Sie wurde schon von mir vorgeschlagen, sei es

---

[25] Über die Völkerrechtlichkeitstendenz des Art. 25 GG s. *von Münch* und *Kunig*, Anmerkungen zu diesem Artikel.

[26] *Mosler*, Die Übertragung von Hoheitsgewalt, in Isensee und Kirchhof, a.a.O. VII, 1992, S. 622ff.; *Tomuschat*, a.a.O. S. 488; und *E. Klein*, a.a.O. S. 1301ff.

[27] In Portugal, so, s. *Quadros*, A protecção, a.a.O., S. 539; und *Canotilho* und *Moreira*, a.a.O.

[28] *Quadros*, A protecção, a.a.O. S. 552ff.

[29] Siehe *P. M. Huber*, Das europäisierte Grundgesetz, DVBl 2009-9, S. 547ff.

in wissenschaftlichen Arbeiten[30], sei es, als ich als Akademiker vom portugiesischen Parlament über diese Materie befragt wurde[31].

## 4. Schlussfolgerung

Wie gezeigt wurde, übt das GG einen bedeutenden Einfluss bei der Ausarbeitung der portugiesischen Verfassung von 1976, insbesondere in den Bereichen der Grundrechte und der Offenheit der Verfassung für das Völkerrecht, aus. Das bedeutet, seitens des GG, dass es von den Verfassungen anderer Staaten als wichtiger Bezugspunkt gesehen wird, vor allem in den Bereichen, in denen das GG einen deutlichen Fortschritt innerhalb der Verfassungsrechtsvergleichung brachte. Das bedeutet aber auch, seitens der portugiesischen Verfassung, dass der portugiesische Verfassunggeber es nicht unterließ, einige Beiträge, die das GG zu deren Fortbildung leisten konnte, zu berücksichtigen. Dieser Dialog zwischen den staatlichen Verfassungen ist für die Bereicherung des Verfassungsrechts sehr nützlich, insbesondere in einer Epoche, in der das Verfassungsphänomen nicht mehr ausschließlich auf staatlicher Ebene auftritt, das heißt nicht mehr Monopol der Staaten ist. Also am Anfang einer Ära der Konstitutionalisierung auf kontinentaler Ebene, wie es in der Europäischen Union geschieht (einschließlich der Konstitutionalisierung der Grundrechte durch den Grundrechtekatalog der Europäischen Union) und auf universeller Ebene, wie es durch die globale Konstitutionalisierung geschieht, werden an die staatlichen Verfassungen zwei Arten von schwierigen Forderungen gestellt: Einerseits müssen diese den Dialog untereinander vertiefen, um besser die Werte zu bewahren, die die Identität der Staaten bei dieser Konfrontation mit der europäischen Verfassung und mit der universellen Verfassung charakterisieren; andererseits bleibt den staatlichen Verfassungen eine wichtige Rolle durch den Beitrag, den diese bei der Modellierung sowohl der Europäischen Verfassung als auch der Verfassung einer globalen Gemeinschaft leisten können, erhalten[32].

---

[30] Siehe *Quadros*, vor allem seine neueste Arbeit, Droit de l'Union européenne – Droit constitutionnel et administratif de l'Union européenne, 2008, S. 371 ff.

[31] Diário da Assembleia da República, II Série, Nr. 9-RC, 17-10-1992, S. 147 ff.

[32] Siehe die Fortbildung dieses Gedankens bei *Quadros*, Droit de l'Union européenne, a.a.O. S. 529 ff.

# Das Grundgesetz als ein Modell und sein Einfluss auf die spanische Verfassung von 1978

von

Prof. Dr. Francisco Balaguer Callejón und Miguel Azpitarte Sánchez*

Universidad de Granada

Inhalt



## I. Das Grundgesetz als ein Modell einer normativen Verfassung

Der Einfluss des Grundgesetzes auf das spanische Verfassungsrecht ist wie wir in dieser Arbeit sehen werden, in seiner Thematik sehr weitreichend und gleichzeitig sehr intensiv. Wenn man die Verschiedenheit der Institutionen zusammenfasst, die durch den spanischen Konstitutionalismus aufgenommen worden sind, dann zeigt es sich uns, dass es sich um einen Einfluss handelt – sowohl normativ als auch in der Lehre –, der tendenziell das Grundgesetz als Modell übernimmt. Er übernimmt es zumindest bei den Strukturelementen des spanischen Verfassungsregelung, die mit den Formeln des Grundgesetzes selbst übereinstimmen: Normativität der Verfassung, Garantie der Grundrechte, Verfassungsdemokratie und territorialer Pluralismus. Natürlich bedeutet dies nicht, dass die Spanische Verfassung von 1978 keine Institutionen und Prinzipien eingeführt hat, die aus der Geschichte des spanischen

* Autoren dieser Arbeit: Francisco Balaguer Callejón, Kapitel I und VII. Miguel Azpitarte Sánchez, Kapitel II, III, IV, V und VI. Übersetzung Stefan Riechert (Kapitel I, II, II, IV und VII) und Oliver Bleisteiner (Kapitel V und VI).

Konstitutionalismus stammen (insbesondere von der Spanischen Verfassung von 1931, die einen gescheiterten Versuch darstellte, eine normative Verfassung zu schaffen, die auch auf dem territorialen Pluralismus aufbaut). Gleichfalls hat die Spanische Verfassung von 1978 wichtige Elemente in bestimmten Bereichen vom italienischen Konstitutionalismus eingeführt (Regionalismus, Gleichheitsgrundsatz nach Art. 9.2 Spanische Verfassung) oder vom französischen Konstitutionalismus (Organgesetze) wie auch normative Techniken (bei der Verfassungsreform).

Trotzdem reicht der Einfluss des Grundgesetzes besonders weit, weil es grundlegende Kernelemente der Verfassung von 1978 berührt und weil es sich auch in der Auslegung des spanischen Verfassungssystems verfestigt hat, was seit dem Inkrafttreten der Verfassung die spanische Lehre und Rechtsprechung vorgenommen haben. Diese Dauerhaftigkeit hat sich darin gezeigt, dass die Rechtsvergleichung als fünfte Methode der Verfassungsinterpretation (Peter Häberle)[1] in bedeutender Weise angewendet worden ist unter Bezugnahme auf die deutsche Verfassungswirklichkeit. Die spanische Lehre und Rechtsprechung haben aufmerksam die Fortentwicklung der Lehre zu den Grundrechten, die Position des Bundesverfassungsgerichts zum europäischen Einigungsprozess, die Weiterentwicklung des deutschen Föderalismus – einschließlich des Systems der Finanzierung – und anderer Entwicklungen im deutschen Konstitutionalismus verfolgt.

Aus Sicht des Textes der Verfassung von 1978, könnten wir davon sprechen, dass das Musterbeispiel, wie sich juristische Texte entwickeln, die eine Gemeinschaft der Produktion und der Rezeption in Bezug auf den Verfassungsstaat ausdrücken (Peter Häberle)[2], sich in den besonderen Entwicklungslinien der übernommenen Institutionen zeigt, die ein Eigenleben entwickelt haben, das sich in Teilen von den deutschen Ursprüngen abgetrennt hat. Diese Fortentwicklung ist teils den unterschiedlichen Formulierungen der Verfassungstexte geschuldet, teils der Notwendigkeit auf die besonderen Bedingungen der spanischen Gesellschaft Antworten zu finden. Gleichfalls kann man wie Professor Häberle selbst anmerkt von einer formellen Fortentwicklung sprechen, die sich in einer bestimmten Qualität der Rechtsinstitutionen zeigt: im Falle des Minderheitsvotums mit seinem Ursprung in Nordamerika, das in Deutschland auf Gesetzesebene 1971 eingeführt wurde (mittels einer Reform des Bundesverfassungsgerichtsbarkeitsgesetzes) und dass man in den spanischen Verfassungstext 1978 eingefügt hat.[3]

Diese Übertragung des Grundgesetzes als ein Modell auf das spanische Verfassungsrecht – wie auch auf andere Verfassungssysteme – zeigt den hohen Grad der Verfassungsentwicklung, dass das Verfassungssystem des Grundgesetzes erlangt hat. Sicherlich bedeutet die Idee einer Verfassungsentwicklung nicht, dass ein universelles

---

[1] Siehe Peter Häberle: „Grundrechtsgeltung und Grundrechtsinterpretation im Verfassungsstaat – Zugleich zur Rechtsvergleichung als ‚fünfter' Auslegungsmethode", Juristen Zeitung, 1989, S. 913–919.

[2] Siehe Peter Häberle, „Textstufen als Entwicklungswege des Verfassungsstaates", 1989, in der Zusammenfassung des gleichen Autors *Rechtsvergleichung im Kraftfeld des Verfassungsstaates. Methoden und Inhalte, Kleinstaaten und Entwicklungsländer*, Duncker & Humblot, Berlín, 1992, S. 3–26.

[3] Siehe Peter Häberle, „Los derechos fundamentales en el espejo de la jurisprudencia del Tribunal Constitucional Federal Alemán. Exposición y crítica", in Spanisch von Francisco Balaguer Callejón, Revista de la Facultad de Derecho de la Universidad de Granada, n 2, Granada, 1999, S. 9–46.

Modell der Verfassung existiert, das man wie einen Endpunkt zu betrachten hat, an dem man jedes Verfassungssystem anpassen müsste. Im Gegenteil muss man klar daran erinnern, dass jede Gesellschaft ihre eigene Lösung bei Verfassungsproblemen finden muss und es auch soll und dass sie ihre eigene Verfassungsordnung aufstellen kann und es auch soll. Daher ist es möglich von einer Verfassungsentwicklung in der gleichen Weise zu sprechen wie wir von einer gesellschaftlichen, politischen oder wirtschaftlichen Entwicklung sprechen können in dem Maße wie bestimmte Verfassungssysteme wie das deutsche Verfassungstechniken in verschiedenen Bereichen aufgezeigt und geschärft haben, um Funktionen zu verwirklichen, die der Verfassung zustehen, damit die Verfassungskonflikte der Gesellschaft gelöst werden und es auf friedliche und demokratische Weise zu erreichen unter Wahrung der Rechte und der Kontrolle der Macht.

Dass die Verfassungstechniken und -instrumente vevielfältigt wurden, beruht auf den besonderen Notwendigkeiten den territorialen, gesellschaftlichen und politischen Pluralismus auszudrücken und die Grundrechte zu garantieren. Notwendigkeiten, die nicht in der Vergangenheit in anderen Verfassungskulturen vorhanden waren (oder die es nicht in diesem Ausmaß gab) wie der englischen oder französischen. Dort wo der gesellschaftliche Konflikt durch den Verweis auf die Tradition oder den politischen Konsens zu lösen war, war es nicht notwendig, die Verfassungstechniken einzuführen wie es auch nicht notwendig war, die Verfassung normativ auszugestalten. Nicht alle Gesellschaften müssen den gleichen Grad an Normativität in den Verfassungen aufweisen, weil nicht alle Gesellschaften den gleichen Grad an Pluralismus und einer gesellschaftlichen oder territorialen Unterschiedlichkeit besitzen.

In dem Maße wie eine Gesellschaft ihre internen Konflikte anerkennt und Verfassungsmethodiken festlegt, um friedlich diese Konflikte beizulegen, erfordert diese Gesellschaft einen höheren Entwicklungsgrad der Verfassung. Im Gegenteil in dem Maße, in dem die Gesellschaft diese internen Konflikte verbirgt oder unterdrückt ohne das Verfassungsrecht zu gebrauchen, um sie beizulegen, kann man von einem geringeren Entwicklungsgrad der Verfassung sprechen. Diese Gesellschaft könnte eine Verfassung wie eine übergeordnete Norm haben, aber dies bedeutet nicht, dass sie eine ausreichende Verfassungsentwicklung erlangt, um sie so einschätzen zu können, dass sie echtes Verfassungsrecht darstellt.

Als letztes kann man davon sprechen, dass die normativen Verfassungen, die dem Beispiel des Grundgesetzes gefolgt sind, wie es bei der Spanischen Verfassung von 1978 der Fall ist mit seinem Modell der Verfassungsgerichtsbarkeit, dem Schutz der Minderheiten, der Garantie der Grundrechte und dem territorialen Pluralismus, uns einen höheren Entwicklungsgrad der Verfassung bieten, weil sie weitreichend das Verfassungsrecht gebraucht haben. Diese Verfassungen haben gleiche Verfassungsmethodiken eingeführt, um den Pluralismus darzustellen und ihre gesellschaftlichen und politischen Konflikte mittels des Rechts zu lösen.

## II. Modelle des Einflusses

Es erscheint theoretish nicht einfach den Einfluss des Grundgesetzes auf die Spanische Verfassung von 1978 zu analysieren. Es handelt sich um zwei Texte, die schon lange in Kraft sind, 60 Jahre der deutsche Text und mehr als 30 Jahre der spanische Text, die man aufgrund ihres Erfolges in der Organisation in der Zeit einer politischen Gemeinschaft, sicherlich nur vollständig im Rahmen ihrer historischen Realität begreifen kann[4]. Es geht darüber hinaus, offensichtlich ist, dass wer beide Verfassungsregelungen zu verstehen versucht, es nicht mit dem Grundgesetz oder der Verfassung von 1978 belassen wird und es notwendig ist ihre Weiterentwicklung in Gesetzgebung und Rechtsprechung zu untersuchen, wie auch den politisch-historischen Zusammenhang, aus dem sie sich heraus entwickelt haben. Es ist die gesamte Verfassungswirklichkeit, zu der die Verfassung als wesentliches aber nicht ausschließliches Objekt dazugehört, das uns im rechtlichen Verständnis unserer politischen Gemeinschaft interessiert, sei es die spanische oder deutsche. Deshalb sollten wir dorthin sehen, wo sich der Einfluss der deutschen Verfassungswirklichkeit auf die spanische zeigt. Auf gewisse Weise ist den Einflusses der einen Verfassung auf die andere zu untersuchen, tatsächlich ein Vergleich der kulturellen Tendenzen, in dem man analysiert wie beide Texte mit ihren Gemeinsamkeiten und Unterschieden zu Übereinstimmungen und Differenzen führen, was sich aus der offenen Gesellschaft, in der sie stehen, ergibt[5].

Es gibt einen ersten direkten Einfluss des Grundgesetzes auf den Spanischen Verfassungstext, der sich im Moment der Verfassungsgebung zeigt. Erinnern wir uns daran, dass die Spanische Verfassung von 1978 nach einer 40-jährigen Diktatur entstand, in der Weise, dass der Übergang zum Verfassungsstaat sich auf einer institutionellen und kulturellen Leere abspielte. Die Verfassungsgeber, als Bezugspunkt notwendig auf dem man den Beginn einer neuen Wirklichkeit aufbaut, schauen auf die spanische Verfassungsgeschichte, ziehen aber vor allem die europäische bestehende Wirklichkeit in Betracht, im Wesentlichen Italien und Deutschland, Modelle, mit denen man arbeitet. Auf diese Weise hat das Grundgesetz einen begründeten Einfluss auf die Spanische Verfassung. Für die Verfassungsgeber ist das Grundgesetz tatsächlich von Wert, weil es in ihren Augen ein Bautyp aufzeigt, der funktioniert, der das Leben einer politischen Gemeinschaft auf befriedigende Weise regelt. Angesichts der Unsicherheit, die jedem verfassungsgebenden Moment innewohnt, mehr noch, wenn es nach einer demokratielosen Zeit geschieht, werden die Funktionen anderer Systeme zu einem Instrument, das Priorität besitzt. Die verfassungsgebende Gewalt hofft darauf, dass das, was andernorts gilt auch nützlich für die Spanier ist. Unter diesen Umständen zeigt der Verfassungstext von 1978 Bereiche, dessen Wurzeln sich im Grundgesetz oder in der Dogmatik, die es ausgelegt haben, finden. So z.B. die Menschenwürde, die sich in der Spanischen Verfassung als ein Eckpfeiler des politischen

---

[4] K. Hesse, *Grundzüge des Verfassungsrechts der Bundesrepublik Deutschland*, C.F. Müller, Heidelberg.

[5] P. Cruz Villalón, „La recepción de la Ley Fundamental de la República Federal de Alemania", in ders. *La curiosidad del jurista persa, y otros estudios sobre la Constitución*, CEPC, 1999, Madrid. M. Presno, „Impresiones de un constitucionalista español sobre la Constitución italiana en su 60 aniversario", *Giornale di Storia Costituzionale*, 2008.

Systems darstellt, der Bereich des Wesensgehalts als eine unverletzbare Garantie der Grundrechte, das Konzept des Sozialstaats und demokratischen Rechtsstaats, das konstruktive Misstrauensvotum, die Europaklausel, das legitimierte parlamentarische System, das Kanzlerprinzip, das abstrakte Normenkontrollsystem, die Verfassungsschutzklage oder der Notstandsstaat.

Aber nach 60 Jahren In-Kraft-Treten des Grundgesetzes und 30 Jahren In-Kraft-Treten der Spanischen Verfassung, kann das Grundgesetz die Spanische Verfassung nicht mehr in gleicher Weise beeinflussen wie zum Zeitpunkt der Verfassungsgebung, weder im Umfang noch als Adressat. Die Spanische Verfassung hat eine eigenständige Normativität erlangt, weil sie in der Lage ist die politische Gemeinschaft zu organisieren. Die Diskussion um die Funktionalität der Verfassung, die normative Kraft, die Anwendungsschwierigkeiten und ihre Entwicklungsprozesse beginnen im Verfassungstext selbst. Die Schwierigkeit besteht nicht mehr darin die Verfassungsnorm zu schaffen, sondern sie in einem konkreten historischen Moment auszulegen, allein passend für die Spanier. So ist der Einfluss des Grundgesetzes ein Einfluss wie die spanische Verfassungsnorm anzuwenden ist, und nicht wie die spanische Verfassungsnorm entsteht.

Mehr noch kann man behaupten, dass in diesem Zusammenhang nicht das Grundgesetz Einfluss hat, sondern die Lehre und die Rechtsprechung, die aus der Auslegung des Grundgeseztes stammt. Und es ist auch sicher, dass dieses Erscheinungsbild ein bedeutendes Gewicht sowohl bei der spanischen Verfassungsrechtsprechung als auch in seiner Lehre hat. Die Gründe für diese Art des Einflusses sind unterschiedlich. An erster Stelle erklärt die Tatsache, dass die Spanische Verfassung Vorschriften des Grundgesetzes miteinschließt, dass der spanische Rechtsanwender in der deutschen Dogmatik die Richtung sucht, die bei der Anwendung dieser Verfassungsregelung eingeschlagen wurde, die mit dem spanischen Text übereinstimmt. Der spanische Rechtsanwender findet in Deutschland ein gemeinsames anwendbares Ziel oder zumindest aus der Erfahrung heraus einen Weg, den er nicht beschreiten muss. Die deutsche Dogmatik funktioniert so wie ein möglicher Horizont, die der spanischen den Vorteil einer Fülle von Erfahrungen bietet bevor zumindest die eigene Verfassungsregelung anzuwenden ist. Zum Beispiel angesichts der Auseinandersetzung in Deutschland um die Erweiterung des Begriffs der Menschenwürde durch die Rechtsprechung, hat die spanische Rechtsprechung die deutsche Verfahrensweise genützt, um die anwendbare Bandbreite der spanischen Bestimmung festzulegen.

An zweiter Stelle teilt die heutige spanische Verfassungswirklichkeit Probleme zusammen mit der deutschen Verfassungswirklichkeit. Das Phänomen der Globalisierung, die Integration von Immigranten, das Spannungsfeld zwischen einer offenen Gesellschaft und Widerstand gegen das System, die Regelung zur Biotechnologie, die Neudefinition des Sozialstaats, die Besonderheiten einer Parteiendemokratie oder die kürzliche Wirtschaftskrise sind politische Umstände, die den deutschen und spanischen Verfassungsstaat in gleicher Weise herausfordern. Herausforderungen, auf die daneben die Verfassungstexte keine konkreten Antworten geben. Deshalb stammt der Einfluss direkt aus der Dogmatik und wie sie ausgehend von den Verfassungsprinzipien Lösungen findet.

Das Bestehen dieser gemeinsamen Herausforderungen führt uns zu Rechten als einem dritten Grund, was den deutschen Einfluss erklärt und jetzt in einem weiteren

Rahmen eingefügt ist, der der Methode der Rechtsvergleichung als fünfter Auslegungsmethode[6]. Die Lehre und die Verfassungsrechtsprechung in Deutschland dienen dem spanischen Verfassungsjuristen unter anderem als Kriterien, auf denen er das Verständnis der Spanischen Verfassung aufbauen kann. In dem Moment, wenn die Verfassung angewendet wird, sucht man nicht mehr nach einer sicheren und unzweifelhaften Lösung und dann bietet die Rechtsvergleichung eine Vielzahl von Argumenten, die dem Rechtsanwender nützen, die beste Lösung oder die passendste Lösung für die spanische Auseinandersetzung zu finden. Diese Bedeutung der Rechtsvergleichung als eine fünfte Auslegungsmethode erklärt definitiv die heutige Funktion des deutschen Verfassungsrechts, was eine Funktion rechtmäßiger Art darstellt. Wie wir gesehen haben hatte das Grundgesetz im Moment der Verfassungsgebung einen direkten Einfluss, was die Grundlage von bestimmten Entscheidungen bildete, die zu der einen oder anderen Verfassungsnorm führte. Jetzt 60 Jahre nach dem Grundgesetz und 30 nach der Spanischen Verfassung bildet die deutsche Dogmatik auch zusammen mit anderen dogmatischen Lehren, eine Legitimation, aber nicht für Entscheidungen des Verfassungsgebers selbst, sondern für den Verfassungsrechtsanwender. Tatsächlich stellt die Rechtsvergleichung eine Gemeinschaft von Rechtsanwendern mit einem doppelten Nutzen her. Auf der einen Seite, um es hier allgemein zu sagen, zieht sie die Grenzen außerhalb derer man nicht von einer Verfassungsauslegung sprechen kann. Wenn der Anwender es unterlässt die Lösungen, die die Rechtsvergleichung bietet, zu beachten, wenn er ihnen nicht ein Mindestmaß an Aufmerksamkeit schenkt, dann können wir zu dem Schluss kommen, dass die Auslegung nicht begründet ist. Letztendlich grenzt die Rechtsvergleichung die Willkür ein. Auf der anderen Seite institutionalisiert die Rechtsvergleichung die Reichweite einer offenen Gesellschaft der Verfassungsrechtsanwender. Bei dem Aufbau der spanischen Verfassungsnorm ist es erforderlich darauf zu achten, welche Lösungen man innerhalb der Verfassungsräume gefunden hat, darunter der deutsche. Die spanische Dogmatik kann in sich nicht geschlossen sein und sollte sich andere Diskurse nutzbar machen. Dieser intellektuelle Zwang verschiedene Diskurse zu bewerten, führt zu einem Prozess der Rationalisierung. Die dogmatische Lösung, die notwendigerweise aus dem nationalen Blickwinkel zu betrachten ist, gewinnt so die Annahme einer sachlich vernünftigen Lösung, weil man innerlich verpflichtet ist, entweder die vorhandenen Lösungen für die gleichgelagerten Probleme anzunehmen oder abzulehnen.

Dort in diesem Zusammenhang gilt es den Einfluss des Grundgesetzes – und seiner Lehre und Rechtsprechung – auf die spanische Verfassungswirklichkeit – und nicht einfach auf den Verfassungstext zu bewerten. Um diese Aufgabe wahrzunehmen, muss man in dieser Arbeit die besonders wichtigen Verfassungsthemen auswählen und versuchen die Entwicklungsschritte des spanischen Verfassungsrechts aufzuzeigen und wie man in dieser Entwicklung die Spur des deutschen Verfassungsrechts finden kann. Wir werden sehen, dass in einigen Bereichen originäre Unterschiede trotzdem nicht einen gemeinsamen Zielpunkt verhindert haben (zum Beispiel bei den Grundrechten) und werden dazu im Gegensatz sehen, dass gemeinsame Aus-

[6] P. Häberle, „Grundrechtsgeltung und Grundrechtsinterpretation im Verfassungsstaat – Zugleich zur Rechtsvergleichung als ‚fünfter' Auslegungsmethode", Juristen Zeitung, 1989, S. 913–919.

gangspunkte sich zu verschiedenen Wirklichkeiten hin entwickelt haben (zum Beispiel beim Regierungssystem). Letztendlich können wir nur bei diesen Höhen mit 60 Jahren Grundgesetz und 30 Jahren Spanische Verfassung darauf abzielen, die parallelen Wege aufzuzeigen, die beide Normen in der europäischen Verfassungskultur einnehmen.

## III. Die Grundrechte

Die Grundrechte waren sowohl in Deutschland als auch in Spanien eines der großen Themen. Es ist nicht übertrieben zu sagen, dass das Öffentliche Recht von beiden Ländern nach dramatischen diktatorischen Prozessen aufgrund der Garantie der Grundrechte wiederaufgebaut wurde. Verständlich ist, dass sich deshalb die Rechtsprechung und die Lehre beider Länder bei der Anwendungsanalyse jedes einzelnen Grundrechts komplett geändert haben. In diesem Sinn ist der Ausgangspunkt gleich, weil sowohl das Grundgesetz als auch die Spanische Verfassung das gleiche Grundrechtskonzepts verfolgen: Es sind jene subjektiven Rechte, die alle drei Staatsgewalten binden und die auf jeden Fall einen unberührbaren Wesensgehalt beinhalten. Hier wurzelt die neue Ära des europäischen Konstitutionalismus. Man geht mit ihr über die Grenzen der liberalen Zeit hinaus, weil gegenüber den subjektiven Rechten, die durch den Gesetzgeber anerkannt und gestaltet waren, jetzt die Grundrechte als eigenständige Verfassungsinstitutionen hervorragen, die der Gesetzgeber stärker oder schwächer ausgestalten, aber niemals unterdrücken kann. Die Grundrechte sind subjektive Rechte, die in den durch den Gesetzgeber vorgesehenen Begriffen angewendet werden, aber vor allem sind sie subjektive Rechte, bei denen die Legislative nicht eingreift einschließlich gegenüber der Definition des Gesetzgebers selbst[7]. Sowohl in Deutschland als auch in Spanien wird die neue Normativität der Verfassung in der Normativität der Grundrechte klar.

Also scheint es außerhalb dieses gemeinsamen Ausgangspunktes von vornherein nicht allzu viele Ähnlichkeiten zwischen dem Grundgesetz und der Spanischen Verfassung zu geben. Der erste große Unterschied ist der Katalog der Grundrechte, der in Spanien viel weiter ist als der in Deutschland. Trotzdem findet man, wenn man die Spanische Verfassung liest, Vorschriften die deutlich an den deutschen Text erinnern. Zum Beispiel finden sich die Artikel 1 und 2 des Grundgesetzes minimalst abgeändert in Art. 10 Spanische Verfassung. Es gibt jedoch trotzdem eine bedeutende Veränderung. Während die deutschen Artikel dazu dienen Grundrechte anzuerkennen – die Menschenwürde und vor allem die allgemeine Freiheit und das Allgemeine Persönlichkeitsrecht – betrachtet man in Spanien Artikel 10 nicht als Teil der Grundrechtsliste; man findet ihn an der Spitze, legt die Prinzipien aus, aber im engeren Sinn stellt er kein Grundrecht dar. Deshalb wirkt die Menschenwürde in Spanien trotz ihrer Bedeutung als politisches Verfassungsprinzip rechtlich nur sehr gering. Sie selbst dient nicht dazu, um individuelle Ansprüche zu begründen und nur in einzel-

[7] Siehe im allgemein J. Jiménez Campo, *Derechos fundamentales. Concepto y garantías*, Trotta, Madrid, 1999. F. Bastida (Herausgeber), *Teoría general de los derechos fundamentales en la Constitución española de 1978*, Tecnos, Madrid, 2004.

nen Streitfällen stellte sie ein abschließendes Auslegungsprinzip dar. In Spanien gibt es keine Diskussion wie in Deutschland, die in der Menschenwürde und ihrer Anwendung die wahren Wurzeln des Verfassungsstaats sehen will.

Ähnliches kommt allgemein bei der „Freiheit und des Allgemeinen Persönlichkeitsrechts" vor. In Deutschland ist es bekanntermaßen eine Klausel gewesen durch die der Schutz bei verschiedensten rechtlichen Sachverhalten gesucht wurde, die offensichtlich außerhalb des im Grundgesetz vorgesehenen Grundrechtskatalogs vorhanden waren. Im Gegensatz dazu hat in Spanien das Verfassungsgericht von Beginn an und mit gefestigter Rechtsauffassung vermieden die „Freiheit und das Allgemeine Persönlichkeitsrecht" als eine offene Klausel auszulegen. Die Ausprägungen der Freiheit, die durch die Spanische Verfassung geschützt werden, sind strikt auf den Rechtskatalog beschränkt und insbesondere das Freiheitsgrundrecht des Art. 17, wird als ein Recht auf körperliche Unversehrtheit interpretiert, speziell gegen irreguläre polizeiliche Festnahmen.

Diese sinnvollen Ähnlichkeiten hören hier nicht auf. Die Art. 9.2 und 14 Spanische Verfassung zu lesen, erinnert an den Art. 3 Grundgesetz, auch wenn man anerkennen sollte, dass hierbei die italienische Verfassung entscheidend Einfluss genommen hat, vor allem bei der „Beseitigung von Hindernissen für eine wirksame Gleichheit". Gleichfalls erkennt man Art. 5 des Grundgesetzes und insbesondere den zweiten Absatz mit den Grenzen der Meinungs- und Pressefreiheit mühelos in Art. 20 Spanische Verfassung wieder. Ebenso der besondere Schutz der unehelichen Kinder, deren Gewährleistung in Art. 39.2 in ähnlichen Worten in Art. 6.5 Grundgesetz ausgedrückt ist. Das Elternrecht Kinder religiös zu erziehen und das Recht auf Errichtung privater Schulen in Art. 27 der Spanischen Verfassung, haben ihre Quelle in Art. 7 Grundgesetz. Man kann sagen, dass das Versammlungsrecht „friedlich und ohne Waffen" nach Art. 21 der Spanischen Verfassung fast wortwörtlich Art. 8 des Grundgesetzes folgt. Und um die Beispiele abzuschließen, reicht der Vergleich der Eigentumsfreiheit in dem einen oder anderen Text (Art. 14 und 33), die beide die soziale Verpflichtung als eine Schranke des Eigentums sehen.

Diese Beispiele zeigen, dass die Spanische Verfassung und das Grundgesetz in bestimmtem Maße bei den subjektiven Garantien in Form von Grundrechten übereinstimmen. Anders gesagt, die klassischen Freiheitsrechte finden in beiden Verfassungstexten einen gemeinsamen Schutzherren. Aber wie schon erwähnt einer der wichtigsten Unterschiede zwischen den Verfassungen liegt in der größeren Reichweite des spanischen Modells. So führt es innerhalb der klassischen Freiheitsrechte Neuerungen ein, die klar die Theorie von Peter Häberle der stufenweisen Entwicklung der Texte (Textstufenparadigma) wiedergeben. Dies ist zum Beispiel beim Recht auf moralische Unversehrtheit oder dem Verbot der Folterung oder unmenschlichen und entwürdigenden Strafen oder Behandlungen der Fall (Art. 15). Ebenso das Anerkenntnis der Zusammenarbeit mit den religiösen Vertretungen innerhalb der Religionsfreiheit (Art. 16). In gleicher Weise ist angesichts des Grundgesetzes das Detail des Art. 17 zu sehen wie der Schutz vor Festnahmen. Auf gleiche Art erscheint bei dem Schutz der Intimssphäre schon die Grenzen der Informatik (Art. 18.4). Bei der Regulierung der Meinungs- und Informationsfreiheit finden sich Prinzipien, die die Organisation und die Kontrolle der Kommunikationsmedien, die vom Staat abhängig sind. (Art. 20.3). Neuerlich im Gegensatz zum Grundgesetz wird die politische

Teilnahme ausdrücklich als Grundrecht in Art. 23 formuliert. Und es würde den deutschen Leser nicht überraschen, dass das Streikrecht und die Vereinigungsfreiheit Grundrechte darstellen (Art. 28 und 37). Aber zweifellos wird aus deutscher Sicht das Auffälligste ein ganzes Kapitel, das Kapitel III des Titels I sein, das eine Anzahl von Leitprinzipien der Sozial- und Wirtschaftspolitik beinhaltet. In dieser Liste des Schutzes der Familie, der Förderung des gesellschaftlichen und ökonomischen Fortschritts, die Mindeststandards im Arbeitsleben, die Einrichtung eines Sozialversicherungssystems, der Gesundheitsschutz, der Schutz der Kultur, der Umweltschutz und der verantwortungsvolle Umgang mit natürlichen Ressourcen, der Schutz des historischen, kulturellen und künstlerischen Erbes, das Recht auf angemessenes Wohnen, die Förderung der jugendlichen Mitbestimmung, die Achtung von Behinderten, Altenhilfe insbesondere durch ein System von Pensionen und der Verbraucher- und Konsumentenschutz. Letztendlich nahm die Spanische Verfassung 30 Jahre nach dem Grundgesetz die wichtige deutsche Diskussion um die Staatsziele auf, um als Ganzes einen Prinzipienkatalog zu erstellen, die ohne Grundrechte zu sein, das öffentliche Handeln leiten sollten. Auf die eine Weise findet das Sozialstaatsprinzip, im Grundgesetz nur als allgemeines Staatsprinzip enthalten, in einem modernen Verfassungstext die ganze Liste von konkreten Ausgestaltungen, die die Erfahrungen der Länder drum herum aufnehmen. Die Wirksamkeit dieser Prinzipien ist nicht mit der bei den Grundrechten vergleichbar, aber sie ermöglichen der Staatsgewalt leichter in die Wirtschaft und in die Gesellschaft einzugreifen[8].

Den zweiten großen Unterschied muss man in der Öffnung der spanischen Grundrechte zum internationalen Recht sehen und insbesondere zur Europäischen Menschenrechtskonvention. Art. 10.2 Spanische Verfassung bestimmt, dass „Die in der Verfassung anerkannten Grundrechte und -freiheiten werden in Übereinstimmung mit der Allgemeinen Erklärung der Menschenrechte und den von Spanien ratifizierten internationalen Verträgen und Abkommen über die gleiche Materie ausgelegt." Diese Vorschrift, eine echte Neuerung im Jahre 1978 als noch ein auf sich bezogenes Verfassungsrecht herrschte, hat enorme Folgen in der Dogmatik, in der Verfassungskultur und einschließlich auf dem Gebiet der Verfassungsauslegung, insbesondere beim Verfassungsgericht. Die spanische Dogmatik sah sich durch die Verfassung selbst gezwungen auf den Elementen aufzubauen, die speziell die Europäische Menschenrechtskonvention beinhaltet. Es handelt sich nicht darum, dass die Entscheidungen des Europäischen Gerichtshofs für Menschenrechte einige bestimmte Auswirkungen haben, sondern dass seine Rechtsprechung den Ausgangspunkt bildet, von dem aus die Theorie der spanischen Grundrechte ausgearbeitet wird. Der spanische Verfassungsgeber setzte in einer brillanten Entscheidung im Bewusstsein, dass nach 40 Jahren Diktatur eine institutionelle und kulturelle Leere bestand, auf eine supranationale Erfahrung und machte diese so zur Quelle der Dogmatik. Im Grund genommen drängte es den Verfassungsgeber dem neuen spanischen Verfassungsstaat ein Siegel zu geben, dass ihn vergleichbar mit dem Rest der europäischen Verfassungsstaaten machen würde. Der Art. 10.2 diente auf diese Weise dazu aus einem spanischen Verfassungsstaat ein Spanien mit europäischer Kultur zu machen. Schließlich hat diese Vorschrift dazu gedient, eine Schranke für die Auslegung der

[8] P. Häberle, „Grundrechte in Leistungstaat", VVDStRL 30 (1972).

Grundrechte zu bilden, einschließlich für den Verfassungshüter, dem Verfassungsgericht.

Der dritte große Unterschied liegt darin, wie die Grundrechte durch den Gesetzgeber zu regulieren sind und die Grenzen gezogen werden. Als die spanische Verfassung zu wirken begann, besagte die Lehre, dass die Grundrechte nur per Gesetz geregelt werden können, wenn die konkrete Verfassungsvorschrift, die das Grundrecht regelt, ausdrücklich darauf verweist. Das heißt die Frage bestand darin zu wissen, ob unser System von Grundrechten, das dem deutschen nachfolgte, zwischen Rechten mit und ohne Vorbehalt unterschied. So hätte das spanische Verfassungsrecht einen großen Teil des Weges durcheilt und es würde genügen dem in Deutschland begangenen Weg zu folgen. Trotzdem trennte sich die Dogmatik von dem deutschen Pfad und zeigte so einen bedeutenden Unterschied. Sie hielt sich an dem Wortlaut des Art. 53 der Verfassung fest – „Nur durch Gesetz, das in jedem Fall ihren Wesensgehalt zu achten hat, kann die Ausübung dieser Rechte und Freiheiten geregelt werden...", um damit zu enden, dass alle in der Verfassung anerkannten Grundrechte mittels Gesetz geregelt werden können und nicht allein jene, bei denen dies ausdrücklich in einer Vorschrift bestimmt war. Letztendlich trug die Dogmatik, die den Spuren des Verfassungsgebers folgte, zu einem Verständnis des Gesetzes bei, dass dies nicht ausschließlich das Grundrecht bedrohen würde. Die Dogmatik verstand im Gegenteil von Anfang an, dass das Gesetz ein unausweichliches Instrument darstellt, dass die in der Verfassung anerkannten Grundrechte maximal wirksam sein können. Man war der Auffassung, dass der rechtliche Schutz nicht ausreichend war in der Weise, dass es notwendig war die materiellen, verfahrenstechnischen und leistungsgemäßen Bedingungen etc. zu schaffen, die im vollständigen Sinn jedes Grundrecht regelten.

Trotz der drei dargelegten Unterschiede hat die Praxis dessen ungeachtet eine klare Prozessübereinkunft zwischen der deutschen Verfassungswirklichkeit und der spanischen Verfassungswirklichkeit eröffnet und so die Unterschiede verringert. Bei der ersten Unterscheidung reicht es aus, an die umfassende Gesamtwirkung des Grundrechtskatalogs im Grundrecht zu erinnern. Sei es mittels des auslegbaren Umfangs der Art. 1 und 2, sei es der objektive Schutzbereich, der sich in jedem Grundrecht zeigt und es in Wahrheit schwierig ist nachzuweisen, dass irgendein rechtlicher Sachverhalt, der durch die Grundrechte in der Spanischen Verfassung geschützt ist, nicht in einer ähnlichen Garantie im deutschen Verfassungsrecht seine Entsprechung findet. Zur zweiten Unterscheidung – die Öffnung der Spanischen Verfassung zur einer supranationalen Auslegung der Grundrechte –, ist wenig im Lichte der Grundrechtscharta der Union hinzuzufügen. Trotz dass wir noch am Anfang ihrer Rechtswirkung stehen, zwingt die Charta als solche selbst dazu, dass sich die deutsche Dogmatik letztlich öffnen muss[9]. Daneben aber ist es für die deutsche Lehre, auch wenn dies nur bei der Anwendung der Rechte der Konvention der Fall ist, gem. Art. 53 – „Schutzumfang" – nicht mehr völlig unumgänglich, dass man es in eine äußerliche Lehre umwandeln muss: das supranationale Recht hat letztendlich die deutschen Grundrechte erreicht. Schließlich verschwindet allmählich die dritte Unterscheidung. Wenn prinzipiell die bestimmte Verbindung des spanischen Gesetzes

[9] Ein Beispiel dazu L. Michael, *Grundrechte*, Nomos, 2008.

mit den Grundrechten eine einzelne spanische Dogmatik wagen konnte, dann ist es in Wahrheit so, dass sie die deutsche Lehre mit Macht durchdrungen hat bis zu dem Punkt, wo man zustimmen muss, dass unsere Lehre der Grundrechte sicherlich eine kleine Tochter der deutschen Lehre ist. Vergleichen wir mit ihr das Konzept der Schranken. Dazu ist das Schrifttum heranzuziehen, um die Wirksamkeit der Grundrechte unter Privatpersonen zu sehen. Wir haben die doppelte Wirkung der Grundrechte kennengelernt: als eine subjektive Garantie, aber auch als diejenigen, die eine institutionelle Reichweite besitzen. Wir haben der deutschen Lehre folgend die abstrakte und relative Theorie des Wesensgehalts besprochen. Und zum Schluss haben wir aus dem Prinzip der Verhältnismäßigkeit den Dreh- und Angelpunkt in der Rechtsanwendung der Grundrechte gemacht.

Das Beispiel der Grundrechte zeigt klar wie die dynamische Praxis des Verfassungsrechts zu Prozessen führt, die miteinander übereinstimmen. Wenn die Spanische Verfassung den Raum für eine theoretisch selbständige Wirklichkeit öffnete, dann bieten tatsächlich das Eigenleben der deutschen und spanischen Rechtslehre wie auch der wachsende und bestimmende Einfluss des europäischen Verfassungsrechts eine umfassende Vergleichsmöglichkeit, die sicherlich im Begriff ist, dass sie sich noch mehr annähern.

## IV. Demokratie und das Regierungssystem

Die zweite Säule, auf die sich die Verfassungsstaaten nach dem zweiten Weltkrieg gestützt haben, ist zweifellos das Demokratieprinzip, das sich auf seine Weise in der gesamten Staatsorganisation zeigt, insbesondere im Regierungssystem. In diesem Bereich beeinflusst das Grundgesetzes den spanischen Verfassungstext sehr stark. Die Gestaltung des Demokratieprinzips selbst, die klare Entscheidung für eine Parteiendemokratie, die Herausnahme des Wahlrechts aus der Verfassung und die Formel der parlamentarischen Regierung sind Elemente, die die Spanische Verfassung in vielen Fällen fast wörtlich vom Grundgesetz übernommen hat. Dessen ungeachtet ist trotz des Gleichlaufes das Bemerkenswerte, dass, wenn man in der Wirklichkeit das oberste Ziel beider Texte betrachtet – stabile an allgemeine Wahlen gebundene Regierungen –, das deutsche System in der Praxis eine enorme Suche nach einem Konsens fordert, während in Spanien die Regierungsmehrheit mit einer gewissen Bequemlichkeit ihr Programm verfolgen kann.

Notwendig ist es mit der Analyse der rechtlichen Gestaltung des Demokratieprinzips zu beginnen. Der Vergleich zwischen dem Art. 20 Grundgesetz und den Art. 1 und 2 der Spanischen Verfassung zeigt offensichtlich sofort, wie enorm glaubwürdig das Grundgesetz während des verfassungsgebenden Moments war. An erster Stelle wagen beide Verfassungstexte eine Definition, woher die Souveränität kommt: „Alle Staatsgewalt geht vom Volke aus" erklärt Art. 20 Grundgesetz, während die Spanische Verfassung in einer komplexeren Form in Art. 1.2 bestimmt, dass „Das spanische Volk, von dem alle Staatsgewalt ausgeht, der Träger der nationalen Souveränität" ist. An zweiter Stelle folgt die Spanische Verfassung dem deutschen Grundgesetz, um zu erklären, dass die Demokratie nicht das einzige Prinzip ist, dass den Staat erklärt. Für ihn gilt die schon klassische Formel des Sozialstaats und des demokratischen Rechtsstaats, das durch Art. 20 Grundgesetz und durch Art. 1.1 Spanische Verfassung eingeführt wird. Deshalb besitzt in beiden Verfassungssystemen das Demokratieprinzip nur dann einen eigenen Sinngehalt, wenn bestimmte staatliche Ziele verfolgt werden, die durch das Sozialstaatsprinzip gekennzeichnet sind und nur dann, wenn gemäß dem demokratischen Rechtsstaatsprinzip es sie mit besonderen Verfahrenskriterien erzielt. Auf der anderen Seite wird wie im Übrigen bekannt die Staatsform jedes einzelnen Systems dadurch vervollständigt, dass die Leitung des Staats benannt wird. In Deutschland und innerhalb der bereits schon gesehenen Formel, an die sich die Eigenschaft als Republik anschließt; bei der Spanischen Verfassung auf eine weniger dogmatisch saubere Art in Art. 1.3: „Die Staatsform des spanischen Staates ist die parlamentarische Monarchie". Diese Vorschrift zeigt die spanische Regierungsform an dritter Stelle an, die wie wir tiefergehend in den im Grundgesetz vorgesehenen Techniken der Rationalisierung sehen. Art. 20, ohne ausdrücklich den Begriff „parlamentarische Form" zu verwenden, zeigt die Hauptelemente dieses Modells im dritten Absatz. Die offensichtliche Nähe der Definition der repräsentativen Demokratie, hat man in zwei Punkten geändert, in der sich die Spanische Verfassung vom Grundgesetz getrennt hat. Erstens in der Abneigung gegenüber einer Volksabstimmung. Sicherlich gewährleistet es die Spanische Verfassung, dass diese Institution keinen quantitativen Gebrauch findet, aber ihre Gegenwart in entscheidenden Momenten – verstärkte Reform der Verfassung, Reform bestimmter Autonomiestatute, politische Entscheidungen von Tragweite, die durch den Regierungspräsidenten ausgewählt werden – geben ihr eine qualitative Bedeutung. Und zweitens, dass innerhalb des spanischen Textes ein Widerstandsrecht wie ein eigenes Recht der rechtlichen Gestaltung des Demokratieprinzips fehlt.

Die spanische wie die deutsche Demokratie stellen Parteiendemokratien dar. Bemerkenswert ist jedoch, dass 30 Jahre nachdem das Grundgesetz verabschiedet worden ist, die Spanische Verfassung jenem mit einer einfachen Vorschrift folgt, die dazu dient, die Bedeutung der politischen Parteien bei der Bildung des politischen Willens anzuerkennen. Tatsächlich sind der Art. 21 des deutschen Textes und der Art. 6 des spanischen Zwillinge und es ist unmöglich den Einfluss des ersten nicht zu sehen. Aber genau deshalb überrascht es, dass die Spanische Verfassung die deutsche Erfahrung nicht für Wert befindet die Parteienregelung in der Verfassung intensiver zu gestalten, zum Beispiel, bei ihrer demokratischen Organisation oder ihrer Finanzierung. Auf diese Weise beeinflusst Deutschland Spanien nur unterhalb der Verfassungsebene. Darum, weil man in Spanien grundsätzlich dem deutschen Modell gefolgt ist, wie die Parteienregulierung zu definieren ist. So ergibt sich die privilegierte Position der politischen Parteien im Wahlrecht. Sowohl im spanischen Verfassungsrecht wie auch im deutschen gibt es nur einen kleinen Raum für Wählergruppen und was gleichermaßen wichtig ist, die Parteien beherrschen die Zusammenstellung der Wahlliste, die in sich geschlossen ist und einen Block bildet. Das spanische Modell, das dem deutschen Beispiel folgt, entscheidet sich mit größerer Tiefe für eine Parteienfinanzierung, die grundsätzlich auf öffentlichen Geldern beruht. Und gleichermaßen konstruiert es ein Finanzierungsmodell, das die erfolgreichsten Parteien bevorzugt und so das Prinzip der Gleichheit zwischen den Parteien modulierend. Zum Schluss im Bereich des Parteienrechts, wenn auch jetzt schon durch das Grundgesetz direkt, hat sich das deutsche Verfassungsrecht vor allem bei der spanischen Diskussion um die rechtliche Möglichkeit politische Parteien für unrechtmäßig zu erklären, sehr präsent gezeigt. Im Gegensatz zu Deutschland sieht die Verfassung in Spanien einen solchen Fall nicht vor und lange Zeit sah es die Rechtslehre, dass sie nur nach allgemeinen Grundsätzen aufgelöst werden können, die für die gemeinschaftlichen Vereine gelten. Die Diskussion begann als das Ley 6/2002 vom 27. Juni zu den politischen Parteien entworfen und verabschiedet worden ist und das deutsche Modell in weitem Maße berücksichtigt wurde sowohl in seiner Linie zum Beispiel den Sachverhalt zu definieren, wann sie unrechtmäßig sind, das die Auflösung bedingt als auch um Alternativlösungen zu suchen, unter der sich die Kompetenzzuordnung zur ordentlichen Gerichtsbarkeit und nicht zum Verfassungsgericht befindet.

Im Bereich des Wahlrechts wäre es auch korrekt davon zu sprechen, dass die deutsche Gesetzgebung einen größeren Einflusss hat als das Grundgesetz selbst. Dies zeigt soweit schon die Tendenz eines gewissen Verfassungsminimalismus, der von der Spanischen Verfassung verfolgt wird. Ebenso wie in Deutschland erstickt in Spanien die politische Praxis die Diskussion um das Wahlsystem, weil die oberste Norm nur einen sehr knappen Inhalt hat. Dem deutschen Modell folgend anerkennt der spanische Verfassungstext die Merkmale des Wahlrechts – allgemein, frei, direkt, gleich und geheim – bei der Regelung zur Wahl des Parlaments (Art. 38 Grundgesetz und Art. 68 Spanische Verfassung). Zumindest subjektiviert auch die Spanische Verfassung diese Elemente der Wahl, in dem sie sie in die Definition des Rechts auf politische Teilhabe einfließen lässt (Art. 23 Spanische Verfassung). Wenig mehr bestimmt das Grundgesetz zum Wahlrecht und die Spanische Verfassung ist hier auch gemäßigt, obwohl sie etwas detaillierter die Einheit der Wahl definiert (der Provinz, Art. 68.2 für den Kongress und Art. 69.2 für den Senat), die entsprechenden Sitze zuzumessen und für den Kongress den Verhältnismäßigkeitsmaßstab der Verteilung der Sitze zu bestimmen (Art. 68.2). Letztendlich stellt die Entwicklung der Verfassung sowohl in Deutschland als auch in Spanien durch das Gesetz das Instrument dar, das das entsprechende Wahlsystem in präziser Weise definiert. Und hier ist der deutsche Einfluss bemerkenswert, weil sowohl Deutschland als auch Spanien aufgrund ihrer Vergangenheit fürchten, dass aufbauend auf einem wenig rationalisierte Parlamentarismus und reinen Verhältnismäßigkeitsformeln dynamische Multiparteiensysteme entstehen, die in erheblichem Maße eine dauerhafte Politik erschweren. Der spanische Gesetzgeber wie auch gleichermaßen zuvor der deutsche Gesetzgeber suchte so ausdrücklich ein Wahlsystem, das das Bestehen von starken politischen Kräften absichert, die in der Lage sind es dem Gewählten zu ermöglichen, dass er etwas verändern kann und dass gleichzeitig ein Minimum an repräsentativem Pluralismus gewahrt wird. In beiden Wahlsystemen nehmen die Kriterien wie die Sitze nach einem gemäßigten Verhältnismäßigkeitsprinzip zu verteilen sind, eine herausragende Stellung ein: In Spanien handelt es sich um die D'hontsche Regelung und in Deutschland, wo man eine Zeitlang auch dieselbe Regelung verwendete, nimmt man Hare/Niemayer. Wesentlich ist hier die Tatsache zu beachten, dass in beiden Ländern eine Ausschlussklausel besteht, 3% in Spanien und 5% in Deutschland, um zu vermeiden, dass das Parlament zu sehr aufgespalten wird, was die Regierungsfähigkeit erschwert.

Die Regierungsfähigkeit ist tatsächlich ein von beiden Verfassungen geteiltes Ziel und bei der die spanische Verfassung von der deutschen Erfahrung profitiert, um noch strengere Verfahrensweisen aufzustellen. Beide Verfassungstexte zeigen ein rationalisiertes parlamentarisches System, in der die Regierung ständig das Vertrauen des Parlaments genießt. In beiden Ländern wird die Regierung mittels des Verfahrens der Ernennung eingerichtet, das sich, obwohl praktisch identisch in Spanien darin unterscheidet, dass das Vertrauen auf dem politischen Programms beruht (Art. 99), während in Deutschland die Wahl „ohne Aussprache" erfolgt. Die individuelle Ernennung der Spitze der Regierung zeigt schon im Grundgesetz und in der Spanischen Verfassung den Vorrang des „Kanzlerprinzips" oder den „Vorrang der Präsidentschaft". Ein Prinzip, das sich sehr stark in der Macht des Regierungspräsidenten bzw. Kanzlers zeigt, die verantwortlichen Minister zu benennen und sie im Rahmen ihrer Aufgaben anweisen zu können, eine Schlüsselgewalt, bei der sich die Spanische Verfassung (Art. 98.2 und 100) klar vom Grundgesetz hat leiten lassen.

Der Einfluss des Grundgesetzes, wie durch die Spanische Verfassung Stabilität gesucht wird, erstreckt sich auf die Verantwortlichkeiten. Der spanische Verfassungstext behilft sich mit dem deutschen Text, um ein konstruktives Mißtrauensvotum zu definieren, wo nur die Neugestaltung einer alternativen Regierungsmehrheit dazu führt, dass eine Regierung zurücktreten muss. Und sie lässt sich auch bei der Gestaltung der Vertrauensfrage leiten. Auch wenn hier ein einzelner Unterschied in der Macht der Regierungsspitze besteht, das Parlament aufzulösen. Während in Deutschland die Vertrauensfrage ein erster unausweichlicher Schritt ist, dass der Kanzler die Auflösung vorschlägt, eine Auflösung, die den sofortigen Rücktritt des Kanzlers bremst, wird in Spanien, wenn einmal die Vertrauensfrage verloren wurde, automatisch ein neuer Kandidat ernannt. Daneben verfügt die Regierungspräsidentschaft – und das ist ein anderer großer Unterschied und wir können damit sagen, dass es eine spanische Perfektion des „Kanzlerprinzips" ist – außerhalb von zeitlichen Grenzen immer über die Macht, die Kammern aufzulösen, unabhängig von jeglicher anderer politischen Verantwortlichkeit.

Offensichtlich ist daher der Einfluss des Grundgesetzes auf die Spanische Verfassung bei der rechtlichen Gestaltung des Demokratieprinzips und seiner Darstellung im Regierungssystem. Der spanische Text lässt sich vom deutschen Text in der Suche nach einem Modell leiten, das eine direkte Verbindung mit dem Wahlvolk aufweist und das gleichzeitig dazu reichen soll, ein starkes Regierungshandeln zu entwickeln. Auf die eine oder andere Weise setzt man in beiden Fällen entschieden auf die Demokratie durch das Volk. Trotzdem sind offensichtlich die Ergebnisse in der Verfassungspraxis nicht identisch. Bekanntermaßen verhindert in Deutschland die praktische Anwendung des Verfassungsrechts eine Regierung einer politischen Richtung. Die Regierungskoalition ist die Regel, wobei es der Normalfall ist, dass sich eine große Partei der Hilfe einer kleinen Partei bedient mit Ausnahmen wie einer großen Koalition. In Spanien, obwohl man am Anfang auch implizit diese Koalitionsmodell mit einer großen rechten und linken Partei gesucht hat und mit zwei kleinen Parteien an beiden Rändern, hat die politische Verfassungswirklichkeit zwei große Parteien erzwungen, die dazu berufen sind, selbständig zu regieren. Nicht umsonst bilden die absoluten Regierungsmehrheiten keinerlei Ausnahme. Und wenn die Regierungen nicht über eine derartige Mehrheit verfügen, haben sie sich niemals verweigert eine Regierung einer politischen Richtung zu bilden, indem sie punktuelle Hilfe bei verschiedenen Parteien suchten, um ihr politisches Programm als Gesetzgeber umsetzen zu können.

## V. Verfassungsgerichtsbarkeit

Die elementare Charakteristik des zeitgenössischen Verfassungsstaates ist die Unterwerfung des Gesetzgebers unter die Verfassung. Dies ist eine neuartige Gliederung der Demokratie, die zur Folge hat, dass das Regieren durch das Mehrheitsprinzip fortgeführt wird, aber nun mit dem gebührenden Respekt von einigen ultimativ bestimmten Garantien in der Verfassung. Die fundamentale Einrichtung bei der Realisierung von diesem Ideal ist das Verfassungsgericht. Bei diesem Punkt ist der Einfluss des deutschen Verfassungsrechts, von seinem Grundgesetz, von seinem Verfassungsgerichtsgesetz, von seiner Rechtsprechung und seiner Doktrin, sehr intensiv.

Dem deutschen Modell direkt folgend, wählt man in Spanien eine Verfassungsgerichtsbarkeit, die in einem besonderen Organ konzentriert ist. Das Verfassungsgericht übt seine Gerichtsbarkeit selbst aus (Art. 92 und 93 Grundgesetz und Art. 161 Spanische Verfassung), aber nur in Fällen mit Verfassungsbezug. Das äußert sich dadurch, dass man sich in beiden Modellen für ein aufgelistetes Verzeichnis der Kompetenzen entscheid. Wobei in Spanien die Möglichkeit bestand diese Auflistung zu vergrößern, was man mit Behutsamkeit und kurioser Weise gemacht hat. Eine von seinen Funktionen ist es gewesen die Kompetenz über die Kontrolle der kommunalen Selbstverwaltung, in die Reihe die in Art. 93 I 4b GG vorhergesehen ist, einzuführen[10].

In der dogmatischen Erklärung der Stellung des Verfassungsgerichts, hat man sowohl in Deutschland, als auch in Spanien die Beschaffenheit der Rechtsprechungsfunktion ausfindig gemacht, um das Tribunal als ein Verfassungsorgan zu charakterisieren. Bei dieser Qualifikation ist der Einfluss offenkundig, welcher die Ansicht von Leibholz – einem führenden Richter des deutschen Bundesverfassungsgerichts – auf García Pelayo – den ersten Präsidenten des spanischen Verfassungsgerichts – hatte[11]. Für beide unterscheidet sich die Beschaffenheit des Verfassungsorgans über ihre Funktion der Rechtsprechung von einer Institution die sich bei den restlichen Verfassungsorganen situiert und sich damit das Gebilde des Staates ergibt. Auf andere Weise ausgedrückt, ohne das Verfassungsgericht, wären der spanische und der deutsche Staat ein anderer Staatstype.

Diese spezifische Bedingung des Verfassungsorgans wird für die spanische und deutsche Doktrin verwendet um die einzigartige Zusammensetzung der Verfassungsgerichte zu erklären. In Spanien sowie in Deutschland, verzichtete man auf eine Auswahl der Verfassungsrichter basierend auf der juristischen Karriere und man bewilligte die Auswahl durch die restlichen Verfassungsorganen. Bekanntlich ordnet

---

[10] Ley Orgánica 7/1999, de 21 de abril.

[11] G. Leibholz, „Der Status des Bundesverfassungsgerichts", Jahrbuch des öffentliches Recht, 6 (1957). M. García Pelayo, „El status del Tribunal Constitucional", in ders. *Obras completas*, Vol. III, CEC, Madrid, 1999.

das Grundgesetz an, dass die Hälfte der 16 Richter vom Bundestag und die andere Hälfte vom Bundesrat gewählt werden. Nach der Lehre stellt dieser Vorgang die Gliederung des demokratischen Systems und das föderale Prinzip in der Berechtigung des Organs sicher. Das Bundesverfassungsgerichtsgesetz bestimmt außerdem die 2/3 Mehrheit für diese Wahl. Dies erfasst in ihrem Fall die Opposition und die Minderheitsgruppierungen. In Spanien gibt die Verfassung vor, diesem Modell der einzigartigen Auswahl der Verfassungsrichter zu folgen. Trotzdem scheitert die Einbeziehung des föderalen oder autonomen Prinzips, denn der spanische Senat ist in Wirklichkeit keine Kammer der territorialen Repräsentation. Lediglich in der jüngsten Reform des Verfassungsgerichtsgesetzes (Ley X, 6/2007) hat man beabsichtigt, dass jenes autonome Prinzip in der Vorlage seitens der regionalen Parlamente für die Kandidaten einzuführen, die der Senat wählt. In Spanien, übrigens sich vom deutschen Modell entfernend, führt man in der Wahl jeweils zwei Richterämter für den Regierungspräsidenten und für den Richterwahlausschuss ein. Gleichwohl die Auswahl der Verfassungsrichter, ebenso wie in Deutschland, materiell in den Händen der politischen Parteien verbleibt. Von ihnen hängt in letzter Instanz, dass ultimative Profil des Verfassungsrichters ab.

Bei dem Status des Verfassungsrichters folgt die Spanische Verfassung leicht dem deutschen Modell. Eingesetzt durch die zeitliche Ernennung auf neun Jahre und der Erneuerung von vierer Gruppen, sichert dies die Anpassung des Organs an die neuen Zeiten. Trotzdem ist die Aufarbeitung im Gesetz von anderen Profilen des Verfassungsrichters im spanischen Falle ziemlich mangelhaft, mit einer ergänzenden Verweisung auf die eigene Regelung der ordentlichen Richter. Dies hat jüngstens zu intensiven Störungen bei den Stimmenthaltungen und Ablehnungen der Richter geführt, die bei einer Rechtsprechung von zweifelhafter Güte, den Status des Verfassungsrichters mit irgendeinem anderen Richter gleichgesetzt haben.

Hinsichtlich der Kompetenzen kann man folgern, dass in Spanien sorgfältigst die deutsche Lage analysierte und dass man schließlich ein Verfassungsgericht sehr ähnlich zum deutschen formte. In beiden Wortlauten unterscheidet man zwischen dem Gericht als Richter über das Gesetz, über die Grundrechte, über die territoriale Organisation und über die Gewaltenteilung.

Bezüglich der Gesetzeskontrolle, machte die Spanische Verfassung von der deutsche Erfahrung gebrauch, besonders bei der bereitgestellten Entwicklung des Bundesverfassungsgerichtgesetzes, und gegliedert sie in eine abstrakte und konkrete Normenkontrolle. Bei ersterer, dem deutschen Modell folgend, gestaltete man eine aktive Legitimation die nach einer sachlichen Verteidigung der Verfassung sucht, und daher der zentralen und der autonomen Regierungen anheim fällt, bei einer Anzahl von 50 Abgeordneten, die Spanische Verfassung ergänzt im Vergleich zum Grundgesetz die Aktivlegitimation für den Ombudsmann, die für 50 Senatoren und die für die Regionalparlamente. Den Gegenstand der Kontrolle definiert man in beiden Fällen mit der Begründung der Gesetzesform und während man in Deutschland diesen Gegenstand konkretisiert hat durch die Rechtsprechung, macht das spanische Verfassungsgerichtsgesetz Gebrauch von der deutschen Erfahrung um das Objekt in Art. 28 LOTC (Ley Orgánica del Tribunal Constitucional, spanisches Verfassungsgerichtsgesetz) zu spezifisieren.

Gleichwohl fällt die unterschiedliche Definition ins Auge, welche man bei der abstrakten Normenkontrolle trifft. Während das Grundgesetz von „Meinungsverschiedenheiten oder Zweifel" über die Vereinbarkeit der Bundes- oder Ländergesetze mit dem Grundgesetz spricht, schränkt das spanische Verfassungsgerichtsgesetz ihre Definition ein und spricht schlichtweg von „Vereinbarkeit oder Unvereinbarkeit". Schließlich was die Auswirkungen der Beurteilungen betrifft und obwohl das Grundgesetz nichts ausdrücklich bestimmt, ist die Gleichartigkeit zwischen den §§ 78,79 BVerfGG und Art. 39, 40 LOTC offensichtlich. Jedoch hat man zusätzlich, die durch das deutsche Bundesverfassungsgericht durchgeführte Interpretation von diesen Vorschriften, ergänzende Techniken inkorporiert – die Unverfassungsmäßigkeit ohne Nichtigkeit, das Auslegungsurteil, etc. – diese sind von dem spanischen Verfassungsgericht übernommen worden, welches mit ähnlichen Kategorien gearbeitet hat (wenngleich hier, vor allem bei den Auslegungsurteilen, der Einfluss des italienischen Verfassungsgerichts auch sehr signifikant gewesen ist). Und nicht weniger wichtig ist der Einfluss den das Grundgesetz auf die konkrete Normenkontrolle gehabt hat. Das Lesen des ersten Teils von Art. 100 GG antizipiert Punkt für Punkt den Art. 163 SV. Und indessen ruht der gewisse Unterschied, der bestehen kann, zwischen dem „Halten für verfassungswidrig" in Art. 100 GG und „kann widersprüchlich zur Verfassung sein" (Art. 163 SV), wobei es ziemlich sicher ist, dass das spanische Verfassungsgericht sich bei der Interpretation des Art. 163 SV sich an den Terminus des Art. 100 GG angenähert hat, um eine feste Überzeugung zufordern und nicht lediglich einen Zweifel über die hypothetische Verfassungsmäßigkeit des Gesetzes. Im Grunde genommen hält man sowohl in dem einen System, als auch im anderen danach Ausschau, die Frage der Verfassungswidrigkeit für das Verfassungsgericht bei der Gesetzeskontrolle zu reservieren, um die ordentliche Rechtsprechung in die Kollaboration einzubinden um diese Kontrolle zu erleichtern.

Der Schutz der Grundrechte mittels des Verfassungsgerichts wird sowohl innerhalb der Normativen als auch in der Praxis aufgeteilt. Es handelt es sich normativ um Prozesse, die eine konkret subjektive Situation schützen wollen und gleichzeitig eine objektive Grundrechtsgarantie gewähren soll. Diese Finalität drückt sich in den identischen Charakteristiken aus, die sich das spanische und deutsche Modell teilen. Als erstes ist der Gegenstand der Kontrolle ein Akt der öffentlichen Gewalt (Art. 93 I Nr. 4a GG, § 90 BVerfGG, Art. 41 ff. LOTC). Zweitens handelt es sich um eine subsidiäre Kontrolle, demnach erfordert es in beiden Fällen Ausschöpfung des zulässigen Rechtswegs (§ 90 II BVerfGG, Art. 43 und 44 LOTC). Und drittens die Beschaffenheit des Urteils, welches sich grundsätzlich an der Untersuchung des Rechts orientiert, mit der Nichtigkeit der Amtshandlung, welche die Verletzung herbeiführte – einschließlich der möglichen Verfassungswidrigkeit des Gesetzes auf welchem die Verletzung eindeutig beruht – und die bindende Kraft für ähnliche Fälle (§ 95 BVerfGG, mit geringerer Präzision Art. 55 LOTC). Jedenfalls haben sowohl in Deutschland, als auch in Spanien, die normativen Bestimmungen zu einer Überlastung der Verfassungsbeschwerde geführt. Dieser Umstand legt permanent den Zweck von diesem Rechtsmittel dar, sei es eine objektive oder subjektive Verteidigung der Grundrechte, und ohne Zweifel wurde bei dieser Debatte der Einfluss der deutschen Dogmatik, einschließlich der Reformprozesse, sehr ernst genommen.

Beim Analysieren des Bund-Länderstreits, erstellt die Lektüre der §§ 68–70 BVerfGG dem spanischen Leser unmittelbar einen Kontext zu den Art. 62–67 LOTC. Die Ähnlichkeiten sind offensichtlich. Die Aktivlegitimation stellt man zur Verfügung für die Zentralregierung und der peripheren Regierungen, der Gegenstand ist der gesamte juristische Umfang von Bund/Zentralstaat oder von Land/autonome Region, der Rahmen ist die Verfassung, man bestimmt eine vorstreitige Vorgehensweise für einige Fallgruppen und der Urteilsspruch, falls er stattgegeben wird, soll die Inhaberschaft der Kompetenz angeben. Trotzdem ist es auffällig, dass man generell bekräftigt, dass es sich in Deutschland um eine Vorgehensweise handelt mit einem sehr engen Gebrauch und selbst sie haben Schwierigkeiten die Bedeutung des vorgesehenen Vorgangs in Art. 93 I Nr. 4 GG („in andere öffentlich-rechtlichen Streitigkeiten zwischen dem Bunde und den Ländern") zu erklären, welcher offensichtliche Ähnlichkeiten mit dem Art. 161 II SV aufweist. Ganz im Gegenteil zu Spanien, wo der Bund-Länderstreit den untergesetzlichen Akten die volle Aufmerksamkeit einräumt. Schließlich beschränkt man die Auseinandersetzung zwischen Bund und Länder auf das Gesetz, so dass man sie konform der Vorgehensweise der abstrakten Normenkontrolle abwickelt, und hier tritt eine weitere Ähnlichkeit auf.

Dennoch hat man den Einfluss des Grundgesetzes und des Bundesverfassungsgerichtgesetzes nicht aufgenommen für die Situation von Konflikten zwischen Verfassungsorganen. In Deutschland erfüllt man damit den Zweck, die in dem Grundgesetz bestimmte Gewaltenteilung soweit zu garantieren, sowie die Minderheiten zu beschützen. Dies veranschaulicht, dass man die Aktivlegitimation in § 63 BVerfGG den Verfassungsorganen zugewiesen hat, aber auch Teilen von Verfassungsorganen und auch an diejenigen, welche eigene Rechte eingeräumt wurde. Auf diese Weise hat die deutsche Verfassungsrechtsprechung die Aktivlegitimation an die parlamentarischen Gruppen verliehen, für Rechte die individuell von Parlamentarier wahrgenommen werden und einschließlich der politischen Parteien. Diese Rechtstellung ist in Spanien unmöglich, wo man die Aktivlegitimation lediglich den Verfassungsorganen zugesteht. Der Umstand der erläutert, dass ein großer Teil der Auseinandersetzungen über die Anwendung der parlamentarischen Rechte von dem Verhältnis Regierung-Parlament abhängig ist, haben sie durch die Verfassungsbeschwerde für Abgeordnete ausgefertigt.

Letztendlich ist es notwendig einen entscheidenden Unterschied anzuführen zwischen dem deutschen und dem spanischen Verfassungsgericht, welcher dennoch Methoden der Übereinstimmung aufzeigen kann. Im Falle des deutschen Bundesverfassungsgerichts teilt dieses verfassungsrechtliche Zuständigkeiten mit den Landesverfassungsgerichten auf, was das Ergebnis der verfassungsrechtlichen Autonomie der Bundesländer ist. Gleichwohl ist dies nicht die spanische Annahme, worin das Verfassungsgericht das einzige Organ mit verfassungsrechtlicher Jurisprudenz ist, zumal sich die autonomen Regionen ihnen verweigern, die Staatsgewalt mit der eigenen Verfassung auszustatten. Aber das bedeutet nicht, dass in Spanien, wie in Deutschland die Verfassungsräume nicht konkurrieren. Ebenso wie bei Ausnahmetatbestände das Bundesverfassungsgericht für die Länder zuständig ist, ohne tatsächlich Verfassungsgericht des Landes zu sein. In Spanien liegt das Verfassungsgerichten ebenfalls bei den autonomen Regionen, demnach wachen drüber sie, ob die abstrakte und konkrete Normenkontrolle von dem autonomen Gesetze und die Verfassungsbeschwerden gegen die autonome öffentliche Gewalt anerkannt werden. Auf diese Weise wirkt materiell das Statut der autonomen Region, welches formell keine Verfassung darstellt, wie eine Verfassung in den Händen des Verfassungsgerichts, welches es behandelt wie eine eingeschobene Norm um die Gültigkeit des autonomen Gesetzes zu überprüfen in Bezug auf die korrespondierenden verfassungsrechtlichen Vorschriften.

## VI. Europaklausel

Der Schutz der Grundrechte und die Staatsorganisation mittels des demokratischen Prinzips sind politisch-juristische Errungenschaften, die zurückführen zu einer langen Geschichte von Absichten und Fehlschlägen. Die Konstruktion des juristischen Europas hingegen beruht darauf, dass die Einheit des Kontinents auch ein Wunsch mit tiefen Wurzeln war. Sie erscheint in den verfassungsrechtlichen Zielen wie eine der großen Erneuerungen in der zweiten Hälfte des 20ten Jahrhunderts. Die Erschaffung von einer internationalen juristischen Vereinigung, nicht gänzlich von den Staaten verwaltet und eigenem Recht mit direkter Wirkung und Vorrangstellung, wandelte man in ein fruchtbares Ziel, welchem es obliegen wird viele Fundamente des staatlichen Verfassungsrechts neu zu konzipieren. In diesem Sinne haben insoweit das Grundgesetz sowie die Spanische Verfassung einen gemeinsamen Ansatzpunkt. Beide sehen zu Beginn einen Vorgang von essentieller verfahrensmäßiger Beschaffenheit vor, beauftragt um eine Vorgehensweise aufzuzeigen und die berufenen Organe zum Verhandeln und zum Anerkennen der konstitutiven Verträge von internationalen Wirklichkeiten aufzurufen, welche abgeleitete Befugnisse der Verfassung oder der „öffentlichen Gewalt" übernehmen. Im Falle Deutschlands hat der ursprüngliche Artikel etwas von einem ungewissen Abenteuer und bestrebte tatsächlich die klassische interne Schwierigkeit des internationalen juristischen Geschäfts aufzulösen, soweit man ein Parlament vergegenwärtigen wollte, und so seiner Entmachtung vorbeugte. Mehr Zweifel bietet die spanische Vorschrift, die seit 1978 nicht mehr reformiert wurde. Im gleichen Moment war die europäische Gemeinschaft schon eine sichere Realität mit umfassendem Betätigungsfeld, welche offensichtlich zeigten, dass das Problem der supranationalen Integration nicht einfach betrachtet werden konnte, als ein Spiegelbild der typischen Fragen des internationalen Rechts. Ohne Zweifel bestand zunächst die Schwierigkeit der Eingliederung einer Rechtsordnung in staatliches Recht, der die materiellen Grundlagen der Verfassungsmäßigkeit fehlte. Vielleicht erstaunt es auch, dass solch eine Frage nicht einmal minimal angesprochen wurde durch die Spanische Verfassung, die sich beugte, um den klassischen Modellen, unter ihnen das deutsche, zu folgen. Sie war einfach dazu bestimmt die Vorgehensweise und die nötigen Organe bei der Aufgabenbefugnis zu regulieren. Möglicherweise existieren Gründe für diese Verhaltensweise der spanischen Verfassungsgebendenversammlung. An erster Stelle, gab es zu der Zeit keine so intensive Debatte wie momentan, in Bezug auf die materiellen Grenzen des Integrationsprozesses. Man erfasste intuitiv das Problem – siehe Solange I – aber es ist niemals mit seiner vollen Potenz aufgetreten. An zweiter Stelle gab man eine tiefgründigere Erklärung, bezogen auf den eigenen spanischen Kontext. Spanien verabschiedete sich von einer langen Diktatur und musste sich schnell juristisch-demokratisch bezogen eingliedern, was Europa anbot. In dieser Beziehung war es schwierig zu verstehen, dass die spanische Verfassungsgebendeversammlung materielle Bedingungen bestimmte für den Integrationsprozess.

Die methodische Beschaffenheit der deutschen oder spanischen Verfassungsvorschrift, welche der europäischen Realität gegenüberstanden, wurde in beiden Fällen und mit vergleichbaren Anweisungen durch die Rechtsprechung anerkannt. Die Rechtsprechung der Verfassungsgerichte ist behilflich gewesen um einige materielle Grenzen im Prozess der europäischen Integration abzustecken. Es ist allen bekannt, dass die Solange-Rechtsprechung das Bekenntnis zu den Grundrechten auf Seiten des Gerichtshofs vorantrieb und dass man das Maastrichturteil lesen kann wie den Ursprung von einer größeren Aufmerksamkeit seitens desselben Gerichts auf Probleme der Befugniszuweisung. Diese Doktrin wurde frühzeitig in die spanische Lehre aufgenommen, welche die deutschen Probleme betrachtete. Dennoch benötigte das spanische Verfassungsgericht lange um die verfassungsrechtlichen Probleme, welche das europäische Recht aufwarf, weiterzugeben. An erster Stelle, weil der höchste politische Konsens, welcher sich immer am Prozess der Eingliederung erfreut hat, in den meisten Fällen eine tiefgründige Analyse der Verfassungsmäßigkeit von den Gründungsverträgen gescheut hat. Lediglich Maastricht und der frustrierende Verfassungsvertrag verdienten eine Erklärung des höchsten Gerichts, als Ergebnis der Befragungsmöglichkeit, welche die Regierung gegenüber den hypothetischen Zweifeln bei der Verfassungsmäßigkeit wahrnahm. An zweiter Stelle dehnte das Verfassungsgericht eine strikte prozessuale Vision lange Zeit hindurch aus, angesichts der Fragen von Verfassungswidrigkeit oder durch Einführung von Verfassungsbeschwerden bei der Anwendung von europäischem Recht. Damals bemerkte das Gericht, dass die auftretenden Probleme bei der konkreten Anwendung des europäischen Rechts, eigentlich subkonstitutionelle Fragen waren, welche die Aufmerksamkeit der verfassungsrechtlichen Rechtsprechung verdienten. Obwohl sich die Einseitigkeit des Verfassungsgerichts nicht ganz auflöste, haben die Deklarationen 1/1992 und 1/2004 dem Verfassungsgericht geholfen, minimal den bezogenen Fragen auf die materiellen Grenzen im Integrationsprozess entgegenzutreten.

Die erste Deklaration, die 1/1992, an welcher man das im Maastrichtvertrag vorgesehene passive Wahlrecht von den europäischen Bürgern bei den Kommunalwahlen kritisierte und welches ausdrücklich dem Art. 13 I SV widersprach, half dem Verfassungsgericht einige feste obgleich gemäßigte Schritte zu machen. Das Verfassungsgericht erklärte mit Klarheit, dass der vorgesehene Vorgang bei der Übertragung von Kompetenzen an die Europäische Gemeinschaft, kein Prozess der Verfassungsreform war. Folglich war es zwecklos, wenn man forderte den Verfassungstext direkt zu ändern. Hierfür bedurfte es zuvor einer Verfassungsreform, welche die wörtlichen Gesetzeswidersprüche überwindet und zum Integrationsprozess befähigt. Ein bisschen verdeutlichte das Verfassungsgericht was zu tun ist, ohne darzulegen, wie man einem Teil der Lehre getrotzt hatte, wenn der Vertrag nicht direkt mit dem Verfassungstext kollidiert, dafür sich aber seine verfassungsrechtlichen Grundlagen ändern. Schließlich untersuchte man diese Frage in der Deklaration 1/2004, als sich das Gericht dem gescheiterten Verfassungsvertrag direkt entgegenstellte. Hier wählte das Gericht den durchlaufenen Weg der Deklaration 1/1992, welches ihn beschritt um es zu verfestigen, dass der Vorgang der Integration nicht als ein Reformprozess verwendet werden konnte. Dessen ungeachtet stellte man auch fest, dass Art. 93 SV, wenngleich er die Vorschrift war, die den Integrationsprozess gestattete, gleichzeitig die Voraussetzungen für die Gültigkeit des europäischen Rechts durcheinander brachte. Dies daher, weil Art. 93 als Parameter nicht das staatliche Verfassungsrecht, sondern die Gründungsverträge zu Grunde lagen, deren Verfassungsfundament man aber gleichsetzen konnte mit denen von der Verfassung. Gleichwohl verkündete das Verfassungsgericht, wobei es mit den übrigen europäischen Verfassungsgerichte in direkten Dialog trat, dass es immer eine Art von verfassungsrechtliches Minimum geltend machen werden kann. Es würde sich um ausdrücklich einberäumte Grenzen in der Verfassung handeln und dass sie aus dem Respekt bestehen würden „vor der Souveränität des Staates, vor unseren grundsätzlichen Verfassungsstrukturen und aus dem System von Werten und fundamental geweihten Prinzipien in unserer Verfassung, in welcher die Grundrechte eine eigene Funktion erlangen".

Das spanische Verfassungsgericht hat sich in das Zentrum des Integrationsprozesses gestellt, hierbei für sich vorbringend, die letzte Gewalt mit der Garantie zu sein, bei welcher wir die Verfassungsideologie anrufen könnten gegenüber den involutionistischen Faseleien, welchen die Europäische Union zum Opfer fallen könnte. Auf diese Weise erledigt es seine Arbeit, mit einigen besonderen Eigentümlichkeiten mit spanischem Zusammenhang. Die Lehre von den Gegenschranken, welche die europäischen Verfassungsgerichte mit besagten Variationen aufgenommen haben, insbesondere dort, wo ein Modell mit konzentrierter Rechtsprechung herrscht. Die Wortkargheit der Europaklausel ist dadurch nach und nach angereichert worden, sowohl in Deutschland als auch in Spanien, bis sie in ihr enthalten war.

Gleichzeitig haben Deutschland und Spanien einen ähnlichen Wandel erfahren hinsichtlich des Einflusses des europäischen Rechts auf die territoriale Organisation. In beiden Fällen formulierte man das Problem mit ähnlichen Phrasen: die Umsetzung der Befugnisse der Europäischen Gemeinschaft wirkt sich in paralleler Weise auf einen Entzug der Hoheitsmacht der der Bundesländer und autonomen Regionen aus. Zunächst, weil diese nicht an den Entscheidungsprozessen der Europäischen Union partizipieren. Zweitens, weil das europäische Recht Rechtsräume einnimmt, die verfassungsgemäß den Ländern oder den autonomen Regionen zustehen würden. Bei diesen Umständen haben sich die spanischen Lösungen unter anderem auf die deutschen Tatbestände gestützt, wenn man sie auch nicht gänzlich in ihre Konsequenzen ausgeschöpft hat, was man gerne darin sieht, dass ein Unterschied besteht, zwischen unseren autonomen Modell und dem föderalen Modell. Obwohl man, zum Beispiel, die autonomen Regionen zur Partizipation an dem europäischen Entscheidungsprozess bevollmächtigt hat, begrenzte die Stellung des Staates und auch dessen konstituierender Teil die Repräsentation desselbigen. Bislang hat man nicht den Punkt erlangt einen autonomen Vertreter die gesamte Repräsentation des Staates zu übertragen (obwohl die Möglichkeit der Bevollmächtigung zum Vorsitz der Delegation in einigen der jüngsten Reformen der Statuten vorgesehen ist, wenn es in Zukunft der staatlichen Gesetzgebung unterstellt wird). Ebenso hat man in Spanien, Deutschland nachfolgend, die Kompetenzzuteilung bei der Entwicklung des europäischen Rechts unversehrt behalten wollen, um die Koordination zu erleichtern. Gleichwohl hat in der Praxis der Zentralsaat, indem er einen extensiven Gebrauch von einigen Verfassungskompetenzen macht, den größten Teil des Umsetzungsbereichs beim europäischen Recht, so dass die autonomen Regionen auf diesem Gebiet eher eine Aufgabe der Ausübung wahrgenommen haben (auch in diesem Punkt, haben einige der neueren Reformen von Statuten Mechanismen eingeführt, die eine größere autonome Intervention möglich machen). Obwohl es im Grunde genommen ein Teil eines ähnlichen Problems ist, hat sich die Stärke des deutschen föderalen Prinzips, gegenüber dem weniger intensiven spanischen Autonomen Prinzips, als Antwort herausgestellt auf gesuchte Ziele und ähnlichen Techniken. Diese münden in verschiedenen Ergebnissen welche die verschiedenen territorialen Regierungsformen berücksichtigen.

Die Untersuchung der Verfassungsanpassung an die europäische Wirklichkeit kann man nicht zu Ende bringen, ohne dass eine minimale Betrachtung der Übernahme der verschiedenen Verfassungstexte in die neuen Realitäten erfolgt. Wir haben gesehen, wie das Grundgesetz und die Spanische Verfassung, unter Beachtung des zeitlichen Unterschieds in ihrer Entstehung, seit ihren Anfängen identische Lösungen hervorbringen, die aus der Erfordernis bestehen, dass eine Vorschrift, welche die Organe und die adäquate Vorgehensweise für die Anerkennung von Verfassungskompetenzen beschränkt. Ebenfalls in beiden Verfassungswirklichkeiten, sei es die Rechtsprechung oder sei es die Gesetzgebung, haben sie ergänzende Lösungen beigebracht, mit denen sie die Prägnanz des Verfassungstextes überwunden haben. Dennoch besteht der radikale Unterschied in der Rechstellung, die man diesen flexiblen Lösungen gibt. Im deutschen Falle haben sie im Verfassungstext, mittels zweckmäßiger Reformen, schrittweise eine reflexive Lösung gefunden und die erprobten Antworten in den Rahmen des subkonstitutionellen Rechts eingeflochten. Auf eine Weise dient die tägliche Praxis als Laboratorium mit seinem Muster an Mechanismen, die wenn sie einmal eingebracht sind, diese in das Grundgesetz inkorporiert und so seine Funktionalität bei der Organisation der politischen Gemeinschaft anerkennt. Trotzdem zwingen im spanischen Falle, die bei jeder Verfassungsreform auftretenden Schwierigkeiten dazu, dass die beschlossenen Wege in der politischen Praxis und Rechtsprechung eine höhere Phase nicht übersteigen, was Fragen von hoher Bedeutung hervorruft, die immer im Zusammenhang mit den konjunkturellen Schwankungen unterbreitet werden.

## VII. Die Herausforderung des Modells im supranationalen europäischen Zusammenhang

Wir haben in dieser Arbeit verschiedenste Bereiche gesehen, bei denen das Grundgesetz (nicht nur der Text, sondern auch bei der Weiterentwicklung: die deutsche Lehre und Rechtsprechung) das spanische Verfassungssystem beeinflusst hat (auch in ihrem Text, die Verfassung von 1978 und hier modernisiert durch die Arbeit der spanischen Lehre, der normativen Entwicklung der Verfassung und der Rechtsprechung des Verfassungsgerichts).

60 Jahre nach seiner Verabschiedung hat das Grundgesetz wichtige historische Funktionen für Deutschland und für Europa erfüllt. Es ist der Kern gewesen, die Moral Deutschlands nach dem Krieg wiederherzustellen und hat für viele europä-

ische Länder als Modell gedient. Es hat die Integration der DDR durch die neuen Länder auf Verfassungsebene ermöglicht. Es hat als Motor einer europäischen Verfassungskultur funktioniert, das zu dem Integrationsprozess in seinen wesentlichen Elementen kongenial passt: territorialer Pluralismus, Demokratie und Garantie der Grundrechte.

Aber gleichzeitig ist das Grundgesetz schon nach Peter Häberle nur ein Teil des deutschen Verfassungsrechts. Wie alle Verfassungen der Mitgliedsstaaten der Europäischen Union ist es nur eine Teilverfassung, die man in jedem Land mit den Grundnormen der Europäischen Union verbinden muss, um das vollständige Verfassungsrechts jedes Mitgliedsstaats zu bestimmen.[12]

Die deutsche Verfassung stellt so eine juristische Ordnung dar, die historisch im Gesamtzusammenhang des Nationalstaats entstand und die jetzt in einem anderen Zusammenhang funktionieren muss, der auf der supranationalen Ebene des Staats beruht. Auch in anderen europäischen Ländern mittels der normativen Verfassungen, die dem Beispiel des Grundgesetzes gefolgt sind, ist man zu den großen gesellschaftlichen und territorialen Bündnissen gekommen, die zu den demokratischen Zentralstaaten und Föderalstaaten geführt haben. Der territoriale Pluralismus, die Garantie der Grundrechte, das Sozialstaatsprinzip, die Wahrung von Minderheiten, sind in vielen Ländern möglich gewesen dank dessen, dass einige wesentliche Regeln des Zusammenlebens in einem Grundtext aufgestellt worden sind, die mittels juristischer Verfahrensweisen wirksam gemacht werden durch das Recht.

Im supranationalen Zusammenhang ist die Situation in Teilen anders. Die Normativität der Verfassung wird auf die Probe gestellt, weil ein großer Teil der politischen Entscheidungen sich von der staatlichen Ebene auf die europäische Ebene verlagern, wo es noch keine Verfassungskontrollen gibt, die eine demokratische Kontrolle der öffentlichen Gewalt zulassen. Aus Sicht der Funktionalität ist der Prozess der Integration zweifellos sehr nützlich für die Mitgliedsstaaten gewesen, zumindest in den ersten 50 Jahren. Trotzdem hat sich dieser Prozess während vieler Jahre im Rahmen der europäischen Verfassungskultur fortentwickelt.

Als letztes haben die Staaten in großem Maße das große verfassungsgebende Bündnis widerlegt, das es in einigen Staaten gegenüber dem sozialen Rechtsstaat gab als eine politische Gestaltung des Verfassungsrechtsstaats. Dies erklärt, dass weite Teile der öffentlichen Meinung im Staat gegenüber dem europäischen Integrationsprozess widerwillig waren. Letztendlich ist das, was die Staaten gemacht haben, die staatliche Souveränität innerhalb eines supranationalen Rahmens in Absprache mit den anderen Staaten zu verlagern. Die Kontinuität der Staaten und die fehlende Kontinuität der Bürgerschaft im europäischen Raum ist der Schlüssel, der dieses Modell ermöglichte. Angesichts der bestehenden Auseinandersetzung im Konstitutionalismus des Verfassungsrechtsstaats innerhalb eines politischen Diskussions- und Entscheidungs-

---

[12] Peter Häberle, *¿Tienen España y Europa una Constitución? Spanisch von* Miguel Azpitarte Sánchez, mit einem Vorwort von Angel López López, Fundación El Monte, Sevilla, 2004. Siehe ebenfalls, P. Häberle, „Europa – eine Verfassungsgemeinschaft?", in P. Häberle, *Europäische Verfassungslehre in Einzelstudien*, Nomos Verlagsgesellschaft, Baden-Baden, 1999, S. 84ff. Auch P. Häberle, „Europa como comunidad constitucional en desarrollo" Spanisch von Francisco Balaguer Callejón, *Revista de Derecho Constitucional Europeo*, n 1, Enero-Junio de 2004, S. 11–24. http://www.ugr.es/~redce/ und P. Häberle, *Europäische Verfassungslehre*, 6. Auflage, Nomos/Dike, Baden-Baden/Zürich/St. Gallen, 2009.

rahmens und eines juristisch-rechtlichen Verfassungsrahmens, um die Macht zu begrenzen, sind die Bedingungen im europäischen Bereich sehr unterschiedlich gewesen. Die Staaten haben sich gemeinsam in Europa in supranationalen Absprachen festgelegt und diese Entscheidungen von dem Verfassungsraum und der öffentlichen nationalen Diskussion abgetrennt und sie sind gezwungen sie dadurch zu erfüllen, dass sie in ein Rechtssystem eingefügt werden, was durch das Prinzip des Vorrangs gebunden wird.

Aus Sicht der Normativität der Verfassung, das das deutsche Grundgesetz als ein Modell für andere Verfassungssysteme beeinflusst hat, einschließlich des spanischen, ist das Ergebnis eine Bankrotterklärung des historischen Sinns dieser Normativität. Auf der einen Seite bleibt ein Teil des Verfassungswesens von der staatlichen Verfassung getrennt, um ihn in den europäischen Raum zu verschieben (zusammen mit den Kompetenzen, die der Staat auf die Europäische Union überträgt). Auf der anderen Seite ist die politische Macht, die sich aus der Übertragung der Kompetenzen auf die Europäische Union ableitet, schon nicht mehr der Kontrolle der internen Verfassungsgerichtsbarkeit unterworfen. Die politische Gemeinschaft als solche kann schon nicht direkt in diejenigen Bereiche eingreifen, die europäisiert worden sind.

Die Verfassungsentwicklung der Europäischen Union ist strukturell schwächer als die der Mitgliedsstaaten, weil im politischen Europa die gesellschaftlichen Konflikte immer durch die Vermittlung der Staaten gelöst werden. Es gibt Wege, damit die europäische Bürgergemeinschaft an den Entscheidungsprozessen mit der gleichen Intensität teilnehmen können, mit der sie es innerhalb der Mitgliedsstaaten können. Aber gleichzeitig berührt diese Unterentwicklung der EU negativ die interne Verfassungsentwicklung der Mitgliedsstaaten, weil es die gesellschaftlichen Konflikte umgeht, sie nicht durch Verfassungsregelungen löst, und sie aber auf eine europäische Ebene trägt, wo sie verwässert werden und sie auf eine Weise gelöst werden, die nicht voll demokratisch ist.

Die Grenzen der nationalen politischen Gemeinschaft zeigen sich nicht nur bei der normalen politischen Tätigkeit. Tatsächlich zersplittert die eigene verfassungsgebende Gewalt und die klassische Trennung zwischen verfassungsgebender Gewalt und Verfassungsreform wird durchbrochen. Es ist nicht schon allein die Verfassungsreform, sondern auch die verfassungsgebende Gewalt, die rechtlichen Grenzen unterworfen ist, die es ihr untersagen einseitig die Bedingungen der supranationalen Integration des Staats zu verändern. Aus diesem Grund nähert sich die verfassungsgebende Gewalt der Verfassungsreform an und die Souveränität bleibt auch in dem Moment, in dem eine neue Verfassung aufgestellt wird, begrenzt.

Den Verlust der Normativität der nationalen Verfassung zu lösen, ist nichts anderes als einen Verfassungsraum der Entscheidungen auf supranationaler Ebene zu schaffen. Trotzdem ist dies eine Lösung, die nicht allein von rechtlichen Faktoren abhängt, sondern auch von gesellschaftlichen und politischen Faktoren, die ihre Zeit brauchen (grundsätzlich sind dies das Bestehen einer ausgeprägten politischen Gemeinschaft und eines gefestigten öffentlichen Raumes[13]). Die supranationale Integra-

[13] Siehe Grimm, D. (1994). Braucht Europa eine Verfassung?, italienische Fassung, Una costituzione per l'Europa?, in Gustavo Zagrebelsky, Pier Paolo Portinaro y Jörg Luther, eds. (1996): Il futuro della costituzione, Torino: Einaudi, S. 339–367.

tion wird deshalb ein Faktor bleiben, der die nationale Verfassungsnormativität relativiert bis sie insoweit eine eigene Verfassungsdimension erreicht. Der Fortschritt der Integrationsprozesse kann trotzdem dazu Anlass geben, ein besonderes Verfassungsrecht der Integration zu entwickeln, das dazu beiträgt das verlorene Gleichgewicht wiederherzustellen.

Dies ist heute einer der wichtigsten Herausforderungen, denen sich die nationalen Verfassungen zu stellen haben. Die supranationale Dimension des Grundgesetzes hat auch als Modell für die spanische Lehre und für die spanische Rechtsprechung mit der Idee des Verfassungsvorbehalts gedient, die die Widerstandslinien des nationalen Verfassungsrechts gegenüber dem europäischen Integrationsprozess aufzeigen. Für seinen Teil hat die deutsche Lehre (in besonderer Weise die Beiträge von Peter Häberle) zu der Formulierung der Theorien insbesondere beigetragen, die im supranationalen Zusammenhang eine Rolle spielen, in der sich das Verfassungsrecht zeigt. Durch diese Theorien betont man die dialektische Beziehung zwischen der europäischen Verfassungsebene und der nationalen Verfassungsebene als eine Beziehung, die besonders nützlich dafür ist, das europäische Verfassungsrecht fortzuentwickeln. Man zeichnet so, mehr als die Widerstandslinien, die Linien der Zusammenarbeit und der gemeinschaftlichen Entwicklung auf.

Letztlich leuchtet das Grundgesetz nicht nur als Text, sondern auch im Zusammenspiel mit der Lehre und der Rechtsprechung den Weg aus, auf dem die europäischen Verfassungsrechtler vorangehen.

# Die 60 Jahre des Bonner Grundgesetzes und sein Einfluss auf die brasilianische Verfassung von 1988

von

Prof. Dr. Gilmar Mendes, Brasilien*

## 1. Einleitung

Wie die von ihm abgeleitete deutsche Verfassungslehre, hat das Bonner Grundgesetz von 1949 einen großen Einfluss auf die jungen Demokratien ausgeübt. Und wie ein flüchtiger Blick auf die Verfassungen von Portugal (1976) und Spanien (1978) lehrt, ist dieser Einfluss des Grundgesetzes – und der deutschen Rechtslehre – in der iberoamerikanischen Welt unschwer zu erkennen.

Die am 5. Oktober 1988 verkündete Verfassung Brasiliens wurde ebenfalls stark vom Grundgesetz für die Bundesrepublik Deutschland beeinflusst. Sie ist Ausdruck des politischen Konsenses zur Überwindung des Militärregimes und konsolidiert in ihrem Text die klassischen Ansprüche des Grundrechtsschutzes, bei gleichzeitiger Bemühung um die Gewährleistung der Sozialrechte, die für eine historisch durch strukturelle Ungleichheit gekennzeichnete Gesellschaft von grundlegender Relevanz sind.

Die Verfassung von 1988 bemühte sich, auf die traditionelle Nichtwirksamkeit der Rechte mit der Ausarbeitung besonderer Verfassungsgarantien gerichtlicher Natur

* Präsident des Obersten Bundesgerichtshofs der Föderativen Republik Brasilien; Präsident des Brasilianischen Nationalrats für Justizwesen; Professor für Verfassungsrecht der Rechtswissenschaftlichen Fakultät der Universität Brasília (UnB); Doktor in Rechtswissenschaften an der Westfälischen Wilhelms-Universität Münster unter Betreuung von Professor Dr. Hans-Uwe Erichsen (1990), veröffentlicht in der Reihe ‚Schriften zum Öffentlichen Recht' bei Duncker & Humblot in Berlin, 1991 (portugiesische Ausgabe: *Jurisdição Constitucional: o controle abstrato de normas no Brasil e na Alemanha*. 5. Aufl. São Paulo, Saraiva, 2005, 395 S.). Gründungsmitglied des *Instituto Brasiliense de Direito Público* – IDP [Institut für Öffentliches Recht in Brasília]. Mitglied des Beratungsgremiums des *Anuario Iberoamericano de Justicia Constitucional* – Centro de Estudios Políticos y Constitucionales (Madrid). Mitglied der *Academia Brasileira de Letras Jurídicas* [Brasilianische Akademie für Rechtswissenschaften]. Mitglied der *Academia Internacional de Direito e Economia* – AIDE [Internationale Akademie für Rechts- und Wirtschaftswissenschaften].

Für die Hilfe bei der Ausarbeitung dieses Texts danke ich meinen Mitarbeitern André Rufino do Vale, M.A. in Rechtswissenschaften (Universität Brasília), und Ana Paula Zavarize Carvalhal, M.A. in Rechts- und Politikwissenschaft (Universität Coimbra) und cand. iur. mit Schwerpunkt in Verfassungsrecht (Universität São Paulo).

zu reagieren. In diesem Zusammenhang fällt die spezifische Sorge gegenüber der verfassungswidrigen Unterlassung des Gesetzgebers und der Entwicklung von besonderen Instrumenten zu ihrer Überwindung auf (*mandado de injunção* und direkte Klage auf Verfassungswidrigkeit wegen Unterlassung)[1].

Wie in keiner früheren brasilianischen Verfassung wurde die Unabhängigkeit der Gerichtsbarkeit betont. Der Text der Verfassung gewährleistet ausdrücklich die verwaltungsmäßige und finanzielle Autonomie der Gerichtsorgane. Die Staatsanwaltschaft, die sich vorher hauptsächlich mit Kriminalfällen befasste, erhielt eine herausragende Rolle beim Schutz der diffusen und kollektiven Interessen, besonders im Denkmal-, Verbraucher- und Umweltschutz.

Das föderative Modell, seit Ausrufung der Republik Gegenstand vieler institutioneller Experimente, wurde von der Verfassung von 1988 signifikant abgewandelt. Besondere Erwähnung verdient in diesem Zusammenhang die sog. konkurrierende Kompetenz des Bundes und der Bundesstaaten, welche die Beschränkung des Bundes bei der Ausübung dieser Kompetenz auf allgemeine Normen (Art. 24 § 1) und den Bundesstaaten eine ergänzende Kompetenz zuwies. Hier ist der Einfluss der deutschen Verfassungslehre augenfällig.

Dieser Einfluss macht sich vor allem im umfassenden Schutz der Grundrechte bemerkbar. Anders als in allen früheren brasilianischen Verfassungen, wurden diese sofort am Anfang des Verfassungstexts herausgestellt. Art. 60 § 4 statuiert sogar die Unzulässigkeit eines jeden Verfassungsänderungsentwurfs mit dem Ziel der Abschaffung der Rechte und Garantien des Einzelnen, die damit als sog. *Ewigkeitsklauseln* bzw. *Ewigkeitsgarantien* (*cláusulas pétreas* bzw. *garantias de eternidade*) ausgewiesen werden.

Nach 1988 erfuhr die abstrakte Normenkontrolle eine bedeutende Entwicklung. Die Verfassung erweiterte die aktive Legitimation zur Einreichung der Direktklagen und die Neugestaltung der Befugnisse des Obersten Bundesgerichtshofs (*Supremo Tribunal Federal* – STF) zur Ausübung der konzentrierten Aufsicht über die Verfassungsmäßigkeit von Gesetzen. Der Verfassungstext von 1988 und die von ihm ausgehende Rechtsprechung des STF lassen gleichfalls den deutlichen Einfluss der deutschen Verfassungslehre auf das brasilianische System der Normenkontrolle erkennen.

Nachfolgend wird jedes dieser Themen behandelt. Ziel ist der Nachweis der Relevanz des Bonner Grundgesetzes, das im laufenden Jahr am 23. Mai seinen 60. Geburtstag begangen hat, für den Aufbau und die Fortbildung des Verfassungsrechts in Brasilien.

---

[1] MENDES, Gilmar. *Die Verfassungsgerichtbarkeit in Brasilien: das Problem der verfassungswidrigen Unterlassung des Gesetzgebers.* In: Jahrbuch des Öffentlichen Rechts der Gegenwart. Herausgegeben von Peter Häberle. Neue Folge, Band 57. Mohr Siebeck, 2009, S. 679–693.

## 2. Föderalismus und Kompetenzaufteilung in der Verfassung von 1988

Auf der Suche nach einem Element der Ergänzung und Stärkung der demokratischen Ordnung im Bundesstaat[2] entfernte sich das Bonner Grundgesetz vom Modell des dualistischen Föderalismus US-amerikanischer Prägung und konzipierte eine neue Form der Kompetenzverteilung, indem es einen ausgewogenen und kooperativen Föderalismus statuierte.

Das Unterscheidungsmerkmal dieses deutschen föderativen Systems ist die Form der Aufteilung der Kompetenzen zwischen den Ländern und dem Bund. Kap. II des Grundgesetzes führte zwei die Bestimmung der Bundesglieder leitende Regeln ein, sowohl in Bezug auf die Gesetzgebungs- als auch in Bezug auf die Verwaltungskompetenz. Art. 30 statuierte, dass alle staatlichen Befugnisse und Aufgaben, soweit nicht anders geregelt, „Sache der Länder" wären. Art. 31 legte seinerseits den Vorrang des Bundesrechts vor dem Landesrecht fest. Diese Regeln würden als Richtlinien für die Auslegung der kompetenzzuschreibenden Normen dienen.

Gegenstand von Kap. VII sind die Gesetzgebungskompetenzen. Art. 70 statuierte, dass die Gesetzgebungsbefugnisse von den Ländern ausgeübt werden würden, „soweit dieses Grundgesetz nicht dem Bunde Gesetzgebungsbefugnisse verleiht" (1), und dass die Kompetenzaufteilung zwischen den Ländern und dem Bund den die ausschließliche und die konkurrierende Gesetzgebung normierenden Verfassungsbestimmungen folgen würde (2). Art. 71 ermöglichte den Ländern per Ermächtigung durch den Bund die Gesetzgebung über ausschließliche Materien der Bundesgesetzgebung. Art. 72 statuierte, dass im Bereich der konkurrierenden Gesetzgebung die Länder die Gesetzgebungsbefugnis hätten, „solange und soweit der Bund von seinem Gesetzgebungsrechte keinen Gebrauch macht[e]" (1), und dass die Gesetzgebungsbefugnis des Bundes vom „Bedürfnis nach bundesgesetzlicher Regelung" abhängig wäre. Art. 73 enthält einen Katalog der ausschließlich dem Bund vorbehaltenen Gesetzgebungsmaterien, Art. 74 und 74a einen Katalog der Materien der konkurrierenden Gesetzgebung des Bundes. Art. 75 enthält schließlich einen Katalog der Materien der Rahmengesetzgebung des Bundes.

Kap. VIII befasst sich mit der Verteilung der auf die Gesetzesausführung bezogenen Kompetenzen. Art. 83 erteilt den Ländern die Kompetenz zur Ausführung der Bundesgesetze, vorbehaltlich einer gegenteiligen verfassungsrechtlichen Bestimmung. Art. 85 statuierte diese Kompetenz aus der Ausführung im Auftrage des Bundes. Art. 91a sah zudem die Mitwirkung des Bundes bei der Durchführung einiger Aufgaben der Länder vor, Art. 91b statuierte schließlich die Zusammenarbeit zwischen dem Bund und den Ländern aufgrund von Vereinbarungen im Bereich der Planung der Bildung und wissenschaftlichen Forschung.

Das Grundgesetz für die Bundesrepublik Deutschland von 1949 führte somit das Modell der gemischten konkurrierenden Gesetzgebung ein und verstärkte den Ein-

---

[2] Hesse, Konrad. *Elementos de Direito Constitucional da República Federal da Alemanha.* Übersetzung von Luís Afonso Heck. Porto Alegre, Sergio Antonio Fabris, 1998, S. 184.

fluss der Länder im Bund. Damit legte es die Grundlagen des umfassend untersuchten kooperativen Föderalismus in Deutschland.[3]

Im deutlichen Bemühen, die brasilianische Föderation neu zu organisieren und sie den das föderative Gleichgewicht definierenden republikanischen Prinzipien anzupassen, ließ sich der brasilianische Verfassunggeber vom Bonner Grundgesetz anregen[4], um das föderative System der Kompetenzverteilung zu modernisieren.

Fernanda Dias Menezes de Almeida[5] zufolge hat sich das System der Kompetenzverteilung in der brasilianischen Bundesverfassung von 1988 – neben der Weiterentwicklung des von der Verfassung von 1934 begonnenen Kompetenzverteilungssystems, das sich schon an die Weimarer Reichsverfassung angelehnt hatte – insgesamt dem Kompetenzverteilungssystem des deutschen Grundgesetzes von 1949 angenähert, indem es 1. legislative und nichtlegislative Kompetenzen des Bundes in unterschiedlichen Artikeln vorsah, 2. die gemeinsamen legislativen und nichtlegislativen Kompetenzen trennte, 3. die Erteilung von legislativen Befugnissen des Bundes an die Länder durch den Bundesgesetzgeber ermöglichte und 4. die konkurrierende legislative Kompetenz vertikal verteilte, indem die Ausarbeitung von Rahmengesetzen dem Bund und die Ausarbeitung der ergänzenden Gesetzgebung den Ländern zugewiesen wurde.

Die brasilianische Bundesverfassung hat damit ein komplexes System der Kompetenzverteilung entwickelt. Sie legte eine Reihe von ausschließlichen, gemeinsamen und konkurrierenden Kompetenzen zwischen den Gliedern des Bundes fest und eröffnete damit die Möglichkeit der Entwicklung von einem dualen Föderalismus, dem Merkmal der republikanischen Tradition Brasiliens, zu einem *kooperationsorientierten Föderalismus*.

Das Kompetenzverteilungssystem umfasst die allgemeine Kompetenz des Bundes, die ausschließliche Gesetzgebungskompetenz des Bundes, die gemeinsame Kompetenz des Bundes, der Bundesstaaten, des Bundesdistrikts und der Gemeinden und die konkurrierende Gesetzgebungskompetenz des Bundes, der Bundesstaaten und der Gemeinden. Dieses komplexe System der Kompetenzverteilung lässt sich in folgenden Punkten zusammenfassen:

Erstens finden sich die nichtlegislativen Kompetenzen des Bundes in Art. 21 der Verfassung (Unterhaltung der auswärtigen Beziehungen, Gewährleistung der Verteidigung des Hoheitsgebietes, Erklärung des Belagerungszustands und Eingriff der Bundesregierung, Geldhoheit u.a.), während die legislativen Kompetenzen des Bundes sich im nachfolgenden Art. 22 finden, der zu einem guten Teil Art. 21 entspricht. Mit anderen Worten: der Bund erlässt Gesetze auf Grund von Art. 22 in Materien, deren Durchsetzung auf dem Verwaltungsweg ihm nach Art. 21 obliegt.

---

[3] In der Absicht, die föderative Struktur Deutschlands zu verbessern und auf klare Weise die politischen Verantwortlichkeiten der Länder und des Bundes festzulegen, führte die Verfassungsreform von 2006 neue Bestimmungen ein und änderte die Fassung verschiedener anderer Bestimmungen, was sich auf die Redaktion von Art. 22, 23, 33, 52, 72, 73, 74, 74a, 75, 84, 85, 87c, 91a, 91b, 93, 98, 104a, 105, 107, 109, 125a, 125b, 125c und 143c auswirkte.

[4] Horta, Raul Machado. *O Federalismo no direito constitucional contemporâneo*. In: Revista do Tribunal de Contas do Estado de Minas Gerais, v. 41, n. 4, p. 189–231, out/dez, 2001, S. 212–213.

[5] Almeida, Fernanda Dias Menezes de. *Competências na Constituição de 1988*. 3. Aufl. São Paulo, 2005, S. 76.

Zweitens folgen die gemeinsamen nichtlegislativen und legislativen Kompetenzen derselben Trennungslogik: erstere sind in Art. 23 statuiert, letztere in Art. 24. Die Glieder des Bundes teilen sich nichtlegislative gemeinsame Kompetenzen, die zu einem beträchtlichen Teil den in Art. 24 statuierten gemeinsamen legislativen Kompetenzen entsprechen.

Drittens kann der Bund den Bundesstaaten (über ein Ergänzungsgesetz) die Befugnis übertragen, gesetzgeberisch in der Regelung von auf bundeseigene gesetzgeberische Kompetenzen bezogenen Materien tätig zu werden (Brasilianische Bundesverfassung von 1988, Art. 22, einziger Absatz). Dies ist einmal der Fall gewesen, nämlich anlässlich des Ergänzungsgesetzes Nr. 103 vom 14. Juli 2000, das den Bundesstaaten die Befugnis delegiert hat, den Mindestlohn, d. h. ein auf die Arbeitswelt bezogenes soziales Grundrecht, das ein „dem Ausmaß und der Komplexität der Arbeit" verhältnismäßiges Mindeslohnniveau gewährleistet, durch Gesetz zu normieren (Brasilianische Verfassung von 1988, Art. 7, S. V).

Viertens folgt die vertikale Verteilung der gemeinsamen legislativen Kompetenzen (die sich die Glieder des Bundes teilen) folgender Dynamik: der Bund erlässt allgemeine Normen, die landesweit gelten (da sie für alle Glieder des Bundes bindende Wirkung entfalten), und gibt damit einen Rahmen vor, innerhalb dessen seine Glieder ergänzende Normen erlassen können, ohne vom landesweit geltenden Rahmen abzuweichen (Brasilianische Verfassung von 1988, 24, §§ ff.). Dies ist beispielsweise der Fall im Abgabenrecht.

Trotz der weitgehenden legislativen Kompetenz, die ausschließlich dem Bund vorbehalten ist, erlaubt die Verfassung die Betätigung der Gliedstaaten in diesem Bereich aufgrund eines Bundesergänzungsgesetzes, das spezifische Bereiche, die Gegenstand von bundesstaatlichen Gesetzen werden können, ausweist (Art. 22, einziger Absatz).

Die gemeinsame Kompetenz, welche die verwaltungsrechtliche Tätigkeit der den Bund bildenden juristischen Personen regelt, erlaubt dem Ergänzungsgesetz die Normierung der Zusammenarbeit des Bundes mit den Bundesstaaten, dem Bundesdistrikt und den Gemeinden, um das Gleichgewicht der Entwicklung und der Wohlfahrt des Gemeinwesens zu gewährleisten (Art. 23, einziger Absatz).

Die konkurrierende legislative Kompetenz gibt den Bundesstaaten und dem Bundesdistrikt Gelegenheit, in den Bereichen der Wirtschaft und Finanzen, des Stadtplanungsrechts, des Umwelt- und Denkmalschutzes, des Prozessrechts, der Sozialversicherung, der Erziehung, Kultur, des Schulwesens und des Sports Gesetze zu erlassen. In diesem Bereich beschränkt sich die Bundesgesetzgebung auf die allgemeinen Normen. Die Ausübung der ergänzenden Gesetzgebungstätigkeit obliegt den Bundesstaaten; wo allgemeine Normen fehlen, ist den Bundesstaaten die primäre Gesetzgebung zur Befriedigung ihrer Bedürfnisse erlaubt (Art. 24, Abs. 1 bis 4).

Ein anderer innovativer Aspekt der 1988 beschlossenen Verfassungsordnung – der einen deutlichen Bruch mit dem die brasilianische Föderation bis zu diesem Zeitpunkt kennzeichnenden Zentralismus indiziert und den Fortschritt in Richtung zu einem kooperationsorientierten Föderalismus offenbart – liegt in der den Bundesstaaten verliehenen Befugnis, Hauptstadtregionen, städtische Ballungszentren und Mikroregionen, die aus aneinandergrenzenden Gemeinden bestehen, durch Ergänzungsgesetz zur besseren Integration der Organisation, Planung und Durchführung von Staatsaufgaben im Interesse der Allgemeinheit zu bilden. Diesem Aspekt ist die den Gemeinden verliehene normative Kompetenz in der Ausarbeitung ihrer Gemeindeordnungen und der Regelung von lokalen Interessen hinzuzufügen.

All diese von der Verfassung von 1988 bewirkten Änderungen offenbaren eine Tendenz zum Gleichgewicht in der bundesmäßigen Organisation Brasiliens, vermittels der Zuschreibung gleichrangiger Befugnisse des Bundes, der Bundesstaaten, des Bundesdistrikts und der Gemeinden. Die von der Verfassung von 1988 angelegte Rechtsordnung enthält das Fundament für den Aufbau eines ausgewogenen, symmetrischen und kooperationsorientierten Föderalismus.

Hervorhebung verdient schließlich noch der Umstand, dass der deutsche Föderalismus nicht nur auf die Ausarbeitung des Texts der Brasilianischen Bundesverfassung von 1988 Einfluss genommen hat, sondern auch eine ständige Quelle der Inspiration bei der Lösung von föderativen Konflikten durch den Obersten Bundesgerichtshof (*Supremo Tribunal Federal*) gewesen ist.

In einer jüngst gefällten Entscheidung[6] hat der Oberste Bundesgerichtshof das „Prinzip der Bundesloyalität", das in der deutschen Rechtslehre unter den Bezeichnungen „Bundestreue", „Prinzip des bundesfreundlichen Verhaltens" oder „bundesfreundlich"[7] bekannt ist, als Grundlage zur Gewährleistung der Beteiligung der Glieder bei der Demarkation indianischer Schutzgebiete verwendet, die nach Art. 231 der Verfassung ausschließlich dem Bund vorbehalten ist.

Das Bundesloyalitätsprinzip, das die deutsche Rechtslehre und Verfassungsjudikatur von der Existenz des Bundesstaates selbst ableiten, wie heute in Art. 23 S. 2 und 7 des Bonner Grundgesetzes[8] erkennbar, wurde vom deutschen Bundesverfassungsgericht wie folgt bestimmt: „alle an dem verfassungsrechtlichen „Bündnis" Beteiligten sind gehalten, dem Wesen dieses Bündnisses entsprechend zusammenzuwirken und zu seiner Festigung und zur Wahrung seiner und der wohlverstandenen Belange seiner Glieder beizutragen"[9].

Mit dem Blick auf den deutschen Föderalismus hat der Oberste Bundesgerichtshof auch die schweigende, schriftlich nicht fixierte, eine konstruktive, freundschaftliche und kooperationsorientierte Beziehung fördernde Präsenz des Bundestreueprinzips in der brasilianischen Verfassungsordnung anerkannt. Er hat damit in diesem Prinzip gewissermaßen den die Beziehungen zwischen den Gliedern der Föderation prägenden Geist benannt, der eine objektive institutionelle Ethik rechtlicher, nicht nur politischer und moralischer Natur vorgibt.

Der Oberste Bundesgerichtshof Brasiliens hat damit entschieden, dass die ausschließliche Kompetenz des Bundes bei der Demarkation von Indianergebieten den beteiligten Gliedern der Föderation gemäß durchgeführt wird, wobei den Bundesstaaten und Gemeinden, deren Gebiete von der Demarkation betroffen sind, das Recht einer tatsächlichen Mitwirkung (Anhörungs- und Stimmrecht) im Verwaltungsverfahren gewährleistet ist. Die in der Verfassung verbrieften Rechte der bra-

[6] Antrag Nr. 3388-4/RO, Berichterstatter: Richter Carlos Britto, Entscheidung vom 19. März 2009.

[7] Häberle, Peter. *El Estado Constitucional*. Mexico City 2001, S. 264.

[8] Grimm, Dieter. *El federalismo alemán: desarrollo histórico y problemas actuales*, in: El federalismo en Europa. Barcelona 1993, S. 60.

[9] *BverfGE* 1, 299 (315)

silianischen Indianer werden damit bestätigt, aber unter Einhaltung der Bundesloyalität.

## 3. Die Systeme der Grundrechte in der brasilianischen Verfassung von 1988 und der Einfluss des Grundgesetzes für die Bundesrepublik Deutschland von 1949

Der stärkste Einfluss des Bonner Grundgesetzes ist vielleicht im Grundrechtsbereich zu verorten. Nicht nur die Systematik der verfassungsmäßigen Positivierung dieser Rechte beruft sich auf den Text der deutschen Verfassung von 1949, sondern vor allem die Rechtslehre und die Rechtsprechung, die in Brasilien zu diesem Thema entwickelt worden sind.

Alle brasilianischen Verfassungen haben den Grundrechten und Grundgarantien spezifische Bestimmungen oder Kapitel gewidmet (Verfassung von 1824: Art. 179, Ia XXXV; Verfassung von 1891: Art. 72, §§ 1 bis 31; Verfassung von 1934: Art. 113, 1 bis 38; Verfassung von 1937: Art. 122, 1 bis 17, und Art. 123; Verfassung von 1946, Art. 141, §§ 1 bis 38, und Art. 142 bis 144; Verfassung von 1967/69: Art. 153, §§ 1 bis 36). Eine Untersuchung dieser älteren Verfassungen führt zum Nachweis eines einfachen gemeinsamen Merkmals: in allen diesen Verfassungen wurden die Grundrechtsbestimmungen am Ende des Texts, in den letzten Kapiteln, Abschnitten, Titeln oder, in einigen Fällen, in den allgemeinen Schlussbestimmungen positiviert.

Die Brasilianische Verfassung von 1988 hat, sicherlich unter dem Einfluss der Systematik des deutschen Grundgesetzes, die an früheren Verfassungstexten festgestellte Tendenz radikal umgekehrt und die Grundrechte in einem ausführlichen Katalog schon in ihren ersten Bestimmungen erfasst (Art. 5, Sätze I bis LXXVIII, §§ 1 bis 4, und Art. 6 bis 17). Die Einfügung in den Anfang des Verfassungstexts lässt unleugbar die Absicht der Verfassunggeber erkennen, die Grundrechte besonders herauszustellen. Der im Text feststellbare Umfang (achtundsiebzig Sätze in Art. 5 und die Art. 6 bis 17) verstärkt den Eindruck hinsichtlich der herausragenden Position, welche die Verfassungsväter diesen Rechten zuerkennen wollten.

Nach dem Inkrafttreten der Verfassung von 1988 wurde und wird bis heute die Auslegung und Anwendung der Grundrechtsnormen stark von der auf dem Bonner Grundgesetz aufbauenden Grundrechtsdogmatik beeinflusst. Die Rechtsprechung des deutschen Bundesverfassungsgerichts in Grundrechtsfragen ist auch von der brasilianischen Rechtslehre und Rechtsprechung übernommen worden.

Art. 5 § 1 der Brasilianischen Verfassung statuiert, dass „die Grundrechte und Grundgarantien festlegenden Normen unmittelbar anwendbar sind“. Die Vorstellung der unmittelbaren Wirksamkeit der Grundrechte unterstreicht die direkte Bindung der Staatsorgane an diese Rechte und ihre Pflicht, sie strikt zu befolgen. Grundrechte werden ursprünglich als subjektive öffentliche Rechte verstanden, d. h. als Rechte des Bürgers gegenüber dem Staat. Berücksichtigen wir, dass die Grundrechte *prima facie* Abwehrrechte sind, liegt der Schluss nahe, dass alle Staatsgewalten und staatlichen Funktionsträger unmittelbar an die in Grundrechten und Grundgarantien verbrieften Vorschriften gebunden sind. Anders gewendet, lässt die Forderung der unmittelbaren Anwendbarkeit der Grundrechte und Grundgarantien bestimmenden Normen den Anspruch des Verfassunggebers erkennen, das Handeln der Staatsorgane vollständig an die Grundrechte zu binden. Deshalb verpflichten die Grundrechte in der brasilianischen Verfassungsordnung alle Staatsgewalten, die Legislative, die Exekutive und die Judikative, auf der Ebene des Bundes, der Bundesstaaten und der Gemeinden.

In diesem Kontext gewinnt in unserer Wirklichkeit auch das auf den Grad dieser Bindung bezogene Problem an Bedeutung, vor allem bei der Anwendung der Grundrechte und Grundgarantien auf privatrechtliche Beziehungen. Die Diskussion dieses Problems in Brasilien ist von der deutschen Lehre der „Drittwirkung der Grundrechte" beeinflusst. Der Oberste Bundesgerichtshof Brasiliens hat sich auch schon dazu geäußert, in einer Entscheidung, die sich auf deutsche verfassungsdogmatische Konzeptionen beruft, vor allem auf die bekannte Entscheidung des Bundesverfassungsgerichts im Fall Lüth.[10]

---

[10] RE Nr. 201.819, Berichterstatter: Richter Gilmar Mendes, Entscheidung vom 11. Oktober 2005. Die Zusammenfassung der Entscheidung hat folgenden Wortlaut:

*Gemeinnützige Gesellschaft Bürgerlichen Rechts. Uniao Brasileira de Compositores [Brasilianischer Komponistenverband]. Ausschluss eines Mitglieds ohne Gewährleistung des Rechts auf umfassende Verteidigung und Darlegung der Gegengründe. Wirksamkeit der Grundrechte in Privatrechtlichen Beziehungen. Berufung abgelehnt.*

*I. Wirksamkeit der Grundrechte in Privatrechtlichen Beziehungen.* Grundrechtsverletzungen ergeben sich nicht nur im Bereich der Beziehungen zwischen dem Bürger und dem Staat, sondern gleichfalls in den privatrechtlichen Beziehungen zwischen natürlichen und juristischen Personen. So binden die von der Verfassung gewährleisteten Grundrechte unmittelbar nicht nur die Behörden, sondern entfalten auch eine Schutzwirkung für Privatleute gegenüber privaten Institutionen.

*II. Verfassungsprinzipien als Schranken der Privatautonomie von Verbänden.*

Die brasilianische Verfassungsordnung hat keinem Verband bürgerlichen Rechts die Möglichkeit eingeräumt, gegen die den Gesetzen eingeschriebenen Prinzipien im allgemeinen und gegen die Forderungen zu handeln, deren unmittelbare Grundlage der Text der Verfassung der Republik ist, vor allem, wenn es um den Schutz der Grundrechte und Grundgarantien geht. Der von der Verfassung gewährleistete Freiraum der Privatautonomie ist den Verfassungsprinzipien, welche die Achtung der Grundrechte der Verbandsmitglieder gewährleisten, nicht entzogen. Die Privatautonomie, die in der Rechtsordnung klar beschränkt ist, darf nicht zu Lasten oder zum Schaden der Rechte und Garantien von Drittpersonen ausgeübt werden, vor allem nicht der in der Verfassung verbrieften Rechte und Garantien, da die Willensfreiheit Privatpersonen in ihrem Handlungs- und Tätigkeitsbereich nicht die Befugnis erteilt, die von der Verfassung selbst statuierten Grenzen, deren Wirksamkeit und normative Kraft sich auch Privatpersonen gegenüber im Bereich ihrer privatrechtlichen Beziehungen mit Bezug auf die Grundfreiheiten durchsetzen, zu überschreiten oder zu verkennen.

*III. Gemeinnützige Gesellschaft Bürgerlichen Rechts. Körperschaft, die in der Öffentlichkeit tätig ist, wenngleich auch nichtstaatlicher Natur. Öffentliche Tätigkeit. Ausschluss eines Mitglieds ohne Rechtsweggarantie. Unmittelbare Anwendung der Grundrechte auf umfassende Verteidigung und Darlegung der Gegengründe.* Privatrechtliche Verbände, die in einem bestimmten Wirtschafts- und/oder Gesellschaftsbereich eine beherrschende Funktion ausüben und ihre Verbandsmitglieder in Beziehungen der wirtschaftlichen und/oder gesellschaftlichen Abhängigkeit halten, gehören in den sog. Bereich der Öffentlichkeit, auch wenn er nichtstaatlicher Natur ist. Die *União Brasileira de Compositores – UBC* [Brasilianischer Komponistenverband], eine gemeinnützige Gesellschaft bürgerlichen Rechts, gehört zur Struktur des ECAD [Escritório Central de Arrecadação e Distribuição (Zentralbüro für die Einnahme und Verteilung von Tantiemen), eingerichtet durch das Bundesgesetz Nr. 5.988/73 und fortgebildet durch das brasilianische Urheberrechtsgesetz Nr. 9.610/98. Anmerkung des Übersetzers] und hat damit eine privilegierte Funktion bei der Bestimmung des Ausmaßes des Genusses der Urheberrechte seiner Mitglieder. Der Ausschluss eines Mitglieds aus der UBC ohne das Recht auf umfassende Verteidigung, Darlegung der Gegengründe oder Rechtsweggarantie auf verfassungsrechtlicher Ebene stellt eine erhebliche Belastung des Rechts-

Der brasilianische Verfassunggeber hat zudem noch erkannt, dass die Grundrechte Bestandteil der *Identität* und *Kontinuität* der Verfassung sind, weshalb er jegliche Verfassungsänderung, die sie aufzuheben tendiert, als unzulässig ansieht (Art. 60 § 4). So sind in der Brasilianischen Verfassung die Grundrechte Ewigkeitsklauseln (*cláusulas pétreas*), d.h. Klauseln, welche die Unveränderbarkeit durch den Gesetzgeber statuieren.

Es besteht kein Zweifel daran, dass derartige Verbote der Reformbefugnis ein Instrument zum Schutz der Verfassung sind. Wie Bryde hervorhebt, können die in der Verfassung ausdrücklich verankerten Vorstellungen von *materialen Schranken der Reform* und *Ewigkeitsklauseln* sehr nahe beieinanderliegen. Wenn der Verfassunggeber bestimmte Elemente seines Werks für so grundlegend erachtet hat, dass er sie mit der Unveränderlichkeitsklausel geschützt hat, darf man annehmen, dass diese Elemente auch die Grundprinzpien enthalten.[11] In diesem Sinn könnte die in Art. 79 III des Bonner Grundgesetzes enthaltene Bestimmung als weitgehend deklaratorischer Natur angesehen werden.

In jedem Fall beschränken sich die Grenzen der Reformbefugnis nicht unbedingt auf die ausdrücklich in den *Ewigkeitsgarantien* statuierten Fälle. Wie schon von Bryde bemerkt, bedeutet die Entscheidung über die Unveränderlichkeit eines bestimmten Prinzips nicht, dass andere Grundforderungen der Reformbefugnis unterliegen.[12]

In diesem Kontext ist es wichtig, darauf zu verweisen, dass in Brasilien, anders als viele rechtsvergleichende Beobachtungen nahelegen, die Anfechtung von Verfassungsänderungen vor dem Obersten Bundesgerichtshof über eine direkte Klage auf Verfassungswidrigkeit (*Ação Direta de Inconstitucionalidade – ADI*) zur geläufigen Praxis geworden ist. Die faszinierende Wirkung der Kontrolle von Verfassungsnormen auf Rechtswissenschaftler und Richter in jedem Land, das sich eine rigide Verfassung gibt und eine aktive Verfassungsgerichtsbarkeit einführt, steht außer Zweifel.

Die Rechtsvergleichung zeigt uns jedoch, dass diese Faszination der abstrakten Normenkontrolle immer zu einer äußerst vorsichtigen Tätigkeit der Gerichte in der Normenkontrolle der Verfassungsreformen geführt hat. Andererseits haben in Brasilien die vom Obersten Bundesgerichtshof festgelegten Prämissen bei der Bearbeitung der ADI Nr. 815 – in welcher die polemische Frage des Vorliegens von *verfassungswidrigen Verfassungsnormen* diskutiert wurde –, die schiere Menge der Verfassungsänderungen seit 1988 und die normative Öffnung der sog. *Ewigkeitsklauseln* die Ausübung der Normenkontrolle der Verfassungsreformen zu einer ständig wiederkehrenden Aktivität gemacht. Der Oberste Bundesgerichtshof hat seine Tätigkeit in diesem Zusammenhang in absoluter Normalität ausgeübt.

---

mittelbeklagten dar, der die Tantiemen für die Aufführung seiner Werke nicht erhalten kann. Die Verweigerung der verfassungsrechtlichen Garantien des Rechtswegs stellt letztendlich eine Beschränkung der Berufsausübung des Mitglieds dar. Im konkreten Fall begründen die öffentliche Natur der Tätigkeit der Gesellschaft und die Abhängigkeit der Ausübung des Berufs von der Mitgliedschaft die unmittelbare Anwendung der Grundrechte auf Rechtsweggarantie, Darlegung der Gegengründe und umfassende Verteidigung (Brasilianische Bundesverfassung von 1988, Art. 5, LIV und LV).

*IV. Ausserordentliche Berufung abgelehnt.*

[11] Bryde, Otto-Brun. *Verfassungsentwicklung. Stabilität und Dynamik im Verfassungsrecht der Bundesrepublik Deutschland.* Baden-Baden 1982, S. 227 und 236.

[12] Bryde, a.a.O., S. 237.

Gegenwärtig können wir schon verschiedene Fälle von abstrakten Normenkontrollen von Verfassungsänderungen verzeichnen. Unter anderen könnten wir die ADI Nr. 3.105 nennen, in der die Verfassungsgemäßheit die Verfassungsänderung Nr. 41/2004 war, in dem Teil, der die Beitragszahlung der öffentlichen Angestellten außer Dienst einführt, und die ADI Nr. 2.395 gegen die Verfassungsänderung Nr. 15/86, welche die Kriterien für die Einrichtung, Verschmelzung und Aufteilung der Gemeinden in der brasilianischen Föderation neu bestimmt hat.

Bei der Auslegung der Grundrechte als *Ewigkeitsklauseln* oder Schranken der Reformbefugnis sind in Brasilien auch die Argumentationsfiguren des Schutzbereichs und des Wesensgehalts entwickelt worden.

Wie allseits bekannt, ist die Definition des Schutzbereiches eine primäre Voraussetzung für die Entwicklung eines jeglichen Grundrechts.[13] Die Ausübung von Grundrechten kann oft Anlass einer Reihe von Konflikten mit anderen verfassungsgeschützten Rechten sein. Deswegen sind die Definition des *Schutzbereichs* und, wo dies geraten sein mag, die präzise Festlegung der Schranken oder Eingriffe in diese Rechte notwendig.[14]

Gedacht wird hier an die sog. immanenten Schranken oder „Schranken-Schranken", welche die Tätigkeit des Gesetzgebers dann normieren, wenn er Grundrechte einschränkt.[15] Diese sich aus der Verfassung selbst ergebenden *Schranken* beziehen sich sowohl auf den Schutzbedarf des Wesensgehalts eines Grundrechts, als auch auf die Klarheit, Bestimmtheit, Allgemeinheit und Verhältnismäßigkeit der auferlegten Einschränkungen.[16]

Einige verfassungsrechtliche Ordnungen verbriefen den ausdrücklichen Schutz des Wesensgehalts, wie man aus Art. 19 II des Grundgesetzes von 1949 und in der portugiesischen Verfassung von 1976 (Art. 18, III) ersehen kann. Andere Systeme, wie z. B. das US-amerikanische, berücksichtigen gleichfalls das Vorliegen eines Wesensgehalts der Rechte des Einzelnen.

Das Bonner Grundgesetz hat die Bindung des Gesetzgebers an die Grundrechte ausdrücklich statuiert (GG Art. 1 III) und verschiedene Grade des legislativen Eingriffs in den Schutzbereich dieser Rechte festgelegt. In Art. 19 II wurde der Schutz des Wesensgehalts verankert („In keinem Falle darf ein Grundrecht in seinem Wesensgehalt angetastet werden."). Diese Bestimmung, die auch als Reaktion auf die vom Nationalsozialismus begangenen Missbräuche angesehen werden kann[17], trug auch den Forderungen der Weimarer Verfassungslehre Rechnung, die, wie schon gesehen, der gesetzteberischen Tätigkeit im Grundrechtsbereich Grenzen zu ziehen bemüht war.[18] Die portugiesische und die spanische Verfassung gehen auch in dieser

---

[13] LERCHE. *Grundrechtlicher Schutzbereich*. S. 739 (746).

[14] PIEROTH/SCHLINK, *Grundrechte*: Staatsrecht II. 14. Aufl., 1998, S. 50; CANOTILHO, *Direito constitucional*, S. 602–603 ff.

[15] ALEXY, *Theorie der Grundrechte*, S. 267; PIEROTH/SCHLINK, *Grundrechte*: Staatsrecht II, S. 65.

[16] PIEROTH/SCHLINK, *Grundrechte*: Staatsrecht II, S. 65.

[17] VON MANGOLDT, Hermann, *Das Bonner Grundgesetz: Betrachtungen über die Grundrechte*, 1953, S. 37, Art. 19, Anm. 1.

[18] WOLFF, Reichsverfassung und Eigentum, a.a.O., S. IV 1–30; SCHMITT, Carl, *Verfassungslehre*, a.a.O., S. 170 f.; Ders. *Freiheitsrechte und institutionelle Garantien der Reichsverfassung* (1931), a.a.O., S. 140–173. Vgl. auch, HERBERT, *Der Wesensgehalt der Grundrechte*, a.a.O., S. 321 (322); KREBS, in: VON MÜNCH/KUNIG, *Grundgesetz-Kommentar*, Bd. I, Art. 19, II, Nr. 23, S. 999.

Richtung und enthalten Bestimmungen, welche die Tätigkeit des Gesetzgebers in der Einschränkung oder Anpassung der Grundrechte beschränken (vgl. Verfassung von Portugal von 1976, Art. 18 Nr. 3, und Verfassung von Spanien von 1978, Art. 53 Nr. 1).

So dient der Schutz des Wesensgehalts als in der Verfassung ausdrücklich verankertes Prinzip bzw. immanentes Verfassungspostulat, wie es in Brasilien der Fall ist, dem Ziel, die sich aus unzulässigen, maßlosen oder unverhältnismäßigen Einschränkungen ergebende Entleerung des Grundrechtsgehalts zu vermeiden.[19]

In diesem Sinn empfiehlt auch in der Brasilianischen Verfassung die Komplexität des Systems der Grundrechte Anstrengungen in Richtung auf eine Präzisierung der wesentlichen Merkmale dieser Rechtskategorie, besonders im Hinblick auf die Ausweisung der Schutzbereiche und die Statuierung von gesetzlichen Einschränkungen oder Begrenzungen.

In der brasilianischen Verfassungsordnung kommen den Grundrechten vielfältige Funktionen zu. Sie sind gleichzeitig subjektive Rechte und Grundelemente der objektiven Verfassungsordnung. In ihrer Eigenschaft als subjektive Rechte geben sie ihren Trägern Gelegenheit, ihre Interessen gegenüber den verpflichteten Behörden durchzusetzen.[20] In ihrer Eigenschaft als grundlegendes Element der objektiven Verfassungsordnung bilden die Grundrechte – sowohl diejenigen, die primär kein subjektives Recht gewähren, als auch diejenigen, die als Individualrechte konzipiert worden sind – die Grundlage der Rechtsordnung eines demokratischen Rechtsstaats.

Seit der Entwicklung von Jellineks Statuslehre[21] ist allseits bekannt, dass die Grundrechte verschiedene Funktionen in der Rechtsordnung erfüllen.

In ihrer traditionellen Konzeption sind die Grundrechte *Abwehrrechte*, zum Schutz von bestimmten subjektiven Positionen gegen den Eingriff der Staatsgewalt bestimmt, sei es (a) infolge der Nichtverhinderung der Verübung einer bestimmten Handlung oder (b) infolge des ausbleibenden Eingriffs in subjektive Situationen oder infolge der Nichteliminierung von Rechtspositionen.[22]

In dieser Dimension enthalten die Grundrechte Definitionen einer *negativen Kompetenzbestimmung*, die somit verpflichtet wird, den Wesensgehalt der verfassungsmäßig gewährleisteten Freiheit zu achten.[23]

Andere Normen statuieren *Leistungsrechte*, die sich sowohl auf *faktische positive Handlungen* als auch auf *normative Handlungen* beziehen können.[24]

Alle diese dogmatischen Konzeptionen wurden durch die Rechtsprechung des Obersten Bundesgerichtshofs in Grundrechtsfragen rezipiert.

---

[19] Hesse, *Grundzüge des Verfassungsrechts*, a.a.O., S. 134.

[20] Hesse, Konrad. Grundzüge des Verfassungsrechts der Bundesrepublik Deutschland. Heidelberg 1995, S. 112; Krebs, Walter. Freiheitsschutz durch Grundrechte, in: JURA, S. 617 (619), 1988.

[21] Jellinek, G. *Sistema dei diritti pubblici subiettivi*, Italienische Übersetzung. Mailand 1912, S. 244. Vgl. zur Kritik an Jellineks Theorie Alexy, Robert. *Theorie der Grundrechte*. Frankfurt am Main 1986, S. 243 ff.; vgl. auch Sarlet, Ingo. *A eficácia dos direitos fundamentais*. Porto Alegre 1998, S. 153 ff.

[22] Vgl. Alexy, Robert. *Theorie der Grundrechte*, a.a.O. S. 174. S. auch Canotilho, J.J. Gomes. *Direito constitucional*. Coimbra 1991, S. 548.

[23] Cf., Hesse, Grundzüge des Verfassungsrechts, a.a.O. S. 133.

[24] Alexy, R. *Theorie der Grundrechte* a.a.O., S. 179; s. auch Canotilho. *Direito constitucional*, a.a.O., S. 549.

Der Oberste Bundesgerichtshof hat historisch bedeutende Fälle entschieden, in denen Fragen des Rassismus und Antisemitismus[25], der Progression des Inhaftierungsregimes, also der Strafvollzugslockerungen und vorzeitigen Entlassung[26], der Parteientreue[27], des Rechts einer Minderheit auf Einrichtung eines Parlamentarischen Untersuchungsausschusses[28] und des Verbots des Nepotismus in der öffentlichen Verwaltung[29] behandelt worden sind.

Das Gericht hat auch komplexe Fragen bezüglich der Demarkation von Indianergebieten untersucht, im Hinblick auf die Tatsache, dass die Verfassung von 1988 das Recht der Indianer auf die von ihnen seit unvordenklichen Zeiten besetzten Gebiete anerkennt und dem Staat die Aufgabe überträgt, diese Gebiete zu demarkieren, zu schützen und die Güter und kulturellen Werte der Indianer zu respektieren.[30]

In einem kürzlich erfolgten Verfahren hat das Gericht die Verfassungsmäßigkeit des Gesetzes über wissenschaftliche Forschung mit menschlichen Embryozellen diskutiert.[31] Zur Debatte stand hier das Thema unter dem Gesichtspunkt des Verhältnismäßigkeitsprinzips in seiner doppelten Perspektive, als Übermaß- und als Untermaßverbot.

So besteht kein Zweifel am intensiven Einfluss des Grundrechtssystems der deutschen Verfassung von 1949 auf die Rechtslehre und Rechtsprechung in grundrechtsbezogenen Fällen in Brasilien seit 1988.

## 4. Die Annäherung der Systeme der abstrakten Normenkontrolle in Brasilien und Deutschland

Brasilien hat ein gemischtes System der Normenkontrolle gewählt. Wenn die Einflüsse des diffusen Systems US-amerikanischen Ursprungs von entscheidender Bedeutung für die anfängliche Option für ein System der gerichtlichen Kontrolle von Gesetzen und normativen Akten im allgemeinen waren, hat die Entwicklung der demokratischen Institutionen schließlich ein besonderes System der Verfassungsgerichtsbarkeit hervorgebracht, dessen Design und Organisation auf hybride Weise hervorstechende Merkmale beider klassischen Modelle der Normenkontrolle vereinen.

---

[25] STF-HC Nr. 82424/RS, Großer Senat, Berichterstatter: Richter Moreira Alves, Redakteur der Entscheidung: Richter Maurício Corrêa, veröffentlicht im Justizanzeiger am 19. März 2004.

[26] STF-HC Nr. 82.959/SP, Berichterstatter: Richter Marco Aurélio, veröffentlicht im Justizanzeiger am 1. September 2006.

[27] STF-MS Nr. 26.602/DF, Berichterstatter: Richter Eros Grau, Justizanzeiger vom 17. Oktober 2008.

[28] STF-MS 24.831/DF, Berichterstatter: Richter Celso de Mello, Justizanzeiger vom 4. August 2006.

[29] STF-ADC Nr. 12/DF, Berichterstatter: Richter Carlos Britto, Entscheidung vom 20. August 2008.

[30] STF-PET Nr. 3.388/RR, Berichterstatter: Richter Carlos Britto, Entscheidung vom 19. März 2009.

[31] STF-ADI Nr. 3.510/DF, Berichterstatter: Richter Carlos Britto, Entscheidung vom 29. Mai 2008.

Entgegen dem deutschen System der Normenkontrolle, in dem das Zensurmonopol im Bundesverfassungsgericht konzentriert ist, kann im brasilianischen Recht jeder Richter bzw. jedes Gericht die Anwendung eines Gesetzes in einem konkreten Fall verweigern, wenn sie ihm verfassungswidrig zu sein scheint.

Das in Brasilien gewählte Modell der diffusen Kontrolle erlaubt, dass jeder Richter oder jedes Gericht die Verfassungswidrigkeit von Gesetzen oder normativen Akten erklärt, ohne Einschränkung in Bezug auf die Klageart. Wie im US-amerikanischen Modell verfügen die Richter über weitgehende Befugnisse bei der Ausübung der Kontrolle der Verfassungsmäßigkeit der Akte der Verwaltung.

In diesem System diffuser Art bilden die verschiedenen Klagearten oder verfassungsrechtlichen *writs*, die zum Rechtsschutz bestimmt sind, ein fruchtbares Feld für die Ausübung der Kontrolle der Verfassungsmäßigkeit der Gesetze. Entgegen anderen Rechtsordnungen, behält das brasilianische System die vornehmliche Funktion des Grundrechtsschutzes nicht für eine einzige Klage- oder Berufungsart vor. Diese Aufgabe erfüllen vor allem die Verfassungsklagen der kollektiven Sicherheitsverfügung [*mandado de segurança*], einer genuinen Schöpfung des brasilianischen Verfassungssystems, die Habeas-Corpus- und Habeas-Data-Klagen, das „injunção"-Verfahren [*mandado de injunção*], die öffentliche Zivilklage [*ação civil pública*] und die Popularklage [*ação popular*].

Trotz der Unterschiede zwischen den beiden Normenkontrollsystemen, zumindest in Bezug auf die Gestaltung des diffusen Systems in Brasilien, gibt es signifikante Berührungspunkte zwischen den Modellen der abstrakten Normenkontrolle in Brasilien und Deutschland.

Das Grundgesetz für die Bundesrepublik Deutschland hat ein Verfahren eingeführt, dass die Vereinbarkeit von Bundes- oder Landesrecht mit der Verfassung oder die Vereinbarkeit von Bundes- und Landesrecht feststellt, in Antwort auf eine Anfrage der Bundesregierung, einer Landesregierung oder eines Drittels der Mitglieder des Deutschen Bundestags (GG Art. 93, I 2). Dieser Mechanismus wurde zum Teil in Anlehnung an Art. 13, II der Weimarer Reichsverfassung entwickelt. Für dieses in BverfGG § 13 Nr. 6 und § 76 geregelte Verfahren bürgerte sich die Bezeichnung „abstrakte Normenkontrolle" ein.[32]

Der brasilianische Gesetzgeber hat 1965 neben der konkreten Normenkontrolle (*controle incidental de normas*) die abstrakte Normenkontrolle (*controle abstrato de normas*) vor dem Obersten Bundesgerichtshof eingeführt, zur Feststellung der Verfassungsmäßigkeit eines Gesetzes oder normativen Akts auf Bundes- oder Bundesstaatsebene.

---

[32] Stern, *Bonner Kommentar*, Art. 93, Rn. 189 und 193; Schlaich, *Das Bundesverfassungsgericht*, S. 66; Söhn, *Die abstrakte Normenkontrolle*, in: Bundesverfassungsgericht und Grundgesetz, Bd. 1, S. 292 (293); von Mutius, *Die abstrakte Normenkontrolle vor dem Bundesverfassungsgericht*, Jura, 1987, S. 534 (535). Stern (*Bonner Kommentar*, Art. 93, Rn. 189) unterstreicht, dass der Ausdruck „abstrakte Normenkontrolle" zum ersten Mal von Friesenhahn verwendet wurde (*Handbuch des deutschen Staatsrechts*. 1932, Bd. 2, S. 523 und 526). Man sollte jedoch nicht vergessen, dass Walter Jellinek schon 1925 die Gestaltung einer abstrakten Kontrolle im von Art. 13, II der Weimarer Reichsverfassung eingeführten Modell am Horizont gesehen hatte (*Der Schutz des öffentlichen Rechts*, in: VVDStRL 2 (1925), S. 41 f.). Auch Flad hatte damals an die Feststellung der Verfassungsmäßigkeit in abstracto gedacht (*Verfassungsgerichtsbarkeit und Reichsexekution*, S. 42).

Das Recht auf Klageeinreichung wurde ausschließlich dem Bundesgeneralstaatsanwalt übertragen. Dieses System wurde in der Verfassung von 1967/69 beibhalten.

Die Verfassung von 1988 hat dieses Monopol gebrochen und das Klageeinreichungsrecht auf eine recht große Gruppe von Gliedern und Organen ausgedehnt (Bundesverfassung, Art. 103). Obwohl die intensive Diskussion über das Monopol der Klageeinreichung seitens des Bundesgeneralstaatsanwalt nicht zu einer Änderung der einschlägigen Judikatur geführt hat, lässt sich unschwer feststellen, dass sie von entscheidender Bedeutung für die vom Verfassunggeber 1988 eingeführte Veränderung war, mit der beträchtlichen Ausdehnung des Klageeinreichungsrechts. Der Verfassunggeber gewährleistete dem Bundesgeneralstaatsanwalt das Recht auf Einreichung der Klage auf Verfassungswidrigkeit. Dieser ist jedoch nur eines der verschiedenen Organe oder Glieder, die zur Einreichung der direkten Klage auf Verfassungswidrigkeit befugt sind.

Gemäß Art. 103 der Verfassung von 1988 sind der Präsident der Republik, das Präsidium des Senats, das Präsidium der Abgeordnetenkammer, das Präsidium eines bundesstaatlichen Parlaments, der Gouverneur eines Bundesstaates, der Bundesgeneralstaatsanwalt, der Bundesrat der brasilianischen Anwaltskammer, eine im Nationalkongress vertretene politische Partei, die Gewerkschaftsverbände oder die im nationalen Rahmen wirkenden Berufsverbände zur Einleitung einer Verfassungswidrigkeitsklage ermächtigt.

Die weitgehende Befugnis zur abstrakten Normenkontrolle, mit der unvermeidlichen Möglichkeit der Vorlage einer jeden Verfassungsfrage vor dem Obersten Bundesgerichtshof, hatte eine wesentliche Veränderung des bis zu diesem Zeitpunkt in Brasilien geltenden Modells der Normenkontrolle zur Folge.

Das dem Bundesgeneralstaatsanwalt in der Verfassung von 1967/69 verliehene Klageeinreichungsmonopol führte nicht zu einer tiefgreifenden Änderung des Modells der konkreten oder diffusen Normenkontrolle. Dieses war weiterhin vorherrschend. Die Einreichung der (direkten) Klage auf Verfassungswidrigkeit wurde ihm als Hilfselement beigegeben.

Die Verfassung von 1988 reduzierte die Bedeutung der konkreten oder diffusen Normenkontrolle, als sie auf markante Weise die Befugnis zur Einreichung der direkten Klage auf Verfassungswidrigkeit (Art. 103) ausdehnte und damit erlaubte, dass praktisch alle relevanten verfassungsrechtlichen Kontroversen dem Obersten Bundesgerichtshof vermittels einer abstrakten Normenkontrolle vorgelegt würden.

Man sollte hervorheben, wie Gerhard Anschütz schon in der Weimarer Republik bemerkt hatte, dass man immer, wenn man einem Sondergericht die Befugnis zur Entscheidung von Verfassungsfragen verleiht, explicite oder implicite die Kompetenz der ordentlichen Gerichtsbarkeit zur Lösung von solchen Streitfällen einschränkt.[33]

Der Verfassunggeber scheint also bei der signifikanten Ausweitung des Kreises der zur Einreichung einer Klage vor dem Obersten Bundesgerichtshof in einem Verfahren der abstrakten Normenkontrolle befugten Glieder und Organe auf radikale Weise den Umfang der diffusen Normenkontrolle fast intuitiv eingeschränkt zu haben.

[33] Gerhard Anschütz, Verhandlungen des 34. Deutschen Juristentags. Berlin und Leipzig 1927, Bd. 2, S. 208.

Wenn man an ein *gemischtes Modell* der Normenkontrolle gedacht hat, ist es sicher, dass der Akzent noch auf das umfassende und vorherrschende System der diffusen Kontrolle gelegt wurde. Im diffusen System war die direkte Kontrolle eher etwas Zufälliges und Episodisches.

Die Verfassung von 1988 hat diese Situation radikal verändert und nicht mehr das *diffuse* oder *inzidente* System, sondern das *konzentrierte* Modell betont, zumal die verfassungsrechtlichen Kontroversen jetzt grundsätzlich über eine direkte Klage auf Verfassungswidrigkeit vom Obersten Bundesgerichtshof entschieden werden.

Die umfassende Legitimation und die Schnelligkeit dieses Prozessmodells, das auch mit der Möglichkeit ausgestattet ist, sofort die Wirkung des angefochtenen normativen Akts zu suspendieren, vermittels eines Antrags auf einstweilige Verfügung, führen dazu, dass die großen verfassungsrechtlichen Probleme mehrheitlich durch den Rekurs auf die direkte Klage auf Verfassungswidrigkeit, ein typisches Instrument der konzentrierten Kontrolle, gelöst werden.

Die abstrakte Normenkontrolle hat in ihrer besonderen Gestaltung auch eine neue föderative Bedeutung erhalten. Sie erlaubt die Überprüfung der Verfassungsmäßigkeit von Bundesgesetzen durch einen Antrag des Gouverneurs eines Bundesstaates und die Überprüfung der Verfassungsmäßigkeit bundesstaatlicher Gesetze durch einen Antrag des Staatspräsidenten.

Andererseits konkretisiert die Einreichung einer Klage durch im Nationalkongress vertretene politische Parteien auch den Gedanken der Verteidigung der Minderheiten, zumal sogar den weniger repräsentativen Fraktionen im Parlament die Möglichkeit der Anfechtung der Verfassungswidrigkeit eines Gesetzes gewährleistet ist.

Hervorzuheben ist in diesem Zusammenhang, dass die von den Parteiorganisationen eingereichten Klagen zahlenmäßig nicht ins Gewicht fallen. Zutreffend ist jedoch, dass viele der dem Obersten Bundesgerichtshof zur Entscheidung vorgelegten strittigsten Themen durch Initiative von politischen Parteien Gegenstand von Klagen geworden sind. Dies gilt für die Diskussion der Verfassungsmäßigkeit der Verfassungsänderung Nr. 2 von 1992, welche die in Art. 2 der ADCT [Atos das Disposições Constitucionais Transitórias – Akte der vorübergehenden verfassungsrechtlichen Bestimmungen][34] vorgesehene Volksabstimmung über Regierungsform und Regierungssystem vorverlegte, die Anfechtung der Legitimität des Mindeslohngesetzes[35], die Kontroverse über die Legitimität der Zahlung vermittels Rechtshilfeersuchen an ein höheres Gericht bei Forderungen in Alimentenklagen[36], ganz zu schweigen von den verschiedenen gegen die Wirtschaftspolitik der Regierung eingereichten Klagen[37].

---

[34] Vgl. ADI Nr. 829, 830 und 831, Berichterstatter: Richter Moreira Alves, Justizanzeiger vom 20. April 1993, S. 6758.

[35] ADI Nr. 737, eingereicht von der Partei *Partido Democrático Trabalhista* (PDT), Berichterstatter: Richter Moreira Alves, Justizanzeiger vom 22. Oktober 1993, S. 22252.

[36] ADI Nr. 672, Berichterstatter: Richter Marco Aurélio, Justizanzeiger vom 4. Februar 1992, S. 499.

[37] Vgl. beispielsweise ADI Nr. 357, Berichterstatter: Richter Carlos Velloso, Justizanzeiger vom 23. November 1990, S. 13622; ADI Nr. 562, Berichterstatter: Richter Ilmar Galvao, Justizanzeiger vom 10. September 1991, S. 12254; ADI Nr. 605, Berichterstatter: Richter Celso de Mello, Justizanzeiger vom 5. März 1993; ADI Nr. 931, Berichterstatter: Richter Francisco Rezek, Justizanzeiger vom 6. September 1993, S. 17973.

Als jüngstes Ereignis in der Entwicklungsgeschichte der abstrakten Normenkontrolle in Brasilien ist der Beschluss von zwei Gesetzen, den Bundesgesetzen Nr. 9.868 und Nr. 9.882, beide von 1999, hervorzuheben. Es handelt sich um zwei Normtexte, welche die prozessrechtlichen Instrumente bei der Normenkontrolle regeln. Das Gesetz Nr. 9.882 legte das normative Profil der sog. Klage gegen Nichtbefolgung einer fundamentalen Vorschrift (Argüição de Descumprimento de Preceito Fundamental – ADPF) fest (Brasilianische Verfassung, Art. 102, § 1). Das Gesetz Nr. 9.868 regelt die Bearbeitung und Entscheidung der direkten Klage auf Verfassungswidrigkeit (ADI) und der Klage auf Feststellung der Verfassungsmäßigkeit (ADC) und erfüllt damit eine Funktion, die vorher weitgehend von den Statuten oder Rechtsprechungskonstruktionen des Obersten Bundesgerichtshofs erfüllt wurde. Dieses Gesetz hat übrigens zweifellos einen guten Teil dieser Rechtsprechungskonstruktionen in seinen Wortlaut aufgenommen, dabei jedoch nicht auf die Einführung einiger wichtiger Veränderungen unseres Kontrollsystems verzichtet.

Der Oberste Bundesgerichtshof hat in der Übernahme neuer Entscheidungstechniken in der abstrakten Kontrolle der Verfassungsgemäßheit Fortschritte gemacht. In diesem Bereich ist die Rechtsprechung des deutschen Bundesverfassungsgerichts sehr einflussreich gewesen. Neben den sehr bekannten Techniken der Auslegung gemäß der Verfassung, der Erklärung der partiellen Nichtigkeit ohne Textreduktion oder der Erklärung der Verfassungswidrigkeit ohne Nichtigkeitserklärung, der Prüfung eines „noch verfassungsmäßigen Gesetzes" und des Appells an den Gesetzgeber bedient sich der Oberste Bundesgerichtshof auch häufig der Techniken der Begrenzung oder Beschränkung der Entscheidungswirkungen, was eine Erklärung der Verfassungswidrigkeit mit Auswirkungen *pro futuro* vom Tag der Entscheidung oder einem anderen vom Obersten Bundesgerichtshof genannten Zeitpunkt an gerechnet (ADI Nr. 2.240, ADI Nr. 3.682. ADI Nr. 1.351) darstellt.

Die Gesetzgebung, welche die ADI normiert (Bundesgesetz Nr. 9.868/99) sieht auch die Möglichkeit vor, dass das Plenum des Gerichts *die Auswirkungen der Entscheidungen* im Bereich der abstrakten Normenkontrolle *gestaltet* (Art. 27).

Der Rekurs auf diese Technik der Auswirkungsgestaltung erlaubt dem Obersten Bundesgerichtshof die Erklärung der Verfassungswidrigkeit der Norm: a) vom Zeitpunkt der Rechtskraft der Entscheidung an gerechnet (Erklärung der Verfassungswidrigkeit *ex nunc*); b) von irgendeinem anderen Zeitpunkt nach der Rechtskraft an gerechnet, der vom Gericht zu bestimmen bleibt (Erklärung der Verfassungswidrigkeit mit Wirksamkeit *pro futuro*); c) ohne die Erklärung der Nichtigkeit der Norm; und d) mit rückwirkender Geltung, aber unter Beibehaltung bestimmter Situationen.

In diesem Kontext hat sich die Judikatur des Obersten Bundesgerichtshofs in den letzten Jahren signifikant entwickelt, vor allem seit dem Inkrafttreten des Gesetzes Nr. 9.868/99.

Die Praxis hat gezeigt, dass diese neuen Entscheidungstechniken auch im Bereich der diffusen Normenkontrolle Anwendung finden (RE Nr. 197.917, HC Nr. 82.959, MS Nr. 26.602).

Auch im Bereich der abstrakten Normenkontrolle sind relevante Entscheidungen in den direkten Klagen auf Verfassungswidrigkeit durch Unterlassung (Ação Direta de Inconstitucionalidade por Omissão – ADO) gefällt worden.

Anfangs hat der Oberste Bundesgerichtshof die Meinung vertreten, dass die Entscheidung, welche die Verfassungswidrigkeit durch Unterlassung erklärt, das Gericht nur ermächtigen würde, die ihrer Pflicht nicht nachkommende Behörde zu benachrichtigen, damit diese die zur Überwindung des Zustands der verfassungswidrigen Unterlassung notwendigen Maßnahmen ergriffe.

Nach Anerkennung der Zulässigkeit der Klage wäre dann die zuständige legislative Instanz von der Entscheidung in Kenntnis zu setzen, um die fälligen Maßnahmen zu ergreifen.

In einer unlängst getroffenen Entscheidung hat das Gericht die Möglichkeit erwogen, in einigen spezifischen Fällen eine vernünftige Frist für die Handlung der Legislative anzugeben und auf die für die Rechtsordnung verheerenden Folgen der Untätigkeit des Gesetzgebers im konkreten Fall hinzuweisen (ADI Nr. 3.682).

Im Bereich der Klage gegen Nichtbefolgung einer fundamentalen Vorschrift (ADPF) sind einige relevante Entscheidungen zu nennen.

Nach der Entscheidung über die ADPF Nr. 33, in der das Gericht das Profil dieser neuen Verfassungsklage festgelegt hat, hat die ADPF eine rasante Entwicklung in der Rechtsprechung des Obersten Bundesgerichtshofs erfahren. Vor kurzer Zeit hat das Gericht wichtige Themen diskutiert, wie die Verfassungsmäßigkeit des Pressegesetzes (ADPF Nr. 130) und das Problem der Möglichkeit eines Verbots der Teilnahme von Kandidaten an Wahlen aufgrund von Informationen, die Negatives über ihr früheres Leben aussagen (ADPF Nr. 144).

Zur Zeit bearbeitet das Gericht in einer ADPF die komplexe Frage der Abtreibung von Anencephalen (ADPF Nr. 54).

Die Entwicklung der Normenkontrolle in Brasilien, insbesondere die Entwicklung der abstrakten Normenkontrolle, beweist also den starken Einfluss des Grundgesetzes für die Bundesrepublik Deutschland von 1949 und des deutschen Verfassungsrechts in dieser Entwicklung.

## 5. Der Einfluss der Lehre von Peter Häberle auf das brasilianische Verfassungsrecht

In Brasilien wurde die Lehre von Peter Häberle seit der ersten portugiesischen Übersetzung unter dem Titel *„Hermenêutica Constitucional: Sociedade Aberta dos Intérpretes da Constituição – contribuição para a Interpretação Pluralista e Procedimental da Constituição“*[38] mit sichtbarem Interesse rezipiert, sei es im akademischen Bereich, wie die rasant ansteigende Fachliteratur oder die Lehr- und Studienpraxis an den rechtswissenschaftlichen Fakultäten zeigen, sei es im Staat, in der Form der Gesetzesproduktion und der Rechtsprechung.

In der Legislative ist das Gesetz Nr. 9.868/99 mit seiner Institutionalisierung des *amicus curiae* in der brasilianischen Verfassungsgerichtsbarkeit ein beredtes Beispiel

---

[38] Häberle, Peter. *Hermenêutica Constitucional. A Sociedade Aberta dos Intérpretes da Constituição: contribuição para a Interpretação Pluralista e „Procedimental“ da Constituição.* Übersetzung von Gilmar Ferreira Mendes. Porto Alegre, 1997.

des starken Einflusses der Lehre von Peter Häberle, die sich für eine offene und pluralistische Verfassungsinterpretation einsetzt.

Der Oberste Bundesgerichtshof hat die Mechanismen der Öffnung verfassungsrechtlicher Verfahren in Richtung einer wachsenden Pluralität von Teilnehmern perfektioniert. Das Gesetz Nr. 9.868/99 sieht in Art. 7 § 2 die Möglichkeit vor, dass das Verfassungsgericht die Intervention von Organen oder Institutionen, die *amici curiae* genannt werden, vorsieht, damit diese sich zu dem zur Diskussion gestellten Verfassungsproblem äußern können.

Dieses Modell setzt nicht nur die Möglichkeit voraus, dass das Gericht sich aller verfügbarer technischer Elemente zur Beurteilung der Legitimität des in Frage gestellten Akts versichert, sondern ebenso eines umfassenden Beteiligungsrechts für interessierte Drittpersonen.

Die sog. *amici curiae* sind gegenwärtig stark an den Verfahren der abstrakten Normenkontrolle beteiligt und sind grundlegende Instanzen bei der Auslegung der Verfassung seitens des Obersten Bundesgerichtshofs.

Man kann also behaupten, dass die Verfassungsgerichtsbarkeit in Brasilien heute ein prozedurales Modell wählt, das Alternativen und Bedingungen anbietet, die eine zunehmend intensivere Interferenz einer Pluralität von Subjekten, Argumenten und Sichtweisen in Verfassungsklagen ermöglichen.

Neben der Intervention des *amicus curiae* erlaubt das Gesetz Nr. 9.868/99 (Art. 9) auch, dass der Oberste Bundesgerichtshof immer dann, wenn Bedarf an Aufklärung über die Materie oder eine *quaestio facti* besteht, zusätzliche Informationen anfordert, Sachverständige oder einen Sachverständigenausschuss benennt, damit sie ein Gutachten über die zur Diskussion stehende Verfassungsfrage erstellen, und öffentliche Anhörungen durchführt, deren Ziel die Einholung von Aussagen von in der jeweiligen Materie erfahrenen und kenntnisreichen Personen ist.

Der Oberste Bundesgerichtshof hat sich dieser neuen Mechanismen der Verfahrensöffnung weitgehend bedient. Besondere Bedeutung kommt in diesem Zusammenhang den unlängst durchgeführten öffentlichen Anhörungen im Bereich der Verfahren der abstrakten Normenkontrolle zu.

In der direkten Klage auf Verfassungswidrigkeit Nr. 3.510/DF[39], in der die Verfassungsmäßigkeit des Gesetzes über die wissenschaftliche Forschung mit Stammzellen von Embryonen zur Diskussion stand, beteiligten sich an der öffentlichen Anhörung am 20. April 2007 Fachleute (Forscher, Studenten und Ärzte), neben verschiedenen Institutionen der Zivilgesellschaft[40]. Das Ergebnis war ein eindrucksvolles Spektrum von Informationen und Daten, die dem Gericht bei der abschließenden Beurteilung am 29. Mai 2008 erlaubten, eine tatsächliche Kontrolle und Revision der Fakten und Prognosen der Legislative durchzuführen und das Thema in seinen verschiedenen rechtlichen, wissenschaftlichen und ethischen Konnotationen zu beleuchten. Am Ende erfolgte dann die Erklärung der Verfassungsmäßigkeit von Art. 5 des Gesetzes

---

[39] STF, Plenum, ADI Nr. 3.510/DF, Berichterstatter: Richter Carlos Britto, Entscheidung vom. 29. Mai 2008.

[40] Vgl. Martins, Tahinah Albuquerque. *Audiência Pública na Ação Direta de Inconstitucionalidade 3510/DF: Breves Considerações*. Observatório da Jurisdição Constitucional, Instituto Brasiliense de Direito Público. Brasília, Jahrgang 1, Oktober 2007.

Nr. 11.105/2005, aber mit einer Mehrheit von 6 Stimmen gegen die anderen 5 Stimmen, die unterschiedliche Bestimmungen enthielten, die sich ihrerseits auf unterschiedliche Aspekte dieses komplexen verfassungsrechtlichen Problems bezogen und von denen einige ausgewachsene Zusatzurteile mit manipulativem Inhalt der normativen Sinngehalte des angefochtenen Gesetzes waren.[41] Deutlich wurde bei dieser Verhandlung die umfassende Beteiligung vieler Bereiche der Gesellschaft, wodurch der Oberste Bundesgerichtshof sich auch als Argumentations- und Reflexionsforum erwies, dessen Diskussion auch in der Gesellschaft und den demokratisch verfassten Institutionen Widerhall fand.

Andere öffentliche Anhörungen wurden vom Obersten Bundesgerichtshof durchgeführt, im Zusammenhang mit noch laufenden Verfahren. Bei der Klage gegen Nichtbefolgung einer fundamentalen Vorschrift (Argüição de Descumprimento de Preceito Fundamental) Nr. 101 wurde in der am 27. Juni 2008 durchgeführten öffentlichen Anhörung zum Thema die Einfuhr von Gebrauchtreifen und die Problematik dieser Einfuhr angesichts der Verfassungsprinzipien, die das Gleichgewicht der Umwelt schützen. Bei der Klage gegen Nichtbefolgung einer fundamentalen Vorschrift Nr. 54 wurden am 26. und 28. August 2008 öffentliche Anhörungen zur Diskussion des komplexen Themas de Anencephalen durchgeführt. In beiden Verfahren werden Entscheidungen erwartet, in denen auch die Diskussionen und Argumente verschiedener Bereiche der Zivilgesellschaft ihren Niederschlag finden. Dies wird gewiss diesen Entscheidungen einen höheren Grad an demokratischer Legitimität verleihen.

Die Verfahrensordnung des Obersten Bundesgerichtshofs verfügt schon über Normen zur Feststellung der Befugnisse und Einberufung und Durchführung von öffentlichen Anhörungen (Änderung Nr. 29 der Verfahrensordnung vom 18. Februar 2009).

Am 5. März 2009 hat der Präsident des Obersten Bundesgerichtshofs unter Berufung auf mehrere Verfahrensregeln eine öffentliche Ausschreibung zur Diskussion verschiedener Probleme des öffentlichen Gesundheitswesens in Brasilien einberufen.[42] Die in dieser Anhörung produzierten Infomationen und Daten können für die Vorbereitung eines jeden Verfahrens des Gerichts genutzt werden, das sich mit der Anwendung von Verfassungsnormen auf das öffentliche Gesundheitswesen befasst.

Hervorzuheben ist die Vorschrift von Art. 154 der Verfahrensordnung, dass die öffentlichen Anhörungen durch den Fernsehsender *TV Justiça* und den Rundfunk-

---

[41] Vgl. die Voten der Richter Menezes Direito, Ricardo Lewandowski, Eros Grau, Cezar Peluso und Gilmar Mendes (Präsident).

[42] Anordnung der Einberufung einer öffentlichen Anhörung, am 5. März 2009 vom Präsidenten des Obersten Bundesgerichtshofs verfügt. Diese öffentliche Anhörung über das Gesundheitswesen soll folgende Fragen diskutieren: 1. Verantwortung der Glieder des Bundes in Materien, die das Recht auf Gesundheit betreffen; 2. Staatspflicht zur Sicherstellung der Gesundheitsversorgung durch einen Arzt, der nicht Mitglied des sog. Einzigen Gesundheitssystems (*Sistema Unico de Saúde* – SUS) ist, bzw. ohne vorgängigen Antrag an die Behörden; 3. Staatspflicht zur Finanzierung der Gesundheitsversorgung, die nicht durch die bestehenden *public policies* abgedeckt ist; 4. Staatspflicht zur Bereitstellung von Arzneimitteln oder experimentellen Behandlungen, die nicht bei der Nationalagentur zur Aufsicht des Gesundheitswesens eingetragen sind oder nicht von den Klinischen Protokollen des SUS empfohlen werden; 5. Staatspflicht zur Lieferung von nicht ausgeschriebenen und in den Verzeichnissen des SUS nicht vorgesehenen Arzneimitteln; 6. betrügerische Machenschaften im SUS.

sender *Rádio Justiça* gesendet werden müssen, wodurch die Bevölkerung einen allgemeinen, unbeschränkten und sofortigen Zugang zur Verhandlung und der in ihr stattfindenden Diskussion hat. So besteht kein Zweifel daran, dass der Oberste Bundesgerichtshof gegenwärtig über wirksame Kanäle verfügt, die seine Kommunikation mit der Gesellschaft verbessern und dieser demokratische Teilhabe an seiner Tätigkeit ermöglichen.[43]

[43] Der Oberste Bundesgerichtshof verfügt über diverse Mechanismen zur Annäherung an die Gesellschaft. Besondere Bedeutung haben der Fernsehsender *TV Justiça*, der Hörfunksender *Rádio Justiça* und die sog. Bürgerzentrale (*Central do Cidadao*). *TV Justiça* ist ein öffentlich-rechtlicher Fernsehsender, der vom Obersten Bundesgerichtshof geleitet wird und institutionell an ihn gebunden ist. Sein Ziel ist die Einrichtung eines Forums zur Kommunikation zwischen der Gerichtsbarkeit, der Staatsanwaltschaft, den Pflichtverteidigern und der Anwaltschaft einerseits und den Bürgern andererseits, sowie die wechselseitige Annäherung der Gerichtsbarkeit und der anderen Instanzen und der Bürger. Er füllt damit nicht nur eine Lücke der kommerziellen Sender in Bezug auf Nachrichten über die Gerichtsbarkeit, sondern bemüht sich, die Bürger über den Zugang zu den Gerichten aufzuklären und ihnen den Zugang zur Gerichtsbarkeit damit zu erleichtern, durch Aufzeigung der Transparenz des Handelns und der Entscheidungen der Gerichte. Das Hauptziel des Senders ist, in der brasilianischen Gesellschaft ein Bewusstsein für die Notwendigkeit einer unabhängigen Judikative, der Gerechtigkeit, der Ethik, der Demokratie und der sozialen Entwicklung zu schaffen und den Bürgern fundierte Kenntnisse ihrer Rechte und Pflichten zu vermitteln.

*Rádio Justiça* ist ein öffentlich-rechtlicher Hörfunksender, der vom Obersten Bundesgerichtshof geleitet wird und institutionell an ihn gebunden ist. Er hat seine Sendetätigkeit als Mittelfrequenzsender am5. Mai 2004 begonnen. *Rádio Justiça* sendet auf einer Frequenz von 104,7 MHz und wird auch über Satellit und Internet empfangen. Der Sender bemüht sich um eine detaillierte Diskussion der Rechtsthemen, versucht also zu vermeiden, dass wichtige und komplexe Probleme oberflächlich behandelt werden. Neben der Nachrichtenproduktion, die von einem eigenen Team wahrgenommen wird, kann der Sender auf ein Netz von Journalisten anderer Gerichte und mit der Gerichtsbarkeit verbundene Organe zurückgreifen, hat also Korrespondenten in allen brasilianischen Bundesstaaten.

Gegenwärtig ist einer der wichtigsten Kommunikationskanäle zwischen der Gesellschaft und dem Obersten Bundesgerichtshof die sog. Bürgerzentrale (*Central do Cidadao*). Gemäß Beschluss Nr. 361 (Art. 2) vom 21. Mai 2008 hat die Bürgerzentrale den Auftrag, ein Kanal zur direkten Kommunikation zwischen den Bürgern und dem Obersten Bundesgerichtshof zu sein, um Informationen über die Funktionsweise des Gerichts zu vermitteln, Aktionen zu fördern, die eine kontinuierliche Verbesserung rechtsprecherischer Dienstleistungen zum Ziel haben, bei Entscheidungen mtarbeiten, welche die Einreichung und Bearbeitung von Anträgen vereinfachen, den Einflussbereich der Rechtsprechung auszuweiten, so wie die Anhebung der Standards der Transparenz, Schnelligkeit und Sicherheit der Aktivitäten des Gerichts zu gewährleisten, Der Bürgerzentrale obliegt also, gemäß dem genannten Beschluss (Art. 3): I. Anfragen entgegenzunehmen, Handlungsbedarf bei den zuständigen Verwaltungsbereichen anzumelden und die Informationen und Aufklärungen über die Entscheidungen des Gerichts zu liefern; II. Informationen, Empfehlungen, Beanstandungen, Anklagen, Kritiken und Lob über die Tätigkeit des Gerichtshofs anzunehmen und sie den zuständigen Verwaltungseinheiten weiterzuleiten, wobei die interessierte Partei immer über die beschlossenen Maßnahmen zu unterrichten ist; III. die Interaktion zwischen den internen Einheiten zur Lösung der eingegangenen Anfragen zu vermitteln; IV. dem Präsidenten verwaltungspolitische Maßnahmen vorzuschlagen, die zur Verbesserung und Perfektionierung der von den einzelnen Verwaltungseinheiten durchgeführten Aktivitäten führen, aufgrund von Informationen, Empfehlung, Beschwerden, Anklagen, Kritik und Lob; V. in partnerschaftlicher Zusammenarbeit mit anderen Bereichen des Gerichts Veranstaltungen zur Aufklärung über die Bürgerrechte durchzuführen, die Beteiligung der Bevölkerung anzuregen und intern die institutionsspezifische Kultur im Hinblick auf die Interessen und Bedürfnisse der Bürger zu fördern; VI. wo immer es die Situation erfordert, die Anonymität der Quelle der Empfehlungen, Beanstandungen, Anklagen, Kritiken und des Lobes zu wahren und sicherzustellen; VII. dem Präsidenten des Obersten Bundesgerichtshofs einen vierteljährlichen Bericht über die von der Bürgerzentrale durchgeführten Aktivitäten zuzustellen.

Im Fall der *amici curiae* hat das Gericht sogar schon das Recht dieser Organe oder Glieder anerkannt, in den Verhandlungen ihre Argumente mündlich vorzutragen (so im Fall der ADI-QO Nr. 2.777, Berichterstatter: Richter Cezar Peluso, Entscheidung vom 26. November 2003; Art. 131 § 3 der Verfahrensordnung des Obersten Bundesgerichtshofs) – ein Recht, das früher nur dem Anwalt des Antragstellers, dem Bundesgeneralstaatsanwalt und der Staatsanwaltschaft zukam.

Damit haben die am System der Normenkontrolle interessierten Parteien nicht nur umfassende Zugangs- und Teilhaberechte, sondern der Oberste Bundesgerichtshof kann auch den unterschiedlichen Sichtweisen bei der Bewertung der Legitimität eines bestimmten angefochtenen Akts Rechnung tragen.

Es lässt sich nicht leugnen, dass diese Öffnung des Verfassungsprozessrechts in Brasilien stark von Peter Häberles Rechtslehre beeinflusst worden ist.[44]

In diesem Zusammenhang ist darauf hinzuweisen, dass Peter Häberle die Notwendigkeit der Ausdehnung der Informationsinstrumente der Verfassungsrichter bestätigt, vor allem in Bezug auf öffentliche Anhörungen und die „Interventionen von eventuellen interessierten Personen". Neue Formen der Teilhabe der pluralistischen Öffentlichkeit als Interpreten lato sensu der Verfassung sind zu gewährleisten.

So kann man also nicht die „Kommunikation zwischen Norm und Sachverhalt" in Frage stellen. Sie ist eine Bedingung der Verfassungsauslegung selbst. Der Erkenntnisprozess schließt die integrierte Untersuchung der faktischen und rechtlichen Elemente ein.[45]

Wenn im Prozess der Normenkontrolle die Überprüfung der legislativen Tatsachen und Prognosen unvermeidlich ist, ist es möglich, die Notwendigkeit der Wahl eines Verfahrensmodells festzustellen, welches das Gericht mit den ausreichenden Bedingungen zur Durchführung dieser Überprüfung ausstattet.

So ist es richtig, dass das Gericht bei der Wahrnehmung seiner Funktionen als Verfassungsgericht nicht auf die Ausübung seiner Befugnisse verzichten kann, besonders mit Bezug auf die Verteidigung der Grundrechte angesichts einer Entscheidung der Legislative, unter Berufung auf den Umstand, dass es nicht über die angemessenen Beweismechanismen zur Prüfung der Materie verfügt.

Es springt also in die Augen, dass diese Verfahrensformel ein hervorragendes Instrument zur Information des Obersten Bundesgerichtshofs ist.

Es besteht kein Zweifel daran, dass die Beteiligung der verschiedenen Gruppen an Gerichtsverfahren, die für die gesamte Gesellschaft von großer Bedeutung sind, eine äußerst relevante Integrationsfunktion im Rechtstaat erfüllt.

Wenn der Oberste Bundesgerichtshof Zugang zu dieser in einem ständigen Dialog befindlichen Pluralität von Sichtweisen hat, verfügt er über die Vorteile, die sich aus den möglicherweise von den *amici curiae* vorgetragenen technischen Hilfsmitteln, rechtspolitischen Implikationen und Elementen der wirtschaftlichen Konsequenz ergeben.

---

[44] Häberle, Peter. *Hermenêutica Constitucional. A Sociedade Aberta dos Intérpretes da Constituição: contribuição para a Interpretação Pluralista e „Procedimental" da Constituição.* Übersetzung von Gilmar Ferreira Mendes. Porto Alegre, 1997.

[45] Mahrenholz, Ernst Gottfried, *Verfassungsinterpretation aus praktischer Sicht,* in: Verfassungsrecht zwischen Wissenschaft und Richterkunst, FS zum 70. Geburtstag von Konrad Hesse. Heidelberg, 1990, S. 53 (54).

Diese institutionelle Innovation qualifiziert nicht nur die Rechtsprechung, sondern enthält neue Möglichkeiten der Legitimation der Urteile des Obersten Bundesgerichtshofs in Wahrnehmung seiner vornehmlichen Funktion eines Hüters der Verfassung.

Die Zulassung des *amicus curiae* verleiht dem verfassungsrechtlichen Verfahren eine differenzierte Färbung und stattet es mit einem pluralistischen und offenen Charakter aus, der von grundlegender Bedeutung für die Anerkennung der Rechte und die Durchsetzung der verfassungsmäßigen Garantien im Rechsstaat ist.

Peter Häberles Rechtslehre wurde auch in anderen bedeutenden Entscheidungen des Obersten Bundesgerichtgshofs der Föderativen Republik Brasilien übernommen, so etwa in den Fällen, in denen das Gericht eine Auslegung der Verfassung „nach dem Möglichkeitsdenken" zugrundelegt hat (ADI Nr. 1.289[46]; RE Nr. 135.328[47]; RE Nr. 147.776[48]; SS Nr. 3.154[49], MS Nr. 26.690[50]), sodann in den Änderungen der Rechtsprechung anlässlich der Feststellung einer *Veränderung der Verfassung* (RE Nr. 165.438[51]; INQ-QO Nr. 687[52]; CC Nr. 7.204[53], HC Nr. 82.959, MS Nr. 26.602, Nr. 26.603 und Nr 26.604[54]) und schließlich, in der im Kontext des sog. *Kooperativen Verfassungsstaats* zustande gekommenen Rechtsprechung (RE Nr. 349.703[55] und RE Nr. 466.343[56]).

## 6. Schlussfolgerungen

Das Bonner Grundgesetz, das am 23. Mai 2009 seinen 60. Geburtstag gefeiert hat, steht für die Geschichte einer Verfassung ein, deren von der gesamtdeutschen Gesellschaft unter großen Opfern kultivierte normative Kraft den Aufbau anderer auf die Prinzipien der Demokratie und des Grundrechtsschutzes ruhenden Verfassungsord-

[46] STF, Plenum, ADI-EI Nr. 1.289-4/DF, Berichterstatter: Richter Gilmar Mendes, Entscheidung vom 3. April 2003.

[47] STF, Plenum, RE Nr. 135.328-7/SP, Berichterstatter: Richter Marco Aurélio, Entscheidung vom 29. Juni 1994.

[48] STF, Plenum, RE Nr. 147.776-8/SP, Berichterstatter: Richter Sepúlveda Pertence, Entscheidung vom 19. Mai 1998.

[49] STF, Vorsitz, SS Nr. 3.154-6/RS, Berichterstatter: Vorsitzender Richter, Entscheidung vom 28. März 2007.

[50] STF, Plenum, MS Nr. 26.690/DF, Berichterstatter: Richter Eros Grau, Entscheidung vom 3. September 2008.

[51] STF, Plenum, RE Nr. 165.438-4/DF, Berichterstatter: Richter Carlos Velloso, veröffentlicht im Justizanzeiger am 5. Mai 2006.

[52] STF, Plenum, INQ Nr. 687, Berichterstatter: Richter Sepúlveda Pertence, veröffentlicht im Justizanzeiger am 9. November 2001.

[53] STF, Plenum, CC Nr. 7.204/MG, Berichterstatter: Richter Carlos Britto, Entscheidung vom 29. Juni 2005.

[54] STF, Plenum, MS Nr. 26.602, Berichterstatter: Richter Eros Grau; MS Nr. 26.603, Berichterstatter: Richter Celso de Mello; MS Nr. 26.604, Berichterstatter: Richterin Cármen Lúcia, Entscheidung vom 4. Oktober 2007.

[55] STF, Plenum, RE Nr. 349.703, Berichterstatter für die Entscheidung: Richter Gilmar Mendes, Entscheidung vom 3. Dezember 2008.

[56] STF, Plenum, RE Nr. 466.343, Berichterstatter: Richter Cezar Peluso, Entscheidung vom 3. Dezember 2008.

nungen beeinflusst hat und weiterhin beeinflusst. Diese Feststellung erlaubt das Urteil, dass das Grundgesetz für die Bundesrepublik Deutschland eine nicht nur für das deutsche Volk, sondern auch für iberoamerikanische Gesellschaften, die sich von ihm zum Aufbau eines wahren demokratischen Rechtsstaats beflügeln ließen, lebendige Verfassung ist.

Die Einflüsse des Bonner Grundgesetzes von 1949 auf die brasilianische Bundesverfassung von 1988 sind deutlich, wie sich den knappen Betrachtungen des vorliegenden Aufsatzes entnehmen lässt. Der Föderalismus der Aufteilung ausschließlicher, gemeinsamer und konkurrierender Kompetenzen des Bundes und der Bundesstaaten, das System zur Garantie und zum Schutz der Grundrechte und das Modell der abstrakten Normenkontrolle sind unleugbar vom deutschen Verfassungstext inspiriert worden.

Die Fortbildung der Verfassungslehre und -judikatur in Brasilien zeigt gleichfalls den starken Einfluss des deutschen Verfassungsrechts. Gegenwärtig findet der ständige und fruchtbare Dialog zwischen Rechtslehre und Rechtsprechung seinen Ausdruck in den Entscheidungen des Obersten Bundesgerichtshofs, die letztendlich auf Institute, Begriffe und Konzeptionen des deutschen Rechtsbereichs zurückgehen. In diesem Zusammenhang darf der relevante Beitrag der Rechtslehre von Peter Häberle in der Rechtsprechung und der rechtspolitischen Tätigkeit selbst des Obersten Bundesgerichtshofs nicht übersehen werden.

Der 23. Mai 2009 ist somit nicht nur in Deutschland, sondern in allen Ländern, in denen der Aufbau und die Festigung des demokratischen Rechtsstaats sich vom deutschen Grundgesetz von 1949 anregen ließen, eine repräsentative Ephemeride. Er steht für sechzig Jahre, denen wir viele Lehren verdanken und die zur Stärkung der demokratischen Institutionen und den Grundrechtsschutz in verschiedenen Ländern noch viel beitragen werden.

*Übersetzt von Peter Naumann*

# Learning to Live with Plurality and Dissent: The *Grundgesetz* in South Africa*

by

Prof. Dr. Henk Botha

University of Stellenbosch

## 1. Introduction

In 1949, the year in which the German Basic Law was adopted by the Parliamentary Council, a very different political and constitutional dynamic was at work in South Africa. The National Party government, which had come to power in the previous year's election, was introducing the first in a long line of measures designed to give effect to the ideology of apartheid.[1] At a time when Germany instituted a democratic *Rechtsstaat* which embraced human dignity as supreme constitutional value, South Africa gave its first steps towards a comprehensive constitutional scheme which was based on the racialisation of citizenship and branded the majority of the population as inferior and unworthy of equal concern. That today, sixty years later, it is deemed meaningful to talk of the influence of the Basic Law in South Africa is testimony not only to the momentous changes which have swept South Africa during the past fifteen years, but also to the continued vitality and lasting influence of the normative vocabulary and institutional framework instituted by the Basic Law.

The German Basic Law was influential in the framing of both South Africa's interim Constitution of 1993 and final Constitution of 1996.[2] German case law and

* Thanks to Heiko Braun and Erin Nel for research assistance.

[1] In 1949 the Prohibition of Mixed Marriages Act 55 of 1949 was passed by Parliament, separate facilities for Europeans and non-Europeans were introduced in post offices, the Voortrekker Monument was officially opened in Pretoria, and the African National Congress adopted a programme of action in which it called for action in the form of protests, strikes and demonstrations. During the next year the apartheid government's legislative programme gained momentum with the adoption of the Population Registration Act 30 of 1950, the Suppression of Communism Act 50 of 1951, the Group Areas Act 41 of 1950 and the Immorality Amendment Act 21 of 1950.

[2] South Africa's democratic transition was a carefully crafted process consisting of two stages. First, a transitional Constitution was negotiated by the Multiparty Negotiating Forum, an unelected body consisting of representatives of different political parties. It was then formally adopted by the old tricameral Parliament. The Constitution of the Republic of South Africa, Act 200 of 1993 (referred to

academic literature have also played an important part in judicial elaborations of the meaning of the post-apartheid constitutions – and continue to do so. South African courts have been keen to take up the invitation extended to them by both these constitutions to consider foreign law when interpreting the Bill of Rights,[3] and have moved beyond this mandate to consider foreign law in their interpretation of sections outside the Bill of Rights.[4]

Several factors contributed to the influence of German constitutional law. A long-standing tradition of academic contact between South Africa and Germany ensured the steady infiltration of German ideas into South African constitutional discourse. Fellowships from the Alexander von Humboldt Foundation played a vital role in this regard,[5] as did DAAD and other scholarships. Some of the technical advisers in the constitution-making process had benefited from these programmes and could bring their knowledge of German constitutional law to bear on the task at hand. Moreover, some German law professors acted as legal advisers to the political parties. In addition, a multi-party delegation of legislators and advisers visited Germany early in 1996 at the invitation of the former chancellor, Helmut Kohl, to study aspects of German constitutional law.[6]

The influence of German constitutional ideas cannot, however, be explained solely in terms of academic networks or the participation in the constitution-making process of scholars with a background in German law. The receptivity of South African scholars, politicians and judges to German constitutional law has been the result

below as the 'interim Constitution') spelled out the requirements for the adoption of a new Constitution and established a democratic system of government in the meantime. During the second stage, a final Constitution was thrashed out by the Constitutional Assembly, an elected body comprising the members of the two Houses of Parliament constituted in terms of the interim Constitution. Once adopted, the new constitutional text was referred to the Constitutional Court, which had to certify that it complied with the 34 Constitutional Principles contained in the interim Constitution. In its first certification judgment the Constitutional Court held that certain provisions of the new constitutional text fell short of what was required in terms of the Principles. *Ex parte Chairperson of the Constitutional Assembly: In re Certification of the Constitution of the Republic of South Africa, 1996* 1996 (4) SA 744 (CC); 1996 (10) BCLR 1253 (CC). The text was amended by the Constitutional Assembly, and the amended text was then certified by the Court. *Ex Parte Chairperson of the National Assembly: In re Certification of the Amended Text of the Constitution of the Republic of South Africa, 1996* 1997 (2) SA 97 (CC); 1997 (1) BCLR 1 (CC). The Constitution of the Republic of South Africa, 1996 (hereinafter referred to as 'the final Constitution' or 'the Constitution') was signed by President Mandela on 10 December 1996 and came into effect on 4 February 1997.

[3] S 39(1) of the final Constitution provides: 'When interpreting the Bill of Rights, a court, tribunal or forum (a) must promote the values that underlie an open and democratic society based on human dignity, equality and freedom; (b) must consider international law; and (c) may consider foreign law.' Its wording deviates only slightly from that of its predecessor, s 35(1) of the interim Constitution.

[4] On the Constitutional Court's use of comparative materials, see L. Ackermann 'Constitutional comparativism in South Africa: a response to Sir Basil Markesinis and Jörg Fedtke' (2005) 80 *Tulane Law Review* 169; and H. Botha 'Comparative law and constitutional adjudication: a South African perspective' (2007) 55 *Jahrbuch des öffentlichen Rechts der Gegenwart* 569.

[5] See A. Rabie, S. van der Merwe and J. M. T. Labuschagne 'The contribution of the Alexander von Humboldt Foundation to the development of the South African legal system and literature' (1993) 56 *Tydskrif vir Hedendaagse Romeins-Hollandse Reg* 608.

[6] See L. M. du Plessis 'German Verfassungsrecht under the Southern Cross' in F. Hufen (ed) *Verfassungen zwischen Recht und Politik: Festschrift zum 70. Geburtstag für Hans-Peter Schneider* (2008) 524 at 530–531, 533.

of a complex blend of historical, legal-dogmatic, ideological and pragmatic reasons. For present purposes, three factors are particularly important. First, the South African Constitution, like the German Basic Law, arose as a direct response to deeply traumatic events in the past. It shares with the Basic Law a certain 'historical self-consciousness',[7] seeks to prevent the reoccurrence of past injustices, and enjoins us in its preamble to 'honour those who suffered for justice and freedom in our land'. As du Plessis observes:

> 'The "Nicht wieder!" from post-Holocaust Germany reverberated (and indeed inspired action) in post-apartheid South Africa. In both countries far-reaching reconciliation and extensive nation-(re)building simply had (and still have) to succeed to turn calamities of a shady past into accomplishments of a bright future.'[8]

Secondly, given the dispossession, poverty and deep structural inequality that were part of the legacy of apartheid, a new South African constitution could not afford to cripple state efforts to alleviate poverty, redistribute wealth and provide basic services by having recourse to classical-liberal conceptions of individual rights, property and constitutionalism. The German Basic Law provided an important counter-example to the Constitution of the United States in this regard. It is often claimed that the German Basic Law is not premised on the notion of atomic individuals, but recognises that citizens are members of and bound to the community.[9] Moreover, unlike the United States Constitution, which is sometimes held to be a 'charter of negative liberties',[10] the Basic Law presupposes a state that is actively involved in securing individual rights and dispensing welfare benefits. The idea that rights are not simply defensive entitlements against the state, but imply a duty on the part of the state to protect citizens and to provide the minimum social and economic conditions for a dignified existence has found special resonance in South Africa. Section 7(2) of the final Constitution enjoins the state to 'respect, protect, promote and fulfil the rights in the Bill of Rights'. The state's positive duty to protect has provided the basis for a line of progressive judgments which have relied, inter alia, on German jurisprudence.[11]

---

[7] K. Klare 'Legal culture and transformative constitutionalism' (1998) 14 *South African Journal on Human Rights* 146 at 155.

[8] Du Plessis (supra) 531. Or as Ackermann J wrote in a concurring judgment in *Du Plessis v De Klerk* 1996 (3) SA 850 (CC); 1996 (5) BCLR 658 (CC) para 92: 'I do believe that the German Basic Law was conceived in dire circumstances bearing sufficient resemblance to our own to make critical study and cautious application of its lessons to our situation and Constitution warranted. The GBL was no less powerful a response to totalitarianism, the degradation of human dignity and the denial of freedom and equality than our Constitution. Few things make this clearer than Art 1(1) of the GBL, particularly when it is borne in mind that the principles laid down in Art 1 are entrenched against amendment of any kind by Art 79(3).'

[9] See BVerfGE 27, 344 at 351 (1970); P. Häberle *Das Menschenbild im Verfassungsstaat* 4 ed (2008). The following words of Ackermann J in *Bernstein v Bester NO* 1996 (2) SA 751 (CC), 1996 (4) BCLR 449 (CC) para 67 reveal a strong German influence: '[C]ommunity rights and the rights of fellow members place a corresponding obligation on a citizen, thereby shaping the abstract notion of individualism towards identifying a concrete member of civil society'.

[10] *Jackson v City of Joliet*, 715 F 2d 1200 at 1203 (7th Cir 1983). See also *DeShaney v Winnebago County Department of Social Services*, 489 US 189 at 195–197 (1988).

[11] See the discussion under 2 below of *Carmichele v Minister of Safety and Security* 2001 (4) SA 938 (CC); 2001 (10) BCLR 995 (CC).

Thirdly, German jurisprudence suggested a conception of the judicial function that is more attuned to the needs of South Africa's fledgling constitutional democracy. The choice to break with a long history of parliamentary sovereignty and to entrench a supreme and justiciable constitution at a time when political power was being transferred from the apartheid government to a democratic regime raised questions over the relationship between legislatures and courts. On the one hand, it was feared that judges still steeped in parliamentary sovereignty and prone to fits of executive-mindedness would fail to come to terms with the demands of a supreme constitution. In the face of increasingly widespread condemnation of what was seen as the 'positivistic' attitudes of the apartheid judiciary, the expressly value-laden jurisprudence of Germany's Federal Constitutional Court came to be seen as worthy of emulation. Du Plessis argues that section 1 of the final Constitution, which articulates the values on which South Africa is founded, fulfils a role similar to that of article 20 of the German Basic Law.[12] Section 39(1) of the final Constitution enjoins courts interpreting the Bill of Rights to 'promote the values that underlie an open and democratic society based on human dignity, equality and freedom'. The instruction to courts in section 39(2) to 'promote the spirit, purport and objects' of the Bill of Rights when interpreting legislation and when developing the common law or customary law also shows a clear German influence.[13]

On the other hand, the spectre of an unelected – and untransformed – judiciary bent on frustrating democratic reform or of a state refusing to comply with court orders accentuated the dangers of a too confrontational judicial stance. Again, German constitutional law had much to offer. Of the textual formulations, broad standards and interpretive strategies that were adopted to help facilitate cooperation between the judiciary and coordinate branches, many were of German origin. For the moment, one example must suffice. Section 35(2) of the interim Constitution provides that where a law is reasonably capable of an interpretation which is not contrary to the interim Bill of Rights, such interpretation should be preferred to one which would make the law unconstitutional. This provision, which seeks to avoid the unnecessary invalidation of laws, is widely believed to have been inspired by the German notion of *verfassungskonforme Auslegung*. Although it has not found its way into the text of the final Constitution, it remains an important mechanism to bring legislation into conformity with the Constitution.[14]

This article focuses on three areas in which the German Basic Law has been influential. These are: the horizontal application of the Bill of Rights, human dignity, and the limitation of rights. My discussion of these three topics is meant to illustrate how German constitutional concepts have assisted in mediating the Constitution's multiple and often conflicting normative and institutional commitments. In all three areas, concepts derived from German law have been used to assert the supremacy of the Constitution, while at the same time avoiding a showdown between courts and legislatures.

---

[12] Du Plessis (supra) 532.

[13] S 35(3) of the interim Constitution; s 39(2) of the final Constitution.

[14] See W. le Roux 'Undoing the past through statutory interpretation: the Constitutional Court and marriage laws of apartheid' 2005 *Obiter* 526 for an analysis and critique of the Court's approach.

## 2. Horizontal application

The application of fundamental constitutional rights to relationships traditionally governed by private law has been contentious ever since the early 1990s. For many, the transformation of private law in accordance with constitutional rights and values is nonnegotiable. It is pointed out that the apartheid legal order institutionalised inequality and oppression not only in the public but also in the private sphere. Unless the private sphere is suffused by the Constitution's democratic and egalitarian ethos, apartheid is likely to be merely privatised. No longer dependent on an intricate scheme of discriminatory and oppressive legislation enforced by the state, apartheid would live on in the recesses of private wealth and privilege – and rely on property and the law of contract to stabilise and enforce it. However, others have expressed concern over the 'constitutionalisation' of private law. In their view, the integrity of private law would be undermined through the imposition of a public-law framework. The common-law system of private law has evolved over centuries and displays an own inner logic. Rather than allowing this system to be 'invaded' or 'colonised' by constitutional norms, it should be left to develop according to its own dynamics. At any rate, so the argument goes, underlying the common law are values not that different from those animating the Constitution. If there are areas in need of more sweeping reform than what can be accomplished through the gradual development of the common law, that is a matter for legislative and not judicial intervention.[15]

Foreign law played a prominent role in debates about the relationship between private law and a new constitution. Although by no means the only foreign influence – the American state action doctrine featured prominently in these debates and so did Canadian jurisprudence – the German distinction between the direct and indirect horizontal application of fundamental rights (*unmittelbare Drittwirkung* and *mittelbare Drittwirkung*) was particularly influential and framed much of the debate.[16] The German influence is clear from section 35(3) of the interim Constitution and section 39(2) of the final Constitution, both of which enjoin courts, when interpreting legislation or developing customary law or common law, to 'have due regard to the spirit, purport and objects' of the Bill of Rights. The language used here resembles the terminology used by the German Federal Constitutional Court in the *Lüth* decision, in which it was stated that the fundamental rights guaranteed in the Basic Law constitute an objective value order and that all law, including civil law, must be interpreted in view of its spirit.[17]

It is not surprising that South African lawyers would turn to a German conceptual vocabulary in attempting to mediate the tension between the constitutional imperative to steer private law in a more democratic and egalitarian direction, and

---

[15] See A.J. Van der Walt 'Transformative constitutionalism and the development of South African property law (part 1)' (2005) *Journal of South African Law* 655 at 660–669 for an overview of the debate and references to the literature.

[16] See eg D. Davis, M. Chaskalson and J. de Waal 'Democracy and constitutionalism: the role of constitutional interpretation' in D. van Wyk et al (eds) *Rights and constitutionalism: the new South African legal order* (1994) 1 at 89–96; J. de Waal 'A comparative analysis of the provisions of German origin in the interim Bill of Rights' (1995) 11 *South African Journal on Human Rights* 1 at 9–15.

[17] BVerfGE 7, 198 at 205.

the desirability of doing so in a way which respects the integrity of the common law. As van der Walt explains:

> 'German constitutional theory is a suitable source of comparative analysis for the South African debate about the effect of the Constitution on private law, because it has a strong, well-developed system of private law that is distinguished quite clearly from public law, but not unlike South Africa it also has a constitution that was adopted with clearly transformative intentions subsequent to a political catastrophe. Moreover, like South African law, German law clearly accepts that private law is not isolated from the constitution, and that the constitution can in principle (and does in fact) influence or have an effect on private law.'[18]

German constitutional law featured prominently in *Du Plessis v De Klerk*,[19] a case in which the majority of the judges of the Constitutional Court held that the fundamental rights in the interim Constitution generally do not have direct horizontal application but can and should apply indirectly through the development of the common law. The main judgment of Kentridge AJ relied heavily on German and Canadian jurisprudence and referred to the position in the United States, Ireland and Namibia. Closely following the reasoning of the Canadian Supreme Court in the *Dolphin Delivery* case, it found that the omission of the judiciary from section 7(1) had the effect of ruling out the importation of the doctrine developed by the United States Supreme Court in *Shelley v Kraemer*, in which an order of court was equated with state action.[20] The German model of indirect horizontal application was another powerful influence. In the view of the majority, this model resonated closely with the text of the interim Constitution, which required courts to have due regard to the spirit, purport and objects of the Bill of Rights in developing the common law. Moreover, the jurisdiction of the Constitutional Court, like that of its German counterpart, is restricted to deciding constitutional questions. The development of the common law should be undertaken by the ordinary courts. However, the Constitutional Court, by virtue of its jurisdiction over all matters relating to 'the interpretation, protection and enforcement' of the provisions of the Constitution, can exercise control over the development of the common law to ensure that it reflect the spirit, purport and objects of the Bill of Rights. Again, the Court's observations closely followed its understanding of the German model.[21]

*Du Plessis* proved to be controversial. The majority judgment was criticised inter alia for: failing to come to terms with private power and discrimination; underestimating the depth of the transformation mandated by the interim Constitution; idealising the common law; and relying on foreign law as authority for a particular standpoint rather than as a means of developing substantive lines of reasoning and engaging with the South African context.[22] The Constitutional Assembly subse-

---

[18] A.J. Van der Walt 'Transformative constitutionalism and the development of South African property law (part 2)' 2006 *Journal of South African Law* 1 at 1.

[19] 1996 (3) SA 850 (CC); 1996 (5) BCLR 658 (CC).

[20] Paras 37–38, 47. Section 7(1) provides: 'This Chapter shall bind all legislative and executive organs of state at all levels of government.'

[21] The position in Germany and parallels between the German Basic Law and the interim Constitution are discussed at paras 39–41, 60 and 63 of the main judgment. Ackermann J also refers extensively to German constitutional law in his concurring judgment at paras 92–106.

[22] See, besides the powerful dissenting judgments of Kriegler J and Madala J, S. Woolman 'Applica-

quently removed the textual basis for *Du Plessis*'s rejection of direct application in its formulation of the application provisions in the final Constitution. The new section 8(1) states that the Bill of Rights applies to all law and binds the judiciary in addition to the legislature and executive, while section 8(2) provides that natural and juristic persons are bound if, and to the extent that the provision relied on 'is applicable, taking into account the nature of the right and the nature of any duty imposed by the right'. Section 173 now also states that the Constitutional Court has the inherent power to develop the common law.

Commentators expecting a radical shift in the Constitutional Court's approach from indirect to direct horizontal application have, however, been disappointed. In *Khumalo v Holomisa* the Court rejected the argument that, because the Bill of Rights applies to all law and binds the judiciary, section 16(1) of the Constitution (freedom of expression) should apply directly to the common law of defamation. In the Court's view, direct horizontal application should proceed in terms of section 8(2), not section 8(1).[23] Whether or not the Bill of Rights will be applied directly in a given instance would therefore depend on the nature of the particular right and the nature of the duty imposed by the right. Once it has been established that the particular provision in the Bill of Rights directly binds natural and juristic persons and that the right has been unjustifiably limited a court must then, in accordance with section 8(3), develop the common law to the extent that legislation does not give effect to the right.

Apart from the objection that this construction ignores the express language of section 8(1), the Court has been criticised for conflating direct and indirect application, as 'direct' horizontal application in terms of section 8(2) and 8(3) is effectively reduced to something very similar to the development of the common law, in terms of section 39(2), in accordance with the spirit, purport and objects of the Bill of Rights. Increasingly, it looks as if indirect application in terms of section 39(2) has remained the dominant framework for the application of the Bill of Rights to disputes between individuals, thus relegating section 8(2) and 8(3) to the sideline.[24]

Commentators have been divided on the capacity of an approach which focuses on indirect horizontal application to interrogate private power and transform private law in accordance with the Constitution. One of the dangers of indirect application is that it may effectively insulate some of the most basic assumptions underlying private law rules and institutions from critical scrutiny. Because the common law is not directly tested against the Constitution and because judicial development of the common law tends to be restricted to incremental reforms, some of the larger, more systemic failures to redress private power may not be addressed – and may even pass unnoticed. A number of judgments which have either minimised the role of the Constitution in the development of the common law[25] or failed to interrogate pri-

---

tion' in S. Woolman, T. Roux, J. Klaaren, A. Stein, M. Chaskalson & M. Bishop (eds) *Constitutional Law of South Africa* 2 ed (2005) 31-23 – 31-31.

[23] 2002 (5) SA 401 (CC); 2002 (8) BCLR 771 (CC).

[24] See Woolman 'Application' (supra) 31-43 – 31-56 for a critique of the Constitutional Court's approach.

[25] For instance, in *National Media Ltd v Bogoshi* 1998 (4) SA 1196 (SCA); 1999 (1) BCLR 1 (SCA) the Supreme Court of Appeal effectively overruled some of its earlier decisions dealing with the common

vate-law rules in the critical light of the Constitution[26] give pause for concern. At the same time, however, it is by no means clear that indirect horizontal application is unable to guide the transformation of private law. Johan van der Walt has argued that the only potentially important difference between direct and indirect application lies in the capacity of the former to found new causes of action in instances where those provided by the common law would fail to give adequate protection to constitutional rights. However, he points out that this difference is more imaginary than real. Relying on Günter Dürig's concept of *Lückenfüllung*, he argues that indirect horizontal application can and must extend to the filling of gaps in the common law, where necessary, to create new causes of action.[27]

Another objection to the Constitutional Court's approach is that it fails to achieve a meaningful division of labour between its own jurisdiction as ultimate guardian of the Constitution and the jurisdiction of ordinary courts to develop and apply the common law. Stu Woolman has argued that, because it privileges indirect over direct application, the Constitutional Court has in some cases engaged in a free-floating form of 'value-speak' which 'has freed the court almost entirely from the text, and thereby grants the court the license to decide each case as it pleases, unmoored from its own precedent'.[28] As a result, its judgments fail to give guidance to litigants and lower courts as to the meaning of constitutional norms, undermine the rule of law, and place its own authority at risk. Woolman argues for a return to direct application which would bind the court to the constitutional text, force it to engage in distinct stages of rights analysis and limitation analysis, and result in the formulation of rules which are binding on lower courts.

Other commentators view the approach of the Constitutional Court in a more positive light. For some, a preference for indirect horizontal application can be justified precisely in terms of the need for constructive cooperation between the Constitutional Court and lower courts, as well as respect for the democratic process. Lourens du Plessis has argued for a subsidiarity-based approach which insists that all law be guided by constitutional rights, norms and values, yet does not seek to overpower ordinary law. This approach also encourages courts lower in the judicial hierarchy to develop the common law in terms of section 39(2), without impinging on the Con-

---

law of defamation which had severely curtailed freedom of the press. However, by characterizing these decisions as unwarranted deviations from the unfolding logic of the common law, the Court was able to sidestep the impact of the Constitution on the development of the common law.

[26] Perhaps most worrying has been the failure to develop the law of contract to give greater protection to consumers, and the equation in a number of cases of the constitutional values of 'human dignity, equality and freedom' with contractual autonomy and *pacta sunt servanda*. See P. Sutherland 'Ensuring contractual fairness in consumer contracts after *Barkhuizen v Napier* 2007 5 SA 323 (CC)' (2008) 19 *Stellenbosch Law Review* 390; (2009) 20 *Stellenbosch Law Review* 50.

[27] J. Van der Walt '*Progressive* indirect horizontal application of the Bill of Rights: towards a co-operative relation between common-law and constitutional jurisprudence' (2001) 17 *South African Journal on Human Rights* 341 at 354.

[28] S. Woolman 'The amazing, vanishing Bill of Rights' (2007) 124 *South African Law Journal* 762 at 763. Woolman is particularly critical of three judgments: *Masiya v Director of Public Prosecutions (Pretoria)* 2007 (5) SA 30 (CC); 2007 (8) BCLR 827 (CC); *NM v Smith (Freedom of Expression Institute as Amicus Curiae)* 2007 (5) SA 250 (CC), 2007 (7) BCLR 751 (CC); and *Barkhuizen v Napier* 2007 (5) SA 323 (CC); 2007 (7) BCLR 691 (CC).

stitutional Court's authority as final arbiter on the meaning of the Constitution.[29] In this view, constitutional norms trump ordinary legal norms only in so far as the latter cannot be reconciled with the former. Ordinary law must, whenever possible, be interpreted or developed to bring it in line with the demands of the Constitution. By reserving their power to strike down legal norms as unconstitutional for those cases in which reconciliation is not possible, judges can steer clear of the twin dangers of minimising the Constitution's impact on ordinary law and inflating it into 'an over-arching, all-encompassing, super law'.[30] Thus they can keep the tension between constitutional norms and ordinary legal norms alive, and sustain a creative dialogue between the different legal traditions and subject areas comprising South Africa's legal system.

AJ van der Walt argues that the Constitutional Court has, of late, developed a set of subsidiarity principles in terms of which (a) direct application of the Constitution is precluded where legislation has been enacted to give effect to a constitutional right (provided, of course, that the legislation itself complies with the Constitution) and (b) application or development of the common law is precluded where legislation intended to codify the common law has been enacted which gives effect to a particular constitutional right. A third principle, that indirect protection of constitutional rights through the development of the common law should precede direct constitutional challenges can be derived from the same idea, namely respect for democratic processes. According to van der Walt, the challenge for such a subsidiarity-based approach is to give politics a chance by keeping in play the conflicting constitutional commitments of 'stability and change, certainty and justice, rights and democracy, [and] tradition and constitution'.[31]

The interaction between the Constitution and the common law is illustrated by the judgment of the Constitutional Court in *Carmichele*. The appellant, who had been brutally assaulted by a man who had a history of sexual violence and who was released on warning on charges of attempted murder and attempted rape, instituted a claim for damages against the state, based on the state's breach of a legal duty to protect her. Applying the common-law delictual test for liability, the High Court held that there was no evidence upon which a court could reasonably find that the police or prosecutors had acted wrongfully, and granted absolution from the instance. After the dismissal of her appeal to the Supreme Court of Appeal, the appellant approached the Constitutional Court. The Constitutional Court held that the interim Constitution imposed a positive obligation on the state to protect 'the public in general and women and children in particular against the invasion of their fundamental rights by perpetrators of violent crime'.[32] It also noted that the South African Constitution,

[29] L. Du Plessis '"Subsidiarity": what's in the name for constitutional interpretation and adjudication?' (2006) 17 *Stellenbosch Law Review* 207. Du Plessis calls these 'adjudicative' and 'jurisdictional subsidiarity' respectively. He refers to examples from German and European law in his explication of the meaning of subsidiarity. Id 210–211.

[30] Id 225.

[31] A.J. van der Walt 'Normative pluralism and anarchy: reflections on the 2007 term' (2008) 1 *Constitutional Court Review* 77 at 89. But see also K. Klare 'Legal subsidiarity & constitutional rights: a reply to AJ van der Walt' (2008) 1 *Constitutional Court Review* 129.

[32] Para 62.

like the German Basic Law, embodies 'an objective, normative value system' which must inform the development of all branches of law, including private law.[33] The Constitutional Court held that the High Court had misdirected itself by failing to consider the need to develop the common law in terms of section 39(2). It upheld the appeal and referred the matter back to the High Court, which subsequently developed the common law to bring it in line with the state's constitutional duty to protect the individual against violent crime.[34]

*Carmichele* confirms the capacity of an approach based on indirect horizontality to transform the common law, fill gaps in it and recognise new causes of action, while respecting both the expertise of the High Courts and Supreme Court of Appeal in the development of the common law and the special role of the legislature in law reform. The Court's warning against 'overzealous judicial reform' should be seen in this light.[35] Unfortunately, this is sometimes interpreted as a vindication of the view that the common law should be developed only incrementally. This can easily result in a too cautious approach, which risks undermining the progressive tenor of the *Carmichele* judgment.[36]

## 3. Human dignity

Section 10 of the interim Constitution provides: 'Every person shall have the right to respect for and protection of his or her dignity.' While borrowing from German law the notion that dignity must both be respected and protected, the provision, unlike article 1(1) of the German Basic Law, says nothing of the inviolability of human dignity, does not insulate it from limitation and constitutional amendment, and does not derive other rights from it. The Constitutional Court was, however, quick to elevate human dignity to a more enhanced status. In the death penalty case, the Court described dignity, together with the right to life, as 'the most important of all human rights, and the source of all other personal rights' in the Bill of Rights.[37] Drawing on comparative case law to illuminate the affinity between dignity and other rights, the Court soon employed dignity as a guide to the interpretation of many of the rights enshrined in the interim Constitution. In later cases, the Court described dignity as a 'cornerstone of human rights'[38] and as 'a value that informs the interpretation of many, possibly all, other rights'.[39]

The final Constitution lends further textual support to the idea that dignity occupies a special place in the constitutional order. The new section 10 reads: 'Everyone

---

[33] Para 54.

[34] *Carmichele v Minister of Safety and Security* 2003 (2) SA 656 (C).

[35] *Carmichele* (CC) (supra) para 55.

[36] See van der Walt 'Normative pluralism' (supra) 120 (arguing that a subsidiarity-based approach need not and should not confine itself to the incremental development of the common law).

[37] *S v Makwanyane* 1995 (3) SA 391 (CC); 1995 (6) BCLR 665 (CC) para 144.

[38] *Christian Education South Africa v Minister of Education* 2000 (4) SA 757 (CC); 2000 (10) BCLR 1051 (CC) para 36.

[39] *Dawood; Shalabi; Thomas v Minister of Home Affairs* 2000 (3) SA 936 (CC); 2000 (8) BCLR 837 (CC) para 35.

has inherent dignity and the right to have their dignity respected and protected.' Arguably, the reference to each person's inherent dignity and its uncoupling from the right to have one's dignity respected and protected brings the section closer to the emphasis on the inviolability of human dignity in the German formulation. On this interpretation, section 10 not only confers a subjective right which is subject to limitation, but also gives absolute protection to an inner core of dignity. Accordingly, the negation of the inherent dignity of the person – as distinguished from limitations of the right to have one's dignity respected and protected – cannot be justified in the name of countervailing interests.[40] In addition, section 1(a) proclaims human dignity as one of the values on which the Republic is founded, while section 7(1) states that the Bill of Rights 'affirms the democratic values of human dignity, equality and freedom'. Section 36(1) states that fundamental rights may only be limited to the extent that the limitation is 'reasonable and justifiable in an open and democratic society based on human dignity, equality and freedom'; and section 39(1) enjoins the interpreters of the Bill of Rights to 'promote the values that underlie an open and democratic society based on human dignity, equality and freedom'.

The Constitutional Court has played a vital role in strengthening the constitutional position of human dignity. Not surprisingly, international and comparative law features prominently among the justifications provided by judges for viewing human dignity as a supreme value and interpretive *Leitmotiv*.[41] The actual use of foreign law in the interpretation of section 10 has, however, been uneven. While foreign law has been cited in support of the Court's assertion of a link between dignity and some other rights – eg the right not to be treated or punished in a cruel, inhuman or degrading way[42] – surprisingly little has been written on the uses and interpretations of dignity in other legal systems. And although Germany seems to be the logical starting place, one is struck by the paucity of references to the German literature. Apart from rather obvious practical explanations – time constraints, language barriers, and the sheer size of the German literature on dignity – there appear to be three reasons for this state of affairs. First, dignity has, for the most part, assumed the role of a residual right which is used to interpret and give shape to more specific rights, and which is relied upon directly only in cases in which no more specific right is available.[43] The Court's comparative efforts have generally focused on these specific rights, rather than on dignity. Secondly, the work of former Judge Laurie Ackermann, the main driving force behind the Court's dignity-based approach to constitutional interpretation, was inspired first and foremost by the moral philosophy of

---

[40] See F. Venter 'Human dignity as a constitutional value: a South African perspective' in Ipsen (ed) *Recht, Staat, Gemeinwohl: Festschrift für Dietrich Rauschning* (2001) 335 at 340 (arguing that s 10 does not establish a right to human dignity, but recognizes dignity as 'an inalienable, inborn characteristic of each individual person').

[41] L. Ackermann 'Equality and the South African Constitution: the role of dignity' (2000) 63 *Heidelberg Journal of International Law* 537 at 539–540 n 4; A. Chaskalson 'The third Bram Fischer Lecture: human dignity as a foundational value of our constitutional order' (2000) 16 *South African Journal on Human Rights* 193 at 196–198.

[42] *S v Makwanyane* (supra) paras 26, 57–62.

[43] See S. Woolman 'Dignity' in S. Woolman, T. Roux and M. Bishop (eds) *Constitutional Law of South Africa* 2 ed (2005) 36-19 – 36-25 for an analysis of the various ways in which dignity has been used by the courts.

Immanuel Kant. Theunis Roux is correct that it is Kant's categorical imperative, rather than a meticulous study of German constitutional law, which inspires and informs the Constitutional Court's dignity jurisprudence. He is also right, and that brings us to the third point, that

> 'Kant's influence on the South African understanding of human dignity is not mediated through foreign law, but through the relevance of his thought to the Court's understanding of the apartheid evil, and also through its connection to indigenous notions of *ubuntu*, with its quintessentially relational understanding of human dignity.'[44]

It is, then, Kantian moral philosophy, seen primarily through the prism of the Court's understanding of apartheid as an impairment of black people's inherent human dignity and worth, and not German constitutional law which frames the Court's conception of human dignity. And yet, a comparison of the dignity jurisprudence of Germany and South Africa reveals striking similarities. In both countries, the courts have stressed that human dignity requires individuals to be treated as ends in themselves and not as mere objects or means to an end. The jurisprudence of both countries emphasise the social and communal dimensions of dignity, disavow the idea of individuals as atomised beings, and invoke dignity both to bolster claims of individual autonomy and to restrict freedom. Moreover, in South Africa as in Germany, dignity serves as a residual right, a value guiding constitutional interpretation, and an objective legal norm which permeates the entire legal system and informs the interpretation of all law.[45]

There are, of course, important differences. Some of these can be traced back to the different historical ills to which the constitutions responded. In Germany, dignity is linked closely to life and features prominently in debates about abortion, assisted reproduction, pre-implantation diagnostics, research on superfluous embryos, stem cell research, genetic therapy and cloning. In South Africa, by contrast, the human dignity of the foetus is not recognised, and the early link made in the death penalty case between life and dignity has remained underdeveloped. In a case concerning the constitutionality of the Termination of Pregnancy Act, the Transvaal High Court held that the foetus is not a legal persona under the Constitution and that it does not enjoy the right to life. Reference was made to the two abortion judgments of the German Federal Constitutional Court, but they were presented as products of Germany's unique history, reflecting 'the reaction against the contempt for individual life displayed in the Nazi period' and the influence of Catholic natural law in the constitution-making process.[46]

The interpretations given to freedom by the two countries' highest courts also diverge. In the early case of *Ferreira*, Ackermann J found that the constitutional right

---

[44] T. Roux 'The dignity of comparative constitutional law' in A.J. Barnard-Naudé, D. Cornell and F. du Bois (eds) *Dignity, freedom and the post-apartheid legal order: the critical jurisprudence of Laurie Ackermann* (2008) 185 at 189. *Ubuntu* is an indigenous concept which denotes human solidarity, respect and interdependence. See *S v Makwanyane* (supra) paras 224–225, 307–313 ; D. Cornell 'A call for a nuanced constitutional jurisprudence: *ubuntu*, dignity, and reconciliation' 2004 *SA Public Law* 666.

[45] See H. Botha 'Human dignity in comparative perspective' (2009) 20 *Stellenbosch Law Review* 171 for a comparative analysis.

[46] *Christian Lawyers Association of SA v Minister of Health* 1998 (4) SA 113 (T); 1998 (11) BCLR 1434 (T) 1445I-1146A.

to freedom and security of the person should be interpreted to encompass the right of every person 'not to have "obstacles to possible choices and activities" placed in their way by ... the State'.[47] This expansive reading of freedom was grounded, inter alia, in an extensive comparative analysis of the position in the United States, Canada and Germany, and in the proximity of freedom to the founding value of dignity. He stated, in words that reveal more than just a hint of the influence of the German literature on the right of every person to free self-determination:

> 'An individual's human dignity cannot be fully respected or valued unless the individual is permitted to develop his or her unique talents optimally. Human dignity has little value without freedom; for without freedom personal development and fulfilment are not possible. Without freedom, human dignity is little more than an abstraction. Freedom and dignity are inseparably linked. To deny people their freedom is to deny them their dignity.'[48]

The majority of the Court opted for a narrower interpretation. In a judgment which also carefully engaged foreign law, Chaskalson P pointed to important textual differences between section 11(1) of the interim Constitution and the corresponding provisions in the constitutions of the United States, Canada and Germany, as well as structural differences relating to the place of these provisions in their respective constitutions. He argued that, if section 11(1) were to be given a too extensive interpretation, courts would have to invalidate all regulatory laws which could not be justified as being necessary in an open and democratic society.[49]

A distinct feature of the jurisprudence of South Africa's Constitutional Court has been its dignity-based interpretation of the right to equality. In Germany, a conceptual link between dignity and equality is recognised, but the inquiry into an alleged violation of article 3 does not centre on the impact of potentially discriminatory measures on the complainants' dignity. In South Africa, by contrast, dignity is central to the section 9 inquiry. Whether or not a particular law or conduct constitutes unfair discrimination is made to turn largely on the question whether it violates the complainants' human dignity.[50] This approach initially came in for criticism from commentators who argued that dignity is too individualistic to capture the groups-based nature of unfair discrimination. The Court has since developed a progressive equality jurisprudence which is, on the whole, sensitive to a social context of inequality and material deprivation, suspicious of the role of stereotypes and social stigma in perpetuating discrimination, and appreciative of the diversity that characterises South African society. The Court's otherwise exemplary equality record has unfortunately been marred by a few conservative judgments which are unmindful of structural

---

[47] *Ferreira v Levin NO and Vryenhoek v Powell NO* 1996 (1) SA 984 (CC); 1996 (1) BCLR 1 (CC) para 54.

[48] Para 49.

[49] Paras 175–183.

[50] Goldstone J proclaimed in *President of the Republic of South Africa v Hugo* 1997 (4) SA 1 (CC); 1997 (6) BCLR 708 (CC) para 41: "At the heart of the prohibition of unfair discrimination lies a recognition that the purpose of our new constitutional and democratic order is the establishment of a society in which all human beings will be accorded equal dignity and respect regardless of their membership of particular groups." See also *Prinsloo v Van der Linde* 1997 (3) SA 1012 (CC); 1997 (6) BCLR 759 (CC) paras 31–33; *Harksen v Lane NO* 1998 (1) SA 300 (CC); 1997 (11) BCLR 1489 (CC) paras 46, 50, 51, 53 and 91–92.

disadvantage, rest upon libertarian assumptions about choice and consent, or impose a middle-class morality on out-groups whose beliefs, lifestyles or occupations do not conform to dominant norms.[51] Recent academic critiques have, however, refrained from calling for a non-dignity-based framework, and have focused instead on the construction of difference, ways of remembering the past, and/or the complex interplay between recognition and redistribution, dignity and systemic discrimination, and equality, diversity and participation.[52]

The two apex courts also follow different approaches to the question whether dignity can be limited. In Germany, dignity is not to be balanced against countervailing interests, and the Basic Law shields dignity both from legislative incursion and constitutional amendment. The inviolability of human dignity has, however, led to interpretive difficulties. It is feared that if dignity is accorded a too extensive meaning it would either paralyse government or detract from the absolute nature of article 1(1).[53] It is, moreover, difficult to avoid balancing, as dignity sometimes features on both sides of a dispute. For instance, in the abortion cases the Federal Constitutional Court weighed up the life and dignity of the foetus against the self-determination and dignity of the mother.[54]

In South Africa, by contrast, human dignity, like all other rights, is subject to limitation, provided that the requirements of section 36 – the general limitation clause – are met. This is subject to an important qualification: serious infringements of dignity require a particularly persuasive justification. Dignity thus plays an important role in mediating constitutional value conflicts. The closer a rights limitation comes to what is seen as the core of a person's fundamental human dignity and worth, the higher the bar is raised for its justification. Conversely, where dignity is affected only at the periphery, individual rights can be expected to yield more readily to countervailing interests.[55] While this approach is sensitive to differences of degree and avoids some of the definitional difficulties afflicting the German approach, it is not without problems. The distinction between a core of human dignity and penumbral areas is far from clear-cut, and much depends on the court's characterisation of the interests at stake. There is, moreover, a risk that even serious infringements of human dignity may be held to be justified when serving pressing social needs.[56]

---

[51] See eg *Harksen v Lane NO* (supra); *Jordan v S* 2002 (6) SA 642 (CC); 2002 (11) BCLR 1117 (CC); *Volks NO v Robinson* 2005 (5) BCLR 446 (CC); and *Union of Refugee Women v Director: Private Security Industry Regulatory Authority* 2007 (4) SA 395 (CC); 2007 (4) BCLR 339 (CC).

[52] See C. Albertyn 'Substantive equality and transformation in South Africa' (2007) 23 *South African Journal on Human Rights* 253; K. van Marle 'Haunting (in)equalities' in Hunter (ed) *Rethinking equality projects in law: feminist challenges* (forthcoming); H. Botha 'Equality, plurality, and structural power' (2009) 25 *South African Journal on Human Rights* (forthcoming).

[53] See eg G. Dürig 'Der Grundrechtssatz von der Menschenwürde' (1956) 81 *AöR* 117 at 124, 127; H. Dreier *Grundgesetz Kommentar Bd I* 2 ed (2004) 164–165.

[54] BVerfGE 39, 1; BVerfGE 88, 203.

[55] The Court has, for instance, distinguished between serious invasions of privacy which go to the heart of the individual's personhood and/or intimate relations, and more peripheral limitations. *Bernstein v Bester* 1996 (2) SA 751 (CC); 1996 (4) BCLR 449 (CC) paras 65–67, 77, 79–80, 85, 90; *Investigating Directorate: Serious Economic Offences v Hyundai Motor Distributors (Pty) Ltd v Smit NO* 2001 (1) SA 545 (CC); 2000 (10) BCLR 1079 (CC) para 18; *NM v Smith (Freedom of Expression Institute as Amicus Curiae)* 2007 (5) SA 250 (CC); 2007 (7) BCLR 751 (CC) para 136.

[56] For instance, despite the Court's finding in *S v Makwanyane* that capital punishment annihilates

It has been suggested that dignity is particularly well-suited to the task of mediating conflicts between equality and freedom. Dignity, it is argued, is central to the constitutional notions of equality and freedom. At the same time, however, respect for dignity requires us both to set limits to freedom and to avoid an instrumentalist understanding of equality which would reduce human beings to objects or treat them as expendable. In this view, constitutional interpreters can adjudicate conflicts between equality and freedom in a principled manner by focusing on dignity as supreme constitutional value and interpretive Leitmotiv, and by distinguishing carefully between limitations that strike at the heart of dignity and those that affect it only marginally.[57]

The Constitutional Court's dignity-based approach to the interpretation and limitation of rights has generated a progressive jurisprudence which is sensitive to a context of deeply entrenched cultural prejudice and material disadvantage. Together with the notion of proportionality, it has provided judges with a means of identifying a near-absolute core of fundamental rights, while at the same time avoiding the definitional difficulties inherent in an approach which is not sensitive to differences of degree. However, the Court's dignity jurisprudence has not been without problems. The distinction between core and peripheral areas has sometimes lent itself to conservative assumptions about choice, marriage and sexual intimacy. It has for instance been held that the stigma suffered by prostitutes is a result of their own choice, rather than being directly related to the role of the law in reinforcing structural disadvantage and harmful stereotypes.[58] As in Germany,[59] dignity has also been relied on to justify restrictions on individual autonomy in cases involving sexual acts which are viewed as degrading, demeaning or unnatural.[60] These cases tend to conflate dignity with dignified behaviour and risk enforcing dominant conceptions of what constitutes 'normal' sexual behaviour.

## 4. Limitation

Section 33(1) of the interim Constitution spells out the requirements for the limitation of constitutional rights.[61] Like section 1 of the Canadian Charter of Rights and

---

human dignity, the finding of unconstitutionality ultimately turned on the state's failure to demonstrate that the death penalty deters violent crime. A different outcome might have been reached if only the state successfully crossed that hurdle.

[57] Ackermann 'Equality and the South African Constitution: the role of dignity' (supra) 554–556.

[58] *Jordan v S* (supra) paras 16, 74.

[59] BVerwGE 64, 274 at 279–280.

[60] *Jordan* (supra) para 74 (human body is devalued by its commodification through prostitution); *De Reuck v Director of Public Prosecutions (WLD)* 2004 (1) SA 406 (CC); 2003 (12) BCLR 1333 (CC) (ban on child pornography is justified, as child pornography impairs the dignity of children); *National Coalition for Gay and Lesbian Equality v Minister of Justice* 1998 (6) BCLR 726 (W) 751B-D (bestiality is 'so repugnant to and in conflict with human dignity as to amount to perversion of the natural order', and the state is under an obligation to 'prevent any individual or group from descending to the level of the beast').

[61] Section 33(1) of the interim Constitution provides: 'The rights entrenched in this Chapter may be limited by law of general application, provided that the limitation –

Freedoms it applies generally to all rights in the chapter on fundamental rights. The section represents a patchwork of constitutional borrowings and foreign influences.[62] The first requirement, that rights may be limited only by 'law of general application', most closely resembles the stipulation in article 19(1) of the German Basic Law that to the extent that a right may be limited by or on account of an act, the act has to be of general and not individual application. Secondly, the requirement that a limitation must be 'reasonable and justifiable in an open and democratic society based upon freedom and equality' comes closest to the Canadian formulation which, in section 1, provides that fundamental rights and freedoms are 'subject only to such reasonable limits prescribed by law as can be demonstrably justified in a free and democratic society'. This requirement also resonates with constitutional experience in other jurisdictions, most notably with the proportionality tests developed and applied under the German Basic Law and the European Convention. Thirdly, the stipulation that the limitation of certain rights must, in addition to being reasonable, also be necessary resembles the idea of different levels of scrutiny which was developed by courts in the United States in their interpretation of the equal protection clause in the fourteenth amendment. Finally, the requirement that the limitation may not negate the essential content of the right in question was borrowed from article 19(2) of the German Basic Law.

The Constitutional Court referred to foreign law in its consideration of these requirements in *Makwanyane*, but was careful to avoid the wholesale importation of foreign jurisprudence.[63] In the Court's view, the tests of reasonableness, justifiability and necessity boil down to 'the weighing up of competing values, and ultimately an assessment based on proportionality'.[64] The factors to be considered in this proportionality enquiry include:

---

(a) shall be permissible only to the extent that it is –

(i) reasonable; and

(ii) justifiable in an open and democratic society based upon freedom and equality; and

(b) shall not negate the essential content of the right in question, and provided further that any limitation to

(aa) a right entrenched in section 10, 11, 12, 14 (1), 21, 25 or 30(1)(d) or (e) or (2); or

(bb) a right entrenched in section 15, 16, 17, 18, 23, or 24, in so far as such rights relate to free and fair political activity,

shall, in addition to being reasonable as required in paragraph (a)(i), also be necessary.'

[62] Section 33 spawned much academic interest, and academic commentators invariably turned to foreign and international law in their interpretive efforts. See J. de Ville 'Interpretation of the general limitation clause in the chapter on fundamental rights' (1994) 9 *SA Public Law* 287; A. Cachalia et al *Fundamental rights in the new Constitution* (1994) 105–116; S. Woolman 'Riding the push-me pull-you: constructing a test that reconciles the conflicting interests which animate the limitation clause' (1994) 10 *South African Journal on Human Rights* 60; De Waal (supra) 18–29; I. M. Rautenbach *General provisions of the South African bill of rights* (1995) 81–110. See also L. Blaauw-Wolf 'The "balancing of interests" with reference to the principle of proportionality and the doctrine of *Güterabwägung* – a comparative analysis' (1999) 14 *SA Public Law* 178; G. van der Schyff *Limitation of rights: a study of the European Convention and the South African Bill of Rights* (2005) for comparative studies undertaken since the coming into operation of the final Constitution.

[63] See eg *Makwanyane* (supra) paras 105–110, 132–134.

[64] Para 104.

'the nature of the right that is limited, and its importance to an open and democratic society based on freedom and equality; the purpose for which the right is limited and the importance of that purpose to such a society; the extent of the limitation, its efficacy, and particularly where the limitation has to be necessary, whether the desired ends could reasonably be achieved through other means less damaging to the right in question.'[65]

The Court thus opted for a flexible approach and desisted from formulating distinct levels of scrutiny for 'reasonableness' and 'necessity' review. The result is a shifting standard of justification varying on a case by case basis, depending not only on the implications of the right in question for the kind of democracy envisaged by the Constitution, but also on other considerations. The Court also avoided pronouncing on the meaning of the phrase 'negate the essential content of the right'. Having noted the controversy over the meaning of the phrase in the German literature, the Court suggested, not very helpfully, that at the very least it was aimed at preventing rights from being 'taken away altogether'.[66] It added that it was not necessary on the facts before it to resolve the complexities as to its precise meaning. The requirement faded into oblivion subsequent to *Makwanyane*.

The approach of the Court in *Makwanyane* directly influenced the framing of section 36 of the final Constitution. The law of general application requirement remained, as did the requirements of reasonableness and justifiability. However, the necessity test disappeared from the text, and the two-track system of review was replaced by a uniform standard which applies to the limitation of all rights. This standard – reasonableness and justifiability in an open and democratic society based on human dignity, equality and freedom[67] – is defined with express reference to a list of factors which closely resembles the list articulated in *Makwanyane*. Not surprisingly, the essential content of the right prong was dropped.[68]

Initial fears that the new formulation might pave the way for a less exacting judicial approach which would make it easier for the state to justify limitations of fundamental rights proved to be unfounded. Vindicated by the Constitutional Assembly's express endorsement of the approach formulated in *Makwanyane* the Court continued on the same path.[69] Inherent in its understanding of proportionality is the idea that, the more important the right in question to the kind of society envisaged by the

---

[65] Ibid.

[66] Para 134.

[67] Note the addition of human dignity to the original set of values.

[68] Section 36(1) provides: 'The rights in the Bill of Rights may be limited only in terms of law of general application to the extent that the limitation is reasonable and justifiable in an open and democratic society based on human dignity, equality and freedom, taking into account all relevant factors, including:

(a) the nature of the right;
(b) the importance of the purpose of the limitation;
(c) the nature and extent of the limitation;
(d) the relation between the limitation and its purpose; and
(e) less restrictive means to achieve the purpose.'

See S. Woolman and H. Botha 'Limitations' in S. Woolman et al (eds) *Constitutional Law of South Africa* 2 ed (2006) ch 34 for an analysis of this section.

[69] See *National Coalition for Gay and Lesbian Equality v Minister of Justice* 1999 (1) SA 6 (CC); 1998 (12) BCLR 1517 (CC) para 33.

Constitution and the more invasive the infringement of the right, the greater the burden of justification that rests on the party seeking to uphold the limitation.[70] This approach achieves similar results to the formalised two-track solution favoured by the interim Constitution, but does not prejudge the importance of rights and allows for a more flexible, case by case contextualisation.

The idea that the essential content of a right should not be negated has also made a comeback of sorts, although not quite in the same form. By placing human dignity at the centre of most fundamental rights and by adhering to a shifting standard of justification, the Court has found a way of distinguishing between limitations that will, if at all, only be tolerated in the most exceptional circumstances, and those that will be more readily allowed, depending on the proportionality of the measures. This approach is illustrated most vividly by the spatial metaphor sometimes employed by the Court in distinguishing between core and peripheral areas of the right.[71] Although limitations affecting the core of a right are not absolutely proscribed, they require a compelling justification. In such cases the objective of the limitation must be fundamentally important, the requirement that the least restrictive means should be chosen will be strictly enforced, and the burden on the respondent to show that the benefits of the limitation outweigh its deleterious effects will be particularly onerous. Conversely, the further removed a limitation is from the core of a right, the greater the discretion left to the legislature to determine the best way of achieving its purpose.[72]

Even though the Constitutional Court has not referred to the notion of *praktische Konkordanz*,[73] its limitation jurisprudence evinces an understanding of proportionality which recognises that the Constitution values a variety of often incommensurable constitutional goods, and that legislators and judges are sometimes obliged to make hard choices about where to draw the line between such goods in a manner which respects the unity of the Constitution.[74] Consider, for instance, the Court's insistence in cases dealing with cultural and religious diversity on the need for a 'reasonable accommodation' of conflicting interests.[75] This requires the optimisation of conflict-

---

[70] See eg *S v Manamela (Director-General of Justice Intervening)* 2000 (3) SA 1 (CC); 2000 (5) BCLR 491 (CC) para 32 for a statement of the Court's general approach.

[71] The earliest trace of this approach can be found in the judgment of Mahomed J in *Makwanyane* (supra) para 298. Although he considered it unnecessary to decide whether or not the death penalty negated the essential content of the right in question and did not pronounce on the question whether the essential content of a right must be determined objectively or subjectively, he mooted the possibility of a 'relative approach' which distinguishes 'the central core of the right from its peripheral outgrowth'.

[72] Cf the literature on the core/ periphery distinction referred to under section 3 above.

[73] See K. Hesse *Grundzüge des Verfassungsrechts der Bundesrepublik Deutschland* 20 ed (1999) 28, 142–143, 146.

[74] Relying on BVerfGE 1, 14 the Constitutional Court stated that the Constitution, like the German Basic Law, 'has an inner unity, and the meaning of any one part is linked to that of other provisions'. For this reason, constitutional provisions cannot be 'construed in isolation', but must be interpreted 'purposively and in the light of the Constitution as a whole'. *Matatiele Municipality v President of the RSA* 2007 (1) BCLR 47 (CC) para 36.

[75] See *Prince v President of the Law Society of the Cape of Good Hope* 2002 (2) SA 794 (CC); 2002 (3) BCLR 231 (CC) paras 146–149, 155–156, 162, 170; *MEC for Education: KwaZulu-Natal v Pillay* 2008 (1) SA 474 (CC); 2008 (2) BCLR 99 (CC) paras 71–83, 174, 177, 182.

ing interests in a spirit of mutual recognition and dialogue, guided not only by the fundamental rights asserted but also by 'the basic notion of tolerance and respect for diversity that our Constitution demands for and from all in our society'.[76]

The language of proportionality and mutual accommodation has been used to promote the idea of fundamental rights adjudication as a dialogue between the legislature, executive and judiciary – and between organs of state and civil society – rather than a stand-off between entrenched institutional positions. On this approach, courts should not hesitate to intervene where public authorities have limited fundamental rights more than necessary, and should be particularly zealous in guarding against restrictions which go to the heart of the dignity of those affected. At the same time, however, judges should regard legislators and other public authorities as partners in a project of shared constitutional interpretation and, by giving them leeway to choose from a range of options, enable them to enrich our understanding of constitutional norms through their deliberative prowess, technical expertise and/or knowledge of the impact of regulatory schemes on people's lives.[77]

## 5. The migration of constitutional ideas: some scattered thoughts

This article does not profess to give a detailed description of the ways in which comparative influences occur nor does it focus on questions of comparative method. A few general observations on the underlying reasons for and the nature, degree, duration and scope of the constitutional borrowings (if that is indeed an appropriate metaphor) analysed in this article are nevertheless in order. In the first place, South African lawyers have, over many decades, turned to German law for a variety of historical, cultural, ideological and legal-dogmatic reasons. Du Plessis shows that South African scholars' initial brushes with German law were often motivated by Afrikaner nationalism and the purist movement in law, which sought to cleanse Roman Dutch law, the basis of large areas of South Africa's common law, from what was seen as the corrupting influence of English law. The 'principled' basis for legal reasoning provided by German *Begriffsjurisprudenz* particularly appealed to these scholars.[78] Interestingly, the more recent turn to German constitutional law has had a very different effect. Far from grounding a 'neutral' and 'pure' system of private law, the idea of indirect horizontal application has undermined the ideological and theoretical closure of private law and has, at least in some areas, infused it with more egalitarian, democratic and public-spirited norms and values. The notions of human dignity and proportionality have also facilitated a shift away from narrow nationalistic conceptions of the public interest to a more pluralistic concern with the accommodation of a variety of interests, religions and worldviews.

---

[76] *Prince* (supra) para 147.

[77] See S. Woolman and H. Botha 'Limitations: Shared constitutional interpretation, an appropriate normative framework & hard choices' in S. Woolman and M. Bishop (eds) *Constitutional conversations* (2008) 149.

[78] Du Plessis 'German Verfassungsrecht under the Southern Cross' (supra) 527–528.

Secondly, the concepts and standards analysed above reflect different degrees of German influence. In some cases, the German influence is direct and expressly acknowledged, while in others it is more remote and/or mediated through other influences. The notion of indirect horizontal application clearly falls in the former category, while human dignity and proportionality have become such an integral part of the post-War constitutionalist tradition that they could be appropriated without overt reliance on the German literature.

Thirdly, some of the constitutional borrowings alluded to have flourished, while others have quickly withered away. The idea of the essential content of a right appears to fall in the latter category. Traces of this idea can, however, still be found in the Constitutional Court's distinction between an almost illimitable core of fundamental rights and penumbral areas in which rights yield more easily to countervailing interests, as well as in the role of human dignity in the delineation of these areas. This illustrates the dynamic nature of constitutional borrowing. Although the role played by dignity in the proportionality exercise conducted under section 36 is at odds with the insistence in German constitutional law on the absolute nature of human dignity, the basic idea is not that different from that of the German Basic Law, namely to shield an inviolable core of inherent human dignity and worth from legislative incursion.

Fourthly, the influence of German constitutional law in South Africa occurred not only at the level of constitutional rules or doctrine but also at a deeper cultural level.[79] For instance, the influence of Kant's moral philosophy – understood in part through the lens of jurists like Günther Dürig – has produced remarkable similarities between German and South African jurisprudence, even though there is little or no sign that South Africa's highest court has been influenced directly by the dignity jurisprudence of its German counterpart. And even though the content of the constitutional standards employed in the two countries are seldom if ever identical, the similarities in the modes of reasoning are often striking. Perhaps more than anything else, South African lawyers have borrowed from German constitutional law a set of metaphors which enable an understanding of legal concepts as graded categories which defy a simple either/or logic and require careful engagement with the social context.[80] The core/periphery distinction and the language of proportionality and subsidiarity have generated a jurisprudence which seeks to optimise conflicting constitutional goods – equality and freedom, individual autonomy and social regulation, etc – and mediates institutional and jurisdictional conflicts.

Fifthly, the discussion above illustrates the creative role of courts in the migration of constitutional ideas, and the dialogue that took place between the Constitutional Court and the framers of the interim and final constitutions. While it is to be expected that judges' comparative efforts would be most pronounced in those areas in which the constitutional text borrows directly from foreign and international law, the Court's role in the areas of human dignity and proportionality suggests that it has

[79] See generally P. Häberle *Verfassungslehre als Kulturwissenschaft* 2 ed (1998).

[80] H. Botha 'Metaphoric reasoning and transformative constitutionalism' 2002 *Journal of South African Law* 612; 2003 *Journal of South African Law* 20.

not been one-way traffic, and its jurisprudence in these areas has had a remarkable degree of influence on the wording of the final Constitution.

## 6. Concluding remarks

When the apartheid political order started to crumble, constitutional lawyers – and political parties and liberation movements – increasingly looked abroad in their search for suitable constitutional models. What was needed was not only institutional solutions but a conceptual vocabulary which could take the debate beyond the authoritarianism, formalism and dichotomised thinking characterising the apartheid legal order. It was, however, not simply a matter of overturning apartheid and replacing it with a new, democratic constitution. The negotiated nature of South Africa's democratic transition imposed several constraints on the constitution-making process. As a result, the transition was riddled with tensions and contradictions which found their way into the final Constitution. For instance, the new constitutional order made a decisive break with the apartheid past, yet a severing of the thread of legal-procedural continuity between the old and the new was carefully avoided. The Constitution empowers and even obliges the legislature and executive to redress poverty and material disadvantage, yet contains an extensive catalogue of individual rights which constrain the range of options available to the state. It is committed to the eradication of inequality in the private sphere, yet the transformation of private law is filtered, for the most part, through the development of the common law. And so on and so forth.

I have argued in this article that part of the reason why German constitutional institutions and concepts appealed to the framers and interpreters of South Africa's two post-apartheid constitutions was that they offered a way of mediating the tensions between continuity and change, democracy and rights, and equality and freedom. I have focused on three areas in which concepts and theories derived wholly or in part from German literature have assisted South African lawyers in mediating these conflicts. These are not the only areas in which German constitutional law has been influential, and other examples – such as the influence of Germany's model of federalism,[81] or the interpretations given by the Federal Constitutional Court to the constitutional property guarantee[82] and freedom of trade, occupation and profes-

[81] It is widely recognised that the second chamber of Parliament, the National Council of Provinces, was modelled on Germany's *Bundesrat*, and that the notion of cooperative government, as entrenched in chapter 3 of the Constitution, resembles the German notion of *Bundestreue*. See *Doctors for Life International v Speaker of the National Assembly* 2006 (6) SA 416 (CC); 2006 (12) BCLR 1399 (CC) paras 80–83.

[82] While protecting property against arbitrary deprivation and placing certain restrictions on the expropriation of property, section 25, the constitutional property clause, seeks to strike an equitable balance between property rights and the public interest and commits the state, against the background of past racial discrimination, to land reform, the restitution of property and the strengthening of security of tenure. Article 14 of the German Basic Law has proved to be fertile ground for comparison, since it embodies a similar tension between individual autonomy and the social aspect of property and has been influential in the drafting of section 25. See A.J. van der Walt *Constitutional property clauses: a comparative analysis* (1999) 121–163; W.J. du Plessis *Compensation for expropriation under the Constitution* unpublished LLD thesis, University of Stellenbosch (2009) 146–150.

sion[83] – may be equally instructive.[84] The discussion above of horizontal application, human dignity and limitation suggests three ways in which concepts derived from or associated with German law have been used to balance conflicting constitutional commitments and keep different constitutional visions alive. First, the concepts of indirect horizontal application and adjudicative subsidiarity have been used to transform private law through the radiating effect of the Constitution, without seeking to supplant ordinary legal norms and with due respect to the role of other courts in the application and development of the common law. Secondly, the Constitutional Court's focus on human dignity and reliance on proportionality have enabled it to avoid a simple standoff between the rights of autonomous individuals and the commands of a sovereign state, and resulted in a jurisprudence which emphasises the relational nature of rights and seeks to optimise the protection of conflicting rights and interests. Thirdly, the language of proportionality and subsidiarity has been used to promote the idea of a constitutional dialogue between different branches of state – and institutions of civil society – which resists a simplistic opposition between majoritarian political institutions and counter-majoritarian courts.

South Africa has only narrowly escaped the abyss of violent conflict and political oppression. This has been achieved not through the resolution of the tensions so manifestly still at work in society or through the suppression of historical conflicts, but through a constitution which focuses on the always temporary negotiation of conflicting constitutional visions. The legal conceptual vocabulary of the apartheid era was not nuanced enough to live up to this task. Concepts and ideas derived from foreign law have, in many areas, filled the void and enabled a nuanced constitutional jurisprudence which seeks to mediate a variety of normative and institutional commitments. Of course, this jurisprudence cannot perfectly accommodate conflicting constitutional visions. Hard choices need to be made, and sacrifices are inevitable. The best that can be hoped for is that, by keeping different visions in play, a situation can be avoided where one side to the conflict emerge as permanent losers, or start to believe that the only way in which they can assert their interests is through violent resistance. It is only by keeping alive the tensions underlying the constitutional order that South Africans can hope to come to terms with the plurality and dissent which were so violently suppressed during apartheid.[85]

---

[83] Section 22 is almost identical to article 12(1) of the German Basic Law, and South African attempts to mediate the tension between individual autonomy – in the form of the freedom to choose an occupation or profession – and the legitimate regulation of trade have been heavily influenced by the jurisprudence of the Federal Constitutional Court. See I. Currie and J. De Waal *The Bill of Rights handbook* 5 ed (2005) 487–493; *Affordable Medicines Trust v Minister of Health of RSA* 2006 (3) SA 247 (CC); 2005 (6) BCLR 529 (CC) paras 64–65, 87–94.

[84] See generally J. Fedtke *Die Rezeption von Verfassungsrecht: Südafrika 1993–1996* (2000).

[85] See J. van der Walt *Law and sacrifice: towards a post-apartheid theory of law* (2005).

# 60 Jahre Grundgesetz aus der Sicht Koreas

von

Emeritus Prof. Dr. Dr. h.c. Young Huh

Yonsei Law School, Seoul/Korea

## 1. Verfassungsrechtliches Novum im Grundgesetz

Das Grundgesetz der Bundesrepublik Deutschland beginnt mit dem Satz „Die Würde des Menschen ist unantastbar". Kein anderer Satz des Grundgesetzes hat sich sowohl den Deutschen als auch Ausländern so eingeprägt. Von ihm her läßt sich das Verständnis des Grundgesetzes erschliessen. Die Würdegarantie, mit der das Grundgesetz anhebt, ist ein verfassungsrechtliches Novum. Die geltende koreanische Verfassung (Art. 10 im folgenden KV abgekürzt)[1] hat wie viele andere ausländische Verfassungen ihn übernommen.

Die Verbreitung der Menschenwürdegarantie in anderen Staaten stand stark unter dem Einfluss des Grundgesetzes, dem im letzten Viertel des 20. Jahrhunderts eine Art Leitfunktion zuwuchs. Besonders Länder, die sich in dieser Zeit von diktatorischen Regimen aller Art befreien konnten, orientierten sich am Grundgesetz, wenn sie in ihren Verfassungen die Grundprinzipien der neuen Ordnung festlegen. Ein exemplarisches Beispiel findet man in der Republik Korea, das nach langer militärischer Diktaturherrschaft erst 1987 eine neue freiheitlich-demokratische Verfassungsordnung geschaffen hat.

Die Menschenwürde ist im Grundgesetz oberstes Konstitutionsprinzip. Sie ist die Fundamentalnorm, auf der alles aufbaut. Die nachfolgenden Grundrechte sind sämtlich Konkretisierungen dieser Fundamentalnorm: „Menschenwürde". Auch die Strukturprinzipien der Staatsorganisation müssen mit ihren Grundlagen Demokratie, Rechtsstaat, Gewaltenteilung so gestaltet werden, dass sie der Menschenwürde am besten Rechnung tragen[2].

Es ist kein Wunder, dass das Grundgesetz in Deutschland von der breiten Bevölkerung als ihre Verfassung angenommen worden ist.

[1] Vgl. *Young Huh*, Die Grundzüge der neuen koreanischen Verfassung von 1987, JöR Bd. 38, 1989, S. 566 ff.

[2] Vgl. das noch nicht publizierte Vortragsmanuskript von Dieter Grimm, der es im Juni 2010 an der Yonsei Law School, Seoul/Korea gehalten hat, S. 2.

## 2. 60 Jahre Grundgesetz – große Akzeptanz und normative Kraft

Das Grundgesetz der Bundesrepublik Deutschland wird so nach 60 Jahren vielerorts als beste und am längsten gültige Verfassung Deutschlands gefeiert.

Anlässlich des 60. Jahrestages der Verkündung des Grundgesetzes ist 2009 das Verhältnis zwischen den Deutschen und ihrer Verfassung mittels einer repräsentativen Bevölkerungsbefragung analysiert worden[3]. Dabei sollen drei Forschungsinteressen verfolgt haben:

Erstens wurde ein Einstellungsprofil der Deutschen zum Grundgesetz erstellt. Dabei zeigte sich, dass die überwiegende Mehrheit der Deutschen stolz auf das Grundgesetz (74 Prozent) und die Freiheit und Rechtsstaatlichkeit der Bundesrepublik (85 Prozent) ist. Trotzdem wünschen sich 83 Prozent der Bürger eine Überarbeitung der Verfassung. Die Ostdeutschen haben insgesamt eine schwächere emotionale Bindung an das Grundgesetz als die Westdeutschen. Während 77 Prozent der Westdeutschen angeben, stolz auf das Grundgesetz zu sein, sagen dies in Ostdeutschland nur 65 Prozent.

Zweitens wurde ein theoretisches Erkenntnisinteresse verfolgt, das nach dem Patriotismus der Deutschen fragt. Der Publizist Dolf Sternberger hatte nach dem Zweiten Weltkrieg empfohlen, die Deutschen sollten „Verfassungspatrioten" werden. Verfassungspatriotismus ist eine Art des Patriotismus, der nicht in erster Linie emotional ist und sich nicht auf die Nation und ihre Geschichte bezieht, sondern der auf einer Bindung der Bürger an die Verfassung und ihre grundlegenden Prinzipien beruht. Eine Faktorenanalyse konnte zeigen, dass tatsächlich zwei unterschiedliche Formen des Patriotismus in Deutschland existieren: ein eher rationaler Verfassungspatriotismus und eine eher emotionale Vaterlandsliebe.

Das dritte Ziel der Studie war es, die Wechselwirkung zwischen der identitätsstiftenden Kraft einer zukünftigen EU-Verfassung, dem Grundgesetz und den Verfassungen der Bundesländer zu untersuchen. Dabei zeigt sich, dass Verfassungen wichtige identitätsstiftende Ressourcen sind, wobei sich die Deutschen stärker mit der Bundesrepublik (79 Prozent) verbunden fühlen als mit der EU (56 Prozent)[4].

Diese Analysen zeigen deutlich, wie starke Gefühlsbindung die Deutschen zu dem Grundgesetz haben. Daraus erwächst die starke normative Kraft des Grundgesetzes und die gegenwärtige politische Stabilität der Bundesrepublik Deutschland.

Dieses Symptom ist aus der Sicht Koreas erstaunlich und sehr beneidenswert, denn von jeher in der Bevölkerung Koreas besteht eine geringe Akzeptanz für die Verfassung und die Verfassung hat in Korea nur sehr schwache normative Kraft. Die Verfassung Koreas hatte seit der Gründung der Republik Korea 1948 nach dem Zweiten Weltkrieg niemals eine identitätsstiftende normative Kraft entfaltet, sondern nur als Mittel des Herrschens jeweiliger Machthaber gedient. Die neunmalige Verfassungsreform war dessen Folge. Die geltende Verfassung, die infolge einer Demokratisie-

---

[3] Vgl. *G.S. Schaal / H. Vorländer / C. Ritzi*, 60 Jahre Grundgesetz, Deutsche Idendität im Spannungsfeld von Europäisierung und Regionalisierung, Ergebnisse einer repräsentativen Bevölkerungsbefragung, 2009, 25 S.

[4] Vgl. *H. Vorländer*, Die Deutschen und ihre Verfassung, in: Aus Politik und Zeitgeschichte, 18–19, 2009, S. 8–18.

rungsbewegung der Bürger 1987 zustande kam, wird als am längstens gültige und beste Verfassung in der koreanischen Verfassungsgeschichte bewertet. Dennoch entfaltet diese Verfassung ebenfalls keine große normative Kraft. Es besteht eine tiefe Kluft zwischen Verfassungsnorm und Verfassungswirklichkeit.

Wie alle Verfassungen im kulturellen Humus einer Nation wurzeln, ist das Grundgesetz auch aus einer völlig anormalen Nachkriegszeit 1948/1949 in Bonn entstanden. Der Boden des Grundgesetzes war jedoch bereits in Frankfurt 1848/1849 und in Weimar 1919 gelegt worden. Man kann sogar sagen, dass das Bonner Grundgesetz der demokratischen Revolution von 1848 mehr zu verdanken hat als jener von 1918[5]. Wichtige Errungenschaft der Weimarer Nationalversammlung 1919 war demgegenüber in Zeiten der Niederlage und des Bürgerkrieges der Übergang von der konstitutionellen Monarchie der Bismarckverfassung 1871 zur rechtsstaatlichen Demokratie. Diese Weimarer Verfassung 1919, die von den Nazis 1933 beseitigt wurde, war im Übrigen besser als ihr späterer Ruf. Die erste deutsche Demokratie ging 1933 nicht an ihrer Verfassung zugrunde, sondern an Versailles und der Weltwirtschaftskrise seit 1929, welche die Deutschen für den Dämon Adolf Hitler anfällig machten.

Der verfassunggebende Parlamentarische Rat 1948/49 lebte gleichwohl in der Furcht, dass „Bonn Weimar werden könnte“.[6] Entscheidungen des Grundgesetzes zugunsten eines rein repräsentativen Bundespräsidenten, der starke Stellung des Bundeskanzlers einschließlich konstruktiven Misstrauensvotums und erschwerter Auflösung des Bundestages sowie manches Andere zeugen davon. Ferner sind als entscheidende Merkmale des Grundgesetzes zu nennen: Parlamentarische Demokratie, ein ernst gemeinter Grundrechtekatalog, das Bekenntnis zum Föderalismus als dauernder Verfassungswert – und nicht nur Übergangsform zum Einheitsstaat – und auch ein Bundesverfassungsgericht mit umfassenden verfassungsgerichtlichen Zuständigkeiten.

Aus heutiger Sicht ist dem Wirken des Bonner Verfassunggebers zu bescheinigen, dass es ihm in einer Zeit der Not und des Niederganges und unter der argwöhnischen Kontrolle alliierter Gouverneure und Verbindungsoffiziere gelang, eine Verfassung deutschen Geistes und deutscher Tradition zu schaffen.

Kaum jemals ist eine Verfassung unter so widrigen Umständen entstanden und hat sich in folgenden Jahrzehnten eine solche Popularität erworben wie das Grundgesetz.

Es hat sich bereits 61 Jahre – länger als jede Vorgängerin in Deutschland – bewährt und ist, wie schon erwähnt, von der breiten Bevölkerung als ihre politische Lebensform angenommen worden.

---

[5] So *Th. Oppermann*, Deutschland in guter Verfassung? – 60 Jahre Grundgesetz, JZ 2009, S. 481.

[6] Vgl. *K. Stern*, Staatsrecht der Bundesrepublik Deutschland, Bd. V, 2000, S. 1209 ff.

## 3. Zukunftsorientierte Regelungen und Ausstrahlung des Grundgesetzes

Als Außenstehender bewundert man die weite Sicht des Grundgesetzgebers und auch wohl durchdachte, zukunftsorientierte Regelungen im Grundgesetz. Insbesondere aus der Sicht Koreas, das ebenfalls wie Deutschland eine Teilung des Landes nach dem letzten Weltkrieg hinzunehmen hatte und als einziges Land auf der Erde noch keine Einheit errungen hat, erscheinen die Übergangsbestimmungen des Grundgesetzes (Art. 23 und 146 vor der Einheit) als eine sehr kluge Entscheidung des Verfassunggebers. Die effektiven Auswirkungen dieser Regelungen hat man bei der Wende Deutschlands 1989/1990 mit Leib und Seele erlebt. Die Wiedervereinigung Deutschlands vollzog sich in Gestalt des Beitrittes der damaligen DDR gemäß Art. 23 GG ohne besondere verfassungsrechtliche Probleme[7].

Die koreanische Verfassung enthält leider keine derartige zukunftsorientierte Regelungen, und sie hat statt dessen durchaus kontradiktorische Bestimmungen hinsichtlich der Wiedervereinigung des Landes: Sie bestimmt einerseits das Territorium des Landes, das die ganze Halbinsel einschließlich des Nordkoreas umschließt (Art. 3 KV) und regelt andererseits eine verfassungsrechtliche Verpflichtung des Staates eine friedliche Wiedervereinigung des Landes herbeizuführen ( Art. 4 KV).

Wenn man die vielen Rezeptionsprozesse von Verfassungen in der Welt und insbesondere seit 1989 nach Osteuropa hin und die fast weltweite Ausstrahlung des Grundgesetzes in seinen Texten, seiner Judikatur und seinen Theorien in Betracht zieht, dürfte das Grundgesetz in vieler Hinsicht als eine am meistens rezipierte Verfassung gelten.

Zuerst kann die Ausstrahlung des Grundgesetzes in seinen Texten erwähnt werden. An erster Stelle ist man die starke Ausstrahlungskraft der Verfassungsgerichtsbarkeit des Grundgesetzes zu nennen. Die geltende Verfassung Koreas hat ebenfalls wie viele andere Verfassungen nach dem Vorbild des Bundesverfassungsgerichtes ein Verfassungsgericht eingeführt.

Die entschlossene Haltung und grundrechtsfreundliche Rechtsprechung des Bundesverfassungsgerichtes in diversen Verfassungsfragen bildete den sichtbaren Höhepunkt einer verfassungsrechtlichen Entwicklung, in deren Verlauf es dem Bundesverfassungsgericht gelungen ist, sich als machtvoller Verfassungshüter gegenüber der Exekutive und der Legislative zu positionieren. Schon in den Anfangsjahren der Tätigkeit hat das Bundesverfassungsgericht es verstanden, seine institutionelle Autonomie gegenüber Regierung und Gesetzgeber zu bewahren und an die Tradition eines selbstbewußten und aktiv prüfenden Reichsgerichts der vorkonstitutionellen Zeit anzuknüpfen. Gestärkt wurde die Unabhängigkeit des Bundesverfassungsgerichtes durch das Selbstverständnis seiner Mitglieder als unparteiische Wächter von Verfassung und Demokratie. Trotz der teilweise berechtigten Kritik an überlangen Verfahrenszeiten, Kompetenzüberschreitungen und inkonsistenten Rechtsprechung durch das Bundesverfassungsgericht kann kaum ein Zweifel daran bestehen, dass die Verfassungsgerichtsbarkeit in Deutschland frei von politischer Kontrolle ist.

---

[7] Vgl. *K. Stern* (Hg.), Deutsche Wiedervereinigung. Die Rechtseinheit, 4 Bde., 1991–1993; *B. Guggenberger / T. Stein* (Hg.), Die Verfassungsdiskussion im Jahre der deutschen Einheit, 1991.

Die Situation in Korea ist dagegen weniger eindeutig. Gemessen an der Zahl der verhandelten Fälle, der vom Verfassungsgericht gegen den Gesetzgeber oder staatliche Behörden ergangenen Entscheidungen und der Beachtung der verfassungsrechtlichen Bestimmungen zum Nominierungsverfahren der Verfassungsrichter erscheint das Verfassungsgericht jedoch als unabhängige, mit zunehmender Tätigkeitsdauer aktiver auftretende und von allen politisch relevanten Akteuren akzeptierte Kontroll- und Prüfungsinstanz[8].

## 4. Abwendung von der Grundrechtsauffassung der Weimarer Zeit

Bei Grundgesetz fällt auf, dass es die Grundrechtsordnung anders als die Weimarer Verfassung geschaffen hat. Das kann hier nur kurz umrissen werden.

Vor allem ist anzumerken, dass die ältere Problematik der Grundrechte aus der Weimarer Zeit vom bloßen „Programmsatz" durch Art. 1. Abs. 3 GG überholt ist[9]. Allgemeine Übereinstimmung herrscht heute darin, dass die Festlegungen der Grundrechte nach Möglichkeit als aktuelle verbindliche Normierungen aufzufassen sind. Im Einklang mit Art. 1 Abs. 3 GG erkennt man an, dass die Grundrechte auch den Gesetzgeber binden, dass sie in ihrer Gesamtheit der Gestaltungsfreiheit des Gesetzgebers einen Rahmen setzen, an den er nicht nur als Schranke, sondern auch als Ziel und Auftrag verbindlich gebunden ist. Damit werden die Grundrechte zur bindenden Leitlinie für das Verhältnis von Staat und Bürger, aber darüber hinaus auch für die ganze Rechtsordnung. Diese Erhebung der Grundrechte zu einem Bestand höherer, alle Gebiete des Rechts durchdringender Normen scheint einer der markantesten Züge der Entwicklung der letzten 61 Jahre des Grundgesetzes zu sein.

Das wirft dann freilich die Frage der Wirkung dieser Grundrechtsnormen außerhalb des Staat-Bürger-Verhältnisses auf, der sog. Drittwirkung. Diese Frage führt dahin, die in den Grundrechten enthaltenen objektiven Prinzipien und Festsetzungen in ihrem institutionell-funktionalen Gehalt auch für andere Rechtsgebiete und Rechtsbeziehungen jenseits des Staat-Bürger-Verhältnisses fruchtbar zu machen[10]. Die Rechtsprechung spricht hier von den in den Grundrechten ausgedrückten „Wertentscheidungen" der Verfassung; sie hat namentlich Grundsätze, die den Schutz von Ehe und Familie[11], die Meinungs- und Pressefreiheit[12] oder die persönliche Freiheit[13] betreffen, in dieser Weise als objektive Wertentscheidungen gekennzeichnet.

---

[8] Vgl. Über die Verfassungsgerichtsbarkeit in Korea *Y. Huh*, Sechs Jahre Verfassungsgerichtsbarkeit in der Republik Korea, JöR Bd. 45, 1996, S. 535ff.; *derselbe*, Entwicklung und Stand der Verfassungsgerichtsbarkeit in Korea, in: Ch. Starck (Hg.), Fortschritte der Verfassungsgerichtsbarkeit in der Welt, Teil 1, 2004, S. 85ff.

[9] Zu diesem Problem vgl. *A. Buschke*, Die Grundrechte der Weimarer Verfassung in der Rechtsprechung des Reichsgerichts, 1930, S. 42ff.

[10] Zu dieser institutionellen Sicht der Drittwirkung siehe *K. Hesse*, Grundzüge des Verfassungsrechts der Bundesrepublik Deutschland, 14. Aufl., 1984, Rn. 351ff.

[11] Vgl. BVerfGE 13, S. 318; 19, S. 193, 198 (Aufenthalt für Ausländer und Art. 6 Abs. 1 GG).

[12] Vgl. BVerfGE 7, S. 198ff. (Lüth); BVerfGE 25, S. 256ff. (Blinkfuer) und BVerfGE 30, S. 173ff. (Mephisto).

[13] Vgl. BVerfGE 10, S. 302, 322 (Unterbringung durch Vormund).

Ferner hatte Carl Schmitt in der Weimarer Zeit den Unterschied zwischen Freiheitsrechten und institutionellen Garantien scharf herausgearbeitet, sie aber zugleich auch damit als Typen streng getrennt[14]. Es ist jedoch unter der Geltung des Grundgesetzes anerkannt, dass in vielen Grundrechtsvorschriften beide Bestandteile, sowohl subjektive Berechtigungen wie objektive rechtliche Aussagen, enthalten sind. Es genügt, auf die Bedeutung des Schutzes der Institution des Eigentums in Art. 14, der Ehe und Familie in Art. 6 Abs. 1 zu verweisen.

Für die Grundrechtsauffassung der Weimarer Verfassung liegt es nahe, an eine Ergänzung der Freiheitsrechte durch die Einführung sozialer Grundrechte, d.h. grundrechtlicher Zusagen und Verheißungen, zu denken. In erster Linie kämen hier ein Recht auf Arbeit, auf Bildung oder auf soziale Sicherung (Lebensstandard) in Betracht. Ihre Einführung würde indes notwendig ein Umdenken in der rechtlichen Deutung grundrechtlicher Normen fordern. Soziale Rechte können nicht in negativer Form gegen den Staat ausgedrückt werden, sie sind in ganz besonderem Maße staatliche Zielbestimmungen. Sie können auch nicht mit dem Anspruchs- und Schrankendenken der herkömmlichen Interpretation bewältigt werden. Soziale Grundrechte stellen vielmehr Zielvorstellungen dar, denen der Staat im Rahmen seiner Möglichkeit nachstreben sollen.

Das Grundgesetz statuiert anstelle sozialer Grundrechte der Weimarer Verfassung die Sozialstaatsklausel (Art. 20 Abs. 1). Legt man diese Einsicht in die Struktur sozialer Grundrechte zugrunde, so zeigt sich, dass diese Rechte – von denen im Grundgesetz nur Spuren in Art. 6 Abs. 1, 4 und 5 sich finden – in der Richtung auf eine objektive Deutung als Zielbindung, als Gezetzgebungsaufträge aufzufassen sind. Ihr Anliegen wird daher im Grunde schon dort aufgenommen, wo institutionelle Anwendungen anderer Grundrechte stattfinden, bei denen notwendig Gedanken des Ausgleichs der Interessen und des staatlichen Schutzes für die vorgestellte soziale Ordnung auftreten[15]. Es wäre daher falsch, bei der Situation der Grundrechte im Sozialstaat auf soziale Rechte zu großes Gewicht zu legen.

Die Einwirkung sozialstaatlicher Verhältnisse auf die Grundrechte geht daher nicht im Sinne äußerer Begrenzungen und Einbindungen vor sich. Sie wird vor allem sichtbar in der veränderten Rolle des Gemeinwesens, seinem Eingreifen zur Erhaltung und Förderung der Freiheiten[16]. Das weist ebenfalls in die Richtung der Verstärkung der objektiven Elemente der Grundrechtsnormen. Ihre Funktionen als Zielsetzungen, als Richtlinien für den Gesetzgeber bei dessen Gestaltungsaufgabe zur Ausführung der Grundrechte tritt hervor[17].

In diesem Zusammenhang bekommt die Einsicht, die das Gesetz nur als Begrenzung der Grundrechte zu würdigen weiß, das weitere und vielseitigere Problem der Einfügung der Grundrechte in die allgemeine Rechtsordnung nicht zu Gesicht. Peter Häberle hat richtig auf diese Funktion des Gesetzes als Weg der Ausgestaltung der Grundrechte hingewiesen, die sich von der Bedeutung des Gesetzesvorbehaltes klar unterscheidet[18]. Gewiß darf man diese Seite der gesetzlichen Ergänzung und Ausfor-

---

[14] *C. Schmitt*, Verfassungslehre, 1928, S. 164ff.

[15] Siehe hierzu *R. Scholz*, Koalitionsfreiheit als Verfassungsproblem, 1971, S. 188ff.

[16] Siehe hierzu z.B. BVerwGE 27, S. 364 (Privatschule).

[17] Vgl hierzu auch *P. Saladin*, Grundrechte im Wandel, 1970, S. 459f.

[18] *P. Häberle*, Die Wesensgehaltgarantie des Art. 19 Abs. 2 Grundgesetz, 1962, S. 140ff., 193ff.

mung grundrechtlicher Normen nicht überbetonen, aber sie ist gerade für die Sozialgesetzgebung, die egalitäre Maßstäbe zu verwirklichen hat und sozialstaatliche Aufträge ausführt, von erheblicher Bedeutung.

Die koreanische Verfassung enthält im Gegensatz zu dem Grundgesetz viele soziale Grundrechte nach dem Vorbild der Weimarer Verfassung. Zu nennen sind etwa Recht auf Bildung( Art. 31 KV), Recht auf Arbeit (Art. 32 KV), Recht auf soziale Sicherung (Existenzsicherung) (Art. 34 KV) und sogar Recht auf saubere Umwelt (Art. 35 KV) usw. Sie treten mit ihren Forderungen nach sozialer Einschränkung und sozialem Ausgleich zugleich auch in einen gewissen Gegensatz zu den Freiheitsrechten. Diese Rechte können jedoch allein vom Sozialstaatsprinzip her erfaßt und erhellt und nur in der Richtung auf eine objektive Deutung als Zielbindung, als Gesetzgebungsaufträge verstanden werden.

Von diesem Standpunkt aus dürfte das Hartz-IV-Urteil des Bundesverfassungsgerichtes v. 9. 2. 2010 wohl für die Auslegung der sozialen Grundrechte in der koreanichen Verfassung nicht ohne von Bedeutung sein, wenn es in seinem Urteil ausführt: „Art. 1 Abs. 1 GG in Verbindung mit Art. 20 Abs. 1 GG gebietet jedoch, auch einen unabweisbaren, laufenden, nicht nur einmaligen, besonderen Bedarf zu decken, wenn dies im Einzelfall für ein menschenwürdiges Existenzminimum erforderlich ist“[19]. Die Achtung der Menschenwürde und Grundrechtsbindung aller staatlichen Gewalt werden in der koreanischen Verfassung (Art. 10) ebenso wie das Grundgesetzt geregelt.

## 5. Judikative und theoretische Ausstrahlung des Grundgesetzes

Das Grundgesetz strahlt nicht nur in seinen Texten sondern gleichfalls auch in seiner Judikatur und in seinen Theorien aus. Die Rechtsprechung des Bundesverfassungsgerichtes in verfassungsrechtlichen Streitigkeiten und die dogmatischen Auseinandersetzungen der Verfassungsfragen in der Bundesrepublik Deutschland werden in Korea mit großen Interessen verfolgt. Darüber können hier nur einige auffallende Punkte kurz umrissen werden.

Zunächst kommt die Judikatur des Bundesverfassungsgerichtes über die Berufsfreiheit als markantes Beispiel in Betracht. Die Stufentheorie, die das Bundesverfassungsgerichtes in seinem Apotheken-Urteil[20] aufgestellt hat, hat das koreanische Verfassungsgericht seit Anfang seiner Tätigkeit bei der Prüfung über den Inhalt und Umfang der Regelungsbefugnis des Gesetzgebers über die Berufsfreiheit nach Art. 15 und Art. 37 Abs. 2 KV substanziell aufgenommen, obwohl der Wortlaut der Gewährleistung der Berufsfreiheit in beiden Verfassungen nicht übereinstimmt. Die koreanische Verfassung regelt die Berufsfreiheit nur mit einem einzigen Satz wie folgt: „Alle Koreaner haben das Recht, Beruf frei zu wählen“.

Aber Text und Auslegung des Art. 12 GG und Art. 15 KV bewirken in beiden Ländern, dass die eigentlichen Fragen der heutigen Wirtschaftsordnung sich außerhalb der Reichweite des Art. 12 GG und Art. 15 KV befinden. Das Problem der

---

[19] BVerfGE v. 9. 2. 2010, 1 BvL 1/09, 1 BvL 3/09 u. 1 BvL 4/09.

[20] BVerfGE 7, S. 377 ff.

Mitbestimmung, der breiten Vermögensbildung, die Sorge für die Vollbeschäftigung, diese Kernfragen des Sozialstaates liegen nicht im Bereich des Art. 12 GG und Art. 15 KV.

Die verfassungsrechtliche Garantie des Eigentums in der koreanischen Verfassung (Art. 23) ähnelt der im Grundgesetz (Art. 14). Es ist allerdings zu betonen, dass anders als bei anderen Grundrechten, die einen festeren Bestand und eine stetigere Entwicklung aufweisen, der Schutz des Eigentums und seine verfassungsrechtliche Ausprägung von Veränderungen der sozialen Verhältnisse, aber auch von der Wandlung der Vorstellungen über eine gerechte soziale Ordnung in stärkerem Maße abhängig bleibt.

Aber die Fortentwicklung des Eigentumsschutzes in Lehre und Rechtsprechung, die in der Anwendung der Eigentumsregelung vorgenommenen inhaltlichen Erweiterung und Verstärkung der Sicherung des Eigentums im Sinne einer Einbeziehung aller Vermögensrechte in einen wirksamen Schutz und in der erweiternden Auslegung des Enteignungsbegriffes, hat offensichtlich eine gleiche Tendenz in beiden Ländern.

Legt man die entscheidende Rechtsprechung des Bundesverfassungsgerichtes und koreanischen Verfassungsgerichtes zugrunde, die diese erweiterte Eigentumslehre ausarbeitete, so sind ihre gemeinsame Grundzüge eindeutig erkennbar.

So wird man zu dem Urteil gelangen können, dass die Rechtsprechung der Eigentumsgarantie unter der Geltung der koreanischen Verfassung in wesentlichen Teilen nur den Anschluß der koreanischen Lehre an eine in Deutschland längst vollzogene erweiterte Sicht des Eigentumsschutzes vollzog und dass sie hierin im Einklang mit der modernen Entwicklung blieb, die einerseits unzweifelhaft die soziale Verpflichtung des Eigentümers verstärkt und die staatliche Lenkung und Beeinflussung der sozialen und wirtschaftlichen Verhältnisse ständing steigert, darum aber auf der anderen Seite auch einer erneuerten und erweiterten Interpretation der Eigentumsgarantie bedarf.

An dieser Stelle muß auch erwähnt werden, dass die Judikatur des Bundesverfassungsgerichtes bezüglich des Rechtsstaatsprinzips in Korea hoch beachtet wird und die koreanische Lehre und Rechtsprechung sie weitgehend zu übernehmen pflegen.

Das Bundesverfassungsgericht hat bekanntlich das Rechtsstaatsprinzip ständing fortentwickelt und nach zahlreichen Richtungen konkret entfaltet. Von wesentlicher Bedeutung sind in diesem Zusammenhang namentlich das Gebot des Vertrauensschutzes[21], der Grundsatz der Verhältnismäßigkeit[22], und das Recht auf ein faires Verfahren[23], die aus dem Rechtsstaatsprinzip abgeleitet werden und damit Verfassungsrang gewinnen.

Der Gesetzgeber handelt ebenfalls in Bindung an diesen rechtsstaatlichen Prinzipien, aber innerhalb dieser Rahmen hat er eine volle Freiheit und Sozialgestaltung und Verantwortung. In einem weiteren Sinne ist daher die Gesetzgebung Verfassungsauslegung, allerdings mit dem Risiko behaftet, dass eine Auslegung nicht die

---

[21] Vgl. z.B. BVerfGE 30, 392 (403); 43, 242 (286); 49, 168 (185).

[22] Vgl. z.B. BVerfGE 19, 342 (348f.); 35, 382 (400f.); 61, 126 (134).

[23] Vgl. z.B. BVerfGE 26, 66 (71); 38, 105 (111); 46, 202 (210); 49, 24 (55); 57, 250 (274f.); 63, 45 (60f.).

Anerkennung des Bundesverfassungsgerichtes findet. Aus diesem Zusammenhang taucht daher die schwierige Frage der Wechselwirkung des Gesetzgebers und des Verfassungsgerichtes auf, über die sowohl in der Bundesrepublik Deutschland und als auch in Korea noch nicht zur Eindeutigkeit gelangt sein dürfte[24].

Die dogmatische und praktische Entwicklung der Verfassungsauslegung unter der Geltung des Grundgesetzes scheint mir auch zu einer optimalen Wirksamkeit erreicht zu haben.

Das Prinzip der Harmonisierung gilt dabei als eines der grundlegenden Gebote der Verfassungsauslegung in Deutschland. Da eine moderne Verfassung ein einheitliches Ganzes ist und als solches interpretiert werden muß, sollen Widersprüche und Gegensätze innerhalb des Textes von der Auslegung ausgeglichen, d.h. „harmonisiert" werden. Dabei kommt sowohl das Moment der Anerkennung gewisser leitender Grundprinzipien zur Geltung, in deren Licht Einzelheiten verstanden, begrenzt oder vertieft werden müssen, wie der Gedanke gegenseitiger Abwägung verschiedener Grundgedanken und auch der der Beachtung des gegenseitigen inneren Zusammenhangs zwischen Grundrechten und institutionellen Ordnungen der Verfassung.

Das Bundesverfassungsgericht hat diese Zusammenhänge deutlich erkannt und in der Judikatur ausgeführt, dass in einer Demokratie nicht möglich ist, die Einzelperson des Grundrechtsteils rein als eigennütziges und isoliertes Individium, als antistaatlich ausgerichteten Träger von Rechten zu verstehen, ohne damit die politische Ordnung, die auf dem Gedanken eines am Staat mitwirkenden, verantwortlich zum Ganzen orientierten Bürgers beruht, tatsächlich zu unterhöhlen. Die hier liegende Begrenzung rein individueller Zwecksetzung im Grundrechtsteil scheint mir freilich bei deutscher herrschenden Auslegung genügend beachtet zu werden.

Diese Zuordnung von Grundrechten und anderen Rechtsgütern nimmt das Grundgesetz nur zu einem geringen Teil selbst vor. Wenn es in der abgestuften Bindung der Gesetzesvorbehalte – statt eines allgemeinen Gesetzesvorbehaltes wie die koreanische Verfassung (Art. 37 Abs. 2 KV) – die Zuordnung dem Gesetzgeber anvertraut, so ändern doch die unterschiedlichen Formen der Begrenzungsmöglichkeit nichts daran, dass es sich um ein und dieselbe Sache handelt, nämlich die Herrstellung und Erhaltung eines Ordnungszusammenhangs, in dem sowohl die grundrechtlichen Freiheiten als auch jene anderen Rechtsgüter Wirklichkeit gewinnen. Soweit die Bestimmungen, die beide schützen, in ihrer sachlichen Reichweite einander überschneiden oder miteinander kollidieren, ist Grundrechtsbegrenzung nach Konrad Hesse „Herstellung praktischer Konkordanz"[25].

Die Aufgabe praktischer Konkordanz erfordert die „verhältnismäßige" Zuordnung von Grundrechten und grundrechtsbegrenzenden Rechtsgütern: bei der Interpretation verfassungsmäßiger Begrenzungen oder der Begrenzung auf Grund eines

---

[24] Vgl. etwa *P. Lerche*, Das Bundesverfassungsgericht als Ordnungsmacht – ein Legitimationsproblem, in: FS H.J. Kiefer, 1996; *derselbe*, Bundesverfassungsgericht und Gesetzgeber – ausgewählte Grundfragen, Public Law Vol. 25–1, Korean Public Law Association, 1997, S. 177; *Y. Huh*, Das Verfassungsgericht und die Gesetzgebung, Constitutional Law Review of the Constitutional Court of Korea, Vol. 19, 2008, pp. 9.

[25] *K. Hesse*, Grundzüge des Verfassungsrechts der Bundesrepublik Deutschland, 14. Auf., 1984, Rn. 317.

Gesetzesvorbehalts geht es darum, beide zu optimaler Wirksamkeit gelangen zu lassen[26]. Das Bundesverfassungsgericht hat dafür vier Grundsätze aufgestellt, die bei der Grundrechtsbegrenzung zu beachten sind, nämlich die Erforderlichkeit, die Geeignetheit, das Gebot des milderen Mittels und die Verhältnismäßigkeit im engeren Sinne, d.h. Wahrung eines angemessenen Verhältnisses zwischen der Grundrechtsbegrenzung und dem Gewicht bzw. der Bedeutung des Grundrechts[27]. Das Verhältnismäßigkeitsprinzip gilt als einer der großen Fortschritte beim Freiheitsschutz. Es hat, wie ausgeführt, seinen Ursprung in Deutschland, ist vom Bundesverfassungsgericht auf die Verfassungsebene gehoben worden und hat sich mittlerweile als Maßstab für Freiheitsbeschränkungen in aller Welt verbreitet.

Das koreanische Verfassungsgericht hat in der Judikatur diesen bundesverfassungsgerichtlichen Duktus übernommen und pflegt bei der Verfassungsmäßigkeitsprüfung der Grundrechtsbegrenzung ihn als ein wichtiges Maßstab zu verwenden. Es gebraucht nur eine andere Terminologie als das Bundesverfassungsgericht wie „Zweckgerechtigkeit", „Geeignetheit des Mittels", „Erforderlichkeit des mildesten Mittels" und „Güterbalancierung".

Die Theorie und Judikatur im Bezug auf Verfassungsauslegung und Grundrechtsbegrenzungen, die in Deutschland breitere Zustimmungen bekommen und ständing praktiziert werden, dürften nicht nur in Korea sondern auch in vielen Ländern, die eine Verfassungsgerichtsbarkeit institutionalisiert haben, einen starken Einfluß haben. Deutschland hat nach 61 Jahren Grundgesetzgeltung zweifellos eine mustergültige Verfassungsgerichtsbarkeit zustande gebracht und gezeigt, dass die Verfassungsnorm und Verfassungswirklichkeit nur auf diese Weise zu einer optimalen Übereinstimmung gelangt werden können.

## 6. Staatsorganisation und Regierungsform im Grundgesetz

Das Grundgesetz hat sehr wirkungsvolle Regelungen für eine freiheitlich-demokratische Verfassungsordnung geschaffen. Die Dimension der vertikalen und horizontalen Legitimation der Herrschaft und Kontrolle demokratischer Herrschaft kommt im Grundgesetz klar zum Ausdruck.

Im Grundgesetz ist der Herrschaftszugang prinzipiell offen und durch die effektive Gewährleistung des allgemeinen, unmittelbaren, freien, gleichen und geheimen Wahlrechts institutionalisiert (Art. 38 GG). Damit das Wahlrecht tatsächlich effektiv ist, müssen, erstens, Wahlen korrekt durchgeführt werden und die Vergabe politische Mandate entsprechend dem Ergebnis dieser Wahlen erfolgen. Zweitens müssen politische Mitwirkungsrechte im Sinne freier Meinungs- und Willensbildung zur Beeinflussung politischer Prozesse gegeben sein.

---

[26] *K. Hesse*, aaO., Rn. 318.

[27] Vgl. etwa BVerfGE 7, 377 (405ff.); 11, 30 (42f.); 13, 97 (104f.); 14, 19 (24); 17, 269 (274ff.); 19, 330 (337); 23, 127 (133); 25, 1 (17f., 22); 30, 292 (315f.); 35, 382 (400, 401); 38, 281 (302); 38, 348 (368); 43, 242 (288); *E. Grabitz*, Der Grundsatz der Verhältnismäßigkeit in der Rechtsprechung des BVerfG, AÖR 98, 1973, S. 568ff.; *P. Lerche*, Übermaß und Verfassungsrecht, 1961; *R. Wendt*, der Garantiegehalt der Grundrechte und das Übermaßverbot, AÖR 104, 1979, S. 414ff.

Diese beide Voraussetzungen sind nach meiner Beobachtung in Deutschland weitgehend erfüllt. Insbesondere haben dazu die seit der Gründung der Bundesrepublik Deutschland etablierten politischen Parteien großen Beitrag geleistet. Die politischen Pareteien sind im Grundgesetz (Art. 21) erstmals als legitime Mitgestalter der politischen Willensbildung verfassungsrechtlich anerkannt und sie stellen die entscheidenden Akteure der demokratischen Ordnung dar. Nur wird man allerdings ab und zu stutzig, wenn sich politische Parteien bei Koalitionsverhandlungen nach einer Bundes- oder Landtagswahlen nicht unbedingt dem Willen der Wähler getreu verhalten und eher parteipolitische Eigeninteressen in den Vordergrund zu stellen versuchen. Es mag in einer parlamentarischen Demokratie deutscher Prägung, die durch Mehrparteiensystem[28] und duales Wahlsystem, d. h. relatives Mehrheits- und personalisiertes Verhältniswahlsystem, gekennzeichnet ist, eine Koalitionsregierung unabdingbar erscheinen, weil es nicht häufig vorkommt, eine Partei die absolute Mehrheit im Parlament zu erringen.

Dennoch sollten politische Parteien vor der Wahl nicht nur politische Programme verkünden sondern auch ggf. gewünschten Koalitionspartner deutlich zum Ausdruck bringen und nach der Wahl unbedingt daran halten[29].

Die abwegige Koalitionspraxis in Deutschland dürfte ferner in Hinsicht auf die politische Agendakontrolle zu einem negativen Ergebnis führen. Denn in einer Demokratie liegt das Monopol auf die Setzung gesamtgesellschaftlich verbindlicher Entscheidungen allein bei demokratisch direkt oder indirekt legitimierten, in ihren Herrschaftshandeln konstitutionell gebändigten politischen Autoritäten. Sie üben die Verfügungsgewalt über den ihnen zugewiesenen Kompetenzbereich aus. Jedoch ist zweifelhaft, ob die gängige Koalitionsbildung eine entscheidungskompetente Regierung in die Wege leiten kann, weil man zu beobachten ist, dass es bei der gegenwärtigen CDU/CSU und FDP – Koalitionsregierung Deutschlands in vielen Bereichen hapert. Die 5-Parteien-Konstellation stellt mit den suboptimalen Aussichten auf häufige Dreiparteien- oder Große Koalitionen eine Minderung der gouvernementalen Handlungsfähigkeit ebenso dar wie damit verbunden den Übergang von der Kanzlerdemokratie zur ständigen Kompromissuche zwischen fremdelnden Regierungsparteien[30].

Was die Dimension der horizontalen Legitimation und Kontrolle demokratischer Herrschaft betrifft, scheint mir das Grundgesetz sehr effektive Regelungen getroffen zu haben. In liberalen Demokratien ist die Staatsgewalt zwischen mehreren sich gegenseitig kontrollierenden Gewalten so getrennt, dass diese sich wechselseitig kontrollieren können. Es besteht eine verfassungstheoretische und legale Grenze zwischen staatlicher und gesellschaftlicher Sphäre. Die Herrschaftsweise folgt verfas-

---

[28] Deutschland hatte ursprünglich Zweiparteiensystem, aber die deutsche Parteiengeschichte kannte seit dem 19. Jahrhundert den Liberalismus als dritte politische Kraft. Und die Erfahrung seit den achtziger Jahren hat gezeigt, dass das personalisierte Verhältniswahlrecht des Bundeswahlgesetzes einer allmählichen Zerfaserung der deutschen Parteienlandschaft nicht entgegensteht. Mag auch die Fünf-Prozent-Klausel das Aufkommen von extremen Splitterparteien verhindern, ist heute mit der Etablierung der Grünenpartei (Bündnis 90 / Die Grünen) und neuerdings der Linken mit Wurzeln in der alten DDR die Diversifizierung vom Drei- zum Fünfparteiensystem vollzogen worden.

[29] Die politischen Gegebenheiten in Nordrhein-Westfalen nach der Landtagswahl im Mai 2010 scheinen mir aus diesem Gesichtspunkt sehr bedenklich zu sein.

[30] So *Th. Oppermann*, JZ 2009, S. 488.

sungsrechtlich legitimierten Prinzipien und Beschränkungen. Dies betrifft das Verhältnis der Staatsgewalten zueinander, die Rechtmäßigkeit des Regierungshandeln und dessen Überprüfung mittels horizontaler Kontrollinstrumente d. h. checks and balances sowie judicial review. Dies bezieht sich natürlich auch auf den Bereich der bürgerlichen Grund- und Freiheitsrechte, worauf aber hier im einzelnen nicht weiter eingegangen sein wird.

Das Grundgesetz sichert dem Bundeskanzler eine herausragende Stellung innerhalb der Bundesregierung und gegenüber dem Parlament (Art. 63–65 und 68 GG). Eine Ergänzung stellt das „konstruktive" Misstrauensvotum des Art. 67 GG dar, welches eine Mißtrauenserklärung des Bundestages an den Kanzler mit der Wahl eines Nachfolgers koppelt. Die Absicht der Verfassungsväter, mit dem Grundgesetz in Deutschland anders als zu Weimarer Zeiten, in denen nicht weniger als 20 Regierungen wechselten, eine stabile und handlungsfähige Demokratie zu errichten, kommt hier besonders deutlich zum Ausdruck. Das konstruktive Misstrauensvotum hat 1972 und 1982 in Scheitern und Gelingen zweimal seine Sinnhaftigkeit bewiesen. In den 61 Jahren des Grundgesetzes haben bislang lediglich 8 Bundeskanzler amtiert, davon zwei für 14 bzw. 16 Jahre. Damit hat sich die Absicht des Grundgesetzgebers verwirklicht. Nur ein einziger Punkt sollte an dieser Stelle angemerkt werden, ob es nicht besser gewesen wäre, ein Selbstauflösungsrecht des Bundestages im Grundgesetz einzuführen, damit nicht mehr Systemverbiegungen des Art. 68 GG wie in den Jahren 1983 und 2005 vorkommen[31].

Die bundesstaatliche Struktur und die Institution des Bundesrates des Grundgesetzes dürften als einen sehr wirkungsvoll funktionierenden Mechanismus der Gewaltenteilung bezeichnet werden, der ein typisch deutsches Phänomen sein könnte. Es mag dahingestellt bleiben, ob man die bundesstaatliche Struktur nach Konrad Hesse[32] als vertikale Gewaltenteilung kennzeichnet, scheint mir jedenfalls nicht verkennen zu können, dass die Struktur des Bundesstaates und des Bundesrates des Grundgesetzes in vielen Punkten von föderativen Bundesorganen anderer Bundesstaaten, etwa der USA, der Schweiz oder Österreichs, abweicht. Und die eigenartigen Strukturmerkmale des Bundesrates, zu denen das föderative, parteipolitische und administrative Element gemischt gehören, dürften durchaus sinnvolle Wirkung entfalten.

Das Grundgesetz hat in der Regelung der verfassungsrechtlichen Stellung des Bundespräsidenten von Weimarer Reichsverfassung abgekommmen und einem parlamentarischen Regierungssystem gerecht geregelt. Vor allem stimmt die indirekte Wahlmodalität des Bundespräsidenten durch die Bundesversammlung mit der Kompetenzregelung des Bundespräsidenten überein. Aus diesem Grund erscheint die gelegentliche Diskussion über die Einführung eines plebiszitären Wahlsystems Weimarer Prägung des Bundespräsidenten verfassungstheoretisch nicht systemgerecht. Denn verfassungstheoretisch müssen die Wahl- und Kompetenzregelung miteinander in einer harmonischen Relation stehen. Eine direkte Wahl bedeutet noch größere Le-

---

[31] Das Bundesverfassungsgericht hat diese Vorfälle nur mit Bedenken durchgehen lassen. Vgl. BVerfGE 62, 1 ff.; 114, 121 ff.

[32] *K. Hesse*, Grundzüge des Verfassungsrechts der Bundesrepublik Deutschland, 14. Aufl. 1984, Rn. 231.

gitimität des Gewählten und ferner größere Legitimität verlangt mehr Kompetenzen in seinem Amt. In einer Kanzlerdemokratie grundgesetzlicher Prägung kann jedoch das Amt des Bundespräsidenten nicht mit größeren Kompetenzen ausgestattet werden. Dennoch dürfte es nicht ganz abweg erscheinen, sorgfältig abzuwägen, ob die Kandidatenaufstellung bei der Bundespräsidentenwahl einer ungebrochenen Tradition folgend völlig dem parteipolitischen Kalkül überlassen oder der Wille der Bürger darauf mehr Einfluss nehmen lassen soll[33]. Ferner sollte man darüber tief nachdenken, ob es unabdingbar wäre, die Wahlmänner der Bundesversammlung bei Stimmabgabe mit Parteizwang an die Parteidirektive zu binden. Das Amt des Bundespräsidenten hat ja ohnehin parteiunabhängigen Symbolcharakter nationaler Einheit und Integration[34].

Ferner sieht das Grundgesetz zu Recht keine Volksabstimmung vor. In einer repräsentativen Demokratie nimmt heutzutage allgemein eine Politikverdrossenheit zu, die sich in abnehmender Wahlbeteiligung und Befürwortung der Möglichkeiten direkter Demokratie äußert[35]. Insbesondere werden solche Stimmen im Laufe der technischen Entwicklung der digitalen Kommunikation und des Internets immer lauter. Die unhaltsame medialtechnische Entwicklung im Wege der „Digitalisierung" in Medienbereichen führt zu Veränderungen in der Massenkommunikation. Und die technische Durchsetzung des Internets eröffnet immer neue Möglichkeiten und Anwendungsbereiche. Es gibt heutzutage kaum noch Lebensbereiche, in die das Internet nicht vorgedrungen ist. So glaubt man etwa, dass auch politische Entscheidungen per Internet direkt herbeigeführt werden könnten. Das Internet ist dennoch keine politische Agora, wo verantwortliche politische Entscheidungen getroffen werden können. Denn die Internet-Kommunikation enthält beachtliche Risiken in sich, wie etwa die zügellose Verbreitung von Gemeinwohl gefährdender politischer Propaganda im Internet. Bei Befürworten direkter Demokratie handelt es sich wahrlich um die Suche nach vermeintlich besserer Demokratie und nicht um prinzipielle Ablehnung der repräsentativen Demokratie. Eine bessere Herrschaftsform als eine repräsentative Demokratie dürfte in heutiger pluralistischer Massengesellschaft kaum vorstellbar sein, auch wenn die jetzige Form der Demokratie oft schwerwiegende Mängel aufweisen sollte. Vor allem lässt der wachsende Verdruss über die direktgewählten Repräsentanten die repräsentative Demokratie in Verruf geraten[36].

---

[33] Die Wahl des zehnten Bundespräsidenten am 30. Juni 2010 hat deutlich gezeigt, dass der Volkssouverän in Deutschland nicht abgedankt sondern wochenlang in den Bundespräsidentenwahlkämpfen Position bezogen hat.

[34] Der zehnte Bundespräsident Christian Wulff wurde erst in 3. Wahlgang mühsam gewählt, weil es in ersten und zweiten Wahlgang sehr viele Abweichler aus dem Koalitionslager gab.

[35] Vgl. z.B. *C. Möllers*, Demokratie – Zumutungen und Versprechen, 2008.

[36] Ein naheliegendes Beispiel wäre die hinkende Nichtraucherschutzpolitik Bayerns. Nach dem positiven Entscheid des Bundesverfassungsgerichtes über ein striktes Rauchverbot in Gaststätten (BVerfGE 121, 317ff.) 2008 hat der Landesgesetzgeber von Bayern wohl aus wahltaktischen Gründen mangelnde Konsequenz bei der Durchsetzung ihrer Konzepte gezeigt. Dass in Bayern das Volk selbst im Juli 2010 über diese Frage als Gesetzgeber ein striktes Rauchverbot in Gaststätten gesprochen hat( Art. 74 BayVerf.), sollte als eine dringende Mahnung an den Gesetzgeber verstehen. Die koreanische Verfassung kennt kein Volksbegehren, sie sieht aber eine Volksabstimmung in Ausnahmefällen vor (Art. 72 KV). Nämlich kann der Staatspräsident eine Volksabstimmung herbeiführen, falls er es für erforderlich hält, Fragen der Außenpolitik, nationaler Verteidigung, der Wiedervereinigung des Landes und sonsti-

Das grundgesetzliche Instrumentarium der „abwehrbereiten“ Demokratie in Gestalt von Parteienverbot (Art. 21 GG), Grundrechtsverwirkung (Art. 18 GG) und Widerstandsrecht (Art. 20 GG), das in Erinnerung an Weimarer Zeit im Grundgesetz seinen Niederschlag gefunden hat, dürfte für Abwendung des verfassungsfeindlichen Extremismuses von Bedeutung sein. Es ist kein Zufall, dass die koreanische Verfassung ebenfalls Parteienverbot als Verfassungsschutzmittel geregelt hat (Art. 8 Abs. 4 KV).

## 7. Schlussbemerkungen

Die „Anti-Weimarer-Haltung“ des Grundgesetzes ist verständlich und hat sich gewiss in politischer Realität der Bundesrepublik Deutschland bewährt.

Es verwundert daher nicht, dass sich die im Grundgesetz getroffenen politischen Grundentscheidungen im Wesentlichen durch die Jahrzehnte hindurch bewährt haben und keiner allzu großen Korrektur bedürfen. Einzelne Verbesserungen der Staatsorganisation aufgrund erkannter Defizienzien und fortschreitender Entwicklung der Europäischen Union sind immer denkbar und wurden bereits in 52 Fällen mit den verfassungsändernden Mehrheiten im Sinne des Art. 79 Abs. 2 GG verwirklicht. Das Grundgesetz hat auf diese Weise die „fließende Geltungsfortbildung“ im Sinne von Rudolf Smend vollzogen.

Die freiheitlich-demokratische Grundordnung des Grundgesetzes, in der sich Elemente der repräsentativen, parlamentarischen und Parteiendemokratie mit solchen des Rechtsstaates, insbesondere in Gestalt der Grundrechte verbinden, steht unangefochten in Geltung. Das Grundgesetz hat eine langfristig gefestigte, handlungsfähige Demokratie ermöglicht, deren Funktionieren den Vergleich nicht nur zur Weimarer Republik, sondern auch mit anderen europäischen und außereuropäischen Verfassungsstaaten nicht zu scheuen braucht. Denn man findet im Grundgesetz eine mustergültige Verfassung des parlamentarischen Regierungssystems, während die Verfassung der Vereinigten Staaten von Amerika gerade den Ursprung des Präsidialsystems darstellt.

Dennoch darf man nicht leugnen, dass es in Deutschland noch unbewältigte gesellschaftliche Probleme gibt. Dabei geht es vor allem um die Integrationswirkung des Grundgesetzes. Nach einer fundierten soziologischen Untersuchung haben sich die Deutschen in Ost und West in den 40 Jahren der Trennung gesellschaftlich und emotional tiefer auseinander gelebt, als man Anfang der Einheit zu glauben vermochte[37]. Es scheint mir daher als eine primäre Zukunftsaufgabe des Grundgesetzes zu sein, einen Weg zu finden, um die innere Wiedervereinigung zu beschleunigen. Es gibt allerdings hoffnungsvolle Vorzeichen. Auch wenn viele Ostdeutschen die „Ost-Nostalgie“ nicht ganz aufgegeben haben und die Ostdeutschen eine schwächere emotionale Bindung an das Grundgesetz als die Westdeutschen haben, dennoch sagen immerhin 65 Prozent der Ostdeutschen auf das Grundgesetz stolz zu sein,

ge wichtige Politik, die nationale Sicherheit betrifft, einer Volksabstimmung zu unterwerfen. Bisher hat kein Staatspräsident von dieser Möglichkeit Gebrauch gemacht.

[37] Vgl. *K. Schröder*, Die veränderte Republik. Deutschland nach der Wiedervereinigung, 2006.

wie bereits in der Einführung erwähnt wurde. Ferner kommt der Umstand dazu, dass die große Mehrheit der Deutschen darin übereinstimmt, dass sie in der Zeiten sozialer und kultureller Trennungen und wirtschaftlicher Schwierigkeiten das Grundgesetz im Großen und Ganzen gut findet.

Auch wenn die Erfolgsgeschichte des Grundgesetzes sich nach der Einheit nicht in gleicher Weise fortgesetzt haben dürfte, scheinen die Deutschen weiterhin in ihrem Grundgesetz die beste Garantie zur Bewältigung der kommenden politishen Herausforderungen zu sehen, was für ausländische Beobachter beinahe als ein Traum erscheint.

Offen bleibt nur zur Stunde, wie der Gesetzgeber seiner Verpflichtung, die ihm das Bundesverfassungsgericht 2008 auferlegt hat, spätestens bis zum 30. Juni 2011 eine verfassungsmäßige Wahlregelung zu treffen, im Geist des Grundgesetzes nachkommt und das repräsentativ-demokratische Element des Grundgesetzes noch wirkungsvoller entfalten läßt. Es hat bekanntlich 2008 Regelungen des Bundeswahlgesetzes für verfassungswidrig erklärt, weil aus diesen sich Effekt des negativen Stimmgewichts ergebe und dieser Effekt die Grundsätze der Gleichheit und Unmittelbarkeit der Wahl verletze[38].

Ferner dürfte es in einem globalen Zeitalter auch als geboten gelten, die Bundesrepublik Deutschland mit der Festigung freiheitlich-demokratischer Grundordnung dem Frieden und Integrationsprozess der Völker zu dienen. Die Friedensgebot der Präambel, die grundlegende Völkerrechtsfreundlichkeit und der neue Europaartikel 23 GG – dazu kommt noch Art. 24 Abs. 1 GG – u. a. m. bekräftigen den Willen der Bundesrepublik Deutschland, den internationalen Integrationsprozess zu fördern. Internationale Beziehungen aller Länder müssen heutzutage noch stärker betont werden, um so mehr, als die Welt heute in vielen Bereichen miteinander eng vernetzt agiert, wie wir alle seit der neuesten Weltfinanz- und Wirtschaftskrise erleben, die zuerst in den Vereinigten Staaten von Amerika angefangen hat und dann auch aus Griechenland verbreitet. (Abgeschlossen am 17. Juli 2010).

[38] BVerfGE 121, 266.